上海市徐汇区
湖南路街道志
（1991—2016）

上海市徐汇区人民政府湖南路街道办事处 编

上海人民出版社
上海书店出版社

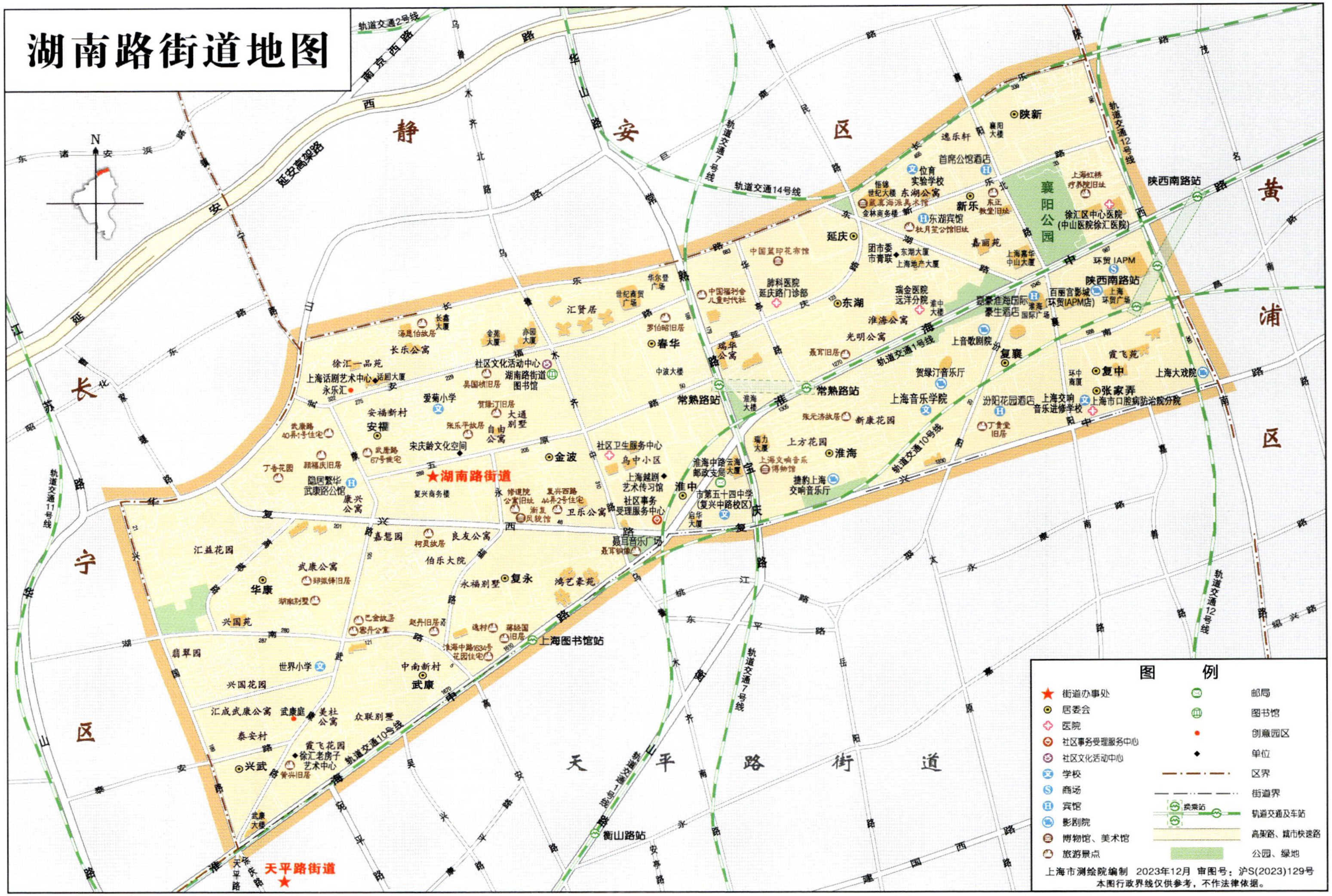
湖南路街道地图
静安区
长宁区
黄浦区
天平路街道
★湖南路街道
★天平路街道
襄阳公园
陕西南路站
常熟路站
上海图书馆站
衡山路站
轨道交通1号线
轨道交通7号线
轨道交通10号线
轨道交通12号线
轨道交通14号线
轨道交通2号线
轨道交通11号线
延安高架路
陕新
新乐
延庆
东湖
春华
复中
张家弄
复襄
淮海
淮中
金波
安福
华康
复永
武康
兴武
湖南路街道图书馆
社区文化活动中心
社区卫生服务中心
社区事务受理服务中心
上海音乐学院
上海大戏院
上音歌剧院
贺绿汀音乐厅
宋庆龄文化空间
世界小学
爱菊小学
徐汇区中心医院(中山医院徐汇医院)
图例
街道办事处
居委会
医院
社区事务受理服务中心
社区文化活动中心
学校
商场
宾馆
影剧院
博物馆、美术馆
旅游景点
邮局
图书馆
创意园区
单位
区界
街道界
换乘站
轨道交通及车站
高架路、城市快速路
公园、绿地
上海市测绘院编制　2023年12月　审图号：沪S(2023)129号
本图行政界线仅供参考，不作法律依据。

湖南路街道地图

1991 年 6 月湖南路街道挂牌

2016 年 10 月“金相邻”居民自治工作站骨干志愿者合影

2015 年 11 月 26 日,“环贸午间音乐会”为白领送上音乐“午餐”

武康路 390 号,上汽集团总公司、意大利总领事官邸旧址,现由上海汽车工业销售有限公司代为管理

江南丝竹工作室(摄于 2012 年 6 月 16 日)

共走“儿童戏剧之路”(摄于 2015 年 6 月 13 日)

2016 年 9 月 7 日湖南路街道上海梧桐画社启动

荆棘鸟读书漂流项目书法欣赏

陈光宪作关于如何欣赏交响乐普及讲座(摄于 2015 年 11 月 13 日)

湖南路街道社区学校铭牌

巴金故居

黄公馆

柯灵旧居

麦琪公寓

丁贵堂旧居

丁香花园

开普敦公寓

上海话剧艺术中心

东湖宾馆

《上海市徐汇区湖南路街道志(1991—2016)》编纂委员会成员(2016—2019)

主　任　陈澄泉　董　伟

副主任　王　缨

委　员　郭艳楣　仇　洁　祝　恽　陆春晖　梁　军　吴　思
张正海　卢　芸　许南昌　彭海东　魏　兰　陈世东
王　华　孙玲弟　杨玉文　康　伟　马国华　谢承欢
胡秀芳　印卓民　蔡　玮　杨靖华　徐立安　刘宁路
张俊丽　张　洁　朱国祥　刘　烨　张　羽

《上海市徐汇区湖南路街道志(1991—2016)》编辑人员名单(2016—2019)

主　编　陈澄泉　董　伟　土　缨

副主编　陈世东　许南昌　王　华

编　辑　李　卫　邱新隆　刘光清　朱启迅

《上海市徐汇区湖南路街道志(1991—2016)》编纂委员会成员(2020—2021)

主　任　董　伟

副主任　徐　颖　王　潇

委　员　仇　洁　梁　军　吴　思　卢　芸　许南昌　王　华
曹炜珏　张　翌　胡秀芳　杨靖华　徐立安　刘宁路
张　洁　朱国祥　刘　烨　张　羽　周　颀　李海瑾

《上海市徐汇区湖南路街道志(1991—2016)》编辑人员名单(2020—2021)

主　编　董　伟　徐　颖　王　潇

副主编　王　华　郑国强

总　纂　陈一川

副总纂　王家骏

编　辑　闫　骏　王　娜　李　卫　顾季惟

撰稿员　张　红　杨　彪　谷　萍　杨舒天　陈玫静　徐建兵　王雅君　孟一磊　裘天镛　孟凡奇卉　刘　婧　阮嘉琳　单蓓瑾　杨茜兰　古楠珂

《上海市徐汇区湖南路街道志(1991—2016)》编纂委员会成员(2022—2024)

主　任　杨海英

副主任　李　岩　程维佳

委　员　贾　伟　梁　军　尚晓云　曹炜珏　蓝　天　沈艳军　张　翌　郑国强　王　华　刘　烨　刘宁路　朱国祥　闫　骏　王心睿　周　颀　黄明峰　刘　婧

《上海市徐汇区湖南路街道志(1991—2016)》编辑人员名单(2022　2024)

主　编　杨海英　李　岩　程维佳

副主编　郑国强

编　辑　完颜绍元　王　娜　陈鹤天　黄　晓

凡　例

一、《上海市徐汇区湖南路街道志(1991—2016)》(以下简称“本志”)以马克思列宁主义、毛泽东思想、邓小平理论、“三个代表”重要思想、科学发展观、习近平新时代中国特色社会主义思想为指导,遵循存真求实的原则,力求全面记述辖区自然、政治、经济、文化、社会及生态文明建设各方面的状况。

二、本志是1991年5月26日,经市人民政府批准撤销新乐路、湖南路街道办事处,建立新的湖南路街道办事处后的一部街道志。

三、本志记述地域范围为新的湖南路街道办事处辖区,有必要时作适当延伸。

四、本志记述内容上限为1991年,下限至2016年,为保持事物记述的完整性,可适当上溯下延。

五、本志由序、述、记、志、传、图照、表和录组成。志首设彩色图照、序言、凡例、概述、大事记。志体结构,以志为主体,设章、节、目、子目四个层次。正文设22章,横排门类,纵叙史实。志末设专记、附录,附编后记和编纂、审定人员。

六、本志采用规范的语体文、记述体,行文按照《上海市地方志书编纂行文规范》,力求严谨、朴实、简洁、流畅,以第三人称记述。

七、本志大事记采用编年体和纪事本末体相结合的方法,以编年体为主。

八、本志设“社区文化共同体”章和“文物与历史风貌保护”章,以更好体现湖南路街道的特色。

九、本志“人物·荣誉”章中,人物遵照“生不立传”原则,按卒年先后为序,分列传略;同时,分列先进集体(个人)名录,专记辖区内全国和上海市先进集体和个人。

十、本志中多次出现的人名、地名或事物名称，首次出现用全称，并加括号注明简称，之后再出现用简称。

十一、本志所记述的地点、机构名称、职称及币种、计量单位，一般按当时称谓。

十二、本志纪年，凡 1949 年 5 月 27 日上海解放以前的用历史纪年括注公元纪年；1949 年 5 月 27 日以后一律使用公元纪年。统计表格中，空白表示无该项统计数据，“—”表示有该项统计，但由于各种原因资料暂缺，“0”表示该项数据为零。因各部门统计口径不一，同项数据容有差异。

十三、本志资料来源以档案为主，以及由街道各部门、各居民委员会和辖区市、区属有关企事业单位提供的资料，由出版社正式出版的《徐汇年鉴》《徐汇区志》《徐汇区地名志》《徐汇统计年鉴》和有关部门依法公布的人口经济普查统计公报等资料。统计表格均注明出处，凡不注明出处均由街道各部门各居民委员会和辖区市、区属有关企事业单位提供。

目　　录

凡　例 …… 1
概　述 …… 1
大事记(1991—2016年) …… 19

第一章　地理·建置

第一节　地质地貌 …… 72
第二节　历史河道 …… 72
　一、西芦浦(主要河道) …… 72
　二、蛛丝浜(一般河道) …… 73
　三、赵家浜(一般河道) …… 73
　四、吴枞泾(一般河道) …… 73
　五、草庵浜(一般河道) …… 73
第三节　建置沿革 …… 73

第二章　人　　口

第一节　人口数量变动 …… 78
第二节　家庭户人口 …… 80
第三节　人口构成 …… 81
　一、性别 …… 81
　二、年龄 …… 81
　三、民族 …… 83
　四、文化 …… 84
第四节　优生优育 …… 84
　一、机构 …… 84
　二、宣传教育 …… 85
　三、优生优育指导 …… 86
　四、生殖健康指导 …… 88
　五、外来流动人口计划生育管理和服务 …… 89

第三章　中共湖南街道工作委员会

第一节　组织机构 …… 94
　一、机构设置 …… 94
　二、历任领导 …… 95
　三、制度建设 …… 96
第二节　组织建设 …… 100
　一、基层党组织 …… 100
　二、社区(街道)综合党委、社区党委 …… 101
　三、行政党组 …… 102
　四、社区党建服务中心 …… 102
第三节　社区党建 …… 104
　一、居民区党建 …… 104
　二、区域化党建 …… 105
　三、“两新”组织党建 …… 105
　四、社区党建工作会议 …… 107
　五、“田字形”管理体系 …… 107
　六、社区党校 …… 108
第四节　党员主题教育 …… 109
　一、“三讲”教育 …… 109
　二、保持共产党员先进性教育 …… 110
　三、学习实践科学发展观 …… 112
　四、党的群众路线教育实践 …… 115
　五、“三严三实”专题教育 …… 117
　六、“两学一做”学习教育 …… 118

第五节 宣传教育 …… 121
一、理论学习 …… 121
二、思想教育 …… 122
三、媒体宣传 …… 123
第六节 纪律检查 …… 124
一、机构设置 …… 124
二、党风廉政建设 …… 124
三、违纪查处 …… 128
第七节 统战工作 …… 129
一、侨务 …… 129
二、民族 …… 131
三、台胞台属 …… 132
四、民主党派 …… 133
第八节 人大工作 …… 134
一、机构沿革 …… 134
二、代表选举 …… 134
三、代表履职 …… 135
第九节 离退休干部工作 …… 136
一、机构 …… 136
二、服务老干部 …… 136
三、发挥老干部作用 …… 138

第四章 湖南路街道办事处

第一节 机构 …… 140
一、机构设置 …… 140
二、职能职责 …… 141
三、历任领导 …… 143
四、制度建设 …… 143
第二节 主要政务 …… 148
一、社区管理 …… 148
二、社区服务 …… 150
三、综合治理 …… 153
第三节 实事项目 …… 153
第四节 居民代表会议和社区代表会议 …… 160
一、居民代表会议 …… 161
二、社区代表会议 …… 162
第五节 信访工作 …… 163
一、队伍 …… 163
二、制度 …… 164
三、受理 …… 164
第六节 档案管理·地方志编纂 …… 166
一、档案管理 …… 167
二、地方志编纂 …… 169

第五章 工会·共青团·妇联

第一节 工会 …… 172
一、工会代表大会 …… 172
二、组织建设 …… 173
三、维护权益 …… 174
四、素质教育 …… 175
五、劳模工作 …… 176
六、帮困送温暖 …… 176
七、经费审查 …… 177
第二节 共青团 …… 178
一、组织建设 …… 178
二、区域化团建 …… 178
三、青年中心 …… 179
四、开展活动 …… 180
第三节 妇联 …… 183
一、妇女代表大会 …… 183
二、组织建设 …… 184
三、宣传教育 …… 186
四、维护权益 …… 187
五、实事项目 …… 188

第六章 法治·军事

第一节 综合治理 …… 194
一、机构职责 …… 194
二、维稳工作 …… 196
三、技防设施建设 …… 199
四、创建平安社区 …… 199
五、预防工作 …… 202
六、消防管理 …… 204
第二节 湖南路派出所 …… 208
一、机构设置 …… 209

二、队伍建设 …………………… 209
三、打击刑事犯罪 ……………… 210
四、治安管理 …………………… 211
五、户政管理 …………………… 212
第三节　街道司法所 ……………… 214
一、机构设置 …………………… 214
二、人民调解 …………………… 214
三、普法宣传·法律服务 ………… 216
四、社区矫正·安置帮教 ………… 218
第四节　人民武装 ………………… 221
一、机构职责 …………………… 221
二、国防动员 …………………… 221
三、兵役工作 …………………… 222
四、民兵预备役 ………………… 223

第七章　社会事务管理

第一节　社区事务受理中心 ……… 226
一、机构职责 …………………… 226
二、主要工作 …………………… 226
第二节　社区生活服务中心 ……… 228
一、机构职责 …………………… 228
二、主要工作 …………………… 228
三、服务设施 …………………… 230
第三节　社会救助 ………………… 232
一、工作网络 …………………… 232
二、救助工作 …………………… 233
第四节　双拥工作 ………………… 236
一、拥军优属 …………………… 236
二、拥政爱民 …………………… 239
三、"双拥一条街" ……………… 240
第五节　老龄工作 ………………… 241
一、机构 ………………………… 241
二、工作 ………………………… 243
三、项目 ………………………… 248
第六节　残疾人保障 ……………… 250
一、机构职责 …………………… 250
二、助残帮困 …………………… 252
三、康复·文体 ………………… 254
四、阳光机构 …………………… 256
第七节　劳动就业 ………………… 257
一、机构职责 …………………… 257
二、就业与再就业 ……………… 258
三、劳动保障 …………………… 261
第八节　社会组织服务中心 ……… 262
一、机构设置 …………………… 262
二、主要工作 …………………… 262

第八章　居民委员会

第一节　居委会建设 ……………… 266
一、建置沿革 …………………… 266
二、换届改选 …………………… 270
三、基本情况 …………………… 270
四、社区自治共治 ……………… 272
五、获奖情况 …………………… 273
第二节　华康居委会 ……………… 274
一、基本情况 …………………… 274
二、主要工作 …………………… 274
第三节　安福居委会 ……………… 275
一、基本情况 …………………… 275
二、主要工作 …………………… 276
第四节　兴武居委会 ……………… 276
一、基本情况 …………………… 276
二、主要工作 …………………… 277
第五节　武康居委会 ……………… 278
一、基本情况 …………………… 278
二、主要工作 …………………… 278
第六节　金波居委会 ……………… 281
一、基本情况 …………………… 281
二、主要工作 …………………… 282
第七节　复永居委会 ……………… 282
一、基本情况 …………………… 282
二、主要工作 …………………… 283
第八节　淮中居委会 ……………… 283
一、基本情况 …………………… 283
二、主要工作 …………………… 284
第九节　春华居委会 ……………… 285

一、基本情况 …………………… 285
二、主要工作 …………………… 285
第十节 淮海居委会 ………………… 286
一、基本情况 …………………… 286
二、主要工作 …………………… 287
第十一节 东湖居委会 ……………… 287
一、基本情况 …………………… 287
二、主要工作 …………………… 288
第十二节 延庆居委会 ……………… 288
一、基本情况 …………………… 288
二、主要工作 …………………… 289
第十三节 新乐居委会 ……………… 290
一、基本情况 …………………… 290
二、主要工作 …………………… 291
第十四节 陕新居委会 ……………… 291
一、基本情况 …………………… 291
二、主要工作 …………………… 292
第十五节 复襄居委会 ……………… 292
一、基本情况 …………………… 292
二、主要工作 …………………… 293
第十六节 张家弄居委会 …………… 294
一、基本情况 …………………… 294
二、主要工作 …………………… 294
第十七节 复中居委会 ……………… 295
一、基本情况 …………………… 295
二、主要工作 …………………… 295

第九章 街道经济

第一节 发展概况 ………………… 298
第二节 招商引资 ………………… 301
第三节 集体企业 ………………… 302
第四节 楼宇经济 ………………… 303
第五节 街道商会 ………………… 307

第十章 商 业

第一节 特色街市 ………………… 314
一、华亭服装市场 ……………… 314
二、襄阳服饰礼品市场 ………… 315
三、武康庭 ……………………… 316
四、乌鲁木齐中路商业街 ……… 317
第二节 商场、超市、便利店 ……… 318
一、商场 ………………………… 318
二、超市、便利店 ……………… 319
第三节 旅馆餐饮 ………………… 320
一、旅馆 ………………………… 320
二、餐饮 ………………………… 321
第四节 菜市场 …………………… 328
一、马路市场入室 ……………… 328
二、标准化菜市场建设 ………… 328

第十一章 金 融

第一节 银行 ……………………… 332
一、上海银行淮海支行 ………… 332
二、中国工商银行淮海中路第二支行 …………………… 332
三、中国农业银行淮海中路支行 …… 333
四、中国建设银行常熟路支行、武康路支行、襄阳路支行 ……… 333
五、中国银行淮海支行、安福路支行 …………………… 333
六、招商银行长乐支行 ………… 333
七、其他银行 …………………… 334
第二节 证券 ……………………… 335
一、上海市证券同业公会 ……… 335
二、证券公司 …………………… 335
三、证券公司营业部 …………… 336
第三节 保险·投资·典当 ………… 336
一、上海全安保险经纪有限公司 …………………… 336
二、国泰财产保险有限责任公司徐汇长乐路营销服务部 ……… 336
三、上海联和投资有限公司 …… 336
四、华威慧创(上海)投资管理咨询有限公司 ……………… 336
五、上海信邦典当行有限公司 …… 337

第十二章 住 房

第一节 旧区改造 …………………… 340
第二节 住宅建筑 …………………… 344
一、1912—1948 年住宅建筑 ……… 344
二、1949—1990 年住宅建筑 ……… 350
三、1991—2016 年新建住宅 ……… 351
第三节 高层住宅 …………………… 354
第四节 拆迁地新建筑 ……………… 355
第五节 物业管理 …………………… 356
一、机构职责 ……………………… 356
二、居民住宅小区管理 …………… 357
三、物业公司 ……………………… 360
四、业主大会和业主委员会 ……… 363
第六节 住房保障和房屋管理 ……… 367
一、机构职责 ……………………… 367
二、主要工作 ……………………… 367

第十三章 市政设施·城区管理

第一节 道路 ………………………… 370
一、主干道 ………………………… 370
二、次干道 ………………………… 372
三、一般道路 ……………………… 376
第二节 公共交通 …………………… 378
一、轨道交通 ……………………… 378
二、公共汽车线路 ………………… 380
三、出租汽车站 …………………… 381
第三节 公用事业 …………………… 381
一、邮政 …………………………… 381
二、电信 …………………………… 382
三、水电燃气 ……………………… 382
第四节 环境保护 …………………… 384
一、环境治理 ……………………… 384
二、生活垃圾分类 ………………… 384
三、专项工作 ……………………… 385
第五节 市容管理与绿化 …………… 385
一、机构职责 ……………………… 385
二、环境综合整治 ………………… 385
三、道路保洁·垃圾清运 ………… 387
四、绿化 …………………………… 391
第六节 城管执法 …………………… 394
第七节 违建拆除 …………………… 395
一、机构 …………………………… 395
二、拆违 …………………………… 395
第八节 网格化管理 ………………… 396
一、机构职责 ……………………… 396
二、网格块区 ……………………… 396
三、信息平台 ……………………… 397

第十四章 精神文明建设

第一节 思想道德建设 ……………… 400
第二节 文明创建 …………………… 402
一、文明社区 ……………………… 402
二、文明小区 ……………………… 405
三、文明单位 ……………………… 409
第三节 志愿者服务 ………………… 411
一、机构 …………………………… 411
二、队伍 …………………………… 411
四、服务 …………………………… 413

第十五章 科技信息化

第一节 社区科普 …………………… 418
一、机构 …………………………… 418
二、活动 …………………………… 418
三、基地 …………………………… 420
四、项目 …………………………… 421
第二节 信息化建设 ………………… 422
一、机关和服务机构信息化建设 …… 422
二、居委会和社区信息化建设 …… 424
三、网格化管理信息系统 ………… 425
四、街道信息化服务 ……………… 426
五、“慢品上海湖南社区”综合微信平台 …… 428
第三节 市属研究院(所) ………… 429
一、上海市科学技术情报研究所 …… 429

二、上海市质量和标准化研究院 …… 430
三、上海电动工具研究所 ………… 431
四、上海市房地产科学研究院 …… 432

第十六章 教 育

第一节 幼儿园 ……………………… 434
一、五原路幼儿园(武康园＋兴国园) ……………………………… 434
二、乌鲁木齐南路幼儿园 ………… 434
三、蒙特梭利幼儿园 ……………… 435
四、爱菊幼儿园 …………………… 435
五、四季方馨幼儿园 ……………… 436
六、襄阳南路第一幼儿园 ………… 436
七、泰宁国际幼儿园 ……………… 436
八、维多利亚幼儿园 ……………… 437
九、乌南幼儿园国际部 …………… 437
第二节 小学 ………………………… 437
一、世界小学 ……………………… 438
二、爱菊小学 ……………………… 438
三、位育实验学校小学部 ………… 439
第三节 中学 ………………………… 439
一、位育实验学校 ………………… 439
二、南洋模范初级中学 …………… 440
第四节 高等院校 …………………… 441
第五节 社区学校 …………………… 442
一、组织机构 ……………………… 442
二、教育教学 ……………………… 444
第六节 未成年人保护 ……………… 447
一、机构职责 ……………………… 447
二、保护内容和措施 ……………… 448
三、湖南路街道家长学校 ………… 451

第十七章 文化·旅游

第一节 社区文化设施 ……………… 454
一、湖南社区文化活动中心 ……… 454
二、湖南路街道图书馆 …………… 455
三、居委会文化活动室 …………… 456
第二节 社区文化建设 ……………… 458
一、社区文化团队 ………………… 458
二、社区文化 ……………………… 461
三、社区文化艺术节 ……………… 462
第三节 市级文化单位 ……………… 464
一、上海音乐学院 ………………… 464
二、上海交响乐团 ………………… 465
三、上海话剧艺术中心 …………… 466
四、上海越剧院 …………………… 467
五、上海教育出版社 ……………… 468
第四节 旅游 ………………………… 469
一、旅游线路 ……………………… 469
二、旅游景点 ……………………… 476
三、旅游饭店 ……………………… 477

第十八章 社区文化共同体

第一节 发展沿革 …………………… 480
一、社区历史文化积淀 …………… 480
二、市级文化资源状况 …………… 481
三、社区文化发展沿革 …………… 481
四、"文化共同体"探索与形成 …… 482
第二节 主体内容 …………………… 483
一、"五名文化"进入社区 ………… 483
二、"五位一体"保障体系 ………… 484
第三节 重要成果 …………………… 485
一、五大院团实体入驻 …………… 485
二、推出特色项目 ………………… 486
三、参加市级汇演 ………………… 486
四、编辑出版《200031 个历史街区的文化记忆》 ……………… 490
五、修缮、开放张乐平和柯灵旧居 ………………………………… 491
六、创办梧桐画社 ………………… 491

第十九章 卫 生

第一节 徐汇区中心医院 …………… 494
一、概况 …………………………… 494
二、医疗特色 ……………………… 494
三、社区活动 ……………………… 496

第二节　湖南路街道社区卫生服务中心 …… 497
一、概况 …… 497
二、主要工作 …… 498
第三节　其他卫生医疗机构 …… 499
一、上海市肺科医院(延庆路院区) …… 499
二、上海博爱医院(原上海市第二轻工业局职工医院) …… 500
三、远洋医院(瑞金医院分院) …… 502
四、复旦大学附属口腔医院复兴中路院区(上海市口腔医院分院) …… 502
五、上海市卫生健康委员会监督所 …… 503
第四节　爱国卫生 …… 505
一、除四害 …… 505
二、开展健康教育 …… 506
第五节　公共卫生 …… 508
一、创建市级卫生街道 …… 508
二、疾病防治与抗击疫情 …… 509
第六节　红十字会 …… 511
一、主要活动 …… 511
二、居民红十字服务站 …… 512
三、公民义务献血 …… 512

第二十章　体　育

第一节　群众体育 …… 516
一、社区体育团队 …… 516
二、社区体育活动 …… 524
第二节　全民健身机构与设施 …… 525
一、健身指导服务机构 …… 525
二、健身苑点 …… 526
三、公共健身场所 …… 528

第二十一章　文物与历史风貌保护

第一节　概况 …… 532
第二节　文物保护单位 …… 534
一、概况 …… 534
二、文物保护建筑选介 …… 539
第三节　优秀历史建筑 …… 546
第四节　武康路中国历史文化名街 …… 551
一、概况 …… 551
二、名人故居、寓所选介 …… 552
三、武康路典故 …… 555
第五节　保护、整治与传承 …… 557

第二十二章　人物・荣誉

第一节　人物 …… 562
第二节　先进集体 …… 566
一、全国先进集体 …… 566
二、市级先进集体 …… 567
第三节　先进个人 …… 583
一、全国先进个人 …… 583
二、市级先进个人 …… 583
第四节　辖区居民全国、部、市(省区)劳动模范获得者 …… 587

专记一　金相邻

一、开展“金相邻”工作的背景 …… 589
二、“金相邻”推进工作的举措 …… 590
三、“金相邻”取得的成效 …… 591
四、“金相邻”的典型经验和意义 …… 592

专记二　弄管会

一、提出背景 …… 594
二、运作机制 …… 594
三、取得成效 …… 595
四、经验启示 …… 596

专记三　路管会

一、项目背景 …… 597
二、运作机制 …… 597
三、项目成效 …… 598
四、经验启示 …… 598

专记四 上海市衡复历史风貌区核心区域的传承保护与开发建设
一、百年历史概述 …………………… 599
二、百年特色底蕴 …………………… 601
附录 辖区领事馆一览
编 后 记

概　述

湖南路街道位于上海市徐汇区北部，东起陕西南路，与黄浦区交界；西至兴国路、华山路，毗邻长宁区；南临复兴中路、淮海中路，与徐汇区天平路街道相邻；北接长乐路、华山路，与静安区接壤。辖区面积1.73平方公里。辖区地处衡复历史文化风貌区核心区域，具有区域面积小，成熟度较高；花园洋房多，绿化覆盖高；文化单位多，居民层次高；涉外领馆多，国际程度高；老年群体多，老龄程度高的特点。辖区素有“花园街道”之美称，绿化覆盖率达28.28%，拥有770多幢风格各异的老洋房，16条永不拓宽的特色马路，123处不可移动文物，是上海屈指可数的“世界万国建筑博览”缩影之一，200余位历史名人曾在此居住，上海音乐学院、上海交响乐团、上海话剧中心、上海越剧院、中国福利会儿童艺术剧院、上海教育出版社等众多文化单位集聚于此，社区人文底蕴丰厚、文化活力迸发。至2016年末，辖区共有居委会16个；共有户籍居民16 802户，户籍人口48 992人；常住外来人口7 080人；人口密度32 412人/平方公里；60周岁及以上人口19 426人，其中百岁及以上老人25人。

（一）

辖区位于太湖碟形洼地东端，距上海成陆年代最早的冈身地带较近，是冈身与黄浦江之间的低平冲积平原。基底岩石由古生代碳酸盐岩类、中生代火山岩和侵入岩以及局部凹陷盆地的新生代红色砂砾岩与玄武岩组成。其上覆盖着第四纪松散沉积物，埋深不一。地面表层为褐黄色土层，由亚黏土、黏土构成。下层为灰色粉砂层。据勘察虹桥路市民村一带，距地表10米内为填土层，10米以下至50余米处为黏土、亚黏土及轻亚枯土层，地表下50余米至80米左右处为粉砂、亚黏土层。区境地处上海市地貌区的碟缘高爽地中部、江南水网地带，为低平冲积平原的组成部分。地表自然坡度小，都在高潮位之下。

辖区在唐、宋时属华亭县，元、明、清时属上海县。民国三年（1914年）后法租界逐步覆盖区域。1949年5月上海解放，本地区属常熟区接管专员办公室第三办事处管辖。1950年冬，改为常熟区人民政府冬防指挥部第一冬防办事处。1956年划归徐汇区管辖。

辖区历史上曾分设过新乐路、湖南路两个街道办事处。

原新乐路街道，位于区境东北部。东起陕西南路，西接常熟路及宝庆路，南靠复兴中路，北至长乐路。面积0.72平方公里。1953年10月，街道由延庆路、复兴中路2个办事处各划出部分地区合并建成，原名常熟区人民政府第六办事处，辖区东临陕西南路，西接东湖路、襄阳南路，南到南昌路，北至长乐路。设9个居民区委员会。1980年3月，改名为徐汇区人民政府新乐路街道办事处。

原湖南路街道，位于区境北部，东起常熟路、宝庆路，西临兴国路、华山路，南接淮海中路、复兴中路，北到长乐路。面积1.01平方公里。街道办事处始建于1951年6月，原名常熟区人民政府第一派出人员办事处。以后建置境域屡经变更。1980年3月，改名为徐汇区人民政府湖南路街道办事处。

1991 年 5 月 26 日，经市人民政府批准撤销新乐路、湖南路两个街道办事处，“撤二建一”，建立新的湖南路街道办事处。街道办事处设在复兴西路 62 号。至 2016 年末，湖南路街道辖区位置和面积没有变化。辖区共有居委会 16 个。

20 世纪初，辖区内多为沟浜、坟丘、菜地，散有李家宅、马家宅、曹家弄等自然村落，居民多以种菜为生。今淮海中路 987 弄一带，原称钱家荡。清光绪二十七年(1901 年)法殖民者越界填荡筑宝昌路(今淮海中路)、善钟路(今常熟路)，民国三年(1914 年)后成为法租界的一部分。从 20 世纪初的上海县城西区小农村，到 1914 年洋人租地后变为商业居住区，街道经历百年历史烟云。法租界第三次扩界后，使上海县城以西的大片土地脱离了中国当局的管辖。随着大批外侨进入衡复区域居住营生，租界当局将西方城市规划理念与当地地理环境融合，启动了大规模的筑路计划。在 1925 年前后，在今衡复区域内的复兴西路、衡山路、建国西路、永嘉路、乌鲁木齐南路和长乐路先后完成修筑，与原上海东区和中区的已修筑道路一同组成了法租界的道路网络。随后，中外商人陆续在辖区内建造花园住宅、石库门里弄住宅以及武康大楼等楼宇。

街道辖区市政设施基本始建于 20 世纪初，在 20—30 年代，随着侨民和外埠移民陆续进入辖区，辖区基础市政设施趋于完备。中华人民共和国成立后，由于历史原因，辖区人口激增，原先的市政设施逐渐不能很好满足居民日常生活所需。改革开放后，特别是 1991 年以来，街道辖区内道路、交通、邮政、电话等公用基础设施以及环境保护、园林绿化等生态环境得到很大改善。至 2016 年，辖区内有淮海中路、复兴中路、复兴西路、武康路等 26 条道路。26 条道路中，主干道 3 条，次干道 8 条，一般道路 15 条。轨道交通 1 号、10 号、12 号线穿梭于辖区境内；途经区域内的公交线路有 21 条。2006 年，街道承担并完成辖区内轨道交通 7 号线常熟路站、10 号线淮海中路站、12 号线陕西南路站站点和襄阳服饰礼品市场和南昌集贸市场的动迁任务。贯穿街道境内的公共汽车线路至 2016 年末有 20 条，其中起讫站在街道辖区内的有 1 条，在街道辖区境内通过的有 19 条。2011 年街道创建成上海市市容环境示范街道。

辖区内邮政、电信、水电燃气资源配置完善。有 1 个邮政支局，2 个邮政所。至 2016 年末，街道内光纤覆盖率达 100%，平均宽带上网速度为 150 M。宽带用户有 2 万 5 千余线，其中企业用户 2 千余线，私人用户 2 万 2 千余线。固定电话用户 2 万线左右，其中，企业用户 7 千余线，私人用户 1 万 2 千余线。辖区内 16 个自然小区共 20 887 户用上了天然气。街道在有关部门协同下，帮助老旧小区解决用水问题，更换自来水管 4.2 吨，对 147 只屋顶水箱进行清洗、消毒，保证居民的饮水卫生。对外露水管进行包扎，并投资 20.7 万元更换水管 14.07 吨，受益户 2 215 户，翻排、疏通下水道 2 906 米，泵房故障排除 45 处，低压路段换线 19 071 米，受益户 1 448 户，从而确保了广大居民的安居乐业。辖区用电由沪南供电分公司负责供应。1992 年，有线电视信号陆续接入辖区居民家。2009 年起，分批次进行有线电视信号整体转化为数字电视信号，实现居民家庭有线电视数字化。至 2016 年末，街道社区居民户水、电、天然气和数字电视做到全覆盖。

街道在全市范围内率先开展生活垃圾分类。2011 年，街道在武康路 280 弄、永福路 86 弄(伯乐大院)、安福路 198(金苑小区)等 5 个小区试点生活垃圾分类。2012 年在总结生活垃圾分类试点工作基础上，街道在各小区开展系列宣传活动，如制作宣传板报、悬挂宣传横幅、开设知识讲座、在《湖南社区报》刊登科普知识、居委会组织学习讨论等，向居民普及生活垃圾产生、分类、收集、运输、处置等各个环节知识，提高社区居民生活垃圾要分类投放的环保意识。联合社会公益组织在居民区开展“绿色账户”资源回收活动，提高可回收物资源回收利用率。至2016年末，全街道实现居民区生活垃圾分类全覆盖。

积极抓好市容环境与绿化工作，美化、绿化辖区居民的生活环境。1991年，新的湖南路街道建立后，相应成立辖区环境卫生管理所(简称湖南环卫所)。主要职责是清扫辖区内344 693.6平方米马路，保洁113只废物箱，5个公共厕所，25个倒粪站和1 992个化粪池。并担负市容环境综合管理工作。2004年，区市容环卫系统实行管理与作业分类管理模式，湖南环卫所环境卫生管理职能划归街道市容管理所，业务职能划归日盛环境保洁服务有限公司，更名为湖南作业队。湖南市容管理所隶属湖南路街道办事处，承担辖区内市容环境卫生管理工作。深化联勤联动工作机制，依托市容综合管理联席会议平台，整合协调单位执法力量，形成“联手、联动、联合”的大联勤工作模式，采取集中整治和常态管理相结合方式，组织整治，督促沿街店家落实门责环境责任制，加强市容环境日常巡查。强化非机动车管理，合理布局非机动车停放点位。

街道加强绿化管理，充实湖南路街道绿化工作委员会成员单位。拓展辖区绿化空间，营造城市绿化景观，改善城市生态环境，逐步开展破墙透绿，绿化工作成绩显著。对区域内单位、居住区广泛开展创建“花园式单位”“绿化合格单位”“园林式绿化小区”“绿化合格小区”活动。至2016年，辖区内有公园2座：襄阳公园、丁香花园。辖区绿地面积上升至30万平方米，绿化覆盖率28.28%，住宅小区总绿地面积17万平方米，公共绿地面积4.5万平方米。庭院绿化总面积132 105平方米。其中，一级19 674平方米，二级36 639平方米，三级50 312平方米，四级25 480平方米。有行道树的道路有25条，行道树3 464棵。位于丁香花园内的铁冬青，已逾百年，是上海市唯一的一棵。实施“绿化工程”和“亮灯工程”。针对社区13万余平方米绿化普遍缺乏养护的现状，会同区绿化管理署协调产权单位和专业公司，对绿化实施分等级维护。共提升改造花园住宅绿化4 000余平方米。在居民区新增和修复路灯100余盏，基本消除居民区黑暗死角。

街道注重办实事建设社区宜居环境，创造条件，推进老旧小区的综合改造。辖区虽地处高级住宅区，但由于历史原因，也夹杂着一些老旧小区，一部分居民住房条件和环境较差，一千多只马桶在进入21世纪还在使用。群众对老旧小区家庭卫生设施改造的呼声很高。根据区委、区政府要求，由街道牵头，与区房地局和徐房集团三方合作，创新工作机制，建立湖南社区旧住房改造“三方联动”联席会议制度。联席会议讨论通过《湖南社区旧住房综合改造三年(2007—2009)行动计划》，提出2009年前社区内的卫生设施改造、旧小区平改坡改造和旧住房综合整修等工作项目的具体目标。将张家弄地区家庭卫生设施综合改造作为试点，2007年6月中旬开始施工，分三期推进。共计安装抽水马桶525只，安装独立水表321只，整理电表438只，公用部位刷白8 076平方米，安装消防喷淋管道2 756米，路面整修1 602平方米，大修12 653平方米。2008年继续推进其他零散分布在十几个居委800多户居民卫生设施改造，到9月底，共完成安装抽水马桶707只，安装独立水表693只，整理电表745只，公用部位刷白21 716平方米，安装消防喷淋管道1 647米，路面整修3 797平方米，大修 27 596 平方米。在辖区家庭卫生设施改造实施过程中，邀请人大代表等社会精英全程关注、积极参与，认真开展调查研究、建言献策、监督推进。经过两年改造，实现了辖区内基本消灭手拎式马桶的目标。

坚持风貌区保护与小区综合治理工作充分结合，坚持里外同步推进、同步治理，将 76 个住宅小区全部纳入小区综合治理目标（其中，直管公房小区 6 个，售后公房小区 51 个，商品房小区 19 个），着重改善居民群众的“小生态”环境，提升居民群众的获得感和幸福感。“自下而上”对接居委会需求，梳理各个小区软硬件设施，对需要增设的门禁、消防设施和监控探头等进行全部排摸，并结合小区实际特点形成“一小区一方案”，逐一核对、统一汇总。根据排摸情况，街道对占道、占绿、破坏建筑、影响环境等违章建筑 250 余处（约 3 500 平方米），加快拆除步伐，做到了应拆尽拆，还居民一个整洁的环境。

为加强城区管理，1996 年 8 月，湖南路街道城建监察队正式成立。2000 年 12 月，徐汇区城市管理监察大队三分队成立，隶属徐汇区城市管理监察大队，并接受湖南路街道办事处管理。2012 年 1 月，徐汇区城市管理监察大队更名为徐汇区城市管理行政执法局执法大队，徐汇区城市管理监察大队三分队更名为徐汇区城市管理行政执法局执法大队湖南中队。2015 年 9 月，按照“区属、街镇管、街镇用”的城管执法体制改革要求，全区 13 支地区城管执法中队正式下沉至街道，徐汇区城市管理行政执法局执法大队湖南中队随之更名为徐汇区城市管理行政执法局执法大队湖南街道中队（简称城管中队），在区城管执法局的业务指导和街道办事处的管理下履行职责，有人员 28 人。城管中队依据《上海市城市管理行政执法条例》以及市容环境、环境保护、工商管理等城市建设管理方面的法律法规，依法在辖区范围内行使行政处罚权。

为进一步提升城区管理水平，2004 年街道开始建设社区信息网，2014 年实施城市网格化综合管理。

（二）

推进区域经济工作。1992 年，街道成立经济办公室，开展集体企业股份制试点工作。2003 年，街道制定《湖南路街道经济管理办法》，2004 年，组建“街道经济管理委员会”，建立街道楼宇属地工作小组，开展招商引资，分组划片，定人定位与商务楼业主或物业管理部门联系，宣传招商引资优惠政策，为企业提供全方位全过程服务。2007 年，采取“一楼一策”加大楼宇招商引资，2010 年，世纪商贸广场、嘉华中心、环贸广场三幢甲级商务楼宇税收达到 5.75 亿元。

2000 年，街道成立徐汇区工商业联合会湖南路街道商会（简称湖南路街道商会），旨在建设一个有交流合作、团结互助、学习提升、助推发展等多种职能，帮助企业健康发展的综合性服务平台，把职能定位到服务大局、服务经济、服务企业上，有效承担政治引导、经济服务、诉求反映、权益维护、诚信自律、协同参与社会治理等任务。根据湖南路街道外资企业多、优质企业多的特点，围绕街道党工委、办事处的中心工作，开展系列活动，倡导商会品牌建设，凝聚力量为区域建设做贡献。2012 年，湖南路街道商会被评为 2012 年度“上海市工商联思想政治工作先进基层商会”。至 2016 年底，湖南路街道商会共有会员企业 56 家。1984 年

10月，华亭路小商品市场投入营业，1989年改名为华亭路服装市场，2000年8月搬迁至襄阳服饰礼品市场，2006年6月30日关闭。2005年起，实施武康庭一期、二期工程，2013年，环贸iapm大型商场试营业。推进露天菜场入室，1990年前，五原路农贸市场曾是上海露天农贸市场之一，1990年后，区有关部门在乌鲁木齐中路318号建造室内市场。1991年，街道牵头做好五原路农贸集市和乌中菜场进场工作，周边道路面貌有较大改善。2005年起，推进标准化菜市场建设，先后建成武康、乌中、延庆、便民等标准化菜市场。2013年起，实施乌鲁木齐中路沿街商业发展和业态升级工程。根据2013年湖南路街道经济普查数据显示，辖区内共有超市、便利店27家，旅馆业11家，餐饮店163家，商业设施配套完善。街道辖区内金融业务主要有银行、证券公司、保险公司、投资型公司和典当。银行业务与居民的关系最为密切。上海银行淮海支行于1988年9月开业，此后中国工商银行淮海中路第二支行、中国建设银行襄阳路支行、中国农业银行淮海中路支行、中国建设银行武康路支行、广发银行淮海支行、中国银行淮海支行、中国建设银行常熟路支行等银行网点先后在街道辖区内成立。

2015年，根据市委《关于进一步创新社会治理加强基层建设的意见》《关于深化街道体制改革的实施意见》等文件精神，街道剥离招商引资职能。开展“质量、品种、效益年”活动，坚持“便民、利民、为民”为服务宗旨，指导思想为“开拓创新，方便群众”，以“开发、引进、调整、借力”的方式，因地制宜、挖掘潜力发展经济。

街道民生工作以社区管理服务为中心，纵向衔接市、区、街（街道）、居（居委会），横向贯通公安、民政、劳动、医保等部门。2000年7月原街道社区服务中心（一门式服务）正式对外接待受理。2006年街道社区事务受理服务中心正式对社区居民受理六大类122项事务，优化工作流程，规范服务内容，实行“一口受理”的便民办事制度。以后逐步与劳动保障事务所、社会救助事务管理所进行归并，实行“三块牌子，一套班子”的运行机制和一门受理、综合受理、集中受理的工作模式，至2016年社区事务中心统筹受理民政、粮食、助残、人社、档案、公安、计生、医保、工会9大类178项社区事务服务项目，为居民解释政策，做好民政救助、房屋保障、支内回沪人员帮困、副食品价格补贴、医疗保险、居住卡证办理、工会理赔、劳动监察等相关工作；接受各类咨询，受理14万人次。

加强社会救助工作。建立社会救助工作网络。社会救助对象由传统民政救济对象转向所有困难居民，并向低收入、支出型贫困人员发展，逐步形成以城镇低保为基础、专项救助为支撑、临时补助为辅助，项目多样、功能整合的社会救助制度框架。从2002年起，街道社会救助事务管理所坚持每年向优抚、重残、低保、医疗救助、支内补助、副补、协保补助等各类对象发放救助。发挥街道劳动保障事务所的作用，开展求职登记、职业指导、职业介绍“一站式”就业服务，因地制宜举办各种形式的就业推荐活动，协调和借助社会力量，多头开发筹集就业岗位，积极扩大就业，指导鼓动和引导下岗、失业人员以多种形式实现就业，帮助落实优惠政策，宣传创业政策和开展创业咨询等服务，鼓励创业带动就业。积极为知青返沪子女、支内职工退休返沪子女解决读书、就业困难，为高龄无保障老人、上海市支援外地建筑退休（职）回沪定居人员等做好社会保障工作，受理社会医疗保险、社会保险业务。

加强社会组织服务和管理。2007年8月，湖南社区民间组织服务中心成立。2011年11月更名为湖南社区社会组织服务中心，发挥其社会组织连接政府和人民群众的纽带和桥梁作用，积极发挥"服务、管理、协调、预警"的四大功能，做好社区社会组织服务工作，促进社区社会组织健康发展，推进社会组织参与社区建设和管理，推动社区两个文明的建设。2012年中心被区社会团体管理局评为3A级社会组织。2016年，中心先后召开第一届理事会会议和第二届理事会第一次会议。截止2016年末，以街道为业务主管部门的社会组织共计12家。

以实现"老有所养、老有所医、老有所学、老有所教、老有所乐、老有所为"为目标，推进街道为老服务事业。1985年，街道成立老龄工作委员会(以下简称"老龄委")。1989年，街道建立第一个敬老室。1991年，街道建立老年图书馆，是全区街道第一个专为老年人建立的图书馆。至1997年底，18个居委会开设老年活动室。2001年，街道利用社区医疗资源，建立老年人健康档案，在司法所设立老年人接待日制度。街道老龄委贯彻"党政主导、社会参与、全民关怀"的老龄工作方针，围绕实现既定工作目标，以维护和保障老年人合法权益，改善和提高老年人生活质量为宗旨，不断完善社区养老服务机构，开展各项为老服务工作，促进街道老龄事业发展。街道老龄工作形成纵向由街道老龄工作机构、各居委会老龄工作小组、居民楼(弄)组长三个层面组成，横向由社区单位、党员、青年、妇女、邻里志愿者、居家养老服务中心、家庭成员组成的纵横交错的"助老爱心网"格局。街道为老服务机构分别是：湖南居家养老服务中心、湖南助老服务社、湖南社区特需服务社，湖南路街道老年协会，湖南路街道老年人日间服务中心，湖南路街道敬老院。至2016年，街道为老服务项目共有老年人意外伤害专项保险、家庭安装无障碍扶手、免费健康体检等19项。

重视残疾人工作。1999年12月，湖南路街道残疾人联合会第一次代表大会召开，成立了湖南路街道残疾人联合会(以下简称街道残联)和执行理事会，下设盲人协会、聋人协会、肢残人协会，智力残疾人及亲友协会、精神残疾人及亲友会等5个专门协会。至2012年湖南路街道共举行了五次残疾人代表大会。2016年底，街道残疾人工作探索以购买服务方式引进社会组织扶残助残。并成立街道社区康复站、街道残疾人服务湖南阳光之家、湖南阳光心园等，为残疾人康复、救助、劳动保障、文化教育、残疾预防等提供服务。

谋篇布局，强化社区生活的服务功能。为方便群众生活，2000年，投入60余万元建造武康农贸集市。市场占地面积924平方米，建筑面积1 150平方米，101个摊位。2006年完成对武康菜场的健康菜市场创建工作，被区商委、工商局、卫生局、技监局联合批准为合格菜市场。2015年，为提升武康路农贸集市标准化水准，给居民提供更丰富的菜品，武康路农贸集市整体搬迁至五原路287号，由上海铭言生鲜超市进行主体运营。

2008年针对社区东块长期缺少菜场，延庆路、长乐路等路段乱设摊严重的现象，街道办事处盘活房屋资源，租赁了延庆路9号(原联华超市)400多平方米的店面，并以政府出资长期补贴，企业坚持保本微利的运作模式，委托专业服务企业建立起一家拥有40多个摊位的便民菜店。低廉的摊位租赁费和干净整洁的市场环境，吸引延庆路和长乐路周边马路摊位入店经营，达到既方便居民买菜，保障食品卫生安全又改善环境卫生的目的。

(三)

街道全方位搭建社区平安体系，注重分类管理，做好服务工作。结合老弄堂改造工程，对87条改造好的老弄堂实行封闭式管理，安装铁门、设置门卫室，安装防盗电控门，在西块、中块监控点以及各个弄堂口设置监控探头共57个。推进居委会综治（社会治安综合治理）工作站建设，在16个居委会组建综治工作站，对居民区社会治安、安全生产、消防安全、社会稳定、外来人口管理做到全覆盖。社区单位、居委会签订《湖南社区安全保卫群防群治工作责任书》。成立志愿者队伍，对小区内消防、治安隐患进行检查和督促整改，及时掌握和排除不安全因素，16个居委会全部被评为市、区级平安小区；34个单位被评为市、区级平安单位。在重要节点时期，街道对部分重要路段、大楼和领馆等区域进行走访，了解防控工作开展情况，到社区内重点对象家中做好安抚工作。街道和各居委会安排全天候值班，对重点对象每天上门家访和电话联系，确保对象情绪平稳。会同区建交委、徐房集团等有关单位，妥善处理各类信访问题，有效保证了社区的稳定。

注重综合调解，积极化解矛盾。完善社区大调解工作格局。逐步形成“党政领导、综治牵头、司法主导、部门参与、联调联动化解矛盾纠纷”的大调解工作新格局。发挥警民联调处理轻伤害、治安案件的优势，借助诉调对接、行业性调解组织等相关平台，形成矛盾纠纷调解的合力。建立健全大调解组织领导与工作机制，实现矛盾纠纷联调联动，发挥人民调解基础性作用。增强调解工作的专业性，将法律顾问、法律工作者充实到调解队伍中，强化街道、居委会两级人民调解委员会的工作力量。完善矛盾排摸体系，及时掌握不稳定因素，定期分析研判，积极主动介入调处，防止矛盾纠纷激化，将社区矛盾解决于萌芽状态。

注重群防群治，降低治安风险。街道开发完善社区综合管理服务平台；湖南门户网、湖南社区管理网；人口库、资源库、GIS信息库；人口管理信息系统、资源管理信息系统、GIS系统、协同管理信息系统的“一台、二网、三库、四系统”的网格化管理信息系统。将社区管理职能逐一纳入社区信息化系统。初步实现“基础人口数据”与计生、统战、低保救助等业务数据的日常更新，并与政府、企业、社会团体、社区单位等信息有机结合，为“一网覆盖”的网格化管理提供了后台信息支撑。同时，还引入有线无线街面监控、来电显示、短信群发功能，将街面监控与GIS信息库、人口库有机相连，做到人口信息、空间位置和实时图像三位一体。有效地提高了社区事务处置速度和质量。在社会治安综合治理工作中按照社区管理网格化、社区建设实体化、社区党建全覆盖“二化一覆盖”的要求，将辖区划分成3个网格管理区块，建立街道办事处、派出所、居委会治安循环链，构建成预防和处置突发事件预警网络，有效遏制治安案件高发的势头。58家重点企事业单位签署了消防保证书，重要节点时期对重点单位、公共场所、高层楼房以及易燃易爆物品存放处进行消防安全检查，降低了治安和消防安全的风险。

多举措打造社区共治格局积极完善组织架构，夯实基层基础工作。在街道层面上，加强党建职能部门的力量整合和分工调整。坚持党建带群建的工作思路，以核心党建引领和带动工青妇、统战、老干部等大党建工作的整体推进。在基层居委会层面上，不断强化基层队伍建设。将居委会换届选举作为加强队伍建设的契机，16个居委会均以直选的方式，选优选强居委会工作人员。选举产生的居委会委员100％属地化，坐班率达78％，2016年底居委会委员平均年龄49岁，比上届下降1岁；其中党员24名，占30％。着力推进实施“专业社工成长三年计划”，与区委党校合作开展培训，250名社工通过脱产全日制轮训，开阔视野、提升能力，创新社区治理的理念和办法。2016年进行分层分类，启动居民区书记队伍以“1＋

6”改革后如何补短板为主题的针对性培训。结合居民区书记后备力量调研工作，梳理储备居民区后备干部15名，其中事业编制2人，居委会主任2人，专职党群工作者4人(含1名居委会主任)，居委会社工7人，条线社工1人，为2016年以后的换届工作做好准备。

集思广益凝聚力量，创新社区管理模式。社区管理的新模式主要有：“金相邻”“弄管会”“路管会”：

金相邻 2011年8月首先在东湖居民区诞生了第一个“金相邻”。当时该居民区老年人占总人口比例近三成，其中，80岁以上老人有109人。如何让这些高龄老人，尤其是独居、困难老人安度晚年，让日常生活中的自发的邻里互助变成一种自觉的、组织化的行为，以及动员更多的居民参与到这样的邻里互助的社区志愿行动中来，东湖居民区帮困扶老工作站以“自治家园”模式宣布成立，后改名为“金相邻”，寓意“金相邻，银亲眷，远亲不如近邻”。响亮的名字，加上不断扩展的影响力，使“金相邻”成为街道辖区内家喻户晓的社区自治、邻里互助的品牌。到2016年底，“金相邻”工作站基本涵盖了各居民区。通过“金相邻”社区工作站以及弄管会和志愿者群体，原来热心居民的个体互助行为，逐渐转变为组织化的、制度化的运作，从而形成一种独特的社区自治模式。

弄管会 由于辖区公租房屋多、花园洋房多、老年人多，是一个典型的老城区，社区内有大小弄堂214条。弄堂给居民的出行带来方便和快捷的同时，也给治安和防范带来了很多难点和问题。从2007年开始，街道以老弄堂改造“三化”建设民生工程为契机，大力营造“环境舒适化、设施便民化、管理自治化”的社区生活环境，以点带面、点面联动，努力构建“平安弄堂”，走出一条老城区综治力量整和平安社区建设的新路子。2008年，街道弄管协会成立，其在引导组织成立、规范日常管理、指导工作业务等方面，为推进老弄堂居民自治管理发挥了很大的作用。截至2016年，社区内已成立74个弄管会，弄管成员388人，聘请保安、保洁人员113人，志愿者2 500余人，基本实现了社区弄堂自治管理全覆盖。2010年6月，时任中共中央政治局委员、上海市委书记俞正声于世博会期间实地走访长乐路339弄弄管会和陕西南路186弄弄管会，并对弄管会成员为世博会所作的贡献表示肯定。2009年6月，时任上海市政协主席冯国勤也对弄管会进行调研，称赞里弄风貌改造基本达到了国际开放城市水平。

路管会 2009年7月，湖南路街道从构建党委领导、政府负责、社区协同、公众参与的社区建设新格局出发，探索社区管理新方式，在商铺较为集中的乌鲁木齐中路初步试点商铺自治自管创新社区治理新模式。2010年3月，在广泛调研并总结乌鲁木齐中路沿街商铺自治自管创新治理模式基础上，湖南街道沿街商铺管理协会(简称“路管会”)正式成立。路管会工作模式经过多年的深入探索和总结，工作范围和工作内容都得到进一步扩展，除了在维护市容环境整洁、促进商铺文明经营方面起了推动作用之外，在创建文明社区、保障食品安全、诚信计量、垃圾分类、协助街道进行业态调整等工作中也发挥积极作用。

(四)

上海解放前，辖区境内有私立中小学28所，幼稚园2所，托儿所1所。上海解放后，随着辖区经济社会发展和居住人口的增多，教育事业也随之推进。据1990年统计，新乐路街道与湖南路街道辖区内有大专院校3所，神学院1所，中学3所，小学8所，幼儿园13所，托儿所18所，职工业余中学6所。1991年新的湖南路街道办事处成立，辖区内有上海音乐学院等大专院校4所，中小学10所。1991年起，街道先后建立社区业余党校、市民学校和家长学校。业余党校设立4个分校、6个电化教育播放点。市民学校连续7年利用电化教育、上课等多种形式进行法律、法规、争创"五好"家庭等内容的学习教育。家长学校设12个分校，对0—14岁孩子的家长分层次进行教育、培训，覆盖率90%。1992、1996、1998年三次被评为上海市优秀家长学校。2002年后，学习型社区建设加速推进，成立社区老年学校，开设7个班。2005年启动社区学校实体化建设。1994年，成立湖南路街道青少年保护委员会，2005年更名为湖南路街道未成年人保护委员会。1998年后建立街道、居委会和学校的青少年保护工作的三级网络。2005年起，将未成年人保护工作纳入社区学校管理范围。2016年，街道辖区内有高等院校1所，为上海音乐学院；小学、初中九年一贯制学校1所，为上海市位育实验学校；小学2所(其中民办1所)，为世界小学、爱菊小学(民办)；幼儿园10所(其中民办5所)；社区学校1所。

辖区内科技力量雄厚，有上海市科学技术情报研究所、上海市质量和标准化研究院、上海电动工具研究所、上海市房地产科学研究院等四个市属科研机构。

1991年街道成立科普委员会，各居委会相继成立科普小组。以后街道和各居委会分别开设科普讲座，在市民文明学校中开办科普班，教学内容包括文明的生活方式、计划生育、老年人保健、社区保健、环境与个人健康等课程。1992年建设科普基地街道，每年坚持举办多项科普活动。1997年成立科普协会。1998年成立由上海第二军医大学院长刘志高领衔的湖南科普讲师团。在辖区青少年中广泛开展科普活动，分别举办绿化夏令营、电脑冬令营、科普夏令营和医疗技术讲座等课程，开展以青少年性教育为主题的"父母与我共青春"活动，讲授青春期性心理、性生理等方面的知识。组织青少年参加"我爱我家"节能降耗知识竞赛，在长乐学校举办"湖南-长乐杯"老房子建筑模型系列竞赛，来自湖南社区的居民家庭组合参加现场建模制作，并举办"湖南-爱菊杯"头脑奥林匹克亲子擂台赛，形成"老少学科学，家庭更和谐"的氛围。开展"乐游洋房建家园"科技周暨"湖南-世小杯"老洋房节活动。2013年组织辖区内爱菊小学、世界小学、长乐学校的中外学生家庭60余人到上海市气象局、上海气象协会参加"气象、环境和我们"2013年湖南路街道寒假亲子活动。2014年在上海科技周活动期间，以"老洋房新生态新生活"为主题，以绿色洋房、和谐生态为特色开展系列活动。举办"三毛爱科学"流动科技馆开放活动，以及上海交响乐团音乐科学之旅、湖南社区科普基地一日游等活动。

建设科普基地，创建淮海中路1754弄科普弄和武康居委科普特色小区。投资近15万元在兴国花园内建成了湖南社区科普儿童乐园，并配置科普活动类和儿童娱乐类活动器材，满足社区少年儿童的科普娱乐需求。有关新闻单位报道了武康、福永、淮海、华康4个居委会开展科普活动的情况。推进科普项目的拓展，完成科普艺校、鱼菜共生、微信网站、白领午间、科普生活等项目。

推进辖区信息化建设，2004年10月街道党工委成立湖南路街道信息化建设领导小组并设立了信息化办公室。根据街道的实际情况，制定湖南路街道信息化的工作规划和工作进程表。完成全部20个居委会和社区服务中心的联网工作。推进居委会的办公自动化，做到区政府、街道、居委会三网互联。完善信息网络建设，基本形成社区综合管理平台、社区服务网和社区管理网、社区人口数据库、社区资源库和社区 CIS 库、社区人口管理系统、社区资源管理系统、社区 CIS 管理系统和视频会议系统的“一台、二网、三库、四系统”的网络化管理构架。社区依靠网格化管理工作机制快速处置社区公共事务，对市民求助信息按信号咨询、困难求助、应急事件等进行分类处理，帮助解决市民“急、难、愁”问题。加强社区信息化运行机制建设，消除“信息孤岛”的状况。结合“市民信箱”的启用，真正把网上“社区服务超市”落到实处。以社区服务项目为依托，汇集社区资源整合项目，形成网上在线社区服务的新格局。

辖区内文化资源丰富，驻有上海音乐学院、上海交响乐团、上海话剧艺术中心、上海越剧院、上海教育出版社等市级文化单位。1991 年，新的湖南路街道举办第一届社区艺术节。1992 年，成立湖南路街道群众文化共建委员会。1998 年，街道文化站迁址于乌鲁木齐中路 261 弄 6 号，更名为湖南路街道体育文化中心。该年内，起步建设湖南社区襄阳公园文化广场。1999 年，湖南路街道昆曲队成立。2000 年，创建复襄文化艺术特色小区。2006 年，新湖南社区文化活动中心对外开放。2008 年，街道推出以湖南社区文化活动中心为主阵地，湖南社区襄阳公园文化广场为集聚点，十六个居委会活动室为工作面，四个“文化进小区示范点”（武康科普小区、复襄文化小区、东湖双拥小区、新乐涉外小区）为十五分钟活动圈的湖南社区公共文化服务体系（简称“1＋1＋16＋X”）。2009 年，成立湖南路街道文化团队协会，开展线上社区文化活动。2012 年成立《新民晚报社区版・湖南社区》编辑部。2014 年，建造聂耳广场音乐角。推出“慢品上海湖南社区”微信公众号。该年内提出共创共建“社区文化共同体”。2014 至 2015 年，组织社区居民和社区文体团队分别参加首届和第二届上海市市民文化节。2016 年底，街道登记在册的群众业余文体团队总数 30 支。各居委会组建的各种业余文艺团队 50 余支。1991 年，街道成立全区第一家老年图书馆。1999 年，街道图书馆被评为一级图书馆，获评区公共图书馆行业规范服务达标单位。2009 年，街道图书馆获评全国文化信息资源共享工程服务工作优秀组织奖。2012 年，街道获评徐汇区文化工作先进集体。2014 年、2015 年，街道获评上海市民文化节优秀组织奖、上海市群众文化工作先进单位。

街道旅游资源富庶。辖区处在上海市规划局宣布的衡复历史文化风貌保护区核心区域，境内淮海中路、复兴西路、兴国路、华亭路、长乐路、永福路、延庆路、武康路、高邮路、汾阳路、新乐路、五原路、湖南路、泰安路、东湖路、华山路等皆为“一类风貌保护道路（街巷）”，由此形成百年名街游、历史建筑游、名人旧居游、红色寻迹游、社区一日游等精彩纷呈的旅游资源，以及襄阳公园、丁香花园、东正教堂等各具特色的旅游景点，东湖宾馆、清河宾馆等旅游饭店，为发展旅游事业提供坚实基础。

辖区医疗卫生条件优越，境内有徐汇区中心医院、上海市肺科医院（延庆路院区）、上海博爱医院（原上海市第二轻工业局职工医院）、远洋医院（瑞金医院分院）、复旦大学附属口腔医院复兴中路院区（上海市口腔医院分院）、上海市卫生健康委员会监督所等市、区医疗卫生机构。1980 年，湖南路街道爱国卫生运动委员会成立。1991 年，湖南路、新乐路街道合并组成新的湖南路街道，组建新的爱国卫生委员会。街道贯彻国家公共卫生和防病防治的方针，动员社区居民，讲究卫生，进行健康知识教育讲座；除害灭病，消灭各种病媒虫兽的孳生与繁殖，阻断各种疾病的发生与传播，开展爱国卫生运动，改善社区生活环境，减少以至消灭疾病，提高居民健康水平。使爱国卫生工作趋于常态化制度化，街道1992年创建成为上海市二级卫生街道，1999年创建成为上海市一级卫生街道。1999年，街道在全区第一个召开街道红十字代表大会，成立街道红十字会。以“人道、博爱、奉献”为宗旨，在社区中开展社会募捐、救护培训、帮困救助、无偿献血等红十字会活动。2006年，在新乐、陕新两个社区红十字卫生站建站的基础上，建立张家弄、复中、复襄、兴武、淮海、淮中、安福、华康、武康、金波、春华、复永、延庆、东湖14个社区红十字卫生站，实现16个居委会红十字卫生站的全覆盖。各卫生站拥有医药箱、血压计、救护包、轮椅等设备，为居民提供救灾、救护、救助方面的服务。2013年起，按照市红十字会《关于进一步加强本市红十字会服务站建设的指导意见》推进居民红十字服务站标准化、规范化建设。湖南路街道社区卫生服务中心是上海市一级甲等医疗保险定点医疗机构。成立于2004年5月，由天平地段医院（后改为天平路街道社区卫生服务中心）托管至今，业务用房780平方米，开设全科、中医、针灸、推拿、预防保健、检验等科室及计划免疫、儿童保健门诊。社区卫生服务中心下设两个标准化社区卫生服务站：华亭卫生站点（华亭路58号）、华康卫生站点（湖南路58号）。以医生、护士、防保人员组成的全科服务团队，围绕医疗、预防、保健、康复、健康教育、计划生育技术指导的“六位一体”功能，为居民提供基本的医疗服务和保障。

开展群众性体育活动。1992年建立桥牌队、象棋队，后陆续组建乒乓、舞蹈、踢踏舞、自行车、健身操、太极拳、腰鼓、团体操、扯铃等28支群众体育运动队伍。1995年后相继成立街道群众体育运动委员会、街道群众体育协会、社区社会体育指导站、社区体育健身俱乐部。从1994年起举办“湖南路街道共建杯体育运动会”，至2016年共连续举办十一届街道运动会、社区健身节或社区体育节。2007至2008年相继完成世界夏季特殊奥林匹克运动会接待工作和迎奥运宣传活动，举办奥运会倒计时100天社区健身舞、健身操展示活动。以“迎奥运、增活力、促和谐”为主题开展社区体育文化活动，举办知识竞赛、普及奥运知识，完成传递北京奥运火炬的任务、奥运文化广场活动的观众组织工作，组织培训青年奥运志愿者队伍，完成上级交办的迎奥运任务。开展健身点建设工作。1999年在复永居委会建设健身点并获评全民健身实事优秀工程奖。2000年街道获评上海市社区体育设施实事工程先进集体。2005年街道有1个健身苑，26个健身点，214件健身器材。2016年街道有37个健身苑、点，器材总数185件。街道群众体育活动多次获得市区体育荣誉奖项。

街道积极创品牌，营造社区文化氛围，突出重点，打造社区文化共同体。充分发挥湖南地区文化资源丰富的优势，着力于打造“文化共同体”，着眼于激发公共文化服务新活力，以“五位一体”的模式挖掘区域内优秀文化资源，健全文化服务链条。一是整合文化提供体。整合区域单位资源，牢牢把握辖区内“五大院团”文化资源优势，与上海音乐学院、上海交响乐团、上海话剧艺术中心、上海越剧院、中国福利会儿童艺术剧院等五大文化院团合作，推出名家讲坛、名曲赏析、名剧演绎、名居漫游、名人轶事“五名工程”项目。二是尊重文化受众体。坚持需求导向，认真梳理区域内居民群众、企业白领、学校学生等不同群体的文化需求，打通文化产品供给和文化受众实际需求之间的双向直通车。针对居民群众，打造“音乐好邻居”“越剧教研基地”等文化惠民项目；针对企业白领，联合驻区单位、两新组织打造了“MUSIC989午间音乐时间”“汉源分享汇”“读书漂流”等项目；针对青少年学生，打造聂耳广场上音党团员志愿者基地。三是培育文化中间体。以社会组织为纽带和载体，组织开展各类公共文化活动。如依托上海荆棘鸟公益发展中心承接“读书漂流”活动，组织开展线上点击漂流、线下读书引导、兴趣拓展、志愿服务、交友联谊等活动；IG照相机博物馆落成开放，加快推进上海梧桐画社落地。四是拓展文化传播体。运用“互联网＋”思维推送优质文化活动，搭建“慢品上海湖南社区”微信公众号，展示各类建筑风貌和悠久历史底蕴，实现文化资源与文化受众的“直通”。五是开放文化展示体。搭建新的平台，完成楼宇白领中心建设，完善公共文化服务体系。“区域化党建引领下的文化共同体建设”被纳入市委党校主体班次实践教育课程。

（五）

2007年9月17日，上海市人民政府批转市规划局《关于本市风貌保护道路（街巷）规划管理若干意见的通知》。2015年12月11日，市规划局宣布对12个中心城历史文化风貌区内144条历史风貌保护道路进行“原汁原味”的整体规划保护，其中64条道路列为“一类风貌保护道路（街巷）”。街道辖区内有淮海中路、复兴西路、兴国路、华亭路、长乐路、永福路、延庆路、武康路、高邮路、汾阳路、新乐路、五原路、湖南路、泰安路、东湖路、华山路列入上海“一类风貌保护道路（街巷）”。境内拥有770多幢风格各异的老洋房，16条上海永不拓宽的特色马路，123处不可移动文物，是上海屈指可数的“世界万国建筑博览”缩影之一，200余位历史名人曾在此居住。

发挥优势，开辟名人故居旅游线。重视挖掘社区内特有的历史文脉，将张乐平故居、柯灵故居对社会公益性开放，与已开放的巴金故居、武康路老洋房中心等串珠成线。张乐平故居的建筑建于20世纪30年代，1950年6月至1992年9月，张乐平在此居住，期间创作了大量漫画、国画、年画、速写和彩墨画等作品，创办《漫画世界》等一批书刊，培养了一批美术绘画人才。同时开放的还有电影剧作家柯灵故居，故居建于1933年，1959年至2000年柯灵夫妇在此楼居住近半个世纪。在这儿柯灵先生创作了大量的文学作品。作为上海市徐汇区衡山路—复兴路历史风貌保护区的一部分，柯灵、张乐平故居以及巴金故居已形成文化故居群落，成为徐汇区近代历史文化的重要景点，也是上海近代历史文化的重要组成部分。

攻坚克难，解决影响环境的突出问题。贯彻“五违四必”总原则，坚决保持高压态势，依法从严开展道路生态环境整治，实施华山路、兴国路、湖南路、永福路、复兴西路、高邮路、武康路、泰安路等道路综合整治。始终坚持由点到线连成片的思路，从东至西有序推进风貌区旧住房综合修缮、五违四必整治和优秀历史建筑的修缮。特别是在完成东片区新乐路、东湖路等8条风貌道路整治的基础上，继续实施西片区永福路、高邮路等8条风貌道路的五违四必整治工作。经逐户约谈、排摸梳理，8条道路共有223户商铺。在完成全部8条道路的综合治理后，进入业态调整提升阶段，并对拒不整改的商户进行强制关停措施。

勤奋务实，参与历史建筑微更新。复兴西路62号为保护建筑，原为街道办事处办公楼，2016年街道搬迁至五原路287号新址办公，腾出该建筑。街道在前期会同有关部门和单位邀请专家开展项目评审等工作，配合完成保护性修缮方案。修缮工程抓住建筑改造为展示厅的契机，尽可能恢复建筑原有平面布局，以展现历史原有的历史风貌特征。项目完成后修道院公寓已作为衡复历史文化风貌区展示馆对公众开放。同时，就展示馆的功能定位、展示布局等工作做先期研讨和谋划，为后期开放做了充分的准备。在武康大楼综合修缮工程中，街道主动靠前，为变电站的设置提供参考场地，与区房管局共同制定修缮工程设计方案和组织评审工作，完成武康大楼周边区域架空线入地合杆工程。盘踞在大楼周身的黑色"蜘蛛网"彻底告别历史舞台，武康大楼也迎来进入 21 世纪后的首张"素颜照"。随着周边区域架空线入地合杆整治的推进，街道会同有关部门和单位进一步对武康大楼内部展开保护性修缮，改善居民生活环境，消除房屋破损、渗漏、开裂、变形等安全隐患，恢复优秀历史建筑的原有风貌，提高居民生活质量。

（六）

1991 年 6 月，中共湖南街道工作委员会成立。2004 年 9 月，街道被列为全市社区党建和社区建设试点单位之一，在全区率先成立中共湖南社区（街道）工作委员会。2015 年 3 月，中共上海市徐汇区湖南社区（街道）工作委员会更名为中共上海市徐汇区湖南街道工作委员会（简称街道党工委）。街道党工委成立后，加强党的建设，落实基层党建责任制，加强基层服务型党组织建设，统筹推进区域化党建和两新组织（新经济组织和新社会组织）党建、居民区党建工作，实现社区党建全覆盖，提高党建工作的有效性。至 2016 年末，街道党工委下辖党组织中，党委 1 个（湖南街道社区党委）、党组 1 个（湖南街道行政党组）、党总支部 15 个、党支部 38 个（含 9 个"两新"组织党支部），党员 2 940 名。街道党工委按照党中央要求和市委、区委的部署，2000 年组织党员开展讲学习、讲政治、讲正气"三讲"教育活动；2005 年组织党员开展保持共产党员先进性教育活动；2009 年组织党员开展学习实践科学发展观活动；2014 年组织党员开展党的群众路线教育实践活动；2015 年 5 至 11 月，街道党工委根据区委文件，在处级以上领导干部中率先开展"三严三实"专题教育；2016 年组织党员开展"学党章党规、学系列讲话、做合格党员"的"两学一做"活动。党工委加强媒体宣传力度，2012 年 10 月起，与《新民晚报社区版》合作，对《湖南社区报》进行改版，创办《新民晚报社区版·湖南社区》。每月出版 1 期、每期 4 版，发行量 2 万余份。至 2016 年末，累计出版 51 期，发行 100 万余份。1993 年，湖南路街道有线电视联网，2004 年，更名东方有线网络有限公司湖南路街道管理站。至 2016 年底，有用户 1.5 万户。开展社区统战工作。2002 年 8 月，成立湖南路街道统战工作领导小组。同年 11 月，成立"湖南社区各界人士联谊会"，为各界人士参与社区建设和民主管理搭建舞台。2003 年，街道创建淮海居民区为统战特色小区，与上海音乐学院联合组建少数民族大学生社会实践基地，并在复中、新乐、安福三个居委会建立涉外住宅小区。2008 年，湖南社区（街道）党工委与民盟徐汇区委以"增进友谊、优势互补、加强合作、共同发展"的宗旨，签订"谋发展、促和谐"结对共建协议书。至 2014 年底，先后成立湖南路街道侨联分会、离退休民主党派联合学习大组、台胞台属联谊组、少数民族联合会分会，在所有 16 个居民区党组织设立统战委员负责居民区统战工作，推动街道侨务、台胞台属、民族事务、退休民主党派人士工作以及居民区统战工作。街道先后获得 1996 年、1999 年、2000 年和 2002 年上海市社区侨务工作先进集体（单位）等荣誉。街道党工委加强党风廉政建设和反腐败工作，落实党风廉政建设责任制，开展政风、行风检查评议工作。

街道工会、共青团组织和妇女联合会在社区建设中发挥积极作用。街道工会加强组织建设，依法维护职工的合法权益，促进职工素质教育，大力弘扬劳模精神、工匠精神，开展帮困送温暖活动。至2016年末，辖区内有工会组织76个，覆盖企业、事业单位560家，会员10 200名。各级共青团组织动员团员青年投入社区建设和管理，开展各种主题的志愿服务行动。加强区域共建，建立有27家单位组成的湖南路街道区域青年工作共建委员会，通过共建活动，促进组织共享、资源共享、工作联动、阵地共用。建设各类青年中心，满足不同青年群体的服务需求。街道妇女联合会开展维护妇女儿童合法权益和帮困助学活动，提供女性就业指导，办好与妇女有关的实事项目，推进家庭文明建设。

街道始终重视精神文明建设。1991年7月，湖南街道精神文明建设领导小组成立。1995年，街道成立精神文明建设活动委员会。2015年12月，街道成立精神文明建设指导委员会，由街道党工委书记任组长，党工委副书记、街道办事处主任任副组长。下设精神文明建设办公室(简称街道文明办)。

1991至2016年，街道党工委、办事处围绕“物质文明与精神文明一起抓”的工作目标，扎实开展思想道德建设、精神文明创建、志愿者服务等活动，全力创建文明社区、文明小区、文明单位，努力提高社区文明程度和市民素质。

1998年，街道被中共上海市委员会(下文简称市委)、上海市人民政府(下文简称市政府)首次命名为1998年度“上海市文明社区”，此后至2016年，街道10次被评为“上海市文明社区”。1992至2016年，街道106个小区被评为“上海市文明小区”，26个小区被评为“徐汇区文明小区”。2004至2007年，淮海中路(陕西南路—常熟路段)2次被评为“上海市文明示范标志区域”。1991至2016年，街道多家单位获上海市和徐汇区文明单位称号。

1998年，湖南社区(街道)志愿者总队成立。2011年，湖南路街道社区志愿服务中心成立(下文简称中心)。2012至2016年，中心搭建“服务他人、奉献社区”平台，倡导“奉献、友爱、互助、进步”志愿精神，并根据志愿者专业技能和个人特长，围绕“医疗卫生、为老服务、法律咨询、环境保护、文化教育、助学助残、文明劝导”等内容组织开展各类志愿服务活动。到2016年底，街道有志愿者团队53支，志愿者近一万人，约占街道总人数15%。分别有交通安全文明志愿者、卫生清洁志愿者、社区文艺团队志愿者、“爱心银行”青年志愿者、人口计生志愿者、家庭志愿者、党员志愿者、助老助残志愿者、侨界志愿者、社区平安志愿者、帮教志愿者、少数民族志愿者、便民利民志愿者、“生活服务大篷车”志愿者等志愿者队伍。

1996年，市精神文明委提出以街道为单位开展创建文明社区活动。同年，街道申报创建文明社区。街道相继建立“淮海中路文明示范街共建委员会”“社区文明建设协调委员会”“地区精神文明共建联席会议”等相关组织与会议制度。街道与区委签订《创建文明社区、文明小区目标责任书》。以创建“上海市文明社区”为目标，开展以精神文明建设为主线，以社区建设和管理、社区服务为工作重点的各项创建活动。此后，连续被评为文明社区，并被中国社会工作协会城区工作委员会评为“全国和谐社区建设自主创新先进街道”，被市民政局评为“上海市和谐社区建设示范街道”，获“上海市军民共建社会主义精神文明先进集体称号”“上海市环境整治贡献奖”“迎世博贡献奖——环境整治贡献奖”等。

按照“汇善汇美、文明徐汇”的创全总目标，全面推进“美丽、友善、诚信、责任”四大系列主题活动，开展“高空不抛物”“垃圾不落地”“文明在路上”等专项文明宣传和志愿服务行动，提升社区文明程度和居民素质。把文明城区创建与回应居民需求相结合，提高居民对创全的知晓度、参与度和满意度。发挥市民巡访团力量，完善问题发现、教育引导、联合整治等综合工作机制，促进文明创建长效发展。广泛动员社区单位履行社会责任，推动文明社区与文明单位同创共建，提升了社区文明创建合力。

推进文明小区创建。根据《文明小区暂行标准》和《实施细则》，通过召开创建文明小区现场推进会、“‘五好’家庭”“特色家庭”主题交流会和座谈会、征文演讲等，营造创建浓厚氛围。做好特色楼创建工作，创建“军民共建弄”“科普楼”“文明优美弄”“卫生弄”等。大力宣传“三八红旗手”“‘五好’家庭”的先进家庭，通过宣传栏、黑板报宣传区“‘五好’家庭”和街道“特色家庭”先进事迹。先后建立“淮海中路文明示范街共建委员会”“社区文明建设协调委员会”“地区精神文明共建联席会议”，11 个居委会与社区内 90 多家单位签约共建文明小区。市文明办授予淮海中路“七不”示范路段创建优胜奖。1995 至 2016 年，结合“上海市文明社区”创建工作的要求，继续加大精神文明创建的力度，共创建 106 个（次）上海市文明小区。1991—2016 年有 42 个（次）单位创建成上海市文明单位。淮海中路（徐汇段）荣获上海市 2005—2006 年度文明示范标志区域。

2007 年 9 月 6 日，上海市委书记习近平到湖南街道党员服务中心（2016 年拓展为党建服务中心）调研，强调“要继续加强社区党建，不断创新，不断积累，总结经验，持之以恒地抓长效机制建设，夯实基层党建工作”。街道党工委以落实习近平同志的重要指示为重点，在获得全国先进基层党组织荣誉称号的基础上，紧紧围绕区域化党建、“两新”组织党建、居民区党建三大块职责，特别是结合“1＋6”改革之后的新要求，脚踏实地，与时俱进，开拓进取，力求不断取得新提高。特别是围绕“加强、创新、总结、长效、夯实”等关键点，以党建为引领，构建社区治理的“四梁八柱”框架，取得较为显著的效果。

拓展区域党群工作，形成社区单位合力。为延伸党群工作的触角，扩大工作覆盖面，加强新形势下凝聚和服务白领群体的针对性和有效性，街道租赁世贸商城 350 余平方米空间打造梧桐·SPACE 白领中心。签约上海青年社群管理品牌“胡同钥匙”，以市场化、社会化方式进行运作，日常功能由上海三联阅读空间、彩虹服务站、爱心妈咪小屋、活力服务站、白领休闲会务空间等部分构成。中心自 2016 年 2 月份正式运行，4 月青年中心暨基层服务站揭牌。作为高端商务楼宇中青年“凝聚·成长·服务——在一起”的关系空间，党工委认真贯彻落实群团改革要求，致力于将梧桐·SPACE 打造成一个党建基地，实现与党建服务中心服务项目和社区党校各类课程的资源同步；致力于建设一个服务站点，通过推进“妈咪小屋”和“妇女之家”，把群团组织的服务向楼宇延伸，向基层覆盖；致力于做实一个青年中心，吸引更多的年轻人在这里参与活动、结交朋友、获得成长、找到归属。同时，努力把它打造成一个青年社群的孵化器，成为连接社区与社群的空间和平台，通过策划各类青年喜闻乐见的活动，积极孵化青年社群，培育青年“自组织”，在此过程中加强党建元素注入，真正实现活动覆盖和影响力拓展。当年共接待参观、访问及参与活动的人数共计约近万人次，并被市委组织部、市社工委命名为楼宇党建工作站示范点。

大事记

1991 年

3 月 9 日　街道召开第三届第三次居民(单位)代表会议。

同月　街道成立老年图书馆,为徐汇区第一家由街道成立的老年人图书馆。

4 月 29 日　街道成立徐汇区第一所市民文明学校。

5 月 26 日　上海市人民政府批复徐汇区人民政府,同意撤销新乐路街道、湖南路街道,设立新的湖南路街道。

6 月 10 日　坦桑尼亚革命党代表团参观五原路农贸市场。

6 月 26 日　重新成立中共徐汇区湖南街道工作委员会和徐汇区人民政府湖南路街道办事处,包陈康任街道党工委书记,李金凤任街道办事处主任,地址设在复兴西路 62 号。7 月 6 日,街道办事处挂牌。

同月　经中共上海市徐汇区委员会批准,成立中共徐汇区湖南街道纪律检查工作委员会(简称:湖南街道纪工委)。

7 月 12 日　街道设立人民武装部,包陈康兼任湖南路街道人民武装部部长,成建为副部长。

7 月 24 日　街道党委召开庆祝建党七十周年纪念大会。

7 月 30 日　街道妇女联合会举行“妇女之家”成立大会。

同月　街道成立精神文明建设领导小组。

8 月　街道成立“双拥”(指:地方拥军优属、军队拥政爱民)工作领导小组。

同月　街道成立拥军优属活动室。

10 月 6 日　徐汇区第四届中小学生科技节暨首届上海科技节徐汇区活动在位于湖南路街道的襄阳公园内开幕。

10 月 22 日　联合国儿童基金会有关官员到乌里居委会考察社区儿童保健工作。

10 月 25 日　街道获评上海市计划生育先进单位。

11 月底　街道完成五原路农贸集市和乌鲁木齐中路菜市场的马路市场入室工作。

12 月　街道群众文化共建委员会成立。街道办事处副主任陈赛娟兼任共建委员会主任。

同年　街道制定《党风廉政建设责任制》。

同年　街道党工委建立周六理论学习制度,成立社区业余党校和理论学习中心组。业余党校设 4 个分校、6 个电化教育播放点。

同年　湖南路街道侨联联络组成立。

同年　街道完成 2 400 户居民管道煤气安装。

同年　街道制定《1991—1992 年创建市级文明街道的计划和实施细则》。

同年　街道在全市率先成立校外少先队组织。

同年　街道、里弄两级成立学校、家长、社会三结合的青保小组。街道成立青少年保护委员会。区教育局派出一名青保专职教师常驻街道。

同年　街道创办家长学校。

同年　街道与联合国儿童福利基金会、中福会联合开展“三优”(指：优生、优育、优教)教育试点工作。10 月、11 月，联合国儿童基金会官员视察街道“三优”教育工作和社区保健工作。

同年　街道成立科普委员会。

同年　街道文化站在华亭路 88 号建成。

同年　新成立的湖南路街道举办第一届社区艺术节。

同年　湖南环卫所撤销，成立湖南环境卫生管理所。

同年　街道收储额 18 万元，位居全区第一，获评上海市先进集体。

同年　街道获评上海市二级卫生街道。

同年　街道获评上海市二级除害服务站。

同年　街道建立档案室，获评徐汇区合格档案室。

1992 年

年初　街道成立经济办公室，成立经济工作领导小组，制定《街道经济发展的意见》，开展集体企业股份制试点工作。

1 月 23 日　街道在“大可乐”饭店为辖区 30 多名孤老孤儿举办“迎新春、送温暖”活动。

1 月 30 日　街道撤销原新乐房管所、原湖南房管所，成立新的湖南房管所，召开成立大会，举行揭牌仪式。

2 月 18 日　街道在华亭路 88 号召开社会治安综合治理签约交流大会。

2 月 18—24 日　街道举办年度第二期市民文明学校。

2 月 21 日　新湖南路街道召开第一届第一次居民代表大会。

3 月 10 日　街道组织各居委会进行换届选举，至 5 月底结束。

同日　街道成立老年合唱队。

3 月 26 日　街道综合治理办公室与沪南律师事务所联合成立法律咨询接待室，每周四全天在街道综合办公室提供服务。

3 月 30 日　街道开展“现代杯”岗位竞赛活动。

4 月 8 日　副市长谢丽娟到街道视察环境卫生工作。

4 月 10 日　街道成立“智力优属”领导小组。

4 月 25 日　街道组织辖区各单位签订环境综合整治目标责任书。

同月　街道环保工作获评上海市“双百街道”。

5 月 2 日　街道成立专职日巡队，加强辖区治安。

5 月 15 日　街道妇联召开“九十年代上海妇女形象讨论会”。

5月20日　街道党委召开老干部讲师团成立大会。

5月29日　街道举办“健优美”儿童评选活动。

6月4日　市妇联主席邢志康等到街道座谈社区服务工作。

6月5日　街道在常熟路设广播站、咨询站、黑板报展，宣传“世界环境日”。

6月8日　街道党委开展精神文明建设自查工作。

6月12日　街道组织家长学校40名校委员到嘉定学习办校经验。

6月24日　街道成立社区服务中心和社区服务协调委员会。

6月27日　长江生化试剂服务部试行股份合作制。

7月9日　联合国儿童基金会有关官员50人，到街道视察儿童保健工作。

7月10日　在湖南路街道的五原路、乌鲁木齐中路举办的21个摊位灯光夜市（夜排档）举行开张活动，为全区首创。

7月23日　全国卫生检查团到街道检查市容、卫生工作。

7月31日　新的湖南路街道团工委在电影发行公司礼堂举行成立大会。

8月14日　街道成立由11人组成的对台宣传写作小组。

8月23日　区环保局对街道“安静小区”经检查验收合格。武康路6弄获评徐汇区优美新村。

9月5日　街道开展优秀牛奶服务站、服务员评选活动。

9月9日　街道召开“尊师重教”表彰大会。

9月29日　街道召开先进居委会、先进居委会干部表彰大会。

同月　街道获评徐汇区先进街道办事处。街道6个居委会（陕新、武康、新乐、淮中、复襄、常安）获评徐汇区先进居民委员会。街道办事处主任李金凤获评徐汇区先进街道办事处主任。街道10名工作者获评徐汇区先进居民委员会工作者。

10月7日　街道成立征兵工作领导小组，开展征兵工作。

10月20日　陕新居委会、陕南居委会获评上海市文明小区。

10月23日　街道计划生育委员会进行改选。

10月28日　人民音乐家聂耳铜像在淮海中路复兴西路口街心花园揭幕。

同月　街道获评徐汇区“尊师重教”先进集体。

11月5日　街道与市少年宫合建科技文化艺术学校。

11月18日　街道召开党员代表大会，选出8名代表出席区第五届代表大会。

12月5日　街道成立中国少年先锋队校园临时大队部；召开辖区学校少先队校外大队委员会成立大会。

12月22日　街道获评上海市植树绿化先进单位。

12月27日　淮海中路获评上海市最佳文明街。

同年　街道创建淮海中路1754弄科普弄。

同年　街道家长学校获评上海市优秀家长学校。

同年　街道建立桥牌队、象棋队、乒乓、舞蹈、踢踏舞、自行车、健身操、太极拳、腰鼓、团体操、扯铃等28支群众体育运动队伍。

同年　街道防火委员会获评徐汇区先进集体。

1993 年

2 月 15 日　街道召开第一届第二次居民代表大会。

3 月 15 日　街道成立司法所。

3 月 25 日　徐汇区举行第十一届区人大代表换届选举，街道辖区共选举产生代表 20 名。

5 月　街道撤销经济办公室，成立上海万隆经济发展总公司。

6 月 29 日　街道成立优生、优育、优教指导站，为全市首家。

12 月　街道编修完成第一版《新乐路街道志(1901—1990)》。

同年　街道成立劳动服务所。

1994 年

1 月 18 日　街道召开第一届第三次居民代表大会。

6 月　街道成立敬老院。

9 月 28 日　街道成立第一届工会委员会。

同年　街道制定机关干部廉政规定，公开办事制度。

同年　街道开展“新时期党员标准大讨论”活动。

同年　街道成立外来人口管理办公室和流动登记站，制定《湖南路街道加强外来流动人口管理工作意见》。

同年　街道设立帮困基金。

同年　街道成立拆违领导小组。

同年　街道青少年保护委员会成立，2005 年更名为湖南路街道未成年人保护委员会。

同年　各界人士和共建单位捐资建立“儿童乐园”一座，专设湖南路街道教育基金会。

同年　街道举办“九四湖南‘祖国颂’文化艺术节”。

同年　街道举办首届“湖南路街道共建杯体育运动会”。

1995 年

2 月　街道召开第二届第一次居民代表大会。

5 月 18 日　日本中日樱花友谊林第八次访华团到街道访问，在襄阳公园举行樱花植树仪式。

8 月　湖南房管所挂牌转为上海永福物业有限公司。

10 月　街道编修完成第一版《湖南路街道志(1901—1992)》。

同年　街道制定《领导干部下基层办公制度》，分组每月下基层办公。

同年　街道成立少数民族联络组。

同年　街道成立精神文明建设活动委员会。

同年　街道相继建立“青少年音乐教育基地”“青少年国防教育基地”“青少年爱国主义

教育基地”“青少年科普教育基地”4 个青少年教育基地。

同年　上海市妇联提出对 0—3 岁科学育儿领域进行探索，街道作为徐汇区科学育儿试验点，进行探索和研究工作，并在乌鲁木齐中路 179 弄 16 号建立试验基地。

同年　街道群众体育运动委员会、街道群众体育协会、社区社会体育指导站、社区体育健身俱乐部相继成立。

同年　街道举办“商城杯”广播操比赛和“共建杯”百人汇操表演。

同年　上海有线电视台湖南路街道有线电视管理站建成。

同年　街道获评徐汇区“满意在徐汇”活动先进集体。

1996 年

年初　湖南街道妇女儿童工作委员会成立，同时建立各居委会妇女儿童工作小组。

1 月 31 日　街道召开第二届第二次居民代表大会。

2 月　武康小区获评上海市文明小区。

4 月　街道 6 个小区获评徐汇区文明小区。

5 月　街道制定“二级政府，三级管理”试点工作方案，原则上居委会按 1 000 户左右设立，与“文明小区”创建结合，以常熟路为界划分为东块与西块，设置居委会。

7 月 31 日　区政府批准湖南路街道设置财政经济、市政管理、社会发展、社会治安综合治理等 4 个委员会。

同月　各居委会正式撤并为：张家弄、复中、淮海、复襄、陕新、新乐、兴业、东湖、常熟、延庆、乌中、淮中、金波、五原、复永、安福、春华、乌里、华康、湖南、武康、兴武、长安等 23 个居民委员会。

8 月 27 日　街道成立城建监察队。

同月　街道成立国家安全小组，由党工委书记包陈康任组长。

11 月　街道获评 1996 年度上海市社区侨务工作先进单位。

同年　撤销湖南路派出所、新乐路派出所，成立湖南路警察署。

同年　街道“湖南社区管理服务中心”挂牌。

同年　街道创建 10 户家庭敬老室，共成立老年活动室 11 个。

同年　街道组织开展“创新风、文明在楼院、争创特色楼”活动，创建 80 幢文明楼。

同年　街道组织辖区上海交响乐团、音乐学院、武警总队及著名艺术家举办“纪念长征胜利 60 周年”大型文艺演出。

同年　街道举办“共建杯”运动会。

同年　街道获评 1995—1996 年度上海市计划生育先进集体。

同年　街道获评上海市拥军优属模范街道。

同年　街道获评 1995—1996 年度上海市绿化先进集体。

同年　街道获评上海市市容环境卫生红旗街道先进集体。

同年　街道获评上海市文明单位。

同年　街道家长学校获评上海市优秀家长学校。

同年　街道获评徐汇区“满意在徐汇”活动先进集体。

同年　街道获评徐汇区征兵工作先进单位。

同年　街道获评徐汇区“三八”红旗集体。

同年　街道获评徐汇区信访工作先进集体。

同年　街道获评徐汇区全民健身先进单位。

1997年

1月16日　街道召开第二届第三次居民代表大会。

4月8日　街道成立社区精神文明建设协调委员会。

同月　街道成立招聘工作小组，向社会公开招聘居委干部。

5月　街道编制《湖南社区便民服务指南手册》。

6月　街道侨联联络组获评上海市侨联先进联络组。

7月4日　湖南路街道监察队成立。

8月5日　街道建立地区精神文明共建联席会议。

8月8日　街道召开工会第二次代表大会，选举产生第二届工会委员会。

9月30日　赵汶任街道党工委书记。

同月　淮海中路1285弄“上方花园厨房工程”首战告成，共投入10万余元，厨房工程改造34幢，其中22幢为普及型，12幢为小康型。

11月11日　武康居委会、淮海居委会、陕新居委会、春华居委会被批准晋升为上海市一级居委会。

11月26日　街道举办第四次妇女代表大会，通过《湖南街道第四次妇女代表大会决议》及《湖南街道第四次妇女代表大会代表职责》，选举杨玉文为主任。

12月29日　街道基本单位普查办公室获评徐汇区第一次基本单位普查上海市先进集体，周美华获评徐汇区第一次基本单位普查工作全国先进个人。

同年　街道建立帮困救助协调小组。

同年　街道加大居委会硬件建设的力度，投入资金25.77万元用于改善居委会办公用房和添置必需设备。

同年　街道建立淮海中路文明示范街共建委员会。

同年　街道成立科普协会。

同年　街道获评上海市离休支部先进集体。

同年　街道妇联获评上海市“三八”红旗集体。

同年　武康小区、淮海小区获评上海市文明小区。

同年　街道15个居委会获评徐汇区文明小区。

同年　春华居委会获评上海市人民调解工作先进集体。

同年　街道获评上海市重点工程实事竞赛民政赛区优秀集体。

同年　街道获评上海市牛奶管理优秀集体。

同年　街道获评上海市拥军优属模范街道。

同年　街道获评全国第一次基本单位普查上海市先进集体。

同年　市文明办授予淮海中路“七不”示范路段创建优胜奖。

同年　街道获评上海市社区教育先进集体。

同年　街道家长学校获评上海市优秀家长学校。

同年　街道获评上海市职工体育先进单位。

同年　街道获评徐汇区先进集体。

同年　街道获评徐汇区“满意在徐汇”活动先进集体、标兵单位。

同年　街道获评徐汇区计划生育工作先进集体。

同年　街道获评徐汇区统一战线工作先进集体。

同年　街道获评徐汇区征兵工作先进单位。

同年　街道获评徐汇区行政事业单位收费管理先进单位。

同年　街道获评徐汇区内部审计工作先进集体。

同年　街道获评徐汇区先进职工之家。

同年　街道获评徐汇区妇女权益保障工作先进集体。

同年　街道获评徐汇区信访工作先进集体。

同年　街道获评“徐汇区社会治安见义勇为先进分子”1 名。

同年　街道获评徐汇区拥军优属模范街道。

同年　街道获评“徐汇区第一次基本单位普查徐汇区先进个人”共 2 名。

同年　街道获评徐汇区大气污染物排放达标社区。

同年　街道获评徐汇区“讲文明、树新风”活动优秀组织奖。

同年　街道获评徐汇区暑期工作先进集体。

1998 年

1 月 8 日　街道召开第三届第一次居民代表大会。

2 月 19 日　街道《98 年湖南路街道社会治安综合治理责任书》正式签约。

3 月 12 日　徐汇区举行第十二届区人大代表换届选举，街道辖区共选举产生代表 14 名。

3 月 20 日　街道成立由上海第二军医大学院长刘志高为团长的“湖南科普讲师团”。

3 月 30 日　街道成立湖南地区青年工作委员会，由徐汇区中心医院、上海音乐学院等 20 个单位团组织组成。

3 月 31 日　街道在上海教育出版社会议室举行湖南地区共建文明社区协议签约仪式，辖区 44 家单位参加签约。

4 月 21 日　区委书记钱景林率区房产局、规土局等职能部门负责人到街道参加“98 年新建湖南、康健两个文明社区协调会”。

5 月 8 日　袁建村任街道办事处主任。

5 月 13 日　代区长沈骏在湖南路街道主持召开关于落实街道社区服务中心选址及建造方案的专题会议。

5月21日　街道外来人口管理办公室(简称：外口办)在黎明中学举办外来务工青年第一期培训班开学仪式。

5月22日　街道制定关于职能配置、内设机构和人员编制方案。湖南路街道办事处内设机构调整为行政办公室、市政科、文教卫生科、民政福利科、财务审计科、综合治理办公室、外来人口管理办公室。

6月1日　街道成立实施国家公务员制度领导班子。

6月25日　位于桂林西街30弄42号的湖南路街道敬老院开工改建,并于9月24日举行落成揭牌仪式。项目被列为市、区政府实事工程。

7月10日　位于高邮路5弄口的乐帮湖南社区服务中心开工。

8月3日　街道成立协管税收办公室。

9月1日　街道成立处置突发事故和群体性突发事件领导小组,由街道党工委书记赵汶任组长,建立突发事件应急网络。

9月11日　街道文化站迁址于乌鲁木齐中路261弄6号,更名为湖南路街道体育文化活动中心,10月22日举行落成典礼仪式。

同日　街道通过市级“建成大气污染物排放达标区”验收。

11月19日　街道建立社区服务中心。

11月29日　街道在清河宾馆举办“浓墨重彩话创建”活动。

同月　市委副书记龚学平,市委常委、宣传部长金炳华,市文明办副主任陈振民等视察淮海中路上方花园示范小区。

11月　区政府批准建立“乐帮湖南社区服务中心”,位于高邮路5弄口。

12月28日　徐汇区举行社区保安队成立仪式。

同月　街道家长学校获评上海市优秀家长学校。

同月　武康居委会获评1996—1998年度上海市先进居委会。华康居委会主任、春华居委会主任获评1996—1998年度上海市先进居委会主任。

1998年　街道拟定《湖南路街道实施国家公务员制度工作进程表》。

同年　街道建立健全社区老干部工作机制,制定《社区老干部工作领导责任制》,建立社区老干部学习、老干部工作汇报、街道党政领导与老干部双结对走访等制度。

同年　街道成立防范工作领导小组,成立领馆、侨眷、知名人士住宅地等涉外地域的安全防范联络小组和知名人士防范安全互助组。

同年　街道建立社会救助管理所,实行粮籍管理所与社会救助事务所两块牌子一套班子的社会救助体制。

同年　街道成立招商分中心。

同年　街道建立《各物业管理联席会议制度》。

同年　街道成立文明社区创建协调委员会,开展创建卫生小区、文明小区的环境整治工作。

同年　湖南社区(街道)志愿者总队成立。

同年　街道建立《信息反馈制度》。

同年　街道举办“98上海艺术节聂耳广场民族音乐会国庆文艺汇演”“纪念十一届三中

全会召开二十周年文艺演唱会”“纪念周总理诞辰一百周年读书演讲会”。

同年　街道组织参加徐汇区全民健身宣传周在襄阳公园举办的社区运动会。

同年　春华居委会获评上海市人民调解工作先进集体。

同年　街道获评1996—1998年度上海市先进街道办事处。

同年　街道获评上海市社区侨务工作先进单位。

同年　街道获评上海市离休支部先进集体。

同年　街道获评上海群众性青年文体工作先进集体。

同年　街道获评上海市社区共青团工作特色集体。

同年　街道妇联获评上海市“三八”红旗集体。

同年　街道获评上海市民政工作全优街道。

同年　街道获评上海市重点工程实事竞赛民政赛区优秀集体。

同年　街道获评上海市拥军优属模范街道。

同年　街道获评1997—1998年度上海市居委会建设达标街道。

同年　街道首次被命名为“上海市文明社区”。

同年　武康、淮海、华康、兴国、乌中、永福小区获评上海市文明小区。

同年　街道获评徐汇区“满意在徐汇”活动先进集体、标兵单位。

同年　街道获评徐汇区计划生育工作先进集体。

同年　街道获评全市流动人员计划生育集中执法检查活动先进集体。

同年　街道获评徐汇区外来流动人口计划生育管理工作先进单位。

同年　街道获评徐汇区国家安全联络工作集体一等奖。

同年　街道获评徐汇区机关、街道干部群众国家安全知识竞赛一等奖。

同年　街道获评徐汇区保密工作先进集体。

同年　街道获评徐汇区统一战线工作先进集体。

同年　街道获评徐汇区先进职工之家。

同年　街道获评徐汇区社区共青团工作先进集体。

同年　街道获评徐汇区妇女权益保障工作先进集体。

同年　街道获评徐汇区首届妇女儿童发展实事奖。

同年　街道获评徐汇区社会治安综合治理先进单位。

同年　街道获评徐汇区信访工作先进集体。

同年　街道获评徐汇区拥军优属模范街道。

同年　街道获评徐汇区“为老服务”先进集体。

同年　街道获评徐汇区助残先进集体。

同年　街道获评徐汇区暑期工作先进集体。

同年　街道获评上海国际艺术节广场文化活动优秀组织奖。

1999年

1月26日　街道召开治理噪声污染动员会。

1月28日　街道召开第三届第二次居民代表大会。

同月　街道成立创建环境噪声达标街道领导小组。

3月17日　街道成立由上海永乐影视集团公司、上海教育出版社、武警上海总队群众工作处、中共上海市委统战部等14个单位参加的社区党建工作研究会。

3月25日　街道在永乐宫宣乐厅召开首届社区党建工作会议，区委组织部副部长王纪远、宣传部副部长王莲华等出席会议。

同月　街道在“上海市居委会建设达标升级”(1997—1998年度)工作中，已建成一级居委会6个、二级居委会10个、三级居委会5个。

5月7日　街道举办湖南地区第五届群众体育运动会。

5月14日　街道在沪警会堂举行以“爱心献功臣”为主题的文艺慰问演出，庆祝上海解放50周年。

5月19日　街道在社区服务中心会议室召开“1997—1998年度街道精神文明建设表彰交流会”。

5月20—30日　街道对辖区外来流动人员进行计划生育执法检查。

5月26日　街道举办“1999年湖南路街道消防运动会”。

5月28日　街道成立经济协调办公室。

同月　湖南路街道获评1996—1998年度上海市计划生育协会先进集体。

6月24日　街道成立加强机动三轮车管理工作领导小组。

8月24日　市人大常委会副主任沙麟、胡正昌率市人大检查团对街道社会救助工作进行检查，实地参观街道社会救助所。

9月23日　以市双拥办许俊文为组长的市双拥工作检查小组对街道的双拥工作进行全面检查。

10月6日　世界人口基金会首席技术顾问阿普丽玛·吉尔伯特参观访问街道计划生育咨询服务站。

10月10日　街道召开由警署、工商、市场中心、监察队、市政科、保安队等部门领导参加的专题会议，研究加强对华亭服装市场管理的方案。

同月　徐汇区房屋管理局第三办事处法人变更登记为徐汇区房屋土地资源管理局湖南办事处。

11月3日　市计划生育咨询服务站举办发展研讨会，在街道社区服务中心召开。

11月15日　街道投资200万元的南昌路室内农贸集市落成开业。

11月21日　湖南路街道社会救助所达标通过市民政局的验收。

12月3日　街道残疾人联合会召开第一次代表大会第一次会议。

同日　中央电视台以“社区里的幸福老人”为内容实地摄制五原路236弄4号94岁的何秀卿老人在居委会长期照顾下生活情况的新闻片，先后在中央综合频道、财经频道、中文国际频道播出。

12月15日　万隆新经济工会委员会主席通过选举产生。

12月23日　街道在共建联席会议的基础上成立湖南路街道社区党建共建联席会议。

同年　东湖居委会成立双拥工作小组，制定《东湖居民区支持部队建设，智力拥军实施细则》。

同年　湖南路街道昆曲队成立。

同年　街道获评上海市计划生育协会先进集体。

同年　街道获评上海市社区共青团工作特色集体。

同年　街道获评上海群众性青年文体工作先进集体。

同年　街道获评上海市社区服务巾帼示范点。

同年　街道获评上海市“三无信访”达标单位。

同年　街道获评上海市民政工作全优街道。

同年　街道获评上海市社区事务受理“一门式”服务达标街道。

同年　街道获评上海市拥军优属模范街道。

同年　在市民政局组织的达标升级评比活动中，街道7个居委会晋升为一级居委会。

同年　街道在5个居委会建立全民健身点，投资10万元，完成全民健身实事工程，年内湖南路街道复永居委会健身点获优秀工程奖。

同年　街道获评上海市文明社区。

同年　武康、淮海、华康、兴国、乌中、永福、东湖小区获评上海市文明小区。

同年　街道获评上海市一级卫生街道。

同年　街道获评上海市一级除害服务站。

同年　街道图书馆获评区“一级图书馆”，并获评徐汇区公共图书馆行业规范服务达标单位。

同年　街道获评徐汇区外来流动人口计划生育管理工作先进单位。

同年　街道获评徐汇区计划生育协会先进集体。

同年　街道获评徐汇区保密工作先进集体。

同年　街道获评徐汇区国家安全联络工作集体一等奖。

同年　街道获评徐汇区征兵工作先进单位。

同年　街道获评徐汇区“好信息奖”。

同年　街道获评徐汇区行政事业收费管理表扬单位。

同年　街道获评徐汇区街道财务管理表扬单位。

同年　街道获评徐汇区共青团工作先进集体。

同年　街道获评徐汇区首届妇女儿童发展实事奖。

同年　街道获评徐汇区社会治安综合治理先进单位。

同年　街道获评徐汇区维稳(信访)工作先进集体。

同年　街道获评徐汇区机关事业单位退休管理开拓老年事业先进集体。

同年　街道获评徐汇区为老服务先进集体。

同年　街道获评徐汇区助残先进集体。

同年　街道获评徐汇区健康教育先进单位。

同年　街道获评徐汇区社区教育工作先进集体。

同年　街道获评徐汇区文化工作先进集体。

同年　街道获评徐汇区社区文化艺术节优秀组织奖。

2000 年

1 月 5 日　街道召开第三届第三次居民代表大会。

1 月 10 日　街道党工委、办事处首次推行科级干部竞争上岗机制。

1 月 19 日　街道在上海永乐宫召开社区党建第二次工作会议。

同日　街道举行社区党风廉政监督站成立仪式。

同月　街道通过市民政局的专核验收，创建成市级民政工作全化街道。

同月　街道对机关各科室办公用车制定《湖南路街道办事处机动车辆使用规定》。

3 月 5 日　湖南、天平、瑞金、淮海中路 4 个街道，首次在淮海中路分别设 4 个点（上海图书馆、襄阳公园、百盛广场、淮海公园），开展“高雅淮海路，双拥在身边”的学雷锋为民服务活动，街道双拥志愿者服务队、共建单位及部队共 200 多人参与活动。

3 月 6 日　湖南路街道法律服务所挂牌对外服务。

同月　上海市妇联向湖南路街道社区服务中心授牌“上海市社区服务巾帼示范点”。

同月　街道建立街道新经济组织党建协调小组。

同月　街道获评上海市社区侨务工作先进集体。

4 月 10 日　街道获评 1999 年度上海市重点工程实事立功竞赛民政赛区优秀集体。

4 月 17 日　街道在社区文化中心成立在职党员指导委员会。

4 月 25 日　街道成立以袁建村为组长，姚秉、程建民为副组长的湖南路街道全国第五次人口普查领导小组。

5 月 10 日　街道全国第五次人口普查办公室成立。

同月　街道建立家庭教育指导实验基地。

6 月 19 日　街道成立禁毒委员会。

同月　街道制定《关于湖南路街道办事处计算机维护保养（使用）规定》，并于 7 月 1 日起实施。

7 月 11 日　湖南路街道社区服务中心（一门式服务）对外接待受理，主要有救助、就业、法律、房管等 10 类 30 多个项目。

7 月 15 日　街道完成上海市商业普查工作。

7 月 24 日　街道下属万隆经济发展公司进行体制改制。

7 月　街道决定兴业居委会与复襄居委会合署办公。

8 月 18 日　街道通过区财政局会计电算化验收，获得《上海市电算化会计验收证书》。

8 月 26 日　街道 20 个居委会进行改选。武康居委会首次进行直选获得成功。

同月　街道拟定《湖南路街道老年人工作三年规划》《创建具有明显文化特色的学习型社区三年规划》《社区管理发展三年规划》《居委会建设规划》四个规划。

同月　街道妇联筹办的“上海市家庭教育指导实验基地”通过市教科院验收，11 月被授予“上海市家庭教育指导实验基地”，为徐汇区首家。

9 月 4 日　全国人大法律委员会副主任、全国人大常委会法工委副主任乔晓阳率领检查分组对街道张家弄居委会及社区服务中心进行检查，召开座谈会。

9 月 14 日　副区长王志强在湖南路街道社区事务处理一门式服务中心主持召开现场会议。

9 月 20 日　街道获评上海市社会计划生育生殖保健优质服务示范单位。

10 月 12 日　街道妇联在武康小区举行“上海知识女性社区服务徐汇湖南工作站”揭牌仪式暨现场咨询服务活动。

10 月 13 日　市民政局基层政权处处长沈允良到街道检查和指导社区事务受理中心工作。

10 月 15 日　武康路农贸市场开张营业。

10 月 30 日　街道通过市一级卫生街道复评。

11 月 1 日　街道全面开展全国第五次人口普查工作。2001 年 2 月 3 日召开普查总结会。

11 月 3 日　街道获评上海市 2000 年灭蚊蝇百日竞赛活动优胜街道。

11 月 17 日　经市、区两级环保部门检查验收，街道获评环境噪声达标街道。

11 月 24 日　复襄小区获评徐汇区可持续发展文化特色型小区。

11 月 28 日　徐汇区招商中心湖南分中心成立挂牌。

11 月 29 日　街道第五次妇女代表大会在文化活动中心召开。

12 月 8 日　街道在上海沪警会堂举办“走向新世纪——2000 年湖南社区文艺演出会”。

12 月 17 日　街道获评 1999—2000 年度上海市社会救助工作先进集体。

12 月 22 日　街道共建立上海铭源实业有限公司、易家网络技术有限公司等五家团支部，一家青年联络站。

同月　街道在 8 个地段设健身设施，被上海市体育局评为 2000 年度上海社区体育健身设施实事工程先进集体。

同月　街道进行居民代表换届改选，20 个居委会选出 85 名居民代表，任期三年。

同月　徐汇区城市管理监察大队三分队成立，隶属徐汇区城市管理监察大队，并接受湖南路街道办事处管理。

同年　街道建立劳动法律监督网络。成立社区工会劳动法律服务站。

同年　街道成立徐汇区工商业联合会湖南路街道商会。

同年　街道获评上海市计划生育协会先进集体。

同年　街道获评 1999—2000 年度上海市“三八”红旗集体。

同年　街道获评上海市社区事务受理“一门式”服务达标街道。

同年　街道获评 1996—1999 年度上海市爱国拥军模范街道。

同年　街道获评上海市拥军优属模范街道。

同年　街道获评上海市文明社区。

同年　武康、华康、乌中、东湖、嘉丽苑、淮海、兴国、永福、复襄小区获评上海市文明小区。

同年　街道获评全民健身工程优秀集体。

同年　街道获评徐汇区计划生育协会先进集体。

同年　街道获评徐汇区委系统信息工作先进单位。

同年　街道获评徐汇区征兵工作先进单位。

同年　街道获评“社区共青团工作先进个人”2 名。

同年　街道获评1999—2000年度"徐汇区'三八'红旗手"5名。

同年　街道获评1999—2000年度"徐汇区优秀妇女工作者"1名。

同年　街道获评1999—2000年度"徐汇区妇联挚友荣誉奖"1名。

同年　街道获评徐汇区信访工作先进单位。

同年　街道获评徐汇区为老服务先进集体。

同年　街道获评徐汇区助残先进集体。

同年　街道获评社区劳动就业保障工作先进集体。

同年　街道南昌路集贸市场获评上海市第六届物价计量信得过单位(1999—2000)金奖。

同年　街道获评徐汇区群众文化活动工作先进单位。

同年　街道获评徐汇区全民健身实事工程优秀组织奖。

2001年

1月5日　街道召开第四届第一次居民代表大会。

1月16日　街道在上海永乐影视(集团)公司会堂召开第三次社区党建工作会议。

1月31日　街道推行科级(含副科)领导职位竞争上岗,发布《湖南街道党工委、办事处关于科级干部推行竞争上岗的实施意见》。

同月　街道党政领导拜访地区56名知名人士、统战对象、侨眷。

同月　街道成立信息化办公室,制定《湖南路街道信息化工作规划》《湖南路街道2001年信息化工作进程表》。

2月21日　上海市民政局基层政权处到街道调研居委会开展"自我教育、自我管理、自我服务、自我监督"工作。

同月　袁建村任街道党工委书记,徐孙庆任街道办事处主任。

3月6日　街道首次在社区服务中心开设外来流动人口的"一门式"服务站,为外来人口办理计生证、健康证、就业证、暂住证四证。

同月　街道环卫所淮海中路女子清道班获评2001年度徐汇区"三八"红旗集体。

4月4日　区委书记茅明贵、副书记周德海到街道调研社区党建工作。

4月13日　副区长林桂祥率区规划局副局长、徐房集团副总等一行到街道调研居委会办公用房现状。

4月26日　市爱卫会主任孙翠娣、副区长顾奎华、区房地局局长顾锡培、区爱卫办主任张玉费到街道视察淮海中路1285弄48号等处厨房改造工程。

4月27日　街道在社区服务中心召开社区工会第一次代表大会。

4月28日　街道成立安全生产工作领导小组,街道办事处主任徐孙庆为组长,落实安全生产工作责任制。

6月5日　街道成立企业改革领导小组。

6月6日　市民政局救济救灾处处长蔡茗升带队到街道调研社会救助工作。

6月11日　因批租动迁和商业动迁,街道撤销长乐居委会和兴业居委会。

6月23日　街道出版画册《十年》。

6月24日　街道举行“七月礼赞——大型庆祝表彰会”。

同月　街道组织科通过对20个居民区党支部特色的工作调研，开始实施“一居一特”党支部工作。

7月2日　街道在社区服务中心召开“纪念建党80周年座谈会暨社区共建联席会议”。

7月24日　街道在武警三支队二中队举行“志愿者进部队服务活动暨授旗仪式”。

7月30日　街道成立廉租住房工作领导小组。

同月　街道成立居家养老服务中心，建立居家养老服务应用系统软件，并与各居委会联网。

8月16日　市爱卫会主任孙翠娣及各区爱卫办主任到街道南昌路集贸市场召开灭蝇达标工作现场会议。

9月23日　街道在襄阳公园门口举行“五进社区五到家”宣传小册子发放仪式。

9月27日　社区服务中心社区范围内37个单位新经济组织法人与工会干部签订“徐汇区湖南社区非公经济集体合同”、“徐汇区湖南社区非公有经济工资集体合同”，建立劳动关系三方协调机制（工会方、业主方、政府方）。

同月　街道成立老龄工作委员会。

10月24日　区委书记茅明贵、民政局局长陈立群等一行到街道就社区老龄工作进行调研。

同月　街道完成首次129人无偿献血。

同月　街道被中共中央宣传部、国家计划生育委员会评为“婚育新风进万家活动”全国先进单位。

11月9日　街道获评2001年度上海市消防工作先进单位。

11月21日　街道获评上海市基本无燃煤街道。

11月30日　街道在社区服务中心召开社区党建工作研究会暨社区党校校务委员会会议。

12月12日　东湖、淮海、春华、乌中、复永、复襄、武康7个居委会通过市安全小区考核，陕新等12个居委会获评徐汇区文明小区。

12月14日　街道在上海市音乐学院召开“坚持先进文化发展方向，繁荣发展湖南社区文化——社区文化理论研讨会”。

12月24日　街道在高邮路5弄25号举行“纪念我国现代文学家郑振铎先生诞辰104周年及郑振铎寓所揭牌仪式”。

同月　华康、武康、复永、陕新、复中、张家弄、五原居委会完成调整、改善办公用房，共增加450平方米左右，并进行统一装修。

同年　街道制定《湖南路街道稳定工作应急处置预案》。

同年　街道制定《湖南路街道居家养老工作方案》。

同年　街道开设老年学校。

同年　街道召开社区青保工作研讨会。

同年　湖南路街道第一少儿图书馆与设在街道社区服务中心内的街道图书馆（总馆）合并。

同年　街道与上海音乐学院探索开展共建活动。

同年　街道完成7个居委会健身点和8条健身路的建设和修建工作，新添置健身器材28件，居委会健身点数量达到21个。

同年　街道获评上海市社区计划生育生殖保健优质服务示范单位。

同年　街道获评上海市计划生育协会先进集体。

同年　街道获评2001年度上海市“三八”红旗集体。

同年　街道获评上海市社区妇女工作特色示范点。

同年　街道获评上海市示范性社区亲子俱乐部。

同年　武康居委会获评市文明小区、安全小区、卫生小区，区先进党支部、暑假工作先进集体。

同年　街道获评上海市一级卫生街道。

同年　街道获评上海市爱国卫生先进单位。

同年　街道获评徐汇区计划生育协会先进集体。

同年　街道获评徐汇区共青团工作先进集体。

同年　街道获评徐汇区拥军优属模范街道。

同年　街道获评徐汇区为老服务先进集体。

2002年

1月10日　街道召开第四届第二次居民代表大会。

1月25日　街道召开第四次社区党建工作会议。

3月1日　街道在上海交响乐园排练厅召开湖南社区工青妇工作会议。

3月19日　街道在社区文化中心组织社区各界人士举行申博报告会。

3月23日　街道在上海交响乐园排练厅首次召开社区在职党员工作交流会。

3月26日　全国人大常委会副委员长、民革中央主席何鲁丽一行在上海市民政局局长施德容陪同下，到街道社会救助管理所进行调研、考察，并题词“深怀爱民之心，多办利民之事”。

3月27日　区政府召开“2002年度徐汇区财税、审计工作会议”，街道办事处主任徐孙庆作《探索街道财务管理模式，提供社区建设财力保障》的交流发言。

4月3日　街道人大代表组部分代表在街道举办选民接待日活动。

4月8日　街道在社区文化活动中心举办湖南路街道居家养老工作动员暨居家养老分中心揭牌仪式。

4月15日　街道获评2001年度上海市文明社区，同时武康、东湖、淮海、复襄、华康、嘉丽苑、兴国、五原、乌中、安福、永福11个小区获评2001年度上海市文明小区。

4月22日　街道办事处主任徐孙庆在徐汇区人口与计划生育领导小组会议上作《积极开拓，争创优质》的交流发言。

同月　第二次全国基本单位普查结束，街道普查单位1 411户企业。

同月　街道淮海居委会等被评为市级安全小区（7个）、区级安全小区（13个），其中区级示范安全小区2个，安全小区创建率达100%。

同月　街道成立湖南社区交通安全领导小组。

5月15日　街道在社区服务中心举行《生命赞歌》授书仪式。

5月17日　武康农贸集市被区商委、工商局、卫生局、技监局评为合格菜市场。

5月22—23日　街道在文化中心举办人口文化作品展。

5月24日　湖南路街道健康教育促进委员会成立。

5月28日　街道成立社区帮教团。

6月24日　街道在徐汇区中心医院会议室举办“珍爱生命，远离毒品”为主题的湖南社区禁毒知识竞赛活动。

6月26日　教育部、国家语委，各兄弟省、市语委专家对街道办事处语言文字工作进行检查、评估。

6月28日　街道“麦琪里”旧区改造开始。

7月18日　街道在港汇电影城召开社区党建、共建联席会。

8月1日　街道人民武装部挂牌。

8月9日　街道成立国防动员委员会。

同日　街道成立统战工作领导小组。

8月20日　街道在襄阳公园组织地区200余名居民及居委干部举行“五进社区”科普、法律等小册子发放仪式。

同月　街道党工委机关支部率警署、区府办、物业、社保等单位负责人赴重庆黔江贫困地区走访并慰问结对的贫困学生。

9月17日　街道在永福电影厅召开湖南社区“四心”工程动员推进会。

9月18日　街道少数民族联络组首次获评徐汇区唯一的上海市民族联工作先进集体。

9月25—27日　街道老龄委在社区服务中心举办老年教育成果展。

10月10日　街道成立区第十三届人民代表大会代表换届选举工作组。

10月21日　区委常委、宣传部部长吴秋珍率区委宣传部，区文明办等同志到街道调研文明社区长效管理和学习党的十六大精神的组织学习形式，街道党工委书记作汇报。

10月30日　副区长林官良一行视察街道社区服务中心。

11月7日　街道被上海市侨务办公室评为市社区侨务工作先进集体。

11月11日　街道在上海银行淮海支行会场召开湖南社区单位党组织学习十六大报告座谈会，并与上海银行淮海支行签订党建、共建协议书。

11月15日　街道残疾人联合会第二次代表大会在社区文化活动中心举行。

同月　街道成立湖南社区各界人士联谊会。

12月　街道成立司法信访接待窗口。

同年　根据市委统战部关于各区街道试点民主党派退休人士属地化管理的要求，区委统战部指定湖南路街道为第一批试点单位，在淮海居委会探索成立第一个离退休民主党派成员联合学习小组。

同年　街道20个居民小区组建小区工会。

同年　湖南派出所与辖区中学、小学、幼儿园签订《治安责任书》。

同年　街道建立司法信访综合服务窗口、社区矛盾调解中心和人民调解专门场所。

同年　街道建立“听证会”“协调会”“评议会”三会制度，搭建居民民主参与社区事务的平台。

同年　街道获评上海市先进街道办事处。

同年　街道被市信息办列为区唯一的市级信息重点推进街道。

同年　街道获评上海市计划生育协会先进集体。

同年　街道获评上海市社区计划生育生殖保健优质服务示范单位。

同年　街道获评上海市“三八”红旗集体。

同年　街道获评上海市社区妇女工作特色示范点。

同年　街道获评上海市示范性社区亲子俱乐部。

同年　街道获评上海市社区老干部工作示范点。

同年　街道家长学校获评上海市优秀家长学校。

同年　街道获评上海市爱国卫生先进单位。

同年　街道获评徐汇区国家安全联络工作先进集体。

同年　街道获评徐汇区侨联“爱国奉献”先进集体。

同年　街道获评徐汇区拥军优属模范街道。

同年　街道获评 2001—2002 年度徐汇区淮海中路双拥街。

同年　街道获评徐汇区老龄工作先进单位。

同年　街道获评徐汇区助残先进集体。

同年　街道获评 2001—2002 年度徐汇区劳动就业保障工作先进集体。

同年　街道获评 2001—2002 年度徐汇区第七届家庭文化节活动优秀组织奖。

同年　街道获评 2001—2002 年度徐汇区第四届社区文化艺术节优秀组织奖。

同年　街道获评徐汇区群众文化活动工作优秀奖。

同年　街道获评 2001—2002 年度徐汇区全民健身活动周优秀组织奖。

同年　兴武等 6 个居委会获评上海市社区建设示范居委会。

2003 年

1 月 6 日　街道获评 2002 年度全国男性健康宣传教育试点社区先进单位。

1 月 10 日　街道在永福路 52 号上海电影集团公司召开湖南社区第五次党建工作会议。

1 月 15 日　街道召开第四届第三次居民代表大会。

1 月 20 日　街道组建一支由 26 人组成的淮海中路交通协管员队伍，定岗配合交警维护道口交通秩序。

1 月 24 日　街道党政领导对辖区开展“帮困送温暖”活动。

同月　街道获评上海市社区教育先进单位。

2 月 28 日　街道在永乐宫召开社区工青妇工作会议。

3 月 12 日　街道召开社区矫正工作动员大会。

3 月 28 日　街道人口计生办与南昌路集贸市场、博爱医院等六家单位首次签订《湖南路街道外来人口计划生育管理责任书》。

同月　副市长冯国勤视察街道救助工作。

4 月 1 日　街道参与由市妇联和市信息委、市科协、市文明办共同启动实施的“百万家庭网上行”实事工程。

4 月 3 日　街道召开第一次归侨侨眷代表大会，成立湖南路街道侨联分会。

4 月 9 日　街道召开社会治安治理暨安全生产责任书签约大会。

同日　街道出席上海市人口与计划生育工作会议暨先进表彰会，获评 2001—2002 年度上海市人口与计划生育工作先进集体。上海汽车工业（集团）总公司、南昌路集贸市场、新乐居委会、陕新居委会等 9 家单位获评 2001—2002 年度徐汇区人口与计划生育工作先进集体；陈国华、杨海燕、林美娟、杨志伟等 11 人获评 2001—2002 年度徐汇区人口与计划生育先进工作者。

4 月 16 日　街道成立预防“非典”工作领导小组，街道党工委书记袁建村为组长，并建立预警报告网络。

4 月 17 日　徐汇区计划生育协会湖南社区分会筹备成立基层协会组织——复中居委会计生协会。

4 月 18 日　街道在社区文化活动中心（街道文化站）的基础上，成立湖南路街道社区文化体育活动中心，并揭牌。

4 月 25 日　区委副书记孙潮、副区长王志强等一行到街道进行调研。

4 月 28 日　街道社区学校在长乐学校揭牌。

5 月 28 日　黄龙新任街道办事处主任。

同日　街道成立民间组织服务中心。

5 月 30 日　街道与中国工商银行淮二支行联手成立社区金融学校。

5 月　街道人口计生办、协会分会推出以现代人的婚育文化为主题的社区家庭多媒体作品征集活动。

7 月 3 日　街道成立社区（街道）离退休民主党派联合学习大组。

7 月 15 日　徐汇、卢湾二区四街道在上海图书馆召开淮海中路双拥街三年双拥工作总结表彰会，湖南路街道是其中之一。

7 月 17 日　湖南路街道与上海师范大学联合举办“扶老上网”老年电脑学习班。

同月　街道撤销春华、乌里居委会设立新的春华居委会；撤销淮中、乌中居委会设立新的淮中居委会；撤销延庆、常熟（部分）居委会设立新的延庆居委会；撤销东湖、常熟（部分）居委会设立新的东湖居委会；撤销兴武、湖南居委会设立新的兴武居委会；撤销五原、安福居委会设立新的安福居委会。

同月　街道组织居住在湖南社区的归侨、侨眷、留学生家长以及少数民族、工商联、民主党派代表参加“世博会与上海新一轮发展”大讨论。

同月　街道召开 2003 年上半年度湖南社区党建工作协调委员会会议。

8 月 15 日　街道淮海中路段在“七不”和“双拥”街的基础上，获评上海市文明示范标志区域。

同日　武康居委会 400 多位居民在上海交响乐团大礼堂内召开直选大会。

8 月 21 日　街道组成以李莎为团长，孔令�为副团长的湖南路街道市民巡访团，制定

《湖南路街道精神文明建设市民巡访团章程》。

同月　“湖南社区信息化概述”被列入《2003上海信息化年鉴》,《湖南社区信息化工作三年总结(2001至2003年)》被列入市信息化工作会议交流材料。

9月5日　石宝珍任街道党工委书记。

9月26日　街道16个居委会换届选举。

同月　街道成立湖南社区党工委及“四部一室”新的社区管理组织机构。

10月10日　中共徐汇区湖南社区(街道)综合委员会成立(简称:综合党委)。

10月13日　湖南路街道计划生育办公室更名为湖南路街道人口与计划生育办公室。

10月16日　湖南路街道南块联合小区在东湖居委会活动室召开职工代表成立大会。

10月23日　街道对辖区单位进行调查统计,共调查单位506家。

10月26日　街道人口计生办举办优质服务“三渗透”新婚家庭实效演绎活动。

11月5日　湖南路街道北块联合小区在街道老年活动室召开职工代表成立大会。

11月6日　街道举行预防和控制传染病非典型肺炎工作预案及实施方案的演练。

11月21日　街道居民在湖南社区服务中心为巴金百岁祝寿。

11月22日　街道和上海教育出版社在上海图书馆联合举办“社区教育理论与实践的国际比较”专题报告会暨新书首发式。

12月17日　街道第六次妇女代表大会在街道文化体育中心召开。

12月30日　市委副书记殷一璀及市总工会的部分领导看望街道吴再郎老同志。

同月　街道完成12个基层党组织换届改选工作。

同年　街道党工委制定《湖南路街道行政机关开展政风评议的实施意见》。

同年　街道开展以“两个务必”和民主集中制为主题的教育。

同年　徐汇区举行第十三届区人大代表换届选举,街道辖区共选举产生代表18名。

同年　撤销湖南路警察署,成立湖南路派出所。

同年　街道建设民间社会组织四级预警网络建设工作。

同年　街道协调派出所、交警、城管、工商等方面,成立校园周边治安综合治理工作领导小组。

同年　街道成立社区保洁服务社、残疾人服务社。

同年　街道制定《湖南路街道关于推进湖南地区物业管理“一体化”保洁服务管理工作的若干意见》。

同年　街道劳动服务所更名为湖南路街道劳动保障事务所。

同年　街道推行居委会协调会、评议会、听证会三会制度,建立“弄管会”76个。

同年　街道建立由上海音乐学院少数民族大学生组成的护绿基地,实行认养岗位责任制。

同年　街道制定《2003—2004年新婚家庭全程服务实施方案》《湖南路街道建设健康社区三年行动计划(2003年—2005年)》。

同年　街道社会体育指导站完成社会体育指导员登记换证工作。

同年　街道获评2001—2003年度上海市先进街道办事处。

同年　街道获评2001—2003年度上海市社区建设示范街道。

同年　街道获评上海市计划生育协会先进集体。

同年　街道获评上海市人口与计划生育工作先进集体。

同年　街道获评上海市社区计划生育生殖保健优质服务示范单位。

同年　街道获评上海市社区老干部工作示范点。

同年　街道获评上海市社区妇女工作特色示范点。

同年　街道获评上海市示范性社区亲子俱乐部。

同年　街道获评上海市优秀人民调解委员会。

同年　街道获评上海市“7259”帮老助残活动先进集体。

同年　街道支持徐汇区老年福利事业捐款人民币一万元。

同年　街道创建鸿光小区为市级文明小区、中南新村为区级文明小区，创建武康路106弄绿色小区、东湖双拥小区、复襄交通安全示范小区3个示范小区。

同年　街道家长学校获评上海市优秀家长学校。

同年　街道获评徐汇区国家安全联络工作先进集体。

同年　街道获评徐汇区街道决算编制管理奖。

同年　街道获评徐汇区侨联“爱国奉献”先进集体。

同年　街道获评徐汇区“三八”红旗集体。

同年　街道获评徐汇区拥军优属模范街道。

同年　街道获评徐汇区老龄工作先进单位。

同年　街道获评徐汇区助残先进集体。

同年　街道获评2002—2003年度徐汇区劳动就业保障工作先进集体。

同年　街道获评徐汇区献血工作先进集体。

2004年

1月8日　街道召开湖南社区第六次党建工作会议。

1月9日　街道召开第五届第一次居民代表大会。

1月19日　街道获评2001—2003年度上海市青少年保护工作先进集体。

3月6日　街道配合区爱卫会在襄阳公园举办“健康城区创建——健康游园会”大型宣传活动。

3月12日　街道召开社区矫正工作动员大会。

3月22日　街道举办科普版面的巡回展示、科普英语比赛、科普节和“我们周围的优秀建筑文化”比赛。

4月6日　街道联合公安、城管、房地产部门对襄阳路商品市场上一批不法分子租借周边居民做售假窝点的现状进行综合治理，共打击窝点125处、非法商铺57家，涉案价值350万元。

4月7日　街道举办的《上海市精神卫生条例》颁布二周年和10月10日世界卫生的大型宣传活动在襄阳公园门口及居民小区开展。

同月　街道获评2002—2003年度上海市文明社区。

同月　街道围绕中国红十字会成立100周年纪念日开展宣传。

5月21日　街道在高邮路7号成立经常性捐款接受点。

5月28日　社区召开“落实文明行动计划，联手共建高雅社区——湖南社区2004年精神文明表彰推进大会”。

同月　街道成立湖南社区党员服务中心。

6月　街道成立人大代表工作室。

同月　街道成立助老服务社。

7月1日　街道开展“牢记党的宗旨，服务社区群众”主题党日活动。

8月25日　街道在西南模范中学召开“2004年湖南路街道暑期工作总结表彰大会”。

同月　街道获评上海市第一批民族团结进步优秀社区。

9月9日　区委书记茅明贵到街道就社区建设和社区党建工作开展调研。

9月23日　街道召开社区建设和社区党建试点工作专题会议。

9月24日　街道党工委更名为中共湖南社区(街道)工作委员会，石宝珍(女)任社区(街道)党工委书记。同日举行湖南社区党工委成立暨揭牌仪式。街道党工委被列为全市社区党建和社区建设试点单位之一，率全区之先。

同月　余正湖任街道办事处主任。

10月20日　街道成立信息化建设领导小组。

10月27日　街道成立男性健康沙龙。

同月　街道对辖区旧住房小区实施“平改坡”(即多层住宅平屋顶改斜坡屋顶)“二次供水”等综合改造，对高层住宅进行综合整治。

11月5日　街道举办“2004年湖南社区第九届全民健身节”。

11月10日　街道召开关于社区建设和社区党建试点工作调研会议。

11月30日　街道在上海电影集团举办由上海大学法学院教授为地区居委干部讲授的“社区管理与社会治理”的讲座。

12月15日　街道华亭社区卫生服务点挂牌成立。

12月17日　街道召开“2004年湖南群众文化共建工作年会”。

12月23日　街道举办健身欢乐行大型活动。

同月　湖南市容管理所成立。

同年　街道开展第一次上海市基本侨情调查。

同年　街道成立由人大代表、法律工作者、居民代表和职能部门组成的评议委员会，建立信访听证制度，推进社区民主自治建设。

同年　街道制定《湖南社区网格管理区工作办法》《湖南社区“双管单位”考核评议方法》。

同年　街道构建社区事务处置应急网络，初步形成“应急指挥中心”“呼叫视频系统”“路面监控系统”三位一体的社区事务处置新体系。

同年　街道落实市“扶残助学春雨行动”。

同年　街道成立经济管理委员会，制定经济工作运行和激励机制，重点加强高档商务楼招商引资工作。

同年　街道制定《湖南路街道社区环保公约》。

同年　湖南环卫所划归日盛环境保洁服务有限公司，更名为湖南作业队。

同年　街道建成社区信息管理信息网。

同年　街道成立老年艺校和老年学校。

同年　街道图书馆落实市政府实事工程，配合区图书馆开展“全国文化资源共享工程”工作，实现全国文化资源共享工程在街道图书馆全覆盖。

同年　街道举办爱国卫生月健身气功展示活动，湖南社区健身团队参加展示活动。

同年　街道获评上海市社区建设模范街道。

同年　街道获评上海市优秀人民调解委员会。

同年　街道获评2000—2003年度上海市爱国拥军模范街道。

同年　街道获评上海市老龄工作先进集体、上海市老干部工作示范街道。

同年　街道获评上海市特困老人助养助医工作先进单位。

同年　街道获评上海市“7259”帮老助残活动先进集体。

同年　街道16个居委会全部创建为示范(达标)居委。

同年　街道南昌路集贸市场获评上海市第七届价格计量信得过单位。

同年　复永居委会的鸿艺小区和武康居委会的中南小区分别创建成市级和区级文明小区。

同年　街道获评烟草专卖社区化管理先进街道。

同年　街道获评徐汇区部门预算管理表扬单位。

同年　街道获评徐汇区“三八”红旗集体。

同年　街道获评徐汇区拥军优属模范街道。

2005年

1月19日　社区党工委书记石宝珍、街道办事处主任余正湖接待中央先进性教育督导组。

1月21日　街道召开第五届第二次居民代表大会。

本月　街道举办“人口和家庭计划指导室的工作思索——有话大家说”的活动。

3月12日　街道揭牌成立湖南社区文化广场。

3月29日　街道召开社区文化宣传工作会议。

同月　街道会同区城管大队、区规划局、区房地局和永福物业等部门，组成拆违工作小组。

同月　街道青少年保护委员会更名为湖南路街道未成年人保护委员会。

5月13—29日　街道举办第七届文化艺术节。

5月21日　街道在襄阳公园广场举办“科普与健康同行”社区科技节大型宣传教育活动。

6月5—21日　街道开展以“群众身边的组织”“群众身边的场地”“群众身边的活动”为主题的湖南社区全民健身周及市民健身日活动。

6月15日　街道举办“文明湖南、和谐社区”主题活动大会。

6月27日　街道成立社区团工委。共青团湖南街道工作委员会更名为共青团湖南社区(街道)工作委员会。

6月28日　街道成立湖南社区家庭文明建设指导中心。

6月29日　区计生协湖南社区分会主办，湖南路街道妇女联合会、老年协会湖南办事处、湖南路街道科普协会、湖南社区文化体育中心共同协办的“编织快乐祥和的生活”主题活动在社区文化中心展开。

7月29日　街道召开社区总工会成立暨第一次代表大会，湖南路社区工会更名为湖南社区总工会。

8月12日　市委副书记王安顺，安徽省人大常委会党组成员、副主任朱成林，秘书史育祥，中直机关工委宣传部助理巡视员崔钦华，中组部党建读物出版社一编室主任付长生，中央纪委中国纪检监察报社主任科员张博文，市委组织部助理巡视员杨建荣，市委组织部组织处副处长王治勇等参加徐汇区第二批先进性教育情况汇报工作，检查武康居委会工作情况。

9月21日　街道开展社区十佳“新上海人”的评选活动。

同月　街道获评2003—2004年度上海市人口与计划生育工作先进集体。

同月　街道成立“智障人士融入社区阳光计划——阳光之家”。

11月10日　街道获评2001—2005年度全国婚育新风进万家活动先进集体。

11月12日　街道在襄阳公园举办“共创文明社区，同建和谐家园——湖南社区争创新一轮市文明社区主题宣传活动”。

11月22日　街道残疾人联合会第三次代表大会在徐房集团举行。

12月4日　街道在襄阳公园举办大型志愿者服务活动，纪念“12.5”国际志愿者日。

12月26日　武康居委会获评2002—2005年度上海市先进居委会。

12月29日　“地铁社区党建联动、共创群众满意工程”活动工作小组会议在街道召开。

同月　街道获评上海市社区建设模范街道。

同年　街道成立台胞台属联谊组。

同年　街道成立老干部工作室。

同年　街道成立街道关心下一代工作委员会。

同年　街道团工委建立社区青年联合会、楼宇青年联谊会和青年企业家协会。

同年　街道建立社区重大事项决策法律咨询团。

同年　街道建成社区安全处置应急网络。

同年　街道启动社区学校实体化建设。

同年　街道建成集社区教育、图书阅览、社区信息苑、文化中心于一体的社区学校和社区文化中心。

同年　街道将未成年人保护工作纳入社区学校管理范围。

同年　街道将辖区长乐学校分部改建成社区文化中心，建成兴国花园社区科普儿童乐园1个、健身苑1个、健身点26个。

同年　街道在上海交响音乐进修学校挂牌建立湖南路街道老年艺校，在区老龄活动中心挂牌社区老年学校。

同年　街道和驻区文化院团开展第一次合作项目——共建“襄阳文化广场”。

同年　街道在五原路281弄7号新建社区卫生服务中心、在复兴中路1996弄5号新建社区卫生服务点。

同年　街道获评2002—2005年度上海市先进街道办事处。

同年　街道16个居委会全部获评上海市社区建设示范居委会。

同年　街道获评2003—2004年度上海市创建绿化文明行业三位一体管理先进单位。

同年　街道统计站获评徐汇区一等奖。

同年　街道陕新小区获评徐汇区民主法治示范小区。

同年　街道获评徐汇区拥军优属模范街道。

同年　街道13个小区获评徐汇区整治“三乱”达标小区。

同年　街道武康小区获评徐汇区环保绿色小区。

同年　街道获评“徐汇区新德新风先进个人”1名。

2006年

1月12日　街道获评上海市创建民族团结进步优秀社区。

1月17日　社区召开第八次党建工作会议。

1月18日　街道召开第五届第三次居民代表大会。

2月　街道妇联与五原路幼儿园亲子活动结对签约。

3月1日　市委先进性教育活动第二巡回检查组、第三指导协调组组长陈忠德率队到社区及武康居民区进行专题调研。

3月14日　上海市禁毒委员会办公室张俭琛以及闵行区、闸北区政法委的有关同志，到街道检查禁毒工作。

4月6日　区长孙潮、副区长徐孙庆一行到街道进行调研。

4月13日　市政协领导一行到轨道交通七号线常熟路站动迁基地慰问动迁工作人员。

同月　街道获评2004—2005年度上海市文明社区。

同月　街道成立老年协会。

5月6日　街道召开2006年居委会换届选举工作动员大会。

5月25日　区委书记茅明贵到社区就居委会换届选举工作进行专题调研。

6月8日　副区长周秀芬、区府办副主任顾耀明等一行到街道社区学校进行调研。

6月9日　成立湖南社区（街道）行政党组，并召开成立大会。

6月20日　新的街道社区学校、社区文化活动中心在乌鲁木齐中路164号竣工落成。

6月27日　街道在上海电影集团放映厅举行“党旗下的风采——湖南社区庆祝中国共产党成立85周年会”。

6月29日　区长孙潮为湖南社区事务受理服务中心揭牌，社区事务受理中心对外服务。

同月　湖南社区（街道）党工委获评全国先进基层党组织。

同月　湖南社区（街道）党工委获评上海市先进基层党组织。

同月　街道获评上海市“四五”法制宣传教育先进集体。

7月20日　街道下属部门上海市徐汇区湖南路街道防汛指挥部撤销。

8月21日　湖南路街道2006年居委会换届工作总结会暨新一届居委会干部培训班开学典礼在社区学校多功能报告厅举行。

9月5日　街道在社区学校召开湖南社区教育专家咨询组会议。

9月18日　中组部组织的京津沪渝四市老干部工作讨论会的各位领导到社区视察老干部工作。

同月　街道成立人民调解室。

同月　街道成立社区特需服务社。

10月12日　湖南路街道徐汇区人民代表大会换届选举动员大会在社区文化活动中心召开。

10月19日　区委书记茅明贵、代理区长陈寅到湖南社区调研，并参观社区事务受理服务中心。

同月　湖南路街道获评2005年全国1%人口抽样调查先进单位。

11月21日　街道获评上海市扬尘污染控制街道。

同月　余正湖任社区(街道)党工委书记。

12月1日　街道获评全国和谐社区建设示范街道。

12月5日　湖南社区(街道)党代表会议在湖南社区学校召开。

12月12日　徐汇区举行第十四届区人大代表换届选举，街道辖区共选举产生代表23名。

12月22日　街道印发《湖南社区代表会议实施意见》的通知，决定将每年召开的湖南路街道居民代表会议改为社区代表会议。

同年　中共徐汇区湖南街道纪律检查工作委员会更名为中共徐汇区湖南社区(街道)纪律检查工作委员会。

同年　街道探索社区党风廉政建设工作站工作机制，成立党风廉政建设工作站和街道治理商业贿赂领导小组。

同年　街道妇联开展“百万家庭学礼仪”各类主题实践活动。

同年　街道呼叫中心、处理中心和网格化管理中心统一归并到社区事务中心，实现“三大中心”并存。

同年　街道建立职工法律援助分中心社区服务站。

同年　乐帮湖南小区车辆协管服务社成立。

同年　街道完成对武康菜市场健康菜市场的创建工作。

同年　街道承担辖区轨道交通八号线和十号线3块基地的居民动迁以及2个市场整体搬迁的动迁任务，顺利完成动迁任务。

同年　街道未成年人保护工作纳入社区学校管理。成立由20余名老同志参加的“关心下一代工作”服务队，基本形成街道、居委会、学校“三位一体”的未成年人保护工作的三级网络。

同年　街道图书馆迁至乌鲁木齐中路164号1楼。

同年　街道举办首届学习节。

同年　街道创建市级平安小区8个,市级平安单位13家。

同年　街道获评2005—2006年度上海市防范和处理邪教工作先进集体。

同年　街道获评2004—2006年度上海市拥军优属模范街道。

同年　街道获评2005—2006年度上海市军民共建社会主义精神文明先进集体。

同年　街道复永居委会获评上海市第四批敬老居村委。

同年　街道获评2005—2006年度"徐汇区人口和计划生育工作先进工作者"共6名。

同年　街道获评2006年度徐汇区统计工作一等奖(市统计局行风评议工作)。

同年　街道获评2005—2006年度"徐汇区'三八'红旗手"共5名。

同年　街道组织12名青年职工参加区"职工学法"知识竞赛,获得团体三等奖。

同年　街道获评徐汇区拥军优属模范街道。

同年　街道获评徐汇区老龄工作先进集体。

同年　街道获评徐汇区档案系统先进集体。

2007年

1月5日　街道召开2006年工作总结暨2007年工作务虚会。

1月16日　街道轨道交通动迁指挥部获评2006年度上海市重点工程实事立功竞赛优秀集体。

1月19日　"2007年湖南社区群众文化工作年会"在社区学校召开。

1月23日　街道召开社区第九次党建工作会议。

1月24日　街道召开第一届社区代表大会。

2月5日　市委常委、市委组织部部长沈红光,市委组织部秘书长范志伟到武康居委会,走访慰问困难党员张孝善和武康居民区党总支。

2月8日　街道获评2005—2006年度上海市人口和计划生育工作先进集体。

同月　街道获评2006年度上海市"百万家庭学礼仪"系列学习活动优秀教学点。

3月1日　街道管理站获评东方有线网络有限公司2006年度有线电视网络管理工作优胜单位。

3月7日　区委常委、宣传部长章卫民率区文明办、文化局以及相关街道负责人对湖南社区文化活动进行调研。

3月8日　区政协主席李俊民、副主席冷旭生到社区进行调研。

3月19日　市党员服务中心主任杨正平和区委组织部副部长、区社会工作党委书记彭秋萍等一行到社区指导工作。

3月22日　街道7个居委会被评为2006年度徐汇区平安小区。街道16家单位获评2006年度徐汇区平安单位。

同月　街道获评2005—2006年度徐汇区"三八"红旗集体。

同月　吴克勤任街道党工委书记。

同月　街道组织人事科增挂老干部科科牌。

4月6日　华东师范大学职业教育与成人教育研究所的交流学者和来自澳门圣公会蔡高中学的老师一行到社区学校参观。

4月25日　湖南路街道家庭计划指导站、上海音乐学院、湖南路街道淮中居委会、湖南路街道华康居委会、湖南路街道春华居委会获评2005—2006年度徐汇区人口和计划生育工作先进集体。

同月　顾耀明任街道办事处主任。

同月　湖南社区党员服务中心获评首批上海市党员服务中心示范点。

同月　街道被市绿化管理局、市精神文明委授予2005—2006年度创建绿化文明行业三位一体管理先进单位。

5月14日　美国老年网代表团一行到社区学校参观。

5月16日　副区长谢坚钢一行到街道进行调研。

5月22日　索托民主大会代表团一行到街道参观社区文化活动中心和社区学校。

5月23日　区人大常委会副主任、区总工会主席乔德华一行到社区总工会进行调研。

5月29日　区委书记茅明贵出席湖南社区传达学习贯彻市第九次党代会精神座谈会。

5月30日　社区党工委举行湖南社区党员服务中心新址揭牌仪式暨驻区单位党员服务点工作推进会。

同月　街道成立湖南社区慈善工作站，位于泰安路36－1号。

同月　湖南社区党员服务中心由安福路49弄2号迁入高邮路7号。

同月　根据市、区妇女联合会关于调整妇女联合会组织体制的要求，湖南街道妇女联合会更名为湖南社区(街道)妇女联合会(简称：社区妇联)。

6月7日　副市长、市历史文化风貌区和优秀历史建筑保护委员会主任杨雄，市政府副秘书长沈骏、熊建平、李逸平以及市历史文化保护委成员来街道视察街道内区优秀历史建筑保护工作。

6月26日　街道妇联换届并更名为湖南社区(街道)妇联，召开湖南社区(街道)第一次妇女代表大会。

7月4日　副区长汤志平率区建设交通委、房地局、徐房集团等有关单位人员到街道调研。

7月10日　区委组织部副部长、区社会工作党委书记彭秋萍一行到社区就以商务楼宇党建为主的“两新”(新经济组织和新社会组织)组织党建工作。

同月　街道举行湖南社区文化共建单位签约仪式。

8月3日　区委常委、区政协副主席、区委统战部长黄霄鹰率统战部班子成员到街道调研社区统战工作。

8月9日　区委书记、区人大常委会主任茅明贵到社区进行调研。

同日　区委常委、组织部长应雪云，区委组织部副部长、社会工作党委书记彭秋萍到社区进行调研。

8月21日　区委常委、区政协副主席、区委统战部长黄霄鹰，区政协副主席李忠铮到社区调研视察。

同月 街道成立湖南社区民间组织服务中心。

9月4日 街道召开社区旧住房改造"三方联动"党建联建工作联席会议。

9月5日 街道在社区学校召开社区平安建设推进大会。

9月6日 市委书记习近平，市委常委、市委秘书长丁薛祥，常务副市长冯国勤到湖南社区党员服务中心视察。

同日 区政协常委、区妇联副主席吴建平率领区政协委员一行到社区学校调研。

9月10日 区长陈寅、副区长汤志平、谢坚钢及区有关委办局领导一行到社区调研旧城区卫生设施改造试点工作。

9月28日—10月3日 街道接待乌兹别克斯坦共和国特奥代表团。

同月 区委常委、区纪委书记邱爱莲到社区调研。

10月12日 街道成立社区安永委员会并举行揭牌仪式。

10月29日 社区(街道)党工委召开学习宣传贯彻党的十七大精神会议。

10月30日 社区(街道)商会2007年度换届选举会议在湖南路街道招商中心召开。

11月6日 区委书记茅明贵陪同新疆生产建设兵团党政高级管理人才代表团到社区学校考察。

11月7日 街道召开2007世界特殊奥林匹克运动会接待工作总结会。

11月9日 天津市南开区教育代表团一行到社区学校参观学习。

11月13日 湖南社区家庭文明建设指导中心、湖南路街道家庭计划指导站在湖南社区学校举办"社区0—3岁家庭档案展示活动"。

同月 街道获评全国社区服务优秀项目奖，并获得社区文化、教育、体育服务"一居一特"创新办学、襄阳特色文化广场的荣誉。

同月 街道老年学校获评2007年度上海市老年教育先进集体单位。

12月1日 街道举办首届"快乐湖南杯"足球赛，开幕式在长乐学校举行。

12月12日 街道残疾人联合会第四次代表大会在社区文化活动中心举行。

12月14日 街道召开2007年度新兵欢送大会，9名优秀青年光荣入伍。

12月20日 杭州市高新技术开发区教育局局长姜菊生和社区学院院长来吾钟率教育代表团一行，到社区学校参观。

同月 街道成立住房保障工作领导小组。

同年 街道成立信访办公室。

同年 街道开展辖区禁毒工作，建立三级管理网络(街道、居委会、志愿者)。

同年 街道编制《湖南社区旧住房综合改造三年(2007—2009)行动计划》。

同年 街道投入200万元，对社区范围内的公共设施进行装修改建。

同年 以陈孝瑞命名的"陈孝瑞推拿保健志愿者工作室"在湖南社区党员服务中心成立。

同年 中国福利会儿童艺术剧院与湖南路街道签约合作，在襄阳公园全国特色文化艺术广场打造"上海市艺术星期六"青少年校外活动基地。

同年 街道举办第二届学习节。

同年 街道举办的"留下成长足迹"学生成长档案夏令营活动获评2007年度上海市未

成年人暑期工作特色项目。

同年　街道兴武居委会获评2006—2007年度徐汇区社会治安综合治理先进集体。

同年　街道11个居委会获评2006—2007年度徐汇区平安示范小区。

同年　街道24家单位获评2006—2007年度徐汇区平安示范单位。

同年　街道获评徐汇区平安社区。

同年　街道5个居委会获评徐汇区平安小区。

同年　街道获评徐汇区档案系统先进集体。

2008年

1月11日　街道召开第二届社区代表大会。

2月21日　区长陈寅，副区长汤志平一行，到街道进行调研。

2月26日　街道司法所获评2007年度徐汇区司法行政系统先进集体。

同日　街道法律服务所获评2007年度徐汇区法律援助先进集体。

2月27日　街道获评2006—2007年度徐汇区社会治安综合治理先进集体。街道14家单位获评2007年度徐汇区平安单位。

同月　街道获评上海市民族团结进步优秀社区。

3月1日　街道全体工作人员到崇明县横沙乡东海村考察。

3月4日　“纪念三八国际劳动妇女节暨‘好心情工作室’揭牌仪式”在社区党员服务中心举行。

3月7日　中共中央候补委员、中国残疾人联合会党组书记王新宪一行到社区残疾人自营广告制作工作室“小雨亭”调研残疾人自主创业工作。

3月19日　徐汇区政协社情民意联系点揭牌仪式暨首次座谈会在湖南社区党员服务中心举行。

3月28日　市委统战部副部长丁志坚、市委统战部综合处处长李明到社区进行调研。

5月12日　街道印发《湖南路街道机关机动车辆使用规定》的通知。

同月　街道获评“上海市禁毒人民战争暨2006—2007年度禁毒工作示范社区”。

6月19日　市委常委、市纪委书记董君舒和市纪委有关领导一行到街道进行调研。

7月23日　“迎奥运、讲文明、树新风”精神文明建设推进大会在永福路52号召开。

7月30日　副区长周秀芬等一行到金波居民区乌鲁木齐中路280弄，视察该地区卫生设施改造工程和老弄堂“三化”(环境舒适化、设施便民化、管理自治化)改造工程。

同日　街道武康、华康、兴武、安福、淮海、东湖6个居委会成功创立上海市和谐社区建设示范居委会。

8月7日　中国社会学学会会长郑杭生率社区建设专家调研组，到社区就社区建设管理工作进行调研。

8月13日　区委常委、组织部部长应雪云，副部长彭秋萍，干部科科长史庆陆一行到社区进行调研。

8月18日　郭允冲率中央信访工作督导组第9组到社区视察老弄堂“三化”改造和旧住房卫生设施改造等民生实事工程。

8月27日　街道陈文沁、丁国良家庭获评2006—2007年度上海市“五好”文明家庭荣誉户；王荣耀、陈凡家庭获评2006—2007年度上海市“五好”文明家庭；贺伟、邢学勤家庭获评2006—2007年度上海市学习型家庭示范户。

9月1日　街道成立记账中心，归属街道财审科管理。

9月18日　市委巡视组组长赵效定一行到社区视察。

9月28日　区委常委、组织部部长应雪云，区民政局党委副书记杨军毛等一行到社区看望并慰问社区内大病重病老人和残疾人家庭。

10月9日　区长陈寅率区府办、区市容局、徐房集团等部门领导到社区视察。

10月13日　湖南路街道人民调解委员会获评2005—2007年度上海市人民调解工作先进集体。

10月15日　街道红十字会获评上海市“5·12”地震抗震救灾先进集体。

10月31日　街道在上海图书馆召开湖南社区家庭卫生设施综合改造工程总结表彰大会。

同月　街道成立登记注册的民办非企业组织——湖南路街道弄堂管理协会。

11月2日　团市委副书记钟晓敏、团市委郊区部部长华洁蓉到街道进行调研。

11月7日　中央综治委检查验收组到徐汇区检查2005—2008年度社会治安综合治理和全国平安建设先进区创建工作，到访湖南街道。

11月22日　街道获评全国和谐社区建设自主创新先进街道。

同月　街道成立湖南路街道老年人日间服务中心和综合助餐服务示范点。

12月11日　区委常委、宣传部部长章卫民到社区调研。

12月18日　街道获评上海市社区老干部工作示范点。街道华康居民区、安福居民区获评2008年度上海市居民区老干部工作示范点。

同日　区委书记、区人大常委会主任茅明贵等率28名市人大代表一行到湖南社区开展年终集中视察活动。

同年　街道综合党委制定并实施《湖南社区（街道）“两新”组织党员活动专项经费使用和管理办法》。

同年　湖南社区（街道）党工委与民盟徐汇区委签订“谋发展、促和谐”结对共建协议书。

同年　街道团工委爱心银行成立。

同年　街道确立社区信访工作机制，成立街道信访工作室。

同年　街道制定《湖南社区迎世博市容环境建设和管理600天行动计划》。

同年　街道推进“法律进社区”工作，成立湖南社区法律顾问团。

同年　街道图书馆加入上海图书馆基层服务点，实现市内通借通还“一卡通”服务。

同年　街道举办第三届学习节。

同年　街道举办第二届“快乐湖南杯”足球赛，组队参加市社区田径黄金大奖赛、市第八届老运会开幕式演出和比赛。

同年　街道创建成为上海市平安社区，16个居委会全部获评市、区级平安小区，34家单位获评市、区级平安单位。

同年　街道获评2004—2007年度上海市爱国拥军模范街道。

同年　武康居委会获评上海市居委会自治家园示范点。

同年　街道获评上海市社区教育示范街道。

同年　街道获评2007—2008年度"徐汇区'三八'红旗手"共4名。

同年　街道5家单位获评2007—2008年度第十四届徐汇区文明单位。

2009年

1月16日　市委常委、市委组织部部长沈红光慰问社区困难党员。

同日　街道召开第三届社区代表大会暨第十一次社区党建工作会议。

1月19日　街道获评上海市社区优生优育指导服务示范单位。

1月20日　湖南社区老年人日间服务中心举行开张仪式。

1月21日　区委常委、副区长孙荣乾及区民政局等单位的领导到社区慰问困难家庭及残疾人家庭。

1月23日　区长陈寅携区经委领导等一行到社区走访调研新开张的社区老年人日间服务中心和延庆路菜店。

2月9日　区委副书记林官良、副区长谢坚钢、区民政局局长冯敏辉等一行到驻于街道辖区的武警部队三支队二中队，看望慰问基层士兵。

2月12日　区长陈寅，区委副书记林官良，区委常委、副区长汤志平，副区长谢坚钢视察街道"三化"改造民生实事工程和重点道路综合整治情况。

同月　湖南路街道司法所更名为湖南社区司法所。

3月12日　区委常委、公安徐汇分局局长徐堂章一行对社区的平安建设工作进行调研。

3月26日　区委书记茅明贵率相关委办局和街道的机关干部及街道机关干部到襄阳公园，开展公益性劳动。

同月　街道社区事务受理服务中心获评2007—2008年度徐汇区"三八"红旗集体。

同月　经区总工会批复，成立徐汇区劳动模范协会湖南社区联谊会。

4月7日　武警上海市总队司令部警勤中队(湖南路街道)获评2007—2008年度第十四届上海市军民共建社会主义精神文明先进集体。

4月15日　区委书记、区人大常委会主任茅明贵，到社区永福路52号会场，登上"东方讲坛"开展学习实践科学发展观宣讲。

4月28日　全社区层面深入学习实践科学发展观解放思想讨论会在上海交响乐团排练厅召开。

同月　赵禹德任街道党工委书记。

5月7日　民盟上海市委副主委、徐汇区委主委、徐汇区副区长周秀芬率民盟徐汇区委委员及相关调研课题组专家到社区开展《"弄管会"居民自治模式研究》的调研。

5月18日　街道召开"迎世博、讲文明、树新风——湖南社区精神文明建设推进大会暨迎世博第三个百日工作推进会"。

5月25日　区长陈寅带领区府办、区房地局、公安徐汇分局、工商徐汇分局、城管大队等相关职能部门人员到社区开展基层事务会商。

同月　街道建成实行慈善超市、社区生活服务、民间组织服务“三位一体”运作模式的社区服务中心。

同月　街道12个小区获评2007—2008年度上海市文明小区；4家单位获评2007—2008年度上海市文明单位。街道辖区徐汇区淮海中路商务区（徐汇段）获评2007—2008年度上海市文明示范标志区域。街道获评区级文明小区11个。

同月　街道获评2008年度徐汇区科普活动组织奖。

同月　湖南路街道“乌中大楼志愿者服务队——为民办实事 爱心献社区”被授予2008年度徐汇区文明之星、公益之星的称号。

6月12日　市政协主席冯国勤，市政协副主席周太彤、钱景林一行到社区视察老弄堂“三化”改造工程。

6月23日　街道成立具有独立法人资格的湖南社区计划生育协会。

6月26日　湖南路街道司法信访综合服务窗口获评2009年度徐汇区司法行政系统迎世博窗口服务行业立功竞赛世博服务品牌奖。

6月27日　街道16个居委会全部采取直选的方式进行换届选举。

6月29日　民盟上海市委副主委、徐汇区委主委、徐汇区副区长周秀芬率民盟徐汇区委委员中的部分医务志愿者到社区老年人日间服务中心，为社区老年人提供医疗咨询服务。

7月8日　区委常委、副区长过剑飞到社区进行调研，参观综合改造后的老弄堂。

7月23日　中央第二巡回检查组副组长、全国政协常委张龙之及检查组成员一行到街道就学习实践活动进行视察调研。

7月30日　街道召开“迎世博、保平安、创和谐——中国2010年上海世博会湖南社区安全保卫群防群治工作动员大会暨平安志愿者队伍成立大会”，成立上海世博会湖南社区安全保卫群防群治平安志愿者队伍。

同月　湖南社区体育健身俱乐部成立。

同月　街道在商铺较为集中的乌鲁木齐中路初步试点商铺自治自管创新社区治理新模式。

8月6日　市委常委、市纪委书记董君舒一行到社区（街道）视察。

8月27日　区委副书记、政法委书记林官良来到社区（街道）专题调研信访维稳工作。

8月30日　副市长胡延照到社区老年人日间服务中心视察。

9月8日　区委常委、副区长过剑飞来到社区（街道）视察社区经济发展情况。

9月22日　区委书记、区人大常委会主任茅明贵到街道进行调研。

9月29日　区委副书记、政法委书记林官良，区人大常委会副主任吴秋珍慰问居住在金波居民区的困难残疾人家庭。

同月　街道成立湖南社区社工服务中心。

同月　徐汇区房屋土地资源管理局湖南办事处法人变更登记为徐汇区住房保障和房屋管理局湖南办事处。

10月14日　区委常委、副区长谢坚钢到湖南社区进行调研。

10月15日　副区长冷旭生到社区进行调研。

10月28日　市政府副秘书长尹弘、市房地局等相关部门领导就街道老城区弄堂综合治理改造工作进行调研。

同月　湖南路街道开通运用于老年人日间服务中心的“全球眼”远程视频网络，为全市第一套。

同月　街道成立残疾人爱心艺术沙龙。

11月2日　街道成立残联阳光心园。

11月24日　区委书记、区人大常委会主任茅明贵到社区调研党风廉政建设。

11月25日　市纪委副书记、监察局局长顾国林率市党风廉政建设责任制专项检查组，到街道检查党风廉政建设工作。

11月27日　街道召开社区总工会第一届第四次代表大会。

同月　街道获评上海市民族团结进步优秀社区。

同年　街道综治工作中心挂牌在乌鲁木齐中路318号3楼。内设消防安全工作室、人口综合管理工作室、综治中心工作室、防范和处理邪教问题工作室、安全生产工作室、禁毒工作室、维稳工作室、社区保安队工作室八个相关职能部门。16个居委会均设立社会治保委员会。

同年　街道召开迎世博湖南社区安全保卫群防群治工作动员大会，同社区单位、居委会签订《湖南社区安全保卫群防群治工作责任书》。

同年　街道制定《慈善超市管理办法》。

同年　街道成立住宅小区综合管理联席会议。

同年　街道办事处新成立弄管会20个。

同年　弄管协会编制《弄管会工作手册》。

同年　街道对武康路等16条马路进行原汁原味的整体保护。

同年　街道成立文化团队协会。

同年　街道举办第四届学习节。

同年　街道新建7个弄堂健身点，安装21件健身器材。

同年　街道获评上海市环境整治贡献奖、“迎世博贡献奖——环境整治贡献奖”。

同年　辖区上海市卫生局卫生监督所、上海铭源实业集团有限公司获评2009年度上海市健康先进单位。

同年　街道贺伟家庭、徐军家庭获评2008—2009年度上海市“五好”文明家庭。

同年　街道“好心情工作室”被徐汇区妇联评为2009年度徐汇区社区家庭文明建设指导中心优秀项目，这是该工作室第二次获此荣誉。

同年　街道获评徐汇区第二次经济普查区级先进集体。

同年　湖南路街道社区青年志愿者“爱心银行”获评2009年度徐汇区志愿者服务先进集体。

同年　街道获评2008—2009年度徐汇区“五好”文明家庭，3户居民家庭获评2008—2009年度徐汇区“五好”文明家庭(世博人家)。

同年　街道6户居民家庭获评2008—2009年度徐汇区学习型家庭示范户。

2010年

1月8日　街道召开第四届社区代表大会。

同月　街道法律服务所获评2009年度徐汇区司法行政系统先进集体、徐汇区法律援助先进集体。

2月2日　区委书记、区人大常委会主任茅明贵，区政协副主席黄承刚，区委办主任李成华，区委组织部副部长彭秋萍，区民政局党委书记、局长冯敏辉一行到社区走访慰问困难党员和居民。

2月5日　副区长冷旭生一行到社区，走访慰问残疾人家庭和湖南社区救助所一线工作人员。

3月4日　区委书记茅明贵到社区调研指导湖南街道综治工作中心工作。

3月17日　中组部老干部局副巡视员赵庆一行到社区视察老干部工作。

同月　宋涛任街道办事处主任。

同月　街道获评2008—2009年度上海市文明社区。

同月　湖南路街道沿街商铺管理协会（简称：路管会）成立，为全区首个沿街商铺管理协会。

4月1日　副市长沈骏查看轨道交通7号线常熟路站、10号线上海图书馆站施工还路复绿和淮海大楼改造建设情况。

4月10日　区委书记茅明贵、区政协副主席朱建民等，到襄阳公园、轨道交通常熟路站、武康路旅游咨询中心进行实地勘察。

4月17日　区委书记、区人大常委会主任茅明贵到武康居民区，与小区居民进行座谈交流。

5月17日　街道成立第六次全国人口普查领导小组。

5月27日　区委常委、宣传部部长章卫民视察居住在武康大楼的“世博人家”接待境内外游客及媒体记者的相关工作。

本月　街道获评“徐汇区迎世博600天行动先进集体”。

6月3日　中共中央政治局委员、市委书记俞正声，市委常委、市委秘书长丁薛祥等一行视察湖南社区老弄堂综合改造工程。

7月9日　副市长胡延照到街道世博“大礼包”分装点以及武康居委会察看世博“大礼包”封装情况。

7月15日　区委书记、区人大常委会主任茅明贵，区委常委、统战部部长黄霄鹰等，到社区视察世博安保工作并对世博志愿者进行高温慰问。

7月28日　区委常委、区人民武装部政委刘新宝到襄阳公园对负责淮海中路沿街世博安保工作的武警、公安民警和交通民警进行高温慰问。

8月25日　区委常委、公安徐汇分局局长徐堂章率区综治办、区工商局有关人员一行，到街道进行调研。

9月7日　区长过剑飞到社区进行调研。

9月9日　区委常委、组织部部长李子骏就基层党建工作深入社区进行调研指导。

同日　区委书记、人大常委会主任茅明贵，区政协副主席黄承刚，区委办主任李成华，区委组织部副部长彭秋萍，区民政局党委书记、局长冯敏辉一行到社区走访慰问社区困难党员和居民。

9月29日　区人大常委会副主任乔德华、汪其才一行到社区，就社会事业发展及台、侨工作进行调研。

同月　湖南社区老年人日间服务中心获评徐汇区敬老模范单位。

10月14日　区委书记、区人大常委会主任茅明贵、区民政局局长冯敏辉等一行到湖南社区老年人日间服务中心慰问老年人。

10月21日　街道延庆居委会、武康居委会、淮中居委会、金波居委会4个居委会获评徐汇区文明观博宣传优秀阵地。

同月　湖南社区党员服务中心党支部获评徐汇区“建功世博会 奉献在徐汇”红旗党组织。

11月　街道平安志愿者服务队获评上海市优秀平安志愿者服务队。

同月　街道“好心情工作室”获评2010年度徐汇区社区家庭文明建设指导中心优秀项目。

同月　街道获评群众性现场初级急救培训(市政府实事项目)三年成果展示优秀组织奖。

12月3日　区委副书记、政法委书记陈高宏到社区进行调研。

12月13日　街道获评2010年度徐汇区世博会重性精神病人管理优秀集体优秀志愿服务组织奖、2010年度徐汇区世博会重性精神病人管理优秀集体倾情奉献服务集体。

12月21日　区委宣传部副部长、区文明办主任卢蕴玉率检查组一行，对社区市、区级文明小区的创建情况进行抽查。

同月　街道获评徐汇区世博保障工作优秀志愿服务组织奖。

同月　街道获评2010年度徐汇区文化工作先进集体。

同月　街道妇儿工委获评徐汇区实施妇女儿童发展“十一五”规划2010年度监测评估达标创优单位。

同月　街道《创新弄堂管理工作，打造民主法治社区》获评“徐汇区法治城区创建2009—2010年项目成果一等奖”。

同月　街道获评第五届上海市网上禁毒知识竞赛组织奖。

同月　街道红十字会获评中国2010年上海世博会组织奖。

同月　街道少数民族世博志愿者小队在民族宗教“服务世博，奉献世博”活动获得表扬。

同年　街道制定《纪检监察信访举报制度》。

同年　街道组织开展以“世博先锋行动”为主题的争先创优活动。

同年　街道创立“居民点菜、街道买单”的民生项目工作模式。

同年　街道建立社区慈善爱心委员会，位于泰安路36－1号，设立总额200万元的社区慈善帮困基金，孵化、培育社会组织，帮扶社区内的困难群众。

同年　街道成立湖南社区爱心工作委员会。对未成年人进行心理健康辅导，为徐汇区首批成立的未成年人心理健康辅导室。

同年　街道成立湖南社区新语戏剧工作室。

同年　街道举办第五届学习节。

同年　街道获评全国和谐社区建设示范社区。

同年　王曙获评上海市关心下一代工作先进工作者。

同年　街道红十字会获评上海市服务“中国 2010 上海世博会”组织奖。

同年　街道获评上海市社区教育示范街道、上海市创建学习型社区示范街道。

同年　湖南社区合唱团队成为上海市 18 个区县的优秀社区合唱团队之一。

同年　街道获评民族宗教系统“服务世博、奉献世博”活动奖。

同年　街道获评 2009—2010 年度“徐汇区‘三八’红旗手”共 2 名。

同年　街道兴武居委人民调解委员会获评 2009—2010 年度徐汇区优秀人民调解委员会。

2011 年

1 月 6 日　街道召开第五届社区代表大会。

1 月 18 日　街道召开第二次归侨侨眷代表大会。

同月　街道职工书屋获评全国工会优秀职工书屋。

同月　湖南社区司法所获评 2010 年度上海市司法行政系统先进集体。

同月　街道获评 2010 年度徐汇区人口和计划生育文明执法专项工作优秀奖。

同月　街道获评 2010 年度徐汇区免费孕前优生健康检查组织优秀奖。

同月　街道获评 2009—2010 年度徐汇区健康社区。

同月　街道获评 2009—2010 年度徐汇区健康社区先进。

同月　街道获评 2010 年度徐汇区“星期四爱国卫生义务劳动”红旗街道。

2 月　街道获评 2010 年度徐汇区国防教育先进单位。

3 月　街道获评 2010 年度上海市群众文化工作先进集体。

5 月　街道获评 2011 年度上海市科技节徐汇区活动市民科普讲坛徐汇选拔赛优秀组织奖。

同月　街道获评 2010 年度徐汇区政务简报信息专项先进单位。

同月　湖南路街道人大代表工作室更名为湖南社区（街道）人大代表联络室。

6 月　国家文化部、国家文物管理局命名武康路为“中国历史文化名街”。

同月　“徐汇区湖南社区综合党委”的官方微博在新浪网开通。

8 月　街道获评 2006—2010 年度上海市法制宣传教育先进集体。

9 月 17 日　街道获评徐汇区第六届学习节聪明宝宝评选活动组织奖。

9 月 26 日　街道成立消防安全委员会及办公室。

10 月 31 日　街道人民调解委员会获评 2008—2010 年度上海市人民调解工作先进集

体、优秀人民调解委员会。

同月　街道人民调解委员会获评2011年度上海市优秀人民调解委员会。

同月　街道举办第一期“慢游慢品武康路”活动。

同月　街道获评2010年度徐汇区献血工作优秀集体。

11月　湖南社区民间组织服务中心更名为湖南社区社会组织服务中心。

12月28日　街道召开第六届社区代表大会。

同月　街道职工之家获评2011年度上海市模范职工之家。

同月　街道获评上海市建设健康城市健康社区先进集体。

同月　街道辖区淮海中路(陕西南路—武康路)获评2010—2012年度徐汇区语言文字规范化合格街区。

同年　街道制定《湖南路街道法制宣传教育第六个五年规划》。

同年　街道开展“小金库”清理整治工作和违规收送礼金礼券购物卡专项治理工作。

同年　街道开展第二次上海市基本侨情调查。

同年　街道成立“两新”组织团支部43个。

同年　徐汇区举行第十五届区人大代表换届选举,街道辖区共选举产生代表24名。

同年　街道在武康路280弄、永福路86弄(伯乐大院)、安福路198号(金苑小区)等5个小区试点生活垃圾分类。

同年　东湖居民区8位居民发起成立“金相邻”居民自治工作站。

同年　湖南路街道社区志愿服务中心成立。

同年　街道成立未成年人保护工作中心组,制定中心组会议的相关制度,形成长效管理机制。

同年　街道成立优秀历史与人文工作室。

同年　街道与辖区市级文艺院团——上海越剧团签约成立“徐汇区社区教育越剧教研基地”。

同年　街道图书馆实现免费免证阅览服务,获评上海市乡(镇)街道图书馆一级馆。

同年　街道举办第六届学习节。

同年　辖区16个居委会获评市、区级平安小区,达到全覆盖,其中市级平安小区15个,区级平安小区1个。29个单位获评市、区级平安单位,其中市级平安单位22个,区级平安单位7个。

同年　街道贺伟家庭获评2010—2011年度上海市“五好”文明家庭荣誉户;屈晓丹家庭、赵长芬家庭获评2010—2011年度上海市“五好”文明家庭。

同年　“金相邻”获区第二届社会建设创新项目培育活动居民自治十大创新项目奖,“金相邻”居民自治志愿服务队被授予区志愿服务先进集体称号。

同年　街道创建武康居委会中南新村市级绿色环保小区。

同年　街道获评第六次全国人口普查优秀组织奖。

同年　街道获评“第六次全国人口普查先进个人”共13名。

同年　街道获评2010—2011年度“徐汇区‘五好’文明家庭”共7户。

2012年

1月　徐汇区城市管理监察大队三分队更名为徐汇区城市管理行政执法局执法大队湖南中队。

同月　湖南社区司法所获评2011年度徐汇区司法行政系统先进集体。

同月　街道获评2011年度徐汇区社区全民健身工作优秀组织奖。

2月　街道获评2011年度徐汇区国防教育先进单位。

同月　街道获评2010—2011年度上海市禁毒工作示范社区。

同月　湖南社区青年志愿者“爱心银行”获评2011年度上海市优秀居民区、村、青年中心团建工作优秀项目奖。

同月　街道获评2009—2011年度上海市健康社区先进。

同月　街道获评2011年度“运动与健康”活动优秀组织奖。

同月　街道兴武居委会人民调解委员会获评2009—2010年度徐汇区优秀人民调解委员会。

3月　街道获评2011年度统战宣传工作先进集体三等奖。

同月　街道获评上海市拥军优属模范街道。

4月　街道获评2010—2011年度上海市文明社区。

同月　街道获评徐汇区“清剿火患”战役先进集体。

5月　街道获评2011年度徐汇区科普创新工作先进集体。

6月7日　街道成立集司法所、公安派出所、社会救助事务管理所、劳动保障事务所“四位一体”的安置帮教工作站。

同月　街道获评2011年度上海市平安社区。

8月　街道获评2012年度徐汇区干部在线学习工作先进单位。

9月27日　街道召开湖南社区工会第二次代表大会。

同月　街道获评2011年度徐汇区政务信息工作专项先进单位。

10月10日　街道残疾人联合会第五次代表大会在社区文化活动中心举行。

同日　《湖南社区报》改版为《新民晚报社区版·湖南社区》创刊。

10月19日　湖南社区第七届学习节开幕式暨中国历史文化名街武康路第二届人文历史体验之旅在马兰花剧场举行。

10月30日　街道设立监察室，协助社区(街道)纪工委开展党风廉政建设。

同月　街道获评2012年度徐汇区社会消防工作先进集体。

同月　街道特需服务社获评2012年度上海市第五届敬老爱老助老主题教育活动先进集体、上海市敬老模范单位。

11月　街道获评全国社区教育示范街道。

同月　街道“残疾人之家”获评“上海市残疾人之家”。

同月　湖南路街道“好心情工作室”获评2012年度徐汇区社区家庭文明建设服务中心优秀项目奖。

同月　湖南社区(街道)妇联获评2012年度徐汇区妇联维权工作组织奖。

12月24日　中共中央政治局委员、市委书记韩正到街道进行调研。

同月　陈澄泉任街道办事处主任。

同月　湖南获评2010—2012年度上海市民族团结进步优秀社区。

同月　湖南获评上海市建设健康城市健康社区先进集体。

同月　徐汇区工商联湖南路街道商会获评2012年度上海市工商联思想政治工作先进基层商会。

同月　街道获评2011年度徐汇区献血工作优秀集体。

同月　街道获评2012年度徐汇区防范处理邪教工作先进单位。

同月　街道获评2012年度徐汇区精神文明建设宣传工作信息报道优秀单位。

同月　街道获评2012年度徐汇区政务微博建设组织工作先进单位。

同月　街道举行“徐汇区社区教育越剧教研基地”挂牌仪式,并举办首次教研活动。

同年　街道修订《机关干部联络员制度》《机关干部联络员考核制度》《机关党支部学习制度》等多项制度。

同年　街道完成16个居民区团支部的换届选举工作。

同年　湖南路街道消防网格化管理工作领导小组成立。

同年　街道实施“绿化工程”和“亮灯工程”。

同年　湖南社区民间组织服务中心被区社会团体管理局评为3A级社会组织。

同年　湖南社区(街道)党工委与《新民晚报社区版》合作办报签约仪式在武康路旅游咨询中心举行。

同年　街道与上海电视台纪实频道合作拍摄《传承——湖南路街道社区文化教育巡礼》。

同年　街道创建成国家、市学习型社区。

同年　街道获评上海市社区教育示范街道。

同年　街道获市级平安示范小区12个,市级平安小区3个,区级平安小区1个,市级平安示范单位5个,市级平安单位17个,区级平安单位6个。

同年　街道获评2008—2011年度上海市爱国拥军模范街道。

同年　街道获评上海市市容环境管理示范街道。

同年　街道创建成上海市食品安全示范街道。

同年　街道获评徐汇区预算管理表扬单位。

同年　街道获评徐汇区征兵工作先进单位。

同年　街道获评徐汇区非公有制企业团建“创先争优”工作先进街镇团组织。

同年　街道获评2011—2012年度“徐汇区‘三八’红旗手”共2名。

同年　湖南社区新乐路56弄弄管会志愿者服务队获评2011—2012年度徐汇区志愿者服务先进集体。

2013年

1月17日　街道召开第七届社区代表大会。

同月　街道召开徐汇区区域党建促进会湖南分会暨第十五次社区党建工作会议。

同月　街道“社区小弄堂、共治大平台”弄管会工作获评2012年度第二届上海社会建设十大创新项目。

同月　街道获评上海市2012年食品安全百日整治立功竞赛先进集体。

同月　街道获评2012年度徐汇区文化工作先进集体。

同月　街道获评上海市第一届市民运动会徐汇区代表团组织奖。

2月28日　街道获评2012年度上海市平安社区。

同月　街道获评2012年度徐汇区国防教育先进单位。

3月6日　湖南社区(街道)妇联等在街道为老服务中心举行湖南社区庆祝“三八”国际劳动妇女节表彰大会暨中外妇女大联欢活动。

3月23日　首届上海市民文化节湖南社区“文化服务日”活动在襄阳公园举行。

3月26日　湖南路街道民兵应急分队荣获徐汇区人武部组织的全区13个街道(镇)民兵应急分队军事考核第二名。

同月　街道获评2012年度上海市反邪教优秀社区。

同月　湖南社区(街道)团工委获评2012年度徐汇区共青团工作先进集体。

同月　湖南社区(街道)团工委获评2012年度徐汇区五四特色团组织。

4月10日　以柬埔寨参议员、妇女和平发展协会副主席米颂安为团长的柬埔寨妇女和平发展协会代表团到湖南社区参观妇女工作。

4月12日　长宁区副区长解冬率长宁区民政局相关人员到湖南社区老年人日间服务中心参观。

同月　湖南社区“爱心银行”新青年服务队获评上海市青年五四奖章集体。

5月15—16日　《新民晚报社区版·湖南社区》在首届中美社区传媒专题研讨会上，获评“十佳社区报”。

5月23日　湖南社区召开第二届第一次职工代表大会。

5月29日　街道召开2012年平安建设表彰大会。

6月5日　湖南路街道举行精神文明建设大会暨创建全国文明城区推进会。

6月27日　街道举行“满意在徐汇”创先争优组团式联系服务群众工作表彰大会。

同月　由同德青年心理咨询中心承办的湖南路街道未成年人心理健康辅导室成立。

7月11日　德国汉堡国立音乐学院到访湖南社区交流参观。

7月30日　民政部副部长顾朝曦到湖南社区调研为老服务工作。

同月　街道获评徐汇区征兵工作先进单位。

8月23日　团市委副书记徐彬、团市委组织部副部长霍井轶到街道调研社区团工委工作。

8月29日　区委副书记、区长过剑飞到街道实地调研乌鲁木齐中路业态调整及淮海中路新鸿基广场周边管理情况。

同月　顾耀明任社区(街道)党工委书记。

同月　街道获评2012年度简报信息专项先进单位。

9月26日　湖南社区老年人日间服务中心获评第一届全国“敬老文明号”的称号。

同月　陈澄泉任社区(街道)党工委书记。

同月　街道获评2012年度科普创新工作先进集体。

10月10日　副市长蒋卓庆到街道实地调研弄管会建设情况。

同月　李侃任街道办事处主任。

同月　“湖南社区社会组织服务中心”和“湖南社区慈善工作站”被徐汇区民政局评为徐汇区社会组织规范化建设3A级民非单位。

同月　街道获评徐汇区“敬老文明号”。

11月7日　街道获评上海市“五好”基层关工委先进集体。

11月11日　区委书记莫负春到街道调研指导，提出“增强文化影响力，加强精细化管理”。

11月22日　街道民生服务志愿者协会成立。

同月　街道残疾人光明之家读书会获评上海市阳光读书会。

同月　湖南社区“好心情工作室”项目获评2013年度徐汇区社区家庭文明建设指导服务中心优秀项目。

同月　湖南社区(街道)妇联获评2013年度徐汇区妇联维权工作优秀组织奖。

12月9日　街道召开湖南社区(街道)第二次妇女代表大会。

12月11日　区委常委、副区长谢坚钢到湖南社区作学习贯彻党的十八大精神辅导报告。

12月15日　联合国副秘书长、开发计划署副署长格林斯潘一行到湖南社区文化活动中心青年志愿者服务实践基地考察徐汇区志愿者工作。

12月17日　罗马尼亚代表团到访，参观街道社区文化活动中心。

12月31日　街道获评2013年度徐汇区防范处理邪教工作先进街道。

同日　街道15个小区获评2013年度徐汇区反邪教优秀小区。

同月　街道获评上海市社区综合协管队先进集体。

同月　街道获评上海市平安志愿服务工作先进集体。

同月　街道获评上海市建设健康城市健康社区先进集体。

同月　街道召开上海市徐汇区少数民族联合会湖南分会成立暨第一届代表大会。

同月　街道获评社区知识产权保护长效机制试点工作成绩突出奖。

2013—2014年　街道接受区委第三巡察组的巡察，成立廉政风险防范管理工作领导小组。

同年　街道综合治理委员会、街道综治中心和16个居委会综治工作站的社会治安综合治理三级组织机构建立。

同年　街道首批完成区推进的受理中心第三方认证评审工作，完成ISO9001：2008(公共服务版)国际标准认证，并获得五星级受理中心认定。

同年　街道举办第八届学习节。

同年　街道侨联获评2013年度上海市三星级“侨之家”。

同年　街道获评徐汇区统战宣传工作先进集体二等奖。

同年　街道11个居委会获评徐汇区平安示范小区。

同年　街道5个居委会获评徐汇区平安小区。

同年　街道114家单位获评徐汇区平安单位。

同年　街道获评2013年度徐汇区献血工作优秀集体。

2014年

1月3日　街道召开精神文明建设委员会全体会议。

1月15日　街道召开区域党建促进会湖南分会工作推进会暨第十六次社区党建工作会议。

1月16日　街道召开第八届社区代表大会。

1月27日　街道获评2013年度上海市反邪教优秀社区。

同月　街道获评2012—2013年度上海市社会管理综合治理先进集体。

同月　街道获评2013年度上海市重大工程立功竞赛优秀集体。

2月10日　湖南社区司法所获评2013年度徐汇区司法行政系统先进集体。

同日　街道淮海居委会人民调解委员会获评2011—2013年度徐汇区优秀人民调解委员会。

2月21日　街道获评2012—2013年度上海市禁毒工作示范社区。

同月　街道获评2013年度上海市平安社区。

同月　街道获评徐汇区国防教育先进单位。

3月　街道团工委获评上海市五四特色团委。

同月　街道获评2013年度徐汇区统战宣传工作先进集体二等奖。

同月　街道获评2013年度上海市徐汇区非公企业团建工作先进集体。

4月16日　街道召开湖南路街道弄堂管理协会第三次代表大会。

4月28日—5月23日　街道举办以“老洋房、新生态、新生活”为主题，以“绿色洋房、和谐生态”为特色的科技节系列活动。

同月“慢品上海湖南社区”综合微信平台启动仪式在武康路393号徐汇区老房子中心举行。

同月　街道获评2012—2013年度上海市文明社区。

5月　湖南路街道获评2013年度徐汇区科普工作综合先进单位。

6月30日　街道举行湖南社区纪念中国共产党成立93周年表彰大会暨精神文明建设大会。

同日　湖南社区企事业社会责任联盟成立。

同月　街道“社区小弄堂 共治大平台”案例获评上海市第七届优秀公共关系案例评选银奖。

7月8日　区委书记莫负春到街道调研文明城区创建及相关重点工作推进情况。

同月　街道成立由区拆除违法建筑办公室、城市管理监察部门、规划土地局和街道联合组成的湖南路街道拆除违法建筑办公室。

8月1日　区委书记莫负春到街道查看并指导市容环境和文明城区创建工作。

同月　街道获评上海科技活动周先进集体。

9月11日　街道民生服务志愿者协会获评2014年度徐汇区敬老模范单位。

9月29日，由区党建促进会湖南分会、上海音乐学院党委联合主办的上海音乐学院学生党团员志愿者服务点聂耳广场音乐角正式启动。

同月　街道成立城市综合管理推进工作领导小组，组建湖南路街道城市网格化综合管理中心。

11月　街道弄管会获评上海市平安志愿服务工作先进集体。

12月　湖南社区获评上海市建设健康城市健康社区先进集体。

同月　街道翻印《新乐路街道志(1901—1990)》《湖南路街道志(1901—1992)》，未出版。

同年　街道制定《湖南路街道深入开展党的群众路线教育实践活动实施方案》。

同年　街道制定《湖南路街道小额工程建设项目管理实施细则》。

同年　湖南路街道区域青年工作共建委员会成立。

同年　湖南路街道16个小区获评2014年度徐汇区反邪教优秀小区。

同年　街道指导华康居委会、武康居委会创建"全国科普示范社区"和"首批全国老年远程教育先进收视点"，并获评首批全国社区教育微课大赛二等奖。

同年　街道建成武康路旅游咨询中心、上海音乐学院羽毛球沙龙两家青年中心。

同年　街道举办第九届学习节。

同年　街道建成全市第一家数字化老年人日间服务中心。

同年　街道获评上海市无烟单位。

同年　街道获评上海市社区教育示范街道。

同年　街道获评全国创建学习型社区示范街道。

同年　街道获评上海市未成年人保护工作先进集体。

同年　街道获评徐汇区征兵工作先进单位。

同年　街道获评上海市禁毒工作示范社区。

同年　街道获评"徐汇区'孝亲敬老之星'"共2名。

2015年

1月12日　辽宁省委组织部副部长、老干部局局长王立平一行到湖南社区考察老干部工作。

1月27日　街道第九届学习节闭幕式暨2014上海市民文化艺术节湖南路街道获奖作品展演和学习成果展在上海话剧艺术中心举行。

1月30日　街道召开第九届社区代表大会。

同月　街道获评上海市基层服务型团组织示范点。

同月　街道华康居委会居民眭忠诠、祝尔纯夫妇入选中央文明办组织评选的2014年"中国好人榜"(助人为乐)。

2月　街道14个小区获评2014年度徐汇区平安示范小区，2个居委会获评2014年度徐汇区平安小区，6个单位获评2014年度徐汇区平安示范单位，5个单位获评2014年度徐汇区平安单位。

同月　街道获评2014年度上海市平安示范社区。辖区18个单位获评2014年度上海市平安示范单位。

同月　街道获评2014年度上海市反邪教优秀社区。

同月　街道获评徐汇区军事训练先进单位。

3月2日　街道城市网格化综合服务中心正式运行。

3月13日　陈澄泉任街道党工委书记。

同日　湖南社区(街道)工作委员会更名为湖南街道工作委员会。

3月23日　街道印发《徐汇区湖南路街道机构改革实施意见》。

同月　湖南路街道获评2014年度徐汇区统战宣传工作先进单位二等奖。

4月22日　河南省广播电视大学老年教育代表团到街道参观交流。

4月27日　街道设8个内设机构：党政办公室、社区党建办公室、社区管理办公室、社区服务办公室、社区平安办公室(信访办公室)、社区自治办公室、社区发展办公室、社区专项办公室。

4月28日　中共上海市徐汇区湖南路街道社区委员会成立。

同月　根据上海市街道体制改革的要求，湖南社区(街道)妇女联合会更名为湖南街道妇女联合会(简称：街道妇联)。

同月　湖南社区(街道)团工委获评2014年度“上海市五四红旗团委标兵”的称号。

5月8日　市委常委、宣传部部长徐麟到街道调研，考察张乐平故居和柯灵故居。

5月29日　以“知识因传播而美丽”为主题的湖南路街道区域化党建项目“读书漂流”活动在武康路旅游咨询中心启动。

同月　湖南社区(街道)团工委获“全国五四红旗团委”称号。团工委书记李鹰强受到中共中央政治局委员、国家副主席李源潮接见，并参加团中央“传播青春正能量”优秀青年座谈会。

6月4日　街道召开“2013—2014年度湖南路街道弄堂管理工作表彰会”。

7月15日　市人大教科文卫委副主任张辰、市人大教科文卫委委员陈保平、市教委副主任袁雯等一行到街道调研《上海市终身教育促进条例》修订工作并开展相关讲座。

7月31日　湖南路街道2015年居委会换届选举工作总结会在社区文化中心举行。

同月　街道获评2014年度徐汇区征兵工作先进单位。

8月13日　街道召开2015—2017年度创建全国文明城区动员大会。

8月14日　印发《湖南街道党工委关于实施“三重一大”制度的规定(试行)》。

8月20日　街道团工委完成16个居民区团支部换届选举。

同日　湖南路街道关心下一代工作委员会爱心捐资助学仪式在社区党建服务中心举行。

8月26日　区委常委、统战部部长冷旭生在社区学校作统战工作专题宣讲。

8月27日　街道在社区文化中心召开“夏日总动员@湖南社区文化共同体验之旅”、2015年湖南路街道未成年人暑期工作总结会。

同月　湖南社区文化活动中心获评徐汇区文化馆2015年度暑期工作优秀组织奖。

同月　湖南社区街道总工会更名为湖南路街道总工会(简称:街道总工会)。

9月2日　“寻访身边的抗战老兵——湖南社区纪念反法西斯战争胜利70周年抗战老兵特展”开幕仪式在武康路393号旅游咨询中心举行。

9月15日　团中央学校部副部长石新明、团区委副书记鲍玲莉等到街道调研。

9月19—21日　湖南路街道上海国乐研究会在第三届海内外江南丝竹邀请赛暨首届中国杭州江南丝竹音乐节上获得非职业组金奖。

9月26日　湖南社区16个家庭参加金山吕巷“全国科普日”活动。

同月　徐汇区城市管理行政执法局执法大队湖南中队更名为徐汇区城市管理行政执法局执法大队湖南路街道中队。

10月20日　由徐汇区中心医院党委、湖南街道党工委共同举办的“区域化党建共建暨模拟家庭结对仪式”在襄阳公园举行,庆祝“模拟家庭”活动开展十周年。

10月30日　街道召开2015年度党建工作会议。

11月13日　湖南社区在上海交响乐团演艺厅举办第十届学习节开幕式。

11月19日　街道在聂耳音乐广场举行创建上海市诚信计量示范社区启动仪式。

11月28日　街道成立湖南社区新侨驿站并开展首次沙龙活动,通过《徐汇区湖南社区新侨驿站工作规则》。

同月　街道2015年适老性住房改造工程(上海市政府实事项目)启动。

12月　街道成立精神文明建设指导委员会。

同月　街道获评上海市建设健康城市健康社区先进集体。

2015—2016年　街道举办上海市第二届市民运动会“湖南杯”社区广场舞比赛和“湖南杯”羽毛球赛,举办街道离退休干部趣味运动会和“时空交错的海派文化之旅慢品湖南城市坐标定向赛”等体育竞赛和全民健身体育活动。承办上海市第二届市民运动会“湖南杯”徐汇区桥牌比赛。

同年　街道制定《湖南路街道在处级以上领导干部中开展“三严三实”专题教育实施方案》。

同年　街道制定《湖南路街道2015年党风廉政建设和反腐败工作领导分工》《湖南路街道2015年党风廉政建设和反腐败工作部门分工》和《湖南路街道领导班子成员落实党风廉政建设主体责任的责任清单》。

同年　中共徐汇区湖南社区(街道)纪律检查工作委员会更名为中共徐汇区湖南街道纪律检查工作委员会。

同年　共青团湖南社区(街道)工作委员会更名为共青团湖南街道工作委员会(简称:街道团工委)。

同年　街道辖区青年工作共建委员会有成员单位27家,成立荆棘鸟书会青年中心。

同年　街道制定《关于加强居民区自治项目化建设的实施意见》《居民自治项目化建设专项经费管理办法》,设立居民区自治金。

同年　街道在社区事务受理服务中心开设针对少数民族居民的服务窗口。

同年　街道设立社工工作事务所,建立统一专业的社区工作者队伍和薪酬体系。

同年　武康路农贸集市整体搬迁至五原路287号,由上海铭言生鲜超市进行主体运营。

同年　街道围绕《徐汇区创建文明城区三年行动计划》，开展“高空不抛物”“垃圾不落地”“文明在路上”等专项文明宣传和志愿服务行动。

同年　街道设立全市街道层面首个独立的历史文化风貌保护办公室。

同年　街道推进“老洋房里的新生活”“便民雨棚”等10个小微自治项目和19个小微实事项目建设。

同年　街道侨联获评2015年度上海市四星级“侨之家”。

同年　街道离休干部党支部获评上海市离退休干部先进集体。

同年　街道获评上海市“三八”红旗集体。

同年　荆棘鸟公益发展中心的湖南社区亲子教育指导服务项目成功申报2015年度市妇联向社会力量购买妇女儿童家庭服务项目。

同年　街道获评上海市无烟单位。

同年　街道12个小区获评2013—2014年度上海市文明小区。

同年　街道社区事务受理服务中心获评2013—2014年度上海市文明单位。

同年　街道获评上海市未成年人保护工作先进集体。

同年　黄智勇获评上海市关心下一代先进工作者。

同年　街道获评工会经审工作规范化建设考核特等奖。

2016年

1月21日　街道召开第十届社区代表大会。

同月　街道综合协管队获评2015年度上海市社区综合协管队先进集体。

2月4日　湖南社区社会组织服务中心召开第一届理事会会议。

2月5日　街道召开第十八次党建工作会议暨徐汇区区域党建促进会湖南分会工作会议。

同月　街道获评2015年度上海市平安示范社区。

同月　街道获评2015年度上海市反邪教优秀社区。

同月　街道获评2013—2015年度上海市民族团结进步先进集体。

3月4—5日　街道接待台北市北投区林泉里社区工作者，2016年两岸大学生暑期社区企业见习营和台北市北投区、大同区社区交流团等。参访团分别到街道，并参观武康、东湖、淮海、安福四个居民区。

3月10日　街道召开2016年拆除违法建筑专项工作推进会。

同月　根据《上海市群团改革试点方案》及《上海市妇女联合会改革实施方案》的要求，居民区妇代会更名为居民区妇女联合会。

同月　街道获评上海市禁毒工作示范社区，街道平安办获评2014—2015年度上海市禁毒工作先进集体。

同月　街道武装部获评2015年度徐汇区基层先进武装部。

同月　街道设立徐汇区人大常委会湖南街道工作委员会。

4月14日　街道党工委书记陈澄泉、区建交委副书记岳云翔、区人大代表冯珍及街道联络员到复中居民区开展联系服务群众走访行动。

4月25日　街道召开"学党章党规、学系列讲话，做合格党员"学习教育动员暨中国共产党成立95周年系列主题活动部署会。

4月26日　"梧桐・SPACE"青年中心及基层服务站启动仪式举行。

同月　董伟任街道办事处主任。

同月　街道获评2011—2015年度上海市刑满释放人员安置帮教工作先进单位。

5月18日　街道举行口述历史项目武康大楼案例发布会。

5月19日　中共中央政治局委员、市委书记韩正到徐汇区调研城市历史建筑、历史风貌保护工作。

6月　街道获评上海市楼宇党建工作指导站示范点。

7月22日　"梧桐树下的红色印迹——湖南路街道老干部故事宣讲会"进行社区首演，为梧桐剧社新社员首次登台。

7月29日　庆祝中国共产党成立95周年暨长征胜利80周年"庆八一"文艺演出活动在湖南社区学校举办。

同月　街道获评2012—2015年度上海市爱国拥军模范街道。

8月　街道在党建服务中心设立"梧桐坊"书记工作室

9月7日　上海梧桐画社成立仪式在五原路287号2号楼举办。

11月16日　徐汇区举行第十六届区人大代表换届选举，街道辖区共选举产生代表19名。

11月29日　湖南路街道第十一届学习节闭幕式暨"梧桐音乐咖"选秀大赛在上海交响乐团演艺厅召开。

12月30日　街道召开第三次归侨侨眷代表大会。

同月　街道获评全国综合减灾示范社区。

同月　街道辖区孙文妍家庭获评第十届全国"五好"文明家庭。

同年　区委第三巡察组对街道进行巡察回访。

同年　湖南路街道社区党员服务中心更名为湖南路街道社区党建服务中心。

同年　街道16个居民区妇代会更名为居民区妇女联合会，并完成换届选举。

同年　湖南社区民间组织服务中心召开第一、二届理事会会议。

同年　湖南路街道团员和妇女专职干部组成"爱在湖南星星不再孤单"志愿者服务队，每周两天到五原路幼儿园开展陪伴自闭症和白化病幼儿的服务。

同年　街道对成立5周年的东湖居民区"金相邻"居民自治工作站工作总结提炼，编辑整理《爱在金相邻》一书。

同年　街道建立住宅小区综合整治联席会议机制，启动实施14个基础薄弱小区综合治理项目。

同年　街道制定《拆除违法建筑目标责任书》。

同年　街道梳理辖区名人故居，汇编辖区名人旧居故事和人文轶事，策划出版《200031——一个历史街区的文化记忆》等系列图书画册。

同年　"徐汇湖南发布"官方政务微信公众号开通。

同年　街道开展第二次全国地名普查工作。

同年　街道指导辖区巴金故居、上海荆棘鸟公益发展中心成功创建“徐汇区志愿服务基地”。

同年　《湖南路街道志(1991—2016)》编纂委员会成立,下设编纂办公室,开展编纂工作。

同年　街道图书馆携手“阅读越精彩”工作团队成立湖南路街道图书馆亲子阅读俱乐部。

同年　“和谐湖南中国梦”湖南社区侨联、民族联健身友谊赛举办。

同年　街道获评上海市民族团结进步先进集体。

同年　街道获评上海市“三八”红旗集体。

同年　街道获评上海市未成年人保护工作先进集体。

同年　湖南社区党员服务中心党支部获评徐汇区“两优一先”先进基层党组织。

同年　街道获评中国技能大赛徐汇区餐饮行业职工劳动竞赛优秀组织奖。

同年　街道获评“徐汇区最美家庭”社区、大口家庭共 2 户。

第一章　地理·建置

新的湖南路街道区域，唐、宋时隶属华亭县，元、明、清时隶属上海县。入民国后属上海镇守使管辖。民国三年(1914)法租界实行第三次扩张，逐步覆盖整个区域。上海解放后，属常熟区接管专员办公室管辖。1956年，划归徐汇区管辖。

1991年6月21日，徐汇区人民政府通知，经市人民政府1991年5月26日批复同意，撤销新乐路街道办事处、湖南路街道办事处，设立新的湖南路街道办事处。

街道位于区境北端。管辖范围：东起陕西南路，与黄浦区交界；西至兴国路、华山路，毗邻长宁区；南临复兴中路、淮海中路，与徐汇区天平路街道相邻；北接长乐路、华山路，与静安区接壤。辖区面积1.73平方公里。

第一节 地质地貌

区境位于太湖碟形洼地东端，距上海成陆年代最早的冈身地带较近，是冈身与黄浦江之间的低平冲积平原。基底岩石由古生代碳酸盐岩类、中生代火山岩和侵入岩以及局部凹陷盆地的新生代红色砂砾岩与玄武岩组成。其上覆盖着第四纪松散沉积物，埋深不一。地面表层为褐黄色土层，由亚黏土、黏土构成。下层为灰色粉砂层。据勘察虹桥路市民村一带，距地表10米内为填土层，10米以下至50余米处为黏土、亚黏土及轻亚枯土层，地表下50余米至80米左右处为粉砂、亚黏土层。

区境地处上海市地貌区的碟缘高爽地中部、江南水网地带，为低平冲积平原的组成部分。地表自然坡度小，都在高潮位之下。

第二节 历史河道

历史上辖区因地处江南水乡，有主要河道西芦浦，还有一般河道蛛丝浜、赵家浜、吴枞泾、草庵浜等。民国元年(1912年)以后，上述河道被陆续填没，用于筑路或建屋。

一、西芦浦(主要河道)

又称芦子浦、西鲁浦、西楼浦，位于市中心区西部，在其东(在今瑞金一、二路与陕西南路之间)另有东芦浦。徐汇区境内西芦浦分北、南两段。北段在昔日法租界内，从今肇嘉浜路高安路口，沿高安路向北流，越过辖区淮海中路，到湖南路永福路口，继向北流向华山路镇宁路,进入静安区,再向北流入虬江水口(约在岚皋路西,普陀公园北一带)。今高安路、湖南路(永福路以南),都是填没西芦浦筑成的。根据《上海市自治志》附图和《上海市行号路图录》,建国西路至华山路之间的西芦浦,在民国十二年(1923 年)以后填浜筑路或建屋。

二、蛛丝浜(一般河道)

位于辖区中东部,西起西芦浦,向东在华山路以北绕一弧线,又流回今乌鲁木齐北路和常熟路之间,沿华山路往南,又沿常熟路东侧,至淮海中路继往南,沿宝庆路到复兴西路,注入长浜。民国初年,蛛丝浜被全部填为平地。

三、赵家浜(一般河道)

位于辖区东部,西起常熟路的蛛丝浜,在巨鹿路和东湖路之间,向东流向瑞金一路以西,入东芦浦。民国四年(1915 年)后被法租界填筑为长乐路的一段。《上海市自治志》附图绘注有赵家浜。

四、吴枞泾(一般河道)

位于辖区西部。俗称吴冲泾。西起长宁区原法华镇后面的李纵泾,越华山路,流经辖区武康路向东一带,东入西芦浦。民国时期被法租界公董局填没。

五、草庵浜(一般河道)

位于辖区西部。西起长宁区原法华镇附近的洛云浜,越过辖区武康路入西芦浦。后被法租界公董局填没。据《法华乡志》记载:“……过草庵桥,越福开森路(今武康路),出西芦浦,名草庵浜,今淤。”

第三节 建置沿革

原新乐路街道,位于区境东北部。东起陕西南路,西接常熟路及宝庆路,南靠复兴中路,北至长乐路。面积 0.72 平方公里。20 世纪初境内人烟稀少,一片沟浜菜地,今淮海中路 987 弄一带,原称钱家荡。清光绪二十七年(1901 年)法租界越界填荡筑宝昌路(今淮海中路)、善钟路(今常熟路),民国三年(1914 年)后成为法租界的一部分。1949 年 5 月上海解放后,归常熟区接管委员会接管。1953 年 10 月,街道由延庆路、复兴中路 2 个办事处各划出部分地区合并建成,原名常熟区人民政府第六办事处,辖区东临陕西南路,西接东湖路、襄阳南路,南到南昌路,北至长乐路。设 9 个居民区委员会。1980 年 3 月,改名为徐汇区人民政府新乐路街道办事处。

原湖南路街道,位于区境北部,东起常熟路、宝庆路,西临兴国路、华山路,南接淮海中路、复兴中路,北到长乐路。面积 1.01 平方公里。20 世纪初,辖区多为沟浜、坟丘、菜地，散有李家宅、马家宅、曹家弄等自然村落，居民多以种菜为生。民国初期法租界第三次扩界后，租界当局将西方城市规划理念与当地地理环境融合，制定道路规划，引导土地开发，启动了大规模的筑路计划。到 1925 年前后，在今衡复区域内的复兴西路、衡山路、建国西路、永嘉路、乌鲁木齐南路和长乐路先后完成修筑，与原上海东区和中区的已修筑道路一同组成了法租界的道路网络。同时中外商人陆续在辖区建造花园住宅、石库门里弄住宅以及武康大楼等楼宇。1949 年 5 月上海解放后，归常熟区接管委员会接管。街道办事处始建于 1951 年 6 月，原名常熟路人民政府第一办事处。以后建置境域屡经变更。1980 年 3 月，改名为徐汇区人民政府湖南路街道办事处。

1991 年 6 月 21 日，徐汇区人民政府通知，经市人民政府 1991 年 5 月 26 日批复同意，撤销新乐路街道办事处、湖南路街道办事处，设立新的湖南路街道办事处。街道办事处设在复兴西路 62 号。

至 2016 年末，辖区共有居委会 16 个，户籍人口 48 768 人。

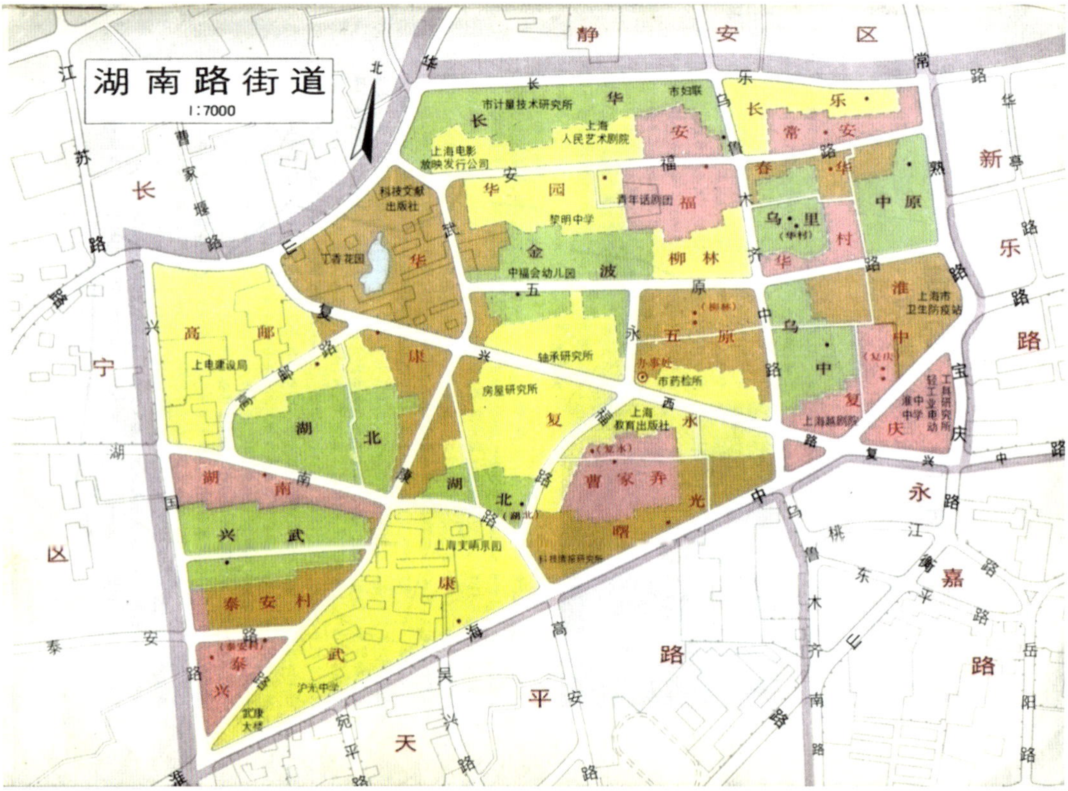

1989 年湖南路街道辖区范围

资料来源：《徐汇区地名志》(1989)

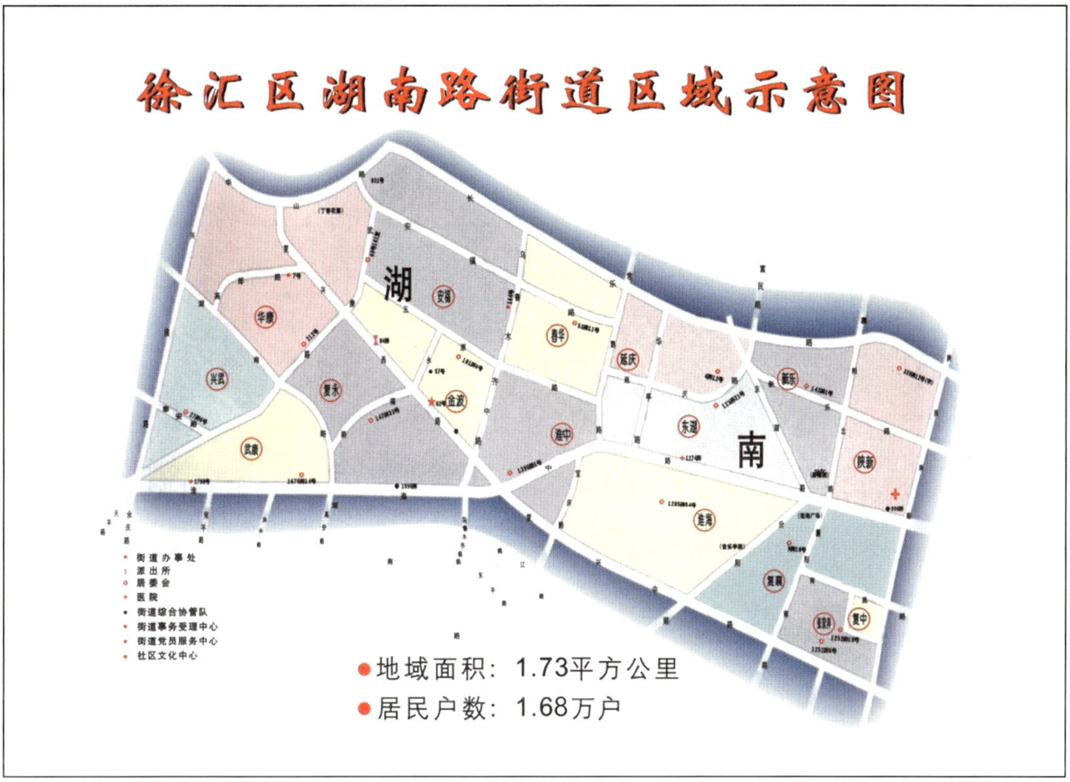

2016 年湖南路街道辖区范围

第二章　人　口

1991年，湖南路、新乐路街道合并组成新的湖南路街道，常住人口75 897人。2000年11月，全国第五次人口普查湖南路街道常住人口51 411人，人口密度为每平方公里29 890人。2010年11月，全国第六次人口普查有居民总户数14 952户，常住人口36 281人。至2016年末，有居民16 802户，常住人口48 838人。

1991至2016年，街道计划生育工作以人口控制为主，对老年人口的管理，妇女健康、婴幼儿母乳喂养和男性生殖健康指导，做好外来人口管理（申报率达98.9%）、计划生育宣传和户籍人口出生、死亡、自然增长报表等，各项工作扎实推进。

第一节　人口数量变动

1991至2016年街道户籍人口呈逐年微降态势，根据派出所数据，1991年户籍居民户26 406户，常住人口75 897人，至2016年末，户籍居民户已降至16 802户，常住人口减少到48 838人，减少35%。

表2-1-1　**1991—2016年湖南路街道总户数、常住人口变动情况表**

年份	总户数(户)	常住人口(人)	年份	总户数(户)	常住人口(人)
1991	26 406	75 897	2000	20 055	55 261
1992	26 154	74 567	2001	19 814	55 234
1993	25 910	73 098	2002	19 587	54 948
1994	25 234	69 804	2003	19 227	54 244
1995	23 239	63 409	2004	18 849	53 516
1996	21 893	59 635	2005	18 425	52 437
1997	21 444	58 121	2006	18 120	51 708
1998	20 754	56 172	2007	17 911	51 354
1999	20 442	56 066	2008	17 751	51 083

续表

年份	总户数(户)	常住人口(人)	年份	总户数(户)	常住人口(人)
2009	17 584	50 774	2013	17 136	49 549
2010	17 539	50 434	2014	17 055	49 551
2011	17 390	50 149	2015	16 908	49 181
2012	17 269	49 894	2016	16 802	48 838

表 2-1-2　**1997—2016 年湖南路街道户籍人口出生、死亡、自然增长统计表**

年份	出　生		死　亡		自然增长	
	人数(人)	出生率‰	人数(人)	死亡率‰	人数(人)	自然增长‰
1997	264	4.48	526	8.93	−262	−4.45
1998	214	3.74	531	9.29	−317	−5.55
1999	207	3.69	471	8.39	−264	−4.70
2000	245	4.40	537	9.65	−292	−5.25
2001	183	3.31	456	8.25	−273	−3.31
2002	194	3.52	463	8.40	−269	−4.88
2003	159	2.91	500	9.16	−341	−6.25
2004	226	4.23	476	8.90	−250	−4.67
2005	203	3.83	494	9.32	−291	−5.49
2006	215	4.13	471	9.05	−256	−4.92
2007	268	5.2	499	9.68	−231	−4.48
2008	267	5.21	512	10.00	−245	−4.79
2009	273	5.36	498	9.78	−225	−4.42
2010	298	5.89	476	9.41	−178	−3.52
2011	300	5.97	500	9.94	−200	−3.97
2012	371	7.42	572	11.44	−201	−4.02
2013	325	6.54	572	11.50	−247	−4.96

续表

年份	出生		死亡		自然增长	
	人数(人)	出生率‰	人数(人)	死亡率‰	人数(人)	自然增长‰
2014	374	7.55	527	10.64	−153	−3.09
2015	333	6.75	511	10.35	−178	−3.60
2016	373	7.61	510	10.41	−137	−2.80

第二节　家庭户人口

1990年湖南路街道家庭户14 504户，家庭户人口44 609人；新乐路街道家庭户11 812户，人口37 013人。2000年11月第五次全国人口普查，街道有家庭户17 529户，人口48 378人，平均每户2.76人。2010年11月第六次全国人口普查，街道有总户数14 952户，人口36 281人，其中家庭户14 616户、34 268人，家庭户平均人口2.34人。比2000年第五次全国人口普查家庭户平均的2.76人，下降0.32人。2016年，共有家庭户16 790户，人口48 768，家庭户平均人口2.77人。

表2-2-1　　**2016年湖南路街道各居委会家庭户规模情况表**

居委会名称	家庭户(户)	家庭户人口数(人)	家庭户平均人口数(人)
陕　新	1 212	3 459	2.9
复　中 张家弄	1 748	5 627	3.2
新　乐	887	2 509	2.8
东　湖 延　庆	2 700	7 415	2.8
复　襄	802	2 287	2.9
淮　海	784	2 122	2.7
春　华	1 156	3 039	2.7

续表

居委会名称	家庭户(户)	家庭户人口数(人)	家庭户平均人口数(人)
淮　中	1 480	4 047	2.7
安　福	1 640	4 476	2.7
金　波	759	2 085	2.7
复　永	934	2 412	2.6
华　康	812	2 202	2.7
兴　武	1 208	3 288	2.7
武　康	634	1 706	2.7
合　计	16 756	46 674	

资料来源：湖南路派出所

第三节　人 口 构 成

一、性别

1991 年，湖南路、新乐路街道合并组成新的湖南路街道，常住人口 75 897 人，其中男性 37 232 人，占 49.06%；女性 38 665 人，占 50.94%。2010 年 11 月第六次全国人口普查，街道常住人口 36 281 人，其中男性 17 340 人，占 47.79%；女性 18 941 人，占 52.21%。2015 年，街道常住人口 49 181 人，其中男性 23 266 人，占 47.31%；女性 25 915 人，占 52.69%。

二、年龄

2015 年，17 岁及以下人口 4 263 人，18—34 岁人口 10 498 人，35—59 岁人口 17 031 人，60 岁及以上 18 140 人。2016 年，有 100 周岁及以上人口 33 人。

表 2-3-1　　**2010—2016 年湖南路街道人口年龄构成情况表**

年份	17 岁及以下	18—34 岁	35—59 岁	60 岁及以上	合计
2010	4 090	11 692	19 525	15 127	50 434
2011	4 027	11 507	19 010	15 605	50 149
2012	4 161	11 198	18 441	16 094	49 894

续表

年份	17 岁及以下	18—34 岁	35—59 岁	60 岁及以上	合计
2013	4 186	10 908	17 815	16 640	49 549
2014	4 291	10 808	17 031	17 421	49 551
2015	4 263	10 498	16 280	18 140	49 181

表 2 - 3 - 2　**2016 年湖南路街道百岁及以上老人情况表**

序号	姓　名	性别	出生年月	所在居委会
1	张依宝	女	1914 年 6 月	安　福
2	王会兰	女	1914 年 12 月	安　福
3	严芝香	女	1915 年 5 月	春　华
4	沈翼衡	女	1915 年 10 月	春　华
5	朱祖贤	男	1914 年 9 月	春　华
6	洪漪澜	女	1913 年 3 月	春　华
7	施　平	男	1912 年 11 月	春　华
8	张漪文	女	1916 年 4 月	东　湖
9	葛　颖	女	1916 年 7 月	东　湖
10	郭彩霞	女	1916 年 10 月	东　湖
11	王秀贞	女	1915 年 8 月	东　湖
12	陆殿高	男	1914 年 5 月	复　永
13	铁　流	男	1914 年 8 月	华　康
14	王普生	男	1912 年 9 月	华　康
15	吴　靖	女	1911 年 4 月	华　康
16	陈同年	男	1911 年 9 月	华　康
17	黄慕文	女	1916 年 7 月	淮　海
18	夏承瑜	女	1914 年 10 月	淮　海
19	赵经秀	女	1914 年 8 月	淮　中

续表

序号	姓　名	性别	出生年月	所在居委会
20	查端振	女	1912 年 6 月	淮　中
21	施笑山	男	1912 年 10 月	陕　新
22	玄采薇	女	1912 年 12 月	淮　中
23	黄庭树	男	1916 年 4 月	陕　新
24	江　涛	男	1915 年 3 月	陕　新
25	陆朝寅	男	1916 年 1 月	新　乐
26	王雪华	女	1913 年 11 月	新　乐
27	和舜琴	男	1916 年 6 月	兴　武
28	倪　炎	男	1914 年 10 月	兴　武
29	宋　秀	男	1911 年 4 月	兴　武
30	唐月英	女	1914 年 5 月	延　庆
31	周君范	男	1912 年 10 月	延　庆
32	陆根娣	女	1916 年 5 月	张家弄
33	陈康兴	男	1914 年 3 月	张家弄

三、民族

1990 年，湖南路街道少数民族人口有 342 人，新乐路街道少数民族人口有 555 人，少数民族主要为回族、满族、蒙古族、朝鲜族、壮族等。

2000 年 11 月第五次全国人口普查，街道常住人口 51 411 人，汉族为 50 858 人，占 98.92%；20 个少数民族共 553 人，占 1.08%。

表 2-3-3　**2000 年第五次全国人口普查湖南路街道少数民族人口情况表**　单位：人

少数民族名称	人数	少数民族名称	人数
蒙古族	37	壮族	4
回族	362	布依族	1
藏族	4	朝鲜族	23

续表

少数民族名称	人数	少数民族名称	人数
维吾尔族	17	满族	77
苗族	1	侗族	1
白族	5	土家族	6
高山族	1	纳西族	3
柯尔克孜族	1	土族	1
达斡尔族	1	锡伯族	3
彝族	3	畲族	2

2010 年 11 月第六次全国人口普查，街道常住人口 36 281 人，汉族 35 826 人，占 98.75％；少数民族 455 人，占 1.25％。少数民族比 2000 年 11 月减少 98 人。

四、文化

1990 年，湖南路街道常住人口中大学以上学历占 6 周岁以上人口比重 20.40％（包括在校学生，不包括在校学生为 19.45％），文盲或半文盲占 6 岁以上人口比重 7.41％；新乐路街道常住人口中大学以上占 6 周岁以上人口比重 17.34％（包括在校学生，不包括在校学生为 15.65％），文盲或半文盲占 6 岁以上人口比重为 4.63％。

2000 年 11 月第五次全国人口普查，街道 6 岁及以上人口 50 278 人中，具有大学及以上文化程度 13 623 人，具有高中文化程度 12 402 人，具有中专文化程度 4 767 人，具有初中文化程度 12 436 人，具有小学文化程度 5 469 人。15 岁及以上人口 46 393 人中，文盲 1 149 人，占 2.48％。

2010 年 11 月第六次全国人口普查，街道 6 周岁及以上人口 35 569 人中，具有大学及以上文化程度 12 176 人，具有高中文化程度 10 666 人，具有初中文化程度 9 054 人，具有小学文化程度 3 156 人，未上过学 517 人。

第四节　优 生 优 育

一、机构

新设立的湖南路街道办事处设有计划生育办公室，2003 年更名为湖南路街道人口与计划生育办公室（简称：计生办）。1993 年，街道成立优生优育指导站（又名计划生育与生殖保健咨询服务站，简称：计生咨询服务站）。2005 年，街道成立人口和计划生育综合服务站，并在各居委会设立人口和计划生育咨询服务室。2009 年，在原有计划生育协会湖南分会基础上，建立具有独立法人资格的街道计划生育协会(简称：计生协)，办公地点：安福路 53 弄 11 号。

街道通过多种形式和方法宣传计划生育工作，宣传优生优育政策，提供生殖保健和人口早期启蒙教育咨询服务，重视妇女健康和婴幼儿母乳喂养指导，关怀计划生育独生子女困难家庭，加强流动人口计划生育宣传服务活动，重视户籍人口出生、死亡、自然增长率统计工作，多次受到市、区有关部门的表彰。

2015 年，街道按照区卫生计生委“为 800 户计生特殊困难家庭提供医疗健康管理服务”实事项目的要求，成立计划生育特殊困难家庭帮扶项目推进组，并制定工作实施方案。

二、宣传教育

街道坚持计划生育的基本国策，通过多种形式和方法，宣传开展计划生育工作的重要性，控制人口数量，提高人口质量。

1997 年，街道计生咨询服务站服务人次 722 人，电话咨询 886 人次。居委会建计生咨询服务点 100%，服务 1 349 人次，电话咨询 172 人次。“六期”(青春期、婚前期、新婚期、孕产期、生育后期、中老年期)教育率均超过 90%。

1999 年，街道全年共发放计划生育宣传资料 1 133 份，各类计生用具 8 000 余只，举办计生讲座 6 次，听课人数 510 人次。

2006 年，街道组织《上海市计划生育奖励与补助若干规定》的学习宣传，16 个居委会通过发放折页、贴墙报等各种形式向社区居民进行宣传，同时围绕《规定》中群众最关心的政策问题，以问答形式刊登在《湖南社区报》上进行宣传。人口学校举办各种专题讲座 30 场，共 1 126 人次参与其中。开展“婚育新风进万家”活动，实现宣传教育公共化。

2008 年，组织 460 名社区居民开展学习计生政策知识竞赛，深刻认识人口和计划生育工作。街道借助健康网络服务平台，投入优生优育基础工程、家庭计划指导促进工程、宣传教育先导工程、人口安全防范工程建设，全面展开新婚家庭健康促进项目的延伸工作，扎实推进家庭健康“三渗透”(指：渗透每户新婚家庭、渗透各个生命阶段、渗透到生殖健康新理念)，不断满足社区家庭生育、生活等多方面的需求。

2009 年 9 月 18 日至 9 月 30 日，街道开展第十一届家庭教育宣传周活动。街道全年对居委会、单位计生干部和志愿者等有关人员的政策法规、业务培训共 16 次，计 560 人次。

2010 年，街道以市、区有关计生条例、政策为重点，多形式、多渠道开展宣传。一是通过媒体宣传。利用《湖南社区报》等宣传媒体，广泛开展人口计生法律法规、健康知识等宣传。二是通过载体宣传。以襄阳公园文化广场、社区学校、计生综合服务站等为据点，每月开展宣传活动并安排一场健康知识专题讲座。三是通过资料宣传。借助“健康世博、健康上海——市民健康行动”小册子以及人口计生宣传资料，使婚育知识进户、进万家。四是通过活动宣传。如“人口文化”系列活动、科技周活动、世界人口日活动等，组织 16 个居委会及社区单位在各类节假日、活动日开展丰富多彩的宣传活动。五是通过网络、邮箱和邮件等宣传。

2014 年，街道计生协会在“三八”国际劳动妇女节前，邀请社区单位——博爱医院院长孙太明作乳腺病防治的专题健康讲座；3 月 12 日，邀请原中国人民解放军第八五医院内科主治医生邹康宁作题为睡眠与好心情的讲座；7 月 3 日，邀请天平卫生中心副院长王纯为社区内的青少年举办安全自救健康讲座，50 余位同学参与此次活动；7 月 11 日，结合世界人口日中国宣传活动主题，开展以“保护生存环境，提高生活质量”为主题的植物栽培活动；8 月 28 日，湖南路街道计生协开展“家庭教育宣传周系列活动——婴幼儿亲子安全教育”宣传活动；9 月 16 日，组织 0—6 岁家庭开展低碳绿色环保小知识分享会；9 月 26 日，九九重阳节前夕，湖南路街道计生协与“金相邻”居民自治工作站的志愿者们，联合社区内的厨艺爱好者，以“传承中华美食弘扬敬老传统”为主题，举办社区居民厨艺大比拼暨孝亲敬老活动；9 月 28 日中午，邀请乌南幼儿园园长龚敏给亿滋食品企业管理有限公司 36 位年轻父母开设主题为幼儿早期阅读启蒙的有关科学育儿知识讲座；10 月 24 日在第 14 个“世界男性健康日”，邀请湖南卫生中心赵医生为男性居民们讲解前列腺疾病防治，并与男性互动健康科学知识。

2015 年，街道计生协会在流动人口聚集地——武康菜市场，围绕关爱女孩行动、人口计生政策法规等举行外来务工人员的计生知识竞赛，增强流动人员对计划生育政策的了解。

三、优生优育指导

1991 年，街道举办孕妇学习班，对十八个月以下的婴儿进行健康和精神行为检查，对怀孕七个月及产后一周至四个月的孕产妇五次上门访问指导，并做好新婚对象优生宣传和指导工作。同年，联合国儿童基金会官员两次视察街道的“三优”（优生、优育、优教）教育和社区保健工作，对街道的试点工作给予较高的评价。

1993 年，街道围绕婴幼儿的保健和教育工作，对辖区孕产妇作早孕登记建卡，做好早期保健。设立“儿童智力测定门诊”，开展婴幼儿的系统监察，定期对街道范围内出生的婴幼儿进行健康检查，全年接受体查人数达 1 293 人次。

1994 年，街道建立“产妇访视制度”，定期上门指导，育龄妇女的母乳喂养率逐年上升，以“三优”为主要内容的“三优工程”在地区得到普及。

2006 年，街道着力延伸徐汇区“新家庭健康促进计划”项目，家庭计划指导站、社区卫生服务中心、家庭文明建设指导中心、居委会家庭计划指导室携手共建服务平台，实现四方资源共享联手共进的家庭健康服务模式。根据家庭成员不同生命阶段的需求采取不同形式进行个性化服务，其中获得家庭计划指导：新婚家庭 978 人次、怀孕家庭 925 人次、0—3 岁婴幼儿家庭 709 人次、需采取避孕措施家庭 1 303 人次，其他咨询服务 1 077 人次。组织参加徐汇区首届学习节“聪明宝宝”评选活动，其中金波居委会推荐的朱楚媛小朋友通过十项比赛荣获区“十佳聪明宝宝”称号。

2008 年，街道借助健康网络服务平台，投入优生优育基础工程、家庭计划指导促进工程、宣传教育先导工程、人口安全防范工程建设，全面展开新婚家庭健康促进项目的延伸工作，扎实推进家庭健康“三渗透”，不断满足社区家庭生育、生活等多方面的需求。重点做好四类基本家庭，即新婚家庭、怀孕家庭、0—3 岁婴幼儿家庭、应落实避孕节育措施家庭的个性化服务及专业知识指导，建立家庭计划指导档案 712 户。同时，对 48 例已婚育龄妇女避孕节育措施抽样调查进行有计划的指导，采用邮寄或上门的形式，向新婚家庭赠送新婚知识大礼包，给新婚家庭一封信，孕前关爱、孕前保健讲座全年课程表、早孕建卡重要性等宣传资料及湖南路街道服务指南手册。

2009 年，街道召开社区单位、居委会、志愿者等人口计生干部参会的出生缺陷一级预防推进会，成立出生缺陷一级预防专家队伍、志愿者队伍、进家庭服务队伍，把出生缺陷一级预防知识送进高校、军营、工地、单位、家庭，发挥志愿者队伍的作用，扩大出生缺陷一级预防的知晓率，争创本年度“上海市社区出生缺陷一级预防管理服务示范点”实事项目。

2010 年，街道推进社区 0—3 岁育儿指导服务工作，以 0—3 岁婴幼儿科学育儿指导服务活动基地为载体，开展婴幼儿早期教育 141 人，培训家长及领养人 412 人；针对独生子女性格、行为、习惯等开展指导，普及科学育儿知识；建立并完善“湖南社区优生优育工作系统”，考核评估系统，实现一户一表，跟踪服务；结合徐汇区第五届学习节，与区育儿指导服务中心联手开展“精彩世博，快乐宝宝”评选活动，评选出 6 名“快乐宝宝”。同年，开展青春健康教育与生命教育相结合，推进青春健康教育进学校、进社区。暑假期间开展《女孩，为世界争光添彩》主题征文演讲活动，共收到演讲稿 32 篇，优秀讲稿 6 篇，并为社区初、高中女孩赠送青春期心理健康书籍——《与女儿谈人生》，全年举办青春期心理健康讲座 7 场。

2014 年，街道对宝宝乐教育活动中心进行整体规划及筹建，同时整合社区文化中心、幼儿园资源，开展各类亲子活动。湖南社区家委会成立 0—6 岁幼儿教育讲师团，如在维多利亚幼儿园举办“妈妈的花裙子”亲子趣味玩色游戏活动；乌南幼儿园园长龚敏开设“阅读的启始”亲子课堂；徐汇区教育学院教研员阎岩开设“孩子在幼儿园是怎样学习的”咨询讲座、五原路幼儿园骨干教师戴真珏为湖南社区 0—6 岁的幼儿家长作游戏在亲子活动中的作用的专题讲座；五原路幼儿园举办“快乐百分百庆六一活动”及“快乐启蒙、幸福成长”等亲子活动。为做好 0—3 岁科学育儿网络宣传活动，通过居委会干部、计生志愿者层层发动社区家庭参加育儿周周看活动，同时发放徐汇区家庭用婴儿生长发育保健卡 250 张，并做好跟踪随访工作。

表 2-4-1　**1997—2016 年湖南路街道户籍人口计划生育情况表**

年份	出生人数（人）	计划生育率（%）	已婚育龄妇女人数（人）	已领独生子女证人数（人）	独生子女领证率（%）
1997	264	97.73	9 706	6 315	65.06
1998	214	99.07	9 064	5 423	59.83
1999	207	97.58	8 918	4 811	53.95
2000	245	96.73	9 099	4 425	48.63
2001	183	97.27	8 574	3 891	45.38
2002	194	96.91	8 393	3 558	42.39

续表

年份	出生人数(人)	计划生育率(%)	已婚育龄妇女人数(人)	已领独生子女证人数(人)	独生子女领证率(%)
2003	159	98.11	7 971	3 139	39.38
2004	226	97.79	7 116	2 559	35.96
2005	203	99.01	7 166	2 646	36.92
2006	215	97.21	6 170	1 944	30.05
2007	268	98.88	5 907	1 766	29.9
2008	267	98.50	5 475	1 420	25.94
2009	273	97.44	5 292	1 218	23.02
2010	298	97.99	5 795	1 078	18.60
2011	300	95.67	5 770	1 045	18.11
2012	371	98.38	5 530	806	14.58
2013	325	97.54	5 414	703	12.98
2014	374	97.33	5 451	617	11.32
2015	333	—	5 463	527	9.65
2016	373	98.39	5 454	472	8.65

四、生殖健康指导

1993 年，街道为实现 2000 年“人人享有健康”这一世界卫生组织的目标，成立全区第一家“人人健康俱乐部”。

1999 年，街道制作 11 块专门的宣传版面，提供生殖健康服务，发放生殖健康小册子 5 000 多本，开展生殖保健知识宣传工作。

2000 年，街道创建湖南社区生殖保健咨询服务示范站，专门划拨用房 32 平方米，投入 7 万余元装修，购置设备、用具；街道开展以关注男性健康为主题的第一个男性健康宣传日活动，参加人数 124 人；聘请专家进行男性生殖保健的知识讲座，开展生殖保健服务的前期调查，深入访谈等特色服务，逐步建立起以生殖保健为重点的计划生育服务的体系；同年 9 月，被命名为上海市第一批计划生育生殖保健综合服务示范站。

2001 年 10 月，街道被推荐为全国 5 大城市 47 个男性健康试点社区之一，并出席北京“男性健康试点社区教育项目”座谈会。以男性健康宣传日、科技节、文化艺术节、体育节等全年活动日为契机，推进婚育新风进万家活动延伸深化，结合各类组织开展的各项创建活动及科普、文化、法律、卫生、体育(五进社区)等活动,适时地穿插男性主题内容,进行主题宣传活动;街道社区服务中心举办以“六个一”为形式的男性心理健康指导、男性生理健康指导、健康与饮食结构的关系、科学锻炼与保健、前列腺疾病防治、知情选择等内容的咨询、讲座、服务活动,男性直接参与的人数约 200 人次,基层服务室为男性对象提供服务 1 042 人次,同时在社区网上开设“家庭健康小顾问”栏目,首次开通男性健康网上服务指南,利用电子信箱向新婚夫妻传送男性健康知识,有力地推动男性健康活动的深入。

2002 年,街道参与科协征文赠书活动,向社区 1 450 户家庭发放男性健康科普知识集;参与区人口计生委、区卫生局联合编辑的《家庭健康指南》专辑的发放工作,共发放男性健康方面的宣传品 7 988 份。

2006 年,男性健康沙龙每月固定日进行专家咨询指导并组织各项男性健康活动,如举办民营企业白领男士健康谈、围绕科普节开展男性沙龙主题活动科学养生竞答、男性生殖保健知识进军营等活动,全年参加沙龙活动的男性达 1 003 人。

2008 年,街道以襄阳公园特色文化广场为主线,五十余家社区单位、500 多名生殖健康指导专家及社区志愿者参与人口文化及优生优育、生殖健康各类符合社区特点的科普系列活动的宣传服务活动,为广大居民群众提供政策咨询、健康咨询、避孕药具免费发放等便民利民服务,社区内 5 000 余人次的居民享受到优质服务;街道组织男性沙龙,由业内专家担任常任医生,定期开展活动,采取座谈、讲座、咨询等各种形式,通过点、面相结合,深入到社区、部队、单位,为社区居民、部队战士、单位职工传授男性生理、心理健康知识,成为社区男性朋友的良师益友。

2014 年,在第 14 个“世界男性健康日”邀请湖南卫生中心赵医生,为男性居民们讲解前列腺疾病防治,并与男性互动健康科学知识。

五、外来流动人口计划生育管理和服务

1997 年,街道共进行较大规模培训、普查、调查 12 次,对流动人口计划生育实施定期执法。居委会因地制宜建立起计生工作服务点,方便地区居民咨询服务,街道计生宣传率达到 95%,外来人口验证率达 91%,外来人口计生验证率达 91%,外来人口计生通报率 100%,加强对外来人口计划生育的管理工作。

2003 年,街道社区对流动人口进行一年两度的执法检查,流动人口验证合格率达 86.7%,用人单位合格率为 85.1%、房屋出租户合格率为 96.2%。

2006 年,区人口计生委在街道实施“计划外怀孕过程管理”运行的试点工作。开展流动人员执法检查活动,由街道人口计生办牵头,共执法 1 120 人次,验证合格率在 85%以上。在执法过程中,对无流动人口婚育证明的外来人口出具《限期补办婚育证明通知》。利用上海市人口信息采集交换平台,加强户籍地居住地的两地沟通,及时反馈婚育、节育、持证、保健服务等信息,逐步形成有效的双向交流和协调方式。

2008 年,街道实行人口综合管理措施,把流动人口计生工作纳入街道管房、管人、管税的总体管理中,与部分流动人员用人单位签订管理责任书,将“统筹解决人口问题”落到实处;街道针对外来流动人口及新婚怀孕家庭开办专题讲座,共 6 场,受益家庭人数达 300 余人;为已婚育龄妇女提供免费计划生育技术服务,为符合法定生育条件的流出育龄夫妇核发

《生育保健服务证》，年度办理流动人口婚育证明 56 人；向流动人员发放计生宣传资料并提供咨询指导，其中包括事务办理须知、计生政策、生殖保健，避孕节育、预防艾滋病等内容，共计 2 110 份，咨询指导为 1 056 人次。街道多措并举，形成对外来流动人口的综合管理，实现管理与服务的有机结合。

2009 年，街道人口计生办与市、区人口计生委联手，在襄阳公园开展学习贯彻《流动人口计划生育工作条例》宣传大型活动，有 800 多人次参加。向流动人员发放计生宣传资料并提供咨询指导，包括计生政策、生殖保健、避孕节育等内容，共计 2 510 份，咨询指导 1 206 人次。与部分流动人员用人单位签订管理责任书，全年流动人口执法检查 403 人次，验证合格 299 人次。

2010 年，街道计生办与派出所、综治办等相关部门协作，以居住地、工作点和分娩点为抓手，强化现居住地外来人口计划生育管理；督促指导用工单位及时查验育龄人群的《流动人口婚育证明》，并与部分流动人员集中的用人单位签订管理责任书，一年开展四次流动人口执法检查，做到同宣传、同服务、同管理。

2014 年，街道在流动人口较为集中的延庆菜市场开展以育龄期妇女为主的宣传教育活动，共计 30 余人参加。街道开展"流动人口计划生育药具服务年"活动，以"服务新市民、促进均等化"为主题。街道计生协制作"优生优育把握幸福品位人生""人类只有一个地球人人关心人口问题"计生宣传包 1 200 只，发放给湖南社区流动人口。在武康菜市场、延庆菜市场等流动人口较为集中的单位，创建流动人口免费药具发放服务示范窗口，配置免费药具发放样品展示柜及宣传资料展示架。

2015 年，街道计生协在流动人口聚集地——武康菜市场，主要围绕关爱女孩行动、人口计生政策等举行外来务工人员的计生知识竞赛，增强流动人员对计划生育政策的了解。

表 2-4-2　**1991—2016 年湖南路街道计划生育工作所获荣誉一览表(区级)**

年　度	荣誉名称	获奖单位(个人)	颁发单位
1997—1998	徐汇区计划生育工作先进集体	湖南路街道	徐汇区计划生育委员会
1998	全市流动人员计划生育集中执法检查活动先进集体	湖南路街道	徐汇区计划生育委员会
1998—1999	徐汇区外来流动人口计划生育管理工作先进单位	湖南路街道	徐汇区计划生育委员会
1999—2001	计划生育协会先进集体	湖南路街道	徐汇区计划生育协会
2005—2006	徐汇区人口和计划生育工作先进集体	湖南路街道家庭计划指导站、湖南路街道淮中居委会、湖南路街道华康居委会、湖南路街道春华居委会	徐汇区人口和计划生育委员会、徐汇区人事局

续表

年　度	荣誉名称	获奖单位(个人)	颁发单位
2005—2006	徐汇区人口和计划生育工作先进工作者	湖南路街道金波居委会 陈蓉、上海铭源实业集团有限公司 邹庆元、上海市长乐学校 孟国琴、湖南路街道家庭计划指导站 罗雅敏、湖南路街道社区卫生服务中心 钱慧瑾、湖南路街道延庆居委会 管玉书	徐汇区人口和计划生育委员会、徐汇区人事局
2010	徐汇区人口和计划生育文明执法专项工作优秀奖	湖南路街道	徐汇区人口和计划生育委员会
2010	徐汇区免费孕前优生健康检查组织优秀奖	湖南路街道	徐汇区人口和计划生育委员会
2011	“徐汇区第六届学习节聪明宝宝评选活动”组织奖	湖南路街道	徐汇区人口和计划生育委员会
2011	第六次全国人口普查优秀组织奖	湖南路街道第六次人口普查领导小组办公室	徐汇区统计局
2011	第六次全国人口普查先进个人	朱文杰、朱建宏、李锦敏、单蓓瑾、柏祖芳、俞国祥、程琳、董绍光	徐汇区统计局
2011	第六次全国人口普查先进个人	孙健飞、宋涛、张蓉、祝恽、董添翼	徐汇区统计局
2014	徐汇区房屋编码管理工作先进集体	湖南路街道	徐汇区人口综合服务和管理领导小组办公室
2014	徐汇区社区综合协管队计划生育工作先进集体	湖南路街道	徐汇区人口综合服务和管理领导小组办公室 徐汇区卫生和计划生育委员会

第三章　中共湖南街道工作委员会

1991年6月，中共上海市徐汇区湖南街道工作委员会成立。2004年9月，中共上海市徐汇区湖南社区（街道）工作委员会（简称：社区（街道）党工委）成立。2015年3月，中共上海市徐汇区湖南社区（街道）工作委员会更名为中共上海市徐汇区湖南街道工作委员会（简称：街道党工委）。

中共湖南街道工作委员会是徐汇区委派出机关，根据区委的授权，对街道的政治、经济、行政和社会文化教育等各项工作实行政治领导；加强党风和廉政建设，领导工会、共青团、妇联等群众组织，协调各群众组织与政府各部门之间以及各群众组织之间的关系，支持群众组织独立负责地开展工作；宣传和贯彻党的统战政策，做好党的统战工作。

第一节 组织机构

一、机构设置

［中共上海市徐汇区湖南街道工作委员会］

1991年6月21日，撤销中共徐汇区新乐街道委员会和湖南街道委员会，成立中共徐汇区湖南街道工作委员会。街道党工委设三科一室：办公室、组织科、宣传科、统战科，并相应设立街道武装部、人防办、工会、团工委、妇联。成立中共徐汇区湖南街道纪律检查工作委员会。

2003年10月10日，中共徐汇区湖南社区（街道）综合委员会成立（简称：综合党委），作为街道党工委领导下的基层党组织，承担领导社区内企事业单位、社团党组织党建工作的职责。2004年5月，在安福路49弄2号成立湖南社区党员服务中心，于2007年5月迁入高邮路7号。

［中共上海市徐汇区湖南社区（街道）工作委员会］

2004年9月24日，街道被列为全市社区党建和社区建设试点单位之一，在全区率先成立中共湖南社区（街道）工作委员会。社区党工委由街道机关、市属单位、“两新”组织（新经济组织、新社会组织）以及居民区党组织负责人组成，下设社会综合工作部、居民区群众工作部、社会事业发展工作部、行政与综合执法工作部以及街道党工委办公室等“四部一室”，形成以加强党和人民群众联系为重点的社区公共安全突发事件和行政执法的快速处置机制，在“社区建设实体化、社区管理网格化、社区党健全覆盖”的工作中，发挥动员、组织和领导作用。

［中共上海市徐汇区湖南街道工作委员会］

2015年3月13日，中共徐汇区湖南社区（街道）工作委员会更名为中共徐汇区湖南街道工作委员会，街道党组织调整为“1＋2”架构，即“1”为街道党工委，“2”为社区党委和行政党组。

同年，根据中共上海市委有关文件精神，实行党政合署办公，内设机构调整为党政办公室、社区党建办公室、社区管理办公室、社区服务办公室、社区平安办公室、社区自治办公室、社区发展办公室、社区专项办公室。

街道设置纪律检查工作委员会（简称：纪工委），受街道党工委和区纪委双重领导。按有关规定，设置监察、人大代表联络等机构和工会、共青团、妇联等群众组织。

二、历任领导

1991 年 6 月 26 日，街道党工委成立，包陈康任街道党工委书记。

表 3-1-1　　**1991—2016 年街道/社区(街道)历任党工委书记、副书记**

职　务	姓　名	任　期
街道党工委书记	包陈康	1991.6—1997.9
	赵　汶	1997.9—2001.2
	袁建村	2001.2—2003.9
	石宝珍（女）	2003.9—2004.9
社区（街道）党工委书记	石宝珍（女）	2004.9—2006.11
	余正湖	2006.11—2007.3
	吴克勤（女）	2007.3—2009.4
	赵禹德	2009.4—2013.8
	顾耀明	2013.8—2013.9
	陈澄泉	2013.9—2015.3
街道党工委书记	陈澄泉	2015.3—2017.10
街道党工委副书记	李金凤（女）	1991.6
	王　敏（女）	1991.6
副书记、办事处主任	姚　秉	1996.9
副书记、纪工委书记	袁建村	1998.4
副书记（政法）	张　喆	2000.12
副书记（挂职）	徐孙庆	2001.2
	郭文荫（挂职）	2001.5
	金晓玲（女）	2002.8
	黄龙新	2003.5
	张　杰	2003.10
社区（街道）党工委副书记	金晓玲（女）	2004.9
	张　杰	2004.9
	余正湖	2004.9
副书记、办事处主任	黄三飞	2005.6
副书记、纪工委书记	顾耀明	2007.3
副书记（政法）	李　滨	2006.8
副书记（挂职）	岳云翔	2009.4

续表

职　务	姓　名	任　期
	陈澄泉 宋　涛(女) 李　侃 郭艳楣 祝　恽	2012.11 2010.3 2013.9 2012.12 2010.1
街道党工委副书记 副书记、办事处主任 副书记、纪工委书记 副书记(政法) 副书记(挂职)	祝　恽 李　侃 董　伟	2015.3 2015.3 2016.4

注：副书记兼职情况与任职期限变化较多，碍难缕述，故只记任命时间。

三、制度建设

街道党工委重视制度建设，注重提高制度建设的规范性、科学性、创新性。

1991 年，建立党政领导分片联系群众和机关干部联系居委会的联络员制度，实行两级综合治理联席会议。每月举行一次由街道、派出所、环卫所、房管所领导参加的联席会议，结合现场办公，解决疑难问题。

1992 年，坚持党政领导下基层办公制度，坚持党政领导分片联系群众、机关干部下里委联系工作制度，现场办公解决疑难问题。

2004 至 2006 年，制定《社区党工委会议制度》《社区党工委书记办公会议制度》《湖南社区(街道)党工委工作细则》，加强自身建设，完善重大问题决策机制、党员队伍建设机制、党建工作协调机制、党建工作评价机制，强化党工委对驻区单位党组织的指导协调功能，初步形成新的制度体系。

2007 至 2008 年，制定《湖南社区(街道)党工委关于“三重一大”制度的实施意见》(指：重大问题决策、重要干部任免、重大项目投资决策、大额资金使用)，重新修订考核制度、财务报销制度和机关用车等制度，健全民主集中制，规范集体决策程序。

［党建制度］

1999 年，制定《湖南路街道社区党建工作三年规划》，确定社区党建的指导思想、基本目标、主要任务和具体措施。依托社区，街道党工委与社区各级党组织加强联系，建立街道党工委、居民区党支部、业主管委会(弄管会)和街道党工委、政府派出职能机构、社区单位党组织“纵横”三级社区党建网络，完善居民区党总支、社区党建工作会议、社区党建研究会。

2001 年，建立社区优秀党员表彰制度、意见反馈制度、信息反馈制度、社区单位党组织学习交流制度、社区单位党组织参与社区活动制度。

2002 年，建立社区党建制度化保障体系，包括《意见征询反馈制度》《社区单位学习交流制度》《社区单位党组织参与社区活动制度》《社区工、青、妇工作协调制度》《社情民意分析制度》《湖南社区单位学习交流制度》《湖南社区单位党组织参与社区活动制度》《湖南路街道组建小区(联合)工会的实施意见》《湖南路街道小区工会工作考核标准》等10余项制度。

2003年,制定《湖南路街道"书记沙龙"章程》《居民区党组织职责和任务》。全面推进"凝聚力工程"建设,制定《湖南路街道深化"凝聚力工程"实施意见》,增强贯彻党的立党为公宗旨的自觉性。

2010年,完善块区联络员制度,街道党政班子成员和机关干部分别联系16个居民区,健全走访联系、设置工作台账和考核评估工作机制,全年累计走访居民32 000余户,解决居民反映的急、难、愁问题200余件。探索网格化联动工作机制。动员社区力量,集聚各方智慧,开展"点对点、面对面、手拉手"联系服务群众的网络建设,完善"重点工作相衔接、管理网格相衔接、问题处置平台相衔接"机制,建立走访联系和服务群众的电子信息库,提高走访效果。依托市容综合管理联席会议平台,定期会同各职能部门,针对社区内无证无照经营、违章占道、跨门经营、违章停车等现象开展联勤联动执法行动,对重点路段进行长效固守,完善大联勤执法、城管常态执法、社会力量固守的无缝衔接制度,巩固"美丽系列"行动的整治效果。筹备成立街道城市网格化管理中心,完善社区管理网络。制定《湖南社区(街道)党工委关于推进社区城管执法党建联建(试行)工作的实施意见》,推进党的工作向行业延伸、领域覆盖和社会辐射,制定《关于进一步加强湖南社区基层社会治安综合治理工作实施意见》,明确"一正六副"带班制度,形成综治工作中心常态运作的有效机制。

[学习培训制度]

1994年,坚持"中心组"学习,做到"一个制度,三个改进"。一个制度,即中心组学习制度。三个改进,将每次学习相对集中;形式上改为学习原著为主,围绕专题,落实专人,中心发言,重点问题展开讨论;内容上改为以计划内容为主,结合时事材料,丰富学习内容。坚持机关干部学习制度。学习《邓小平文选》第三卷和党的十四届三中全会《决定》精神,把党的思想建设和干部理论教育放在主要地位,用建设中国特色社会主义理论武装全党干部,指导实践。制定学习计划,通读、精读、研读《邓小平文选》第三卷和特色理论,市场经济基础理论等知识;运用党校、电化教育等形式结合起来,学以致用,努力增强机关干部工作中的原则性、系统性、预测性和创造性。坚持居委会干部学习制度。按照街道制定的学习计划,居委会干部每周半天学习,结合辅导材料、电化教育内容进行学习讨论,并通过居委会干部组织里弄积极分子学习。

1998年,街道班子成员参加区组织部举办的"三讲"学习班(指:讲学习、讲政治、讲正气),制定《湖南路街道思想政治工作实施意见》。

2007年,启动《湖南社区2007年基层干部教育培训实施计划》,开设党务知识专题讲座,开展居民区党组织书记沙龙等活动,加强对基层党组织负责人和党务工作者的培训,提高社区党建工作骨干队伍的综合素质和能力。

2013年,重新修订《湖南社区(街道)"两新"组织党建工作指南》,内容更注重贴近"两新"组织实际,解决实务工作难题,并对党组织负责人、委员开展全面的实务培训。

[党风廉政制度]

1991年,制定基层党支部工作目标责任制,建立基层党支部工作规范,完善和健全十二项制度，制定党支部工作手册。制定《党风廉政建设责任制》，对 31 个基层支部作党风状况调查、分析，提出措施。制定 1991 至 1992 年度创建市文明街道计划和实施细则，健全精神文明领导小组，坚持例会制度，定期进行自查、互查。机关制定争创文明科室制度，开展文明科室活动。

1992 年，健全“两公开，一监督”制度，设公开办事制度专廊，随时接受群众的监督。接待中提倡热情、积极、文明、礼貌，工作中提倡廉政、勤政、高效、为民，坚持两级联席会议制度。坚持“三会一课”制度(指：定期召开支部委员会、党小组会、支部党员大会，按时上好党课。)在 35 个支部中全面实行基层党支部工作目标管理，签订党支部工作目标责任书。

1994 年，修订《党风责任制》，结合中央、中纪委的“双五条”(指：巡察报告双通报、整改方案双签字、整改汇报双点评、整改进展双调度、整改质效双督导)规定，增加湖南路街道党政处级干部个人及家庭重大事项的报告。街道根据民主集中制原则，改善有关的工作和会议制度。如《党工委议事规则》《党风责任制》《党政领导办公会议制度》《每半年一次民主生活会制度》。

1995 年，制定《领导干部下基层办公制度》，分组每月下基层办公。

1997 年，修订《基层社会治安综合治理工作主要任务与职责》。印制 2 万多份《湖南社区便民服务指南》手册，实行全方位政务公开。

1998 年，建立督查制度，确保重点工作完成，以纪工委监察部门牵头，加强对文明社区、文明小区建设的硬件和软件工作进行阶段性检查，确保文明社区、文明小区工作的整体推进。

1999 年，制定《湖南路街道思想政治工作实施意见》。在深化“满意在徐汇”活动中，推行文明科室的创建、评比制度，推行街道机关“首问责任制”和 A、B 角接待制度，政务公开，依法行政，各科室、部门都制定“主要工作流程图”“居民群众办事指南”，并将活动向街道所属各窗口单位延伸。

2007 年，街道成立信访调解办公室，完善信访工作各项制度。严格遵照信访条例的规定，规范信访事项的提出、受理、办理、督办、回复等工作流程，推进信访工作的制度化、规范化和法制化建设。健全信访工作督查机制，加大督查工作力度，确保信访工作决策部署得到贯彻落实，推动群众信访问题得到妥善解决。

2008 年，社区综合党委制定并实施《湖南社区(街道)“两新”组织党员活动专项经费使用和管理办法》。按照《中共徐汇区委关于贯彻落实〈建立健全惩治和预防腐败体系 2008—2012 年工作规划〉的实施办法》，制定实施方案，推进惩防体系建设。明确社区党风廉政建设和反腐败工作部门的责任分工。

2014 年，制定《湖南社区 2014 年党风廉政建设和反腐败工作领导分工》和《湖南社区 2014 年党风廉政建设和反腐败工作部门分工》，强化党政主要领导第一责任人的责任意识，做到重要工作亲自部署、重大问题亲自过问、重点环节亲自协调、重要案件亲自督办。

2015 年，印发《湖南街道党工委关于实施“三重一大”制度的规定(试行)》的通知，制定《湖南路街道 2015 年党风廉政建设和反腐败工作领导分工》《湖南路街道 2015 年党风廉政建设和反腐败工作部门分工》和《湖南路街道领导班子成员落实党风廉政建设主体责任的责任清单》，完成街道主要领导和班子成员落实党风廉政建设主体责任承诺书的签订。全面梳理街道16项行政权力清单，编制《行政审批事项办事指南》，明确街道职责事项。

［队伍建设制度］

1998年，根据《徐汇区国家行政机关实施国家公务员制度工作方案》的通知精神，结合街道实际情况，拟定《湖南路街道实施国家公务员制度工作进程表》，并根据“积极探索、平稳推进、简易便行、分布实施”的原则，开展工作。街道党工委、办事处在“两级政府、三级管理、四级网络”的新体制形势下，健全、完善街道办事处各种职能机构，根据区委、区政府的要求，编制完成实施国家公务员制度的岗位说明书，制定出相应的各种办事制度，设置一台多媒体触摸式电脑，把各项工作制度、办事指南列入其中，做到政务公开，方便地区居民群众。

1999年，制定《机关干部竞争上岗办法》《事业编制人员分类考核办法》。试行机关科级干部空缺职位竞聘，使干部队伍管理趋于规范、完善。

2015年，设立社工工作事务所，建立统一专业的社区工作者队伍和薪酬体系。

表3-1-2 **1997—2003年中共湖南街道工作委员会所获荣誉一览表(区级)**

年 度	荣誉名称	获奖单位	颁发单位
1997	徐汇区先进集体	湖南路街道(宣传科)	—
1997	徐汇区安全局信息一等奖		—
1997—1998	徐汇区保密工作研讨活动三等奖	湖南路街道	中共徐汇区委保密委
1997—1998	徐汇区“讲文明、树新风”活动优秀组织奖	湖南路街道	—
1995—1996	徐汇区“满意在徐汇”活动先进集体	湖南路街道	—
1997—1998	徐汇区“满意在徐汇”活动先进集体	湖南路街道	—
1997—1998	徐汇区“满意在徐汇”标兵单位	湖南路街道	—
1996	徐汇区信访工作先进集体	湖南路街道	—
1997—1998	徐汇区信访工作先进集体	湖南路街道	—
1998	徐汇区保密工作先进集体	湖南路街道	中共徐汇区委保密委
1998	徐汇区国家安全联络工作集体一等奖	湖南路街道	—
1998	徐汇区机关、街道干部群众国家安全知识竞赛一等奖	湖南路街道	—
1999	徐汇区保密工作先进集体	湖南路街道	中共徐汇区委保密委
1999	徐汇区国家安全联络工作集体一等奖	湖南路街道	上海市国家安全局徐汇分局

续表

年　度	荣誉名称	获奖单位	颁发单位
2000	徐汇区信访工作先进单位	湖南路街道	徐汇区委、徐汇区政府信访办公室
2000	徐汇区国家安全联络工作集体二等奖	湖南路街道	上海市国家安全局徐汇分局
2002	徐汇区国家安全联络工作先进集体	湖南路街道	国家安全局徐汇分局
2003	徐汇区国家安全联络工作先进集体	湖南路街道	国家安全局徐汇分局

第二节　组织建设

一、基层党组织

1991年，中共上海市徐汇区湖南街道工作委员会（简称：街道党工委）下辖党支部35个。

1999年，建立经济联合党支部和铭源实业集团有限公司党支部，其中铭源实业集团有限公司是湖南路社区首家非公有经济党组织，实现私营企业党建工作零的突破。年底各类单位党组织共有120个（其中党委20个，党总支12个），党员5 758人。

2000至2002年，成立昊泰房地产党支部，建立新经济组织独立党支部2个，对条件不够成熟的新经济单位成立联合党支部，累计有新经济组织党支部6个，逐步扩大党在新经济组织中的覆盖面。

2003年10月10日，中共徐汇区湖南社区（街道）综合委员会成立（简称：综合党委）。

2007年，加强规模以上非公有制企业组织覆盖工作，成立社区内第一家外资企业党的基层委员会——湖南社区安永党委，至12月底，在“两新”组织中建立基层党组织24家，党员849人。

2008年6月，根据市委组织部、区委组织部总体部署，按照区“公推直选”试点工作有关要求，严格把关、依法操作，完成华康居民区党总支、机关党支部2个“公推直选”试点的选举工作；12月，完成第二批换届选举的9个居民区党（总）支部和社区（街道）党员服务中心党支部的“公推直选”。2009年，在10个居民区党组织、2个直属党支部和1个新社会党组织，共13个基层党组织中实行“公推直选”试点工作。

2010年，安永党委因所在企业搬迁整建制转出。2012年，结合基层组织建设年活动，有序开展基层党组织定位晋级工作，通过全面考核评估，21个较好的基层党组织中14个晋升为好的基层党组织，使辖区51个基层党组织工作定级为好的基层党组织数上升至45个，激发和促进基层党组织党员模范作用的发挥；顺利完成卡夫食品企业管理（上海）有限公司党支部、上海适达餐饮管理有限公司党支部等 2 家党组织的整建制接收工作；指导 9 家“两新”党组织以“公推直选”方式完成换届选举，新组建 3 家规模以上非公有制企业党组织；“两新”组织党建覆盖工作得到有力推进。“两新”组织党建工作向规模以下非公有制企业延伸，先后建立以上海天大广告设计有限公司党支部、华威慧创（上海）投资管理咨询有限公司（简称：慧创）党支部为代表的规模以下非公有制企业独立党组织，并培育慧创规模以下非公有制企业党建工作的典型单位。

2015 年 4 月 28 日，中共上海市徐汇区委同意建立中共上海市徐汇区湖南街道社区委员会。

表 3-2-1　**1991—2016 年部分年份湖南社区（街道）党工委基层组织、党员情况表**

年份	党委（个）	党总支（个）	党支部（个）	党员（人）	年份	党委（个）	党总支（个）	党支部（个）	党员（人）
1991			35	—	2004	1	5	31	2 137
1993	1		34	980	2006	2	16	85	2 648
1996	1		27	1 008	2009	2	18	113	3 186
1999	1	2	31	1 666	2012	1	17	98	2 856
2003	1	5	32	2 030	2016	1	15	41	2 882

表 3-2-2　**2001—2016 年部分年份湖南社区“两新”组织党组织、党员情况表**

年份	党组织数（个）				党员数（人）
	小计	党总支	独立党支部	联合党支部	
2003	6		4	2	69
2005	4		7		177
2008	22	2	15	5	917
2011	22	2	17	3	417
2014	35	2	24	9	682

二、社区（街道）综合党委、社区党委

2003 年 10 月 10 日，中共徐汇区湖南社区（街道）综合委员会成立（简称：综合党委），设

委员 9 人，其中街道机关 3 名，驻区单位 4 名，“两新”组织 2 名。综合党委主要负责区域内所有新经济组织和新社会组织（简称：“两新”组织）党的工作。按照社区行政组织、驻区单位、居民区三条线全覆盖的原则，设立社会综合工作部、居民区群众工作部、社会事业发展工作部、行政与综合执法管理部和党委办公室。按照社区党工委的要求，推进建立“一个中心、三个系统”，形成以加强党和人民血肉联系为重点的社区公共安全突发事件和行政执法的快速处置机制，建立以信息共享为重点的社区公共资源共建共享机制，探索符合湖南社区实际的社区建设和社区党建运作机制。

2015 年 4 月 28 日，中共上海市徐汇区委同意建立中共上海市徐汇区湖南街道社区委员会。社区党委每届任期 5 年，设书记 1 人，副书记 3 人，设委员 15 人（含兼职委员 4 人）。社区党委作为街道党工委领导下的基层委员会，具体落实统筹区域化党建和“两新”组织党建、居民区党建工作，通过党建引领，推进社区共建共治和居民自治。社区党委通过广泛吸纳社区企事业单位、各社团组织中的党建资源，创新社区党建的工作方式，构建“党委领导、政府负责、社会协同、公众参与”的社会管理格局。详见第三节“社区党建”。

三、行政党组

2006 年 6 月，湖南社区（街道）党工委成立湖南社区（街道）行政党组。行政党组设书记，共有 7 名成员，成员单位有公安派出所、城市管理监察分队、工商管理所、房地产办事处。审议通过《湖南路街道行政组织党组实施细则》，确定下列主要职责：（1）宣传和执行党的路线、方针、政策，传达贯彻中央、市委、区委的有关精神，落实街道党工委决议、决定，支持和保证社区行政组织依法履行职责。（2）围绕社区建设总体目标和网格化管理的具体要求，整合社区行政资源，明确职能部门、派出机构在社区工作中所应承担的责任，加强对职能部门、派出机构的综合协调，形成社区治理合力，切实提高行政管理效能和综合执法水平。（3）讨论社区治理和综合执法中的有关重大事项，落实街道党工委会议决定的有关事项和工作要求。（4）协助街道党工委做好对职能部门、派出机构负责人的管理和监督工作，在职能部门就其派出机构负责人的任免、交流、考核、评先评优等事项征求意见时，向街道党工委提出初步意见和建议。配合街道党工委，做好对职能部门派出机构的工作评议和监督。（5）配合协助社区党委，发挥行政资源和力量在区域化党建和社区共治自治中的作用。组织协调社区行政组织做好社区服务工作，切实解决服务群众的“最后一公里”问题。（6）完成街道党工委交办的其他任务。

四、社区党建服务中心

湖南路街道社区党员服务中心成立于 2004 年 5 月，是适应社区党建新要求而创建的党员服务和党建工作的新载体。地址安福路 49 弄 2 号，2007 年 5 月迁址高邮路 7 号，建筑面积近 900 平方米。2015 年 4 月 27 日，党员服务中心调整为公益一类事业单位，9 月中心进行整体翻新工程。2016 年，湖南路街道社区党员服务中心更名为湖南路街道社区党建服务中心，明确党建服务中心“管理、教育、服务、活动”四位一体的功能定位。至 2016 年末，有工作人员 12 人。党建服务中心下设党建展示厅、前台接待区、办公区、代表接待室、志愿者工作室、阳光课堂、红色沙龙等馆室设施与社区党校、“梧桐坊”书记工作室等平台载体，实行开放式管理。党建服务中心立足党员、面向群众，活动设施向党员、群众、辖区单位开放，在 16 个居民区设有党员服务站，使党建服务中心建设成为党建资源整合配送的枢纽、党员学习教育的阵地、书记能力提升的平台和党建成果展示的空间。

湖南社区党员服务中心

党建服务中心定期开展面向社区居民的志愿服务活动，服务内容涵盖医疗保健、牙病防治、法律、劳动就业等咨询类项目及理发、测量血压血糖、修伞修鞋、家电维修等修补类项目。注重培育志愿服务团队，2007 年，以志愿者个人命名的“陈孝瑞推拿保健志愿者工作室”在湖南社区党员服务中心成立，并借助社区党校平台，聘请团队负责人陈孝瑞为推拿班老师，打造培养、孵化志愿者的基地。

2016 年 8 月，在街道党工委的领导和社区党建办的指导下，党建服务中心设立“梧桐坊”书记工作室，根据地缘相近、特点相似原则，每个居民区党组织书记与两位“两新”党组织书记结对共建，划分为 4 个网格，由党建服务中心党建指导员分块区负责日常指导和联络。各网格小组内的书记定期就党建工作理论和实践经验体会进行分享交流，开展支部联组学习、志愿者进社区、微心愿认领等多种形式的活动，通过以老带新、以新促老，发挥优秀书记的示范、指导、辐射和带动作用，全面提升书记们的组织领导能力、党务工作技能和综合协调能力。

2007 年 4 月，党员服务中心获上海市党员服务中心示范点称号。2007 年 6 月，徐汇区社区党员服务中心标准化建设现场推进会在湖南社区党员服务中心召开，湖南社区（街道）党工委介绍党员服务中心建设经验。2010 年 10 月，中心党支部被评为徐汇区“建功世博会奉献在徐汇”红旗党组织。2011 年被评为湖南社区（街道）“满意在徐汇”“创先争优”先进党组织。2016 年被评为徐汇区“两优一先”先进基层党组织，申报上海市巾帼文明岗。

第三节　社 区 党 建

1991 年，新的湖南街道党工委成立后，成立社区业余党校，着手在居委会推进建立党支部。1999 年 3 月，建立街道党建工作研究会，构建街道党工委、居民区党（总）支部、业主管委会（弄管会）和街道党工委、政府派出职能机构、社区单位党组织纵横三级社区党建网络，完善居民区党总支、社区党建工作会议和社区党建研究会三大组织载体。2000 年 3 月，建立街道新经济组织党建协调小组。2004 年，构建区域单位党建全覆盖的工作体系。街道被列为上海市社区党建和社区建设试点单位之一。2007 年 9 月 6 日，上海市委书记习近平到湖南路街道党员服务中心调研，提出“要继续加强社区党建”的要求。街道党工委在原有工作基础上，加强居民区党建、区域化党建、“两新”组织党建工作以及党建服务中心建设，构建“田字形”社区党建网格化管理体系。

一、居民区党建

2001 年，街道党工委加强居民区党支部建设，以开展“一居一特”创建为抓手，党工委书记带队赴居民区党组织调研、指导，对 19 个居民区党组织确定党支部工作特色，明确工作措施，其中，有 8 个居民区做到特色工作版面上墙，开创居民区党建工作的新局面。

2003 年，街道党工委为加强基层党支部自身建设，拟定《居民区党组织职责和任务》，通过居民区党组织建立重大事项预审制、事务运行评议制、社区党建联席会等制度规范，帮助居民自治组织开展工作；建立湖南路街道民间组织党员活动小组，制定党建工作管理机制。

2004 年，由社区党工委居民区群众工作部牵头，发挥在职党员在社区建设中的模范带头作用，将居民区党组织延伸到居民楼、院、弄，并建立党的活动小组，开展“管好自家事、关心邻里事、参与社区事、关注天下事”活动，激发居民区党组织的创造力、凝聚力和战斗力，调动社区居民参与社区建设和社区管理的积极性。

2007 年，创新基层党建工作形式，以湖南社区旧住房改造项目为抓手，建立湖南社区和区房地局、徐房集团“三方联动”的党建联建形式及联席会议制度，在改造工地组建临时党支部，发挥党组织的领导核心作用和党员的主体作用，及时听取居民意见，协调化解矛盾，加强单位党建、行业党建和区域党建的互联互补互动，保障卫生设施改造试点工作的顺利完成。

2010 年，继续探索实践“弄堂党建”，在居民区资质管理中，分东、中、西三片召开居民区党建工作研讨会，对党建工作进行阶段性总结交流。完善物业党建联建，制定《湖南社区（街道）党工委关于推进社区城管执法党建联建（试行）工作的实施意见》，推进党的工作向行业延伸、领域覆盖和社会辐射，开创区域党建、行业党建、单位党建互联、互补、互动的基层党建新局面。开展“世博行动党员服务中心与你同行”活动，通过召开专题组织生活会、“双结对”、党建联建互动、党员示范岗等载体，引导广大党员主动参与世博会。

2013 年起，加强规范居民区党建基础工作，比照华康居民区党总支党建工作示范点建设，按照“五好”（指：支部班子好、党员队伍好、活动开展好、制度建设好、作用发挥好）基层党组织创建标准，对其余15个居民区的党务工作基础资料开展自查和互查，完善基层党建工作基础信息库，全面提升基层组织建设工作水平。发挥党在社区中的政治优势和组织优势，构建"社区党建工作会议"、居民区党建共建联席分会和居民区"一居一特"等社区党建的三个平台，形成上下联动、纵横交错、整体推进的工作格局。

二、区域化党建

2002年，在梳理社区党建工作运作机制和工作经验的基础上，将社区党建、共建联席会设立为社区党建工作会议的常设机构，实行联席会主任、副主任例会制度，与社区单位党组织建立制度性的工作关系。2004年，根据党员特点，建立在职党员"三个双向"工作机制。一是双向联系制度。建立单位和社区在职党员报到登记卡；二是双向服务制度。开展党组织为党员服务、党员为群众服务的凝聚人心的双向服务活动；三是双向反馈制度。建立社区表现双向评价体系。基层党员提出在职党员按照适时、适宜、适度原则，开展"管好自家事、热心邻里事、参与社区事、关心天下事"的活动，并以此为抓手，发挥党员的先进性，开展活动，使党的活动网络向居民区楼(弄、院)延伸。

2007年，召开驻区单位党建联席会议，通报社区党建和社区建设工作情况，听取驻区单位党组织的意见建议。建立起以1个市级党员服务中心示范点、3个党员服务工作站和44个党员服务点的党建服务形式，基本形成覆盖全社区、服务基层党组织、服务党员和服务群众的三级服务网络。建立党建指导责任制，以4个党建责任块的形式做到责任到人，丰富服务项目，取得良好效果。2008年，以"迎世博600天行动计划"为切入点，召开社区党建联席(扩大)会议，发挥驻区单位和居民群众积极性，共同投入到市容环境整治、社区文化建设和培育文明风尚等工作中。2013年，召开徐汇区区域党建促进会湖南分会暨社区党建工作会议，拓展资源，共有60余家驻区单位参与湖南分会活动，以党建项目化建设为载体，推进区域化党建工作。按照教卫、科研院所、机关、企业、文化等不同类别，引导各类分会成员在湖南分会平台上加强联动发展。重点推进"梧桐之家"——湖南社区白领文化沙龙、襄阳公园上海青少年艺术星期六等项目。是年4月，与上海音乐学院、上海交响乐团等单位合作，在世纪商贸广场共同启动"MUSIC989"午间音乐时间党建共建项目，开展文化演出；与中国福利会合作，把优秀儿童剧目送到社区、送进楼宇。

社区党建形成"四联""三共"效应，即与区域单位党组织"思想工作联做、公益事业联办、社会治安联防、文体活动联谊"和"党员教育共抓、党风建设共促、党的工作共议"，通过社区单位中心组联组学习参观、社区党课教育、社区帮困活动等，使社区工作从过去的"单兵作战"发展为"兵团作战"。通过抓好区域单位党组织党员队伍和居民区在职党员队伍，强化基层党组织在社区重大问题的党内民主决策功能，发挥社区党建活动的组织、协调、实践功能和对区域内资源整合功能。

三、"两新"组织党建

新经济组织是指私营企业、外商投资企业、港澳台商投资企业、股份合作企业、民营科技企业、个体工商户、混合所有制经济组织等各类非国有集体独资的经济组织；新社会组织是社会团体和民办非企业单位的统称。2000年3月，街道建立新经济组织党建协调小组，街道党工委书记任组长，街道党工委副书记和工商所所长任副组长，对辖区新经济组织进行全面的调查摸底，建立独立党支部2个，对条件不够成熟的新经济组织，采取成立联合党支部的方法，使党员能正常开展组织生活，发挥作用。在社区商务楼宇中成立商务楼物业经理联谊会，在18幢商务楼内挂牌成立党员服务点，一体化推进党工青妇工作。2007年，建立"湖南社区党建网"，打造社区"两新"组织党员的网上家园。2008年，形成党员志愿者服务长效机制，建立以"两新"组织青年党员为主、特色鲜明的网络志愿者队伍，以商务楼宇物业经理为主的"两新"组织党建工作志愿者队伍，以及以上海徐教心理咨询工作室、上海志远房产工作室和上海新知进修学院志愿者服务队为代表的"两新"组织便民服务志愿者队伍。

2010年，广泛动员"两新"组织中的党员参与世博志愿者行动。352名"两新"组织志愿者参与园区、城市站点和轨道交通站点平安志愿者服务活动。"两新"组织党组织中获"上海市'五好'基层党组织"称号1家，荣获"徐汇区红旗党组织"称号2家，2名个人荣获"徐汇区优秀共产党员"称号，2名个人荣获"徐汇区世博运行保障立功竞赛活动先进个人"称号。坚持实施文体类、健康类、职业类、婚恋类4大类服务项目，对以商务楼宇为主的"两新"组织员工实施文化关怀，服务员工需求，吸引员工走出楼宇小空间、融入社区大家庭。2012年，深化"白领文化关怀工程"，新推出"'梧桐之家'——湖南社区白领文化沙龙"平台，全年共开展活动63次，基本形成一个白领员工交流沟通、放松身心、感受社区文化魅力的精神家园，为"两新"组织党建工作注入新活力。2013年，重新修订《湖南社区(街道)"两新"组织党建工作指南》，对"两新"组织党组织负责人、委员开展全面的实务培训。

通过长期扎实的组织覆盖和工作覆盖，"两新"组织党组织建设取得一系列成果，"两新"组织党员数从综合党委成立时的85名增加到2010年11月的1 080名；综合党委下属党组织数也从成立初期的8家增加到2010年11月的22家，增长175%。"两新"组织党员逐步呈现出年轻化和高学历化的特征，2010年，在397名党员中，35周岁以下青年党员224名，占党员总数56.42%；大学本科以上学历党员235名，占党员总数59.19%。综合党委成立至2010年11月，发展"两新"组织党员36名，转正预备党员248名，先后有120名"两新"组织员工向党组织递交入党申请。

2005年7月，综合党委分类指导"两新"党组织开展第二批保持共产党员先进性教育活动。"两新"党组织的主题实践活动都体现单位特色、工作特色或岗位特色，如第三联合党支部青年党员组建一支IT志愿服务队，为淮中、陕新两个居民区党组织和居民群众进行电脑软、硬件维护并刻录、制作多媒体光盘；徐教退协党支部为延庆居民区贫困家庭提供减免学费的职业培训等；商务楼第二党支部形成网络学习互动、业务交流互动和社区共建互动的特色鲜明的"三互动"的学习法。2009年9月，综合党委在"两新"党组织中开展深入学习实践科学发展观活动。综合党委通过走访"两新"党组织书记、负责人、党员代表和部分"两新"组织业主，展开调研，排摸出制约社区(街道)"两新"组织党建工作科学发展的"瓶颈"问题，形成以"优化'两新'组织运行机制探索"为主题的调研报告，为突破"瓶颈"问题，推动科学发展打好基础。完善"两新"组织党务工作人才库，编印《湖南社区(街道)"两新"组织党建工作指南》和落实商务楼宇"两新"组织党员就近活动场所是三项学习实践活动的成果。2010年，综合党委推进"两新"组织参与"建功世博会 奉献在徐汇"主题实践活动，开展专题组织生活会、"文明观博"全民培训、"世博先锋行动"党员文明承诺签名、参观世博场馆、《我与世博》图文征集等系列活动。

四、社区党建工作会议

1998 年，市委召开社区党建工作会议，确立街道党工委在实现社区“四心”中的领导核心作用。湖南街道党工委、办事处围绕与居民密切相连的安居乐业实际问题，提出“以创建安居小区为抓手使群众安心、以美化社区环境为重点使群众舒心、以丰富精神生活为依托使群众开心、以参与社区建设为载体使群众齐心”的“四心”工程。1999 年起，湖南街道党工委对社区内单位党组织状况进行摸底调查，由于过去条块分割的行政体系，造成单位党组织和地区党组织间的隔离，制约单位党组织参与并推进社区建设的积极性。针对管理重心下移，大量的社会事务正从企事业单位剥离出来，向社区空间转移，越来越多的地区性、社会性、群众性、公益性工作（简称：“四性”工作）要由社区来承接。街道党工委根据社区网络化的结构特征，探索在社区各类党组织间建立比较密切的组织联系和工作运行的机制及活动方式，大胆进行组织创新，把辖区 100 多家单位党组织联系起来，以社区党建工作会议这一组织载体为纽带，建立起工作运行机制。

1999 年起，湖南街道党工委以社区党建工作会议这一组织载体为纽带，建立适应本地区实际的共驻共建、资源共享的社区党建工作运行新机制。社区党建工作会议是社区各类基层党组织和全体党员参与的、社区党建新型组织载体。社区党建工作会议由街道党工委召集，社区单位党组织代表中的核心成员共同主持，广泛吸收社区内各类基层党组织和党员中代表性成员参加。社区党委每年召开一次社区党建工作会议，一般在每年年初的居代会之前召开一次全体会议，其主要任务是：协商、推荐产生社区党建工作协调委员会；听取、审议社区党建工作协调委员会关于社区党建的工作报告；听取、讨论社区党建工作各组织载体活动的情况汇报；讨论、决定社区党建工作协调委员会的工作目标和任务；制定和修改社区党建工作协调委员会章程；对社区建设和发展的重大事项提出建议和意见；监督社区党建工作协调委员会的工作，罢免不称职的社区党建工作协调委员会成员。

社区党建工作会议制度，从制度上确立街道党工委在社区“四性”工作中统揽全局、协调各方的领导核心地位，形成以社区为依托的“共建共享，互动协调”的社区党建工作第一平台。在街道党工委领导下，社区党建工作会议以“四性”工作为基础，以协商一致的民主方式，共同商议和决策党在社区工作中的政治任务和行动方式。社区党委设常务委员会，常务委员会为社区党建工作会议闭会期间的常设机构，通过社区党校、共建联席会议、党建研究会、党风政风监督站、在职党员指导委员会等五个活动载体，突出社区党员教育、文明共建、党的自身建设、行风建设以及党员志愿服务活动等功能。

五、“田字形”管理体系

2001 年，为适应社区党建工作重心的下移以及提升居民区党组织自治能力，街道党工委着手建立社区党建工作第二平台，即“湖南社区党建工作协调委员会分会”。分会在能级上看是介于街道和各居委会层面之间的一个组织，基本上四个居民区党组织联合成立一个分会；分会从地域上看同样是介于街道和小区之间的存在状态，基本上是地域相邻、功能相近的几个小区联合组成，更为接近严格意义上的“社区”概念；协调小组从功能上看，在社区范围内充分整合各方资源、发挥各方优势，通过“四联”工作法（即思想工作联做、公益事业联办、社会治安联防、文体活动联谊）丰富社区党建的内容。社区党建新机制的实践，为街道党工委在社区管理和社区“四心”工作中发挥领导核心作用创造条件。

街道层面建社区党委，将社区党委划为“大网格”，组建党建工作协调委员会，下设六大中心，包含社区党员服务中心，社区党风、政风、行风监督中心，社区信息服务中心，社情民意调研中心，突发事件应急指挥中心等。社区党建工作协调委员会主要发挥“渗透、覆盖、控制”作用，围绕“制度保障、参政议事、决策共商”开展活动，结合社区各类组织都密切关注的地区性、社会性、群众性、公益性工作，突出对“双重管理”单位管理功能，通过参政议事和决策制定发挥街道党工委领导核心作用。“大网格”下设党建工作四个协调小组，以社区党建工作站为“小网格”，按照湖南路街道的资源相同、地域相邻特点，以乌鲁木齐中路划分东西、淮海路和复兴路划分南北。社区党建工作站主要发挥“整合、联动、实效”作用，接受社区党建工作协调委员会指导，分别以科普、双拥、文化、敬老为特色，以文明小区创建工作为抓手，独立自主开展工作。两者的关系是：社区党建工作协调委员会负责指导全局，倾向于决策的制定以及涉及社区“四性”工作中重大问题的解决；四个工作站接受社区党建工作协调委员会的指导，负责区域内的公共事务解决，独立进行区域内的活动开展。

“田字形”社区党建网格化管理体系遵循的原则：指导协调原则、资源整合原则、制度创新原则、信息化支撑原则。在纵向上：以街道—居民区两级社区党建、共建组织为载体；在横向上：以党员教育、党风廉政建设、党建研究等社区活动内容为依托，在单位党组织之间建立起一种纵横交错的网络化联系，围绕社区“四性”工作目标，发挥各单位优势、特长，并以表率、示范作用，带动社区内其他各类组织，共同参与到社区活动中来，实现各种资源的社会化整合，有序开展“社区建设实体化、社区管理网格化、社区党建全覆盖”的“两化一覆盖”试点工作，推动社区发展。“田字形”社区党建网格化管理体系的目标是通过建立“田字形”社区党建网格化管理体系，增强社区的管理能力、增强社区的应急处置能力、增强社区的服务能力、增强党在社区党员和群众中的凝聚力。

2006年，湖南路街道获评全国先进基层党组织荣誉称号。

六、社区党校

1991年，湖南路街道业余党校成立，设4个分校、6个电化教育播放点，主要对在职党员与退休党员及要求入党积极分子进行党的基础知识及形势教育。年内参加业余党校学习912人次，1997年增加到3 000余人次。

1991年，街道党工委为帮助地区党员学深学透《中国共产党历史》，对900名退休、在职党员，作一次文化程度的分析，分为两个层次，第一层次为初中以上文化水平的党员，第二层次为初中以下文化程度的党员，街道党校结合党员不同文化层次情况制定不同的授课计划。针对第一层次开展十个半天的系统学习，由街道党工委、办事处领导担任任课教师授课，把《读本》的十二讲合并为六课时，每课两小时，两课后组织一次讨论，课时结束后进行复习自测、颁发结业证书。参加学习的162名党员在听课、作好笔记的基础上，根据思考题内容讨论，并能讨论一些较深层次的问题，做好复习自测题。有多名年近七旬的老党员能克服身体不好的困难，完成学习任务。针对第二层次，街道党校结合国际国内形势进行党史教育。

1993 至 1995 年，业余党校坚持对党员进行分类、分层次授教，即注重教育对象的层次性，注重教育内容的针对性，注重教育方式的多样性。先后举办党的基本路线教育、《邓小平文选》理论学习班，举办形势报告、党风廉政建设等课程，组织党员参观上海市重大工程建设、浦东开发建设，加深党员对改革开放政策的理解。为使学习更扎实更有效，在四所业余分校及六个电化教育播放点，进行为时四个半天的《建设有中国特色社会主义理论和党章的学习》的轮训，分别由街道党政领导上课，同时在电化教育点上播出《孔繁森事迹报告会》《凝聚力工程 41 部短片》等，覆盖面达 100%，具有直观、形象、生动的特点，方便党员就近学习，受到党员欢迎。社区党校还将党员教育寓于各项活动中，在纪念中国人民抗战胜利暨世界反法西斯战争胜利 50 周年庆祝活动中，举行“祖国颂”文化艺术节，发动地区党员群众、文艺团体和著名演员参与；开展“我爱祖国”主旋律的系列爱国主义教育，在党员群众中进行广泛的革命传统教育。

1997 年，业余党校对地区党员普遍开展“三观”（世界观、价值观、人生观）教育，并举办基层党支部书记学习党的“十五大”文件精神的培训班。

2000 至 2001 年，成立社区党校党务委员会。社区党校举办基层党组织书记培训班及居委干部培训班，以及宣传“三个代表”重要思想的报告会及形势报告会。社区党校党课教育服务对象主体从退休党员扩大到为各单位党组织服务。

2015 年，党员服务中心更名为党建服务中心，推进社区党校实体化功能建设，提升党员学习教育的工作能级。在“两学一做”专题教育中，依托社区党校平台，发放学习资料 3 562 本，组织党课 94 次，2 700 余名党员参加党课学习。

2016 年，成立湖南社区党校（简称：社区党校），作为社区党建服务中心的一项职能，坚持“党校姓党”原则，协调统筹各类学习教育资源，结合基层党组织和党员群众需求，分类开展学习教育活动。

第四节　党员主题教育

一、“三讲”教育

2000 年，湖南路街道作为徐汇区第二批 37 个讲学习、讲政治、讲正气教育（简称：“三讲”教育）单位之一，自 4 月 20 日至 6 月 30 日开展此项活动。街道党工委于 2000 年 4 月 20 日、30 日，召开两次“三讲”教育专题会议。4 月 20 日，街道党工委会议决定建立“三讲”教育领导小组办公室工作班子，明确参加对象、活动开展方式及座谈范围；4 月 30 日，街道党工委会议通报 6 个座谈会中提出的意见，归纳 75 条意见，其中，工作作风 22 条，工作方法 27 条，工作投入 8 条，长效管理 18 条，向街道各基层党组织通报。

2000 年 5—6 月，街道党工委“三讲”教育活动按照中央有关文件精神，在区委巡视组指导下进行，共分为 4 个阶段。第一阶段：思想发动、学习提高，班子成员在这一阶段中，加强理论学习，通过阅读指定文件、专题讨论、听取劳动模范和先进人物事迹报告、交流学习体会等方式，使参加学习的领导干部得到新的思想收获。第二阶段：自我剖析，听取意见，这一阶段继续加强理论学习，提高思想认识，做到正确对待自己、正确对待群众、正确对待组织、正确对待同志，找准抓住突出问题，严于自我剖析，组织干部、群众开展民主评议，提出努力方向。广泛听取意见，发扬民主、开门整风，通过个别访谈、发放表格和召开座谈会等多种形式征询意见，按照“群众提、自己找、上级点、互相帮”的办法和要求，初步查找突出的问题，接受民主评议，撰写剖析材料，本着对党、对人民群众、对同志、对历史负责的精神，经过总结反思、集体讨论和反复修改，形成评议材料。同时，以诚恳、负责的态度进行“即知即改”，将提出的 25 个问题在短期内解决 20 个。第三阶段：交流思想，开展批评与自我批评，这一阶段继续强调从学习提高入手，增强对批评与自我批评重要性的认识，增强开展党内思想斗争的自觉性；同时广泛开展谈心活动，进行批评与自我批评，班子主要领导以身作则，带头批评和自我批评，发挥示范作用，班子成员之间相互开展批评，达到既弄清思想，又团结同志的目的。第四阶段：整改、巩固成果，主要做好集中整改和“三讲”教育总结两项工作。围绕查摆出来的突出问题，街道党工委印发《湖南路街道关于“三讲”教育的整改方案》，对有条件解决、整改的 20 个问题，在“三讲”教育期间做到即知即改；对其他需要整改的 15 个主要问题，提出整改完成时间、责任部门、责任人，使整改措施落到实处。街道党工委召开“三讲”教育总结会议，向街道各基层党组织通报。

2000 年 12 月，街道党工委根据中央关于“三讲”教育结束后半年的时间，开展一次回头看活动的要求，街道党政领导班子、领导干部以回头看活动为契机，推动深入整改。街道党工委结合街道实际，制定“三讲”教育回头看工作计划，列出具体活动时间安排表，有组织、有计划地落实“三讲”教育回头看活动的各项工作，保证“三讲”教育回头看活动健康有序地进行，提出“边学、边听、边议、边改、边求实效”的“五边”原则。首先，以召开各层次群众座谈会的形式，听取各方面意见，召开 15 个座谈会，并从“标本兼治，重在治本”的高度出发，提出 15 项整改措施，并全部落实；其次，以发放“社区建设情况千人调查问卷”的方法，调查社区中生活的群众在想什么、盼什么，立即研究出具体解决方案，并在年底基本解决；以强化机制为抓手，不断改进领导方式，通过“建立和健全党政领导联系基层制度”“现场办公会制度”“领导联系群众制度”“领导接待制度”等有效机制，集中力量解决基层单位、居民群众最盼、最缺、最怕、最怨的问题，共召开现场办公会 7 次，解决难点、热点问题 123 个。

2001 年 1 月 5 日，街道党工委书记办公会议就“三讲”教育回头看工作，召开“三讲”教育“回头看”活动专题通报会，并按时完成工作总结，上报区委“三讲”教育领导小组办公室。

二、保持共产党员先进性教育

2005 年 1 至 11 月，按照中央、市委、区委关于开展保持共产党员先进性教育活动（简称：先进性教育活动）的部署和要求，着眼“党员受教育、群众得实惠”的目标，街道党工委专门成立先进性教育领导小组和办公室，在做好各项准备工作基础上，将先进性教育活动分为两批进行。第一批为 1 月 19 日至 6 月 4 日，有街道机关支部、离休第一党支部、第二党支部、退休支部 112 名党员参加；第二批为 7 月 6 日至 11 月 15 日，有居民区及“两新”组织共 6 个党总支、48 个党支部、2 184 名党员参加。社会综合党支部作为区第二批先进性教育试点党支部。

根据《中共中央关于全党开展以践行“三个代表”重要思想为主要内容的保持共产党员先进性教育活动的意见》，街道党工委在开展党员先进性教育活动前，建立先进性教育领导小组，制定计划，准备学习材料，健全基层党组织，摸清党员底数和党员教育管理问题。街道党工委要求参加先进性教育的班子成员，“信念坚定，服务大局”“勤学善思，加强修养”“与时俱进，开拓创新”“谦虚谨慎，求真务实”“甘当公仆，执政为民”“勤政廉政，拒腐防变”；要求参加先进性教育的党员，“坚定信念，对党忠诚”“勤奋学习，精通业务”“牢记宗旨，为民服务”“作风优良，树立形象”“立足本职，争创一流”“遵纪守法，廉洁自律”，从而达到“提高党员素质、加强基层组织、服务人民群众、促进各项工作”的目标。

在两批先进性教育活动中，街道党工委按照区委的部署，以“思想发动、学习培训”（简称：学习动员阶段）、“党性分析、民主评议”（简称：分析评议阶段）、“整改提高、巩固成果”（简称：整改提高阶段）三个阶段扎实实施。

［学习动员阶段］

街道党工委书记和各基层党组织书记作为先进性教育活动第一责任人，做动员，上党课；各党支部制定学习计划，安排学习内容，确保 40 小时学习时间。在街道党工委班子的带动下，全体党员围绕湖南社区正在进行的社区党建和社区建设试点工作以及“高兴、放心、凝聚、覆盖”主题教育活动，遵守学习制度，形成浓厚学习氛围。集中学习胡锦涛“七一”重要讲话、《“三个代表”重要思想学习纲要》、党的十六大报告、《中国共产党章程》、江泽民系列著作和讲话，通读《保持共产党员先进性教育读本》，统一思想，提高认识，力求全面、准确、系统、深刻地学习共产党建党理论的内涵和实质。街道党工委采取有效措施，早作准备、分类指导、创新方法，精心谋划先进性教育，将学习覆盖到全体党员，努力增强党的意识和党员意识，为基层党组织扎实有效开展教育活动提供保障。

［分析评议阶段］

坚持把是否解决群众反映强烈的突出问题，群众是否满意作为衡量先进性教育成效的重要标准，从自身实际出发，找准本单位党员队伍中存在的突出问题，及时制定切实可行的实施方案，扎实推进先进性教育的开展。多形式、多渠道广泛征集社区群众对机关党员队伍建设和社区管理方面的意见和建议，分析和梳理存在的问题。找准领导班子和党员存在的突出问题，班子成员思想统一，坚持发挥带头作用，党员领导干部和机关党员以坦荡的胸怀深入到基层听取群众的意见，通过召开座谈会、走访群众、发放征求意见表、设立意见箱等多种形式，实现征求意见的广泛性，征求意见做到“四个延伸”（延伸到党外积极分子和群众、延伸到服务和工作对象，延伸到居民区和社区单位，延伸到党员居住区）。分析评议始终做到开展批评坚持讲党性不讲面子，讲问题不讲成绩，讲主观不讲客观，真正做到思想交锋，触动灵魂。

［整改提高阶段］

街道党工委结合班子在先进性教育中认真分析征求到的 4 个方面 10 条意见。同时，机关党支部在先进性教育中征求到机关党支部和党员存在的 6 条意见。街道党工委和机关支部针对来自各方面的 110 条意见和建议，从源头上查找原因，坚持边议边改，专门召开会议，梳理落实整改措施，根据要求，组织开展“回头看”，及时总结经验和做法，对工作存在的薄弱环节及时进行弥补，把党性分析和民主评议取得的思想认识尽快转化为增强党性、改进工作的具体行动。结合各自的工作实际，按照“提高党员素质、加强基层组织、服务人民群众、促进各项工作”的目标要求，针对党员和党组织自身存在的突出问题，群众反映强烈的党风、政风、行风方面的突出问题，涉及群众切身利益的突出问题，影响社区发展稳定的突出问题，制定整改方案，扎实进行整改，向群众公布整改情况。整改过程努力做到“三个结合”“三个着力”。一是个人整改与组织整改相结合，着力解决党员队伍存在的突出问题；二是开展“做群众贴心人”为主题实践活动与上下联动整改相结合，着力解决事关群众切身利益的问题；三是近期目标与长期目标相结合，着力解决影响改革发展稳定的突出问题。对最突出、最紧迫而又有条件解决的问题抓紧整改。要把贯彻落实科学发展观与社区“十一五”规划的制定以及推进社区党建和社区建设工作、构建和谐社区的实践紧密结合起来，通过扎扎实实地抓整改、办实事、解难题、促发展，解决好关系群众切身利益的问题，确保先进性教育成为群众满意工程。

各基层党组织围绕社区党建和社区建设试点工作目标，从开展“四学、四议、四比、四深”入手，教育党员端正思想认识，增强发现不足、寻找差距的主动性。“四学”即结合“高兴、放心、凝聚、覆盖”主题活动，组织党员学十六届五中全会精神、学理论读本、学先进性要求、学经验做法。“四议”即组织党员立足社区，从不断发挥党员先锋模范作用，满足社区群众日益增长的服务需求入手，议党员意识的再增强、议现代社区服务理念的再提升、议文明社区的再拓展、议和谐社区的新标准。“四比”即启发党员对照党章和新时期保持党员先进性的基本要求，对照身边的先进人物，自觉比思想、比本领、比作风、比奉献，各党组织和党员参与服务群众活动。“四深”即社区党工委班子成员、机关督导员和基层党组织成员深入基层、深入块区、深入联系点、深入困难党员家庭，关注群众的急难愁。

通过教育活动，从政策上和制度上保证基层党组织的创造活力，形成各具特色的局面。街道党工委及时总结和推广居民区党建工作实践中的好经验、好方法，开展湖南社区居民区党建工作法交流，总结出武康居民区党支部等16套工作法，将与先进性教育总结一起汇编好《湖南社区居民区党组织工作法和基层组织生活范例的选编》。组织“树形象、强素质、创和谐”社区基层干部思想业务知识系列培训。传播最前沿社区党建、社区管理、社区服务的新理念、新知识和新手段。提高基层干部的整体水平和能力。发掘和培养一批“两新”组织的党建骨干，“两新”组织的组织生活等党建工作不断规范。

研究如何巩固保持共产党员先进性教育中取得的新经验、新做法，从建立健全街道党工委工作领导责任体系、社区党建和社区建设理论研究、党员长期受教育、社区干部队伍建设、基层干部关爱、扩大党内民主、联系服务群众、加强对党员和党员领导干部的管理和监督、激励评比考核、在职党员参与和谐小区建设十个方面使广大党员长期受教育、永葆党的先进性的长效机制。

三、学习实践科学发展观

2009年3月至2010年1月，街道党工委按照中央、市委、区委的要求和部署，组织开展深入学习实践科学发展观活动(简称：学习实践活动)。学习实践活动以街道党工委班子成员和处级领导干部为重点，参加单位有机关党支部、居民区党组织和社区综合党委下属的新经济组织、新社会组织党组织，离退休、“三中心”及其他直属党支部。共涉及基层党组织 38 个，党员 3 001 名。

街道党工委按照区委要求，牢牢把握“坚持解放思想、突出实践特色、贯彻群众路线、正面教育为主”的原则，确保实践活动健康有序推进。结合社区党员队伍和民生工作实际情况，突出“三个实”（立足实际、深化实践、力求实效）和“三个生”（“生态”，即改善居民群众生活环境。“生活”，即注重提高社区居民的物质生活和精神生活。“生命”，即着力解决居民群众就业、因病致困、因残致困等人员社会保障工作）。

按照区委统一部署，学习实践科学发展观活动分学习调研、分析检查、整改落实三个阶段进行。

［**学习调研阶段(3 月上旬—4 月下旬)**］

按照“深化思想认识、深入开展调研”的总体要求，广泛发动、深入学习，开展调研和解放思想讨论，努力把学习调研引向深入，引向解决实际问题。街道党政领导班子成员带头学习科学发展观理论，围绕“加强社会管理，健全和完善新型管理新机制”“突破瓶颈和难点，强化社区建设”两个主要课题，深入基层和群众开展调查研究。领导班子成员带队调研，每位党员领导干部确定一个基层联系点，并深入联系点广泛听取社区单位和居民群众的意见建议。通过调查研究，对制约当前社区发展的体制机制进行突破和创新，形成理论性和实践性相结合的调研报告。在理论学习和调研的基础上，组织全体党员围绕影响和制约湖南社区科学发展的问题进行解放思想讨论，通过学习讨论着力转变观念、提高认识，在事关社区科学发展全局的重大问题上形成共识。召开座谈会，广泛征求人大代表、政协委员、专家学者、居民代表、社会单位代表的意见和建议，为社区的发展建言献策。

［**分析检查阶段(5 月上旬—6 月下旬)**］

按照“总结经验教训、明确发展思路”的总体要求，街道党工委在学习调研的基础上找准问题，分析原因，明确方向，制定对策。领导班子成员重点查找个人和班子在贯彻落实科学发展观方面存在的突出问题，查找党性党风党纪方面群众反映的问题，深入分析形成问题的主客观原因，提出贯彻落实科学发展观的主要思路、工作要求和加强领导班子自身建设的具体举措。同时，以支部为单位全体党员参加，开展以学习实践科学发展观为主题的组织生活会，紧扣基层实际，针对突出问题坚持边查边改，开好“三个会议”，讲求工作实效。社区层面召开工作部署推进会、座谈会等 4 次，领导、指导员参加基层“三个会”65 次，审阅分析检查材料 22 篇，提出指导性的修改意见 19 条。各基层党组织领导班子会前开展谈心 345 人次，走访党员群众、业主等 1 025 人次，召开党员议事会 46 次、支部评议会 38 次、专题组织生活会 38 次，其中上级党组织代表、其他基层组织代表、业主代表等列席 511 人次。经分析梳理，共查找突出问题 105 个。

［**整改落实阶段(7 月上旬—8 月中旬)**］

按照“重在创新体制机制、重在人民群众满意”的总体要求，集中力量解决一批影响和制约湖南社区科学发展的突出问题，健全完善推动科学发展的体制机制。本阶段集中解决两方面问题，对照分析检查报告查摆出来的突出问题和需要完善的制度，制定整改落实方案，明确 37 项整改落实项目，并经街道党工委讨论研究，明确整改落实项目责任人、责任部门和时限要求。着力创新工作方法，集中解决突出问题，着力解决群众最关心、最直接、最现实的利益问题，为科学发展奠定坚实的群众基础。对涉及多个部门和单位的问题，加强上下互动、左右联动，共同解决；对应当解决但一时解决不了的问题，向群众作出说明，创造条件逐步加以解决。围绕社区管理中体制机制，围绕深化社区党建、推进社区建设、改善民生等社区发展的重大问题，对照科学发展观的要求，明确湖南社区的工作方向、工作思路和工作方法，梳理现有的规章制度，稳妥地推进体制机制创新和制度建设，逐步形成保障和促进科学发展的制度体系。

社区层面两次召开推进会、座谈会，审阅基层整改落实方案（措施）22 份，提出指导性的修改意见 10 条，参加基层总结测评会 38 场次。为推进上下联动解决突出问题，召开领导班子会议、现场办公会、协调会 25 个，汇总基层反映比较突出的问题，并纳入自身整改落实后续工作 21 个。各基层党组织共确定整改事项 105 项，其中依靠自身力量解决 84 项，整改率达到 80%。需要上级组织帮助解决 14 项，通过上下联动，整改 10 项。结合实际，修订完善基层工作制度 10 项。召开总结测评会 38 场次，参加测评的党员代表 1 613 人、群众代表 351 人，发放测评表 1 964 张，群众满意度达 93%。贯彻即知即改、边学边改要求，活动中，共落实即知即改项 34 个，为群众办实事办好事 353 件。

通过开展实践活动，社区上下思想共识达到“三个统一”：把思想统一到科学发展观的要求上来，统一到湖南社区发展的总体定位上来，统一到满足居民群众的切实需求上来。围绕“人文环境浓郁、和谐有序稳定、充满生机活力”的社区总体发展定位，加大社区建设力度，居民群众得到真正的实惠。

以迎世博 600 天行动为契机，改善生活环境。整合各方力量，城区综合环境得到有效改善。结合精神文明创建，迎世博社会动员工作深入推进。大力开展“迎世博、讲文明、树新风”主题实践活动，在社区内成立由 114 名志愿者组成的“迎世博 365 网格巡访志愿者服务队”，全年共组织 1.4 万余人次参与“三五行动”、交通文明岗执勤等志愿者服务活动。2009 年，社区共创建成功 12 个市级文明小区、11 个区级文明小区，淮海中路创建成新一轮上海市文明示范标志区域。按照区文明办部署，完成新一轮“上海市文明社区”的争创工作。

深化社区为老服务工作。老年人日间服务中心为满足老人就近用餐的需求，除在本部设立就餐点外，还在街道辖区的东、西、南、北区域开设四个老年人助餐服务分站，通过送餐车直接将午餐配送到站。厨房每天供餐 360 份，为社区需要关爱的老年人解决就餐难的问题。扩大特需服务员队伍，为 400 余位社区独居老人提供特需关爱服务，做到“独居老人有人管，困难老人有人帮，老人心声有人听，老人健康有人抓”。组织 3 500 名志愿者与独居老人开展关爱结对工作，补充和扩大关爱老人的服务网络。

持续深入社区和谐文化建设。围绕“迎世博”“上海解放 60 周年”“新中国 60 周年”等主题，全年共举办文化进小区、体育进小区、艺术星期六等各类文体演出活动 49 场，参与居民约 3 万余人。成立由群众代表组成的文化活动评审小组，选出居民最喜闻乐见的文艺节目。创新“教室—舞台—基地”的“三合一”社区教育模式。把文化中心五楼多功能厅作为展演的舞台，把“文化进小区”活动作为实践的基地，激发学员的学习兴趣，培育输送一大批文艺骨干和文化活动志愿者。社区学校年内开设 30 门课程，共 100 个班级，收录学员 2 390 人，满足社区居民求知需求，创建成上海市学习型社区。

不断深化平安创建工作。结合老弄堂改造工程，对87条改造好的老弄堂实行封闭式管理，安装铁门、设置门卫室，年内新安装防盗电控门36扇，在西块、中块监控点以及各个弄堂口设置监控探头共57个。新成立弄管会20个，截止2016年末，社区已有46个弄管会成立并开展弄堂管理工作。成立志愿者队伍，对本小区内消防、治安隐患进行检查和督促整改。及时掌握和排除不安全因素，共出动55批次，检查发现火灾隐患58处。2009年，街道16个居委会全部被评为市、区级平安小区，34个单位被评为市、区级平安单位。

学习实践活动领导小组和指导组注重督查指导，突出实效性，深入基层，协助基层党组织开展实践活动，社区第三批实践活动的16个居民区和22个“两新”党组织，都有2名学习实践活动工作指导员，为社区第三批学习实践活动的顺利开展提供有力的组织和机制保障，确保第二、三批实践活动有机衔接，整体推进。街道还落实上海市社会建设大会精神研究制定《关于进一步保障居委会工作经费加强居委会自治能力建设的实施意见》，保障居民区活动经费10万元。完善《湖南社区服务基层“四个有”工作制度》，即：有时间，给予居委会干部更多的自主时间。有空间，优化居委会办公和居民活动的设施条件。有权限，为居委会提供人力、财力、权力保障。有能力，培养社区工作者的职业素养和综合能力。街道在为居委会提供时间、空间、权限保障的基础上，对下放的经费审批权、使用权设立相应的审核监督机制，并定期进行财务审查。规范和完善培养机制，不断提高居委会干部的综合素质，使他们有能力承接事务工作，不断深化居委会内部建设，为今后居民区为民服务和小区管理奠定基础。

四、党的群众路线教育实践

2014年2月27日至10月23日，根据中央、市委部署和区委党的群众路线教育实践活动总体安排，在区委第八督导组（简称：督导组）指导下，社区（街道）党工委扎实有序开展党的群众路线教育实践活动（简称：教育实践活动），湖南社区15个居民区党总支、1个居民区党支部，包括机关党支部在内的8个直属党支部以及社会综合党委下属的2个党总支、9个联合党支部和21个独立党支部共2 900余名党员全部参加。2月27日，街道党工委印发《湖南社区（街道）深入开展党的群众路线教育实践活动的实施方案》。教育实践活动分“学习教育、听取意见”，“摆正问题、开展批评”，“整改落实、建章立制”3个阶段推行。每个阶段都要通过“学”（坚持一个“真”字）、“听”（体现一个“广”字）、“谈”（体现一个“恳”字）、“思”（体现一个“深”字）、“行”（体现一个“实”字）五为一体，推进湖南社区群众路线教育实践活动。

［**学习教育、听取意见阶段**］

街道党工委按照思想武装要严、学习贯彻始终的要求，采取自己学、专题学、交流学等形式，着力增强党员干部的理想信念、宗旨意识和群众观点。坚持学习先行，把“思想补课、精神补钙”贯穿始终。街道党工委坚持把学习贯穿活动始终并放在重要位置，组织学习习近平总书记的重要讲话精神和中央规定的必读篇目，以及中央和市委关于教育实践活动的重要文件精神，建立机关支部先行学，窗口单位认真学，各基层党组织全面学的“三级学习制度”，开展121场次各类学习活动，如高质量的学习交流会、报告会、研讨会、联组学习会等，并组织参观焦裕禄事迹图片展，寻找自身在群众观念、宗旨意识上的差距，起到很好的学习效果。坚持以上率下，把“领导带头、示范带动”贯穿始终。湖南街道党工委班子成员带头示范引领，把自己摆进去、把问题找出来，营造良好氛围。班子领导履行“两个主体”责任，既把活动牢牢抓在手上，组织领导好本单位活动开展，把各项工作落到实处，又把个人摆进去，带头学习、带头听意见、带头撰写对照检查、带头开展谈心、带头开展批评和自我批评，带头转变作风落实整改，以实际行动为班子成员和下级作出表率，形成上级带头、领导示范、上行下效的生动局面，有力推动活动的顺利开展。

［摆正问题、开展批评阶段］

坚持问题导向，把“发现问题、解决问题”贯穿始终。教育实践活动开展以后，街道党工委始终树立问题导向，针对领导班子和领导干部身上存在的四风问题，以及群众反映强烈的突出问题，一件事一件事地抓，有什么问题解决什么问题，什么问题突出解决什么问题，做到即知即改、立行立改。在整改落实环节，注重全面统筹设计抓整改，按照可操作、可监督、可检查的要求，围绕宗旨意识淡化、党性修养退化和理论学习弱化、深入基层不够、解决问题不实、队伍管理思考不深、纪律监督办法不多等方面，制定整改措施，并一一明确牵头领导和整改目标、时间节点。在落实中央专项治理任务和市委专项治理重点工作的基础上，还结合工作实际，将“群租”“违法搭建”、关键道路商业业态整治等问题，列为专项整治内容，围绕难症顽症，抓好专项整治求突破，集中组织力量进行解决，受到群众好评。坚持严格标准，把“聚焦四风、反对四风”贯穿始终。整个教育实践活动，紧紧抓住反对形式主义、官僚主义、享乐主义和奢靡之风这个关键要害，对作风之弊、行为之垢进行大排查、大检修。坚持聚焦“四风”查摆存在问题，通过座谈会、走访调研、问卷调查、网络征求意见等各种方式，听取各方面的意见，深入查摆领导班子和领导干部身上存在“四风”方面的突出问题。坚持聚焦“四风”撰写对照检查，班子成员按照“准、实、深、像”的标准，克服过关思想、主观意识和本位主义，撰写对照检查材料。材料质量不断提升。坚持聚焦“四风”开展相互批评，民主生活会上，敢于揭短亮丑，既不回避、不掩饰自己的问题和短板，又敢于动真碰硬、展开批评，体现自我革命的勇气和同志间的浓厚情谊，达到“团结—批评—团结”的目的。

［整改落实、建章立制阶段］

坚持标本兼治，把“建章立制、正风肃纪”贯穿始终。街道党工委坚持一手抓解决问题，一手抓制度建设，推进作风建设规范化、常态化、长效化，在规范工作运行、加强制约监督、严格党内生活、联系服务群众等方面，形成一批务实管用、利于长远的制度机制。比如，结合“创新社会治理、加强基层建设”的课题研究，针对社区内无证无照经营、违章占道、跨门经营、环境脏乱、违章停车、乱设摊乱堆放、黑色小广告等现象开展联勤联动执法行动。探索整合社会力量加入联勤执法队伍的工作模式，对重点路段进行长效固守，完善大联勤执法、城管常态执法、社会力量固守的无缝衔接制度，巩固“美丽系列”行动的整治效果。同时，强化制度执行，加强监督问责，切实维护制度的严肃性、权威性，促进整改工作的不断深入。坚持开门搞活动，把“群众参与、群众监督、群众评判”贯穿始终。在教育实践活动的过程中，街道党工委始终坚持开门搞活动，街道共向 21 个基层单位派出 21 个指导组，经常性深入基层、深入群众、听取意见，确保教育实践活动的整个过程，都请群众参与、受群众监督、让群众评判,真正把群众满意不满意作为衡量活动成效的根本标尺,得到群众的普遍认可。

党的群众路线教育实践活动紧紧围绕保持党的先进性和纯洁性,以为民务实清廉为主要内容,切实加强湖南社区全体党员马克思主义群众观点和党的群众路线教育,把贯彻落实中央八项规定精神作为切入点,聚焦作风建设,坚决反对形式主义、官僚主义、享乐主义和奢靡之风,着力解决湖南社区党政机关、领导班子、领导干部在"四风"方面的突出问题,提高新形势下做好群众工作的能力,保持党同人民群众的血肉联系。

五、"三严三实"专题教育

2015 年 5 至 11 月,街道党工委遵照中央、市委的部署,根据区委下发《关于在本区处级以上领导干部中开展"三严三实"专题教育的实施方案》文件,在处级以上领导干部中带头开展"三严三实"专题教育。

[**总体要求**]

对照"严以修身、严以用权、严以律己,谋事要实、创业要实、做人要实"的要求,聚焦对党忠诚、个人干净、敢于担当,着力解决"不严不实"问题,切实践行"三严三实"要求的思想自觉和行动自觉,使"三严三实"成为党员干部修身做人、用权律己的基本遵循和干事创业的行为准则。为学习贯彻"三严三实"要求,2015 年 5 月 28 日,街道党工委印发"三严三实"学习计划。街道把专题教育与中心组学习、年度民主生活会等结合起来,通过专题党课、专题学习研讨、专题民主生活会和组织生活会等形式,通过经常学习教育,使广大干部做到学而信、学而用、学而行。

贯彻从严要求。以从严从实作风开展专题教育,突出严的要求、严的精神、严的态度,发扬讲认真的精神,始终贯穿严的标准、严的措施、严的纪律,以严促深入、以严求实效。要严格按照中央、市委和区委要求,紧紧联系实际,把各项工作做扎实、做细致、做到位,在解决具体问题上有进展、有突破。领导干部以身作则,上级为下级做表率,班长为班子成员作表率,力争学习研讨更深入、党性分析更深刻、整改问题更彻底、执行制度更严格,从而带动专题教育有力、有效开展。

注重讲求实效。着力解决不严不实问题,切实增强践行"三严三实"要求的思想自觉和行动自觉,做到心中有党不忘恩、心中有民不忘本、心中有责不懈怠、心中有戒不妄为。要重实际、出实招、求实效,立足于党员领导干部思想实际,社区社会治理实际,通过"三严三实"教育,加强党性修养、锤炼思想作风,提升责任担当的自觉意识和奋发有为的精神状态,着力完善街道社会治理,加强党的建设,努力在深化"四风"整治、巩固和拓展党的群众路线教育实践活动成果上见实效,在守纪律、讲规矩、营造良好政治生态上见实效。

[**措施与整改**]

5 月下旬结合专题教育动员部署工作,街道党工委书记带头为社区干部讲党课,作为街道"三严三实"教育的启动开局,其他处级以上街道党工委委员紧扣"三严三实"要求,联系本职实际,在适当范围讲党课,邀请居民区党组织书记、优秀党员代表、志愿者或窗口单位代表、"两新"组织代表、结对党组织党员群众代表参加。到 2015 年 10 月,街道党工委书记、委员,共计上党课 17 次,500 多名党员干部参加听党课。每位领导的党课都充分联系湖南社区实际、结合具体工作，讲清楚“三严三实”的重大意义和丰富的内涵，讲清楚不严不实的具体表现和严重危害，讲清楚落实“三严三实”的实践要求，发挥带学促学作用，使讲党课的过程成为统一思想、深化认识、激发自觉的过程。

组织开展“三严三实”专题学习研讨。按照要求重点开展三个专题学习研讨，每两个专题一个月。专题一：严以修身，加强党性修养，坚定理想信念，把牢思想和行动的“总开关”，坚定对党忠诚的政治品格，做到“头脑清醒”。重点学习如何坚定马克思主义信仰和中国特色社会主义信念，增强道路自信、理论自信、制度自信；如何站稳党和人民立场，牢固树立正确的世界观、人生观、价值观和公私观、是非观、义利观，忠于党、忠于国家、忠于人民；如何保持高尚道德情操和健康生活情趣，自觉远离低级趣味，树立良好家风，坚决抵制歪风邪气，坚守共产党人精神家园。专题二：严以律己，严守党的政治纪律和政治规矩，自觉做政治上的“明白人”，坚守个人干净的为官底线，做到“脚跟站稳”。重点学习研讨如何严格遵守党章，落实习近平总书记在十八届中央纪委五次全会上提出的“五个必须”要求，自觉维护党中央权威，任何时候、任何情况下都做到在思想上、政治上、行动上同以习近平同志为总书记的党中央保持高度一致；维护党的团结，做老实人、说老实话、干老实事，不搞团团伙伙，不搞任何形式的派别活动；遵循组织程序，不超越权限办事，不搞先斩后奏；服从组织决定，不跟组织讨价还价，不欺骗组织、对抗组织；管好亲属和身边工作人员，不让他们擅权干政，不让他们利用特殊身份谋求非法利益。专题三：严以用权，真抓实干，实实在在谋事创业做人，坚持敢于担当的从政准则，做到“肩膀过硬”。重点学习研讨如何坚持用权为民，自觉遵守宪法、法律和党的纪律，按规则、按制度、按法律行使权力，敬法畏纪，为政清廉，任何时候都不搞特权、不以权谋私；如何坚持民主集中制，自觉接受监督，不搞大权独揽、独断专行；如何坚持从实际出发谋划事业、推进工作，敢于担责、“为官有为”，努力创造经得起实践、人民、历史检验的实绩。

召开“三严三实”专题民主生活会和组织生活会。以践行“三严三实”为主题，召开专题民主生活会。每名处级以上党员领导干部都要对照党章等党内规章制度、党的纪律、国家法律、党的优良传统和工作惯例，对照正反两方面典型，联系个人思想、工作、生活和作风实际，联系个人成长进步经历，联系教育实践活动中个人整改措施落实情况，采取自己找、群众提、上级点、互相帮、集体议的方式，深入查摆“不严不实”问题，充分谈心交心，深刻进行党性分析，开展批评和自我批评，达到“分清是非、辨别真假，坚持真理、修正错误，统一意志、增进团结”的目的。

强化整改落实和立规执纪。主要领导带头，列出问题清单，一项一项整改，进行专项整治，严格正风肃纪。对存在不严不实问题的领导干部，立足于教育提高，促其改进；对群众意见大、不能认真查摆问题、没有明显促进的，进行组织调整；对违法乱纪的，严肃查处。针对不严不实问题，建制度、立规矩，强化刚性执行，切实做到制度可监督、可检查、可追究、可问责；坚持制度面前人人平等、执行制度没有例外，防止“破窗效应”，切实维护制度的严肃性、权威性，推动践行“三严三实”要求制度化、常态化、长效化。

六、“两学一做”学习教育

2016 年 2 月 29 日，街道党工委按照中央《关于在全体党员中开展“学党章党规、学系列讲话,做合格党员”学习教育方案》(简称:两学一做教育)的要求和市委、区委提出的“具体化、精准化、差异化”的学习教育部署,成立街道两学一做学习教育小组,在各级党组织、全体党员中开展两学一做教育,并要求街道辖区不同行业、不同单位的100个党支部分为5个类别,设计出贴切街道领导班子、机关事业、居民区、离退休干部和“两新”党组织的两学一做教育计划安排表,分层分类做出专项工作部署,明确规定动作,不限自选动作,突出岗位要求,做到学做结合,相得益彰,彰显街道特色。

［目标要求］

街道党工委准确把握“两学一做”目标要求,坚持知行合一推动工作,做到“党员学习全覆盖、基层组织强筋骨、做实服务重实效”,巩固拓展党的群众路线教育实践活动和“三严三实”专题教育成果,深入推进全面从严治党、保持发展党的先进性和纯洁性。

2016年“两学一做”学习教育在区委、街道党工委领导下,由街道社区党建办牵头组织实施,坚持学要带着问题学,做要针对问题改。要把思想建设放在首位,紧密围绕中心工作,教育引导党员尊崇党章、遵守党规,以习近平总书记系列重要讲话精神武装头脑、指导实践、推动工作。全员参与、区分层次,有针对性地解决党员队伍在思想、组织、作风、纪律等方面存在的问题。对普通党员,重点强化党员意识,按照党员标准规范言行,发挥先锋模范作用,着力解决不像党员、不在组织、不起作用、不守规矩等问题;对处级以上党员领导干部,重点提高党性觉悟,增强政治意识、大局意识、核心意识、看齐意识,着力解决理想信念模糊动摇,在党不言党,不作为、不会为、不善为等问题。通过学习教育,引导广大党员坚定理想信念、保持对党忠诚、树立清风正气、勇于担当作为,为实现“十三五”良好开局提供坚强的思想和组织保证。

［重点内容］

深入学习党章党规。着眼明确基本标准、树立行为规范,逐条逐句通读熟读党章,全面理解党的纲领,牢记入党誓词,牢记党的宗旨,牢记党员义务和权利,引导党员尊崇党章、遵守党章、维护党章,坚定理想信念,对党绝对忠诚。学习《中国共产党廉洁自律准则》《中国共产党纪律处分条例》等党内法规,学习党的历史,发挥龙华烈士陵园等红色教育资源的作用,从革命先辈和先进典型中汲取养分,发挥正面典型的激励作用和反面典型的警示作用,引导党员牢记党规党纪,牢记党的优良传统和作风,树立崇高道德追求,养成纪律自觉,守住为人、做事的基准和底线。处级以上党员领导干部还要落实党的组织制度、党员领导干部必须具备的六项基本条件、党的纪律规矩等,以及地方党委工作条例、党组工作条例、党政领导干部选拔任用工作条例等与履职尽责紧密相关的规定和要求,着力提高做好领导工作所必需的政治素养和政策水平。

深入学习习近平总书记系列重要讲话。着眼加强理论武装、统一思想行动,学习习近平总书记关于改革发展稳定、内政外交国防、治党治国治军的重要思想,学习以习近平同志为总书记的党中央治国理政新理念新思想新战略,理解掌握增强党性修养、践行宗旨观念、涵养道德品格等基本要求,坚持做到学而信、学而用、学而行。学习习近平总书记系列重要讲话要同学习马克思列宁主义、毛泽东思想、邓小平理论、“三个代表”重要思想、科学发展观结合起来,深刻理解党的科学理论既一脉相承又与时俱进的内在联系,坚定中国特色社会主义道路自信、理论自信、制度自信。

各级党组织要组织党员、干部学好用好《习近平总书记系列重要讲话读本(2016 年版)》《习近平总书记重要讲话文章选编》《习近平谈治国理政》三本书;联系上海的发展历程、所处的历史方位,学深学透习近平总书记关于“着力加强全面深化改革开放各项措施系统集成、着力加快具有全球影响力的科技创新中心建设步伐、着力推进供给侧结构性改革,当好全国改革开放排头兵、创新发展先行者”等指导上海工作的重要讲话和指示精神。

街道党工委要学习习近平总书记重要批示精神,重温《党委会的工作方法》,全面加强街道党工委领导班子建设。处级以上党员领导干部要在全面、系统、深入上下功夫,坚持读原著、学原文、悟原理,带着信念学、带着感情学、带着使命学、带着问题学,深入领会系列重要讲话的丰富内涵和核心要义,深入领会贯穿其中的马克思主义立场观点方法,领悟好讲话彰显的坚定信仰追求、历史担当精神、真挚为民情怀、务实思想作风,把领会系列讲话蕴含的治国理政新理念新思想新战略作为学习的重中之重。

做合格的共产党员。着眼党和国家事业的新发展对党员的新要求,坚持以知促行,做讲政治、有信念,讲规矩、有纪律,讲道德、有品行,讲奉献、有作为的合格党员。讲政治、有信念,就是要对党忠诚,挺起理想信念的“主心骨”,做到在党言党、在党为党、在党爱党。讲规矩、有纪律,就是要严守党的政治纪律和政治规矩,增强组织观念、服从组织决定,知敬畏、明底线、守规矩。讲道德、有品行,就是要明大德、守公德、严私德,传承党的优良作风,弘扬中华传统美德,践行社会主义核心价值观,坚守共产党人的精神高地。讲奉献、有作为,就是要践行党的宗旨,保持为民本色,敢于担当、勇于负责,在推进改革发展稳定中当标兵、作模范。要引导党员强化政治意识,保持政治本色,把理想信念时时处处体现为行动的力量;坚定自觉地在思想上政治上行动上同以习近平同志为总书记的党中央保持高度一致,经常主动向党中央看齐,向党的理论和路线方针政策看齐,做政治上的明白人;践行党的宗旨,保持公仆情怀,牢记共产党员永远是劳动人民的普通一员,密切联系群众,全心全意为人民服务;加强党性锻炼和道德修养,心存敬畏、手握戒尺,廉洁从政、从严治家,筑牢拒腐防变的防线;始终保持干事创业、开拓进取的精气神,在“十三五”规划开局起步、社区建设中建功立业。

[**具体措施**]

结合实际分层次制定学习计划,对机关、“两新”、居民区等不同类型的党组织,提出具体化、差异化方案。发挥社区西面党建服务中心和东面“梧桐 · SPACE”一体两翼的空间阵地优势,作为组织生活现场开放点和群众服务站,为党员开展开放式组织生活提供便利。同时,党建 APP 将“两学一做”通过新媒体的运用,加强宣传引导,提供全面服务,帮助基层党组织开展网上组织生活。

将学习落到实处。发放学习资料 3 562 本。发挥社区党校作用,梳理供给资源,整合较为系统全面的党建资源,将资源与学习教育结合起来,依托社区党校师资力量,为基层党组织提供“专家讲、领导讲、典型讲、党员讲”主题党课的坚强后盾。集中举行专题党课 6 次,基层党组织小党课 85 次,2 764 名党员听取讲座,为党员学深学透起到引领作用。

学习形式多样化,坚持结合实际因地制宜创新方法分类指导,基层党组织通过参观红色基地、收看专题电教片、参观警示教育基地等方式提升学习效果。环贸联合党支部创新形式，通过“情景剧＋现场问答”形式召开的学习教育动员会，特色鲜明，受到广泛关注，信息在《上海基层党建》和《党建汇》微信公众号上发布。各基层党组织，特别是两新组织通过“互联网＋”加强学习的常态化效果。

依托载体与建党 95 周年系列活动紧密结合。紧紧围绕“两学一做”重点开展学习教育，纪念建党 95 周年，以“学、唱、颂”回顾党的光辉历程，讴歌党的丰功伟绩，以“写、讲、展”激发基层党组织和党员干部活力潮。围绕“展”字，在党建服务中心举办“100 个故事——仰望一面党旗”的主题展览，第一期“两新”党组织“我是党员，我是新生力量”和第二期“我是党员，我是中国梦的铸就者”主题展相继展出，新民晚报、徐汇报等多家媒体宣传推广，通过“十个一”系列活动，提升党组织的号召力、凝聚力和战斗力。

第五节　宣 传 教 育

一、理论学习

［学习制度］

建立干部理论学习制度。1991 年，街道党工委建立周六理论学习制度，成立社区业余党校和理论学习中心组。机关成立 3 个机关干部学习小组。1991 至 1992 年，完善街道党工委中心组理论学习制度。立足社区实际，采取参观、聆听辅导报告、联组学习等形式，深入开展学习、调研，加强学习型领导班子建设。

2008 年，结合“讲党性、重品行、作表率”主题教育活动的开展，领导班子通过“东方讲坛在徐汇”暨“和谐湖南讲坛”等新载体，为社区居民介绍社区党建、社区建设管理情况，有力推动学习型社区创建。

2014 年，完善社区（街道）党工委中心组理论学习制度，以反腐倡廉、党的群众路线为重点，带动机关全员学习，引领学习型社区建设。

2015 年，街道党工委领导到基层上党课，加强学习型机关建设。

2016 年，通过开展“两学一做”学习教育，街道党工委围绕社会治理创新、加强干部队伍建设等重点工作开展学习教育，抓好党建和社区发展工作，要求领导干部以上率下，推进机关干部和社区工作者爱岗敬业精神，保持奋发有为的精神状态，发挥干事创业的积极性，为党的事业和社区工作冲锋在前、真抓实干，立足岗位作贡献。

［学习内容］

1991 至 1992 年，围绕着中国共产党建党 70 周年，上海建城 700 周年的两大节庆，对干部和群众进行热爱党、热爱祖国、热爱社会主义的“三热爱”教育；利用各种宣传形式进行政治、形势教育，创办“市民文明学校”，使群众教育以街道为中心层层展开，努力提高干部、群众的职业道德、社会公德、家庭伦理道德教育，培养人们的社会主义、集体主义、爱国主义良好的道德风尚。

1996 至 1998 年，主要学习《邓小平论社会主义精神文明建设读本》，继续组织党员、干部学习邓小平理论，召开邓小平理论阶段性学习经验交流会。1999 年，根据《中共中央关于在全党深入学习邓小平理论的通知》要求，围绕贯彻党的十五大精神，组织学习《邓小平文选（第三卷）》《党的十五大报告》《中国共产党章程》《中共中央总书记江泽民在纪念党的十一届三中全会召开二十周年大会上的讲话》《关于讲学习、讲政治、讲正气的重要论述》《邓小平论党风廉政建设和反腐败》《建设有中国特色社会主义若干问题的决议》等文件和著作。2000至2005年，把邓小平理论的科学体系与“三个代表”重要思想结合进行理论学习。重点学习《江泽民论有中国特色的社会主义》《党的十六大报告》和《中共中央总书记胡锦涛“七一”讲话》。摄制出版精装版《十年》画册，反映新湖南路街道成立十年间经济和社会事业等发展成就。2006年，坚持以学习“三个代表”重要思想、学习宣传贯彻科学发展观和党的十六届六中全会精神为主线，深入推进街道党工委中心组理论学习。2007至2010年，坚持以科学发展观为统领，深入学习贯彻党的十七大精神，重点学习《党的十七大报告》《毛泽东、邓小平、江泽民论科学发展》《科学发展重要论述》等文件和著作。街道党工委中心组针对社区建设和管理遇到的难点与瓶颈问题开展调研，形成《加强社区管理，建立完善社区管理的体制机制探索研究》《社区外来人口管理现状及对策研究》《社区老公房成套率改造难点及瓶颈问题初探》《社区文化建设发展方向及对策思考》等调研报告。围绕迎办世博、围绕社区建设管理的中心工作，深入开展学习调研。

2012至2015年，把学习党的十八大精神作为首要政治任务。深入学习贯彻中共中央总书记习近平系列讲话精神，组织学习领会习近平关于坚持和发展中国特色社会主义、实现中华民族伟大复兴的中国梦，关于全面深化改革、推动经济持续健康发展、发展社会主义民主政治和依法治国、建设社会主义文化强国、改善民生和创新社会治理、推进生态文明建设，关于坚持党要管党、从严治党，全面提高党的建设科学化水平等重要论述，对推进依法治国，加强法制建设专题学习，意识形态和社会主义核心价值体系的学习实践等开展深入学习。

2016年，学习党的十八届五中全会精神、中国共产党章程和党纪条规、习近平治国理政新理念新思想新战略、中国共产党党史和中国社会主义发展史，提高理论素养。

二、思想教育

街道党工委以党的“一个中心、两个基本点”（以经济建设为中心、坚持四项基本原则、坚持改革开放）为指导思想，把握“团结、稳定、鼓劲”的总体要求，结合形势任务，在干部、群众中开展理想、信念为主题的社会主义思想教育和基本国情教育，在党内进行马克思主义基本理论、党的基本路线和党的基本知识教育。

［形势任务教育］

2003年开展公民道德宣传活动，发放“五进社区五到家”（指：科教、文体、法律、卫生、公共服务进社区）小册子一万余册。利用细微典型，开展广场主题教育。与襄阳公园联合举办“遵守公民道德，倡导文明新风”广场主题教育活动，宣传三位高龄志愿者八年来义务为襄阳公园保洁护绿、出黑板报、宣传科普知识的感人事迹，编辑《园丁颂》事迹材料。

2009年，以深入学习实践科学发展观为主线，共开设“东方讲坛在徐汇”讲座10场，内容涉及科学发展观理论、党的十七届四中全会精神辅导、形势、综治、法律等。年内，湖南路街道获评徐汇区唯一一家“上海市东方讲坛优秀举办点”称号。

2012 年，通过“东方讲坛在徐汇”平台，向社区居民开办切合时事、热点的讲座，全年共为社区开办 10 次主题讲座，营造终身学习的良好氛围。并在东方讲坛的基础上，在社区中举办道德讲坛，通过在社区中宣传道德模范先进人物的事迹，宣传文明风尚，营造学习先进的浓郁氛围。

2013 年，湖南社区建立“道德讲堂”，宣传道德模范先进人物的事迹，宣传文明风尚。

［**爱国主义教育**］

1997 年，围绕香港回归，推出“情系香港、爱我中华”主题系列活动，举办家庭智力竞赛、广场音乐会、党课教育、书画展、自强中队放风筝、竖香港回归倒计时牌、黑板报展评和宣传专刊等活动。

2012 年，组织社区居民志愿者参加“爱国歌曲大家唱”激情广场演出活动、“城市新印象(2007—2012)大型主题展览”活动。

2014 年暑期，开展“三毛心・中国梦”未成年人爱国主义教育系列活动。

三、媒体宣传

［**创办《新民晚报社区版・湖南社区》**］

2012 年 10 月起，与《新民晚报社区版》合作，对《湖南社区报》进行改版，报头更名为《新民晚报社区版・湖南社区》。每月出版 1 期、每期 4 版，发行量 2 万余份。设“社区共治”“自治家园”“美哉湖南”等四个版。社区报上端的“湖南社区”四个字由著名画家韩敏题字。2012 年 10 月 30 日，成立《新民晚报社区版・湖南社区》编辑部，并在街道机关各相关职能部门和各居委会明确一名信息报道员。至 2016 年末，《新民晚报社区版・湖南社区》累计出版 51 期，发行 100 万余份。

［**湖南路街道有线电视服务站**］

1993 年，湖南路街道有线电视联网，用户 1.4 万户，收费率达 95%。1995 年，建上海有线电视台湖南路街道有线电视管理站，站址复兴西路 62 号。2004 年，更名为东方有线网络有限公司湖南路街道管理站。2006 年，迁址复兴西路 61 号。至 2016 年底，有用户 1.5 万户。

［**其他媒体宣传**］

2003 年，在《徐汇报》分期专题报道武康、复永、淮海、华康 4 个居委会的科普工作、老年工作、离休老干部等特色工作。

2009 年，在《新华每日电讯》《解放日报》《文汇报》《新民晚报》《青年报》等市级报刊共报道信息 22 篇；在上海人民广播电台播出新闻或专栏节目 8 次；在上海电视台新闻综合频道播出新闻 9 条，在社区内营造良好的宣传氛围。

2010 年围绕社区建设管理的中心工作，加大宣传力度。通过刊登“迎世博盛会 建和谐社区”“社区风采录”等专栏，以及世博知识和社区慈善、禁毒、消防工作等专版，宣传身边人、身边事、身边情。

2014 年共有 70 篇报道在各级各类市、区级纸媒中刊登，报道内容涉及民生管理、项目建设以及创全新闻。在市、区级媒体中，有十余篇报道相继被播出和转载，内容涉及“‘慢品上海湖南社区’平台上线”“扫扫看老房子前生今世”“优秀历史保护建筑进入‘E 时代’”等。与新民晚报合作深入挖掘社区好人好事和先进典型，形成“一篇通讯、一个故事、一部短片”，针对社区二十名先进典型分别撰写四十余篇通讯稿和故事稿。拍摄《梧桐树下红星闪》党员教育短片，对社区4家先进党组织及个人进行宣传报道。

2016年“两学一做”主题教育期间，坚持学习形式多样化，结合实际因地制宜创新方法分类指导，基层党组织通过参观红色基地、收看专题电教片、参观警示教育基地等方式提升学习效果。环贸联合党支部创新形式，通过“情景剧＋现场问答”形式召开的学习教育动员会，特色鲜明，受到广泛关注；信息在《上海基层党建》和《党建汇》微信公众号上发布。各基层党组织，特别是两新组织通过“互联网＋”加强学习的常态化效果。

第六节　纪律检查

一、机构设置

1991年6月，经中共上海市徐汇区委员会批准，成立中共徐汇区湖南街道纪律检查工作委员会（简称：湖南街道纪工委），设书记、副书记各1名，李春林任书记。1997年12月，王敏任书记。2002年8月，金晓玲任书记。2006年，中共徐汇区湖南街道纪律检查工作委员会更名为中共徐汇区湖南社区（街道）纪律检查工作委员会。2006年8月，李滨任书记。2009年4月，岳云翔任书记。2012年10月30日，设立湖南路街道办事处监察室，与社区（街道）纪工委合署办公，监察室主任由纪工委副书记兼任。2012年12月，郭艳楣任书记。2015年，中共徐汇区湖南社区（街道）纪律检查工作委员会更名为中共徐汇区湖南街道纪律检查工作委员会（简称：湖南街道纪工委）。街道各基层党总支、党支部均配设纪检委员。

表3-6-1　**1991—2016年湖南路街道历任纪工委书记**

姓　名	任　期	姓　名	任　期
李春林	1991.06—1997.12	李　滨	2006.08—2009.04
王　敏	1997.12—2002.08	岳云翔	2009.04—2012.12
金晓玲	2002.08—2006.08	郭艳楣	2012.12—

二、党风廉政建设

［制度建设］

1991年，制定党风廉政建设责任制，明确街道党工委书记为社区党风廉政建设第一责任人，对街道党风廉政建设负总责；明确各部门、科室负责人和居民区党（总）支部书记作为本部门、单位的党风廉政建设第一责任人；党政班子成员根据分工对职责范围内的党风廉政建设负直接领导责任。

1994至1996年，制定机关干部廉政规定，公开办事制度，修订完善党风、政风责任制，机关内部礼品登记手续等十二项制度，贯彻中央纪律检查委员会（简称：中纪委）关于党政机关县（处）级以上领导干部廉洁自律“五条规定”，执行领导干部廉洁自律规定和处级干部收入申报，家庭重大事项报告制度，严格执行一级抓一级的廉政制度。1997至2000年，根据上级关于加强廉政建设的文件精神，制定《湖南路街道小车使用规定》《湖南路街道公用移动电话使用规定》等制度。

2003年，街道党工委制定《湖南路街道行政机关开展政风评议的实施意见》，明确评议范围、内容、方法和步骤等要求，通过评议促进街道机关作风建设。2006至2007年，修订办事处公开办事制度，实行领导分片定期下居委会办公制度，在现场办公中解决42条群众关切的问题；实行每周四、六的领导接待来访制度，接待来访人员1 070次。深化党务、政务、居务公开制度。制定《湖南社区（街道）党工委关于实施“三重一大”制度的规定》（指：重大事项决策、重要干部任免、重大项目安排和大额度资金使用）。2008年，重新修订《湖南路街道机关机动车辆使用规定》和《湖南路街道预算经费审批报销制度》，合理安排用车，规范财政性资金的有序运作。2010年，在主题教育活动的基础上，完善党工委、办事处议事制度、党风廉政建设制度、干部学习制度，制定《纪检监察信访举报制度》。

2012年，修订《机关干部联络员制度》《机关干部联络员考核制度》《机关党支部学习制度》等多项制度；同时完善《社区（街道）党工委、街道办事处议事规则》《机关车辆使用制度》等制度，形成比较完整的党风廉政建设制度体系。2013年，湖南社区党工委、纪工委修订《湖南社区反腐倡廉建设和反腐败工作部门分工》《湖南社区党风廉政建设和反腐败工作领导分工》，形成“一把手”负总责，班子其他成员“一岗双责”分工负责，职能部门各负其责，逐级落实、齐抓共管的格局。

2014年制定《湖南路街道小额工程建设项目管理实施细则》，明确10万元以上50万元以下（不含）的小额工程建设项目立项审批制度形成。调整湖南路街道廉政风险防范管理工作领导小组，重点落实开展廉政风险防范管理试点工作的分类指导。2015年，街道机构改革后，制定《湖南路街道2015年党风廉政建设和反腐败工作领导分工》《湖南路街道2015年党风廉政建设和反腐败工作部门分工》《湖南路街道领导班子成员落实党风廉政建设主体责任的责任清单》，完成街道主要领导和班子成员签订落实党风廉政建设主体责任承诺书。修订街道党工委“三重一大”制度的规定。

2016年，完善党风廉政责任清单，制定党风廉政责任书，落实“廉政风险点防范管理”制度，实行党风廉政责任承诺制，对照主体责任清单梳理查找16条责任问题，并进行整改督查。严格执行中央八项规定精神和市委、区委关于改进工作作风、密切联系群众的规定，持之以恒纠正“四风”问题。建立基层党组织书记向街道党工委述职制度；修订实行因私出国（境）、工会关爱职工、内部财务管理等配套制度。

［党风廉政教育］

主题教育　1996年，开展“立党为公、从政为民、接受监督，做人民好公仆”的主题教育，机关党员干部撰写学习心得并交流发言，取得较好的宣传教育效果。1997至1999年，在“讲学习、讲政治、讲正气”的“三讲”教育中，开展“廉洁勤政、艰苦创业、拒腐防变”主题活动，组织党员干部学习党章党纪和党内法规，收看《钱权交易面前》《歧途》等教育录像，并进行典型案例分析。2002 年，开展牢固树立正确的权力观教育，组织街道党员干部观看《噩梦醒来迟》警示片。2003 年，开展以“两个务必”（指：务必使同志们继续地保持谦虚、谨慎、不骄、不躁的作风，务必使同志们继续地保持艰苦奋斗的作风）和民主集中制为主题的教育，提高党员干部和党员对保持“两个务必”重要性认识，加强对民主集中制科学内涵的理解。2004 年，以学习《中国共产党党内监督条例（试行）》和《中国共产党纪律处分条例》为重点内容，开展“加强党内监督，监督从政行为”教育。2005 年，中共中央颁布《建立健全教育、制度、监督并重的惩治和预防腐败体系实施纲要》，制定开展学习贯彻《实施纲要》建立健全惩防体系工作计划。2006 年开展“学习党章、遵守纪律，保证科学发展观贯彻落实”主题教育活动，党政领导班子成员带头先学，引导党员干部自觉学习贯彻党章，组织全体机关干部参加网上党的知识测试和党章知识竞答活动。

2008 至 2013 年，连续 5 年开展“讲党性、重品行、作表率”系列主题教育活动。2008 年，开展“讲党性、重品行、作表率——坚持求真务实，推进科学发展”主题教育活动；2009 年，开展“讲党性、重品行、作表率——切实改进工作作风，推进实践科学发展观”主题教育活动；2010 年，开展“讲党性、重品行、作表率——恪尽职守、争创一流、促进发展”主题教育活动，开展专题学习，观看专题纪录片，推行廉政文化宣传教育；2011 年，开展“讲党性、重品行、作表率——相信群众、依靠群众、服务群众”主题教育活动；2012 年，开展“讲党性、重品行、作表率——不辱使命、勇于担当、敢于率先”主题教育活动；2013 年开展“讲党性、重品行、作表率——为民、尽责、务实、廉洁”主题教育活动。2016 年，结合开展“两学一做”学习教育，组织党员干部专题学习《关于新形势下党内政治生活的若干准则》和《中国共产党党内监督条例》，引导党员干部自觉遵守党章党规。

廉政教育　1994 至 2000 年，组织党员干部学习党章党纪和党内法规，协助街道党工委加强党员干部的党风廉政学习和民主集中制教育。以在基层党支部开展“党风廉政教育月”为抓手，开展好党性党风党纪教育。

2005 年，以开展党员先进性教育活动为主线，开展向群众送温情、送爱心、送服务、送安全、送技能的“五送”活动，引导党员听取群众意见、维护群众利益、实现群众愿望，加强党性锻炼，实践党的宗旨。

2006 年，推动廉政文化建设进楼宇、进社区、进家庭，运用文艺汇演等形式把反腐倡廉与社会主义荣辱观教育、创建文明社区、文明单位活动相结合。2008 年，通过举办主题展览、专题讲座和廉政电影展映等社区廉政文化活动，扩大廉政文化覆盖面，增强影响力。

2010 年，结合社区老弄堂特色，在永福路 49 弄建设“湖南社区廉政文化宣传示范长廊”，组织开展“歌颂祖国歌颂党——湖南社区廉政文化主题歌会”。结合“创先争优”活动的开展，在“两新”企业党组织中开展廉政宣传教育，培育企业“诚信廉洁、依法经营”理念，促进企业廉洁文化建设。

2011 年，组织开展廉政书画展览；拍摄“穿越武康路——梧桐树下的红色经典”爱国主义教育片；举办“迎接建党九十周年湖南社区红歌演唱”活动和湖南社区党史知识竞赛。

2013年，通过举办“音乐文化进楼宇”和党风廉政书画作品展等活动，以先进文化引领党风廉政建设。

2014至2015年，街道党政班子成员深入学习中央“八项规定”和《党政机关厉行节约反对浪费条例》，观看警示教育片《“双面”黄峰平 贪欲毁一生》。组织机关干部和居民区党组织书记、居委会主任学习《中国共产党廉洁自律准则》和《中国共产党纪律处分条例》，集中收看徐汇区党风廉政建设和反腐败工作宣教片《权·责》。

廉政防控 1994年，深入开展街道机关纠风专项治理和“整顿机关作风，提高工作效率”专项治理，转变机关作风，推进党风廉政建设。

1995年，以公仆意识、工作效率和廉政建设为主要内容继续推进机关纠风自查活动，向居委会等14个条块发出138份纠风征询表，广泛听取基层群众意见。

1996至1997年，落实市、区纪委布置的关于处以上领导干部收入申报、礼品登记、住房情况申报、重大事项个人报告等制度；根据区纠风办要求，确定年度纠风工作重点为清理小金库，通过一系列加强财政管理的措施，消除科室内设小金库现象。

1998年，由纪工委监察部门牵头，加强对文明社区、文明小区建设的硬件和软件工程进行阶段性检查，建立督查制度，确保文明社区、文明小区建设工作的整体推进。

2006年，探索社区党风廉政建设工作站工作机制，成立由驻区单位、双管单位和居民区党组织为成员的党风廉政建设工作站，按照居委会设立东、中、西3个党风廉政建设工作分站，完善党风廉政建设工作网络。稳妥有序地开展治理商业贿赂工作，成立街道治理商业贿赂领导小组，制定治理工作的实施意见，结合街道实际情况明确社区文化活动中心和社区事务受理服务中心建设、政府采购、招商引资等重点领域，加大教育、宣传和督查力度。

2008年，按照《中共徐汇区委关于贯彻落实〈建立健全惩治和预防腐败体系2008—2012年工作规划〉的实施办法》，制定实施方案，推进惩防体系建设，健全惩防监督体系。继续推进治理商业贿赂工作，围绕工程建设和政府采购等重点领域，严防在商业活动中产生索贿受贿案件。贯彻落实中央《关于大力弘扬艰苦奋斗勤俭节约精神坚决制止各种铺张浪费行为的通知》，以及市委相关要求，加强内部管理，规范资金使用，制定并实施《湖南路街道节能减排计划》。

2011年，中纪委颁布《关于加强廉政风险防控工作指导意见》(简称：《指导意见》)。街道纪工委贯彻落实《指导意见》和市、区纪委廉政风险防范管理工作要求，结合湖南路街道实际，把落实党风廉政责任制作为推进街道各项工作的重要抓手。明确权力清单，促进权力透明公开、权力规范运行、权力有效管理。开展“小金库”清理整治工作和违规收送礼金礼券购物卡专项治理工作。

2012年，贯彻落实中央八项规定精神，开展专项治理违规收送礼金礼券购物卡整改复查“回头看”工作，街道纪工委和财务科对16个居民区进行居委会经费使用情况的检查。

2013至2014年，街道接受区委第三巡察组的巡察。成立廉政风险防范管理工作领导小组，在排查廉政风险点、梳理权力清单的基础上，选取街道小额工程建设项目的立项审批权作为重点，进行防范管理工作。严格贯彻中央“八项规定”和党政机关厉行节约反对浪费的精神，针对精简会议活动、禁止公款吃喝等方面情况做好自查自纠。

2016 年，区委第三巡察组对街道进行巡察回访。街道党工委、办事处严格遵守《上海市党政机关国内公务接待管理办法》，实行公务卡制度，严格控制差旅、会议、培训等公用经费支出，规范经费管理和使用情况。实行专人对科级干部所持证照（因私普通护照、往来港澳通行证、往来台湾通行证等）进行收缴、集中保管，并做好科级干部证照使用备案登记；规范因公出国（境）行为，严格把关计划、审核、公示等程序。完成公务用车清理、办公用房清理、经营用房移交等工作。

［**政风行风评议**］

1991 年，街道党工委建立党风、政风信息员队伍，设立党风、政风监督箱，并对市政科、经济科和劳动服务所开展纠风自查工作。

1994 年，对街道党风政风监督员队伍进行调整补充，充实一些对地区工作熟悉，与居民群众接触较多的工作人员，使民主监督工作更有针对性和现实性。

1996 年，做好对公安、邮电、电力、劳动所等部门的行风评议工作。

2003 年，街道党工委、纪工委制定《湖南路街道行政机关开展政风评议的实施意见》，组建评议工作组，发放 200 份政风评议调查问卷和 190 份“满意在徐汇”调查问卷，个别访谈 32 人次，明察暗访 6 个窗口单位，召开 11 次座谈会，对评议小组反馈的意见及时进行梳理分类，做到闻过则改，切实推进工作作风的建设。

2006 至 2007 年，完善社区党风廉政工作站的运行机制，加强对测评工作的业务培训，全面展开对 29 个部门与行业的评议，实行群众评定、社会评价、科学评判相结合，确保测评的真实性和有效性。

2008 年，抓好测评员和特邀监督员队伍建设，完善政风行风测评体系和机制，开展“全面测”“重点评”，形成“纠、评、建”相互促进的长效工作机制，重点解决办事推诿拖拉、管理服务不到位等群众反映突出的问题。

2010 至 2013 年，组织政风行风监督员、居民代表和部分单位对 5 类行政执法单位和 3 类公共服务单位，共计 10 家基层站所进行民主评议。2010 年，对湖南社区卫生服务中心和湖南天平工商所进行政风民主评议。2011 年，对街道房屋管理办公室、上海市徐汇区城市管理行政执法局第三分队（简称：徐汇城管三分队）、街道绿化市容所、街道司法所和徐汇区第五税务所开展政风行风民主评议工作。2012 年，对天平街道社区事务受理中心、天平街道社区文化活动中心和湖南路派出所进行民主评议。2013 年，对湖南天平工商所和徐汇城管执法大队湖南中队的民主评议整改情况进行回头看。

2016 年，结合“两学一做”主题教育，积极加强党性锻炼和道德修养，通过系列课程学习培养廉洁从政、从严治家的干部，筑牢拒腐防变的防线。

三、违纪查处

街道纪工委全力抓好党风廉政建设的监督监察和纪律审查工作，不断规范信访举报受理处理流程、问题线索处置和案件调查处置程序，做好党纪政纪案件质量的自查自纠工作。

自 1992 年至 2016 年末，共处理信访 31 件，查处违纪案件 4 起，开除党籍 2 人。

位于永福路 49 弄的“廉政文化弄堂”

第七节　统 战 工 作

2002 年 8 月 9 日，成立湖南路街道统战工作领导小组，加强社区统战工作。同年 11 月，成立“湖南社区各界人士联谊会”，联谊会是党联系各界人士的桥梁和纽带，为各界人士参与社区建设和民主管理搭建舞台。2003 年，街道创建淮海居民区为统战特色小区，与上海音乐学院联合组建少数民族大学生社会实践基地，并在复中、新乐、安福三个居委会建立涉外住宅小区。2008 年，湖南社区（街道）党工委与民盟徐汇区委以“增进友谊、优势互补、加强合作、共同发展”的宗旨，签订“谋发展、促和谐”结对共建协议书。至 2014 年底，先后成立湖南路街道侨联分会、离退休民主党派联合学习大组、台胞台属联谊组、少数民族联合会分会，在所有 16 个居民区党组织设立统战委员负责居民区统战工作，推动街道侨务、台胞台属、民族事务、退休民主党派人士工作以及居民区统战工作。街道先后获得 1996 年、1999 年、2000 年、2001 年和 2002 年上海市社区侨务工作先进集体（单位）等荣誉。

一、侨务

1991 年，湖南路街道侨联联络组成立，组长王仁霞，设副组长 1 名。1997 年，侨联联络组改选，组长陶秀筠，设副组长 2 名。2003 年 4 月 3 日，召开街道第一次归侨侨眷代表大会，成立湖南路街道侨联分会，选举沈伟志任街道第一届侨联分会主席，设副主席3名，秘书长1名。2011年1月18日，召开街道第二次归侨侨眷代表大会，选举钱岳佩任第二届侨联分会主席，设副主席2名，秘书长1名。2016年12月30日，召开街道第三次归侨侨眷代表大会，选举朱国金任第三届侨联分会主席，设副主席2名，秘书长1名。

1991—2016年，街道贯彻《中华人民共和国归侨侨眷权益保护法》，为归侨、侨眷办实事、办好事和维护权益，开展扶侨帮困"送温暖、献爱心"活动，挖掘社区的各项潜力，结合实际每月组织开展各项活动，挖掘社区侨界人士的先进事迹向区侨联和侨界人士宣传正能量。侨联关心老归侨，每到节庆都组织侨界人士为老归侨包粽子、做月饼、包汤圆，并为百岁老归侨庆生日，平时广泛听取新老归侨对侨联工作的意见和建议。街道注重发挥侨界人士在社区两个文明建设中的作用，侨界人士捐资1.73万元支持扩建街道敬老院，曾在上海建筑设计院工作的侨眷黄纪南主动担任设计方案顾问。许多归侨、侨眷为发展地区经济牵线搭桥，姚庭慧先后成功引进重大外资、台资企业项目20多项，唐寿千牵线落地改革开放后上海第一家合资企业"上海联合毛纺织有限公司"，沈芸荪引荐成立中国第一家中美合资制药企业"中美上海施贵宝制药有限公司"等，促进上海经济社会的发展。街道挖掘社区各居委会工作特色和潜力，发挥各居委会为侨服务的积极性，与社区共建单位资源共享，街道侨联2013年被评为市三星级"侨之家"，2015年被评为市四星级"侨之家"。侨联坚持每月两次领导班子碰头会及每月1次联络员骨干的学习制度。响应中国侨联"国内、海外工作并重，老侨、新侨工作并重"的要求，开展社区新侨人员的双向服务工作。

1996年，街道为每个居委会和参加学习的归侨、侨眷订阅一份《上海侨报》，加强侨务宣传，增强侨务意识；依托社区力量，努力为归侨侨眷排忧解难，维护合法权利；以"侨务联络组"的形式把归侨、侨眷组织起来，实行"自我教育、自我管理"，推进侨务工作的开展。

2000年，街道有归侨、侨眷200余户，其中博士生202人，硕士生268人，是侨界人士居住较集中，文化层次较高的地区。街道建立由53名联络员、4名组长分块负责的侨务工作网络，指派专职统战干部与侨界人士保持经常性的联络以及参加他们的学习和联谊活动。

2003年7月，街道组织居住在湖南社区的归侨、侨眷、留学生家长以及少数民族、工商联、民主党派代表150余人参加"世博会与上海新一轮发展"大讨论。

2004年，根据市侨办部署和全区安排，街道开展第一次上海市基本侨情调查，对辖区归侨、侨眷、港澳台同胞、留学生眷属、外籍华人及其家属进行调查，经汇总有留学生2 273人，侨眷1 739人，总计4 012人。

2006年，街道组织归侨侨眷参加国庆中秋节活动，开展慰问联谊活动，召开归侨座谈会和侨眷联谊会等活动。

2010年，街道侨联会组织迎世博专题学习，通过与世博人家座谈，激发参与世博的热情，并在侨胞、侨眷中组建由15人组成的世博志愿者服务队；利用好世博机遇，配合区侨办、侨联组织开展华人、华侨"回家看世博，回家寻发展"系列活动。

2011年，街道开展第二次上海市基本侨情调查，经汇总有留学生人数1 826人，侨眷2 378人，总计4 204人。

2015年11月28日，成立湖南社区新侨驿站并开展首次沙龙活动，会上通过《徐汇区湖南社区新侨驿站工作规则》，许永华任新侨驿站理事长，设秘书长1名。

2016年，举办"和谐湖南中国梦"湖南社区侨联、民族联健身友谊赛，参加的侨界、少数民族人士有50余人。

二、民族

1995年，湖南路街道少数民族联络组成立。

2003年起街道开展创建民族团结进步优秀社区工作，制定关于少数民族联络组工作、帮助少数民族学生、少数民族维权、民族团结文明楼等各项制度，建立一支少数民族志愿者队伍，帮助少数民族人士解决生活上的困难，做好社区外来少数民族人员的服务和稳定工作。根据淮海居委会辖区上海音乐学院少数民族大学生多的地域特点，在淮海居委会创建双向特色服务。组织上海音乐学院民族大学生在居委会当一天居委会干部、开展社区护绿活动、参加社区文艺演出等社会实践活动。

2005年7月，辖区上海音乐学院举行西藏班学生毕业联欢会，徐汇区、上海音乐学院和街道相关领导参加。

2010年7月，街道在迎世博倒计时300天之际，邀请区少数民族联合会成员做世博知识专题报告。同年，组织少数民族人士参与中国2010年上海世界博览会志愿活动，4位志愿者受到区少数民族联合会表彰。组织民族和宗教法制宣传周活动，扩大民族宗教法律的社会知晓度，提高广大市民的民族宗教法制意识，增强民族宗教服务世博的能力。

2013年12月，召开上海市徐汇区少数民族联合会湖南分会(简称：民族联分会)成立暨第一届代表大会，通过章程，选举产生第一届委员会委员7名，李曙红任会长，设副会长2名，秘书长1名，联络员由16个居民区推荐的少数民族代表和企业代表组成。

2014年，社区民族联举办经典社区丰富人文知识系列活动，以湖南社区内的名人故居为线索，帮助少数民族人士深入了解社区文化。在开斋节，湖南社区民族联组织少数民族代表前往缸甏街松江清真寺参观学习。在国庆和重阳节，社区民族联分会组织社区少数民族区同胞联欢会相互问候，展示民族传统服饰和礼节，表演歌唱、沪剧、书法、朗诵、民族特色展示等才艺。

2015年，街道在社区事务受理服务中心开设针对少数民族居民的服务窗口，为少数民族人士提供便利和服务，开放社区文化活动中心、社区党员服务中心和辖区16个居委会活动室等场地作为少数民族同胞开展活动的场所；设立"少数民族之家"，为社区少数民族同胞开展各类活动提供方便，并做好服务工作；成立清真食品监督员队伍，发挥社区清真义务监督员作用，对辖区清真网点进行排摸巡查。

[**民族分布**]

2013年末，湖南路街道辖区少数民族户籍人口381户，674人，来沪少数民族292人。

2016年末，湖南路街道辖区少数民族户籍人口562人，有18个少数民族，分别是回族、满族、蒙古族、维吾尔族、朝鲜族、壮族、白族、土家族、侗族、纳西族、高山族、瑶族、苗族、哈尼族、锡伯族、彝族、土族、俄罗斯族。其中人数居前5位的有回族375人、满族109人、蒙古族31人、维吾尔族8人、朝鲜族7人。

表 3-7-1　**2016 年街道各居委会少数民族人数情况表**　单位：人

居委会名称	少数民族人数	居委会名称	少数民族人数
华　康	18	淮　海	43
安　福	46	东　湖	58
兴　武	29	延　庆	67
武　康	19	新　乐	17
金　波	5	陕　新	41
复　永	23	复　襄	25
淮　中	59	张家弄	70
春　华	36	复　中	6

［**民族习俗**］

辖区少数民族同胞长期散居于汉族居民之中，与汉族居民相互依存，相互交流，风俗习惯彼此影响，少数民族的习俗从内容到形式，有不同程度的变化。但少数民族的风俗习惯受到尊重，特别是信奉伊斯兰教的回族、维吾尔族等同胞，在岁时、节庆、婚丧、礼仪、饮食诸方面，仍然保留着他们传统的风俗。辖区有清真饮食习惯的回族、维吾尔族 2 个民族。少数民族居民大多按各自民族传统习俗过节日，主要有开斋节、古尔邦节等。

［**少数民族工作**］

1991—2016 年，街道遵循“民族宗教工作无小事”原则，健全社区民族工作机制，畅通诉求渠道，开展社区少数民族特色工作，建立少数民族志愿者队伍，帮助少数民族人士解决生活上的困难，做好社区外来少数民族人员的服务和稳定工作，持续开展上海市民族团结进步创建工作，促进社区民族关系和谐。

街道发挥社区党建服务中心、民族之家的学习阵地作用。民族联分会定期组织学习宣传民族法律法规和民族政策，采用多种形式组织联络员参与市、区和街道相关活动，在每年 3 月 5 日的“学雷锋日”、6 月份的民族宗法制宣传月、12 月 5 日的“志愿者日”等节点，通过制作横幅、写黑板报、设摊咨询、发送民族政策宣传小册子或以歌舞表演等方式进行宣传。民族联分会对辖区困难的少数民族同胞尤其是老人，不定时走访和电话联系，及时了解情况。每年的开斋节和敬老节为少数民族同胞送上慰问品。

三、台胞台属

2005 年，成立街道台胞台属联谊组。联谊组成立后，向台胞台属宣传中央对台方针政策和两岸开展民间交流的情况，每年定期对有困难的台胞台属进行慰问，组织台胞台属参加街道学雷锋志愿活动，在社区设摊咨询宣传。街道还邀请台胞台属参加社区各界人士迎春团拜会。

2007 年 5 月，湖南社区定居台胞 50 人，其中男性 29 人，最长者 1929 年出生；女性 21 位，最长者 1946 年出生。

2016 年，完成“侨之家”阵地建设，接待台北市北投区林泉里社区工作者、2016 年两岸大学生暑期社区企业见习营和台北市北投区、大同区社区交流团等，推动两岸社区工作互动交流。

四、民主党派

根据市委统战部关于各区街道试点民主党派退休人士属地化管理的要求，区委统战部指定湖南路街道为第一批试点单位，2002 年在淮海居委会探索成立第一个离退休民主党派成员联合学习小组。经过实践探索，至 2003 年下半年，整个街道成立以居委会为单位或多个居委会联合的学习小组共 11 个，街道于同年 7 月 3 日，成立社区（街道）离退休民主党派联合学习大组（简称：学习大组），组长李传芳，形成学习大组、学习小组两级网络。

学习大组以“自我学习，自我管理，双向服务”为宗旨，边学习边收集反映社情民意，建立《湖南社区民主党派人士学习组章程》《湖南路街道民主党派人士学习组工作手册》等学习制度。学习大组包括街道内八个民主党派人士近 30 人，每月开展一次学习，对近期重大时事事件进行专题学习，坚定民主党派人士建设中国特色社会主义事业的信念和决心。

学习大组成员将学习内容带到居委会小组，上传下达。各学习小组确保各学习小组活动的有序开展，制定年度工作计划，每次活动事先征求意见、制定方案。学习小组每季度举办一次学习活动。街道鼓励民主党派人士关注社区建设和民生工作，发挥他们的积极性，各民主党派人士注意收集社情民意，参与议政献策，并在社区开展义务为学生补课、开设医疗讲座、文艺活动辅导等特色活动，促进社区与民主党派人士双向服务体系的发展。

表 3-7-2　**1997—2014 年湖南路街道统战工作所获荣誉一览表（区级）**

年　度	荣 誉 名 称	获 奖 单 位	颁 发 单 位
1997—1998	徐汇区统一战线工作先进集体	湖南路街道	
2002—2003	徐汇区侨联“爱国奉献”先进集体	湖南路街道	徐汇区归国华侨联合会
2010	民族宗教系统“服务世博、奉献世博”活动奖	湖南路街道少数民族世博志愿者小队	徐汇区少数民族联合会
2011	统战宣传工作先进集体三等奖	湖南路街道	中共上海市徐汇区委统战部
2013	徐汇区统战宣传工作先进集体二等奖	湖南路街道	中共上海市徐汇区委统战部
2014	徐汇区统战宣传工作先进单位二等奖	湖南路街道	中共上海市徐汇区委统战部

第八节　人大工作

一、机构沿革

2004年6月，根据区人大常委会关于在各街道设立人大代表工作室的要求，建立湖南路街道人大代表工作室（简称：人大代表工作室）。人大代表工作室是为辖区市、区人大代表服务和办事的机构，受街道党工委领导，在区人大常委会工作机构指导下开展工作。设主任1名，由街道代表大组组长（街道党工委书记）兼任，配备科级工作人员1名。

2011年5月，根据区人大常委会关于推进和规范社区（街道）设立人大代表联络服务机构的要求，湖南路街道人大代表工作室更名为湖南社区（街道）人大代表联络室（简称：人大代表联络室）。人大代表联络室在社区（街道）党工委的领导下，为人大代表开展履职活动提供联络和服务保障，接受区人大常委会的指导。设主任1名，由社区（街道）党工委书记兼任，副主任（科级）1名。

2016年3月，根据区人大常委会在全区12个街道设立区人大常委会街道工作委员会的要求和区编委相关规定，设立徐汇区人大常委会湖南街道工作委员会（简称：街道人大工委），街道人大工委作为区人大常委会的工作机构，接受区人大常委会的领导，向区人大常委会负责并报告工作，同时，在街道党工委的领导下开展工作。不再保留街道人大代表联络室，其服务人大代表履职的职责划归街道人大工委。街道人大工委设主任1名，由街道党工委书记兼任，专职副主任（副处级）1名，兼职副主任2名，内设办公室，设办公室主任（正科级）1名。2016年3月，街道党工委书记陈澄泉任街道人大工委主任。

二、代表选举

1991至2016年，街道共进行过六次徐汇区人大代表换届选举。

1993年，徐汇区举行第十一届区人大代表换届选举。根据区换届选举工作总体安排，街道辖区划分12个选区，分配代表名额20名。1992年12月，设立湖南路街道选举领导小组，并制定选举工作计划、具体日程安排，组织换届选举。共登记选民32 767人。3月25日正式投票选举，参加投票选民31 439人，投票率95.9%，选民依法选出区人大代表20名。

1998年，徐汇区举行第十二届区人大代表换届选举。根据区换届选举工作总体安排，街道辖区划分为第29至第36选区共8个选区，分配代表名额14名，其中由选民联合推荐的代表名额12名，各政党、各人民团体联合推荐名额2名。1997年12月，设立湖南路街道选举工作组，并制定选举工作计划、具体日程安排，组织换届选举。共登记选民28 032名。3月4日正式投票选举，参加投票选民26 502名，投票率94.5%，选民依法选出杨玉冰、李智平、唐炜延、朱钟堂、钱遒立、赵汶、沈伟志、吴天顺、向卫华、朱淑倩、陈汝作、朱国金、周黎、黄伟夏共14人为区人大代表。

2003年，徐汇区举行第十三届区人大代表换届选举。根据区换届选举工作总体安排，街道辖区划分为第34至第42选区共9个选区，分配代表名额18名。2002年12月，设立湖南路街道选举工作组，并制定选举工作计划、具体日程安排，组织换届选举。共登记选民37 165名。3月6日正式投票选举，参加投票选民34 365名，投票率92.5%，选民依法选出袁建村、陈丹燕、李宗华、周莱英、施柏兴、奚力强、彭少成、徐榕、沈鹤良、王希立、朱国金、梅继林、石朝俊、蔡永葆、应雪云、吴迎、卓亚岚、黄伟夏共18人为区人大代表。

2006年，徐汇区举行第十四届区人大代表换届选举。根据区换届选举工作总体安排，街道辖区划分为第34至第42选区共9个选区，分配代表名额19名，其中由选民联合推荐的代表名额16名，各政党、各人民团体联合推荐名额3名。2006年9月，设立湖南路街道选举工作组，并制定选举工作计划、具体日程安排，组织换届选举。共登记选民30 769名。12月12日正式投票选举，参加投票选民29 736名，投票率96.64%，选民依法选出徐麟祥、奚力强、吕玉龙、邹宁、陈光宪、吕京、余志明、胡雁、蔡夏水、黄伟夏、梅继林、余正湖、陈苏、冯光远、李明明、朱建民、朱祥明、朱培洲、朱耀明共19人为区人大代表。届中个别区人大代表因工作变动等中止代表资格，相关选区依法补选赫平、牛海民、蒋林弟、赵禹德为区人大代表。

2011年，徐汇区举行第十五届区人大代表换届选举。根据区换届选举工作总体安排，街道辖区划分为第33至第41选区共9个选区，分配代表名额19名，其中由选民联合推荐的代表名额16名，各政党、各人民团体联合推荐名额3名。2011年8月，设立湖南路街道选举工作组，并制定选举工作计划、具体日程安排，组织换届选举。共登记选民33 024名。11月16日选举日，参加投票选民31 677名，投票率95.9%，选民依法选出王海斌、蒋林弟、邹宁、陈光宪、何念、陈苏、徐天强、蔡夏水、牛海民、朱祥明、许昉、赵禹德、李明明、金伟红、冯珍、茅明贵、李胜来、肖萍、徐宜阳共19人为区人大代表。届中个别区人大代表因工作变动等中止代表资格，相关选区依法补选陈澄泉、林福东、宋涛、徐国文、魏敏为区人大代表。

2016年，徐汇区举行第十六届区人大代表换届选举。根据区换届选举工作总体安排，街道辖区划分为第33至第41选区共9个选区，分配代表名额19名，其中由选民联合推荐的代表名额15名，各政党、各人民团体联合推荐名额4名。2016年8月，设立湖南路街道选举工作组，并制定选举工作计划、具体日程安排，组织换届选举。共登记选民37 234名。11月16日选举日，参加投票选民35 622名，投票率95.7%，选民依法选出刘志宏、蒋林弟、邹宁、陈洋、吴晓燕、张惠庆、卢伟、吉力劼、陆雄、周建强、陈澄泉、郑小芳、刘艳、周平、朱福、葛银锋、王珏、李青、徐宜阳共19人为区人大代表。

三、代表履职

人大代表工作室设立，街道完善服务人大代表的工作机制，组织代表联系选区选民、视察、调研；开展辖区区人大代表的换届选举、补选、代表资格中止等工作；总结代表组工作经验，报送代表组活动、代表风采、社情民意、基层民主法治建设等信息；建立和完善代表组工作档案；在区人大代表会议期间为代表履职做好各项保障工作。此外，承担市人大代表联系社区工作。

2006年第十四届区人大代表选举产生后，湖南路街道代表大组代表通过信访接待、实地走访等途径，了解到辖区不少居民住房条件和环境较差，1 300多只马桶还在使用。在2007年2月召开的区十四届人大一次会议上，10余位代表联名提出家庭卫生设施改造的书面意见。街道高度重视、对待，根据区委、区政府要求，由湖南路街道牵头，与区房地局和徐房集团三方合作，创新工作机制，建立湖南社区旧住房改造“三方联动”联席会议制度（简称：联席会议）。联席会议讨论通过《湖南社区旧住房综合改造三年（2007—2009年）行动计划》，提出2009年前社区内的卫生设施改造、旧小区平改坡改造和旧住房综合整修等工作项目的具体目标。将张家弄地区家庭卫生设施综合改造作为试点，2007年6月中旬开始施工，分三期推进。共计安装马桶525只，安装独立水表321只，整理电表438只，公用部位刷白8 076平方米，安装消防喷淋管道2 756米，路面整修1 602平方米，大修12 653平方米。该地区工程完工后，街道召集部分人大代表到张家弄视察。2008年继续推进其他零散分布在十几个居委会800多户居民卫生设施改造，到9月底，共完成安装马桶707只，安装独立水表693只，整理电表745只，公用部位刷白21 716平方米，安装消防喷淋管道1 647米，路面整修3 797平方米，大修27 596平方米。在辖区家庭卫生设施改造实施过程中，人大代表们全程关注、参与，开展调查研究。经过两年改造，实现辖区基本消灭使用手拎式马桶目标。

第九节　离退休干部工作

一、机构

1998年，根据中共上海市委老干部局关于做好社区老干部就近学习、就近活动、就近得到照顾、就近发挥作用（简称：四个就近）工作的精神，街道建立健全社区老干部工作机制，制定社区老干部工作领导责任制、社区老干部学习、老干部工作汇报、街道党政领导与老干部双结对走访等制度，明确各居民区党组织书记为居民区老干部工作的第一责任人。1998年，街道组织人事科负责社区老干部工作，科内设专职岗位、安排专职干部。2007年，街道组织人事科增挂老干部科牌子，增加科级领导职数1名。

二、服务老干部

根据规定，离休干部社区高龄养老专项工作经费由离休干部所在单位按实际人数，每人每年提取200元，市财政配套每人每年200元。街道在此基础上与区财政匹配，各增加每人每年200元，为做好社区老干部“四个就近”工作提供经费保障。

1998至2000年，街道抓好老干部政治、生活待遇的落实，将老干部工作列入年终考核内容并定期检查。党政领导以亲自向老干部通报工作，亲自走访慰问老同志，亲自召开老同志座谈会听取意见和建议为重点，参加老干部工作，增强与老同志的联系与沟通。加强居民区党支部高龄养老工作的培训、考核，向居委会发放《居委会高龄养老工作册》，明确各居委会离休干部名单、高龄养老工作小组人员名单、高龄养老工作计划。年底结合党支部工作考核，同时也对高龄养老工作进行考核。构建起以街道为中心，以居委会为基础，以社区为依托的“三位一体”的服务体系。为每一位离休干部送上《湖南社区便民指南手册》，明确社区服务中心、图书馆、健身房及开办的书法、绘画、烹调、舞蹈等训练班，离休干部凭离休证享受资费八折优惠。在离休干部相对集中的居住地建立3个健身点。利用社区资源实施资源共享，制定“爱心献功臣”服务项目，有快办身份证、代领汇款邮件、上门出诊等8个系列22个项目，为老同志提供社区保健、医疗咨询、家庭病床及文化娱乐等服务。居委会志愿者服务队提供上门打针、量血压、陪同看病、修鞋、理发等12项服务项目。

2001至2004年，街道建立领导班子成员与有特殊困难的离休干部帮困结对制度，采取不定期的走访，及时帮助解决困难。组织离休干部参加《上海市“爱心工程”杯结对共建忘年交活动》，与地区青少年携手结对。根据市、区老干部局《关于开展“社区老干部工作示范点”创建活动的通知》精神和市老干部工作会议的要求，召开支部书记会议，提出《湖南路街道关于开展“社区老干部工作示范点”创建活动的实施意见》，建立创建活动领导小组，健全老干部学习制度，规定每月一次集中学习，完善工作汇报制度，落实“五个一”和“五必须”，即建立一套老干部工作记录册、老干部与社区保健医生签订一份医疗服务协议书、开设一条社区服务热线、为老干部指定一名社区联系人、逢重大节假日进行一次家访、老干部有难必须设法帮助解决、老干部生病必须探望、重大节日必须上门慰问、社区重要活动必须邀请老干部参加、合理化意见必须尊重采纳。2004年，街道被评为“上海市社区老干部工作示范街道”，复永居民区被评为“上海市居民区老干部工作示范点”。

2005至2008年，在社区文化活动中心、社区党员服务中心、社区家庭文明建设指导中心建成时，同步设置“老干部就近活动点”。坚持双月例会制度，各居民区在楼组设立老干部联络员。配备专职老干部工作者，建立起由老干部科、老干部工作者、各居民区党组织和社区志愿者共同参与的服务队伍。创办《湖南社区老干部工作》简报，建立老干部工作信息员队伍，报道老干部工作推进情况。接收轻工、纺织系统36名老干部划转到社区。举办各种专题的理论学习辅导会、健身运动会、书画汇展、集体金婚庆典、集体祝寿等活动。实施“无障碍设施进老干部家庭”实事项目，配合区建委为老干部安装无障碍设施。为独居、高龄、患重病的老干部安装“安康通”“阳光呼叫器”。2008年，街道获评“上海市社区老干部工作示范点”，华康、安福居民区获评“上海市居民区老干部工作示范点”。

2009年，街道与徐汇区中心医院等八家医疗单位制订八个系列22个“爱心献功臣”服务项目，老干部与社区保健医生签约率已达到95%以上，老干部医疗保健总体水平得到提高；设计居家养老服务应用系统软件，逐步完善居家养老服务中心与各居委联网，通过建立培训、抽查、回访、接待、例会、激励等六大制度，实行动态管理。

2010年，街道加强专职社区老干部工作者管理，及时掌握社区老干部思想、生活动态，为老干部提供个性化服务，做到“四个必须知道”（即必须知道老干部的家庭住址和联系方式；必须知道老干部的家庭情况和健康状况；必须知道老干部的爱好和特长；必须知道老干部的一般生活习惯和规律）“五必访”（即老干部有思想问题必访；老干部生病住院必访；老干部遇大事必访；老干部有特殊情况必访；高温、春节必访）；举办“老干部世博知识竞赛”，各居委会共推选43名老干部参加；召开“迎世博，我运动，我快乐”社区老干部趣味运动会，开设投篮、飞镖、套圈、钓鱼、定点拍球、扔沙包6个比赛项目。

2012年，根据市、区要求，以争当“党的政策的宣传月、社会道德的示范员、和谐社会的促进员、教育后代的辅导员、社会风气的监督员、社区文化的倡导员”为主要内容，在社区离退休干部中深入开展争先创优活动。

2015年，街道离休干部党支部获评“上海市离退休干部先进集体”。

三、发挥老干部作用

街道老干部关心社区青少年成长。1993 年，离休干部发起带领社区青少年开展“八一”建军节送清凉活动，为领事馆执勤站岗的武警战士送毛巾和清凉用品，以后每年坚持开展，成为街道传统活动。

1995 年，街道开展以“我爱祖国”为主旋律的系列爱国主义教育，通过一次革命传统报告会、一次瞻仰烈士陵园活动和一期反映抗战真实故事的专栏等“十个一”活动，进行广泛的革命传统教育，组织参加抗战的离休干部撰写 23 篇反映抗战的故事，其中 4 篇刊登在《徐汇报》。

2005 年，成立街道关心下一代工作委员会(简称：街道关工委)。老同志通过街道关工委老干部报告团等形式，利用每年寒暑假在社区为青少年开展爱国主义教育和世界观、人生观、价值观的教育。建立帮教工作小组，组织老同志开展关爱智障青年和社区青少年的帮教结对活动。

2008 年，在新一轮的文明小区创建工作中，湖南社区充分发挥以老干部为主体的“弄管会”的作用，让老干部参与小区业委会、侨联等组织；在各居民区成立的以离休干部为主的文明小区创建指导小组，定期将党支部重点工作和文明小区创建情况向老同志汇报，征求老同志的合理化意见和建议，为社区建设出谋划策。

2010 年，举办“纪念抗美援朝六十周年——湖南社区部分赴朝参战老战士的实物展”，弘扬革命先辈的国际主义精神与爱国主义精神，教育青少年继承和发扬老一辈的光荣传统。

2011 年，按照区关工委要求，将关心下一代工作落实到居民楼组，在青少年较为集中、条件成熟的居民楼成立楼组关心下一代工作小组(简称：楼组关工小组)，形成街道关工委、居民区关心下一代工作委员会及楼组关工小组三级网络，将社区“五老成员”(老干部、老战士、老劳模、老教师、老专家)、优秀党员、楼组长充实到队伍中。2010 年，王曙获评“上海市关心下一代工作先进工作者”。2013 年，社区(街道)关工委获评“上海市‘五好’基层关工委先进集体”。2015 年，黄智勇获评“上海市关心下一代先进工作者”。

表 3-9-1　　**2000—2016 年部分年份湖南路街道离休干部人数统计表**

年　份	人　数	年　份	人　数
2000	1 700	2011	725
2005	1 140	2014	512
2008	891	2016	406

第四章　湖南路街道办事处

1991 年 6 月，新的湖南路街道办事处成立。街道办事处是区人民政府派出机关，在中共湖南街道工作委员会的领导下，以辖区公共服务、公共管理、公共安全为工作重点，负责社区管理、社区服务、综合治理等主要政务；综合协调辖区人口管理、安全管理、住宅小区和房屋管理等地区性、综合性工作；指导居民委员会等基层群众性自治组织建设。

第一节　机　　构

一、机构设置

1991 年 6 月 26 日，新的湖南路街道办事处内设六科二室一所：行政办公室、综合治理办公室、经济管理办公室、城区建设管理科、卫生科、民政科、社区文教科、财政科、劳动服务所等部门。

1996 年 7 月 31 日，区政府批复同意湖南路街道设置财政经济、市政管理、社会发展、社会治安综合治理 4 个委员会。

1998 年 5 月 22 日，区编办批复同意湖南路街道办事处内设机构调整为行政办公室、市政科、文教卫生科、民政福利科、财务审计科、综合治理办公室、外来人口管理办公室。

2015 年 4 月 27 日，徐汇区机构编制委员会印发《中共上海市徐汇区湖南街道工作委员会上海市徐汇区人民政府湖南路街道办事处主要职责内设机构和人员编制暂行规定》，设 8 个内设机构：党政办公室、社区党建办公室、社区管理办公室、社区服务办公室、社区平安办公室（信访办公室）、社区自治办公室、社区发展办公室、社区专项办公室。根据有关规定设置纪工委，受街道党工委和区纪委双重领导；设置监察、人民武装等机构和工会、共青团、妇联组织。做好人大代表联络服务工作。

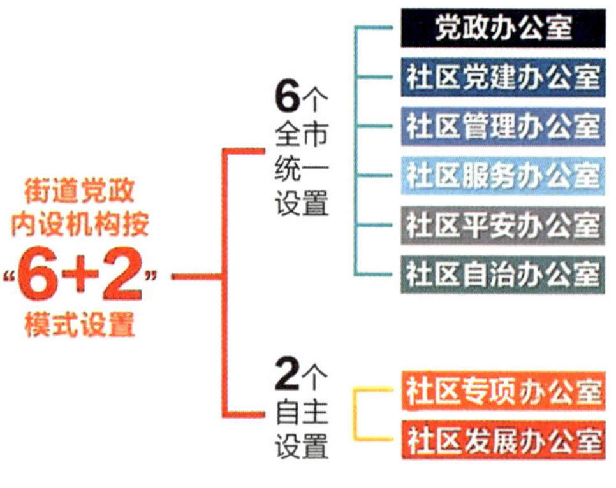

八大办

至 2016 年底，街道办事处设 8 个内设机构：党政办公室、社区党建办公室、社区管理办公室、社区服务办公室、社区平安办公室（信访办公室）、社区自治办公室、社区发展办公室、社区专项办公室。街道设 4 个中心：社区党建服务中心、街道城市网格化综合管理中心、社区事务受理服务中心、社区文化活动中心等。

二、职能职责

[街道办事处主要职责(1991 年 6 月—2015 年 3 月)]

1. 指导、帮助居民委员会开展组织建设、制度建设和其他工作。

2. 开展便民利民的社区服务。

3. 兴办社会福利事业,做好社会救助和其他社会保障工作。

4. 负责街道监察队的建设和管理。

5. 开展计划生育、环境保护、教育、文化、卫生、科普、体育等项工作。

6. 维护老年人、未成年人、妇女、残疾人和归侨、侨眷、少数民族的合法权益。

7. 组织实施社会治安综合治理规划,开展治安保卫,人民调解工作。

8. 开展拥军优属,做好国防动员和兵役工作。

9. 参与检查、督促新建改建住宅的公共建筑、市政设施配套项目的落实、验收工作,协助有关部门对公共建筑,市政设施的使用进行管理监督。

10. 配合做好防灾救灾工作。

11. 管理外来流动人员。

12. 领导街道经济工作。

13. 向区人民政府反映居民的意见和要求,处理群众来信来访事项。

14. 办理区人民政府交办的事项。

[街道办事处主要职责(2015 年 4 月—)]

2015 年 1 月,根据市委有关精神,街道办事处取消领导经济工作职能。

2015 年 3 月 23 日,街道印发《徐汇区湖南路街道机构改革实施意见》。2015 年 4 月起,街道办事处主要职责:

1. 加强党的建设。落实基层党建责任制,加强基层服务型组织建设,统筹推进区域化党建和“两新”组织党建、居民区党建工作,实现社区党建全覆盖,提高党建工作的有效性。

2. 统筹社区发展。统筹落实社区发展的重大决策和社区建设规划,参与辖区公共服务设施建设规划,推动辖区健康、有序、可持续发展。

3. 组织公共服务。组织实施与居民生活密切相关的社区公共服务,落实人力资源、社会保障、民政、教育、卫生和计划生育等领域相关政策。

4. 实施综合管理。对区域内城市管理、人口管理、社会管理等地区性、综合性工作,承担组织领导和综合协调职能。

5. 监督专业管理。对区域内各类专业执法工作组织开展群众监督和社会监督。

6. 动员社会参与。动员各类驻区单位、社区组织和社区居民等社会力量参与社区治理,引导驻区单位履行社会责任,整合辖区各种社会力量为社区发展服务。

7. 指导基层自治。指导居委会建设,健全自治平台,组织社区居民和单位参与社区建设和管理。

8. 维护社区平安。承担辖区社会治安综合治理有关工作,处理群众来信来访,反映社情民意,化解矛盾纠纷等。

9. 完成区委、区政府交办的其他事项。

附：街道机构设置一览表

徐湖工委(2015)4号(街道改革实施意见)

中国共产党上海市徐汇区湖南社区(街道)工作委员会更名为中国共产党上海市徐汇区湖南街道工作委员会，撤销下设的综合党委，新建社区党委。社区党委负责区域化党建和“两新”组织党建、居民区党建工作，通过党建引领，推进社区共建共治和居民自治。

设置党政内设机构8个：

1. 党政办公室

工作职责：负责做好文书、机要、保密、会务、档案、综合性调研、协调和检查督办、党务公开、政府信息公开、信息化建设、财务、审计、固定资产管理、国有和集体资产管理等街道机关公共和内部事务管理、人民武装等工作，以及街道党工委、街道办事处交办的其他综合性工作任务。

2. 社区党建办公室

工作职责：负责推进区域化党建工作和“两新”组织党建、居民区党建工作，负责党组织建设、党员队伍建设、党代表联络服务工作，做好干部队伍建设、人事工资、统战、老干部等工作。

3. 社区管理办公室

工作职责：负责组织、协调和整合各类行政资源和专业资源共同推进社区管理，对公用设施、建设管理、交通管理、房屋管理、市政市容、园林绿化、河道、防台防汛、规划土地、环境保护、市场监管、防灾救灾等社区中涉及专业管理类、行政执法类事务，督促和配合职能部门组织实施。

4. 社区服务办公室

工作职责：负责落实劳动保障、社会保障、医疗保障、低保救助、住房救助、助老助残等社区基本民生保障，负责双拥、公共卫生、除害防病、计划生育、精神病防治、募捐救灾、义务献血等工作，组织开展双拥、红十字会等工作。

5. 社区平安办公室

工作职责：负责消防安全、平安建设、公共安全、安全生产、突发性事件应对、禁毒、反邪教、来信来访接待处理以及重大、群体性矛盾协调等，配合做好实有人口管理工作，协调开展民间纠纷调解工作。

6. 社区自治办公室

工作职责：负责指导社区自治和居委会基层建设等工作，建设居民区工作队伍，指导和监督业委会，完善居民区治理机制，指导居民区搭建自治平台、建立自治规则体系，组织居委会依法开展换届选举工作，推进居务公开、“三会”制度，推进社会工作专业人才队伍建设、培养，依托社区代表会议及社区委员会开展社区共治，培育社会团体和社会组织等。

7. 社区发展办公室

工作职责：负责动员社会力量参与社区治理，联系和服务区域单位，整合社区相关资源，为各类区域单位提供服务，优化区域发展的公共环境。负责组织落实社会经济专项调查、普查和在地统计工作。负责宣传舆论管理、精神文明、文化、教育、科普、体育等工作。

8. 社区专项办公室

工作职责：负责强化具有区域特点或管理服务特殊性工作，把街道特定区域或者特定受众的管理服务工作做优、做强、做实。

街道设置纪工委，受街道党工委和区纪委双重领导；按有关规定，设置监察、人大代表联络等机构和工会、共青团、妇联等群众组织。按有关规定，设置街道司法所，编制单列。按有关规定设置的机构和组织由街道党政分管领导负责联系，与街道党政内设机构之间以整体合力最大化为原则综合配置工作职责，形成街道党政群各类机构和组织互为合力的工作局面。

按照相关规定建立的议事协调机构的日常工作由街道党政内设机构承担。

三、历任领导

1991 年 6 月新的湖南路街道办事处建立。同月，区政府任命李金凤为湖南路街道办事处主任。

表 4-1-1　　1991—2016 年湖南路街道办事处历任主任

职　务	姓　名	任　期
主　任	李金凤(女)	1991.6—1998.5
	袁建村	1998.5—2001.2
	徐孙庆	2001.2—2003.5
	黄龙新	2003.5—2004.9
	余正湖	2004.9—2007.4
	顾耀明	2007.4—2010.3
	宋　涛(女)	2010.3—2012.12
	陈澄泉	2012.12—2013.10
	李　侃	2013.10—2016.4
	董　伟	2016.4

四、制度建设

［日常运行制度］

1991 年，街道建立文书档案两级网络，建立档案室，健全和完善档案室各项制度。

1992 年，讨论、修改和充实党政机关 14 项管理规章制度。年初，建立街道经济办公室，街道成立由街道党工委书记任组长的街道经济工作领导小组，充实经济办公室力量，制定《街道经济发展的意见》，开展集体企业股份制试点工作。

1998 年，街道成立实施国家公务员制度领导班子。街道党工委书记任组长。抓制度建设，形成长效管理机制。街道在建立排摸情况制度和回访制度基础上，又建立信息反馈制度、各物业管理联席会议制度。建立社区硬件实施管理制度。对新建的社区服务中心、社区敬老院、社区文化活动中心实行定人、定岗、定制度，扩大服务项目，提高设施利用率，形成有效管理运行机制。

2000 年 1 月，对机关各科室办公用车制定《湖南路街道办事处机动车辆使用规定》。6 月，为确保各部门（科室）计算机正常运行，提高机关办事效率，经办事处主任办公会议决定，制定《关于湖南路街道办事处计算机维护保养（使用）规定》，于 7 月 1 日起实施。在"满意在徐汇"活动中，推行文明科室的创建、评比，推行街道机关"首问责任制"和 A、B 角接待制度，政务公开，依法行政，各科室、部门制定"主要工作流程图"、"居民群众办事指南"，并将活动向街道所属各窗口单位延伸，方便基层单位和社区居民群众。

2006 年 12 月 22 日，街道印发《湖南社区代表会议实施意见》的通知，决定将每年召开的湖南路街道居民代表大会改为社区代表大会。

2008 年，制定《湖南路街道预算经费审批报销制度》。建立社区记账中心，为街道所属各中心、各居委会提供记账服务，使街道同所属部门账务分开，管理更为直接便利。通过租赁的形式，将乌鲁木齐中路 318 号约 700 平方米的房屋进行重新调整分配，作为街道各执法管理部门办公用房，改善社区工作者的工作环境，盘活社区房屋资源，便于集中管理。印发《湖南路街道机关机动车辆使用规定》的通知，规范机关公务用车和经费使用报销流程。

2009 年，印发《关于进一步推进和完善湖南社区当前老弄堂管理的实施意见》，明确 22 项具体工作目标。街道弄管协会编制《弄管会工作手册》，发放到每个弄管会，规范弄管会日常工作。制定《慈善超市管理办法》。

2015 年，全面梳理街道 16 项行政权力清单，编制《行政审批事项办事指南》，明确街道职责事项。

［社区管理制度］

1999 年，深化原有创建成果，巩固"无烟尘、无噪声"的达标街道，逐步形成社区管理的四大机制，市容卫生环境整治的运转机制；防汛、防台、救灾、抢险的运转机制；查违、拆违的工作机制：行政执法的管理机制。

2004 年，由行政与综合执法管理工作部牵头，探索双管单位网格化管理工作运作新机制，将湖南社区划分为三个网格块区，制定《湖南社区网格管理区工作办法》和《湖南社区"双管单位"考核评议方法》，调整社区应急事务处置工作流程。

2007 年，街道把旧区综合改造工程作为民生工作的重要内容，解决群众反映集中的热点和难点问题。街道牵头，建立由"街道、房地局、徐房集团"组成的湖南社区旧区改造"三方联动"联席会议制度，明确各自职责，编制《湖南社区旧住房综合改造三年（2007—2009）行动计划》。

2014 年，梳理形成《乌鲁木齐中路业态管理导则》《乌鲁木齐中路业态调整专项资金管理办法》，对业态规划定位、业态升级路径、长效管理机制等提出规范要求和建议。

2015 年，深化路管会自治管理机制，制定《路管会专项资金管理办法》和《沿街商铺管理协会发展规划》，对社区内沿街 1 300 余家商铺进行排摸归档，通过柔性服务引导商铺文明经营、门责管理。

2016 年，建立住宅小区综合整治联席会议机制，启动实施 14 个基础薄弱小区综合治理项目，按照“征询民意—完善方案—拆除违建—修缮恢复—事后评估”的流程，制定工作清单和整治方案。加强违法建筑执法整治，制定《拆除违法建筑目标责任书》，综合分析无证建筑普查数据，按计划对存量违法建筑启动处置程序。加强街道网格中心、12345市民热线及居民区工作站的规范化建设，重点梳理中心运作各项规章制度，编制《湖南路街道网格及12345热线工作指南》，优化接单及时性、派单准确性、协调综合性、评估科学性。完善网格工作各项机制，强化网格工作会议机制、培训机制、零报告机制、联勤联动机制。结合街道智慧社区创建，加强网格信息化工作，建立湖南社区各类信息数据库，网格中心与道路巡查终端的紧密配合，实现问题的第一时间发现、第一时间报告、第一时间处置，提高网格工作整体水平。结合湖南路街道网格化综合管理系统与区政府事中事后监管系统衔接试点，充分发挥网格发现与后台监管处置的联动作用。

［**社区服务制度**］

1993年，根据区创建国家卫生城区的总体目标，巩固提高二级卫生街道，落实创建班子，健全工作规范，全面发动，人人参与。坚持创建领导小组、灭蝇达标领导小组会议制度和检查评比工作；坚持居委会主任月例会和单位卫生资料专人负责制。

2001年，街道健全保障制度，做好城镇居民最低生活保障线审核工作，对享受最低保障线的居民做到一人一卡，一人一档，并建立复审制度、张榜公布制度和回访制度，做到不错不漏不重复。同年1月31日，为加快人事制度改革，提高干部队伍的整体素质，造就勤政务实、廉洁高效的公务员队伍，在湖南路街道机关内设机构中推行科级（含副科）领导职位竞争上岗。发布《湖南街道党工委、办事处关于科级干部推行竞争上岗的实施意见》。制定《湖南路街道稳定工作应急处置预案》。

2003年，制定《2003—2004年新婚家庭全程服务实施方案》《湖南路街道建设健康社区三年行动计划（2003—2005年）》，通过湖南人口计生系统网采集育龄妇女信息，实现与区人口计生委育龄妇女信息库联网。制定《湖南路街道关于推进湖南地区物业管理“一体化”保洁服务管理工作的若干意见》，街道各居委会每月通过网络对本辖地区的物业公司小区经理“一体化”管理工作进行评估，监督各小区“一体化”管理工作情况，同时街道将评估结果汇总后通报区房地管理局和物业公司，供其参考。围绕健康社会、健康环境和健康人群三项主题内容，以健全健康管理网络、营造健康生活环境、完善健康基础设施、加强社区健康服务、倡导社区健康互助和提高人群健康质量作为总体工作目标，结合湖南社区实际情况，推进建设“健康社区”工作全面发展。探索对困难群众实行“五位一体”（指：为社区居民提供医疗、预防、保健、康复、健康教育五位一体的综合性服务。）的社会救助体系，保证困难群众共享社会进步成果。建立和完善以助困、助医、助学为主要对象的社会化服务工作体制和运行机制，大力推进以经常性社会救助制度为重点，以临时帮困和送温暖活动为补充的社会互助体系建设。

［**社区自治制度**］

2004年，召开居委会“三会制度”（指：协调会、评议会、听证会）推进研讨会，建立“三会制度”工作手册，推进基层民主自治建设，促进各居委会把“三会制度”的切入点放在居民关注的事上，提高居民参与公共事务的积极性。街道还组织一个由人大代表、法律工作者、居民代表和职能部门组成的评议委员会，建立一套信访听证制度，发动居委会排摸信访听证议题，推进社区民主自治建设。

2005 年，制定《湖南社区管理区工作办法》和《湖南社区“双管单位”考核评议方法》，再造社区应急事务处置工作流程，将街道相关职能科室人员和双管单位的工作人员同时编入不同的网格块区，通过定期召开工作联席会议，形成信息互通、问题共议、工作齐管的工作局面。

2008 年，拟订《湖南社区关于与协同单位形成社区“共治”机制的实施意见》，就社区“共治”的原则、制度和主要内容等方面作明确规定，要求各单位各部门遇事跨前一步、快速处置，同心同力同责实现社区“共治”。搭建社区协同单位“共治”平台。围绕“安居乐业”的社区发展目标，建立社区协同单位“共治”机制。

2011 年，居委会自治建设不断深化。结合新的《上海市住宅物业管理规定》，努力完善“居民区党组织领导、居委会牵头、业委会和物业单位共同参与”的议事协商会议制度；巩固“居委会干部、街道联络员、社区民警、物业经理”联席会议平台，促进基层民主自治协商机制取得实效。鼓励居委会培育包括“互助关爱、文体娱乐、兴趣小组”在内的社区公益自治组织，切实增强居委会开展自治活动、协助社区管理、提供公共服务的能力。坚持网格化管理机制，建立风貌保护区“保护建筑一档一案信息库”，鼓励引导业主和单位参与保护性修缮，形成多元化的历史风貌保护工作机制。

2016 年，完善“弄管会”“路管会”自治建设。探索建立居民区“一会五委”（指：居民区自治联席会、即居委会下属五大工作委员会）居民自治议事协商机制，完善“街道联席会议、居民区自治联席会、居委会下属五个委员会”的“1＋1＋5”“街、居联动社区自治共治工作模式”，理顺管理条线。完善居民自治金申请、使用、考核、激励机制，探索创新项目化运作的居民自治新模式。推进 147 个“小微”自治项目建设。汇编《爱在金相邻》，推广普及“金相邻”居民自治的工作经验。

［综治工作制度］

1994 年，街道成立外来人口管理办公室，建立 22 个外来人口流动登记站，制定《湖南路街道加强外来流动人口管理工作意见》，确定各自职责、组务及有关制度，召开 17 个城建单位甲乙方负责人管理外来人口工作研讨，并建立综治小组，治保、计生、卫生等小组，有专人负责。

1999 年，在综合治理工作中，街道在建立排摸情况制度、回访制度的基础上建立信息反馈制度、各物业管理联席会议制度。

2001 年，制定《湖南路街道稳定工作应急处置预案》，并进行一次应急处置预案实战演习，对地区内的几处集贸市进行突击检查，清查隐患，堵塞漏洞，发挥预案的应有作用。为加强对外来人口落脚点的管理，上半年对张家弄、复襄居委会房屋出租情况进行调研，撰写《关子复杂地区房屋出租情况分析》的调研报告，制定房屋出租《文明公约》，加强对出租人和租赁人的管理，有效地减少漏洞。

2006 年 11 月，编制《湖南路街道行政执法事项分类表》。

2016 年，落实信访工作责任制，完善领导接待信访日制度，切实维护群众的合法权益和合理诉求。推进标准化司法所和公共法律服务中心建设，试点成立公共法律服务工作站，打造社区“法律服务圈”。以“七五”普法为契机，多平台多形式开展法律宣传，营造良好法治氛围。发挥网格化综合管理作用。

表 4-1-2　　**1992—2014 年湖南路街道办事处所获荣誉一览表(区级)**

年度	荣誉名称	获奖单位(个人)	颁发单位
1992	徐汇区先进街道办事处	湖南路街道	徐汇区人民政府
1992	徐汇区先进街道办事处主任	湖南路街道办事处主任 李金凤	徐汇区人民政府
1992	徐汇区先进居委会	湖南路街道 6 个 陕新居民委员会、武康居民委员会、新乐居民委员会、淮中居民委员会、复襄居民委员会、常安居民委员会	徐汇区人民政府
1992	徐汇区先进居民委员会工作者	湖南路街道 10 名 五原居民委员会党支部书记 王春波、陕新居民委员会党支部书记 顾彬芝、曹家弄居民委员会党支部书记 王敏英、钱塘居民委员会主任 汤余娣、金波居民委员会主任 朱金妹、兴武居民委员会主任 屠昀咀、张家弄居民委员会主任 桑小毛、春华居民委员会治保主任 马惠英、复南居民委员会卫生主任 韩长山、乌里居民委员会文教主任 道韫耒	徐汇区人民政府
1996	徐汇区预算外决算编报先进	湖南路街道	—
1997	徐汇区行政事业单位收费管理先进单位	湖南路街道	—
1997	徐汇区内部审计工作先进集体	湖南路街道	—
1998	徐汇区委系统信息工作三等奖	湖南路街道	—
1999	徐汇区“好信息奖”	湖南路街道	徐汇区委办公室
1999	徐汇区行政事业收费管理表扬单位	湖南路街道	徐汇区财政局
1999	徐汇区街道财务管理表扬单位	湖南路街道	徐汇区财政局
2000	徐汇区委系统信息工作先进单位	湖南路街道	徐汇区委办公室
2003	徐汇区政务信息工作二等奖	湖南路街道	徐汇区人民政府办公室
2003	徐汇区会议管理工作鼓励奖	湖南路街道	徐汇区财政局
2003	徐汇区街道决算编制管理奖	湖南路街道	徐汇区财政局

续表

年度	荣誉名称	获奖单位(个人)	颁发单位
2004	徐汇区部门预算管理表扬单位	湖南路街道	徐汇区财政局
2004	徐汇区政府政务信息工作二等奖	湖南路街道	徐汇区人民政府办公室
2011	徐汇区政务信息工作专项先进单位	湖南路街道	
2012	徐汇区预算管理表扬单位	湖南路街道	徐汇区财政局

第二节　主要政务

一、社区管理

[**环境治理**]

1999年1月，为加强落实市府实事工程，确保年度环境噪声达标街道创建成功，街道成立创建环境噪声达标街道领导小组，1月26日，召开地区70多家企事业单位参加的治理噪声污染动员会，部署环境噪声整治工作。11月17日，经市、区两级环保部门检查验收，街道被评为环境噪声达标街道。2001年，街道完成区政府环保实事项目，创建基本无燃煤街道，11月21日通过市级验收。2003年，街道对23家150座以上餐饮单位进行检查，其中22家单位的油烟气净化达标率100%，噪声达标率100%，达到所规定的95%的要求。2004年，为落实徐汇区第二轮环保三年行动计划，街道制定《湖南路街道社区环保公约》，主要内容包括：节约用水、用电；生活垃圾分类投放；不使用一次性餐具；倡导绿色出行；不食用野生动物等。2006年，经市扬尘污染控制区(街道、镇)考核验收专家组验收，成功创建上海市扬尘污染控制示范街道。2016年，街道按照“五违四必”(指：违法用地、违法建筑、违法经营、违法排污、违法居住，以及安全隐患必须消除、违法无证建筑必须拆除、脏乱现象必须整治、违法经营必须取缔)的总原则，对延庆路、五原路、新乐路、复兴中路、南昌路、襄阳南路、东湖路、汾阳路风貌道路沿街建筑和商户存在的“五违”现象依法开展生态环境综合整治，关停取缔违法经营商户103家，整治违法搭建、破墙开店205户。同步启动总规划师负责制的恢复性修缮工程，兼顾历史风貌保护和商业生活需求，对风貌道路统一规划实施外墙立面、绿化景观、围墙栏杆等改造项目，逐步恢复历史街区原有生态环境。

[**绿化建设**]

1996年，街道以“满意在徐汇”为抓手，坚持倡导“优质服务、优良管理”的新风尚，在公厕内设立老年方便座，残疾人专座。1998年，公厕维修2座(次)。对公厕实行全面的任务量承包，把服务态度、服务质量同承包人的利益紧密结合起来，使之有约束力，并加强日常的考核、管理。2016年，辖区公共厕所市级文明公厕建成率为80%。截至2016年，辖区有公共厕所5座，等级均为一类，市级文明公厕建成率为80%。1992年，街道绿委会被评为市和区绿化先进集体。1997年，街道获得市市容环境卫生红旗街道先进集体六连冠，获市绿化先进集体称号。1998年，街道绿化委员会调动社会力量，与主要道路沿线87家企事业单位签订门前绿化责任议定书，分别由单位领养绿地6 216平方米，行道树1 106棵，签约养绿护绿树在区内属首家。2006年，街道配合区绿化局开发辖区"绿化地理信息系统"，管辖范围内的绿化逐渐接近"所见即所有"的初步理想数字化状态，对加强社区绿化管理、提升社区管理水平起到重要的辅助决策作用。街道根据历史风貌保护建筑多等特殊地理环境，对陕西南路186弄到188弄绿地内违章建筑进行整治，共拆除违章建筑户48户60间575平方米，清除违建垃圾300吨。处理违反绿化条例和治安条例6起，发放整改通知书8份，处罚金额11 500元，在各协作单位通力合作下，居民有一个整洁舒适的居住环境。同时，街道加强创建、养绿护绿工作，对区域内单位、居住区广泛开展创建"花园式单位""绿化合格单位""园林式绿化小区""绿化合格小区"活动。结合辖区庭院数量多、养护等级类别齐全的特点，街道在区绿化和市容管理局指导下，与上海徐房(集团)有限公司(简称：徐房集团)共同改造陕西南路186弄1—20号，188弄1—20号等小区绿化。经改造，3 420.2平方米小区公共绿化区域种植落叶乔木7棵，常绿乔木73棵，花灌木119棵，绿篱400棵，马尼拉草坪290平方米，地被37 140棵。并对淮海中路1230号，东湖路51号进行补绿、修剪、除虫，清理绿地内的垃圾22吨。此外，街道建立两支养绿护绿志愿者队伍，加强绿化日常管理，小区绿化品质明显提升。2008年底，湖南路街道有绿化覆盖面积47.66万平方米，社区绿化覆盖率为27.7%。2015年，绿地面积48.72万平方米，绿化覆盖率28.16%。至2016年，辖区绿地面积30万平方米，绿化覆盖率28.28%。

[旧区改造]

2007年，为切实解决辖区部分居民因种种客观原因没有独立卫生设施，主要依靠手拎马桶解决生活所需问题，街道制定《湖南社区旧住房综合改造三年(2007一2009)行动计划》，对社区部分家庭卫生设施进行改造。在充分调研基础上，街道会同区房地局、徐房集团，建立"三方联动"工作机制，通过"联手、联合、联动"工作方式，共同推进家庭卫生设施改造工程。此项工程列入当年街道为民服务实事项目重要内容。张家弄地区作为家庭卫生设施综合改造试点地区于2007年6月率先施工。历经三个月，2007年9月底，张家弄地区完成家庭卫生设施改造，共安装抽水马桶525只。在总结张家弄地区家庭卫生设施改造基础上，街道全力推进全社区家庭卫生设施改造工程，在区房地局、徐房集团大力支持，协同推进下，至2008年10月，街道辖区安装抽水马桶1 299只，基本解决湖南社区"拎马桶"现象，改善居民居住环境，使为民实事项目真正成为让群众得实惠的"满意工程"。年内，分别完成淮海中路1412弄、襄阳北路100号等平改坡改造5 500平方米，协调徐房集团完成复兴中路1180—1184号，陕西南路370弄2号、5—8号，陕西南路372—388号等老旧住房综合整修，共8 000余平方米。此后，街道每年协调区房地局和徐房集团将整修老旧住房综合改造列为街道实事工程，平均每年修缮房屋1万平方米，居民基本生活设施显著提升，生活质量提高。

2009年，将"迎世博600天行动计划"各项建设任务与社区年初确定的实事项目进行对接，坚持街道、区房地局、徐房集团"三方联动"工作机制，联手开展旧城区综合改造工作。完成房屋综合整修3万平方米，综合平改坡改造2万余平方米，二次供水改造涉及住宅2万余平方米，老化电线改造涉及住宅 15 万平方米，市容综合整治 2 万余平方米。完成非居住建筑外立面的综合整修，淮海中路、常熟路等 5 条景观道路的综合整治。以居民“三最”问题为切入点，深入推进民生工作。老弄堂“三化”（指：净化，白化、美化。）改造工程基本完成。街道在老弄堂综合改造成功的基础上，加快改造的进程，至年底，共完成 98 条老弄堂的综合改造，涉及房屋建筑面积 28 万余平方米，直接受益居民 3 656 户，在弄堂中统一设置晾衣架 85 副，新建、改建自行车棚 13 处、垃圾库房 7 处、宣传栏 39 个，新建弄堂健身点 12 个，安装健身器材 38 件。通过改造，方便居民的生活，有效地遏止乱晾晒、乱招贴等市容顽症，较大提升居民的生活环境。

［管理创新］

2009 年 7 月，湖南路街道从构建党委领导、政府负责、社区协同、公众参与的社区建设新格局出发，探索社区管理新方式，在商铺较为集中的乌鲁木齐中路初步试点商铺自治自管创新社区治理新模式。2010 年 3 月，在广泛调研并总结乌鲁木齐中路沿街商铺自治自管新治理模式基础上，湖南路街道沿街商铺管理协会（简称：路管会）成立。路管会在充分调动商铺经营者参与社区管理的积极性主动性，强化社区市容环境综合管理的软实力，有效提高各商铺文明经营，切实改善辖区市容市貌环境，推动社会管理创新的进程。

二、社区服务

社区服务是国家改革开放以来探索的一条贴近基层、服务居民的社会化服务新路子。街道开展的社区服务主要包括以下方面：面向群众的便民利民服务，面向特殊群体的社会救助、社会福利和优抚保障服务，面向下岗失业人员的再就业服务和社会保障服务。

1991 年，街道开展“满意在湖南”的活动。为 2 044 户居民解决居民生活煤气化问题，基本实现街道全覆盖；缓解老居民区多处用水困难地段，受益居民 3 100 多户，同时解决 390 户居民的用电困难；开设老年图书馆、裁剪室、理发室，为孤寡老人上门送医送药；贯彻《中华人民共和国残疾人保障法》，组织医生为残疾病人检查身体，对 45 名重点对象进行家访；开展“双拥”（指：地方拥军优属，军队拥政爱民）活动，设立爱国拥军奖励基金，推行优抚对象家庭联系卡制度；全年安置就业 1 048 人次，发放待业救济金 600 人次，办理知青子女返沪 196 人（含新疆 45 人）；街道家庭服务介绍所开设 9 个家庭服务项目，共介绍保姆 2 520 人次。

1992 至 1993 年，街道成立社区服务中心和社区服务协调委员会，各居委会成立社区服务领导小组，建立社区服务站，初步建立社区服务体系；社区服务中心新增“快递服务部”“老年针灸推拿门诊部”等社区服务设施，新增 49 处服务点，部分居委会建立阅报栏；设立牛奶管理服务站，专人负责牛奶管理工作，实行“三免费”服务，即免费为百岁老人（共 6 位）提供牛奶，免费为 24 位 95 岁以上老人、65 位烈属送牛奶，免费为 40 多户特殊订户制作安装牛奶箱；通过办老年食堂、邻里互助等，帮助 53 个老年人解决吃饭难的问题，为 26 户独居老人安装求助电铃并落实援助户；上门医疗咨询 1 294 人，定期为百岁老人、烈属、敬老院老人、福利厂残疾人医疗咨询 800 余人次；“兴武知青饮食”设为市区定点中小学生食堂，解决各部分学生吃饭难问题；街道设有 20 所幼儿园和托儿所，其中入托儿童 2 419 人，并延长入托时间。街道社区服务工作被《解放日报》《新民晚报》《徐汇报》报道。

1994 年，街道建立“敬老室”9 个，发放 600 张 90 岁以上老人“社区服务卡”；街道成立

“人人健康俱乐部”，为社区居民进行健康测定；社区服务中心与地段医院挂钩，为376位老人设立家庭病床，解决2 129位老人就医困难的问题，为军烈属、残疾人进行800多人次的医疗咨询；各居委会有4 804人参加志愿者服务队，103个“关心老人组”，为70名老人、中小学生解决吃饭难问题，为236位老人代洗衣被、代购物品、打扫卫生、定制衣裤，为15位救济孤老落实专人服务。社区服务辐射面广、深入家庭，被评为区、市级年度先进集体。

1996年，街道建立10个家庭敬老室，11个老年活动室；设立街道帮困基金会，与辖区33位孤老结成帮困对子，地区内10家共建单位与11位特困儿童签订“爱心在社区”协议书，13位残疾困难户领到助残金，3 490位居民拿到帮困卡，安置下岗、待业人员1 230人；加强淮海中路文明示范街的创建。

1997至1998年，街道建立社区管理服务中心，开通热线电话，服务网点达120个，帮助率达98%以上；开办18个居委会活动室，活动内容丰富；以党员为主体的各类志愿者服务队共199支，服务达11 540人次；以离退休干部为主，建立居民自治管理小组；街道通过招聘居委会干部，设立直销点，便民流动点心车，安置弄堂治安值班，牛奶管理等多种渠道，安置下岗待业人员共1 161人次（其中两劳对象16人）。

1999年，为迎接中华人民共和国成立50周年，街道组织以“双拥”为主要内容的各项联欢、慰问、帮困等服务18次；开展“爱心献功臣”系列活动，举办介绍居住在街道内参加过解放上海的老战士、老同志的图片巡回展出，建立为功臣服务的联系网络，提供10项服务措施；街道建立“一口上下”的领导小组，实现6种帮困结对形式，共产生167个帮困结对组，全年共发放各类补助（除残疾人外）27 799人次，金额126万余元，举办就业培训班7次，共安排下岗人员再就业327名，安排待业下岗人员1 565人次，安排就业1 892人次，发放失业保险金234万元。召开街道第一次残疾人代表大会，提前完成53辆残疾车辆的置换，筹建、成立湖南路街道残疾人联合会；建立24小时、365天全天候的热线、救助电话值班制度；开展《老年人保护条例》的学习、宣传，向居民发放宣传资料25 000份。

2000至2002年，建立“街道居家养老服务中心”，逐步编织“助困、助残、助老”三条网络，健全保障制度。建立健全社会救助“一口上下”（指：指区民政局将困难家庭的基本情况输入社会救助信息网络。通过这个网络平台，区劳动、工会、教育、卫生等11个部门可以统一开展74个社会救助项目。）的运行机制，帮困结对270多对，对享受最低保障线的居民做到一人一卡，一人一档，并建立复审、张榜公布、回访制度；抓好社会保障卡（IC卡）的登记、制作、申领的工作，完成20 000余名居民的保障卡制作；筹备社区事务受理一门式服务，设立19种30条社区事务一门式受理的项目；建立助残网络体系，组织展出残疾人作品的展示会，编写出版弘扬残疾人自强不息书籍《生命赞歌》；建立残疾人康复中心，开展残疾人技能培训，召开街道第二次残疾人代表大会；开设医学、绘画、编织、心理咨询、烹饪等老年人课程，共设置各类班级110个。2002年，全国人大常委会副委员长、民革中央主席何鲁丽来街道考察、调研社会救助工作，对其充分肯定，并题词“身怀爱民之心、多办利民之事”。

2004年，街道向9 775人次发放最低生活保障，通过发放医疗帮困卡、落实免费午餐、医疗救助、帮困助学等形式给困难群众予以帮助；建立健全独居老人档案，为360位80岁以上的独居老人安装“安康通”（指：老年人援助呼叫系统，与上海社区网络的信息系统相连通，从而享受到社区服务网的信息服务），方便其生活；建立湖南路街道老年艺校和社区老年学校，共同举办老年活动班、学习班、艺术班；建成两处社区卫生服务点；落实上海市“扶残助学春雨行动”，共发放助学补贴 53 人；开展“民族精神代代传”暑期“八个一”活动，通过学唱革命歌曲、征文比赛、“军营一日行”、暑期兴趣班等形式，吸引社区 1 632 人次青少年参与其中。

2005 至 2007 年，街道深化居家养老服务工作，聘用专职助老服务员，为 2 300 多名独居老人和 80 岁以上老人建立健康档案；新建湖南路街道为老服务中心，开设医疗保健、合唱舞蹈、免费理发等课程和项目；建成兴武居委会标准化老年活动室实事项目；召开街道残疾人联合会第三次代表大会，选举产生街道新一届主席团成员和理事会、各专门协会负责人；组织特奥运动员参加全国、市、区的特奥运动，共选送 33 人次分别参加 12 个项目的比赛，获得 3 金 3 银的好成绩；扎实推进社区事务受理服务中心建设，实行“5＋2”(指：五天＋二天＝七天的工作模式)工作模式。

2008 年，街道推进“助餐、助浴、助医、助乐”为主的为老服务项目，确立 4 个老年人就餐点，安排老年人集中用餐，建立“湖南路街道老年人日间服务中心、综合助餐服务示范点”，在武康、陕新、春华、新乐居委会建立“为老阳光服务站”，逐步构筑老年人助餐服务网络；以北京“残奥会”为契机，利用五类(盲人、聋人、肢残人、智力残疾人及亲友、精神残疾人及亲友)协会平台开展活动，丰富残疾人生活。

2009 年，街道扩大特需服务员队伍，为 400 余名社区独居老人提供特需关爱服务；围绕“迎世博”“上海解放 60 周年”“新中国成立 60 周年”等主题，举办各类文体演出活动 49 场，参与居民约 3 万余人。

2010 年，街道建立“老年人特需关爱网”，拓展“老年人日间服务中心”的服务功能，为老年人提供助医、助教等便利服务；在部分小区试点开展“邻里和谐助老示范点”活动，就近结对帮扶困难老人，逐步形成“以家庭为基点，以社区为依托，以专业服务为支撑”的居家养老服务体系；健全以区开业指导中心和区职业介绍所、街道劳动保障事务所和居委会三级就业信息网络体系，率先推进世博双拥工作，建立应届毕业生和退伍军人就业信息平台，促进就业；成功建立精神残疾人士“阳光心园”，组织残疾人士参与“爱心艺术沙龙”活动。

2012 至 2014 年，街道完善“一键通”(指：使用“一键通话机”，享受 24 小时全天候服务，做到紧急救护需求件件有回应)网络服务平台，完善块区联络员制度，健全走访联系、考核评估工作机制；试点智慧养老工作，在各居委会建立“睦邻点”，实施并持续推进“老伙伴”计划；开展“生活服务大篷车”进社区便民服务活动；举办专场演出丰富老年人生活，组织开展便民服务进弄堂；民生志愿者协会开设“音乐脑瘫理疗”，为脑瘫儿童进行康复理疗。

2015 年，街道启动关爱功臣项目，依托第三方平台，开展“身心健康，文化乐活”等项目；继续开展“轻残帮重残”活动；建立统一老年照护需求评估体系，形成梯度服务和梯度政策；深化智慧型养老服务项目，打造养老服务信息平台；继续推进“老伙伴计划”，定期对高龄老人进行走访，提供探望、谈心、配药等志愿服务 8.6 万余次；继续推进“睦邻点”建设，开展读书读报、乐队沙龙等活动 222 次。

同年起，配合区建管委完成 1 万余户老旧住宅小区居民家电能计量表设施更新，解决老旧小区“用电容量低、安全隐患大、环境面貌差”三大问题。分六批完成住宅小区二次供水改造，16 万余户居民享受到优质自来水。同年，根据社区风貌保护区现状，依法依规编制风貌区三年保护规划，逐步明确风貌区的形态、功能、业态定位，编制东湖路、新乐路整治改造规划。收集完善风貌区相关历史人文资料和优秀历史建筑资料，逐步建立风貌区专项数据库，做到底数清、情况明。加快推动名人故居保护开发工作，张乐平故居、柯灵故居完成综合修缮、规划布展，上海大戏院项目完成基本建设。制定重点道路业态规划导则，稳步推进复兴中路、乌鲁木齐中路等道路业态调整工作。乌鲁木齐中路完成 25 家商铺整体调整，55 家形态升级。复兴中路业态调整一期工程完成 13 家商户置换。

2016 年，在街道居民区工作满意度测评中，湖南路街道在全区得分最高，为 95.63；街道落实老年综合津贴制度，完成 7 997 张敬老卡的信息录入、发放工作；有序推进老年照护统一需求评估试点和高龄老人医疗护理计划，为 250 名老年人申请各类养老服务；继续推行“老伙伴计划”，依托“睦邻点”关心慰问高龄、困难、独居老人 1 000 余人次；推进“适老性”住房改造，完成 11 户低保、困难、独居老人住宅的厨房和卫生间改造；继续开展“关爱功臣”活动，发放优抚对象补助金 205 万元。

三、综合治理

社区综合治理包括维稳工作、社区治安技防设施建设、创建平安社区工作、预防和减少犯罪工作、消防工作、外来人口管理、律师工作、人民调解、信访等（详见第六章社会治安综合治理·公安·司法·信访）。

第三节　实 事 项 目

湖南路街道从 2005 年开始以实事项目为抓手提升社区服务和治理水平。

2005 年度

1. 对淮海中路 1270 弄、1710 弄内的居民住宅进行“平改坡”改造，并协同物业对部分老式居民住宅的老化电线和消防设施进行改造和更换。

2. 拆除 600 平方米的违章建筑，对陕西南路 186 弄、188 弄，进行重点整治，创建区级绿化小区和安静小区。

3. 对上方花园进行全面翻修改造，更换所有老化电线，整修小区内的大门、路面、下水道、墙立面，补种翻新小区绿化，解决小区社会车辆乱停放问题，把上方花园建设成为物业管理示范小区。

4. 配合区建委，对新乐路、武康路、高邮路、长乐路（乌鲁木齐中路至常熟路段）、湖南路等 5 条马路的人行道板进行翻修，对华亭路 31 弄等小市政道路进行整修。在 2004 年社区防汛工作基础上，再新建 3—4 处防汛小包围。

5. 继续推进社区居民家庭健康档案的调查和建档，利用社区信息化优势，首先为社区 2 300 多名 60 岁以上的独居老人建立健康档案，试点建立独居老人健康状况全程服务、应急处置机制，以此提升为老服务工作水平。在张家弄、复中地块，新建一个卫生服务点，满足社区居民的就医需求。

6. 继续改善居委会的硬件设施，对 10 个居委会的办公用房和活动室进行装修和改建，并添置更换相应的办公设备。

7. 在金波居委会辖区新建一个健身点，增加居民锻炼场所，满足群众健身需求。

8. 改善居民的精神文化生活。以湖南社区文体中心为点，3 个居民块区为片，创建 1 点 3 片湖南智趣园；在襄阳公园建立 1 个群众文化活动点；在 2004 年已建 8 个社区科普橱窗的基础上，再建 8 个科普橱窗。

9. 建立 100 多平方米的残疾人能力康复训练学校暨残疾人活动中心。

10. 加强对社区内燃煤的整治和取缔，把湖南社区率先建成"无燃煤社区"。

2006 年度

1. 对陕西南路 186、188 弄的路面、下水道、排水管、绿化进行综合改造，恢复英国式历史风貌原貌。

2. 完成泰安路 26 号—32 号综合平改坡、外立面、管道和厨卫综合改造，改善该地区居民的居住环境。

3. 对社区内 11 间泵房进行改造，提高水质卫生，改善居民生活质量。

4. 进行社区市容环境综合整治，通过对地区部分中小道路两侧房屋的外立面、空调机、店招店牌、管道、晾衣架等综合整治，改善道路风貌及地区环境，创建成上海市市容环境卫生管理示范区。

5. 对武康路 280 弄进行综合整治，拆除该小区违章建筑，进行绿化综合改造，恢复道路和房屋原貌。

6. 将位于乌鲁木齐中路 164 号长乐学校分校改建成社区学校、社区文化中心。

7. 将位于高邮路 7 号的社区服务中心改建成社区市民综合活动中心。

8. 将位于淮海中路 1788 号南洋模范初级中学的文华里会所改建成社区事务受理服务中心。

9. 加大社区老龄事业推进力度，在安福居委会创建成一个标准化老年活动室。建立阳光助老服务队伍，为社区独居老人提供助老服务。

10. 深入开展社区教育工作，对社区常住人口，以人均 5 元的标准拨款用于社区教育学习。建设襄阳公园文化广场，由社区文化单位牵头举行季度文艺汇演，建立街道、居委会两级"湖南公共文化资源信息网"，实现网上文化资源共享，凸显湖南社区的文化品牌。

2007 年度

1. 在陕新、张家弄、复襄、新乐、东湖、延庆、淮海、安福、复永等部分小区安装 100 扇防盗铁门，强化平安社区技防功能。

2. 针对社区部分道路、小区长期没有路灯的现象，与区相关职能部门协商，联手开展亮光工程建设。

3. 继续开展健康菜市场创建工作，将乌鲁木齐中路菜市场创建成标准化菜市场。

4. 对中南新村进行房屋外立面、绿化、下水管等综合改造，拆除该小区违章建筑，恢复该小区建筑历史原貌。

5. 与区相关职能部门进行协商，联手对部分有条件的居民住宅试点实施马桶改造，不断改善社区居民生活质量。

6. 开展新一轮文明小区创建工作，创建成 12 个市区级文明小区。

7. 在襄阳公园广场开展特色文化戏曲团队活动，打造儿童艺术星期六，力争将襄阳公园创建成全国文化特色广场。

8. 继续深化社区教育，将湖南社区学校创建成全国社区教育示范点；

9. 扩大街道居家养老服务人数，在为符合市区要求800位老人提供居家养老服务基础上，由街道出资，将人数扩大到1 000人。

10. 将兴武居委会创建成标准化老年活动室，为老人提供丰富的活动，提高老人的生活质量。

2008年度

1. 全面实施卫生设施综合改造，完成约700户的改造工作，基本解决湖南社区“拎马桶”现象。

2. 在武康路、永福路、湖南路等部分小区公房实施平改坡工程，完成面积3万平方米。

3. 对区区交界处的长乐路沿街面进行综合整修，做到“美化、绿化、固化”；落实历史风貌保护区三年行动计划，对武康路进行整修、整饰。

4. 开展居民小区内外环境综合整治，推进文明社区和文明小区的创建工作，创建成市区级文明小区12个。

5. 成立“湖南社区爱心工作委员会”，通过政府投入与社会捐助的方式，建成200万元的社区帮困基金。

6. 加强为老特色服务，多渠道解决社区老年人午餐问题；为社区500多位90岁以上老人每人每天免费赠送一瓶牛奶；为100岁以上老人设置家庭病床。

7. 加强平安社区创建力度，分类别实施小区弄口管理，确保社区内30条、力争40条弄堂实行“人防、物防、技防”三位一体的规范化管理。

8. 加强小区内外协调，以物业管理为重点，争创“居民满意小区”10个。

9. 以就近、便捷为原则，推进“1＋1＋16＋X”文化发展目标，在4—5个小区开展“文化进小区”活动。

10. 开展社区事务受理服务中心规范化建设，继续推进服务项目、运行机制、管理模式、服务规范和标志标识“五个统一”，全面实施对外服务时间“5＋2”工作模式。

2009年度

1. 投入2 000万元继续推进老弄堂“三化”建设，年内完成80—100条弄堂的硬件设施建设，做到环境舒适、设施便民，并在80％以上弄堂建立弄管会。

2. 推进平安社区建设，安装防盗铁门100扇，建立湖南社区安全防范综合监控中心，安装监控探头50只，初步建成社区安全监控网络。

3. 推进“迎世博600天市容环境综合整治计划”，对陕西南路、长乐路等区区交界路段进行全方位整治、整修、整饰，其中包括店招店牌整治，沿街面房屋外立面整修，人行道板更新，规范各类标志、标线、标牌等。

4. 做好旧住房综合改造，完成30万平方米二次供水改造；完成房屋综合整修7万平方米；完成平改坡综合改造3万平方米；对社区内砖木结构房屋的老化电线进行改造，预计改造15万平方米；对有条件的住户进行家庭卫生设施合用改独用试点。

5. 继续实施历史风貌保护区综合改造，对武康路沿线进行综合整修，实施武康大楼单体修缮工程，展现历史风貌保护区底蕴。

6. 深化为老服务工作，建成并正式运行“社区老年人日间服务中心”，分设若干老年人助餐点，初步安排为30名独居老人提供日托服务，解决200位老人就餐难问题，逐步推广助浴、助乐、助洗服务项目；继续为社区90岁以上老人每人每天免费赠送一瓶牛奶。

7. 加大社区帮困力度，设立150万元社区帮困基金，重点帮扶“因病致困、因困辍学、因残致困”的家庭。

8. 推进“小区文化”建设，创造条件为居委会增加活动室，新增安福路228弄、复兴西路49弄两个文化活动点，推出12场“小区文化”演出。

9. 对乌鲁木齐中路菜市场的周边环境进行整治，通过在人行道安装隔离栏，调整菜市场内部经营业态，加强协同部门的联合执法等多种形式，初步改变乌鲁木齐中路环境“脏、乱、差”的现状，改善居民的居住环境。

10. 巩固文明创建成果，加大对居民区公共部位综合整治力度，创建成2008—2009年度市级文明社区。

2010年度

1. 继续推进旧住房综合改造，全面完成湖南社区平改坡和综合大修，年内完成平改坡5 000平方米，公房大修16 000平方米。

2. 按照因地制宜的原则，在有条件的居民区开展“家庭卫生设施合用改独用”“合用水表分户”试点，改善居民居住条件。

3. 按照市有关政策规定，做好经济适用房相关宣传、引导、受理和信息核准工作，切实解决部分居民居住困难。

4. 切实加强居住区物业管理工作，在各居委会建立业主大会工作指导小组，理顺居委会、业委会和物业企业之间关系，协调处理物业管理中的纠纷。

5. 扩大居民活动室面积，通过购买、置换、改建等方式，完成4个居委会“居民综合文化活动室”达标工作。

6. 大力推进“文化进小区”工作，年内开展“文化进小区活动示范点”和“文化进楼宇”文艺演出活动14场。

7. 建立社区慈善爱心委员会，设立总额200万元的社区慈善帮困基金，孵化、培育社会组织，帮扶社区内的困难群众。

8. 筹建运行好社区生活服务中心，为社区居民解决生活上的“急、难、愁”。

9. 深入开展为老服务工作，扩展“老年人日间服务中心”服务功能；继续为90岁以上老人每人每天免费赠送一瓶牛奶；在各弄堂小区推广邻里和谐助老示范点建设。

10. 本着成熟一条建设一条的原则，因地制宜地建立联合或独立弄管会，配合物业做好居民小区的保安、保洁工作。

11. 开展“封闭式居民住宅小区视频监控系统”建设，结合人防、技防和物防工作的推进，在新改建的弄堂安装监控设施。

12. 开展居民区环境综合整治行动，重点在老城区房屋中开展以“不乱堆物、不乱扔垃圾”为主的文明示范楼组创建活动。

13. 开展社区精神文明创建工作，创建成新一轮2009—2010年度市级文明示范小区13

个、区级文明示范小区 13 个。

2011 年度

1. 实施新一轮社区旧住房综合整修，配合区历保办开展社区老洋房修缮和保护，改善居民居住条件。

2. 结合可持续发展试验区建设，探索社区低碳小区发展模式，选择 2 个小区改造成“可持续发展低碳小区”，倡导居民节能环保的生活方式。

3. 对社区部分中小道路加大整治力度，实施沿街门面业态调整，改善居民反应强烈的周边环境问题。

4. 设立 100 万市民综合帮扶基金，按照“政府救助、社会捐助、小区补助”等形式多渠道筹集资金，加大对大病重病、意外事故等困难人员的帮困力度。

5. 在全社区推广老年人关爱委员会建设，以居委会为平台，发动社区党员和志愿者，开展睦邻关怀老人活动。

6. 加快推进居民“社区文化民生工程”的实施进度，将活动以节目菜单形式送进居民小区、楼宇广场、基层部队，全年开展各类活动 80 余场；创建三个文化亮点，制作一部《沿着老弄堂，走进老洋房，聆听老故事，激发爱国情》的爱国主义教育片，打造一条廉政文化弄堂，再现一条百年老街。

7. 加大平安社区建设力度，加强群防群治工作，入室盗窃案件有所下降，居民满意度有所上升，辖区 16 个居委会中 15 个获评市级平安小区，1 个获评区级平安小区，达到全覆盖。

8. 为社区部分住宅房屋配备灭火器材，安装消防喷淋，提高防火火安全系数，消除火灾隐患。

9. 按照“实体＋网络”的形式，继续完善“一网、一线、一册、一车”的社区生活服务中心工作模式，建设湖南社区“一键通”服务中心，更好地为社区空巢、独居老人、困难残疾人员等提供生活服务。

10. 巩固文明创建，加大对居民区公共部位整治力度，获评 2010—2011 年市级文明社区。

2012 年度

1. 推进组团式服务联系群众工作，以社区居民最关心、最直接、最现实的问题为抓手，完善社区管理和群众工作的方式方法，密切党和人民群众的血肉联系。

2. 深化精神文明建设，加大对居民区公共部位整治力度，推进新一轮市、区级文明小区的争创工作。

3. 倡导低碳环保生活理念，实施补绿、插绿、增绿的“三绿”工程，加大社区绿化覆盖率。启动并有序推进老弄堂“亮灯工程”，方便居民夜间出行。

4. 重点做好简易消防喷淋设备的安装与保养工作，切实提高防火安全系数，建立长效管理机制，消除火灾隐患。

5. 改善社区居民就医环境，完成社区卫生服务中心搬迁，提升社区卫生服务综合水平，使居民就医方便，得到实惠。

6. 提升为老服务能级，形成 16 个居委会的网络覆盖。完善“一键通”网络呼叫系统、64719199 服务热线和“生活服务大篷车”实体项目，扩大服务范围，建立考核评估机制，不断提升服务质量，切实解决居民的急、难、愁问题。

7. 稳妥推进“2+2+1”居民区扶老帮困项目，培育孵化社区民间组织，将帮困救助、扶老关爱和慈善募集三项功能整合起来，为实现“困有所助、难有所帮、需有所应”奠定基础。

8. 全力推进湖南社区文化活动中心（上海电影院）的修缮改造和内部装修工作，编演一些具有湖南社区特色的文艺演出，为加强社区文化建设、满足居民文化需求提供保障。

9. 将旧区改造与历史风貌保护建筑的修缮相结合，联手区有关部门推进历史风貌保护建筑修缮维护，改善居民居住环境。

10. 结合居委会换届，合理配置居民区的干部队伍，招录了一批“年轻化、知识化”的社区工作者充实到居民区，为社区建设增添新生力量。

2013 年度

1. 对社区 2 万余平米老公房实施综合整修，其中保护建筑 9 000 平方米，改善居民居住条件。

2. 加强历史风貌保护区的保护，对乌鲁木齐中路、延庆路等部分中小道路存在的一些不符合风貌保护区要求的沿街门面实施业态调整，改善居民反应强烈的市容环境问题；对陕西南路、长乐路等区区交界道路加大市容整治力度，改善市容市貌和提升风貌保护区整体水平。

3. 继续推进消防安全为民实事工程，为社区内新里等老式住宅房屋增配喷淋设施，为社区老弄堂和部分优秀保护建筑更换、增配灭火器，并做好消防设施的后续维修保养工作。继续发动居民开展疏散逃生演练，提高抵御火灾能力，消除火灾隐患。

4. 推进社区为老服务项目。实施低保困难老年人家庭居室适老改造；为 80 岁以上高龄优抚对象安装“久久关爱平安保”；继续开展“老伙伴计划”，全年完成 160 个志愿者与 600 位高龄老人结对；推进失智老人关怀项目，为失智老人提供志愿者服务，免费赠送生活护理品。

5. 拓展社区服务领域。为行动不便的老年人提供支付公用事业费服务；为老年人、残疾人、特困家庭提供就近常规陪医、生活急需品的代购服务；完善社区志愿者服务体系，新招募 200 名志愿者，加强服务与需求的优化匹配。

6. 开展“轻残帮助重残”项目，为社区重残人士定期上门提供精神慰藉和适当的生活服务，全年完成为残疾人送康复服务 107 人。

7. 推进社区文化惠民工程。深化“襄阳公园艺术星期六”文化广场品牌活动，通过与相关院团合作、政府购买演出服务等形式，提升演出质量，扩大受众人群，丰富表演形式，计划全年开展各类文艺演出百场。

8. 深化文明创建活动，获评“2012—2013 年度上海市文明社区”。

2014 年度

1. 以全国文明城区创建工作为契机，围绕六大美丽系列活动，加强社区市容市貌各类顽疾的整治，提升社区整体环境水平；加强社区动员和宣传，引导公众参与，弘扬社区道德模范典型，传递社会正能量，提高社区居民文明素质。

2. 对社区 14.5 万平方米老公房实施综合整修，改善居民居住条件；结合各小区实际情况，继续做好小区内公共设施的维护更新工作。

3. 以率先完成业态调整的乌中菜市场及其以南（至复兴西路）路段沿街商铺为示范试

点，继续推进乌鲁木齐中路和复兴中路业态调整工作，力争使乌鲁木齐中路、复兴中路沿线的外立面改造及业态调整工作初显成效，提升湖南社区市容市貌。

4. 继续推进社区消防安全为民实事工程，落实社区内现有简易消防喷淋等相关设施的维护保养工作，为社区老弄堂和部分优秀保护建筑更换、增配灭火器材，开展老式居民楼和高层住宅楼的疏散逃生、灭火演练，全力保障社区安全。

5. 继续强化群防群治体系建设，夯实基层基础工作，完善管理网络，全面推进平安建设，建成 11 个区级平安示范小区，街道获评市级平安示范社区。

6. 对社区学校进行综合改造和功能提升，增加文化小剧场、人文工作室、社区文脉墙等文化服务设施；试点对居委会活动室进行功能改造，打造集综合型教室、自助式“图书室”、立体声“电影室”、文艺展示厅功能为一体的“三室艺厅”；推进张乐平故居等筹建工作。

7. 以打造智慧社区为目标，梳理社区特色人文和商家资源，制作湖南社区商旅文体验式电子地图，通过点状 wifi 覆盖、老洋房二维码设置、社区信息发布平台等软件开发，在历史风貌保护区营造人文时尚的慢生活街区氛围，为居民提供便捷的文化生活服务。

8. 协助社团和民非单位开展规范化建设，申报 A 级评估；加强与辖区社会组织的合作，整合社区资源，开展各类公益活动，策划公益项目，以脑瘫儿童音乐理疗和为老服务两个项目逐步深化服务载体。

9. 弘扬为老服务典型，营造全社区共同关心老年人的氛围；试点开展居家养老服务打卡工作，使服务老人更加透明；针对社区内老年人、残疾人等特殊群体，拓宽社区事务受理中心业务协调平台职能，将老年卡受理、计生、居住证等 13 项服务延伸至居委会。

10. 关爱社区婴幼儿健康成长，投资建设湖南路街道宝宝乐教育活动中心，建构“亲子活动与家庭教育指导一体化”的模式，为区域内 0—3 岁婴幼儿及家庭提供科学育儿指导和服务；整合社区内幼儿园资源，开展各类亲子活动，扩大社会影响力。

2015 年度

1. 对社区 14 万平方米老旧公房实施综合整修，改善居民居住条件；结合各小区实际情况，继续做好小区内公共设施的维护更新工作。

2. 实施湖南社区网格化综合管理，将社区划成四个网格、两个责任区，组建街道城市网格化综合管理中心及 16 个居委会联动工作站，为社区居民提供更加高效、便利的服务。

3. 根据居民实际需求，推进以“小微实事项目”和“小微自治项目”为内容的居民区自治项目建设，通过政府引导，居民主体，社会参与，切实提高居民区自治能力和管理水平。

4. 推进老年宜居社区建设，完善社区居家养老服务设施，强化以六助为主要内容的居家生活照护服务，搭建生活服务综合网络平台，以信息化为支撑提升为老服务水平。

5. 推动邻里互助服务，加强老年人关怀，在已建成的 26 个“睦邻点”的基础上，继续发挥“睦邻点”互助效应，完成 10 个“睦邻点”建设。

6. 推进张乐平、柯灵故居开放工作。在成功收储两个故居基础上，组建专职工作团队，整合各方力量，全面推进两个故居的筹备开放工作，年内完成张乐平故居开放。

7. 推进智慧社区建设，依托全区首个获得上海市“智慧城市创新项目资金”支持单位，融合商旅文内容，拓展 WiFi 公共区域的点状覆盖，做大做强“慢品上海湖南社区”人文智慧平台。

8. 梳理社区丰富的名团、名史、名人、名迹资源优势，探索“资源共享、合作为民”的共建机制，加大文化服务覆盖，全年推出名家讲坛、名著演绎等100场“五名文化”菜单。

9. 完成社区文化活动中心搬迁，年前实现新的文化活动中心投入使用。强化社区文化窗口功能定位。拓展功能，完善设施，建成便民戏曲教室、人文工作室、画家工作室、文化小剧场、名人陈列馆等特色化、现代化的文化服务设施。

10. 为200户独居老人安装独立式火灾报警器，在火灾发生时及时预警，提醒居民扑救或撤离。随后根据实际情况逐步推进，保障社区内独居老人家庭消防安全。

2016年度

1. 推进老旧住房厨卫综合改造工程，完成5万平方米的老旧住房厨卫综合改造，并形成以社会责任、社会效益和居民满意度为导向的大修机制。对部分小区开展绿化小品建设，提高小区的绿化面貌。

2. 开展光明工程，在完成剩余6 000户居民表前设施改造的基础上全面完成社区所有2000年前竣工的老旧住宅供电设施改造。

3. 启动二次供水改造工程。完成20个小区、800户居民，共5万平方米的居民住宅的屋顶水箱、水泵房和供水管道的全面改造。启动对复兴中路1350弄16号—23号和淮海中路1670弄甲1—甲5的平改坡工程。

4. 加强对重点区域机动车管理。在环贸周边、淮海中路、复兴中路等沿线安装机动车违停电子监控设备。

5. 以“小微实事项目”“小微自治项目”为抓手，切实发挥居民群众在社区建设、社区管理和其他公共事务中的“主人翁”作用，推进党组织领导下的充满活力、和谐有序的基层自治。

6. 做好街道综治中心、标准司法所建设，加强软硬件建设，提升社区治理能力。

7. 深入对接75岁以上“统一照护需求评估”工作，加大智慧养老建设，打造为民服务信息平台APP，实现养老需求与服务资源的有效对接。引导市场和专业力量参与阳光之家和阳光新苑建设和运营，拓展公共服务外延。

8. 开放运行新文化活动中心，完成新文化活动中心（社区学校）装修和搬迁工程，正式开放运行。探索引进社会力量共同参与中心运维和服务。

第四节　居民代表会议和社区代表会议

根据市民政局关于《上海市街道居民代表会议实施办法》，街道办事处应每年召开一次居民代表会议，代表每届任期三年，1992年2月至2006年1月，辖区办事处共召开五届居民代表会议。

2007年1月，根据市委、市政府关于加强社区党建、社区建设的要求，将居民代表会议改为社区代表会议，并制定会议章程和工作制度，明确社区代表会议是在社区（街道）党工委领导下，由社区内各界人士代表参加的，对本社区的社会性、公益性、群众性等重大事情进行民主协商的一种会议制度，是了解民情、反映民意、集中民智的非权力社区议事协商机构。会议每年召开一次，下设常务委员会和城市管理、社会保障、社会事业发展、社会安全管理4个专门委员会。社区代表包括：社区(街道)党工委、街道办事处、区职能部门派出机构推荐的代表；居民区党组织和居委会推荐的代表；社区内各级人大代表和政协委员；社区内各类法人组织推荐的代表；驻区单位、民间组织和群众团体推荐的代表；社区居民及其他特殊群体推荐的代表。每届社区代表任期3年，可连选连任。社区代表会议的主要任务是：听取和评议街道办事处、区职能部门派出机构及有关部门工作报告；听取和评议有关部门对社区代表所提意见和建议的处理情况汇报；讨论和商议社区成员普遍关心的社会性、公益性，群众性事务：动员社区成员参加社区建设和社会公益事业，监督和支持社区各项工作；交流社区建设与管理工作；其他需讨论和审议的事项。2007年2月至2016年1月，辖区办事处共召开十次社区代表会议。

一、居民代表会议

[第一届居民代表会议]

第一次会议于1992年2月21日召开。街道办事处主任李金凤作《解放思想、实事求是、专心致志、齐抓共管 为把湖南路街道创建成为市级文明街道而努力奋斗》的工作报告。辖区派出所、房管所、环卫所负责人作大会发言。

第二次会议于1993年2月15日召开。区派出所、房管所、环卫所负责人作大会发言。

第三次会议于1994年1月18日召开。街道办事处主任李金凤作工作报告。辖区派出所、房管所、环卫所负责人作大会发言。

[第二届居民代表会议]

第一次会议于1995年2月召开。街道办事处主任李金凤作工作报告。辖区派出所、房管所、环卫所负责人作大会发言。

第二次会议于1996年1月31日召开。街道办事处主任李金凤作工作报告。区房屋土地管理局湖南办事处、辖区环卫所、派出所负责人作大会发言。

第三次会议于1997年1月16日召开。街道办事处主任李金凤作工作报告。辖区派出所、环卫所、永福物业负责人作大会发言。

[第三届居民代表会议]

第一次会议于1998年1月8日召开。街道办事处主任李金凤作工作报告。辖区派出所、环卫所、永福物业负责人作大会发言。

第二次会议于1999年1月28日召开。街道办事处主任袁建村作工作报告。辖区派出所、环卫所、区房屋土地管理局湖南办事处负责人作大会发言。

第三次会议于2000年1月5日召开。街道办事处主任袁建村作《在改革中发展，在创新中奋进，迎接新世纪的到来》工作报告。辖区派出所、房管所、环卫所负责人作大会发言。居民代表共提交意见和建议108条。

[第四届居民代表会议]

第一次会议于2001年1月5日召开。街道办事处主任袁建村作《以全面提高社区管理建设水平，迎接新世纪的到来》工作报告。辖区派出所、区房屋土地管理局湖南办事处、环卫所负责人作大会发言。居民代表共提交意见和建议76条。

第二次会议于2002年1月10日召开。街道办事处主任徐孙庆作《夯实基础、建立机制、奋发有为、形成合力,全面提升社区管理水平》工作报告。辖区派出所、环卫所、区房屋土地管理局湖南办事处负责人作大会发言。居民代表共提交意见和建议60条。

第三次会议于2003年1月15日召开。辖区警署、永福物业等单位分别作大会发言。居民代表共提交意见和建议35条。

[第五届居民代表会议]

第一次会议于2004年1月9日召开。街道办事处主任黄龙新作《抓住机遇、开拓进取、勤政为民、扎实工作 为建设现代一流社区而努力》工作报告。辖区派出所、环卫所、工商所、城管三分队、房屋土地管理局湖南办事处负责人作大会发言。居民代表共提交意见和建议64条。

第二次会议于2005年1月21日召开。街道办事处主任余正湖作《以民为本 优化管理 建设优雅、和谐、现代的湖南社区》工作报告。辖区派出所、房管办事处、市容管理所、社区卫生服务中心负责人作大会发言。居民代表共提交意见和建议82条。

第三次会议于2006年1月18日召开。街道办事处主任余正湖作《团结一致 众志成城 共同建设文明和谐的湖南家园》工作报告。徐房集团、辖区派出所、社区卫生服务中心、城管三分队负责人作大会发言。

二、社区代表会议

[第一届社区代表会议]

2007年1月24日召开。街道社区党工委书记、街道办事处主任余正湖作《热诚为民服务 优化管理手段 稳步推进和谐社区建设》工作报告。辖区派出所、工商所、城管三分队、社区卫生服务中心、房地办事处、市容管理所、东湖宾馆、春华居委会常熟路228弄弄管会负责人作大会发言。

[第二届社区代表会议]

2008年1月11日召开。街道办事处主任顾耀明作《以民为本 扎实奋进 为建设"人文环境浓郁,和谐有序稳定,充满生机活力"的和谐社区而共同奋斗》的工作报告。辖区派出所、房地办事处、城管三分队、社区卫生服务中心、市容所负责人作大会发言。

[第三届社区代表会议]

第三届社区代表会议(暨第十一次社区党建工作会议)于2009年1月16日召开。街道办事处主任顾耀明作《齐心协力 扎实工作 为实现湖南社区"人文环境浓郁,和谐有序稳定,充满生机活力"的目标而努力奋斗》的工作报告。辖区派出所、工商管理所、城管三分队、社区卫生服务中心、房管办事处、市容管理所、永福物业负责人作大会发言。

[第四届社区代表会议]

2010年1月8日召开。街道办事处主任顾耀明作《强管理 促民生 保稳定 为上海2010世博营造欢乐和谐的社区生活环境》的工作报告。辖区派出所、城管三分队、工商所、徐汇交警二中队、社区卫生服务中心、房管办事处、市容管理所、永福物业、日盛公司湖南作业队负责人作大会发言。

［第五届社区代表会议］

2011年1月6日召开。街道办事处主任宋涛作《围绕世博抓建设 抓好建设促和谐 大力建设"城市——让生活更美好"的多彩社区》的工作报告。辖区派出所、城管三分队、工商所、徐汇交警二中队、社区卫生服务中心、房管办事处、市容管理所、永福物业、日盛环卫公司湖南作业队负责人作大会发言。

［第六届社区代表会议］

2011年12月28日召开。街道办事处主任宋涛作《以人为本保民生 锐意进取促和谐》的工作报告。辖区派出所、城管三分队、工商所、徐汇交警二中队、社区卫生服务中心、房管办事处、市容所、永福物业、日盛环卫公司湖南作业队负责人作大会发言。

［第七届社区代表会议］

2013年1月17日召开。街道办事处主任陈澄泉作《优化社区形态创新社区管理 努力把湖南社区打造成一流的国际化精品社区》的工作报告。辖区派出所、城管三分队、工商所、徐汇交警二中队、社区卫生服务中心、房管办事处、市容所、永福物业、日盛环卫公司湖南作业队负责人作大会发言。

［第八届社区代表会议］

2014年1月16日召开。街道办事处主任李侃作工作报告。辖区派出所、城市管理行政执法大队湖南中队、工商所、徐汇交警支队二中队、社区卫生服务中心、房管办事处、市容管理所、永福物业、日盛环卫公司湖南作业队负责人作大会发言。

［第九届社区代表会议］

2015年1月30日召开。街道办事处主任李侃作工作报告。辖区派出所、区城市管理行政执法大队湖南中队、市场监督管理所、徐汇交警支队二中队、社区卫生服务中心、房管办事处、市容管理所、永福物业、日盛环卫公司湖南作业队负责人作大会发言。

［第十届社区代表会议］

2016年1月21日召开。街道办事处主任李侃作工作报告。辖区派出所、房管所、环卫所负责人作大会发言。

第五节 信 访 工 作

一、队伍

1991年7月，街道党工委会议确定人民群众来信来访接待处理由街道行政办公室负责。2002年12月，街道司法、信访接待窗口成立。2004年，街道成立由人大代表、法律工作者、居民代表和职能部门组成的评议委员会，建立信访听证制度，推进社区民主自治建设。2007年，成立街道信访办公室，加强司法和调解工作，充实信访干部队伍力量，在各居委会建立人民调解工作站，创新"警民联调"工作方法，参与社区重大、疑难纠纷和轻伤害的化解。2015年市委"一号课题——创新社会治理、加强基层建设"实行后，信访办与平安办合并，定期组织举办信访流程、信访业务、信访系统操作平台等培训，提升信访干部政策水平和处理实际问题的能力。

二、制度

街道以1993年10月颁布实施的《上海市信访工作条例》、2005年5月颁布的《国务院信访工作条例》作为开展信访工作主要依据。

1991年，街道就信访工作明确：1. 建立信访规则；2. 对信访举报信件进行查处；3. 经常了解一些线索。为把问题解决在基层，深入开展“满意在徐汇”活动，坚持每月一次的联合接待，由街道干部、派出所民警、环卫联络员、房屋管理员、居委会干部、人大代表参加的下居委会联合办公的制度，取得较好的效果，一些涉及几个单位的老大难问题在联合办公中及时得到协调解决。这一制度得到市府信访办的肯定，作为先进典型在市信访会议上作经验介绍，并转发介绍材料。同年3月，湖南路街道在市基层信访工作会上作交流发言，主要经验是：将“联合接待”的做法深化到各居委会，把问题解决在最基层。同年，街道发生3起重要信访，由于依靠居委干部做深入细致的思想工作，会同有关部门在基层“联合接待”下，得到妥善处理。

2000年，街道坚持贯彻市委提出“信访工作要建立一把手负责，一级抓一级，一级对一级负责的责任制”的要求，坚持街道党政领导每周二次接待日（周四、六），实行各职能科室每周轮流接待制度，人员落实，明确责任，接待人员应严格按信访条例依法信访，文明接待，并做好记录，签署科室和姓名。建立定期排查制度，居委会每周对地区内信访情况进行分析研究，预测群众信访趋势，把问题解决在萌芽状态，以减少集体上访，控制越级上访，切实防止进京上访。居委会把每周排查情况在周一通过联络员带回交行政办公室。对于信访案件的处理，严格按照“分级负责、归口办理”的原则，妥善处理群众来访反映的问题。

2008年，徐汇区推行网上信访业务操作受理平台，湖南路街道根据《徐汇区关于加强初信办理工作的实施意见》和《徐汇区初信办理工作考核办法》，制定《湖南路街道关于进一步加强信访工作的实施意见》，健全司法、信访综合服务窗口的工作流程和“一口受理、内部流转、协调解决”制度，充分利用上海市“网上信访”系统和徐汇区信访信息系统，完善信访事项的受理、办理、回复和督办等工作流程，推进信访工作规范化，提高信访处理效率。通过来信、来访、来电和网上信访等多种渠道，拓宽社情民意表达形式。坚持党政领导干部阅批群众来信、每周接待群众来访、领导“包案制”等制度，有效解决疑难信访问题。

2015年，街道对于重要初信办理落实“三见面”制度，即来信事项的办理应与承办单位领导见面，与承办人见面，与来信人见面，提高初信办理的质量与效率。

三、受理

2004年，街道信访办加大社区信访件的处理力度，全年共收到信访件368件，办结率达95%，接待来访1 078人次，调解民间纠纷118起，群众来信来访的各类问题都能较好的得到解决。

2006年，司法、信访综合服务窗口共接待398次，573人次。

2007年，街道全年共收到群众信访件214件（批），其中区转信149件，街道自办65件，调解民间纠纷202起，调解成功率100%。司法、信访综合服务窗口共接待339次，388

人次。

2008年，街道全年共收到群众信访件214件，其中区转信149件，街道自办65件，办结率100%。2008年，街道信访办共收到群众信访件203件，其中区转信157件，街道自办44件，复查件2件；来信113件，电子邮件15件，来电33件，来访42批。在信访件类别中，求决类143件，占70.4%：参政类54件，占26.6%；举报类3件，占1.5%。2008年街道信访信息系统严格按照区信访办设计的信访件处理流程，落实“一点受理，全网联通，规范服务”的一体化信访业务模式。

2009年，街道信访办处理各类信访问题，司法信访窗口全年接待来访536次，处理率100%；信访办收到群众信访件160件，办结率99%。

2010年，街道信访办共收到群众信访件154件，其中区转信138件，；街道自办16件，来信71件，电子邮件20件，来电28件，来访37批，会办件28件。其中初信初访50件，办结47件，办结率94%、群众满意率80%、领导阅批率100%和见面率100%。2010年6月，安福路49弄、53弄部分居民多次在常熟路、安福路口的人行道上拉横幅，反映安福路49弄10号的违章建筑无人管的问题。街道信访办获悉后牵头区各职能部门多次开会协商查处方案，通过街道信访办多次与居民代表和49弄10号业主沟通协商，居民与业主一致同意查处方案。

2011年，采取每周四由街道领导在窗口接待居民来访的方式，为群众反映问题提供了方便，也为街道更好地服务群众提供了依据。窗口工作人员在为来访群众解答涉法问题的过程中，也通过法律咨询的手段将法制教育的内容融入解决居民的热点、难点问题中，引导社区居民知法、守法。全年司法信访综合窗口共接待居民411次，534人。

2012年，街道信访办共收到186件信访件，其中区信访办下转信访件，街道为主办单位的有94件，包括初信初访22件；区信访办下转信访件，街道为会办单位41件；街道信访办日常接待51件，均已办结。其中社区民政类47件，主要反映生活保障、为老服务等问题；市政管理类68件，主要反映违章搭建、环境卫生等问题；各类纠纷32件，主要反映邻里纠纷、家庭矛盾等问题；其他问题39件，主要包括各类咨询、建议、表扬等。

2014年，街道信访办共收到信访件232件。其中区信访办下转信访件，街道为主办单位的有100件(包括初信初访25件，中央巡视组信件6件，复查件2件)；区信访办下转信访件，街道为会办单位的有37件；报送区领导接待信访事项12件，其中区领导信访接待10件；街道信访办自办信访件21件；街道信访办日常来电来访接待74件。

2015年，街道信访办共收到信访件201件。其中区信访办下转信访件，街道为主办单位的有120件(包括初信初访30件，街道自立案6件)；区信访办下转信访件，街道为会办单位的有57件；周四区领导接待信访涉湖南路街道事项共计18件，报送相关接待信访事项23件；周四街道领导接待信访事项共计51批/次。街道信访办日常来电来访来信接待262件。2015年湖南路街道涉群体性纠纷事项中，淮海中路1356号楼梯通道堵塞引起的矛盾，通过湖南路街道、徐房集团等多部门共同努力，继2012年淮海中路1356号西侧楼梯打通后，被堵塞数十年的东侧楼梯被打通，该群体性信访矛盾圆满解决。

2016年，街道信访办收到国家信访信息系统上海分系统收件62件，其中求决类48件(包括满意度评价1件)，意见建议类8件，揭发控告类3件，申诉类1件，其他2件。区信访办下转信访件，街道为主办单位的有 127 件，其中，初信初访的有 33 件；区信访办下转信访件，街道为会办单位的有 66 件。周四区领导接待信访涉湖南路街道事项共计 17 件，报送相关接待信访事项 23 件。周四街道领导接待信访事项共计 52 批/次。街道信访办日常来电来访来信接待 277 件。2016 年湖南路街道信访事项主要涉及的矛盾有陕西南路辛陶宇信访积案的处理、上海电影院房屋修缮工程引发的与周边居民的矛盾、历史风貌保护区内的拆违与周边居民生活不便的矛盾、因无证经营破墙开店占用共用部位违章搭建等原因造成居民矛盾等。信访矛盾比较集中的五原路 89 号喜喜小馆，该处系无证开店，由于油烟噪声扰民，遭到周边居民数十次的信访投诉，在区领导的重视和推动下，最终在当年 5 月，通过徐房集团、市场监督管理局、湖南路街道等多部门共同努力，成功将其关闭。“李卫星”非法集资案中，街道信访办在区信访办的指导下达到清偿工作签约率 80%的工作目标，维护社区的和谐，避免在社区内发生重大的群体性纠纷。

第六节 档案管理·地方志编纂

1991 年，街道建立档案室。行政办公室内设专职档案干部，各科室(部门)配备兼职档案工作人员，开展文件、材料的搜集、整理和归档工作。制定《档案工作人员职责》《档案室库房管理制度》《档案借阅制度》等管理制度。

同年，街道建立文书档案两级网络，组织文书档案负责人业务培训，对机关干部进行文书档案知识教育，使文书工作规范化。健全和完善档案室各项制度。加强对人事工作的领导，健全网络，集中管理，建立制度，完善手续，按规定力求提高案卷质量。5 月，街道制定 1991—1992 创建文明街道计划，将“档案工作规范化、制度化，上一个等级，争创合格档案室”作为目标。建立烈军属档案。7 月 12 日，街道党政领导会议(党工委扩大会议)确定街道办事处建立档案工作小组，做好三项工作：档案工作上等级工作；建立文书档案两级网络，健全档案室各项制度；文书档案上等级检查工作。年内，档案室工作经区档案局检查，被评为合格档案室。

1993 年 12 月，街道编修完成第一版《新乐路街道志(1901—1990)》，1995 年 10 月，街道编修完成第一版《湖南路街道志(1901—1992)》，2014 年 12 月翻印(未出版)。

1999 年，区地方志办公室开始编纂《徐汇年鉴》。至 2016 年，湖南路街道共参编 19 部(含 1992—1998 年合订本)。

2006—2007 年，湖南路街道办事处获评徐汇区档案系统先进集体，颁发单位徐汇区人事局、档案局。

2008 年，街道按照国家档案局和市、区档案局有关规定和要求，编制《湖南社区(街道)党工委、办事处文书档案归档范围和保管期限表》。6 月，街道报送《湖南路街道办事处机关文件材料归档范围和文书档案保管期限表》(送审稿)。经徐汇区档案局审核后执行。

2008 年后，档案干部开展文件资料征集、整理归档、编制目录，督促和指导各科室(部门)的建档工作。建立文书、会计、设备、基建、荣誉、声像等 6 个门类的档案。街道库藏档案按载体不同分为纸质档案、声像档案、实物档案和光盘等。街道历年的会计档案、财务档案，由财务审计科保管。社区文化中心和街道社区事务受理服务中心形成的档案，暂由各单位自行保管。

2009 年，徐汇区档案协会成立。湖南路街道是成员之一。

2016 年，开始 1991 年至 2016 年新一轮《湖南路街道志》的编纂工作。

一、档案管理

［**档案工作**］

1991 年，街道办事处正式建立档案室，设一名专职档案干部。制定《档案工作人员职责》《档案室库房管理制度》《档案借阅制度》等工作制度，实行统一管理，陆续建立文书、会计、设备、基建、荣誉、声像等 6 个门类的档案，对每个基建项目编制一本案卷目录，包括 5 项内容，即项目立项阶段（前期）文件、工程项目设计阶段文件、工程项目施工阶段文件、工程项目竣工阶段文件、竣工图。街道会计档案案卷目录每年按照报表、账册、凭证进行分类，并编制成册。建立文书档案两级网络，组织文书档案负责人业务培训，对机关干部进行文书档案知识教育。档案室工作经区档案局检查，被评为合格档案室。

1992 年，街道开展学习、宣传、贯彻《中华人民共和国档案法实施办法》活动，提高全员档案意识，加强档案工作的业务建设。并根据区纪委要求，建立街道处、科级干部的廉政档案。

1996 年，街道对办公用品（电器）设备、辅助设备、交通工具等，编制大流水号案卷目录；为荣誉档案以年度、时间排列，分奖状、证书、奖杯、奖牌、锦旗等，编制大流水号案卷目录；声像档案根据载体性质分为 5 类，即照片、底片、录像带、录音磁带、光盘，其中照片按内容又分为领导视察类、会议类、活动类、外事接待类 4 个类别，编制大流水号案卷目录。

1997 年，街道加强档案管理工作，责任到人，落实到科，列入各科目标考核。

2000 年 9 月，湖南路街道向区组织部申请评定干部人事档案工作目标管理三级标准。

2005 年，对辖区所有独居老人、离退休老干部健康状况进行调查，实现社区所有老人健康档案全覆盖，基本完成地区居民健康档案的调查和建档工作。

2006 至 2007 年，街道在每年的归档月期间，将有关的档案法律法规材料选编发给机关各部门、社区各居委会，通过座谈讨论、黑板报宣传、智力小测试等多种形式来开展学习和教育，帮助学习档案法、运用档案法。第二个“中国文化遗产日”，组织人员对社区内的名人名屋进行调查统计，开展“老洋房的故事”征文演讲活动，召开有关会议研讨，访问有关名人专家，精心拍摄、制作湖南社区优秀历史建筑展板。《中华人民共和国档案法》颁布 20 周年纪念日期间，街道和区档案局、房地档案中心联合在淮海中路襄阳公园举办宣传咨询活动。咨询活动的主要内容有：档案的法律法规；政府信息的公开；家庭档案、成长档案的建档制作；房产档案的咨询；婚姻、独生子女、知青回沪等档案的咨询。年内，街道完成各部门文书档案归档案卷 347 卷（包括 12 个社会事业项目的专题案卷 33 卷）；完成进区档案馆的 1994 年至 1996 年文书档案 117 卷的整理工作；完成街道社区学校、文化中心修缮工程以及街道社区事务受理服务中心装修工程基建档案 40 卷的整理工作；做好文书档案的全引目录、案卷目录及借阅登记记录；整理街道历年的荣誉档案、财务档案、设备档案；对社区学校、社区事务受理中心的档案工作上门指导；对居委会档案干部进行业务培训，并组织外出参观，加强管理和指导。对基层居委会的档案工作逐一进行上门检查指导，并提出整改意见；档案干部参加档案继续教育的业务培训；向区档案局报送档案工作信息5条，录用5条；做好档案的借阅利用工作，每年平均为机关和基层干部25人次提供65卷次的档案查考。

2008年，街道按照《上海市归档文件整理操作细则》，对上年的文件材料实行以“件”为单位归档。街道库藏档案按载体不同分为纸质档案、声像档案、实物档案和光盘等。街道历年的会计档案、财务档案，由财务审计科保管。社区文化中心和街道社区事务受理服务中心形成的档案，暂由各单位自行保管。街道按照国家档案局和市、区档案局有关规定和要求，编制《湖南社区（街道）党工委、办事处文书档案归档范围和保管期限表》，经徐汇区档案局审核后执行。

表4-6-1　**2007—2015年湖南路街道档案进区档案馆情况表**

进馆年度	档案年度	情况说明
2007	街道1994—1996年档案	永久卷7卷；长期卷110卷，共计117卷
2013	街道1997—2002年档案	永久卷49卷；长期卷247卷，共计296卷
2015	街道2003—2005年档案	永久卷22卷；长期卷111卷，共计133卷

表4-6-2　**2006—2016年湖南路街道档案室室存档案情况表**

年度	文书档案（卷）	文书档案（件）
2006	153	—
2007	177	—
2008	199	—
2009	—	765
2010	—	1 723
2011	—	2 628
2012	35	1 965
2013	26	1 777
2014	29	1 660
2015	84	2 729
2016	51	1 609

［家庭建档］

2004年，街道按照区政府《关于创建社区社会事业示范项目三年行动计划（2005—2007年）》的精神以及档案局开展“家庭档案”创建活动的倡议，对档案进社区进家庭工作进行构思、策划和分析，制定达标要求和开展家庭档案工作计划，对具体内容、实施的步骤、阶段目标等做出具体安排，整理家庭档案分类材料并设计完成家庭档案各门类的卷内目录，为家庭建档户提供便捷服务。

2006年，街道在社区16个小区、69户居民中建立家庭档案，其中24户家庭参加在社区学校开展的展示展评会。

2007年，地区文教、妇联、计生干部以及家庭档案志愿者、家庭档案建档户60余人在社区学校参加家庭档案制作的业务培训。参与50户，27户制作“成长档案”，23户制作“家庭档案”。8月，街道和区档案局、湖南社区学校、湖南社区16个居委会组织和策划《留下成长足迹》成长档案夏令营活动，来自湖南社区16个居委会的50多名学生和居委干部参与活动并交流传阅档案范例。街道在社区学校大厅举办学生成长档案作品展示，并在网站刊登活动报道。11月，街道举办家庭档案、成长档案、0—3岁宝宝档案展示展评活动。年内，在16个小区，65户居民家庭建立家庭档案。资料包括学习型、收藏型、管理型、军旅型、医疗保健型、学生成长型和宝宝成长过程中所有第一次的宝贵资料等，从不同的层面和角度、用不同的载体和形式记录、保存历史的真实轨迹。展品分类科学、排列有序、编目规范、结构合理、体现家庭档案的实用性、观赏性、可塑性。其中有6户家庭选送参加徐汇区举办的家庭档案展览，另有越剧演员、指挥家、医学专家以及老一代体育教练等名人档案。

二、地方志编纂

［参编《徐汇年鉴》］

街道年鉴工作主要是撰写《徐汇年鉴》湖南路街道分目。1999年，区地方志办公室开始编纂《徐汇年鉴》。至2016年，共编纂出版19部（含1992—1998年合订本）。街道办事处指派撰稿员，撰写条目稿件。街道每年布置各科室、部门收集、选送体现当年街道主要活动、特色工作的信息材料和照片资料，指派撰稿员撰写条目稿上报，内容涉及街道政治、经济、文化、科技、社区管理和市政建议等多个方面，为《徐汇年鉴》提供材料。1992至2016年，街道为《徐汇年鉴》撰写有关湖南路街道分目共计196条，字数56 495字。

表4-6-4　湖南路街道撰写《徐汇年鉴》分目情况表

名　　称	条目	字数	出版日期	名　　称	条目	字数	出版日期
合计	196	56 495	1999—2016	《徐汇年鉴2000》	10	2 737	2000.10
《徐汇年鉴1992—1998》	4	2 214	2002.7	《徐汇年鉴2001》	5	1 660	2001.8
《徐汇年鉴1999》	8	2 092	1999.12	《徐汇年鉴2002》	7	3 153	2002.12

续表

名　称	条目	字数	出版日期	名　称	条目	字数	出版日期
《徐汇年鉴 2003》	14	4 753	2003.12	《徐汇年鉴 2010》	15	3 922	2010.11
《徐汇年鉴 2004》	12	2 643	2004.9	《徐汇年鉴 2011》	12	3 253	2011.7
《徐汇年鉴 2005》	10	2 292	2005.10	《徐汇年鉴 2012》	11	2 800	2012.11
《徐汇年鉴 2006》	11	2 564	2006.10	《徐汇年鉴 2013》	12	3 643	2013.11
《徐汇年鉴 2007》	10	2004	2007.10	《徐汇年鉴 2014》	9	2 630	2014.11
《徐汇年鉴 2008》	14	3 246	2008.11	《徐汇年鉴 2015》	10	3 363	2015.11
《徐汇年鉴 2009》	13	3 436	2009.12	《徐汇年鉴 2016》	6	3 148	2016.12

［**参编《徐汇区志》**］

1989 年，徐汇区组织编写《徐汇区志》(下限为 1990 年，某些要事的记述，在总述、大事记及有关分志中延伸到 1995 年)。原湖南路街道参与编写“第一篇 第三章 第三节 湖南路街道”；原新乐路街道参与编写“第一篇 第三章 第四节 新乐路街道”。

［**参编《徐汇区志》(1991—2005)**］

2005 年，徐汇区组织编写《徐汇区志》(1991—2005)，街道撰写“第三十六编 社区(街道、镇)第一章 湖南路街道”。

［**编纂街道志**］

2015 年，区府办印发《关于推进街道(镇)编纂工作的通知》。街道成立《湖南路街道志》编纂委员会，下设办公室。3 月，印发“关于印发《〈湖南路街道志〉(1991—2016 年)编纂工作方案的通知》”。编纂分组织准备、拟定篇目、资料收集、撰稿编写与评议、评审、验收、出版 5 个阶段。5 月召开第一次动员会。至 2020 年，收集整理汇总约 40 万字基础资料。

第五章　工会·共青团·妇联

1994 年 9 月，湖南街道第一届工会委员会成立。2001 年 4 月，街道召开社区工会第一次代表大会，选举产生湖南社区工会第一届委员会。2005 年 7 月，湖南街道工会更名为湖南社区总工会。2015 年 8 月，湖南社区总工会更名为湖南街道总工会（简称：街道总工会）。

1992 年 7 月，共青团湖南街道工作委员会成立。2005 年 6 月，共青团湖南街道工作委员会更名为共青团湖南社区（街道）工作委员会。2015 年，共青团湖南社区（街道）工作委员会更名为共青团湖南街道工作委员会（简称：街道团工委）。

1991 年，湖南街道妇女联合会成立。2007 年 6 月，湖南街道妇女联合会更名为湖南社区（街道）妇女联合会。2015 年，湖南社区（街道）妇女联合会更名为湖南街道妇女联合会（简称：街道妇联）。

第一节 工　　会

1994 年 9 月 28 日，经街道党工委研究并报徐汇区总工会批准，湖南路街道成立第一届工会委员会。2001 年 4 月，街道召开社区工会第一次代表大会，选举产生湖南社区工会第一届委员会。2005 年 7 月，更名为湖南社区总工会。至 2016 年末，辖区有工会组织 76 个，覆盖企业、事业单位 560 家，会员 10 200 名。

2005 年 7 月，湖南社区工会更名为湖南社区总工会

一、工会代表大会

1994 年 9 月 28 日，湖南街道第一届工会委员会成立，单逸华任主席，孙建飞任副主席兼经费审查委员会主任。

1997 年 8 月 8 日，召开湖南街道工会第二次代表大会，选举产生第二届工会委员会，由王敏任主席，吴建平任副主席兼经费审查委主任。

2001 年 4 月 27 日，湖南社区总工会召开湖南社区工会第一次代表大会，选举产生湖南社区工会第一届委员会，王敏任主席。

2005 年 7 月，湖南社区工会更名为湖南社区总工会。7 月 29 日，召开湖南社区总工会（简称：社区总工会）第一届第一次会员代表大会，选举产生社区总工会第一届委员会，金晓玲任主席，雷南海、曹秀娟任副主席，张尧礼任经审委主任。

2006 年 9 月 22 日，湖南社区总工会召开第一届第一次会员代表大会。

2008 年 11 月 20 日，湖南社区总工会召开第一届第三次会员代表大会。

2009 年 11 月 27 日，湖南社区总工会召开第一届第四次会员代表大会。选举岳云翔为总工会主席。

2012 年 9 月 27 日，召开湖南社区总工会第二次代表大会，选举产生第二届社区总工会委员会，岳云翔任主席，张羽、姜金芳、鲍伟任副主席，孙玲弟任经审委主任。2013 年 4 月 17 日补选郭艳楣为总工会主席，李海瑾为经审委员。

2013 年 5 月 23 日，湖南社区召开第二届第一次职工代表大会。

二、组织建设

1994 年 9 月，湖南街道工会成立。

2001 年 5 月，经区总工会批准，成立湖南社区女工委员会，马国华任主席。

2000 至 2001 年，建立街道劳动法律监督网络。成立社区工会劳动法律服务站，由区法律援助中心和受聘的兼职法律工作者每周半天为职工提供法律咨询援助服务。

2002 年，在新建企业较集中的武康小区组建小区工会。年内，组建居民小区工会 20 个，社区工会组织覆盖新经济企业 196 家；成立襄阳礼品服饰市场工会联合会，该工会由新上海国际商城发展有限公司第一工会、第二工会和襄阳服饰礼品市场联合工会联合组成，有会员 1 043 人，会员代表 130 人。

2003 至 2004 年，街道在有新建企业的居住区全部建立小区（联合）工会，发挥社区三方（党工委、办事处、工会）协商机制作用，签订区域性工资集体协议。

2005 年 7 月，结合区域实际，以非公有制企业和楼宇为重点，按照“组织起来 切实维权”的工作方针，推进工会组建，拓展工会组织覆盖面，先后成立餐饮行业联合工会、广告行业协会工会、商务楼联合工会等工会组织，结合申工社 APP、“徐汇工会”等线上平台，完善网上入会方式，通过网上入会、电话申请、现场申请等途径互动融合吸收会员。探索推行职工体制外单独入会新路径，依托楼宇和小区联合工会，建立非公有制企业职工入会的“蓄水池”，宣传、动员并吸纳未建会企业职工入会。年末，有基层工会组织 28 个，覆盖企业 322 家，会员 3 966 人。

2006 年，社区总工会强化两委班子的例会制度，做到每季度一次例会；健全工会档案资料，整理并建立各小区工会、行业工会的单位名册；9 月，社区总工会召开第一届第一次会员代表大会，选举 5 名代表出席区工会第四次代表大会。

2008 年，社区总工会在各有关部门和单位的支持协助下，先后建立社区物业行业联合工会、武康路集市联合工会和乌鲁木齐中路集市联合工会、奥林巴斯（上海）映象销售有限公司工会、湖南社区外口办协管员工会，先后在淮海国际广场、嘉华中心、襄阳庭等 10 座商务楼分别建立了各商务楼联合工会。社区总工会下属的上海铭源集团有限公司工会和中青旅上海控股有限公司工会，积极推进其下属企业（二、三级子公司）中未建工会的单位入会。

2006 至 2009 年，建立街道职工法律援助分中心社区服务站，为职工群众，尤其是农民工提供法律服务，每月在社区、企业开展一期法律法规讲座，提供免费法律咨询和援助。建立社区工会劳动争议人民调解委员会。

2009 年 3 月，经区总工会批复，成立徐汇区劳动模范协会湖南社区联谊会。

2010 年，社区总工会采取三项措施，一是发动小区联合工会积极开展建会工作，除了动员在所属辖区未入会的沿街点面及小单位加入小区联合工会外，还动员基本符合建立独立工会的企业或单位建立独立工会；二是由社区总工会的专职工会指导员，分头在社区内未组建工会的企业或单位开展工会组建工作；三是在社区入会的集团公司的下属新建企业、新建立的商务楼联合工会和利用社区的商务楼联合工会换届改选在新入驻的单位中发展入会单位。经过上下的共同努力，全年净增工会组织 22 个，净增入会单位 80 个，净增会员 1 000 人(其中农民工 358 人)。

2014 年起，社区总工会根据市总工会《关于推进实地实体型企业工会建设若干问题的意见》精神，将工会组建工作从以往偏重指标分解和数字统计，转变为注重推进实地实体型企业的工会建设。按照市、区总工会要求，梳理、整理、调整工会组建情况数据库，及时调整因企业搬迁、倒闭等原因而流失、减少的工会组织个数和会员人数。

2016 年，梧桐·SPACE(空间)党群工作服务站投入运营，全天候回应职工诉求，根据职工不同需求制定服务方案。年末，辖区有基层工会组织 76 个，覆盖企、事业单位 560 家；有会员 10 200 名，其中女职工 6 890 名。辖区工会组织中，建有独立工会的单位 47 家，会员 5 035 名，联合工会 29 家，覆盖 513 家企业，主要分布在居民区、商务楼宇以及餐饮行业中，会员 5 165 名。

三、维护权益

［**民主管理**］

2005 年起，社区总工会稳步推进辖区已建工会的基层企事业单位召开职工代表大会(简称：职代会)。2006 年，重点推进区域性，行业性职代会建制的覆盖面，加大源头参与力度，加强企事业单位民主管理制度化、规范化、法制化建设，健全以职代会为基本形式，以厂务公开、集体协商、职工董事和监事制度为重要形式的企业民主管理制度体系，提高民主管理工作的覆盖面和实效性，切实保障职工群众的知情权、参与权、表达权和监督权。依托职工服务站点和楼宇联合工会，由点及面推进工会联合工会的成立，不断加强行业、楼宇和小区等多维度职代会制度建设。年内，对于独立企业，突出建会、建制、集体协商“三同时”推进，加强分类管理和上门指导，结合各企业性质和管理特点，逐一上门进行规范化指导，要求企业紧紧抓住工资、奖金分配这一职工最关心的问题，建立职代会制度并开展集体协商，强化职工源头参与企业民主管理，切实维护职工合法权益，帮助企业构建和谐劳动关系。2007 年，成立街道厂务公开领导小组，探索在“两新”组织中开展民主管理的新模式，组织部分企业工会主席到其他企业学习厂务公开民主管理经验，广泛开展宣传教育，促进企业推进厂务公开，上半年创建劳动关系和谐企业 1 家。2015 年，社区总工会指导基层企业工会建立规范的职工代表大会运作制度，至 2016 年，辖区实行厂务公开的企业共有 556 家，其中实行职工代表大会的独立工会企业 36 家。

［平等协商、集体合同制度］

2003 年起，社区工会发挥社区三方（党工委、办事处、工会）协商机制作用，签订区域性工资集体协议。2006 年，社区总工会倡导企业签订集体合同，辖区餐饮行业的 21 家单位均实现集体合同的签约。2008 年 1 月 1 日《中华人民共和国劳动合同法》颁布实施，社区总工会通过基层工会，组织单位职工积极开展劳动合同法的学习，并组队参加区总工会组织的劳动合同法知识竞赛活动。加深社区各单位对劳动合同法内容的理解，社区总工会与区劳动保障局举办劳动合同法知识讲座，听课人数约 60 余人。2009 年起，社区总工会开展和谐企业评选活动。19 家企业获评 2011—2013 年度徐汇区劳动关系和谐企业、楼宇（小区、园区）。2015 年社区总工会完成 67 家独立工会、16 家小区联合工会、14 家楼宇联合工会、1 家社区餐饮行业的集体合同和工资集体协议的签订。年末，社区总工会完成 36 家独立工会、15 家小区联合工会、13 家楼宇联合工会、1 家社区餐饮行业的集体合同和工资集体协议的签订，覆盖企业 548 家，惠及员工 10 183 人。

［法律援助］

2001 年，建立社区工会劳动法律服务站。2006 年，根据辖区工会会员的需求，不定期在服务站点举办劳动法律沙龙活动，与企业行政、人事等分享劳动人事经典案例，强化源头维权。2010 年起，先后举办劳动法律常识、劳资纠纷处理等讲座培训活动 8 场，参与工会干部和职工 280 余人次，职工维权意识和能力有效提升。2012 年 6 月，社区总工会成立“一门式”职工援助服务中心，举办“学法律、反家暴、保平安”为主题的法律知识讲座，并邀请退休法官为女职工讲解各类法律知识，吸引社区 30 名女职工参加。2014 至 2016 年，社区总工会每年召开“同舟共济 共渡难关”劳动法维权座谈会，聘请专业律师为工会会员提供法律咨询服务，平均每年 200 人次。协助开展集体协商、民主管理、和谐企业建设等工作及工会方协商代表、工会法律干部培训。通过信息化网格平台加大劳动法、劳动合同法、妇女权益保障法、女职工劳动保护特别规定等法律法规的宣传，提高职工依法维权的意识和能力。

四、素质教育

街道总工会动员辖区工会组织深入开展职工素质教育工程，组织广大职工参加各种活动和技能培训，提升职工综合素质。2001 年 4 月，成立湖南街道工会“职工素质工程”领导小组。

2002 年，街道开展“红五月”系列文体活动，百余名工会会员参加。

2003 年，街道通过迎春联谊会、大型学雷锋活动等，百余名工会会员为近四百名社区居民提供志愿服务。

2005 年，街道推荐优秀餐饮业服务员、退休职工代表参加区组织的餐饮服务技能培训竞赛及越剧演唱比赛，参赛人员均荣获三等奖。

2006 年，街道组织 12 名青年职工参加区“职工学法”知识竞赛，获得团体三等奖；组织 80 名职工参加“十万职工学礼仪”活动；组织餐饮行业职工参加区总工会举办的职工技能比赛。“七一”前夕，社区总工会组织部分下属工会开展树立正确人生观、价值观的青年职工座谈会、“寻找革命先辈足迹”以及参观上海改革开放成果等活动，庆祝中国共产党成立 85 周年。

2007年，街道开展湖南社区(街道)“全民健身活动”，举办首届“快乐湖南杯”足球赛。

2008年，街道发动500余人次职工参加徐汇职工学习党的十七大知识竞赛、第三届徐汇区“虹梅杯”职工春季长跑赛、“康健杯”徐汇区“新上海人”迎奥运健身大会等活动。

2009年，街道举办“迎世博　学双语”、羽毛球、乒乓球、三人制篮球赛等活动。

2010年，街道发动基层工会近3 000人次职工参与世博相关活动，如“迎世博倒计时100天”活动、“全国职工世博知识网上竞赛”和“世博双语培训”等。

2012年，街道组织工会会员200余人次参加“女性礼仪讲座”“老年保健知识讲座”“迎十八大——歌唱党、歌唱祖国”卡拉OK比赛及“虹梅杯”职工长跑比赛等活动。

2013年，街道举办“湖南社区餐饮行业厨艺达品秀”暨第一届餐饮文化展示活动、第一届“快乐湖南杯”——“绳采飞扬 活力绽放”职工跳绳比赛。

2014年，街道举办第二届“快乐湖南杯”职工跳绳比赛。

2015年，街道举办第三届“快乐湖南杯”职工跳绳比赛、“快乐湖南杯”羽毛球赛。

2016年，街道举办第四届“快乐湖南杯”职工跳绳比赛。

五、劳模工作

1991—2016年社区总工会大力弘扬劳模精神、劳动精神、工匠精神，充分发挥劳模的先进引领示范作用，组织发动各基层工会邀请劳模代表参与主题座谈会和共建活动，通过湖南社区报、微信公众号等多种形式广泛宣传辖区劳模先进事迹，营造学习先进劳模的良好氛围，推动广大职工形成尊重劳动、崇尚技能、鼓励创造的时代风尚，自觉当好改革建设的主力军。

1994—1997年，街道工会组织职工学习徐虎精神，开展学徐虎，寻找身边闪光点活动，张光根、严明霞、冯刘锐等三名同志被推荐为徐虎式的标兵，将他们的事迹以板报形式向广大职工进行宣传；其次，请来区劳模报告团，通过报告会形式对职工进行教育，使学先进活动更贴近实际，贴近职工。

至2015年末，辖区共有全国、市劳动模范及市、区先进工作者18人。(其中全国劳模4人、市劳模13人、交通部颁发的“发展交通当好先行者”奖状1人)社区总工会以劳模协会为平台加强与劳模的沟通，及时做好服务关爱工作。每年的春节、“五一”和高温季节，街道领导定期上门走访慰问劳模，邀请退休劳模参与庆祝活动，弘扬老劳模的先进模范精神。定期组织劳模参加健康体检、疗休养、参观考察33次，参加街道举办的纪念抗战胜利70周年、长征胜利80周年等活动，丰富劳模业余文化生活。

六、帮困送温暖

社区总工会和各基层工会坚持以职工为本，履行对困难职工帮扶职责，不断完善帮扶服务网络和长效机制，建立健全困难职工档案库，做到“一人一卡一档案”。

1994—1997年，工会健全送温暖制度，建立三级联系网络，三年来，慰问职工达1 240人次，补助金额达95 000元，机关联社工会为76名职工参加互助补充保险、保障金额达28 400元，占职工总数23%，96年被评为区职工互助保障先进集体。

2007至2016年，每逢“五一”节、国庆、春节，社区总工会定期开展帮困送温暖活动，为困难工会会员送去温暖。2007年节日帮困20人，发放帮困款为5 000元，高温期间慰问一线职工 700 人，慰问金额 3.5 万元；中秋慰问基层职工 114 人，金额 1.16 万元。2008 年节日帮困 53 人，发放帮困款 1.29 万元；高温期间慰问一线职工 716 人，慰问金额 3.6 万元。2009 年节日帮困 56 人，发放帮困金额 1.6 万元。2010 年帮困 20 人次，发放帮困金额 1.21 万。2011 年帮困 14 人次，发放帮困金额 1.12 万。2012 年帮困 42 人次，发放帮困金额 3.4 万。2013 年帮困 28 人次，发放帮困金额 2.51 万。2014 年帮困 32 人次，发放帮困金额 2.56 万。2015 年节假日帮困共 11 人次，发放帮困金额 0.88 万元。2016 年帮困 35 人次，发放帮困金额 2.8 万元。至 2016 年底，在湖南辖区建立 18 个"爱心加油站"，为一线环卫工人等户外工作者提供茶水供应、应急医疗等基本服务。

七、经费审查

社区总工会经费审查委员会加强规范化建设，完善工作制度，注重队伍建设，提高经审人员素质，强化目标管理、推进经审工作。在工作中，围绕工会工作大局，以维护职工权益、促进社会和谐稳定为指导，依法履行审查审计职责，发挥经审组织的保障作用。社区总工会贯彻"量力而出、收支平衡、统筹兼顾、勤俭节约"的原则，严格预算执行，加强财务管理。1991 至 2016 年工会总收入 571.72 万元，总支出 379.44 万元，支出中除帮困慰问费外包括上缴区总工会经费 73 万元。

表 5-1-1　**2007—2016 年湖南社区总工会所获荣誉一览表(区级)**

年度总工会获奖情况	荣誉名称	获奖单位	颁发单位
1997	徐汇区职工互助保险先进运营委员会	湖南社区工会	徐汇区总工会
1997—1998	徐汇区先进职工之家	湖南社区机关工会	徐汇区总工会
2007	徐汇区职工思想信息工作先进单位	湖南社区总工会	徐汇区总工会宣教部
2008	徐汇区职工思想动态信息工作先进单位	湖南社区总工会	徐汇区总工会
2008	徐汇区职工学习党的十七大精神活动优秀组织奖	湖南社区总工会	徐汇区总工会
2009	徐汇区基层工会工作考核优秀单位	湖南社区总工会	徐汇区总工会
2015	2015 年工会经审工作规范化建设考核特等奖	湖南街道总工会	徐汇区总工会
2016	中国技能大赛徐汇区餐饮行业职工劳动竞赛优秀组织奖	湖南街道总工会	徐汇区总工会、徐汇区人力资源和社会保障局、徐汇区商务委员会

第二节 共青团

一、组织建设

1992年,共青团湖南街道工作委员会成立(简称:街道团工委)。至1998年,街道共有团员16名。

2001年,建立新一届街道团工委班子,共5人。

2005年6月,共青团湖南街道工作委员会更名为共青团湖南社区(街道)工作委员会(简称:社区团工委)。新成立的社区团工委委员由来自社区内企事业单位、学校、"两新"组织、居民区等11人组成。社区团工委设"三站、一中心、一平台",即社区团建联络站、青少年社区活动站、青少年社区管理服务站、青年中心、社区青少年信息网络平台。

2008年,第一届湖南社区(街道)团工委三年届满,完成换届。新一届团工委委员共11人。成立社区事务受理中心团支部、基层社工团支部,并在阳光社工站的协助下直选成立陕新居民区团支部。

2011年,成立"两新"组织团支部43个。

2012年,完成16个居民区团支部的换届选举工作。

2013年,优化社区团工委架构,将团市委机关团支部、徐房(集团)有限公司团委、区旅游局团支部纳入团工委委员单位,共设委员单位13家,企事业单位占62%,其中"两新"组织占15%,委员单位覆盖学校、文化、影视、传媒、医疗等领域。

2015年,共青团湖南社区(街道)工作委员会更名为共青团湖南街道工作委员会(简称:街道团工委)。动员团员青年投入社区建设和管理,培养青年骨干,推荐青年优秀人才,将共青团工作融入街道全局工作,发挥党的助手和后备军作用。根据机构改革后街道各部门、"中心"的设置情况,调整机关、事业、社工的团支部架构,设4个直属团支部(机关团支部、社工第一团支部、社工第二团支部、社工第三团支部)、16个居民区团支部。年内,街道团工委荣获共青团中央颁发的"全国五四红旗团委"荣誉称号。

2016年,调整街道团工委委员班子,共设15名团工委委员,增强街道团工委的资源整合与组织动员能力。

二、区域化团建

2014年,湖南街道区域青年工作共建委员会成立,该委员会由区域内的机关、事业单位、企业(包括非公有制企业)、学校、医院等18家单位组成,旨在为团组织和团员青年的沟通交流、资源联动搭建新平台。自成立伊始就坚持实行季度例会和轮值主席制度,每次由一个成员单位担任轮值主席。在担任轮值主席期间,徐房(集团)有限公司组织参观街道周边名人故居,上海教育出版社组织到湿地观赏昆虫、记录自然笔记,上海市园林设计院组织参观东方航空公司培训基地,上海汽车销售有限公司组织参观上汽集团车享大楼等。街道团工委以参与创建全国文明城区、春节烟花爆竹禁燃等工作为抓手,组织区域单位青年参与其中，发挥模范带头作用。

2015年，湖南街道区域青年工作共建委员会有成员单位27家，通过共建活动促进组织共享、资源共享、工作联动、阵地共用。街道团工委通过厨艺沙龙、苔藓植物制作等活动增进成员单位间的彼此了解；以“助残周”“3·5”学雷锋为契机，组织区域单位团员青年开展志愿服务活动；在五四青年节前夕，组织区域单位青年志愿者排演诗朗诵《来吧，徐汇青年志愿者》，参加全区五四青年集会。

2016年底，湖南街道区域青年工作共建委员会有成员单位32家。年内，街道团工委与位育实验学校联合开办爱心暑托班，为社区居民、区域单位员工解决暑期少年儿童“看护难”问题。

三、青年中心

青年中心是以服务青少年成长为主要目标的城市基层共青团和青年工作的一个综合性服务平台。按照“青年在哪里、青年中心就建在哪里”的原则，湖南街道加强辖区各类“青年中心”建设，推动“青年中心”8小时外联系服务青年工作。

2014年，建成武康路旅游咨询中心、上海音乐学院羽毛球沙龙两家青年中心。年内，由团区委和街道团工委共同主办的“慢品武康路”青年“慢生活”体验之旅活动在武康路旅游咨询中心开幕。在青年“慢生活”体验之旅活动中，白领青年到武康大楼、黄兴故居、“武康庭”和“罗密欧阳台”等具历史人文特色的地标性场所，亲手磨一杯咖啡，倾听一个老洋房的故事，寻找一段被时光掩埋的历史，与智障儿童一起手工制作环保布艺。通过各种亲身体验，了解“慢生活”的悠闲和惬意。让青年在生活中适当地放慢速度，以豁达和欣赏的心态来感受周围的人和事，留心身边的美好，品味社区人文气息，培养美好生活情趣，缓解生活和工作压力。在上音学院羽毛球沙龙青年中心，街道团工委开办羽毛球训练营，话剧、舞蹈、音乐等青年兴趣度较高的文体培训班，聘请高质量的老师，提供良好的场地，打造优质的环境，同时也凝聚一批青年，并新成立一批“两新”团组织。

2015年，成立荆棘鸟书会青年中心。湖南街道团工委与青年中心联手开展系列青年服务以及常态化趣缘类活动。并结合党建“读书漂流”项目共同开展在季风书店的“徐徐南风”读书小组活动，围绕国际志愿者日、3·15学雷锋节日联合青年中心以及共建单位团员青年，开展青年志愿者社区服务。

2016年，针对社区高档商务楼宇多、白领青年集聚的特点，在“世纪商贸广场”商务楼宇中建立350平方的梧桐·Space青年中心，以市场化、社会化方式运营管理，辐射社区白领青年。

2014—2016年，青年中心针对不同青年群体的服务需求，着力打造“慢生活”联盟四大品牌，不断提升青年中心的品质与内涵。“慢品味”——先后举办“海派·影像”三人联展等主题展览、“美丽湖南·春之韵”摄影大赛，吸引众多青年艺术爱好者参加；“慢旅行”——“旅游分享会”由讲述者分享旅途中的奇闻逸事，深受青年旅行爱好者喜爱；“慢体验”——发挥青年中心枢纽作用，引导青年为社区人文、民生等志愿服务项目增添新力量；“慢乐活”——开展白领健身、交友活动，引导青年关注健康、快乐生活。

四、开展活动

1993年，街道团工委开展“湖南路街道待业青年思想情况”专题调查，发布《待业青年工作的实施意见》，努力做到感情上加强联络，思想上加以引导，工作生活上给予服务等。年内组织团员青年观看“理想、信念、人生、奋斗”系列专辑片，帮助青年树立正确的人生观道德观。开展“学雷锋精神，创一流工作”及纪念“五四”茶话会，增强团员青年在改革开放形势下的神圣使命感。参加区委组织部举办的优秀团员青年培训班，团工作被评为区级第一名。

1999年，街道团工委抓住庆祝中华人民共和国成立50周年的有利时机，组织开展各类主题教育活动，以引导辖区团员青年树立正确的世界观、人生观和价值观，增强使命感和责任感。围绕纪念周恩来百年诞辰，组织社区内学生开展“学习前辈风范，承担历史使命，展示青年风采”系列教育活动。

2001年，街道团工委以居民区团支部的组织形式引导在校学生、职业青年在各小区中开展“青少年社区文明行动”，年内创建市、区级“青少年社区文明行动”示范点2个，创建青少年文明楼组10幢，上报区社区共青团先进集体2家，先进个人3名。结合形势开展思想教育，上半年成立邓小平理论学习课题小组，撰写“敢于开拓，奋斗不息”调研论文。寒暑假注重抓好青少年科技知识兴趣的培养，分别组织300名中小学生参加电脑夏令营活动，223名中小学生参加市少年科技站活动，40名学生参加科普夏令营活动，提高他们对学科学的兴趣。对长乐学校和黎明中学的师生进行法制宣传教育，共有2 000余师生接受教育。协调社区内6所中小学的校长和职工领导，召开社区青保（指：保护青少年合法权益）工作研讨会，对青少年的状况进行分析，探讨保护青少年工作的方法与途径。为社区学校聘请6名治安辅导员和6名维权辅导员。配合湖南工商所与6所学校签订“红盾维权行动”协议书，使社区青少年成长的环境得到较大的改观。与公安、司法、工商、青保办等政府职能部门联手，在社区中创建“青少年维权岗”，提供维权咨询与援助。

2002年，街道团工委开展庆祝中国共产党成立80周年主题活动，召开“回眸光辉历程，展望灿烂前景”座谈会，辖区40名离休干部与社区团干部参加座谈。

2004年，街道团工委在全区率先举办“心贴心、手牵手，心手相连、健康成长——上海市徐汇区湖南路街道社区志愿者与未成年人结对仪式”，分别请老干部、社区青工单位团员、大学生志愿者与社区内的困难学生、自强少年、社区青少年等结对，取得良好效果。5月，在襄阳公园举办“金色的年华——社区未成年人思想道德建设工作推进会”，湖南社区内的学校老师和同学、高校学生、老干部、居委干部、社区职能部门，社区单位的代表共150余人参加会议，并向社区学生代表赠送青少年活动资源地图。7月，组织社区内的青少年参观金融博物馆，增长见闻和知识。年内，组建由大学生组成的青少年知心人志愿队、湖南社区单位青年组成的青少年社会实践志愿队、社区少工委的校外辅导员组成的青少年人生导航志愿队、社区职能部门的青年们组成的青少年维权志愿队、社区“五老”（老干部、老战士、老专家、老教师、老劳模）组成的青少年爱国主义教育志愿队开展各类活动。

2005年，街道团工委建立社区青年联合会、楼宇青年联谊会和青年企业家协会，发挥团工委聚才、育才、荐才的优势。团工委坚持党建带团建，在街道党工委的统一部署下，发动区域单位8家团组织参与“读书漂流”活动；组织推进“徐徐南风”读书会各项活动，动员广大青年团员营造书香湖南的良好氛围。春节期间，团工委开展帮困助学“一元捐”活动，在广大团员青年中倡导热心公益、助人为乐、奉献社会的精神，为困难青少年奉献爱心；开展“一助一、手牵手”结对活动，机关、东湖、陕新等团支部的团员青年为困难青少年送上书包，让他们感受到团组织的温情和暖意；开展“送上新春的第一声问候”主题活动，为特殊青少年送服务；开展“热心换舒心”青年志愿者服务春运活动，组织机关青年志愿者到上海南站值勤，用实际行动服务春运。

2008 年，湖南街道团工委爱心银行成立，青年志愿者提供的爱心时间由爱心银行“个人时间存折”存储，经统计后由社区内热心公益事业的企业或个人认购，所得资金作为“爱心善款”转入街道慈善工作站，资助社区困难群体。扩充志愿服务队伍。强化法国太太趣味手工时间、“星巴克”咖啡课堂、“强生”车游上海、下班后慈善俱乐部融合运动、善淘网手工制作等子品牌建设。通过“存储时间和爱心，支取快乐和成长”和时间储蓄制（让所有的服务时间、内容都得以体现）、积分兑换制（让有志于助残公益事业的热心企业购买志愿服务时间，所得善款用于资助困难学生）、荣誉激励制（加强“推优”工作和各类评选推荐）、活动凝聚制（通过开展丰富多彩的团建活动）四个长效工作机制，使得青年的爱心有播撒的渠道，弱势群体有精神的寄托和物质的资助，企业慈善组织有捐款的新模式和载体。

2009 年，街道团工委继续以开展“爱心银行”活动为主，截至年底，“爱心银行”总存储时间约 1 100 小时，其中 320 小时在当年 2 月份先后被社区 2 位热心居民和 1 家企业——农业银行徐汇支行认购，共计获得善款 32 000 元，善款中 22 000 元用于助学社区 3 位困难学生两年的学费，10 000 元用于购买老年人日间服务中心的老人健身器材。年终召开总结表彰会，根据志愿者一年中服务的时间量、服务效果评定“志愿者之星”。

2010 年，街道团工委通过搭建平台，吸引青年宣传世博、参与世博、奉献世博。开展世博志愿行动。专门抽调 1 名社工负责世博志愿者工作站的日常运行，规范管理，后勤保障，信息反馈。通过灵活调配、规范培训、特色激励等方式，完成社区内 4 个城市志愿者服务站 198 天 230 名志愿者参与的服务工作。开展世博宣传行动。组织社区白领青年开展“世博，我们准备好”主题联欢活动，通过诗朗诵《世博志愿者誓言》《世博礼仪情景模拟纠错》等互动游戏，营造世博氛围，倡导文明礼仪。坚持每月开展“绿色世博、换出更绿的徐汇”青少年垃圾分类系列推广活动，宣传绿色环保和“城市，让生活更美好”的理念，提升城市文明程度。开展“关爱世博，白领一族协残疾人士深度体验世博”“庆中秋，话世博”与社区独居老人送月饼等活动，倡导“关爱弱者，共享世博”的理念。开展青春世博建功行动。了解青年需求，服务青年提升建设社会的能力。指导社区一口受理中心团支部开展“迎世博”窗口服务微笑大使评选活动，通过评选树立榜样，动员广大窗口行业的青年以最优的服务品质和最美的青春形象奉献世博。开设针对职业青年的“高效沟通，快乐工作”专题讲座和论坛，为白领青年更好地投身迎博、办博中的城市建设提供方法和建议；发动社区团员为世博安保部队的青年战士开设世博英语口语课程，方便战士执勤时与外籍游客交流。

2011 年，街道团工委开展庆祝中国共产党成立 90 周年暨建团 89 周年系列活动。开展社校联手，举办“凝聚青春力量，演绎红色经典”管弦音乐会，充分利用社区团工委委员单位的优势，在五四前夕与上海音乐学院合作，在襄阳公园举办管弦音乐会，让社区青年重温红色岁月，传承红色精神，感受红色艺术，并借此提升团员青年精神文化层次，在团员青年中推广与普及高雅艺术。利用区位优势，举办“行商进社区，党建构和谐”老弄堂风情运动会，借湖南社区老弄堂“管理自治化、设施便民化、环境舒适化”改造工程全面完成的契机，与工商银行徐汇支行团委联合举办老弄堂风情运动会，向到参加活动的社区居民、武警官兵和外来务工人员子女展现一个历史与现代共存、时尚与高雅同驻的湖南社区，同时有力地促进社区团工委与辖区单位的共建。围绕团日主题，开展丰富多彩的团日活动，五四青年节当天，组织社区社工团支部青年到中国航海博物馆参观，接受国防教育知识。“七一”之际，组织团员青年到新衡山电影院感受老上海复古气息，观看电影《建党伟业》。重新走进历史，重新在历史中汲取力量的源泉，从重大历史事件中寻找年轻一代的坐标，激励自我。参与庆祝活动，组织力量投身区、社区各项活动，组织两新组织青年参加团区委举办的“青春心向党”建党 90 周年主题音乐会；社区事务受理服务中心团支部也排练参加社区唱红歌活动。

2012 年，街道团工委在团区委的支持并直接参与下，成功开展百名青少年“玩转老洋房”爱心拓展活动，探访老房子背后的故事，倡导“低碳环保、随手公益、文化探索”的生活方式。同时，按照党建带团建的思路，与社区综合党委合作开设“梧桐之家”湖南社区青年文化沙龙及网上微群平台，开办每周话剧、舞蹈、音乐等青年兴趣度较高的文体培训班，凝聚一批热爱文化的两新青年骨干。

2013 年，街道团工委在原有社区老年人日间服务中心、社区智障人士阳光之家的基础上新增 3 个爱心工场：脑瘫儿童音乐理疗、失独模拟家庭和绿色环保公益坊，扩展志愿服务的渠道、覆盖面和内涵。

2014 年，街道团工委结合青年中心举办“美丽湖南·春之韵”摄影大赛。开展“三毛心·中国梦”主题活动，建设爱国主义教育阵地。通过武康路“中国历史文化名街”，黄兴、巴金、张乐平旧居串联成爱国主义教育阵地，让青少年在参观学习的同时弘扬黄兴、巴金、张乐平等前辈的爱国情怀。青少年通过各类社会实践活动，理解国家富强、民族复兴、人民幸福的伟大“中国梦”的内涵，体验快乐假期，点燃美丽梦想。其中，与徐房(集团)有限公司合作开展“三毛心·中国梦”——“徐房·湖南杯”弄堂体育嘉年华，与街道关工委合作开展青少年“自强中队”电影博物馆一日游，还结合科普活动开展“三毛爱科学”流动科技馆开放活动、上海交响乐团音乐科学之旅，为部队送清凉暨自强中队“军营一日行”。

2015 年，街道团工委打造“青年创客节”“青联委员进社区”“五原路幼儿园青年志愿者”等青年服务项目。春节前夕，组织开展“青春自护行，新春保平安”青少年自护主题教育，通过设计自护海报、游戏互动、知识问答等环节，增强青少年自我保护的意识，从校园安全、家庭安全、户外安全三个方面传授自我保护的知识。

2016 年，街道团工委在上海音乐学院举办梧桐·Space 首届青客节，邀请九型人格导师顾颖丹、“非虚构写作孵化平台‘中国三明治’创始人”李梓新、80 后旅行者王丹、同济大学建筑系教师周培元等四位青年来分享他们的意见观点，现场青年和来宾进行交流互动。年内，湖南路街道团员和妇女专职干部组成“爱在湖南星星不再孤单”志愿者服务队，每周两天去五原路幼儿园陪伴自闭症和白化病幼儿。

表 5-2-1　　**1998—2013 年湖南街道共青团工作所获荣誉一览表(区级)**

年度	荣誉名称	获奖单位(个人)	颁发单位
1998	徐汇区社区共青团工作先进集体	湖南社区(街道)团工委	共青团徐汇区委员会
1999	徐汇区共青团工作先进集体	湖南社区(街道)团工委	共青团徐汇区委员会
2000	社区共青团工作先进个人	张宁、潘蕙	共青团徐汇区委员会
2012	徐汇区共青团工作先进集体	湖南社区(街道)团工委	共青团上海市徐汇区委员会
2012	徐汇区五四特色团组织	湖南社区(街道)团工委	共青团上海市徐汇区委员会
2012	徐汇区非公有制企业团建“创先争优”工作先进街镇团组织	湖南社区(街道)团工委	共青团上海市徐汇区委员会
2013	徐汇区非公有制企业团建“创先争优”工作先进街镇团组织	湖南社区(街道)团工委	共青团上海市徐汇区委员会
2013	徐汇区非公有制企业团建工作先进集体	湖南社区(街道)团工委	共青团上海市徐汇区委员会

第三节　妇　　联

湖南街道妇女联合会(简称：街道妇联)成立以来，在社区妇女中开展争做“四有”(有理想、有道德、有文化、有纪律)和“四自”(自尊、自信、自立、自强)新女性活动。开展“三爱”(爱祖国、爱集体、爱社会主义)“三德”(社会公德、职业道德、家庭美德)“三观”(世界观、人生观、价值观)教育，明确以“一法两规”(指：《中华人民共和国妇女权益保障法》《中国妇女发展纲要》《中国儿童发展纲要》)统领社区妇女工作，以“妇女维权”和“妇女发展”作为街道妇联工作的重要基石。指导各居民区妇联工作，建立街道、居民区两级妇女工作网络。

2007 年 5 月，根据市、区妇女联合会关于调整妇女联合会组织体制的要求，湖南街道妇女联合会更名为湖南社区(街道)妇女联合会(简称：社区妇联)。

2015 年 4 月，根据上海市街道体制改革的要求，湖南社区(街道)妇女联合会更名为湖南街道妇女联合会(简称：街道妇联)。

2016 年 3 月，根据《上海市群团改革试点方案》及《上海市妇女联合会改革实施方案》的要求，居民区妇代会更名为居民区妇女联合会。

一、妇女代表大会

1987 年 10 月 23 日，原湖南路街道召开第一次妇女代表大会，党工委书记郭佩英作讲话，姚天珍任街道妇联主席。

1991 年 2 月 5 日，召开徐汇区湖南街道第二次妇女代表大会，选举产生妇联第二届执行委员会委员 7 名，周玉如同志在会上做工作报告。

1994 年 11 月，召开湖南街道第三次妇女代表大会。

1997 年 11 月 26 日，召开湖南街道第四次妇女代表大会，大会通过《湖南街道第四次妇女代表大会决议》及《湖南街道第四次妇女代表大会代表职责》，并选举以杨玉文为主任，唐凡路为副主任的第四届妇联执行委员会。

2000 年 11 月 29 日，湖南街道第五次妇女代表大会在文化活动中心召开，孙玲弟做工作报告，区妇联主席潘惠新、街道党工委书记赵汶出席会议并作讲话。会议选举产生妇联第五届执行委员会，并通过大会决议，出席代表 77 名，列席代表 14 名。

2003 年 12 月 17 日，在湖南路街道文化体育中心召开湖南街道第六次妇女代表大会，大会选举产生新一届妇联执委班子。

2007 年 6 月 26 日，根据区妇联下发的《关于做好我区街道妇联换届及将街道妇联调整为社区（街道）妇联的意见》，湖南街道妇联换届并调整为湖南社区（街道）妇联，召开湖南社区（街道）第一次妇女代表大会，大会听取和审议街道妇联主席孙玲弟代表街道第六届妇联执委会所作的《巩固成果、开拓创新、努力开创湖南社区妇女工作新局面》工作报告，选举产生湖南社区（街道）第一届妇联执委会，新一届妇联执行执委会委员 11 人，陈敏当选为湖南社区（街道）妇联执委会主席。

2008 年 3 月 10 日，陈敏任湖南社区（街道）妇联主席。

2009 年，根据《中华全国妇女联合会章程》和市妇联、市民政局《关于做好本市居（村）妇代会与居（村）委员同步换届选举工作的意见》文件精神，湖南社区（街道）妇联在街道党工委、办事处的领导下，按照区妇联的统一部署，16 个居委会开展妇代会换届选举工作进入到准备阶段，6 月 29 日上午，各居民区进行居委会妇代会投票选举，湖南社区 16 个居委会 427 名妇女代表中，有 408 名代表分别参加投票，共选出 80 名居委会妇女代表会委员，16 名妇女代表会主任，参选率达到 95.55%。

2013 年 12 月 9 日召开湖南社区（街道）第二次妇女代表大会，选举胡秀芳、陈骊等共 11 人为湖南社区（街道）妇女联合会第二届执行委员会委员；在同日召开的湖南社区（街道）妇女联合会第二届执行委员会第一次全体会议上，选举胡秀芳为湖南社区（街道）妇女联合会第二届执行委员会主席。

2015 年 4 月，根据上海市街道体制改革的要求，湖南社区（街道）妇女联合会更名为湖南街道妇女联合会（简称：街道妇联），张红任湖南社区（街道）妇联主席。

2016 年，完成 16 个居民区妇联换届选举工作，同年 3 月，根据《上海市群团改革试点方案》及《上海市妇女联合会改革实施方案》要求，湖南路街道 16 个居民区妇代会改名为居民区妇女联合会。每个居民区妇联执委人数为 15 名，其中设主席 1 名，副主席 1 名。

二、组织建设

1996 年初，街道成立湖南街道妇女儿童工作委员会（简称：街道妇儿工委），街道妇儿工委办公室设在街道妇联，同时建立各居委会妇女儿童工作小组。街道居委会两级妇儿工作机构坚持“一手抓维权、一手抓发展”的工作方针，开展全社区妇女儿童工作。

1998—2000 年，街道妇联建立社区单位妇女工作联席会议制度，成立湖南路街道知识女性社区服务工作站，在非公经济组织中开展妇女组织建设。

2004—2006 年，街道妇联立足家庭，开展家庭文化建设活动。围绕“与文明同行，建和谐家庭”为主题，将学习型家庭、平安家庭等特色家庭纳入“‘五好’文明家庭”创建活动之中。组织“‘五好’文明特色家庭联谊会”成员召开“‘五好’文明家庭创建工作研讨会”及征文活动，社区居民丁水木荣获区“‘五好’文明家庭”创建征文活动一等奖；举办“社会主义荣辱观大家谈”“平安家庭创建推进会”等活动，突出家庭的主创意识；开展“迎新送温暖”活动，家庭志愿者为社区困境老人编织 486 件手套等保暖用品，做实“家帮家、邻帮邻”活动项目；开展“敬老好儿女”“恩爱夫妻”评选表彰活动，弘扬中华民族的传统美德；开展家庭建档活动，社区 56 户家庭建立各具特色的家庭档案，丰富学习型家庭创建内容；组织 130 户“‘五好’文明家庭”开展“上海风情一日游”活动；组织 100 户家庭参观“洋山深水港”。

2005 年 6 月 28 日，成立上海徐汇区湖南社区家庭文明建设指导中心（简称：家中心），为政府支持、妇联指导、社会运作的民办非企业社团组织。家中心办公室设在街道妇联，业务范围包括宣传科学、文明、健康的生活方式；承接有关妇、家庭、儿童的公共服务项目；提供家庭教育指导；组织引导社区居民参与“五好”文明家庭创建和家庭文化建设活动；为特困家庭、特殊家庭、特困妇女提供必要的生活帮助；组织指导家庭志愿者活动等。通过项目化运作、实事化服务、社会化参与，提供社会公益服务。

2006 年 2 月，为落实《上海市家庭教育指导大纲》《徐汇区妇女儿童发展“十一五”规划》的精神，街道妇联与五原路幼儿园亲子活动结对签约。开拓园所教育资源社区儿童共享及社区教育园所共享的新途径，构建园所、社区、家庭实施亲子教育的网络，开展丰富有效的亲子教育活动，提高区域内 0—3 岁婴幼儿接受早期教育服务率。年内，街道妇联与辖区有关单位分别建立徐晓青事务所法律服务点、上海教育出版社青少年服务点、永乐文化活动基地，为社区妇女儿童提供优质的法律援助服务和文化艺术服务。2006 年 2 月，成立“湖南社区两新组织女性联谊会”。是年妇联系统信访受理率 100%（区目标值 100%）；妇联系统信访调处率 100%（区目标值≥95%）；儿童活动场所的社会配备率 100（区目标值 100%）；0—18 岁儿童家长接受家庭教育指导率 98%（区目标值≥95%）。

2011 年，社区（街道）妇联在 16 个居民区推进“妇女之家”的建设，指导居民区“妇女之家”围绕“宣传教育、维权服务、组织活动”三大功能，找准载体，培育特色，形成“一家一特色”的良好局面。武康居民区“妇女之家”始终探索建立多层次社区服务体系，依靠科普点亮梦想，依靠群众助力建设，促进提高社区居民健康素养，社区先后获得“全国和谐示范小区”和“全国科普示范社区”。复永居民区“妇女之家”开展形式多样的主题活动，为广大家庭成员搭建互动交流的平台，注重女性节日关爱，并成立巾帼志愿者队伍，使广大妇女、儿童和家庭在活动中参与、在参与中发展，形成老少同乐、邻里共欢的良好氛围，打造一个温馨和谐的欢乐家园。通过建队伍、搭平台、展风采，把“妇女之家”建设成为广大妇女儿童平时看得到，关键时刻想得起、遇到问题找得到的娘家。

2013 年，社区妇联开展“妇女之家”创建活动，把各居委会创建“妇女之家”示范点作为创先争优、强化基层组织建设的大事来抓，将“妇女之家”的建设纳入居委会考核内容，做到人员、资金、阵地“三落实”。社区妇联组织各居委会对创建工作、经费使用和特色项目开展情况进行交流和检查，对在过程中出现的情况及时进行研究，稳步推进“妇女之家”创建工作。2013至2016年，复永居民区“妇女之家”、东湖居民区“妇女之家”、亿滋食品企业管理(上海)有限公司“妇女之家”、兴武居民“妇女之家”等先后被评为上海市“妇女之家”示范点，上海荆棘鸟公益发展中心“妇女之家”荣获上海市“特色妇女之家”示范点称号。

三、宣传教育

1995年，上海市妇联提出对0—3岁科学育儿领域进行探索，街道作为徐汇区科学育儿试验点，进行探索和研究工作，并在乌鲁木齐中路179弄16号建立试验基地。

1998—2000年，街道妇联努力优化育儿环境，多极发展家庭教育。以家长学校为载体，按0—18岁各个不同年龄段开展家庭教育指导，以“育世纪新人，做合格父母”为主题，举办“母亲素质工程”系列讲座，为中学生家长举办“今天如何当家长”辅导报告会，为0—3岁的婴幼儿家长及祖辈家长举办“母乳喂养”“辅食添加”“行为发展”等系列讲座，举办了亲子同乐庆“六一活动”，通过亲子活动，普及科学育儿知识。地区内近1 000人次家长接受家庭教育指导，达到一定的教育面。结合上海解放五十周年，邀请地区三位亲身参加上海解放的革命老妈妈到地区学校做革命传统报告，在中学生中开展了“听妈妈讲那过去的事情”征文活动，南模初中的两名同学获区优秀奖，激发广大同学的爱国热情。

2003年起，街道妇联连续三年开展“百万家庭网上行”活动，作为提高社区居民适应信息社会的能力和生活质量的有效载体。三年中，共开设三个培训点，举办培训班45期，参加培训学员1 122人，合格率100%。同时通过举办汉语拼音补习班、英语兴趣班和组建志愿者队伍等措施帮助社区居民克服年龄大、手笨、眼花、记忆力差等种种困难，创造轻松、便利的学习环境，有效激发社区居民的参与热情，共招募20名“百万家庭网上行”的学员，担任政府政务信息公开服务点志愿者，为帮助居民通过网络获取区有关信息提供良好的服务；组织家庭参与“数字妈妈”“我喜爱的网站”评选、“开卷有益”家庭读书网上有奖知识竞赛、“百万家庭学法律”网上竞答及家庭flash动画制作大赛，其中社区杨力家庭荣获区“人口文化杯”家庭flash动画制作一等奖。

2006年，街道妇联开展“百万家庭学礼仪”各类主题实践活动，在宣传教育的同时，动员社区家庭参与“知荣辱、讲文明、迎世博”徐家汇杯“百万家庭学礼仪”征文比赛；召开“学习文明礼仪·做高雅湖南人”座谈会；组织社区青少年参加以“文明礼仪伴我行·争做党的好孩子”为主题的演讲比赛及“学礼仪·亮智慧·秀才艺”——湖南社区文明礼仪小使者评选活动，通过一系列有益活动的开展，为在不同群体中扎实推进“学礼仪”活动营造良好的氛围，社区培训1 195人，超额完成培训任务。依托社区资源，开展儿童疾病预防宣传教育活动，发放相关宣传资料100份。为提升社区家庭文明程度，2004至2007年，共评选出上海市“学习型家庭示范户”1户，上海市“‘五好’文明家庭”1户，区“学习型家庭示范户”3户，区“‘五好’文明家庭”10户，区“‘五好’文明家庭荣誉户”4户，街道“‘五好’文明特色家庭”80户，街道“‘五好’文明家庭”13 058户，对营造良好的家庭风尚起到作用，推进社区的精神文明建设。

2013 年,社区妇联根据创建全国文明城区和区妇联开展“百万家庭低碳行,垃圾分类要先行”实事项目的要求,在社区内加强低碳环保的宣传,年内发放印有垃圾分类宣传知识的围裙 1 200 只,发放低碳生活、源头减量、垃圾分类指导手册 4 500 份,发放低碳环保宣传书 500 本和日常干湿分类、定期专项回收的垃圾袋 4 000 只,同时,发放社区(街道)妇联和文明办制作的宣传践行垃圾分类、弘扬家庭美德、参与创建全国文明城区工作的扇子 32 000 把。

2014 年,社区妇联为推进社区家庭文明建设指导中心规范化建设,承接开展服务妇女儿童家庭的公共项目,开展亲子教育活动。依托辖区五原路幼儿园和乌南幼儿园的专业优势为“两新”组织“妇女之家”提供专业的服务,针对白领员工的特点设计并组织亲子活动,开展主题“为我的成长喝彩”——湖南路街道举行 2014 年湖南社区亲子活动以及主题为“快乐启蒙・幸福成长”——湖南路街道举行“亲子教育”公益活动等,活动共有 42 户白领家庭、98 人次参加。街道妇联与区内一级幼儿园签约结对共建,解决社区早教资源“最后一公里”问题。同时注重挖掘自身资源优势,在暑期以“了解电影发展史,感受艺术和生活”为主题,分别组织湖南社区少年儿童自强中队队员和亿滋食品(上海)有限公司 23 位白领员工子女开展“欢乐暑期在社区”一日营活动。关爱少年儿童健康成长,实施“0—6 岁儿童定期免费健康体检”并对辖区青少年做好预防龋齿、肥胖、近视的宣传。

2015 年,荆棘鸟公益发展中心的湖南社区亲子教育指导服务项目成功申报 2015 年度市妇联向社会力量购买妇女儿童家庭服务项目,通过向社会组织购买服务的方式,延长妇联工作的“手臂”,有效参与社会管理创新。

四、维护权益

［调节矛盾］

街道妇联注重建立街道、居委会妇女维权两级服务网络,设立社区妇女维权受理点并形成居民区“妇女之家”日常接待服务的长效机制。妇联每周二下午在五原路 293 号(司法窗口)设立维权受理点,以“化解纠纷、调解矛盾、维护权益”为宗旨,是集信访接待、矛盾协调、法律宣传、法律服务等功能为一体的基层综合服务窗口,为社区妇女服务提供最直接、最有效、最便捷的女性维权服务。维护妇女合法权益,规范街道、居委会两级妇女维权体系制度建设,巩固提升信访接待、法律援助、人民调解、心理咨询“四位一体”建设,按照有接待时间、地点、人员、记录“四有”要求,依托街道综治中心加强社区妇女维权受理点建设。同时充分发挥 16 个居民区“妇女之家”维权作用,各居民区妇联专职干部参与接待答疑,定期听取、收集和反馈妇女群众的意见和建议,提供婚姻家庭、道德规范、心理调适等方面的咨询和服务。每周二上午有专业律师坐镇街道司法窗口,引导妇女依法维护自己的合法权益。

1995 至 1997 年,信访终结率为 100%。

2001 至 2005 年,街道妇联共接待来访 1 039 人次,其中涉及婚姻 141 起,家庭矛盾 197 起,邻里纠纷 270 起,动迁纠纷 122 起,房屋纠纷 269 起,赡养 18 起,债务 22 起。依托湖南派出所设立妇女维权受理点,充分发挥“110”快速反应和处置突发事件的能力,及时、安全、有效地制止和解决危害妇女儿童人身权益、家庭暴力问题。2006 年,街道妇联依托社区司法所、社区妇女法律援助站,依法维护妇女儿童的合法权益,共接待来访 141 人次。2009 年,为规范 13 个社区妇女维权受理点建设,发挥协调关系,化解矛盾作用,市妇联对包括湖南路街道妇女维权受理点在内的全市36个妇女维权受理点进行暗查，湖南路街道维权受理点4项考核全部达标。2010年，社区妇女法律援助站依托街道司法所，每周二下午开展妇女维权接待，依法维护妇女儿童的合法权益，并积极开展家庭暴力的干预工作，全年共接待来信、来访、来电累计228人次。同时对居委妇代干部进行妇联维权服务数据系统的操作培训，接待完毕后立即将数据输入系统，提高妇女维权服务的水平。

[**走访慰问帮困助学**]

1991—2016年，街道妇联始终将关心、帮助社区患大病、重病困难妇女、单亲家庭困难儿童和孤儿作为每年的重点工作，在每年的春节、“三八”国际劳动妇女节、“六一”儿童节等时间节点，街道领导、街道妇联、各居民区妇联分别走访看望慰问。每年开展“8·18”帮困助学工作，旨在以“助贫、助困、助强”为目的，通过上下联动、横向联合，向考取大学、高中的困难学生及时送去资助，帮助困难学生顺利完成学业。

五、实事项目

[**妇女再就业**]

1995至1997年，推荐妇女上岗263人次。

1998至2000年，推荐妇女上岗300人次。

2001至2005年，妇女职业介绍1 823人次，推荐妇女上岗1 156人。

2006年，完成妇女技能培训50人(其中获市劳动局资格证书20%以上)，妇女职业介绍50人，推荐妇女上岗50人。推荐10名下岗妇女参加创业培训，均获得市级证书。妇女职业介绍127人次、推荐妇女上岗52人。2007年，上半年推荐10名下岗妇女参加创业培训，均获得市级证书，妇女职业介绍126人次，推荐妇女上岗59人。2010年，组织妇女参加上岗培训，安排下岗妇女参加区妇联与天平街道保育员培训的合作项目，以及街道上岗培训等，共完成推荐妇女上岗109人次。

[**好心情工作室**]

2008年3月4日，社区妇联在党员服务中心举行“纪念三八国际劳动节暨‘好心情工作室’揭牌仪式”，成立湖南社区“好心情工作室”，作为上海徐汇区湖南社区家庭文明建设指导中心的品牌项目，整合各方资源，落实项目协议要求，开展专业服务常态化取得成效，受到驻区单位职员，以及社区居民好评。作为湖南街道妇联和“家中心”的品牌项目，“好心情”工作室两次荣获区“家中心”优秀项目奖。

[**上海市家庭教育指导基地**]

1999年5月，街道妇联筹办“上海市家庭教育指导实验基地”，通过开展《母乳喂养中的家庭问题及其对策研究》课题调研工作，并结合课题组织“母乳喂养”“辅食添加”两项专题活动。2000年8月，通过市教科院验收，11月被授予“上海市家庭教育指导实验基地”的铜牌，为徐汇区首家。

[**爱艺布艺班**]

2011年3月起，家中心开设“爱艺”手工班项目。手工编织项目教学内容注重中国女红传统艺术与现代流行元素相结合。该班每周授课一次，学到一技之长，又陶冶情操。自“爱艺”布艺班成立后，“家中心”一针一线缝制出来的手袋、挂件、水壶袋都送到街道慈善工作站、居委会小区去义卖，义卖所得的款项全部资助社区困难家庭。随着女红技艺越来越熟练，湖南社区妇女"爱艺"布艺班也渐渐成为湖南社区"家中心"开展的品牌项目之一，并荣获上海市徐汇区妇女联合会颁发的 2011 年度徐汇区社区家庭文明建设指导服务中心优秀项目、2014 年徐汇区社区家庭文明建设指导服务中心项目擂台赛二等奖及徐汇区湖南社区精神文明建设委员会颁发的湖南社区（街道）"2013—2014 年度志愿者服务先进集体"称号。2013 年 11 月，柬埔寨参议员、妇女和平发展协会副主席米颂安为团长的柬埔寨妇女和平发展协会代表团来湖南路街道参观考察妇女工作，"爱艺"布艺班学员向柬埔寨妇女和平发展协会代表团赠送布艺礼品。

2013 年，"爱艺"布艺班学员向柬埔寨妇女和平发展协会代表团赠送象征友谊、吉祥的"春娃娃"等 30 余件布艺饰品

［"两病"筛查］

2000 年，徐汇区在全市率先把"困难妇女两年一次免费妇科普查"列为区政府实事项目。湖南路街道是年为 280 位困难及退休妇女提供免费妇科普查。2001 至 2005 年，为 1 375 名困难妇女提供免费妇科普查。

2000—2016 年，街道妇联落实"两病"筛查工作，坚持为退休妇女和生活困难妇女免费安排妇科病、乳腺病筛查工作。检查的时间点通常安排在第二季度，两年一次，湖南路街道 2015 年参检妇女 1 417 人，参检率 100%。通过开展妇女"两病"筛查工作，有效达到妇科病的早发现、早诊断、早治疗，降低妇科病的发病率，提高广大妇女的健康意识。对当场检查结果有异常情况的，街道妇联在第一时间通知复检，并安排跟踪随访，建议再到专科医院复查等做好后续服务，做到有始有终，使妇女群众的身心健康得到保障，让每一位参加"两病"筛查的妇女都能感受到妇联组织的关怀。对在"两病"筛查中有问题或有家族史的妇女在下一年体检时作为重点人群一一通知到人。街道妇联每年还对在"两病"筛查中有的重症妇女及日常检出的重症困难妇女，除市、区妇联组织规定慰问以外，根据病情进行上门探望慰问，有专门的经费，做到特事特办。

表5-3-1　　1996—2016年湖南街道妇女联合会工作获评荣誉一览表(区级)

年　度	荣 誉 名 称	获奖单位(个人)	颁 发 单 位
1996	徐汇区“三八”红旗集体	湖南街道妇女联合会	
1997—1998	徐汇区妇女权益保障工作先进集体	湖南街道妇女联合会	徐汇区妇女儿童工作委员会
1998—1999	徐汇区首届妇女儿童发展实事奖	湖南街道妇女联合会	徐汇区妇女儿童工作委员会
1999—2000	徐汇区“三八”红旗手	湖南路街道社区服务中心 赵健丽、湖南路街道常熟居委会 严敏、湖南路街道淮中居委会 陶兰娣、湖南路街道侨眷联络组 陶秀筠、湖南路街道华康居委会 栾淑蓉	徐汇区妇女联合会
1999—2000	徐汇区“三八”红旗集体	湖南环卫所淮海中路女子清道班	徐汇区妇女联合会
2001	徐汇区“三八”红旗集体	湖南环卫所淮海中路女子清道班	徐汇区妇女联合会
1999—2000	徐汇区优秀妇女工作者	湖南路街道复襄居委会妇代主任毛金妹	徐汇区妇女联合会
1999—2000	徐汇区妇联挚友荣誉奖	湖南街道党工委书记 袁建村	徐汇区妇女联合会
2001—2002	徐汇区第七届家庭文化节活动优秀组织奖	湖南街道妇女联合会	徐汇区妇女联合会
2002—2003	徐汇区第二届“开卷有益”家庭读书活动优秀组织奖	湖南街道妇女联合会	徐汇区妇女联合会、徐汇区计划生育协会
2003—2004	徐汇区“三八”红旗集体	湖南街道妇女联合会	徐汇区妇女联合会、徐汇区人事局
2005—2006	徐汇区“三八”红旗集体	湖南街道妇女联合会	徐汇区妇女联合会、徐汇区人事局
2005—2006	徐汇区“三八”红旗手	湖南路街道5名 上海教育出版社 袁正守、百特医疗用品(上海)有限公司 任少芳 湖南路街道办事处计生办 滕兰娣、湖南路街道淮中居委会 陶兰娣、湖南陆街道妇联 孙玲弟	徐汇区妇女联合会、徐汇区人事局

续表一

年 度	荣誉名称	获奖单位(个人)	颁发单位
2007—2008	徐汇区“三八”红旗集体	湖南路街道社区事务受理服务中心	徐汇区妇女联合会、徐汇区人事局
2007—2008	徐汇区“三八”红旗手	湖南路街道4名 湖南社区家庭文明建设指导中心 邓金桂 淮海国际广场物业管理处 刘辉 湖南社区(街道)党员服务中心 徐梅 湖南路街道市政管理科 蔡玮	徐汇区妇女联合会、徐汇区人事局
2009—2010	徐汇区三八红旗手	湖南路街道办事处计划生育办公室 张玲娣 湖南路街道办事处社会保障科 谷萍	徐汇区妇女联合会、徐汇区人力资源和社会保障局、徐汇区公务员局
2010	徐汇区社区家庭文明建设指导中心优秀项目	湖南路街道“好心情工作室”	徐汇区妇女联合会
2010	徐汇区实施妇女儿童发展“十一五”规划监测评估“达标创优”单位	湖南街道妇女儿童工作委员会	徐汇区妇女儿童工作委员会
2010	为退休妇女妇科病及乳腺病筛查工作组织奖	湖南社区(街道)妇联	徐汇区妇女儿童工作委员会
2010—2011	徐汇区“五好”文明家庭	湖南路街道7户:刘维惠家庭、刘碧英家庭、张永波家庭、周建中家庭、周薇芃家庭、夏娟和家庭、高超英家庭	徐汇区家庭文明建设协调小组
2011—2012	徐汇区“三八”红旗手	湖南社区(街道)妇联主席 陈敏、湖南路街道复永居委妇代主任、计生干部 谢亚芳	徐汇区妇女联合会、徐汇区人力资源和社会保障局
2011—2012	徐汇区“三八”红旗集体	湖南路街道为老服务中心	徐汇区妇女联合会、徐汇区人力资源和社会保障局
2012	徐汇区社区家庭文明建设服务中心优秀项目奖	湖南社区好心情工作室	徐汇区妇女联合会
2012	为徐汇区退休妇女免费安排妇科病及乳腺病筛查工作组织奖	湖南社区(街道)妇联	徐汇区妇女儿童工作委员会

续表二

年　度	荣 誉 名 称	获奖单位(个人)	颁 发 单 位
2012	徐汇区妇联维权工作组织奖	湖南社区(街道)妇联	徐汇区妇女联合会
2012	上海市首届市民运动会·徐汇区第四届家庭邻里节“白玉兰”家庭运动会·飞镖比赛组织奖	湖南社区(街道)妇联	徐汇区妇联、徐汇区妇儿工委办公室
2013	徐汇区社区家庭文明建设指导服务中心优秀项目	湖南社区“好心情”工作室	徐汇区妇女联合会
2013	徐汇区妇联维权工作优秀组织奖	湖南社区(街道)妇联	徐汇区妇女联合会
2016	徐汇区最美家庭 社区、大口家庭	湖南路街道 郭戈家庭、徐卓群家庭	徐汇区家庭文明建设协调小组

第六章　法治·军事

第一节　综合治理

一、机构职责

1991年，新的湖南路街道成立后，不断加强社区治安技防建设和综合治理工作，努力创建平安社区，在创新社会治理、深化平安建设、维护大局稳定方面履职尽责。

1992年2月，召开社会治安综合治理签约交流大会，街道与28个居委会代表签订1992年度《治安责任书》。年内，街道综合治理办公室与沪南律师事务所联合建立法律咨询接待室。

1997年7月4日，成立湖南路街道监察队，为全民所有事业单位，隶属于湖南路街道办事处，机构级别相当正科级、事业编制25名。1998年2月，湖南路街道社会治安综合治理责任书签约。12月，徐汇区举行社区保安队成立仪式。1992至1998年，建立并逐步完善防范责任制，每年与居委会和各单位签订社会治安综合治理责任书及安全小区达标责任书，组建群防群治队伍，建立巡逻队、联防队63支，参加人数5 171人，占辖区人口总数10%。

2009至2010年，湖南路街道综治工作中心挂牌在乌鲁木齐中路318号3楼，办公占地面积485平方米，内设消防安全工作室、人口综合管理工作室、综治中心工作室、防范和处理邪教问题工作室、安全生产工作室、禁毒工作室、维稳工作室、社区保安队工作室八个相关职能部门。16个居委会均设立社会治保委员会，建立治保会比例100%。

2013年，建立街道综合治理委员会、街道综治中心和16个居委会综治工作站的社会治安综合治理三级组织机构。综治工作站（集综治、警务、治保、信访、人民调解、综治社保、物业管理、人口协管、房屋协管等工作为一体）在居民区党组织和居委会直接领导下，在区、街道相关职能部门的业务指导下开展工作。街道综治办管理范围有：负责管理、协调、指导辖区社会治安综合治理工作；对社区各类矛盾纠纷、治安重点地区和突出问题进行排查调处整治；抓好平安小区创建，开展群防群治工作；加强外来人口管理、登记、教育宣传、指导工作；做好消防管理和安全生产监督管理工作；做好禁毒宣传、帮教工作；做好反邪教工作宣传，管控工作；开展弄堂管理工作。

2015年，街道进行机构改革后，综治办与街道司法所、信访办合并，成立湖南路街道社区平安办公室（简称：平安办）。

表 6-1-1

湖南路街道综治工作站工作制度表

制度名称	概　　述
管理制度	综治工作站实行站长负责制。建立定期召开工作例会制度，通报、讲评、分析、部署综治维稳工作。建立值班接待制度（双休日和节假日由居委会统一安排值班接待）。建立办事项目等信息公开制度。
排查制度	定期对矛盾纠纷和安全隐患进行排查，在重要节点和重大活动期间进行滚动排查，发现问题及时处置，重大情况及时报告。
防控制度	检查技防物防设施，发现问题及时报修；落实群防群治队伍巡逻、盘查措施；结合发案特点，针对性地开展安全防范宣传。
考评制度	综治工作站的成员履职情况由职能部门督查督办；工作绩效在充分听取综治工作站意见的基础上，由各职能部门会同所在居委会统一考核；综治工作站对考核的结果进行讲评，并作为评选先进的重要依据。

表 6-1-2

湖南路街道综治工作站工作职能表

职能名称	概　　述
加强协调沟通	按照分工协作的要求，组织协调综治工作站各支队伍，在居民区共同开展综治维稳工作，建立健全各类工作情况、动态信息和基础资料的汇总、反馈、沟通机制，实现信息资源的共享互通。
统筹工作力量	兼顾综治工作站的总体工作目标、阶段性工作任务、上级工作部署和各支队伍不同的工作职责、工作岗位，围绕中心任务，把握工作大局，突出工作重点，合理分工、统筹安排、量化任务、平衡忙闲，强化联动效应，体现合力优势。
整合共性工作	对工作对象交叉重叠和内容相同、措施相近等共性的工作进行梳理与整合，对已有的基础台账、信息资源等进行归并利用，实行统一管理，科学配置，减少重复劳动。
健全内部管理	加强综治工作站的组织领导和自身建设，建立健全内部管理制度，明确工作规范，增强业务能力，提高工作效率。
开展社会宣传	通过为居民群众办实事、做好事、解难事和综治维稳工作的深入开展，积极向居民区宣传综治工作站的作用、地位和功能，着力提高居民群众的认同感、信任感和支持度，扩大社会的影响力。

表 6-1-3

湖南路街道综治工作站主要任务表

任务名称	概　　述
积极开展矛盾纠纷排查化解	主动受理、定期开展辖区各类矛盾纠纷的排查调处工作，加强对矛盾纠纷苗子性因素的预防和消除。积极运用多种方法化解初始矛盾纠纷，防范控制矛盾性质的转化。注重收集、上报各类矛盾纠纷、涉案等相关情况和信息，为有关部门妥善处置提供依据。

续表

任务名称	概　　述
加强治安重点领域的管理	深入开展重点人口、重点场所及影响小区安全的突出治安问题的排查防范工作。做好来沪人员信息收集、登记工作,协助探索实有人口管理的方法和机制。加强房屋租赁管理,积极落实"以房管人"的措施。加强对吸食毒人员、刑释解教人员、矫正对象、闲散青少年、邪教人员的管控、教育、转化工作,协同做好安全生产、交通、消防、食品药品安全等宣传工作。
严密安全防范的各项措施	组织开展平安小区、平安单位、平安楼组、平安家庭创建工作,落实、督查辖区单位、居民小区的人防、物防、技防设施建设,加强防范设施的管理和维护工作。组织群防群治队伍开展治安巡逻,督促、检查物业保安值班职守。向社会广泛开展法制教育、安全防范和平安建设等宣传活动,提高影响力。
整合基础台账和信息资源	负责记录上级工作要求,受理、登记居民需求。及时收集、统计、上报各类治安维稳动态信息。整合利用各支专业队伍已有的基础台账和信息资源,实行集中管理。

表 6-1-4　　　　**湖南路街道综治工作站工作规范表**

工作规范名称	概　　述
礼貌待人,热情服务	对居民群众的来访、咨询、求助等事项,做到热情、诚恳、以礼相待,有问必答,有求必应,周到服务,为辖区居民做好事、办实事、解难事。
各司其职,相互配合	充分履行工作职责,忠于职守,认真做好本职工作。同时,成员之间协作配合,互为补充,及时妥善处理工作矛盾和问题,形成工作合力。
积累资料,建立台账	认真做好工作记录和相关数据统计,建立日常工作台账,注重接待、调查、处理等工作情况的登记和资料积累。
掌握动态,及时预警	全面、准确、及时掌握小区各类治安情况,发现突出问题、重要信息或遇到紧急情况应及时报告居民区党组织、街道综治办及相关部门。
仪容整洁,遵纪守法	工作期间着装整齐、举止端庄,语言文明规范,保持良好的精神状态和仪容仪表。严格遵守、自觉维护法律法规和各项规章制度,做到依法办事、循章办事、规范办事,勤廉高效,律己奉公。
忠于职责,保守秘密	热爱本职岗位,发扬敬业精神,服从组织分配,出色完成任务。加强保密观念,遵守保密纪律,做好内部和当事人的涉密保密工作。
加强管理,有序工作	完善内部各项管理措施,建立健全工作规范和岗位制度,营造奋发有为、开拓创新的工作氛围,提高工作绩效。

二、维稳工作

1998 年 9 月 1 日,街道成立处置突发事故和群体性突发事件领导小组,由街道党工委书记赵汶任组长,并制定《湖南街道处置重大突发事故和影响社会稳定的群体性突发事件的办法》,建立突发事件应急网络。

湖南路街道在历年春节、全国党代会、全国两会、市党代会、市两会,以及亚洲相互协作与信任措施会议、亚太经济合作组织会议等重要会议、节点,发挥街道各部门和社区平安志愿者的力量,做好社区、街面重点部位、交通轨交出入口等处的维稳工作。通过组织开展矛盾纠纷“大排查、大调解”专项行动,把矛盾消除在源头、化解在基层,提升社会面防控能力。

［**重大活动维稳**］

2001 年,亚太经济合作组织(APEC)第九次领导人非正式会议在上海举行,为保证国庆和 APEC 期间的安全稳定,街道综治办开展辖区各类矛盾和重点人员的排查、调解、监管、会同派出所对辖区复杂治安场所进行检查,同时组织社保队员和社区志愿者开展治安巡逻和小区守护,完成 APEC 会议期间的安全保卫任务。9 月初,街道开始动员部署“一节一会”的安全保卫和社会稳定工作,相继召开街道党工委会议、书记办公扩大会议、街道稳定工作领导小组会议、机关居委干部动员会以及街道与环卫、房管办、城管三分队、警署、社保等双管单位之间的联席会议五个专项会议。制定重点时期街道领导 24 小时值班和居委会值班制度,组建突发事件专项应急处置工作小组。制定《湖南路街道稳定工作应急处置预案》和一系列具体措施:建立重点时期街道领导 24 小时值班和居委会值班制度;制定值班人员工作责任制,保证信息畅通,反应敏捷;建立横向有关部门(警署、物业、环卫、工商、城管)联系网络,保证能及时处置各种事态;建立“610”专项应急处置工作小组;对排摸出的不稳定因素,敏感对象,重点对象和重点场所,逐一进行分析落实缓解、化解方案和控制措施。

2009 年 5 月 18 日,街道召开“迎世博 讲文明 树新风 湖南社区精神文明建设推进大会暨迎世博第三个百日工作推进会”。7 月 30 日,街道召开“迎世博 保平安 创和谐 中国 2010 年上海世博会湖南社区安全保卫群防群治工作动员大会暨平安志愿者队伍成立大会”,成立上海世博会湖南社区安全保卫群防群治平安志愿者队伍。

2010 年,大力推进社区综治工作中心规范化建设,制定《关于进一步加强湖南社区基层社会治安综合治理工作实施意见》,形成综治工作中心常态运作的有效机制,不断提升社区综合治理工作效能。规范居委会综治工作站建设,重点做好群防群治和社会面防控工作。确定居民区、社区单位、公共场所三类区域为世博安保工作重点,周密制定各类突发情况处置预案,组织分类培训和实兵演练,落实世博安保民兵备勤任务。世博会期间,街道共制定 14 项涉及领事馆反恐、技防物防建设、重点上访人员化解、重性精神病人治疗管理等突发事件工作预案,为保障辖区安全稳定奠定扎实的基础。组织街道民兵应急分队 35 名民兵开展世博安保备勤工作。辖区共成立包括社区治安巡防、驻点守护、重点人员帮教、单位内部保安等 7 支志愿者队伍,各类志愿者共计 1 700 余人。同时,以“平安迎世博”为主题,各居委会开展各种形式的宣传活动,营造平安志愿者服务氛围。针对湖南地区特点,在小区内成立安全巡逻队伍,按照“广泛宣传、健全队伍、消除隐患、确保平安”的方式开展对地区内各类安全隐患进行排摸,及时掌握和排除不安全因素,4 个月内共检查发现火灾隐患 58 处,出动志愿者共计 55 人次。落实对社区所有精神病人的“三清”(指:底数清、病情清、去向清),“三落实”(指:治疗落实、监护落实、康复落实)。

2011 年,根据区委、区政府《关于本区平安志愿者组织开展“服务世游、奉献世游”活动的工作方案》文件精神的要求,街道坚持“以面保点”,以保障“平安世游”作为重中之重,以综治工作中心为平台，全面落实"世游赛"期间的社区各项安全保卫工作，确保"世游赛"期间社区平安稳定。成立以社区党工委书记赵禹德、街道办事处主任宋涛为组长，社区党工委副书记祝恽、湖南路派出所所长滕伟龙为副组长，街道综治办、公安、工商、城管、房管、物业等相关职能部门负责人为成员的领导小组。以"综治工作中心"为平台，强化组织保障，加大督导检查力度，全面关注社会面防控和突发事件。发挥 56 个弄管会的作用，通过居民自治管理，发动弄堂志愿者参与社区巡逻，督促弄堂门卫加强安全守护，及时发现上报社区治安防范中的薄弱环节，协助参与小区弄堂的消防安全巡查工作，发现隐患及时上报。发挥 309 名弄管会成员、2 500 余名弄堂志愿者的参与和 287 扇电控防盗门、307 只监控探头的作用；16 个居委会召集平安志愿者共 300 余人，按照"定岗、定人、定责"要求，每天早晚以小区周边的主要道路作为巡逻范围；由综治社保队员每天定时进行社会面防控巡查，重点加强对伊朗领事馆、德国领事馆、启华大厦和世纪商贸广场等重点部位的安全防范。街道综治办联合公安派出所、交警、社保队员等相关部门组成护校小分队，安排在辖区 4 所涉外幼儿校园门口及周边进行值勤守护，做好幼儿早、晚出入高峰时段的安全防范工作；对辖区实有人口、实有房屋信息进行再次核对，消除一批信息采集"盲点"，尤其是对人户分离人员、来沪人员、空房信息、租赁房信息进行核查。

［重大节点维稳］

2007 年，为确保全国"两会"特别是"国庆"、"特奥会"、十七大期间的地区稳定工作，街道成立以主要领导具体负责的维稳工作领导小组，分层次抓好维稳工作动员。街道稳定工作小组和机关干部通过每周工作会议、居委干部例会、社区内各职能单位会议等形式，商讨、细化稳定工作方案和措施。全年街道投入维稳力量 480 名，维稳经费 50 多万元，参与人次达 3 700 次。

2008 年，湖南社区党工委、街道办事处通过建班子（组建由社区党工委书记、办事处主任为总指挥的，有关部门参加的"奥运期间"稳定工作领导小组）、制预案（根据地区情况，制定多种切实可行的工作预案）、查情况（通过街道、居委、楼组三级工作网络进行认真摸排）、摸路线（街道领导亲自走访重要路线、制高点和领馆）做好维稳工作。

2012 年 9 月，召开"湖南社区国庆、十八大前维稳工作会议"。会上街道综治办通报重点信访对象的维稳情况，司法所通报社区不稳定因素，市政科通报地铁 12 线施工期间的社区不稳定情况，民政科通报节前帮困补助情况。召开居委会支部书记工作会议，就前期 610 重点防控对象私装卫星装置的情况进行通报，提高防火、防盗、防爆、防事故、防激化、防破坏的防范管理意识，确保社区内不发生重大群体性矛盾纠纷。制定"党的十八大期间湖南街道维稳工作实施方案"以确保本地区社会稳定，对重点对象采取针对性的管控措施，明确相关部门及各居委责任，切实加强重点人员稳控及矛盾纠纷化解工作。

2013 年春节、五一、重大节点时，街道综治办协调各相关成员单位，重点做好防火、防盗、防爆炸、防破坏、防事故、防激化的"六防"工作，通过对全社区落实安全防范及巡防、检查措施，各居民区、单位切实提高自身安全防范意识，形成专群结合的防控网络，落实"看家护园"的各项措施。

［重大事件维稳］

1999 年，在中国驻南联盟大使馆遭轰炸后，上海出现反美示威游行。街道组织各部门日夜值班配合市、区有关部门做好辖区各领事馆周边安全保卫工作。

2006 年，上海合作组织峰会、中国共产党第十六届中央委员会第六次全体会议、中非合作论坛召开，三处轨道交通(8 号线/10 号线)站点动迁两个市场搬迁，街道做好政策方案的宣传，加强与居民沟通协调，及时发现矛盾纠纷，了解对象动向，提前介入调解，加强防控，确保稳定。

2015 年纪念抗战胜利 70 周年期间，街道对辖区重点老上访户开展稳控措施，落实专人加强联系和沟通，实行居委会干部专人负责制，明确各居委会书记为维稳工作第一责任人。以开展排查矛盾纠纷和社会治安安全问题“两个排查”为重点，及时了解和掌握社情民意，对涉及社会稳定的重要信息上报下达、及时横向沟通并跟进核实。在上海“两会”和北京“两会”举办期间，要求社保队在平时的巡视中防范邪教现象的出现。

三、技防设施建设

2000 年，街道综治办在辖区范围共安装铁门 99 扇，窗栅 90 只，灯光 8 处，安装 110 报警器 3 套、电拉门 7 扇，单位技防 4 套，发放宣传资料 5 000 余张。

2007 年，街道综治办加强社会治安技防设施建设，为社区安装 100 多扇防盗铁门和 9 个小区新(改)60 套监控探头，32 盏路灯。2008 年在建设上采取因地制宜、因弄而宜的方法：设门卫(在弄堂内建门卫)、装铁门(对辖区可以安装铁门的尽量安装铁门)、亮路灯(在试点弄堂中让路灯亮起来)、安探头(在弄堂口安装探头)、新安装近 100 扇防盗电控门，建成 24 小时封闭式管理弄堂 41 条、安装电控门 78 扇、街面监控探头 71 只降低小区案件发生率。

2009 年，配合老弄堂综合改造计划，街道在弄堂硬件设施改造中总计投入资金约 5 000 多万元。年内新安装防盗电控门 36 扇，在西块、中块监控点以及各个弄堂口设置监控探头共 57 个。第一批有陕西南路 370 弄等共计 40 条弄堂，第二批有延庆路 96 弄等共计 46 条弄堂，第三批有常熟路 209 弄等 46 条弄堂。在重视基础设施改造，打造一批精品弄堂的同时，强化社区平安建设工作，实现“物防、技防、人防”相结合。物防：在 2008 年安装电控门 98 扇的基础上，全年新安装 48 扇，基本覆盖未封闭、半封闭的弄堂出入口；技防：在 2008 年安装 58 个电子监控探头的基础上，全年新安装 18 个；人防：提倡居民自我防范意识，在有条件的弄堂出入口增设门卫室，纳入弄管会保安职能范围。

2011 年，214 条弄堂内累计安装防盗门 286 扇，安装监控探头共 307 只，基本达到安全防范全覆盖。

2012 年，辖区 214 条弄堂内累计安装防盗门 290 扇，安装监控探头 310 只，同时结合弄堂志愿者安保巡逻，“人防、物防、技防”结合，完善弄堂治安防控网络，创建平安弄堂。电控防盗门及监控探头的工作已进入日常维护保养阶段，定时排摸及时报修成为主要工作。

2013 年街道围绕“建立长效机制，夯实基层基础，解决治安顽症”三大目标，把加强和改进社会管理置于更加突出位置，安装防盗电控门作为一项为民实事工程之一。2014 年，社区各弄堂内共安装有监控探头 316 只，电控防盗门 297 扇。

2015 年，社区各弄堂内共安装有监控探头 316 只，监控录像调取 64 起，其中派出所调取 6 起，其余为居民调取，调取数量较去年呈下降趋势。

2016 年，落实辖区 297 扇电控防盗门、316 个监控探头的维修保养工作。

四、创建平安社区

1991 年，扩大安全防范队伍，巩固群防群治网络。在广大居委会干部的发动组织下，群众性的安全防范队伍不断壮大，全街道已有夜间巡逻 1 335 人，其中在职职工、干部 699 人，小组安全员 1 433 人，坐岗员 477 人，大楼安全小组 37 个，156 人，依据“五不”和“五要求”的标准开展创建“安全小区”活动，41 个居委会中 30 个居委会达到“安全小区”标准，健全社会治安综合治理责任书的签约、考核和奖励，加强群防群治、落实帮教、安全、防范措施，加强综合治理，做好社会治安和安定团结。为宣传防盗知识，印制 15 500 张《告居民防盗书》、13 500 张《防盗反盗宣传资料》。1992 年，在花园、楼房、公寓大楼内建立“管理小组”，在旧式里弄、小巷以日防夜巡为主，在工房大楼内安置安全员。开展社会治安综合治理达标活动和“安全小区”创建活动，加强社会治安综合治理基础资料建设工作，抓好街道、居委会两级 34 种基础资料登记和造册工作，41 个居委会中 28 个居委会“五好”创建达标，34 个居委会创建“安全小区”合格。

1994 年，街道成立外来人口管理办公室和流动登记站，制定《加强外来流动人口管理工作意见》，根据本辖区外来人口的特点，为外来家政人员举办技能学校，针对回沪知青子女逐渐增多的实情，对辖区历年回沪的 2 060 名知青子女的监护、工作、学习、表现四个方面的情况进行摸底调查，建立基础档案，制定“青少年法律咨询接待日”，召开座谈会。采取多种形式进行法制宣传。

1995 至 1996 年，以创建“安全城区”为抓手，以地区稳定为重点，加强城区治安。共有 96 家单位和个人安装“110”报警装置，建立 21 个治安小区，有地区安全员 1 534 人。对街道 55 名劳动改造和劳动教养人员，实行定人、定时、定教育，10 月，与市女劳教所签订帮教协议，使帮教工作做到大墙内。共创市、区级“安全小区”30 个，并被评为区治安综合治理先进集体。

1998 年，街道把加强社会治安综合治理和创建安全小区有机结合在一起，支持和协助物业公司完善铁门、门卫、灯光、车库等社区安全 4 大设施工程。新建车棚 37 个、新装、修复铁门 104 扇，弄堂路灯 941 个，新建改建门卫 20 处。1999 年，建立由 54 名队员组成的社区执法队伍，年内进行突击整治 30 多次，协助抓获犯罪嫌疑人 71 人，查处“三无”(指：无合法证明、无正当职业、无固定住处)盲流者 416 人，遣送 87 人。在开展“创安”工程中，街道与 23 个居委会签约落实稳定、调解、治安、消防、帮教、精神病监控等多项责任制，并成立以离退休人员为主体的弄管会 85 个。

2001 年，制定《湖南路街道稳定工作应记处置预案》并进行预案模拟演习。6 425 名群防群治人员参加辖区治安防范工作，弄堂铁门安装率达 85%。安全小区创建率达 100%。对辖区 1 730 个单位进行防火安全检查，发出火灾隐患整改通知 811 条。街道防火委员会被评为 2001 年度上海市防火工作先进单位。开展“法律进社区”工作，聘请法律工作者担任各居委会义务法律顾问，成立社区法律学校，为社区居民和外来人员开设讲座，开通法律服务语音信箱，开设法律咨询门诊。4 月，建立街道安全生产工作领导小组，落实安全生产工作责任制。

2002 年，湖南路街道淮海居委会等被评为市级“安全小区”7 个、区级“安全小区”13 个，其中区级示范“安全小区”2 个，“安全小区”创建率达 100%。街道立足巩固“安全小区”，创建“安居小区”。“创安”工作与消防工作结合，出资 1 万余元，整修老式住宅房屋电线 44 户，安装喷淋头 50 只，缓降器 11 只，举办老式民宅设施改造现场展示活动，提高居民安全防范意识。

2003 年，对辖区 186 家无主管部门的单位企业进行安全生产普查，并逐一建档立卡，其中列出安全生产重点管理单位30家。发放安全防范告民书2万余份，并在湖南门户网上宣传安全防范知识。建立房屋租赁管理站，聘请协管员10人，对1 000余户房屋租赁进行登记，并督促办理治安许可证，办证率达75%。加大襄阳路市场的整治执法力度，组织警署、工商、城管、交警等部门，开展“打假、控案、环境卫生”集中、专项整治50余次。开展“秋风一号”专项整治，端出售假窝点59户，假冒商品价值上百万元。

2007年，街道投入10万余元用于平安建设宣传工作，制作平安宣传门挂20 000份发放到居民手中。针对街道老房多、弄堂多、保护建筑多，而居民普遍年龄大为安全防范带来的隐患，居委做到每晚有志愿者巡逻，每月有提醒，每季有检查。

2008年，街道将平安建设向治安复杂地区、重点场所拓展，向提高科技含量和加强防控能力方面发展，共安装铁门60余扇，电子防盗门100扇，小区电子探头56个。成立街道信访工作室，制定《湖南路街道关于进一步加强信访工作的实施意见》，健全司法、信访综合服务窗口的工作流程和“一口受理、内部流转、协调解决”制度。年内，街道创建成为上海市平安社区，16个居委会全部被评为市、区级平安小区，41家单位被评为市、区级平安单位。

2009年6月，为贯彻落实市政府“关于在全市开展实有人口、实有房屋全覆盖管理工作”的要求，街道开展实有人口和实有房屋调查工作，全面核对、采集人口和房屋信息。

2010年，构建湖南社区“大联动”信息化网络平台，将居民住宅小区技防、物防设施列入“平安世博”建设实事项目，全面安装居民小区视频监控设施，对重点区域开展社会问题集中整治工作。社区16个居委全部被评为市、区级平安小区。2012至2014年，完善综合治理三级组织模式，强化群防群治体系建设，夯实安全管理网络和社区安全管理平台。

2012年，12个居委被评为市级平安示范小区、3个市级平安小区、1个区级平安小区。

2013年，街道被授予2013年度上海市平安社区荣誉称号，社区内11个居委被评为区级平安示范小区、5个区级平安小区。街道安全生产办共检查单位215家，出动860人次，其中建筑工地10家，小企业77家，未查出隐患；检查特种设备255家次，出动587人次，检查设备497台，未查出隐患；对20家餐饮企业进行全面检查，其中火锅店2家，检查出隐患5条，责令立即整改完毕。

2014年，与社区内16个居委会签订平安创建责任书，细化工作任务，落实目标责任和岗位责任，11个居委创建成2013年徐汇区“平安示范小区”，超过总数的20%以上。开展群租综合治理，落实日常走访和定期检查相结合的工作模式，对涉及群租的房屋进行专项整治。成立群租房联合整治小组，开展房屋排查，对其中涉及群租的房屋进行专项整治。全年对社区内59处问题突出的群租房屋进行整治，拆除高低铺102个，清退200余人，另有92处群租房屋自行整改。以房屋编码工作为契机，将社区内全部房屋编码重新核对、修订，改善房屋编号混乱的现象，共登记房屋信息2.3万余间。坚持“专群结合、以专带群、群防群治”的工作方针。

湖南街道自2012年起连续三年被评为上海市平安社区，2012至2013年的群众安全感指数分别为90.32和86.5，均高于上海市平均分。连续三年报警类“110”接报数万人率为：2012年同比下降22.4%，2013年同比下降0.7%，2014年1至11月，同比下降17.62%。

2014年，共查出涉及群租的房屋152余处，涉及群组人员900余人，有92处群租房屋进行了自行整改。

2015年，共排查整治群租房37处，共拆除高低铺93个，清退百余人，同时对承租人、房客当场进行了安全教育。对地区内3处弄堂、道路上私自安装地锁的情况进行联合公安、城管、物业等部门展开整治，共拆除地锁29个，切实排除安全隐患，维护社区管理秩序与运行安全。

2016年，开展金融风险排查，对商务楼宇、小区内涉及金融类投资理财企业进行排查上报，做好防范金融诈骗宣传。强化群防群治体系，发动4 036人次平安志愿者参与烟花爆竹安全管理、交通违法大整治等。开展安全生产领域专项检查，查处并整改隐患110条。做好社区内12所中小学、幼儿园护校工作，落实寒暑假开学前校园及周边安全检查，确保在校学生安全。开展实有人口信息管理，定期维护辖区实有人、房信息。推进标准化司法所和公共法律服务中心建设，试点成立公共法律服务工作站，打造社区"法律服务圈"，以"七五"普法为契机，多平台多形式开展法律宣传，营造良好法治氛围。

五、预防工作

1991年，开展"法制宣传""综合治理宣传周"宣传"反盗窃宣传"等活动，每月组织一次由房管、环卫、派出所、居委会组成的两级联合接待制度，帮助居民解决问题，联合接待的经验，得到市里的肯定，并转发介绍材料。按照全国社会治安综合治理会议精神，街道治安综合治理办公室同各居委会对刑释、解教人员的帮教、定人定位，比例达到1.3人监管帮教一个对象。对违法青少年的促转工作，取得较好效果，重新犯罪率低于公安部规定的指数。1992年，两街道撤建后，重新组建社会治安综合治理领导小组、办公室和依法治街领导小组，每季度召开一次会议，研讨抓好组织制度、群防群治队伍建设和安全小区的创建工作。2月份与各居委会签订"目标管理责任书"，并按季考核。

1995年，街道辖区新疆知青43人中有13人参与市劳动局上访，街道与居委会干部挨家挨户上门做工作，对确有困难符合政策者及时上报。对辖区"两劳"（指：劳动改造和劳动教养）释放人员，通过各种渠道给予安置。注重发挥好辖区调解干部的作用，将矛盾解决在萌芽之中。全年发生184起纠纷，调解率达100%。

1999年，建立由54名队员组成的社区执法队伍，年内进行突击整治30多次，协助抓获犯罪嫌疑人71人查处"三无"盲流者416人，遣送87人。在开展创建平安社区工程中，街道与23个居民委员会签约落实稳定、调解、治安、消防、帮教、精神病监控等多项责任制，全年居民区发案率比上年下降30%。

2000年6月，成立湖南路街道禁毒委员会。建立预防青少年违法犯罪工作领导小组，对辖区306名散居青少年进行调查摸底，落实11名重点青少年的帮教力量。成立街道"两劳"释放人员安置、帮教领导小组，落实98名"两劳"释放人员的帮教力量，把重新犯罪控制在3%以下。组建"610"专项应急处置工作小组，落实"610"重点对象24小时监控措施，对44名易肇事精神病人落实监护措施，并由警署、物业、居委会建立监控联系网络，对排摸出的不稳定因素、敏感对象、重点对象和重点场所，逐一进行分析，落实缓解化解方案和控制措施。举办为期11天的学习班，将辖区原邪教对象和其他重点控制对象组织起来，由帮教干部、帮教志愿者带领，参加科普系列讲座，举办一次由四名原邪教对象和两名重点邪教对象家属参加的座谈会。

2003至2005年，在组建商业联防队的基础上，动员商家全力落实综治工作各项措施；街道牵头，将警署、城管、工商、交巡警、环卫等有机整合，与淮海商圈内的8支商业联防队伍形成联动机制，确保商业环境整治工作的实效。创建社区事务处置中心，建立突发事件预警机制，重点开展麦琪里动迁基地的维稳工作，成立襄阳市场及周边地区综合治理办公室，从“打假、控案、环境整治”三方面入手，采取“整顿、规范、管理、发展”四条措施并举的方法，整治襄阳服饰市场周边地区治安环境，打击襄阳路服饰及周边地区黄牛拉客现象，维护社区商场和治安的稳定。配合交通文明路口和交通文明示范标志区域建设，在淮海中路建成道路中心隔离栏。建立街道办事处、派出所、居委会治安循环链，构建成预防和处置突发事件预警网络，有效遏制治安案件高发的势头。

2007 年，开展辖区禁毒工作，建立三级管理网络(街道、居委会、志愿者)实行专人帮教，针对戒毒人员的不同特点和情况，开展不同层次、多种形式的帮助、教育工作，定做“禁毒宣传笔”6 000 支和一万张禁毒宣传门发放到辖区居民手中。社区吸毒人员戒断毒瘾三年以上 14 人，戒断率达到 27.5%，在全区排名第一；新滋生 3 人，吸食海洛因的新滋生人数占社区万有人口 0.177。各项指标均达到市禁毒办的要求。

2008 年，春运前对社区内外来务工人员进行禁毒宣传教育；召开社区志愿者工作总结暨培训会议，禁毒志愿者们相互做工作经验交流；在“3.5”学雷锋日、“6.6”安全生产日、禁毒志愿者协会成立日等节点在襄阳公园设摊进行禁毒咨询和宣传活动；在禁毒月前，印制 15 000 份题为“拒绝毒品 · 珍爱生命——致湖南社区居民的一封信”，起到禁毒宣传作用。

2012 年，有针对性地对地区内 21 名邪教对象及其家属进行组团式走访，配合基层观察和了解邪教人员的思想状况和生活情况，发挥反邪教工作的帮教员、宣传员、信息员的作用。街道禁毒办重点开展了预防毒品宣传教育“六进”活动：进社区、进学校、进楼宇、进工地、进场所、进家庭

2013 年，街道深化安全文明学校的创建工作为工作重点，切实落实整治校园周边环境工作方案，建立长效的工作机制，集中时间、力量，有步骤、有计划地对学校周边环境全面整治，校园周边治安综合治理工作领导小组，联手开展中小学校、幼儿园等安全隐患排查和治理工作。确保学校周边不得经营“三无”食品，不得销售恐怖、迷信、低俗、色情的玩具、文具和出版物；确保中小学周边 200 米内无互联网上网服务营业场所、电子游戏经营场所；确保烟草销售点不向未成年人出售烟草。

2015 年，街道共开展 25 次禁毒宣传活动，受益人数万余名。利用“春运”、“6.26”国际禁毒日，“法制宣传周”等重要节点，积极开展禁毒宣传进社区、进学校、进楼宇、进工地、进场所、进家庭“六进”活动。

表 6-1-5　　湖南路街道预防青少年违法犯罪工作制度

名　　称
贯彻落实国省市综治委关于预防青少年违法犯罪工作的部署，将预青工作列入日常工作重要议事日程，做到“年有计划、月有中心、周有重点”。
成立预青工作领导小组，建立“街道——学校——职能部门”三级联动、“学校——家庭——社会”多方配合的防范工作机制；坚持例会制度，交流信息、研究对策、布置工作、树立典型、推广经验。

续表

名 称
落实目标责任，建立考评机制，将预青工作纳入部门工作目标责任范围，鉴定责任状，并与部门年度考核直接挂钩。
执行教育部《中小学法制教育大纲》，要求学校将法制教育纳入课程计划，渗透到学科教学之中，发挥课堂的法制教育主渠道作用。
结合"四五普法"，积极组织形式多样的讲座、培训、竞赛活动，对青少年进行"两法一条例"的教育，帮助青少年学生牢固树立遵纪守法的思想防线。
经常性地开展学生行为习惯养成教育，规范和矫治学生不良行为，组织远离"黄赌毒"、告别"三室三厅"法制实践活动。
聘请法制辅导员，定期到社区内的学校举办法制报告会，针对青少年的特点，以案例说法理，给青少年学生敲警钟，做到防微杜渐。
落实帮教措施，开放"一助一""多助一"结对帮扶，做好单亲家庭、后进和困难学生的教育引导转化工作。
开展青少年自我保护教育，向青少年普及防范侵害原自护知识，提高青少年防范侵害能力及对违法犯罪自我防范。
加强学生的心理健康教育，建立心理健康教育咨询室，提高学生的心理知识，矫正学生心理误区，化解学生的心理矛盾，帮助学生树立良好的心态。
要求学校净化、优化校园教育环境，配合街道有关部门开展校园周边治安环境专项治理，清除校园周围治安隐患。
定期召开学生家长会，建立"家教联系卡"，及时报道有关情况；举办"家长学校"，提高家长教育和监护能力。

六、消防管理

1992 年，开展群众性的防火宣传和自防活动，举办"家庭消防知识竞赛""119 宣传日"，组织消防会操，展出图片、照片、黑板报和横幅，看街头录像 1 000 人次，闭路电视收视面 4 500 户帮助提高企业职工和辖区居民的消防意识。同年，上街设点进行防火宣传和咨询服务，年内分四次进行消防检查，采用单位自查、互查、街道重点抽查的方法，对查出隐患的单位，限期整改，全年未发生重大火灾事故。

1994 年，街道防火安全委员会组织对 35 家企事业单位法人代表消防登记；对 43 家"三资""三产"单位动员，参加消防安全专项活动，做好"119 活动宣传日"的工作。1995 年，建立"新康花园"为主体的"119 规范小区"，设家庭防火员，并进行技术培训。

1999 年，街道共出动千余人次，检查单位、工地 938 家次，消除火灾隐患 181 处，发出整改通知书 293 份；组织消防联防队员走向居委会、小区、中小学校，开展形象化宣传教育，开展各项防火表演、演练，完成对 10 个居民小区，6 所中小学的防火安全的教育培训，接受培训的家庭防火员达270余人，观摩防火演练的中小学生近5 000人次，参加练习的学生300余人。举办99年湖南地区119消防运动会，通过一系列的活动不断增强市民的防火意识，提高灭火技能。5月26日，举行99年湖南路街道消防运动会，参加单位共65个，运动员实到239人，有麻袋灭火、二带一枪等十项比赛项目。

2001年4月，以"119"消防日为契机，宣传"消防法"及安全生产的有关法律法规和防范知识，举办春季消防运动会，辖区31家单位，3所中学，20个居委会的270名男女运动员参加10个项目的灭火操作比赛，在淮海小区举办家庭灭火培训。年内对化学品、易燃易爆品；老式居民楼；民防工程的检查。

2002年，"创安"与消防工作结合，对居民区老式住宅内的线路老化问题带来的安全隐患进行整改。在延庆路4弄内举办第十二届"119"消防日宣传活动和老式民宅防火设施改造现场展示活动，同时发放防火宣传资料300份，并进行消防知识黑板报评比活动。与创建"安全小区"工作相结合，在居民区内广泛开展从"安全"到"安居"的创建活动。8月，对延庆路4弄内的11个门号44户老式住宅电线路进行整改，安装喷淋头50只，缓降器11只，深受广大居民的欢迎。2003年，11月6日在淮海中路的鸿艺小区举办"鸿艺杯"消防运动会，以提高居民的安全防范意识、防范知识和火灾处置方式，降低灾害发生时的损失。完成3个居委会消防达标示范点的任务。

2007年，街道与70家单位、16个居委会及辖区49家重点列管单位签订"消防安全保证书"，共计135份。2008年，16个居委会在开展社区消防建设，建设率达100%，火灾发生率低于全市平均水平；无重大火灾发生。共检查社区106次，检查单位1 302家，其中区重点单位436家，非重点单位866家，发出《消防监督检查意见通知书》680份。

2008年12月23日，街道在襄阳大楼举办冬季消防知识竞赛

2009年，开展春节前的消防安全大检查，分两个小组，分别对20多家单位，8个小区，4个烟花爆竹专卖店进行消防安全检查，开出整改意见通知书29份，当场整改4家；对6个易致爆化学药品用品单位进行排摸登记检查，并造册存档；对《中华人民共和国消防法》进行广泛宣传，发放新版消防法200份，张贴宣传画、出黑板报、组织人员40人参加消防支队举办的新消防法学习培训。

2011年，安居工程项目全面启动。街道办事处针对辖区老式居民楼多为砖木结构、耐火等级低，居民煤卫公用普遍、火灾易发的特点，投入70万元，加强消防安全设施建设。同年9月26日，街道成立消防安全委员会及办公室，会同徐房集团、区房管局和徐汇消防支队，联手为150余幢老式居民楼安装简易消防喷淋，在160条老弄堂增配灭火器900个。开展"清剿火患"宣传，举办消防疏散逃生演练、防火安全专题讲座、消防安全知识竞赛等活动，提高居民自救和逃生能力。2012年，成立湖南路街道消防网格化管理工作领导小组，推进消防网格化管理工作，组织16个居委会相关人员进行消防安全知识培训。会同徐房集团、徐汇消防支队在全区范围内率先完成6幢20年以上房龄高层居民住宅消防设施增配和完善工作。安装消防喷淋874个，惠及居民782户。组织社区单位、学校进行消防逃生演习41场，参与人数3 000余人。发放冬季防火宣传资料2.5万份，悬挂宣传横幅26条，展示板报65块，组织消防安全知识咨询活动6次、发放宣传资料400份。

2012年，街道落实市政府1号实事工程"开展老式居民楼疏散逃生、灭火演练"活动，开展疏散逃生、灭火演练活动，16个居委会1 800人单位、学校(幼儿园)家(所)1 200人参加。成立"湖南路街道消防网格化管理工作领导小组"，推行印发《湖南路街道推行消防安全网络化管理的实施方案》，对16个居委会进行全面宣传辅导，以武康、华康、东湖三个居委会为试点，检查单位1 913家(次)，其中重点列管单位258家(次)，发出《消防监督检查意见通知书》1 836份，处罚案件19家(人)。街道联合徐房集团为6幢20年以上房龄高层住宅楼增配简易喷淋、报警装置、应急广播和消防警示标识，共安装消防喷淋874个，惠及居民782户。

2013年，构建全覆盖的消防管理网络，落实消防网格化管理，加强管理人员培训。实施常态化的消防安全排查，全年组织开展33次模拟疏散逃生、灭火演练。对社区弄堂内的消防器材进行定期维护检查，增配300余只灭火器。落实3 487个简易喷淋设施的后续维护保养，安排专业人员进行定期检查与维修，切实保障居民的生命财产安全。街道消防办检查单位1 093家(次)，发出《消防监督检查意见通知书》1 093份，发出《上海市消防安全网格化检查记录单》1 011份。对16个居委会的消防存放点进行排摸，组织16个居民区的居民群众、16家单位员工共开展33次疏散逃生、灭火演练，参加人数共计1 850人。

2014年，全年组织16个居委会、16家单位开展32次消防安全疏散逃生、灭火演练，参加人数共计1 550任，挂出消防宣传横幅40条。共检查单位1 468家，发放消防监督检查意见通知书1 468份，查出隐患2 365条(其中要求当场整改2 282条)；行政处罚单位5家，处罚金2万元，行政拘留3人，警告1家。

2015年，组织举办消防疏散逃生和灭火演练共65次，参加人数3 250人，其中居民社区46个，单位15家，学校4所。

2016年，以"三合一"场所(指居住与生产、销售的场所相通连的家庭作坊式的场所)、沿街商铺、中小学校、幼儿园、老式居民小区为重点，加强日常消防安全检查，发现隐患并整改2 455

处。完成武康路435号房屋简易喷淋设施、烟感报警器安装。开展安全生产领域专项检查，查处并整改隐患110条。根据《上海市微型消防站建设指导意见》《徐汇区消防安全区域联防建设工作指导意见》，建立不少于6人的社区微型消防站，并按标准要求装备配置，年底完成第一批春华、东湖、复永、复中、陕新、武康、兴武、延庆等8家居委会的微型消防站建设工作。全年举办消防安全培训5次，开展消防安全疏散逃生、灭火演练65次，近4 500人参与。

湖南路街道社区微型消防站

表6-1-6　**1997—2016年湖南路街道社会治安综合治理工作所获荣誉一览表(区级)**

年　度	荣 誉 名 称	获奖单位(个人)	颁 发 单 位
1992	徐汇区先进集体	街道防火委员会	徐汇区消防安全委员会
1997	徐汇区社会治安见义勇为先进分子	湖南路街道　狄存勇	徐汇区社会治安综合治理委员会
1998—1999	徐汇区社会治安综合治理先进单位	湖南路街道	徐汇区综合治理办公室
1999	徐汇区维稳(信访)工作先进集体	湖南路街道	徐汇区维稳领导小组办公室
2005	徐汇区民主法治示范小区	湖南路街道陕新小区	徐汇区精神文明建设委员会
2006—2007	徐汇区社会治安综合治理先进集体	湖南路街道、湖南路街道兴武居委会	徐汇区社会治安综合治理委员会

续表

年　度	荣誉名称	获奖单位(个人)	颁发单位
2006—2007	徐汇区平安示范小区 徐汇区平安示范单位	湖南路街道11个居委会 湖南路街道24家	徐汇区社会治安综合治理委员会
2006	徐汇区平安小区 徐汇区平安单位	7个 辖区单位16家	徐汇区社会治安综合治理委员会
2007	徐汇区平安社区 徐汇区平安小区 徐汇区平安单位	湖南路街道 湖南路街道5个居委会 湖南路街道14家	徐汇区社会治安综合治理委员会
2010	徐汇区迎世博600天行动先进集体	湖南路街道	徐汇区迎世博600天行动社会动员指挥部、徐汇区迎世博600天行动城市建设和管理指挥部、徐汇区迎世博600天行动窗口服务指挥部
2010	徐汇区文明观博宣传优秀阵地	湖南路街道延庆居委会、湖南路街道武康居委会、湖南路街道淮中居委会、湖南路街道金波居委会	徐汇区精神文明建设委员会办公室
2012	徐汇区“清剿火患”战役先进集体	湖南路街道	徐汇区消防安全委员会
2012	徐汇区社会消防工作先进集体	湖南路街道	徐汇区消防安全委员会
2013	徐汇区平安示范小区 徐汇区平安小区 徐汇区平安示范单位	湖南路街道11个居委会 湖南路街道5个居委会 湖南路街道7个	徐汇区社会治安综合治理委员会
2014	徐汇区“反邪教优秀小区”	湖南路街道16个居委会	徐汇区社会治安综合治理委员会
2014	徐汇区平安示范小区 徐汇区平安小区 徐汇区平安示范单位 徐汇区平安单位	湖南路街道14个 湖南路街道2个 湖南路街道6个 湖南路街道5个	徐汇区社会治安综合治理委员会

第二节　湖南路派出所

湖南路派出所坚持政治建警、全面从严治警、加强制度建设，以确保地区政治安定和治安稳定为首要任务，持续推进执法规范化建设、智慧政工应用、加强属地主战、警种融合和基层社会治理，实现辖区社会稳定、和谐发展，提升人民群众的安全感和满意度。完成APEC

会议、上海合作组织峰会、第29届国际奥林匹克运动会足球赛上海赛区比赛、中国2010年上海世界博览会、上海亚信峰会等一系列国际、国内重大活动赛事的有关保卫任务。

1991至1992年，湖南路派出所获评“市公安局文明户籍室”和“徐汇区文明单位”的荣誉称号，2007年获评团市委上海市公安局优秀青年维权岗；2008年获评被授予公安部全国公安机关奥运治安保卫攻坚战先进集体；获评2007—2008年徐汇区文明单位，获评2011—2012年徐汇区政法系统文明单位；2010—2016年获评分局集体三等功1次、集体嘉奖4次；2014至2016年连续3次获评“图像监控十大精品案例”荣誉。

一、机构设置

1990年末，徐汇区成立新乐路派出所、湖南路派出所等14个派出所；1991年，新乐路街道和湖南路街道合并；1996年，撤销湖南路派出所、新乐路派出所，成立湖南路警察署，地址位于复兴西路84弄2号；2003年，撤销湖南路警察署，成立湖南路派出所。2010年9月，湖南路派出所迁址至襄阳南路203号。

湖南路派出所承担协调刑侦、治安、社区的各类治安等业务工作。设所长室、副所长室、执法办案队、巡逻队、治安管理组、社区警务组、综合警务组。

2016年在编警员95人，其中男民警86名，女民警9名，有一级警督25人，二级警督11人，三级警督18人，一级警司20人，二级警司16人，三级警司5人。有党员57名(含2名预备党员)。

二、队伍建设

湖南路派出所领导班子坚持政治建警、改革强警、科技兴警、从严治警为抓手，做好深化公安改革机制、教育培训工作、警务监督工作，以主要领导总负责，班子其他成员分工负责的形式，完善和改革队伍执法、管理、监督制度，努力打造一支执行力高、战斗力强的正规化、规范化队伍。

通过系统地贯彻学习相关重要讲话精神、深刻领会精神实质，强化理论学习牢记坚定信念；通过增强职业紧迫感、把提升执法素质和执法能力转化为自身的自觉行动，强化责任意识培养过硬队伍；通过狠抓内务管理、狠抓工作执行力，践行“工匠精神”，强化制度建设树立良好形象；通过抓好警力保障、抓好爱警惠警工作，营造“快乐工作、幸福生活”的警营氛围。

1991至1992年，制定《赃物赃款收缴保管制度》《无主物品登记制度》《便民措施》《方便指南》等规章制度和便民工作条例，为辖区居民提供安全保障。

2002年，以“边实践、边调研、边总结”为构筑现代警务机制奠定基础，推广社区警务改革、“网格化”街面巡逻机制建设和治安管理新模式，加强派出所快速反应、高效处置能力。

2005年，完善定期清查整治制度，除每周常态化清查整治外，联合工商、城管、街道等部门不定期开展大规模整治行动，对“黄牛”“黑棚”打击呈高压态势。同时吸纳卫生、房地、市政、技监等部门加入市场综合治理工作中，发挥综合治理作用，完善联席会议制度。

2009年，完成“两个实有”(指：实有人口和实有房屋)全覆盖工作，建立健全责任区联动、警社合作、警民沟通、科学考核四大机制，建立矛盾风险评估机制、考评激励机制、规范化运作机制，构建基层大调解工作格局。2011年，根据地区“三多”(知名人士多、外籍人员多、洋房别墅多)特点，将防范入民宅盗窃作为社区防范重点，实现入民宅盗窃案接报数同比下降10%的目标。

2016年，从加强维稳工作、安全防范、人口管理、消防工作四方面着手，将社区警务融入社区建设中，营造“平安社区、警民同行”良好社会氛围，共同创建全国文明社区。

三、打击刑事犯罪

派出所主动适应经济发展新形势，把提升人民群众安全感和满意度作为衡量各项公安工作的根本标准，攻坚克难，扎实有序地严厉打击各类刑事犯罪。

1991年，全街道共发生刑事案件66起，破案56起，破案率84.9%。

1992年，全街道共发生刑事案件38起，破案29起，破案率76%。

1993年，全街道共发生刑事案件45起，破案35起，破案率77.8%。

1991至1994年，根据地区治安特点，坚持“严打”方针和开展专项治理，强化侦查破案，对地区发生的刑事案件坚持快侦快破的原则，成功破获一批难度高、涉及面广的刑事案件，如山东苍山帮盗窃团伙、朱永良等人出售淫秽书一案及薛明祥敲诈勒索案等。开展春季攻势、“两禁”斗争、秋季攻势专项斗争。

1995至2006年，贯彻严打方针，继续加强打击力度，加强侦查破案工作，对严重暴力犯罪、多发性侵财犯罪、毒品犯罪、网络犯罪、制假售假、危害食品药品安全等严重影响人民群众人身财产安全的犯罪活动主动出击、精确打击。坚持严打、严防、严管，坚持每两周开展一次集中整治行动，每周开展一次区域性治安整治，始终保持严厉打击刑事犯罪特别是重大刑事犯罪活动的高压态势。

2007至2008年，组织开展“打盗抢、抓逃犯”、集中打击扒窃犯罪等专项行动；强化治安突出问题集中整治，组织开展春季战役、夏季战役、秋冬战役；

2009至2010年，充分运用公安信息化建设，探索和应用网上办案等新型工作模式开展日常业务工作，构建现代警务机制，提高综合警务效能。

2011至2015年，针对辖区刑事案件多的区域，组建街面治安机动巡逻队和便衣队快速处置突发事件机动队伍，通过快速反应抓获违法犯罪嫌疑人。坚持打击违法犯罪是公安的主业，打击防范两手抓，不断提高群众安全感、满意度。

2016年，深入推进扫黑除恶、命案侦破、禁毒人民战争等专项工作；持续加大对街面“两抢”、诈骗等多发性侵财犯罪的打击力度。

湖南路派出所先后成功破获2004年“6·14徐某某系列涉外盗窃案”、2005年“1·9纵火杀人案”、2009年“10·15抢劫银行取款人案”等大案要案。

［6·14徐某某系列涉外盗窃案］

2004年2月20日至6月8日，湖南路、华山路、复兴西路等地段相继发生入室盗窃外籍人士住宅和高档住宅小区案件，分局将此案列为区挂牌督办案件侦查。6月13日，派出所将犯罪嫌疑人徐某某捕获。经审讯，徐交代先后在徐汇、长宁、卢湾、静安区连续作案26起，涉案价值50余万元。该案的侦破工作在2004年度“刑警803破案奖”评比中获“铜奖”。

［1·9纵火杀人案］

2005年1月9日凌晨，派出所接“110”报警，乌鲁木齐中路179弄62号发生火警。接警后，消防人员迅即赶赴现场，发现3楼北间有两具烧焦的尸体。经消防专家对火灾现场反复勘察，确系人为纵火。派出所会同市局刑侦总队与分局刑侦支队开展调查。2月9日，先后将王某某、杨某某、陆某某3名犯罪嫌疑人抓获。该案的侦破工作在2005年度“刑警803破案奖”评比中获“金奖”。

［10·15抢劫银行取款人案］

2009年10月15日凌晨，被害人蒋某在淮海中路1155号招商银行ATM自动取款机机房取款时，被一蒙面男子劫走现金9 500元。派出所会同分局刑侦支队即成立专案组并挂牌督办。经侦查，抓获犯罪嫌疑人郑某。该案的侦破工作在2009年度“刑警803破案奖”评比中获“银奖”。

四、治安管理

1991至1994年，建立防范机制，健全防范网络，贯彻《市社会治安防范责任条例》，把打、防、管、建等一系列综合治理的措施落到实处，将宣传发动、破案打击和强化防范工作有机结合。建成8个“安全小区”，抓好地区治保会、联防队、工纠队建设，加强旅馆业管理，整治治安复杂地区和突出治安问题。

1995至2002年，协助区有关部门进行旧改拆迁工作，妥善处理新疆支边青年返沪等多起突发事故和群体性突发事件。党的十六大期间，全力控制和妥善处置多类型不安定因素，确保地区安全。

2003至2009年，加大反恐工作力度，确保亚太经合组织金融与发展项目、非洲开发银行理事会年会、世界夏季特殊奥林匹克运动会等国际会议、活动和“两节”“两会”“党的十七大”“国庆60周年”等重要节点的政治安定和社会稳定安全。配合街道做好交通线动迁、襄阳市场搬迁工作，处置各类激化矛盾和上访事件，开展“徐汇利剑”系列集中统一行动，整治涉黄、涉赌、涉毒等治安顽症。对租赁小商铺、小浴室、网吧、酒吧等娱乐休闲场所存在的消防安全隐患开展大规模集中整治，针对全区违章搭建出租房存在的“三合一”（指：生活、生产、销售）、易燃材料搭建临房、消防通道堵塞、缺乏水源等消防安全、火灾隐患问题，组织警力与其他执法力量开展联合执法，查封“三合一”场所，劝离居住人员、拆除全部违章搭建，并落实责任，对整治区域加强固守。湖南派出所通过“打”（打击对象）、“查”（设卡检查）、“追”（网上追查）、“控”（定点布控）、“防”（便衣巡逻等形式），对犯罪分子有力打击，使得社区案发数有所下降。

2010至2014年，加强世泳赛（世界游泳锦标赛），亚信峰会（亚洲相互协作与信任措施会议），青奥会（青年奥林匹克运动会）的安全保卫工作，加强消防安全“网格化”管理和消防安全重点单位“户籍化”管理，夯实防火工作基础。开展“清剿火患”战役和“党的十八大消防安全保卫战”。落实2011年实事项目“全民开展消防疏散逃生演练”，围绕2012年“加强居民小区消防安全建设和管理”实事项目，开展调研，排查安全隐患，建立“一区一档”“一房一表”基础台账。深化警社协作联动机制，发挥各部门职能作用，整合行政综合资源，落实“定期会商、隐患抄告、信息共享、联合执法”等工作制度。开展“徐汇利剑”集中整治行动，加强实有人口管理会同工商、食药监、城管、文化检查发廊、足浴、旅馆、酒吧等人员密集场所，对部分场所进行取缔及开具消防整改通知书。开展“打四黑除四害”专项行动，抓住赌博游戏机突出治安问题，采取集中整治行动与常态化管理机制建设同步推进的方式，加大打击整治力度，通过排查摸底全面掌握辖区游戏机行业底数和经营状态，落实管理措施，对重点场所予以查禁。

［加强襄阳路服饰市场及周边地区治安］

从2004年4月5日起，湖南路派出所会同街道、工商、城管、居委会等各部门，掀起一系列整治行动，对襄阳路市场的管理实现“齐抓共管、综合治理”，维护襄阳路服饰市场及周边社会治安秩序。一是群防群治力量不断壮大，发动周边单位共同参与、配合。对城管、工商等部门和各商店、单位承诺，凡发现犯罪线索和“黄牛”拉客、强讨恶要、“两怀”（指：怀孕、怀抱婴儿）妇女贩黄等情况，随叫随到。二是现场办公。由治安支队、刑侦支队、交巡警支队、便衣队等职能部门发挥指导、服务作用，进驻市场加强管理，配合属地派出所开展专项整治工作。三是综合治理。由区委领导及湖南路街道牵头，集治安支队、分局法制办、湖南路派出所、便衣行动队、交巡警支队、工商、城管、自行车管理公司等部门对襄阳服饰市场及周边地区存在的非法窝点、商标侵权、违法拉客、交通混乱等情况进行四次大规模的专项行动。

［整治辖区酒吧周边贩毒及治安混乱问题］

针对上述问题，湖南路派出所强化经营意识，坚持打管并举，以严厉打击酒吧及周边违法犯罪活动为重点，将东湖路酒吧周边和永福路酒吧周边列为重点单位，开展不间断的整治行动。根据各种线索来源，做好前期经营，有针对性地落实观察、排摸、取证等措施，及时了解并掌握各类违法犯罪活动动态。

［打击新乐路“黄牛”贩售名牌假包等违法行为］

湖南路派出所联合工商等部门多次集中打击，对涉案人员进行处理，有效遏制新乐路贩售名牌假包的顽症，为辖区安宁做出贡献。

在外围打击的同时，湖南路派出所通过加强日常管控工作，加大与各类场所的沟通联系，争取到场所的大力支持和配合，广泛物建信息员，加强隐蔽力量建设，发动场所安保力量，既能主动向公安机关提供涉案线索，又能配合警方将违法犯罪分子绳之以法。此外，以巡逻防控为重点，大力加强对酒吧周边街面防控工作效能。将公开巡逻与便衣伏击相结合，对酒吧周边区域加强巡逻、固守，有效提高街面见警率。同时强化人机联动、“网上巡逻”等工作模式，向夜间及案件易发、多发时段倾斜，不断提升综合防控能力。

五、户政管理

［常住人口变动］

1991年，辖区有常住居民26 406户，总人数75 897人。1991至2016年，共迁入19 081人，迁出9 924人，净迁入9 157人。25年中，共出生7 264人，死亡13 772人。市（区）内户口迁移频繁，共迁移变动134 178人次，其中移入户口50 885人次，移出户口83 293人次。2016年末，共有居民16 802户，总人数48 838人，比1991年分别减少36.37%、35.65%。

表6-2-1　**1991—2016年湖南路街道常住人口情况表**　单位：人

年份	户数(户)	人口数	男	女	出生	死亡	迁入	迁出	移入	移出
1991	26 406	75 897	37 232	38 665	450	589	1 172	1 368	4 363	6 874
1992	26 154	74 567	36 809	37 758	396	622	1 292	1 146	3 609	5 250

续表

年份	户数(户)	人口数	男	女	出生	死亡	迁入	迁出	移入	移出
1993	25 910	73 098	36 150	36 948	305	597	1 668	905	3 030	4 926
1994	25 234	69 804	34 368	35 436	267	642	1 115	542	2 578	5 662
1995	23 239	63 409	31 183	32 226	290	625	1 143	461	2 609	9 351
1996	21 893	59 635	29 312	30 323	264	595	1 096	422	2 397	6 514
1997	21 444	58 121	28 361	29 760	264	526	796	395	2 452	4 105
1998	20 754	56 172	27 347	28 825	214	531	740	227	2 890	5 035
1999	20 442	56 066	27 318	28 748	207	471	896	210	2 641	3 169
2000	20 055	55 261	26 843	28 418	245	537	720	308	2 791	3 716
2001	19 814	55 234	26 798	28 436	183	456	553	181	2 354	2 480
2002	19 587	54 948	26 597	28 351	194	463	524	109	1 924	2 356
2003	19 227	54 244	26 240	28 004	159	500	471	84	1 762	2 512
2004	18 849	53 516	25 800	27 716	226	476	528	82	1 667	2 591
2005	18 425	52 437	25 150	27 287	203	494	535	144	1 619	2 798
2006	18 120	51 708	24 751	26 957	215	471	495	197	1 706	2 477
2007	17 911	51 354	24 480	26 874	268	499	488	187	1 237	1 661
2008	17 751	51 083	24 312	26 771	267	512	627	291	1 068	1 430
2009	17 584	50 774	24 151	26 623	273	498	525	244	1 041	1 406
2010	17 539	50 434	23 906	26 528	298	476	565	267	1 091	1 551
2011	17 390	50 149	23 747	26 402	300	500	490	258	830	1 147
2012	17 269	49 894	23 660	26 234	371	572	439	271	788	1 010
2013	17 136	49 549	23 477	26 072	325	572	433	302	1 061	1 291
2014	17 055	49 551	23 485	26 066	374	527	457	286	1 149	1 169
2015	16 908	49 181	23 266	25 915	333	511	425	331	998	1 285
2016	16 802	48 838	23 066	25 772	373	510	888	706	1 230	1 527

资料来源：湖南路派出所

[居民身份证管理]

1994 年 7 月 1 日，启用居民身份证新标准照片。1995 年，对 1960 至 1969 年出生的居民换发有效期 20 年的居民身份证。1999 年 10 月 1 日零时，开展常住人口居民身份证编码由 15 位升为 18 位工作。2005 年，开始换发第二代居民身份证。

［境外人员管理］

1996 年 5 月，公安徐汇分局成立出入境管理办公室。派出所成立后，建立出入境窗口，开展境外人员管理工作。2016 年，辖区有常住境外人员 2 414 人，其中外国人 2 114，台湾人 175 人，香港人 121 人，澳门人 4 人；临时境外人员 303 人，其中外国人 282，台湾人 12 人，香港人 8 人，澳门人 1 人。

第三节　街道司法所

一、机构设置

1993 年 3 月 15 日，湖南路街道司法所成立，办公地址在复兴西路 62 号，有司法助理员 3 人，主要承担基层人民调解、刑释解教人员安置帮教、社区矫正人员日常监管和向居民群众、社区单位提供法律服务、法律保障、法治宣传等职能。

2002 年，完成街道（镇）司法所立户列编工作，建立街道（镇）司法信访综合服务窗口，制定并试行《街道（镇）司法、信访综合服务窗口管理暂行办法》等规范性文件。建立街道（镇）社区矛盾调解中心和人民调解专门场所；健全街道（镇）社区矛盾调解中心、居（村）委会调解委员会组成的新三级调解网络。

2009 年 2 月，湖南路街道司法所更名为湖南社区司法所。2016 年 1 月，湖南社区司法所共有工作人员 10 人。湖南社区司法所主要职能为：(1) 协助基层政府开展依法治理工作和行政执法检查、监督工作；(2) 指导管理人民调解工作，参与重大纠纷；(3) 指导管理基层法律服务工作；(4) 代表街道办事处处理民间纠纷；(5) 组织开展普法宣传和法治教育工作；(6) 组织开展对刑满释放人员的过渡性安置和帮教工作；(7) 组织开展社区矫正日常监管工作；(8) 参与社会治安综合治理工作；(9) 完成上级和街道办事处交办的其他有关工作；(10) 协助处理“110”公安司法联动接处警；(11) 协助处理“12348”法律咨询专线有关工作。其中前 9 项为国家司法部规定职能，后 4 项为上海市司法局附加职能。

湖南社区司法所微博图标

2016 年，推进标准化司法所和公共法律服务中心建设，试点成立公共法律服务工作站，打造社区“法律服务圈”。以“七五”普法为契机，多平台多形式开展法律宣传，营造良好法治氛围。

二、人民调解

1990 年，建立和完善社情民意收集机制，创新人民调解工作机制，切实发挥人民调解工作“隔离带”和“减压阀”作用。

1991 年，做好人民调解工作，发动 48 名在职职工担任义务调解员，并授予聘书。全年街道共受理民间纠纷 385 件，办结 383 件，办结率 99.3%，防止矛盾激化 16 件。

1992 年，全年街道共受理民间纠纷 549 件，办结 547 件，办结率 99.7%，调解率 100%。

1993 年，对历年回沪的 2 060 名知青子女的监护、工作、学习、表现四个方面的情况进行摸底调查，建立基础档案，设立青少年法律咨询接待日，维护知青子女合法权益，召开部分回沪知青子女座谈会。1999 年 12 月，"110"与"148"联合行动开通，凡居民因民间纠纷拨打"110"处民警认为需要继续调解的通知街道司法所在接传真通知后 24 小时内接手处理。2000 年，做好新疆回沪人员情况调查的"专项"工作，对地区中 40 余名对象进行调查摸底，制定出初步的解决方案。2002 年，建立民间纠纷调处工作机制。为居委会配备义务法律顾问，确保"法律服务语言信箱"的畅通和回复。

1993 年，全年街道共受理民间纠纷 350 起，办结 349 起，调解率 99.99%。

1994 年，全年街道共受理民间纠纷 219 起，办结 218 起，调解率 99.6%。

1996 年，全年街道共受理民间纠纷 274 起，办结 266 起，调解率 97%。

1998 年，全年街道共受理民间纠纷 196 起，办结 195 起，调解率 99%。

2000 年，全年街道共受理民间纠纷 125 起。

2001 年，全年街道共受理民间纠纷 192 起。

2002 年，全年街道共受理民间纠纷 198 起，办结 192 起，调解率 97%。

2005 年 5 月，区残联、区司法局召开 2003—2004 年法律服务机构助残先进单位及先进个人表彰会，并成立区残联人民调解委员会。湖南路街道司法所、龙华法律服务所、达辰律师事务所被评为区法律服务助残先进集体，杨军等 6 名司法工作人员被评为助残先进个人。2006 年 9 月，成立湖南路街道人民调解室，配合市政重大工程轨道四号、七号和十号线的动迁和襄阳服饰市场、南昌路集贸市场的撤销工作，组织 12 名律师调解各类矛盾纠纷 10 余起。

2006 年，全年街道共受理民间纠纷 176 起，办结 176 起，调解率 100%。

2007 年，全年街道共受理民间纠纷 202 起，办结 202 起，调解率 100%。

2008 年，共受理各类纠纷 225 起，其中家庭、邻里纠纷 169 起，其他 56 起，调解成功率 100%；调解委员会参与调解疑难复杂的民间纠纷 35 起，处理信访件 18 封；制作人民调解协议书 114 份。

2009 年，两级人民调解委员会共受理调解案件 259 件，成功调解率 100%。街道共受理各类纠纷 201 起，调解成功率 100%。司法所通过充实律师、法律工作者、志愿者到各级人民调解委员会中，切实加强街道、居委两级人民调解委员会的工作力量；总结警民联调的经验，规范街道人民调解室与派出所民警联合调处"轻伤害"案件、治安案件的调解流程；初步探索诉讼调解与人民调解的衔接，使人民调解、诉讼调解、行政调解在纠纷调处的各个阶段发挥各自效能，大调解格局初步形成。

2010 年，发挥警民联调处理轻伤害、治安案件的优势，借助诉调对接、行业性调解组织等相关平台，社区大调解工作格局完善。形成矛盾纠纷调解的合力，逐步完善"党政领导、综治牵头、司法主导、部门参与、联调联动化解矛盾纠纷"的大调解工作格局。全年，两级人民调解委员会受理调解案件 211 件，成功调解 211 件。

2011 年，司法所发挥义务人民调解员、签约律师在调解矛盾纠纷中的重要作用，并通过召开街道调解室月会，分析研判每月矛盾纠纷情况，制定化解方法，提高人民调解员的业务能力与调解水平。全年各居委人民调解工作站共处理纠纷 173 件，成功调解 173 件，履行调解 173 件，调解成功率 100%。

2012 年，司法所总结警民联调的经验，进一步规范街道人民调解室与派出所民警联合调处轻伤害案件、治安案件的调解流程，每月针对重大疑难矛盾纠纷进行研判分析，探索多层次化解矛盾纠纷的有效途径。全年，调解室共调处轻伤害案件 10 起，治安案件 15 起，其他类型纠纷 9 件，进行“诉调对接”的案件 38 起，居委调解案例 4 起。全年各居委人民调解工作站共处理纠纷 173 件，调解成功率 100%。

2013 年区司法局组织的“徐汇区人民调解知识竞赛”中，湖南社区司法所选派的 3 名基层调解员获得优胜奖。共调处居民纠纷 28 起，轻伤害案件 2 起，治安案件 17 起，其他类型纠纷 9 件，制作协议书 28 份。处理纠纷 136 件，成功调解 136 件，调解成功率 100%。

2014 年，街道人民调节工作室处理纠纷 34 件，其中受理轻伤害案件 6 件，治安案件 15 件，继承案件 11 件，其他案件 2 件，调解成功 34 件，履行 34 件，制作书面协议书 34 份。居民区调解案例中，邻里纠纷 172 件，房屋纠纷 66 件，婚姻纠纷 17 件，损坏赔偿 1 件，其他 16 件。

三、普法宣传·法律服务

1991 年，配合“第二个五年普法起步年”，采用板报、图片、录像、广播、上街设点，举办讲座等多种形式开展法制宣传，对地区党员、干部和群众共 1 390 人次进行普法教育，培训 34 名普法辅导员。1994 年开展“无刑案、无火灾、无重犯、无激化”的四无竞赛活动。1996 年建立街道、居委会两级法制宣传网，开展大型法制宣传活动 5 次，对执法人员进行《行政处罚法》等专业法的培训考试，增强干部、群众的法制意识。加强对外来流动人口的管理、教育，举办“千校百万”等系列培训班。1999 年，做好社会治安综合治理的各项工作，根据拟定的“三五”普法的工作计划，分层次、分对象，有针对性地在居民群众中开展一系列法制宣传教育，增强地区居民民主、法治意识，制定、修改《街道工作的各项规章制度》。2000 年，成立湖南路街道法律服务所。

2001 年，在社区服务中心 37 个新经济组织法人与工会干部签订“徐汇区湖南社区非公经济集体合同”“徐汇区湖南社区非公有经济工资集体合同”，建立劳动关系三方协调机制（工会方、业主方、政府方），在新建企业中建立良好的劳动关系，依法保障企业和职工合法权益。2002 年 6 月，在徐汇区中心医院会议室举办“珍爱生命，远离毒品”为主题的湖南社区禁毒知识竞赛活动，社区 150 多名中小学生、外来人员参与比赛。

2005 年，建成湖南社区党员服务中心徐晓青律师事务所法律律服务点，发挥法律服务机构党组织和党员在参与社区党建、社区管理中运用专业优势服务群众、凝聚人心的作用。

2006 年，结合“三八”妇女维权周、“3.15”消费者权益保护日、“6.26”国际禁毒日、纪念《老年人权益保障法颁布实施十周年》等，在襄阳文化广场开展各种有针对性地法制宣传教育活动；开展“推进平安建设 构建和谐社区”主题宣传活动，结合本社区在维护社区稳定方面的热点、难点问题，开展有声势、有效果的宣传教育活动。

2007 年，组织居委调解干部、居民和青少年参加法制讲座、法制文艺演出等九场普法活动；组织社区居民及社区服刑人员《以案说法》，通过学法、听法和看案例光盘等形式进行普法教育；为居民进行法律宣传和咨询，共接待居民 1 000 余名，发放宣传资料 1 500 余份。

2008 年，组织军营法制讲坛、学雷锋为民服务广场法律咨询会、妇女维权讲座、奥运法制宣传上海行、平安建设法制宣传月、夯实平安促进和谐业务竞赛、法制故事演讲初赛、六一未成年人保护法宣传等活动。成立湖南社区法律顾问团，来自社区内徐晓青律师事务所、得勤律师事务所、沪一律师事务所、申汇律师事务所、申光律师事务所、中咨律师事务所上海分所、君志律师事务所、胡菁律师事务所、共识律师事务所、龙耀律师事务所共 10 所律师事务所的 17 位律师分别被聘为街道办事处以及 16 个居委会的法律顾问。

2009 年，结合"迎世博"主题活动、学雷锋活动周、消费者权益保护日、国际禁毒日、法制宣传日、消防安全宣传日、纪念中国律师制度恢复 30 周年、宪法宣传周等重要节点，组织举办法律讲座、法律咨询活动、模拟法庭、书法摄影展等法制文艺活动。共举行法制讲座、法制文艺、法律咨询 97 次，直接受众人数 9 935 人。

2010 年，司法所在原本与律师签约的基础上，开展"所所结对"工作，与社区内 6 家律师事务所签订共建协议，调动现有法律资源推进各项法律宣传工作。全年共举办各类法制讲座 65 次，受益人数达 3 588 人；法制文艺活动 2 次，受众 4 000 人；为 855 人次提供法律咨询；发放法制宣传资料 41 203 份。法律宣传教育的直接受众人数近 5 万人。

2011 年，街道办事处制定《湖南路街道法制宣传教育第六个五年规划》，联合区相关职能部门推进法制宣传、"法律进社区"工作。司法所结合学雷锋日开展法律咨询活动，结合消费者权益保护日举办维权知识讲座，结合"8.16"法制宣传日举办交通安全知识讲座，结合《婚姻法司法解释(三)》的出台举办法制讲座，寓法制宣传于法律服务中。全年司法所、居委共举办各类法制讲座 90 次，直接受众达 4 379 人。

2012 年，司法所向小区及单位制作并发放 3 000 个印有法制宣传标语的鼠标垫；举办法治文化主题活动"法制电影周"，开设居民、青少年、特殊对象、外来务工人员 4 个不同主题的法治影片专场；结合群众实际需求举办法律咨询，开展交通法规讲座。全年，司法所、居委共举办各类法制讲座 117 次，为 598 人次提供法律咨询。2013 年，共举办各类法制讲座 196 次，为 632 人次提供法律咨询。

2015 年，利用"湖南司法行政"月度简报、"湖南社区司法行政"新浪官方微博、新民晚报・湖南社区版等新媒体，借助律师"双结对"专业平台，通过专题讲座、咨询活动、个案释法等多种形式开展普法宣传。

2016 年是实施"十三五"规划和"七五"普法开局之年，湖南路街道法治宣传教育工作增强社区居民尤其是公职人员尊法、学法、守法、用法的观念，形成良好的法治氛围和法治习惯，至 12 月底，司法所、居委会共计举办各类法制宣传讲座 154 次，提供法律咨询 771 人次，法制教育宣传覆盖面近 7 000 人。

法律咨询

街道送法律图书进军营，在辖区军营建立法律图书角

四、社区矫正·安置帮教

社区矫正是指将符合法定条件的罪犯（管制、缓刑、暂予监外执行、假释、剥夺政治权利的5种人）置于社区内，由司法机关会同公安机关在相关社会团体和社会志愿者的协助下，在判决、裁定或决定确定的期限内，矫正其犯罪心理和行为恶习的非监禁刑罚执行活动，主要任务是对社区矫正人员进行监督管理、教育改造和帮困扶助。

1991年，辖区帮教对象205人，落实帮教力量373名，以居委会为块，定人定时定措施，组织民警、党员、居委干部、积极分子参加的帮教小组，进行有的放矢、因人施教的工作，对违法青少年的促转工作，取得较好效果，重新犯罪率低于公安部规定的指数。

1992年，街道辖区共有帮教对象205人，街道落实帮教力量373名。

1993年，巩固以党员、居委干部、积极分子组成的帮教力量，组织152个帮教小组，26个监督小组，帮教力量386人，落实“一人二帮”“一人一表”制度，定期记录帮教情况，研究分析对象表现，并组成慰问团，赴军天湖农场、白茅岭农场回访。

1996年对辖区55名“二劳”人员，实行定人、定时、定教育，“二帮一”到位，10月，与市女劳教所签订帮教协议。

1999年，国家党政机关下达处理解决邪教问题的决定后，发动地区党员、人民群众揭批邪教，开展“ 对 ”帮教工作。

2000年，街道综治委与各居委会签订综合治理责任书，明确支部书记为第一责任人，落实责任制，建立预防青少年违法犯罪工作领导小组，对地区306名散居青少年进行调查摸底，落实11名重点青少年的帮教力量，建立街道“禁毒”委员会，成立街道“两劳”释放人员安置、帮教领导小组，落实98名“两劳”释放人员的帮教力量。

2002年5月，社区帮教团成立，帮教志愿者开展面对面的帮教形式，使帮教工作社区化。加大对四类人员的管理（两劳释放人员、吸毒人员、外来人员、闲散青少年），在做到摸清底数的同时，落实两劳释放人员、吸毒人员和闲散青少年的帮教小组，努力做好安置工作。

2004年3月，根据市委政法委的要求，逐步适应新的行刑制度的改革，召开湖南路街道社区矫正工作动员大会，市矫正办副主任、区政法委有关领导和街道党工委副书记、街道司法所所长参加会议。

2008 年，街道共有安置帮教对象 106 名，刑释 55 人，解教 51 人，人户分离 50 人，申报户口 106 人，已就业 45 人，其他途径安置 61 人，落实帮教 106 人，刑释解教人员重新违法犯罪率均为零。对 25 名生活困难和刚返回社会的刑释解教人员落实最低生活保障，有 50 名通过居委会和区帮教协会的推荐和自荐就业，安置就业率为 100%。

2009 年，街道建有公益劳动基地 15 个，保证服刑人员完成每月不少于 10 小时的公益劳动。至 11 月，社区服刑人员参加公益劳动时间累计达 188 人次，共计 470 小时(42 人)。

2010 年，共对 20 名社区服刑人员进行矫正管理，已期满的 7 人，1 名邪教对象中止社区矫正，新接收 10 人，在册 10 人。安置帮教方面，共对 115 名刑释解教人员进行帮教，司法所注重管控与帮扶结合。每月滚动排查，动态掌握对象情况；根据排查情况，向对象发放困难补助金、办理司法低保或帮困医疗卡；组织关爱行动，关心对象子女成长；借助区帮教协会资源，推荐对象就业。

2011 年，司法所将帮教工作延伸到大墙内，走访周浦监狱、南汇监狱和白毛岭监狱，对 7 位在刑人员进行“大墙内送温暖”帮教。3 月，司法所与上海回归实业有限公司签订联建刑释解教(社区服刑)人员过渡性就业安置基地协议，有效拓宽刑释解教、社区服刑人员的就业渠道、增加就业机会。同年，按照社区矫正“分类分阶段分级矫正”工作要求，严格按照时间节点对对象进行风险评估、阶段评估及分级，共有初级对象 5 人，二级对象 3 人，三级对象 10 人。共对 23 名社区服刑人员进行了矫正管理，其中已期满的有 7 人，新接收 5 人，在册 11 人。在安置帮教工作中，社区司法所将帮教与帮扶紧密结合，着力加强基础管理与帮困解难的工作力度，共对 117 名刑释解教对象进行了安置帮教。

2012 年 6 月 7 日，街道成立集司法所、公安派出所、社会救助事务管理所、劳动保障事务所“四位一体”的安置帮教工作站。共对 24 名社区服刑人员进行矫正管理，其中期满为 6 人，新接收 13 人，在册 18 人；司法所还与徐汇区社区矫正中心密切配合，对 3 名新进社区矫正人员实施电子监控；街道社区服刑人员参加公益劳动时间累计达 347 人次，共计 867.5 小时；先后组织社区服刑人员参加街道举办的法制教育讲座、禁毒知识讲座、安全交通法规讲座，共开展集中教育活动 124 人次。

2013 年，共对 29 名社区矫正人员进行矫正管理，期满 8 人，新接收 10 人。安置帮教方面，全年安置帮教对象共 107 人。随着《上海市安置帮教工作规定》的正式试行，司法所着力加强对刑释解教人员的基础管理与帮扶力度，坚持“普管、宽管、严管”原则，对安置帮教对象做到每月排摸，每月上报排摸情况，建立一人一帮教台账。通过多种形式的帮困解难，让刑释解教人员感受到社会的温暖。

2014 年，在帮教工作上，不断加强社区戒毒、社区康复工作，与街道签订过社区戒毒、康复协议对象有 8 人，为每位对象建立帮教小组，做到“回归一个，帮教一个”。在册安置帮教对象共 91 人，其中，刑满释放 86 人，解除劳动教养 5 人，人户分离 47 人，申报户口的 1 人，已就业的 85 人，其他安置人数 85 人，87 人全部落实一对一帮教。为社区服刑人员帮困解难 20 人次，其中为 5 人办理了帮困医疗卡，协助办理司法低保 8 人，一次性补助 11 人次，为 1 名对象的子女申请到困难补助。

2015 年，各居委会配备禁毒兼职干部、各弄堂和楼组落实禁毒信息联络员(志愿者)、形成街道、居委会、楼组“三级管理”的工作网络。

2016年，按照《上海市社区服刑人员日常行为奖惩规定》对社区服刑人员进行日常行为的考核，9月有1名对象被评为“表扬”。做好社区矫正工作信息系统的管理和完善工作，做到信息输入的准确、完整、及时，数据备份。按照市有关规定，还着重对社区服刑人员的护照、出入境通行证等进行每月检查，和派出所联动进行抽查，以此防止社区服刑人员私自出外出等脱漏管现象出现。在重要时间节点，对社区矫正对象进行排摸，并上报排摸情况，确保维护社会的稳定。

表6-3-1 **2007—2014年湖南路街道司法工作所获荣誉一览表(区级)**

年 度	荣 誉 名 称	获 奖 单 位	颁 发 单 位
2007	徐汇区司法行政系统先进集体	湖南路街道司法所	徐汇区司法局委员会
2007	徐汇区法律援助先进集体	湖南法律服务所	徐汇区司法局委员会
2009	徐汇区法律援助先进集体 上半年度徐汇区司法行政系统迎世博窗口服务行业立功竞赛世博服务品牌奖 下半年度徐汇区司法行政系统迎世博窗口服务行业立功竞赛世博服务品牌奖	湖南法律服务所 湖南路街道司法信访综合服务窗口 湖南路街道司法信访综合服务窗口	徐汇区司法局委员会
2009—2010	徐汇区法治城区创建项目成果一等奖	湖南路街道《创新弄堂管理工作 打造民主法治社区》	中共徐汇区委依法治区领导小组办公室、徐汇区法制宣传教育领导小组办公室
2009—2010	徐汇区优秀人民调解委员会	湖南路街道兴武居委会人民调解委员会	徐汇区司法局
2011	徐汇区司法行政系统先进集体	湖南社区司法所	中共上海市徐汇区司法局委员会
2011—2013	徐汇区优秀人民调解委员会	湖南路街道淮海居委会人民调解委员会	徐汇区司法局党委
2012	徐汇区防范处理邪教工作先进单位	湖南路街道	中共徐汇区委防范和处理邪教问题领导小组办公室
2013	徐汇区防范处理邪教工作先进街道 徐汇区反邪教优秀小区	湖南路街道 湖南路街道15个居委会	徐汇区委防范和处理邪教问题领导小组办公室
2013	徐汇区司法行政系统先进集体	湖南社区司法所	徐汇区司法局党委
2014	徐汇区反邪教优秀小区	湖南路街道16个居委会	徐汇区委防范和处理邪教问题领导小组办公室

第四节　人 民 武 装

一、机构职责

1991 年 7 月 12 日，经中共上海市徐汇区人民武装部委员会批准，湖南路街道人民武装部成立(简称：街道武装部)，部长为街道党工委书记包陈康(兼)。1997 年 7 月，中共中央办公厅、国务院办公厅、中央军委办公厅下发《关于基层人民武装部机构设置、干部配备原则等问题的通知》，明确直辖市街道人民武装部编配部长、干事各一人。按照党管武装的原则，街道党工委书记兼街道武装部第一部长。2002 年 8 月 1 日，徐汇区人民政府湖南路街道人民武装部挂牌。

湖南路街道人民武装部主要职责：民兵组织建设和年度征兵工作；民兵预备役人员军事训练和政治教育；制定实施防空袭、抗震救灾，应付突发事件预案和相应的各项保障计划；人防、抗震通讯、警报设施的建设和管理；全民国防教育、组织发动民兵参加两个文明建设；协同有关部门做好复退军人安置、烈军属、现役军人的优抚工作；完成上级军事机关交办的其他任务。

表 6－4－1　　2002—2016 年湖南路街道人民武装部历任部长情况表

职　　务	姓　名	任　　期
部长	龙　腾	2002—2010
第一部长	袁建村	2003
第一部长	石宝珍	2003—2007
第一部长	吴克勤	2007—2008
第一部长	赵禹德	2008—2013
部长	陈世东	2010—
第一部长	陈澄泉	2013—

二、国防动员

2002 年 8 月，为切实加强街道基层国防动员工作，成立湖南路街道国防动员委员会(简称：街道国动委)，第一主任为街道党工委书记袁建村。街道国动委严格按照《中华人民共和国国防动员法》要求，将国防动员工作覆盖到辖区企事业单位、居民委员会、中小学生等。每年按照计划组织机关干部、居委会干部和民兵集中学习有关国防和军队建设的文件，组织学习《中华人民共和国国防教育法》《上海市国防教育条例》。依法开展国防教育，增强公民国防观念，每年 9 月的第三个星期六为全民国防教育日。街道结合社区特点，有效整合驻区文化院团、名人故居等资源。充分发挥社区老干部的带头作用、发挥驻地部队的协助作用、发挥相关部门的合力作用。大力发动广大群众团体共同参与，以新颖的内容和灵活的方式，广泛开展国防教育活动。

自 2001 年 9 月起，街道每年结合国防教育日宣传，在辖区开展国防教育日主题活动。

2003 年第三个国防教育日活动中，街道组织机关干部联系“国防连着你我他、安宁维系千万家”主题口号组织活动。2007 年，国防教育日武装部组织辖区居民与驻地部队官兵进行学习参观教育。2012 年，国防教育发挥“四个作用”：发挥社区老干部的带头作用；发挥驻地部队的协助作用；发挥相关部门的合力作用；发挥社区学校平台作用。2013 年坚持国防教育生命线地位，发挥“三个作用”：发挥社区老干部的带头作用；发挥相关部门的合力作用；发挥国防教育日平台作用。把辖区“中国历史文化名街”武康路、文学大师巴金、“三毛之父”张乐平、国歌作者聂耳等百年老路、名人旧居连成一篇爱国主义教育网。暑假期间邀请老干部现场为社区青年结合街道人文历史建筑典故开展爱国主义教育。引领民兵融入打造“文化湖南，典雅社区”的大氛围中，参加“襄阳公园文化广场”“文化湖南，激昂青春”等文化活动，联合上海话剧艺术中心编排小品《当兵风波》，在街道、区范围内多次演出，荣获上海 2013 市民文化节复赛前三名。国防教育日，开展国防民防知识有奖问答、板报展示等活动，组织对《国防法》《人民防空法》及新时期国防教育建设形势和民防部门的职责任务等法律法规知识进行广泛宣传，9 月 21 日与综治办联合开展防空紧急疏散演练。2014 年，始终以思想引领为切入点，建立健全“四进入”机制：进入党建平台；进入共建部队；进入训练场地；进入文化领域。2015 年以“弘扬伟大抗战精神，同心共筑强大国防”为主线，深入开展国防教育系列活动。

三、兵役工作

街道武装部作为街道党工委的军事部门、街道办事处的兵役工作机构，重视做好基层兵役工作。依据《上海市征兵工作条例》和市委、市政府、上海警备区《关于进一步加强和改进本市征兵工作的若干意见》的规定，每年专设兵役登记工作站，并成立政审领导小组，对辖区适龄青年逐一排摸，开展宣传教育，鼓励有志青年投身军营，献身国防，以确保征兵上站率和好中择优。做好在役义务兵和直招士官情况统计工作。

按照《上海市义务兵及其家属优待金发放管理办法》。为提高湖南社区适龄青年参军积极性，做好本区在役义务兵及其家属的优待工作，增大湖南社区退伍军人就业安置率，经湖南社区（街道）党工委会议研究决定，自 2010 年冬季征兵起，湖南社区籍入伍士兵服满现役退役后，且一年内未就业的士官和义务兵，经本人自愿申请，符合条件的，在街道公开招聘社区工作者时给予优先录取：士官在服役期间表现突出，荣立三等功或被评为优秀士兵或党员或担任正副班长职务的，可免试受聘街道工作者；义务兵在服役期间表现突出，被评为优秀士兵或嘉奖以上奖励的，可免试受聘街道社区工作者。

针对老城区征兵工作的特点，注重在宣传力度、宣传方式上下功夫，开通征兵咨询热线，在社区报向全社区广大适龄青年发出《倡议书》，刊登一位兵妈妈写的《人生就像旅行，重要的是沿途的风景》来信，利用网站张贴兵役政策，同时在人员密集区、主要出入口做好宣传，发放《征兵宣传手册》，邀请驻区武警中队的官兵面对面讲解政策，切实把氛围造浓厚、把政策说清楚、把得失讲明白。

街道武装部每年春季进行兵役执法检查，检查对象涵盖辖区单位，检查内容包括各单位贯彻执行兵役法律法规的情况，调查掌握有户籍的男性适龄青年底数、分布和兵役登记等情况。

2009 至 2016 年，湖南路街道共有 47 名优秀青年应征入伍。

四、民兵预备役

街道武装部始终将预备役和民兵队伍建设作为战备训练的关键环节常抓不懈，做到队伍整编及时，作用发挥明显。抓好政治教育和军事训练。以“平时服务，急时应急，战时应战”为目标，不断加强军事后备力量建设，将军事斗争转为常态化准备，推进民兵队伍多样化军事任务能力建设，坚持“编为用、建为战”的原则。在人员难集中、场地受限制、教官不专业等问题上，依托现有资源谋点子、想办法、做文章。协调各单位部门给予大力支持，建立每季度一训一考制度，邀请驻区部队骨干组训，聘请老干部进行爱国主义教育，有效调动广大民兵参加教育训练的积极性，确保“人员、内容、时间、效果”四落实，为打好非战争军事行动提供坚强的能力支撑。

2006 年，根据区人民武装部关于加强社区国防后备力量建设的文件精神，街道武装部组建由预备役人员和基干民兵组成的民兵高炮防空分队等。民兵高炮防空分队代表湖南社区参加警备区第 3 防空分群集训和演练，其中 2 人被评为预备役军官先进个人，3 人获得区人武部嘉奖。2008 年，组织街道民兵参加高炮集训，5 人分获优秀民兵干部和优秀民兵骨干称号。2010 年 5 月 22 日至 6 月 6 日，组织街道民兵应急分队 35 名民兵开展上海世博会安保备勤工作。街道武装部在每年汛期和台风季节、重大节假日，组织民兵参加区级备勤，确保国家财产和人民生命安全。2006 年至 2016 年累计组织民兵参加区级备勤超过 1 万人次。

2016 年 8 月，街道开展兵役登记工作，陈澄泉书记作为党工委书记，到兵役登记现场检查

表 6-4-2　**1996—2015 年湖南路街道武装工作所获荣誉一览表(区级)**

年　度	荣 誉 名 称	获 奖 单 位	颁 发 单 位
1996	徐汇区征兵工作先进单位	湖南路街道	
1997	徐汇区征兵工作先进单位	湖南路街道	徐汇区征兵办公室
1999	徐汇区征兵工作先进单位	湖南路街道	徐汇区征兵办公室
2000	徐汇区征兵工作先进单位	湖南路街道	徐汇区征兵办公室
2001	徐汇区人武工作先进集体奖励	湖南路街道武装部	徐汇区人民武装部
2010	徐汇区国防教育先进单位	湖南路街道	徐汇区国防教育委员会
2011	徐汇区国防教育先进单位	湖南路街道	徐汇区国防教育委员会
2012	徐汇区征兵工作先进单位	湖南路街道	徐汇区人民政府、徐汇区人民武装部
2012、2013	徐汇区国防教育先进单位	湖南路街道	徐汇区人民武装部
2013	徐汇区征兵工作先进单位	湖南路街道	徐汇区人民政府、徐汇区人民武装部
2013	全区 13 个街道(镇)民兵应急分队军事考核第二名	湖南路街道民兵应急分队	徐汇区人民武装部
2014	徐汇区征兵工作先进单位	湖南路街道	徐汇区人民政府、徐汇区人民武装部
2013、2014	徐汇区国防教育先进单位	湖南路街道武装部	徐汇区人民武装部
2014、2015	徐汇区军事训练先进单位	湖南路街道	徐汇区人民武装部
2015	徐汇区基层先进武装部	湖南路街道武装部	徐汇区人民武装部

第七章　社会事务管理

湖南路街道民政、劳动工作以社区管理服务为中心，纵向衔接市、区、街道、居委会，横向贯通公安、民政、劳动、医保等部门，以维护社会稳定、提供社会保障为重点，落实综合帮扶、医疗救助、残疾人救助、廉租房和经适房申请办理等各项民政低保和民生救助工作。开展拥军优属、拥政爱民和军民共建社会主义精神文明活动，落实国家优抚政策，争创拥军优属模范街道。联动各方资源，搭建服务平台，开展公益活动，完善社区服务。优化工作流程，实行"一口受理"的便民办事制度。强化基础管理，完善帮扶措施，全力促进下岗、失业人员实现就业和再就业。以实现"老有所养、老有所医、老有所学、老有所教、老有所乐、老有所为"为目标，推进街道为老服务事业。

1997 年，街道在全区率先推出《湖南社区便民服务指南手册》。

第一节　社区事务受理中心

一、机构职责

2006 年，根据《徐汇区社区事务中心实施标准》，社区事务受理中心（简称：社区事务中心）挂湖南路街道劳动保障事务所、湖南路街道社会救助事务管理所牌子，正式对外工作，地址淮海中路 1788 甲（近宛平路口毗邻武康大楼）。

社区事务中心分为两大区域：接待前台服务区域和后台处置及办公区域，前台除设卡证、结算、房屋保障等专窗外，另有 7 个综合受理窗口；具备八项功能：前台有咨询引导、事务受理反馈、政务自助查询、休息等候等功能，后台有办公协同、应急事务处置、咨询缓冲接待、会务业务培训等功能。整合原社区服务中心、救助所、劳动服务所等服务项目，将 21 类 100 多个项目全部归口到社区事务中心，利用社区信息化管理平台，实现"一口受理、内部协办"和"一网受理、多网协同"的现代化服务模式。

湖南社区事务受理服务中心大堂（图）

2006 年，将呼叫中心、处理中心和网格化管理中心统一归并到社区事务中心，实现"三大中心"并存。

二、主要工作

2000 年 7 月，原街道社区服务中心（一门式服务）正式对外接待受理，主要有救助、就业、法律、房管等10类30多个项目，新增居民代表接待、青少年维权、外来人口办证3个社区事务一门式服务项目；街道首次在社区服务中心开设外来流动人口的“一门式”服务站，为外来人口办理计生证、健康证、就业证、暂住证，加强外来人口的有序管理；街道全年共发放各类保障金和救助费511万余元，接听热线电话800多只，解决率100%；举办下岗人员就业培训班16次，安置下待岗人员519人次；建立助残网络体系，对54名残疾人进行一人一卡帮困管理。

2004年，街道构建社区事务处置应急网络，初步形成“应急指挥中心、呼叫视频系统、路面监控系统”三位一体的社区事务处置新体系；同时，发挥社区内社会资源和市场资源的作用，通过求助热线和信息网络，对市民求助信息按咨询、困难求助、应急事件等进行分类处理，力争在第一时间内处置区域内的突发事件。

2006年6月26日，社区事务中心正式对社区居民受理6大类122项事务，服务项目包括劳动保障、社保缴费、人口计生、社会救助、医疗保险、市民信箱、工会理赔、房屋保障、卡证办理、副食品补贴、支内回沪等。

2007年，街道按照社区事务中心的管理模式、服务内容、服务标准、规范流程、标志标识“五个统一”的要求，设立中心管理办公室，统一协调管理中心内各项事务，制定管理制度，完善服务公约、文明用语、工作守则，提高服务水平；配齐信息化设备，统一软件系统，重新梳理流程，规范前台4个综合受理窗口的受理程序，理顺后台协同办理功能区职责，完善“前台一口受理，后台协同办理”的工作模式；实行每星期7天工作制，为居民提供全天候服务；规范社区热线服务，确保社区求助热线的24小时畅通，实现接通率、处理率、满意率三达标，热线电话上传咨询2 251条。

2008年，推进社区事务中心建设，实行“5+2”工作模式和值班长轮岗制度；社区事务中心继续推行办理医疗保险、居住证、社保卡业务、劳动保障、工会理赔、救助帮困等服务项目；加强人员管理，制定考核评定制度，开展业务知识和理论知识的培训，提升工作人员的工作能力和办公效率。

2010年，加强社区事务中心等窗口服务部门建设，完善服务承诺、首问责任、办事公开、一次告知、限时办结等工作制度，规范对外服务流程，提升窗口服务水平；实行“5+2”工作制，延长服务时间，方便为居民办事；对窗口服务人员进行专业和礼仪培训，加强各部门间的竞争和交流；针对窗口服务文明指数测评所反映的问题，总结不足，制定改进措施，使各窗口单位的对外服务更加程序化、规范化、人性化，为世博会的召开营造良好的窗口服务环境。

2011年，社区事务中心加强内部管理，优化窗口环境，对外开设包括劳动保障、社会救助、医疗保险、工会理赔等10大类近200多项事务，建成“一头管理、一口受理，全年无休、全区通办”的服务模式；全年新办《上海市居住证》83张，续办454张；受理《上海市临时居住证》新办2 375张，续办补办8 971张，受理《上海市临时居住证》退证业务528张；受理社会保障卡630长，学籍卡251张，受理敬老服务卡317张，续办2 424张。

2012年起，社区事务中心全面实行“全年无休、午间不歇”的工作制度，推行微笑服务；根据市、区两级要求，开展对有大额财产低保家庭的清退工作；做好经适房申请受理工作，通过经济审核并摇号选房 57 户。

2013 年，社区事务中心依托社区生活服务中心实施“实体化＋网络化”的工作模式，健全便民服务体系，全年累计受理各类民生事务咨询、办理及政策解释工作 93 000 余人次；社区事务中心补充完善月、季度绩效考核，建立相应考核的评估和奖罚机制，成立考核小组，建立三级考核网络，提高服务质量；组织全体员工开展岗位工作政策业务培训，掌握规范化业务操作流程及相关理论知识；2013 年，区率先推进受理中心第三方认证评审工作，街道首批完成认证，完成 ISO 9001：2008(公共服务版)国际标准认证，并获得五星级受理中心认定；制定社区事务中心质量手册，阐述社区事务中心质量管理体系的质量方针、组织结构与管理职责；推行质量管理体系，与已有的一门式网络信息管理系统有机结合，保障方便、快捷、透明的政务服务的实现。

2015 年，社区事务中心登记城镇失业控制指标数 1 050 人，每月最大减幅做到不超过指标数 6%；全年认定就业困难人员 29 名，认定后三个月内 100%得到安置；配合市、区就业启航活动，开展各类招聘会，组织失业青年参加培训，帮助长期失业青年实现就业 10 人；鼓励扶持创业，帮助成功创业 50 家，其中帮助 35 岁以下青年创业 30 人。

2016 年，社区事务中心统筹受理民政、粮食、助残、人社、档案、公安、计生、医保、工会 9 大类 178 项社区事务服务项目，为居民解释政策，做好民政救助、房屋保障、支内回沪人员帮困、副食品价格补贴、医疗保险、居住卡证办理、工会理赔、劳动监察等相关工作；接受各类咨询、受理 14 万人次；有序推进第六批经适房受理工作，共接受咨询 627 户次，发放申请表格 225 本，受理申请表 88 本。

第二节　社区生活服务中心

一、机构职责

2009 年 5 月，街道办事处腾出乌鲁木齐中路 247 号 3 楼原招商中心用房，建成社区服务中心，实行慈善超市、社区生活服务、民间组织服务“三位一体”运作模式。

2009 年 8 月，街道成立湖南路街道社会组织服务中心暨社区生活服务中心领导小组，选址在泰安路 34 号。社区生活服务中心(简称：生活服务中心)旨在解决社区居民生活中的急、难、愁问题，通过搭建“三个一”平台(一本便民手册、一条便民热线、一辆“生活服务大篷车”)为居民提供生活各类信息和服务。

二、主要工作

2009 年，生活服务中心成立，工作职责主要包括以下四个方面：便民服务手册的编写、便民热线、实体咨询类的入住以及“生活服务大篷车”。初步完成便民服务手册，并在年底之前出刊发放；开通一条服务热线“64335565”，24 小时不间断地为居民提供服务；设立热线值班室，制定热线电话的规范服务；设立三个咨询室，6 个咨询点，安排每周每个项目半天的咨询服务；“生活服务大篷车”在第二十二届老年节活动中开始启动，计划每季度举办一次。

2010 年，街道通过培育和发展社区社会组织，逐步让社会组织承接部分政府职能，改变“大政府、小社会”的社区治理结构。先后培育壮大社区文化团队协会、计划生育协会、弄管会、湖南社区爱心委员会、湖南社区生活服务中心及便民服务“生活服务大篷车”等项目。年末，有属地管理的社会组织 49 个，其中民非单位 22 个、社会团体 23 个、基金会 4 个，备案登记的群众活动团队 94 个，社会组织建设渗透到社区管理、社区文化、社区服务等各个领域，部分承接部分小区管理、文化活动、慈善救助、为老服务等社区管理和服务项目。年内，“生活服务大篷车”活动共计 7 次，1 次为上海市计量协会专场活动，1 次为徐汇区志愿者服务日专场，服务项目不断更新，既有磨剪刀，修雨伞，理发，小家电维修，配钥匙等传统服务项目，同时增加修配眼镜、血压计修理等专项服务项目，服务项目 18 项，7 次活动共吸引辖区居民 3 300 多人次，受益服务对象约为 2 150 人次。

2011 年，生活服务中心根据居民实际生活服务需求，完善“一册、一线、一网、一车”的便民服务体系。开设“64719199”二十四小时服务热线，提供包括磨剪刀、修雨伞、小家电维修等内容的便民服务项目 18 项，受益居民达 1 500 人次左右，活动覆盖湖南社区所有居民区；以“生活服务大篷车”作为实体化载体，通过引进“城市福祉社”和“久一品”农副产品合作社，将流动蔬菜点配送到 4 个居民区，每周两天 6 个轮次，每点设摊半小时，约 40 类蔬菜果品，销售的蔬果低于市场价的 30%至 35%，努力解决街道西片地区居民“买菜难”问题。

2012 年，生活服务中心借助“生活服务大篷车”，组织“3·5”学雷锋、下居民区便民服务 5 场(次)，受益 3 000 余人次。发挥 12345 市民服务热线平台作用，建立多渠道服务方式。湖南路街道武康居委会建成市居委会自治家园示范点。

2013 年，生活服务中心以“生活服务大篷车”为载体，整合社区资源，定期开展便民服务；以“一键通”平台作为网络载体，提供全天候的政策咨询、居家养老等服务，健全便民服务体系；生活服务中心便民类服务入选“上海市优秀服务项目”。

2014 年，生活服务中心发挥“生活服务大篷车”实体服务功能，全年为居民提供服务 6 次，服务项目 30 余项，参加活动志愿者超过 300 人次，受益居民超过 2 000 人次。民生志愿者协会通过项目化运作，开设“音乐脑瘫理疗”，为脑瘫儿童进行康复理疗。

2015 至 2016 年，生活服务中心根据社区居民的生活实际，以“生活服务大篷车”为载体，切实解决“急、难、愁”的日常琐事，充分挖掘社区志愿者的优势，将“3·5”活动延伸，每季度举办一次“生活服务大篷车”进小区活动，以低偿的形式为居民提供小修、小补等服务；并每半年评选一次服务明星，对服务水平高、态度好，受到居民好评的服务明星进行奖励；2015 年 6 月至 2016 年 6 月共组织开展 9 场社区便民服务活动，其中 3 场大型活动：学雷锋、敬老节和国际志愿者日，6 场小型进社区服务活动；活动覆盖居委会包括：淮海居委会、武康居委会、安福居委会、东湖居委会、淮中居委会、兴武居委会，现场参与人数共计 4 310 人次，服务共计 3 714 人次；提供便民服务、健康医疗服务、咨询服务、商品优惠购、政府政策宣传及志愿者义卖活动等现场服务项目。

2015 年 10 月 21 日，街道在襄阳公园举办重阳节服务活动(图)

三、服务设施

生活服务中心借助“生活服务大篷车”、二十四小时服务热线以及咨询室、咨询点等各种载体和功能为辖区居民提供各种形式的服务。

表 7-2-1　“生活服务大篷车”活动执行情况表

日　期	地　点	主　题
2010 年 1 月 28 日	安福路 228 弄	湖南社区服务中心“生活服务大篷车”进小区服务日
2010 年 3 月 26 日	淮海中路的上方花园	迎世博、促和谐湖南社区“生活服务大篷车”进小区
2010 年 5 月 12 日	襄阳公园	湖南社区“生活服务大篷车”——2010 第二季度世界计量日服务专场
2010 年 6 月 20 日	襄阳公园大道	和谐互助共享世博——2010 徐汇区社区志愿者服务
2010 年 9 月 20 日	泰安路 36 号	社会组织进社区，服务居民享世博
2010 年 10 月 15 日	汾阳路 9 弄	庆重阳、促和谐湖南社区“生活服务大篷车”进社区
2015 年 7 月 2 日	淮海中路 1285 弄 54 号	湖南社区服务中心“生活服务大篷车”进小区服务日
2015 年 10 月 21 日	襄阳公园	湖南社区生活服务中心敬老服务进社区
2015 年 12 月 4 日	聂耳音乐广场	12・5“国际志愿者日”湖南社区便民服务进社区
2016 年 3 月 4 日	聂耳音乐广场	湖南社区 3・5 雷锋精神薪火相传志愿者服务日

续表

日　期	地　点	主　题
2016年4月15日	淮海中路1670弄14号	湖南路街道社区生活服务中心“生活服务大篷车”进小区服务日
2016年4月22日	武康路73弄	湖南路街道社区生活服务中心“生活服务大篷车”进小区服务日
2016年4月29日	延庆路123弄	湖南路街道社区生活服务中心“生活服务大篷车”进小区服务日
2016年5月10日	乌鲁木齐中路261弄	湖南路街道社区生活服务中心“生活服务大篷车”进小区服务日
2016年6月17日	泰安路36号	湖南路街道社区生活服务中心“生活服务大篷车”进小区服务日

表7-2-2　　**湖南路街道社区生活服务中心为民服务项目情况表**

居民区名称	为民服务项目名称	地　址
华康	快递自提	武康路6弄
武康	为辖区中75岁以上独居、双独居老人建立“五报”制度(遇突发事必报;身体不适必报;家里水电煤等设备发生问题必报;行为异常必报;有烦恼事解不开;连续几次没有联系到的必报); 理发、耳穴、量血压、配药、送菜进社区活动; 老伙伴志愿者关爱和睦邻点活动(由13位志愿者关爱65位高龄老人,以五个一“上一次门、问一声好、聊一会天、提一个醒、帮一把手”的邻里结对形式开展活动)。“我们的节日”“生日文化”“睦邻活动”; 建立邻里汇健康小屋,配备基本的健康自测设备及医约箱,由社区志愿者进行日常管理,社区卫生服务中心加以指导,由家庭医生团队提供健康服务; 与市南供电公司联赢共建,建立“慧益绿生活”共建项目,使社区居民不出小区就可办理各类用电业务和缴纳各类公共事业费,并设立10万元的社区慈善基金,用于社区为老服务和发展建设; 与徐汇区中心医院实行党建共建,建立云医院,运用互联网+的方式服务居民,先后为社区居民住院和发生疾病时提供帮助。	淮海中路1670弄14号
金波	司法窗口便民咨询	五原路293号
复永	帮困助学、社区律师公益法律咨询	永福路147弄33号101室
春华	便民咨询,提供各类政策咨询以及健康咨询	安福路49弄2号

续表

居民区名称	为民服务项目名称	地　址
淮海	组织博爱医院全科医生为居民进行免费测量血压、看病、开药服务（每周一下午 2 点）； 不定期的邀请驻区沈龙宝律师，为大家进行法律咨询活动	淮海中路 1285 弄 54 号底层
延庆	政策咨询、便民咨询、慈善捐款	延庆路 4 弄 12 号
新乐	修伞、修鞋、配钥匙、修自行车、修小家电、医疗咨询，以及优惠购	新乐路 158 号东湖公寓
陕新	老人助餐点、慈善捐款（红十字会每年 5 月 8 日前）、便民咨询（配药、测血压、医疗讲座）	
复襄	旧衣物回收	汾阳路 9 弄 10 号
复中	每年定期组织居民进行慈善捐款、收集旧衣服、旧书籍	复兴中路 1252 弄 10 号

第三节　社 会 救 助

一、工作网络

1997 年，街道建立帮困救助协调小组，由民政科牵头协调，组织科、劳动服务所、文教科、工会、妇联、统战等部门配合。

1998 年，街道建立社会救助管理所，实行粮籍管理所与社会救助事务所两块牌子一套班子的社会救助体制，并确立街道救助管理所负责具体事务，各居民委员会成立工作小组，建立专职社会救助协理员，形成街道、居委会两级管理机制和工作网络。

2000 年，街道扩展“三网联动”（助老网、助困网、助残网）服务实体网与 20 多个单位签订“社区服务网入网协议书”；建立覆盖全街道的帮困小组 167 个。

2004 年 5 月，街道成立经常性捐款接受点，地点为高邮路 7 号。

2005 年，街道依托“一口上下”运作机制，逐步构建“资金救助”“岗位扶助”“生活帮助”“爱心援助”“四位一体”的救助体系。

2006 年，街道社区事务受理服务中心，挂湖南路街道劳动保障事务所、湖南路街道社会救助事务管理所牌子，社会救助事务管理所是专门为社区居民服务的扶贫帮困的社会救助机构。以“依靠社会办慈善，办好慈善为社会”为工作原则，“政府推动，民间运作，社会参与，社工操作，义工协助，百姓受益”为模式，工作做到“条块结合，分级管理，各负其责，一口上下，不错不漏”。

2007 年 5 月，街道成立湖南社区慈善工作站，地址在泰安路 36—1 号，设专职人员 1 名，负责日常工作，接受日常捐赠，实施慈善救助等。慈善工作站是依照中华人民共和国宪法、法律、规章和国家政策，对海内外组织以及个人自愿捐赠或资助的财产依法进行管理和使用的非营利性组织，系社会团体法人，其合法权益受法律保护。

2009 年，街道贯彻市委、市政府关于社会救助的有关精神和要求，将来自上级各条线的帮救助政策和资源，由社会救助事务管理所统一实施，并由街道将各类帮困救助数据、信息，采取“一体运作、一口统计、一网覆盖、一口上下”的信息管理机制，构筑统一的帮困救助平台。

2010 年，街道建立社区慈善爱心委员会，地址为泰安路 36—1 号，设立总额 200 万元的社区慈善帮困基金，孵化、培育社会组织，帮扶社区内的困难群众。

二、救助工作

1991 年，街道发放待业救济金 467 人次，金额 32 921.26 元，节日补助 42 人次，金额 2 390 元；知青、子女按回沪，上报户口 196 人(其中新疆知青 45 人)；安徽等地发生特大洪涝灾害，全年共组织三次募集钱物支援灾区活动，共捐款 84 360 元，棉被 323 条，棉衣裤 9 582 件，绒衣裤 6 348 件，单衣裤 43 120 件，总重 22 吨。全年发放救济金 40 091 元，各种补助费 9 507 元。

1992 年，街道在“大可乐”饭店为辖区 30 多名孤老孤儿举办“迎新春、送温暖”活动，《新民晚报》《徐汇报》、上海电视台展开报道。

1995 年，街道设立“帮困基金会”，对社区内的特困老人、特困孤儿落实单位对口帮助；建立为孤寡老人、烈军属、民政优抚对象上门服务制度。

1996 年，街道成立帮困救济领导小组，机关干部带头与地区 33 位孤老结成帮困对子；辖区 10 家共建单位与 11 位特困儿童签订“爱心在社区”协议书；13 位残疾困难户领到助残金，3 490 位居民拿到帮困卡。

1998 年，街道对现有各类需帮困的对象 2 260 人次，开展社区单位与帮困对象结对、献爱心活动，定期上门关心慰问；向孤老、残疾人员、军烈属、伤残军人等特困人员发放各种救济金 14 万元，社会救助覆盖率达到 99.5%。

1999 年，街道建立社会救助应急方案；帮困结对走社区化道路，实现帮困结对形式，共产生 167 个帮困结对组；全年共发放各类补助(除残疾人外)27 799 人次，金额达到 126.46 万元；年内，市人大常委会副主任沙麟、胡正昌率市人大检查团，对湖南路街道社会救助工作进行检查，并实地参观街道社会救助所。

2000 年，元旦、春节期间，街道实行“一口上下”开展“迎新春帮困送温暖”活动，帮困总人数量 1 722 人次，帮困总金额约 292 906 元；街道在助困、助学、助医、助房的基础，继续开展帮困结对活动，设立帮困基金 50 万元，支出 7.7 万元，共发放各类救助资金 430 万元，定期定量补助 391 人，每月发放金额 83 343 元，实物帮困 71 人，每月金额 2 840 元，粮油帮困卡 264 人，每月金额达 6 600 元；开展“慈善一日捐”“红十字会救灾、减灾”等多次宣传、捐款活动，完成衣服募集 36 吨 45 000 件，捐款 20 000 余元。

2001 年，街道建立最低生活保障帮困机制，共建单位交通银行徐汇支行职工捐集 1.34 万元帮困基金，结对帮助低收入家庭，每月资助 100 元；对于受最低保障线的居民建立复审制度、张榜公布制度和回访制度；通过摸底调查，走访等工作，共解决新疆建设兵团返沪人员住房困难 34 户，解决生活困难 13 人；年内市政府在徐汇区试行廉租房政策，街道实行核准一户上报一户，已受理 189 名廉租对象，上报 14 户符合要求，通过审核；实行政务公开，聘请地区人大代表、政协委员、社区居民为街道社会救助工作的义务监督员。

2002 年，街道实施政府面上救助与社会点上帮困一体化运作模式，辖区有需要救助困难对象 15 种，共 2 152 人，占居民总数的 4%；全年为城镇居民最低生活保障者 1 438 人次发放金额 299.59 万元，为 5 484 人次发放失业救济金 189.86 万元，为 1 681 人次发放协保补助金 53.45 万元，其他困难居民 893 人，发放金额 5.62 万元，医疗补助 340 人次，补助金额 3.45 万元；建立街道、居委会、社会单位 3 方面志愿者队伍，分别从经济、精神、服务、技能、助学等方面与 270 名困难者开展结对帮困。3 月 26 日，全国人大常委会副委员长、民革中央主席何鲁丽视察湖南路街道社会救助所，并题词“身怀爱民之心，多办利民之事”。

2002 年 3 月 26 日，全国人大常委会副委员长、民革中央主席何鲁丽视察湖南路街道社会救助所

2003 年，街道、居委会加强两级救助网络体系建设，做好社会困难群众的帮困工作。全年共发放低保金 11 352 户，12 958 人次，金额 343.78 万元；发放粮油帮困卡 7 483 人次，金额 18.71 万元；发放协保困难补助人数 4 043 人次，金额 49.87 万元；临时救助 149 人，金额 4.64 万元；发放医疗帮困卡 119 张，价值 5.95 万元；发放副食品补贴支票 9 162 张，现金 14.74 万元；落实享受免费午餐的学生 179 人。年内支持云南、江西、安徽灾区，共募集衣被 24 404 件，1 007 包，以及捐款约 1.38 万元。

2004 年，街道共向 9 775 人次发放最低生活保障，救助金额达 2 484 663 元；粮油帮困 4 986 人次，金额 124 650 元；临时救助 465 人次，金额 47 367 元；协保生活困难补助 3 130 人次，金额 398 152 元。街道通过发放医疗帮困卡、落实免费午餐、教育救助、副食品补贴、住房补贴、医疗救助、帮困助学等形式给不同的困难群众予以帮助。

2005年，街道共向各类帮困救助对象28 366人次，发放救助金606.96万元；通过最低生活保障、助学资助、节日慰问和发放医疗救助卡等形式，共帮困4 254人次，走访慰问5 196人次，帮困金81.5万元，其中街道帮困金支出18.44万元，同比2005年上升300%。

2007年，全年发放街道帮困金1 153人，共计189 930元。医疗救助292人，金额88 000元，发放医疗帮困卡187张，金额101 000元；红十字会帮困202人，金额82 000元；发放粮油副食品价格补贴3 663户，金额216 744元。街道支内支疆等退休回沪人员困难补助费3 204人次，金额1 042 367元，其中5月起受理原享受补助人员申请分档补助220人，新增对象外地退休回沪，未报入本市户籍领取上海市居住证人员97人。

2008年，按照救助对象统一、救助标准统一、救助资金管理统一、救助运作统一的"统一"要求，社会帮困救助"一口上下"信息系统正式在街道推广。

2009年，全年共帮扶困难居民3.3万人次、帮扶金额1 044万余元。发放医疗帮困卡286人，金额14.3万元。

2009年，按照市委、市政府的统一部署，年底在徐汇等两区开展经济适用房试点工作。街道以社区事务受理服务中心为经济适用房试点工作对外接待窗口，主动做好政策宣传、引导工作，并配合房管部门开展经济适用房申请受理工作，民政部门负责对申请户的经济状况进行核对。2011年，全市第一批经济适用房申请开始，2011至2016年，申请共有产权房家庭501户进入经济适用房核对系统。

2010年，拨款300万用于帮困工作，各类救助38 689人次，共计12 500 397.14元。在爱心助学签约仪式中，共收到13家单位及个人助学款47 100元，有37位家庭经济困难同学和资助单位签订了帮困助学协议。街道残联帮困救助809人次，为低保、低收入残疾家庭学生提供相应学费补助21人次，为重残无业人员生活、医疗补助77人次，为重残无业家庭居家养护及重残无业人员机构养护58人次。

2011年，街道全年帮困补助4 800余人次，金额138万元。发放粮油帮困卡2 459人次，金额127 868元，粮油帮困券273人次，金额4 641元；慈善超市共发放帮困物资1 100份，共计121 024.5元；按市"春雨助学"和徐汇区残疾人家庭子女及残疾学生的帮困具体政策，审核了18个大学、中学、小学在读学生，合计助学帮困金20 700元。是年街道救助工作获评"徐汇区副食品价格补贴发放工作优秀集体"。

2012年，街道组织召开第二届湖南社区慈善工作表彰会，授予社区11家单位、8名个人"湖南社区慈善工作爱心企业"和"湖南社区慈善之星"荣誉称号。

2013年，接收社区单位和个人捐款975 473元，为四川雅安地震灾区募集捐款149 415元，用于社区帮困、助学、助老、助残等捐款826 058元。举行爱心义卖6次，所得款4 681元，一并纳入社区慈善基金用于社区帮困。全年累计帮困金额240余万元。

2015年，街道规范经常性捐赠接收站的捐赠流程，培训工作人员，加强对居民的捐赠宣传；依托16个居委会设立的募捐接收点，接收居民捐赠闲置衣被7 000余件，集中打包送往上海市慈善基金会经常性捐赠总站，资助云南、贵州的贫困地区；接收社区爱心单位和个人捐款223 967元，用于社区帮困、助学、助老、助残；街道针对社区不同群体的需求，有针对性地落实保障服务措施，全年累计帮困金额达500余万元；为计生特殊困难家庭提供健康服务，完成39户特扶对象签约结对工作，并为 24 户特扶家庭开展助老家政服务；全年接收爱心单位和个人捐款 223 967 元，主要用于社区帮困、助学、助老、助残。全年累计帮困金额 500 余万元。

2016 年，推进社区就业起航计划，落实各项就业措施，超额完成年度就业指标；落实帮困救助政策，发放帮困金 150 万元；实行低保收入审核数字档案化管理，发放社会救助金 500 万元；对独生子女困难、伤残、死亡家庭开展生活关怀、精神关怀、健康关怀，完成特扶家庭年审 217 例，完成特扶家庭签约 176 例，发放特扶金共计 113.6 万元，为 27 户特扶家庭开展助老家政服务。

表 7－3－1　**2002—2016 年街道社会救助事务管理所发放各类救助情况表**　单位：万元

年份	优抚	重残	低保	医疗救助	支内补助	副补发放	协保补助
2002 年	—	—	299.59	3.45	—	—	53.45
2003 年	—	—	343.78	5.95	—	14.74	49.87
2004 年	—	—	248.47	—	—	—	—
2005 年	—	—	—	—	—	—	—
2006 年	—	—	—	—	—	—	—
2007 年	—	55.58	240.73	8.80	104.23	21.67	13.84
2008 年	—	—	225	14.25	129	24	5.69
2009 年	108.13	—	340.50	23.34	277.60	22.52	15 100
2010 年	108.4	—	345.74	25.04	267.53	22.41	—
2011 年	—	69.89	290.82	—	286.97	12.78	—
2012 年	—	—	—	—	—	—	—
2013 年	176.2	109.5	330.1	28.2	351.5	30.2	—
2014 年	180.7	125	353	23.3	304.9	28.1	—
2015 年	191.3	135.3	370	22	389.5	27.6	—
2016 年	199.7	150.7	391.5	36.1	437.1	26.8	—

第四节　双　拥　工　作

一、拥军优属

1991 年 8 月，街道成立“双拥”（指：地方拥军优属、军队拥政爱民）工作领导小组。

街道建立"拥军优属活动室",建立军属档案;设置拥军优属奖励基金会,建立爱国拥军奖励基金;推行优抚对象家庭联系卡制度,创建长乐路1213弄两幢军民共建文明楼;"八一"建军节前,为4位荣立三等功的军属,颁发证书和奖励金;与优抚单位开展拥军优属工作,粮管所为特殊困难优抚对象送米上门,菜市场过节设专摊优惠供应军烈属,医院为不便烈属送医送药上门,居委干部为军烈属洗衣送饭,解决生活问题等;辖区各驻军单位参与街道活动,开展内容丰富的"双拥双向"活动,签订"军民共建双拥双向服务协议书",如新乐书画社作书画表演与赠送活动与武警部队,淮一小学少先队员为武警三中队二支队的武警叔叔清洁岗亭,参加社会公益劳动。

1992年4月,街道成立"智力优属"领导小组,制定《街道智力优属实施草案》;优先解决军烈属子女的困难,辖区共建单位为军烈属提供优质服务,组织个体协会慰问烈属;协助驻军单位申请建房执照,提供科技方面的信息;组织区人民代表及地区书画家、书法家等20人到05部队慰问,中小学生慰问边防战士,祭扫烈士墓;召开军民联欢会,新兵及立功受奖家属座谈会,为立功军人家属发放奖状奖金。

1994至1995年,街道紧抓"三个落实"(指:一抓党和国家各项优抚政策的落实,二抓"双拥"服务队的落实,三抓"双拥"服务设施的落实。),发动辖区单位开展"双拥"专项服务,对驻地部队实行"三优"(指:优先、优质、优惠)服务,对优抚对象做到"四多一优"(指:生活上多关心,思想上多帮助,学习上多辅导,才能上多培养,对学习成绩差的优先辅导);街道与驻地部队联手共建两个文明,争创淮海中路"双拥一条街"。

1996年,淮海中路"双拥一条街"创建逐步由东向西延伸,沿线实行军人"三优"挂牌服务的单位从原来的43家发展到65家。徐汇区中心医院,坚持送医送药上门,为官兵服务;淮中中学为战士们传授英语知识,培养军地两用人才;沿线单位与23户烈军属签约结对子,为优抚对象办实事;居委会逢年过节为战士们包粽子送西瓜。

1998年,街道采取多种形式,加大宣传,深化对拥军优属工作的认识;落实"两优先"(指:优先安排优抚对象子女入学,优先安排下岗的优抚对象再就业)、"四必访"(指:对战士入伍、退伍必访;军人参战、立功必访;优抚对象生病、生活困难必访;重大节日对部队、优抚对象必访。)制度。

1999年,适逢上海解放50周年,街道在沪警会堂举行以"爱心献功臣"为主题的文艺慰问演出,武警上海总队军乐团、上海交响乐团等单位参加演出,部队官兵、优抚对象、学校师生、居民群众共1 500多人出席;街道投入20多万元,建成双拥楼5幢,种绿300平方米,修建活动室、健身房、停车棚、画廊等设施,社区居民主动与7名优抚对象结对包户帮困;东湖居委会成立3个双拥小组,开展军民共建;9月,市双拥工作检查小组对街道的双拥工作进行全面检查,视察淮海中路双拥街、部队营房等,对其给予充分肯定。

2000年,街道志愿者与天平路等四个街道志愿者共同组成淮海中路双拥志愿服务队,并将家电维修、科普讲座、医疗咨询等服务送进驻军单位。至2000年,淮海中路(徐汇段)连续两届四年被命名为全市"双拥模范街"。

2002年,徐汇区双拥办表彰先进单位和先进个人,街道18个单位和个人获奖。

2003至2005年,街道向驻军单位赠送电脑、科技图书;为部队培训厨师、医务人员、英语、电脑人才100余人次。

2006年,街道双拥办对67位烈属进行填表登记,并进行审核,完成率98.5%。在徐汇区双拥工作表彰大会上,湖南路街道被评为双拥模范街道。元旦、春节期间,发动社区单位和两新组织开展"爱我中华、固我长城"向部队送年礼活动,17家单位出资购买了2万余元的年货送给部队子弟兵。

2007年,落实上海市民政局、上海市财政局发布的《关于调整部分优抚对象抚恤补助标准》文件精神,对革命伤残军人调整伤残补助金标准。向重点优抚对象和军属发放慰问品,共计1千余人次,2.8万元、补助35人次,14 500元;对患重病的重点优抚对象进行一次性医疗帮困,补助3人,发放1 300元;对两名去世革命伤残军人发放抚慰金25 000余元;发放军人家属节日慰问金26人共计2 700元;为社区军烈属张贴"光荣人家"400余份。

2008年,街道建立党工委专题议军制、双拥共建单位年会制、培养军地两用人才制、重大节日走访慰问制、一年三次大型国防教育制度、"军徽映斜阳"为老结对制度等。街道安排8名重点优抚对象参加区双拥办组织的疗休养活动;做好67名革命伤残军人、66名烈属的抚恤补助工作和24名"三属"(指:烈士遗属、因公牺牲军人遗属、病故军人遗属)的工资补差工作,共发放各类抚恤、补助金1 108 296元;发放春节、"八一"建军节期间重点优抚对象一次性帮困慰问金17 000元,发放结对包户慰问品200人,计2万元。街道搭建平台,发动社区单位一起在节假日为驻军单位送去年货、汤团、粽子等节日物品和问候;满足战士的文化需求,街道专门聘请音乐老师长期为部队排练歌曲,送去戏曲表演、露天电影、小组合唱与诗朗诵等节目;街道聘请专业人士为战士开设健康讲座,法制安全讲座,并对心理压力调适、常见病预防及生育保健做讲解和现场解答;互动拥军,社区居民与驻军单位举行小型运动会、篮球友谊比赛等;科技拥军,街道联系社区图书馆成立"双拥流动图书馆",定期为驻区部队送书上门,带领战士游览科技馆,开展军事知识竞赛,鼓励战士刻苦学习,为立功受奖者给予300—500元不等的奖金。

2010年,街道提出《关于给予湖南社区退伍军人就业安置优待的通知》,对于其中的优待政策从2010年度退伍兵开始实行;街道双拥工作实行"五个纳入"(指:指将双拥工作纳入社区党工委和街道办事处的议事日程;纳入社区经济和各项社会事业发展的总体规划;纳入相关部门科室的目标管理责任制,纳入街道机关干部年度考核内容;纳入社区教育内容)和"四个到位"(指:指组织机构到位——及时调整充实街道双拥工作领导小组成员,建立规范的工作目标、文档资料和规章制度;政策落实到位——坚决做到双拥工作有法可依、有章可循,严格执行市区各项政策,及街道制定的《湖南社区优秀义务兵奖励及安置优待政策》《(老年)重点优抚对象特殊优待政策》等规定;运行机制(街道党工委专题议军制、双拥共建单位年会制、培养军地两用人才制、重大节日走访慰问制、一年三次大型国防教育制度、"军徽映斜阳"为老结对制度等)到位等)。

2012年,街道坚持实行"四个纳入",拥军优属有实惠:纳入党委议事日程;纳入年初工作计划;纳入年度经费预算;纳入争先创优目标。

2014年9月1日,街道开始执行《关于湖南社区补充调整征兵优待政策的方案》。

2015年起,街道启动关爱功臣项目,加强优抚对象信息掌握和政策关怀,依托第三方社会组织平台，开展“身心健康，文化乐活”等项目，提高优抚对象社区获得感。

2016年，街道继续实施“关爱功臣”活动，发放优抚对象补助金205万元；营造共建氛围，发动社区单位开展拥军活动。

二、拥政爱民

每年3月5日学雷锋期间，辖区驻军单位开展一系列便民服务公益活动，部队官兵身穿志愿者马甲走上街头帮助指挥路口交通，发放创全宣传册，为社区居民免费理发。

军民共建平安社区。在创建平安社区工作中，将平安建设与反邪教工作相结合，根据本地区部队多、领馆多的特点，拓展反邪教警示教育的新内容、新领域。上海禁毒宣传“生活服务大篷车”进湖南社区暨湖南社区荣获上海市优秀禁毒社区称号，组织部队官兵参加禁毒宣传活动，营造文明社区氛围。邀请部队战士组队参加湖南社区禁毒定向越野比赛。

1991年，辖区驻军单位作为街道共建单位，参与街道的重大活动，如武警部队的武警尽量保证新乐书画社的老画家生病急用车，武警三中队二支队为淮一小学少先队员进行纪律、操练教育。

1992年，部队支持街道工作，每月参加共建单位会议，参加街道组织的各项大型服务活动；街道组织夏令营，孤老游大观园，部队派车接送，融洽军民关系。

1994至1995年，驻地部队发挥自身优势，协助学校进行军事训练，为地区企事业单位的民兵传授军事知识，帮助街道清运建筑垃圾，运送救灾募捐衣物，为居委会提供车辆，陪同孤寡老人参观游览。

1996年，沿线驻地部队参与地区精神文明建设，多次派战士参加卫生整治，上街为民服务，运送救灾物资等；部队派出官兵到街道清除垃圾，参与创建全国卫生城市活动。

2004年，武警三支队二中队的官兵、社区企业职工、徐汇高级职校与南模中学学生、新乐舞蹈队及社区居民在“湖南社区第十届社区体育节”开幕式上分别表演“武警官兵格斗”“动感韵律”“青春动感健身舞”等节目，并参加拔河、自行车技术等体育比赛项目。

2006年，在襄阳公园举办的“弘扬雷锋精神，参与志愿服务，建设文明社区”学雷锋便民利民服务活动中，武警警勤中队和三支队二中队派出六位战士为社区群众免费修理、擦洗自行车，共有4 000多人次接受服务。

2009年春节前夕，驻军单位战士为社区孤老、残疾家庭进行大扫除，参加街道举办的“庆祝中华人民共和国成立60周年”大型文艺演出；参加社区团工委组织的“社区青年弄堂嘉年华”活动，为徐汇区中心医院医护人员、新录用社工开展军训；“八一”建军节前夕开展社区青少年“军营一日行”活动，为青少年开展国防教育和军事知识讲座等。

2013年，驻区部队与街道敬老院举办共建签约仪式；2014年，将“军徽映夕阳”为老结对制度纳入养教结合计划，开展敬老助老活动，与社区团工委、社区为老服务中心、居委会等社区单位加强合作，照料看望社区老人。

2008 年端午节街道举办军嫂军民双拥扎粽子比赛

三、“双拥一条街”

1994 年，街道与驻军单位、淮海中路沿街单位联手共创淮海中路“双拥一条街”。

1998 年，街道同辖区淮海中路的商店、单位，重新修订淮海中路“双拥一条街”的工作要求，实行“三优”服务，军人优行，优抚对象优先，提供优惠服务购物卡；根据驻军单位的特点与性质，确定定期的“双拥”服务活动日；依托社区丰富的人文资源，建立全方位的“智力拥军”服务，拓宽军用两地人才的培养渠道，如南洋模范初级中学(原淮海中学)为武警战士开办英语辅导班，支援武警战士特殊的工作需要；东湖宾馆等单位为部队培养中、高级厨师人才；街道办组织淮海中路辖区各单位接受国防意识教育和爱国主义教育，开展“军营一日行”军训活动，组织辖区所属单位和部队共同参加国防知识竞赛活动。

1999 年，街道深入开展淮海中路“双拥一条街”创建活动。在市、区双拥办的支持关心下，街道拓宽“双拥”渠道，打破围墙与卢湾区联手共建淮海中路“双拥一条街”。

2000 年，街道制定创建淮海中路“双拥一条街”工作计划，开展“高雅淮海路，双拥在身边”“学雷锋，为民服务活动日”、“军营一日行”、“向社区居民演讲双拥事迹的报告”、“和驻地部队开展双向服务”等活动。

2001 年，开展淮海中路“双拥一条街”四街道联合活动，分别举办淮海中路学雷锋为民服务、参观吴淞军港和淞沪抗战纪念馆、组织淮海中路沿街单位志愿者到部队为战士服务等活动。并举行“志愿者进部队服务活动暨授旗仪式”。

2003 年，淮海中路所属街道联手驻军单位，在“八一”建军节到来之前，于上海图书馆召开淮海中路双拥街三年双拥工作总结表彰会。

表 7-4-1　　1996—2006 年湖南路街道双拥工作所获荣誉一览表(区级)

年　度	荣誉名称	获奖单位	颁发单位
1996—1997	徐汇区智力优属工作先进集体	湖南路街道	徐汇区双拥工作领导小组
1997—1998	徐汇区拥军优属模范街道	湖南路街道	徐汇区双拥工作领导小组
1999—2000	徐汇区智力优属工作先进单位	湖南路街道	徐汇区双拥工作领导小组
2001—2002	徐汇区拥军优属模范街道	湖南路街道	徐汇区委、徐汇区政府
2001—2002	徐汇区淮海中路双拥街	湖南路街道	徐汇区委、徐汇区政府
2003—2006	徐汇区拥军优属模范街道	湖南路街道	徐汇区委、徐汇区政府

第五节　老龄工作

1985 年，原湖南路街道成立老龄工作委员会，2001 年撤销，成立湖南街道老龄工作委员会(简称：老龄委)。

1991 年，街道建立老年图书馆，是全区街道第一个专为老年人建立的图书馆。至 1997 年底，18 个居委会开办老年活动室。2001 年，街道利用社区医疗资源，建立老年人健康档案，在司法所设立老年人接待日制度。

街道老龄委贯彻“党政主导、社会参与、全民关怀”的老龄工作方针，围绕实现“老有所养、老有所医、老有所教、老有所学、老有所为、老有所乐”的工作目标，以维护和保障老年人合法权益，改善和提高老年人生活质量为宗旨，不断完善社区养老服务机构，开展各项为老服务工作，促进街道老龄事业发展。

街道老龄工作形成纵向由街道老龄工作机构、各居委会老龄工作小组、居民楼(弄)组长三个层面组成；横向由社区单位、党员、青年、妇女、邻里志愿者、居家养老服务中心、家庭成员组成的纵横交错的“助老爱心网”格局。

一、机构

街道为老服务机构分别是：湖南社区居家养老服务中心、湖南助老服务社、湖南路街道老年协会、湖南社区特需服务社、湖南路街道老年人日间服务中心、湖南路街道敬老院。

［**湖南社区居家养老服务中心**］

湖南社区居家养老服务中心成立于 2001 年 7 月，属民办非企业。主要负责社区困难和高龄独居老人的日常生活照料、精神慰藉关怀等服务，负责本社区内居家养老服务有关的宣传，整合服务资源，各类项目化服务的制度化，提高服务效能；受理服务补贴申请人的申请，承担服务补贴申请初审、评估，服务人员招聘、培训、经费结算、数据统计等；大力推进项目化服务，拓展“助餐、助浴、助行、助急、助医、助洁”等服务；负责本社区内老年人日间服务中心、助餐服务点日常监管。

［**湖南助老服务社**］

湖南助老服务社成立于2004年6月，属非正规就业劳动组织。共有服务员21名，主要开展助餐、助行、助医、助浴、助洁、助急等“六助”服务，服务对象涵盖60岁以上有需求的居家老人，主要从事基础性、普惠性、必需性的日常照料服务，突出物质和精神生活服务共同保障的要求。

［**湖南路街道老年协会**］

湖南路街道老年协会成立于2006年4月，属社团组织。自创建以来，投身各类公益志愿服务活动，鼓励并组织身体健康、热心老龄事业的老年志愿者参加社区工作，切实发挥老年协会作用，得到广大老年群体好评。开展“老伙伴”志愿者服务，服务体系机制健全。街道老年协会共组织低龄志愿者196名，结对高龄老人892名，主要服务形式有探望、配药、购物、聊天等，月平均服务次数为7 200次左右。要求志愿者在服务老人时做到服务有记录，资金开支有发票，活动有信息；切实做好“适老性”住房改造公益项目，设施改善成效明显。从前期排摸到确定受助对象、家庭情况公示，到设计方案、组织施工、志愿者服务、回访验收各环节有序推进，协会坚持保基本、促公平的原则，因地制宜、统筹安排，选择老人急需改善项目进行改造。结合老年人住房条件、生活习惯、身体状况、心理情况等提供个性化改造；丰富老年生活，拓展志愿服务项目。老年协会以社会发展、老人需求和精神文明创建为根本，本着自愿、无偿的原则，鼓励志愿者挖掘社会资源提供服务，为社区老人搭建助老平台。

［**湖南社区特需服务社**］

湖南社区特需服务社成立于2006年9月，属非正规就业劳动组织。共有服务员19名，主要保障和服务高龄独居老人，开展以生活护理为辅、精神慰藉为主的特色服务项目，注重全天候关注老人的健康安全。

［**湖南路街道老年人日间服务中心**］

2008年11月，根据国务院《民办非企业单位登记管理暂行条例》的有关规定，上海徐汇区湖南社区民间组织服务中心成立湖南社区老年人日间服务中心，选址湖南路298弄2号，建筑面积571.74平方米。2009年1月，举行开张仪式，2月正式开张。湖南路街道老年人日间服务中心是集日间服务中心、综合型助餐服务示范点、湖南社区老年人活动中心三位一体的服务中心。机构的主要职能是为老年人提供生活照料、心理护理、娱乐康复、配餐送餐等综合性服务；按照党委领导、政府主导、社会支持、共同参与的老龄工作格局，坚持“政府投入、企业运作、强化监管、百姓受益”的工作目标，坚持以公益性为主，采用社会化运作模式。

为满足社区独居老人用餐，除在日间服务中心内开设中心厨房外，还在东、西、南、北方向开设了四个老年人助餐服务点（春华、武康、陕新、新乐）以满足老年人需求。此外，日间服务中心还主推助浴、助洗、理发、足浴四大服务，采取低廉收费，切实解决社区内老年人的洗澡、洗衣、理发等困难。

表 7-5-1　　湖南路街道老年人日间服务中心服务情况表

名　　称
日托服务
助餐服务：为满足社区内更多的独居老人能用餐，除在日间中心内开设中心厨房外，并以东、西、南、北开设四个老年人助餐服务点(春华、武康、陕新、新乐)满足老年人需求。
综合服务：除上述服务外，中心内主推助浴、助洗、理发、足浴四大服务，同时中心内开设各项文化娱乐活动，扶老上网、图书阅览、桌球棋牌、健身运动、卡拉 OK 等。
志愿者服务
打造数字化日间服务：开通远程视频网络，使身在异地的子女和亲人只要在自己的电脑上安装一套软件，就可以通过“全球眼”网络视频系统轻松地观看到老人们在中心的娱乐和生活情况。

［湖南路街道敬老院］

湖南路街道敬老院成立于 1994 年 6 月，属公办民营单位，地址在桂林西街 30 弄 42 号，有 60 个床位。1998 年进行改建，于 9 月 24 日开业。占地面积 1 000 平方米，建筑面积 600 平方米，设有 12 间老人卧室，共计 60 个床位，每间卧室生活设施齐全，并配备专职医生和护理人员，敬老院附设老年食堂，茶室，棋牌室和保健室，在园内有各种绿化及老人休养休闲的场所。年内，被评为市二级敬老院。

表 7-5-2　　湖南路街道养老相关机构一览表

名　　称	地　　址
湖南社区居家养老服务中心	复兴西路 230 弄 2 号
湖南敬老院	桂林西街 30 弄 42 号
湖南社区老年人日间服务中心	湖南路 298 弄 2 号
综合助餐点	湖南路 298 弄 2 号
春华助餐点	常熟路 228 弄 10 号
武康助餐点	淮海中路 1704 号
陕新助餐点	长乐路 339 弄甲 12 号
新乐理发点	襄阳北路 74 弄 7 号

二、工作

1991 年，街道有 60 岁以上老年人 9 541 人；开办老年人心理讲座八次；成立全区第一家老年人图书馆，针对情况送书上门；针对老年人的特点和不同需求，组织开展各类文体娱乐科普活动，参加区老年人交谊舞比赛获第一名，参加区“七一颂”歌咏比赛获第二名，参加区“寿星杯”运动会，有四个项目获得名次；“敬老节”街道组织十三个单位的“服务一条街”活动，为老年人提供吃、穿、用一条龙服务，服务达 9 780 人次。1992 年 9 月，举办敬老节一条街服务活动，150 人参加各类服务工作，2 000 余名老人受到服务。

1993 年，通过办老年食堂，介绍保姆，邻里互助等，帮助 53 个老年人解决吃饭难的问题；志愿者服务队为辖区 124 个老年人提供代洗衣被、代购物品、打扫卫生、定做特殊规格的内衣裤等；为 26 户独居老人安装求助电铃并落实援助户。大华医院、新乐地段医院自 1993 年以来，为 60 岁以上的老人设立 376 张家属病床，每月到居委会巡回设“就近门诊”，实行挂号、求医、配药、心电图一条龙服务；上门医疗咨询 1 294 人，定期为百岁老人，烈属、敬老院老人、福利厂残疾人医疗咨询 800 余人次，每月定期免费随访烈属、孤老、百岁老人 62 人次。街道对 24 个生活特殊困难老人，安排落实关心网，提供各种日常生活起居等社会互助，对生活水平在最低生活保障线的 14 人作落实解决，对 15 位社会救济孤老，均有志愿者服务队帮助打扫，进行生活等方面的服务，已建 4 户“家庭敬老室”。

1994 年，街道建立“敬老室”9 个，发放 600 张 90 岁以上老人“社区服务卡”，老年服务站、老年针灸推拿门诊部、保姆介绍所、快递服务中心等便民利民服务设施；街道率先成立“人人健康俱乐部”为数千人进行健康测定；在社区服务中心的指导下，各居委会先后有 4 804 人参加志愿者服务队，103 个“关心老人组”；为 236 位老人提供代洗衣被、代购物品、打扫卫生、定制衣裤等服务；为独居老人安装求助电铃；为 15 位救济孤老落实专人服务。

1996 年，辖区老年人占总人数的 24%，把为老年人服务作为社区服务重点，开展、落实帮困助残。为解决地区 70 位老人吃饭难和 2 129 位老人就医难问题，为 28 位独居老人安装求助电铃，为 16 位老人提供免费就诊待遇，建立 10 个家庭敬老室；辖区保姆介绍所、老年食堂、市政服务队、老年活动中心等便民利民服务设施、服务网点根据服务对象的不同，提供有偿、低偿和无偿服务，满足不同层次居民的需求；建立 12 个老年活动室，组织丰富多彩的活动，集科普、娱乐、保健等为一体。

1997 至 1998 年，辖区 60 岁以上老人达 5 000 人，因原有的敬老院仅 2 间，面积 32 平方米，不能满足社区居民的需要，街道投资 80 余万元与新徐房集团共同改建湖南敬老院。改建后的湖南路街道敬老院建筑面积有 1 200 平方米，并有 1 000 余平方米的大花园，设有 66 只床位。

1999 年，街道开展《老年人保护条例》学习宣传，向地区单位、居民发放宣传资料 25 000 份；创建一个市级敬老居委会，一个区标兵老年活动室，六个区先进老年活动室；对 60 岁以上的老年人建立一人一卡。

2000 年，街道制定《湖南路街道老年人工作三年规划》。

2001 年，街道开设老年学校，共开设 7 个班，授课达 120 次；结合反邪教宣传，在老年人中开展“崇尚科学，揭批邪教”宣传教育活动，有 700 人次参加活动；建立老年人健康档案；街道司法所专门开辟老年人接待日，切实维护老年人的合法权益；全年开设老年医学、绘画等培训班 132 个，学员 3 871 人，占老人总数 26.5%；建立 2 个居家养老分中心，全年共护理 1 964 人次，其中享受国家补贴 109 人，补贴金额 16.3 万元；制定《湖南路街道居家养老工作方案》，在养老工作中注重“三个”结合，即与规范化管理相结合，与“4050”工程（指：上海市政府促进困难群体就业的一项重要措施，旨在为特殊历史时期形成的女性40岁以上、男性50岁以上的下岗协保失业等就业困难群体度身定制就业岗位，以市场化、社会化的运作机制，促进其就业）相结合，与市场化运行相结合，成立湖南路街道居家养老服务中心，开展居家养老试点工作，配备61名护理员（其中“4050”人员占护理员总数的38%）。

2002年，辖区有14 598位老人，占社区总人口数的26.4%，其中百岁以上4位，九十岁以上355位，八十岁以上近3 000人。共发放老人护理补贴57 106元，有775人次得到服务，397位老人享受护理补贴费。制定《湖南路街道关于实施老年人“安居乐养”工程的方案》，拟定《湖南路街道贯彻（上海市老龄事业发展“十五”计划纲要）的实施方案》，撰写《居家养老社会化服务的初步探索和发展建议》的调研报告；根据街道区域面积小老人多的特点，建立东西两个居家养老分中心，地跨三个区（徐汇、静安、卢湾）。从三个层面（助困、助残，助老）健全保障制度，推进居家养老，提高服务质量。老龄委在社区服务中心举办“老年教育成果展示”，展示老年学员的油画、国画、书法、摄影、盆景、手工编织品等100余件作品，上千位居民观看。

2003年，街道对辖区1 664位老人进行居家养老的护理，对其中1 052人次进行居家养老生活补贴；老年学校及各居委会分校开设各类培训班59个，共收学员4 000余人；街道与上师大联合举办“扶老上网”老年电脑学习班，26人参加学习班，并在教育电视台作报道。

2004年6月，街道成立助老服务社。

2005年，街道对社区老人进行居家养老护理6 094人次，补贴金额为573 130元；在上海交响音乐进修学校挂牌建立湖南路街道老年艺校，在区老龄活动中心挂牌社区老年学校，共同举办老年活动班、学习班、艺术班，丰富老年人的生活。街道组织聘用18名专职助老服务员，对其进行老年人护理知识、心理健康、家务等技能培训，为社区老人提供专业的居家养老护理；依托社区卫生服务中心，为2 300多位独居老人和80岁以上老人建立健康档案；免费为73位卧床不起的老人提供上门理发服务，为80岁以上老人发放理发优惠服务卡400张；建立模拟家庭，编织“助老爱心网”；建立社区为老服务志愿者队伍，1 887名社区志愿者参与其中；街道支持徐汇区老年福利事业向上海市老年基金会捐款人民币壹万元整。

2006年，街道老龄工作委员会明确责任人和责任部门，在居委会明确专职福利干部、老干部工作者；街道成立特需服务社，由专人负责开展工作，吸纳助老服务员23人，特需服务员9人；成立老年协会，明确老年协会委员会班子成员，吸纳会员90名。街道落实民心工程，根据市政府印发的《上海市人民政府关于将本市城镇高龄无保障老人纳入社会保障的通知》文件精神街道全面摸排辖区9 155位70岁以上老人，共有高龄无保老人534人，老人登记工作完成100%，已登记并通过审核的460人，第一批纳入办理医疗证的326人；各居委会建立老年活动室，街道投资25 000元将安福居委会老年活动室创建成为标准化老年活动室；为社区内360位独居老人安装安康通，支付费用达43 200元。

2007年，由老龄委牵头，形成由居委会干部、特需服务员、助老服务员组成的关爱老人网格化管理队伍。对重点照顾对象安排特需服务员、助老服务员进行特定服务，对一般照顾对象由居委福利干部进行日常关心、照料，建立独居老年人服务需求档案，并对特需服务老人做到一人一表。特需服务员由上年的9人增至17人，有375名独居老人享受到特需关爱服务；新建街道为老服务中心，定期开设学习班、医疗保健班、综艺班、合唱班、舞蹈班、音乐沙龙等课程，设立免费理发、健身指导等为老服务项目；建成兴武居委会标准化老年活动室。完善居家养老服务，全年居家养老补贴 8 684 人次，金额 93 万元；为 54 位老年人申请安装“安康通”；按照市老干部局要求，做好 157 位离休老干部居家养老服务工作，发放服务补贴款 1.57 万元。

2008 年，全年居家养老政府补贴老人数共计 9 687 人次，补贴金额 150 万元；向 90 岁以上老年人赠送牛奶，全年赠送牛奶 6 064 人次，共计 36 万元；对 90—99 周岁的徐汇户籍老人，给予每人每月 60 元的营养补贴，并将百岁老人的营养补贴标准从每人每月 100 元提高到 300 元；针对社区老年人吃饭难问题，通过借助博爱医院、上海音乐学院等辖区单位的力量，在湖南路 301 号、新乐居委会、复襄居委会开设 3 个老年人助餐点；租借湖南路 298 号约 500 平方米房屋，建立湖南路街道老年人日间服务中心和综合助餐服务示范点，内设助餐、助浴、助乐、助洗等多项服务，并在武康、陕新、春华、新乐 4 个居委会建立为老阳光服务站，形成为老服务网络；为独居老年人构筑“特需关爱网”，有特需服务员 17 名，共关爱独居老人 375 人。

2009 年，建立“老年人特需关爱网”，为社区老人提供全覆盖的特需关爱服务；拓展“老年人日间服务中心”的服务功能，在提供日托养老、生活照料、心理护理、娱乐康复、配餐送餐等基础上，为老年人提供助医、助教等便利服务；在部分小区试点开展“邻里和谐助老示范点”活动，动员热心居民、党员积极分子、小区志愿者等就近结对帮扶困难老人，逐步形成“以家庭为基点，以社区为依托，以专业服务为支撑”的居家养老服务体系；扩大特需服务员队伍，为 400 余位社区独居老人提供特需关爱服务，组织 3 500 名志愿者与独居老人开展关爱结对工作；街道出资对社区内 90 岁以上、离休卧床、因病致困老年人提供给 200 元每月的生活照料服务；全年街道累计提供助餐服务近 5.1 万人次；为 90 岁老人赠送牛奶 7 000 人次，补贴金额 50 万元；居家养老服务 3 424 人次，补贴金额 107 万元；落实老年人的紧急呼叫装置申请工作，为 360 位困难老人支付安康通费 43 200 元。居家养老政府补贴老人数共计 1.1 万人次，补贴金额约 191 万元。

2010 年，构筑湖南路街道“特需关爱网”，共有特需服务员 22 名，关爱独居老人 400 余人，为 690 位独居老人提供助医服务；全年街道共为 6 552 人次九十岁以上老人发放营养费 393 300 元；在敬老节期间，各居委福利干部、特需服务员、助老服务员开展对社区内困难老人、独居老人的关爱活动，共为 650 位老年人提供就医、购物、精神慰藉等方面的服务，并为 38 位困难老年人提供一次免费的助老家政服务。

2011 年，街道领导、机关干部、居委干部分别对社区内的百岁老人、知名老人、离休老干部、独居老人、困难老人共计 1 200 人进行走访慰问；组织困难老人庆国庆、重阳联欢会，由社区知名画家韩敏捐款两万元，组织社区 30 名困难老人进行聚餐，并向社区内 160 名老人发放礼品。街道继续依托社区老年人日间服务中心，为老年人提供日托养老、生活照料、心理护理、娱乐康复、配餐送餐等综合服务，在老年人日间服务中心举办“健康身心我最棒”怡普乐健康大赛活动。探索扶老帮困社会化运作模式；在兴武、新乐、春华、安福、东湖居委会试点成立扶老帮困工作站，组织社区内热心公益事业人士主动与老年人结对帮扶；加大为老实事项目资金投入，全年居家养老补贴金额近 140 万元，其中街道补贴 30

万元，为九十岁以上老人赠送牛奶，累计金额70万元，发放营养费近50万元，社区老人生活得到有效保障。

2012年，街道加强为老服务工作队伍建设，开展助老服务员心理知识、医疗知识技能培训。完善"一键通"网络服务平台，接受老人应急呼叫19次，上门为老人提供专家门诊配药、转诊医疗等服务；从本年度起实施"老伙伴"计划，完成社区130个志愿者和650个高龄老人结对工作，在兴武、新乐、春华、安福、东湖五个居委会试点成立扶老帮困工作站，通过结对帮扶的形式帮助困难老人解决生活中的实际困难；贯彻落实市政府实事项目，为部分低保困难老年家庭提供居室"适老性"改造，方便老年人日常居家生活；10月，街道为老中心召开为老服务工作分享会，湖南社区助老和特需服务员、各居委干部和部分老人及亲属代表参会。

2012年10月24日，街道举办"九九重阳节，浓浓敬老情——湖南社区为老服务工作分享会"

2013年，街道加强为老服务工作队伍建设，携手专业社工事务所对工作人员进行培训，提升服务水平；继续开展"老伙伴计划"，全年完成160个志愿者与600位高龄老人结对；推进失智老人提供志愿者服务，免费赠送生活护理品；继续推进"金相邻"工作站试点工作，建立网格化、规范化的为老服务体系；举办专场演出丰富老年人晚年生活，组织开展便民服务进弄堂；落实市政府实事项目，为12户低保困难老年人家庭提供居室适老改造服务，对13个居委会359幢、14.5万平方米老旧房屋的屋面、外立面、室内公共部位进行综合整修，惠及居民3 807户。

2014年，街道强化为老服务工作队伍职业技能培训，17位特需服务员取得职业资格上岗证书；开展市高龄老人医疗护理计划试点工作；试点智慧养老工作，建成全市第一家数字化老年人日间服务中心，接受"全球眼"网络视频的监督；在各居委会建立"睦邻点"，增加"老伙伴计划"名额，组织200名低龄志愿者与950名高龄老人结对，提供探望、配药等志愿活动，实现"老伙伴"月平均探望次数 7 200 余次，并试点向 75 周岁以上老人提供医疗护理服务；开展"适老性"住房改造项目，对组织施工等各环节进行全程指导和监管，共完成 11 户独居困难老人家庭的改造工程；湖南社区老年人日间服务中心引入上海食无忧餐饮管理有限公司进行专业化管理，为社区老人提供日托服务、配送餐、助浴、助洁、医疗保健等服务，服务日托老人 18 人，提供就餐、送餐服务老人 300 余人。社区老年人日间服务中心获全国敬老院文明称号。

2015 年，街道建立统一老年照护需求评估体系，形成梯度服务和梯度政策，91 人通过统一老年照护需求评估管理平台申请医疗护理、居家养老等各类服务项目；深化智慧型养老服务项目，打造养老服务信息平台，开展服务流程再造，健全科学考核评估机制；继续推进"老伙伴计划"，定期对高龄老人进行走访，提供探望、谈心、配药等志愿服务 8.6 万余次。推进"睦邻点"建设，开展读书读报、乐队沙龙等活动 222 次；开设"老年教育"系列活动：湖南路街道社区（老年）学校拥有专职教师 5 人，兼职教师 35 人，志愿者教师 195 人，开设课程班 50 个，学员达到 1 200 多人次；加强"养教结合"工作，满足高龄住养老人学习需求，与上海师范大学附属第一小学结对共建，为养老院送师资、送教材、送活动、送讲座、送教学管理；为在 200 户独居老人安装独立式火灾报警器，保障社区内独居老人家庭消防安全。

2016 年，街道落实老年综合津贴制度，完成 7 997 张敬老卡的信息录入和发放工作；有序推进老年照护统一需求评估试点和高龄老人医疗护理计划，为 250 名老年人申请各类养老服务；加大居家养老服务资金投入，社区老人生活得到有效保障；推进为老服务实事项目，为社区老人提供助餐服务 1.5 万人次；继续推行"老伙伴计划"，依托"睦邻点"对高龄、困难、独居老人进行 1 000 余人次关心慰问；推进"适老性"住房改造，完成 11 户低保、困难、独居老人住宅的厨房和卫生间改造；打造湖南街道 APP 为老服务体系，向社区居民提供针对性、适用性强的生活、为老、医疗等三类服务。

三、项目

至 2016 年，街道为老服务项目共有 19 项。

表 7-5-3　**1991—2016 年湖南路街道养老服务项目情况表**

序号	名　称
1	"银发无忧"老年人意外伤害专项保险
2	"牵线搭桥"服务
3	家庭安装无障碍扶手
4	享受异地护理补贴
5	助老关怀服务
6	大肠癌筛查

续表

序号	名　　称
7	免费接种肺炎疫苗
8	免费健康体检
9	理发服务
10	办理敬老卡
11	主动关爱、紧急救助服务
12	电动爬楼机服务
13	助餐服务
14	日托服务
15	营养补贴
16	长寿补贴
17	赠送牛奶券
18	助医服务
19	特需关爱服务

1、时间：8:00—16:00（周一至周五，节假日休息）
2、地点：湖南路298弄2号（老年人日间服务中心）
3、助洁范围：被单、床单、窗帘。
4、本券面值0元，不兑换现金、不找零、不能用于支付老年人餐费。
5、咨询电话：54662550
6、截止日期：2014年3月31日。

请在截止日期前使用，过期作废。

1、本券只用于理发(包括洗头)，但不能用于修面。
2、一张券理发一次。
3、本券只适用于60岁以上老人。
4、地点：
（1）五原路77弄：小缪理发店（1月28日到2月8日不接受理发券）
（2）南昌路617号：小杨理发店（1月28日到2月8日不接受理发券）
5、截止日期：2014年3月31日。

请在截止日期前使用，过期作废。

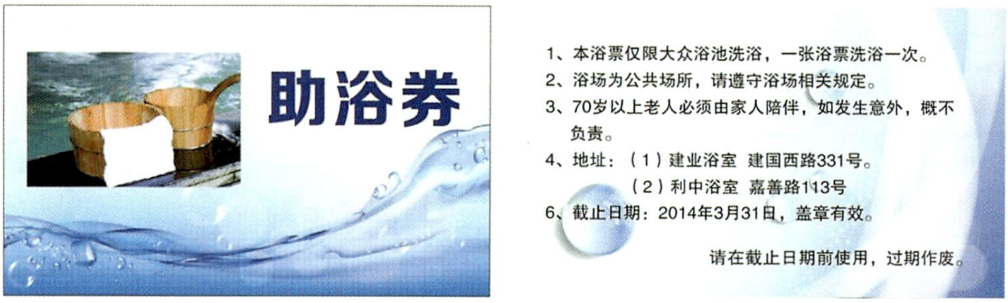

助洁券、理发券、助浴券

表 7-5-4　　**湖南路街道老龄工作所获荣誉一览表(区级)**

年度	名称	颁发单位
1998	徐汇区"为老服务"先进集体：湖南路街道	徐汇区老龄工作委员会
1999	徐汇区机关事业单位退休管理开拓老年事业先进集体：湖南路街道	徐汇区人事局
1999—2001	徐汇区为老服务先进集体：湖南路街道	徐汇区老龄工作委员会
2002—2003	徐汇区老龄工作先进单位：湖南路街道	徐汇区老龄工作委员会
2006	徐汇区老龄工作先进集体：湖南路街道办事处 上海市第四批敬老居村委：湖南路街道复永居民委员会	徐汇区老龄工作委员会
2010	徐汇区敬老模范单位：湖南社区老年人日间服务中心	徐汇区老龄工作委员会办公室
2013	徐汇区"敬老文明号"：湖南路街道	徐汇区老龄工作委员会办公室
2014	徐汇区"敬老模范单位"：湖南路街道民生服务志愿者协会 徐汇区"孝亲敬老之星"：湖南路街道倪乐川、王嘉敏	徐汇区老龄工作委员会办公室

第六节　残疾人保障

一、机构职责

1999 年 12 月 3 日，湖南路街道残疾人联合会第一次代表大会第一次会议召开，成立湖南路街道残疾人联合会(简称：街道残联)和执行理事会，选举湖南路街道残疾人联合会第一届正、副主席，正、副理事长。

2002 年 11 月 15 日，街道残疾人联合会第二次代表大会在湖南社区文化活动中心召开，

77 名代表出席会议；会议选举新一届残疾人理事会及协会主席。

2005 年 11 月 22 日，街道残疾人联合会第三次代表大会在徐房集团公司召开；大会选举湖南路街道残疾人联合会第三届正、副主席，正、副理事长。

2007 年 12 月 12 日，街道残疾人联合会第四次代表大会在湖南社区文化活动中心举行，100 名正式代表、30 名列席代表参加会议；大会选举产生街道残疾人联合会第四届主席团委员、正副主席、正副理事长。

2012 年 10 月 10 日，街道第五次残疾人代表大会在湖南社区文化活动中心举行，参会代表人数是 80 人；大会选举湖南路街道残疾人联合会第五届正、副主席，正、副理事长。

街道残联的宗旨是“爱残、助残、扶残、为残”，主要工作职能是负责街道残疾人保障工作的开展。召开残疾人代表大会，选举产生残疾人代表、残联主席、理事长；掌握残疾人基本状况和需求，及时反映情况，切实维护残疾人的合法权益；开展并完善残疾人的助残与帮困工作，对重残无业人员及低保、低收入等特困残疾人进行救助；设置残疾人康复服务站，满足残疾人多样化、个性化的康复需求；组织开展各种文体活动，丰富残疾人的精神生活；成立阳光机构，为智障人士和精神残疾人提供保障；开展残疾人康复、教育、劳动就业、社会保障、文化技能培训等工作，促进残疾人“平等”参与“共享”；指导社区残协工作，组织志愿者助残活动；负责残疾信访、维稳工作。

街道残联内设残疾人工作小组、康复工作小组、帮困工作小组、无障碍环境建设小组，下设五类专门协会：盲人协会、聋人协会、肢残人协会、智力残疾人及亲友协会、精神残疾人及亲友协会。

湖南路街道残疾人联合会第一次代表大会

二、助残帮困

1991 年，街道贯彻《中华人民共和国残疾人保障法》。在街道残联的努力下，残疾人活动室开展各类活动，组织学生送画、送戏，组织医生为残疾病人检查身体；对 45 名重点对象进行家访，帮助排忧解难；发动保障残疾人宣传周，改善残疾人参与社会生活的物质条件和精神环境；落实精神病人看护网，举办“精神病防治”讲座，为低能人员办好食堂，提供生活上的方便。

1996 年，街道落实帮困助残，开展“阳光工程”；设立“帮困基金”，成立帮困救济领导小组，共发放帮困卡 3 490 张，其中 13 位残疾困难户领到助残金。

1999 年，街道安置好残疾人的生活，对重残无业的人员全年共发放帮困金 11.76 万元。

2000 年，街道为 656 人残疾人建立档案，帮困 9 500 元；3 名残疾人与永福物业公司签订协议帮困结对，解决 26 位残疾人生活困难补助费 5 700 余元，对 54 名残疾人进行一人一卡的帮困管理。

2001 年，街道残联关心帮助下岗的残疾人，及时走访和提供就业岗位，帮助二位残疾人重新走上工作岗位；建立残疾人帮困机制，对辖区 91 名重残和弱智残疾人实行最低生活保障线；街道残联与辖区武警中队支持残疾人事业，双方签订军民共建社会主义精神文明议书，并举办“扬生活风帆，做时代强者”演讲会，提高残疾人的思想素质。

2002 年，上海市残疾人数据入户调查工作结束，对持证残疾人基本信息和残疾人专项信息收集、建立残疾人数据库，辖区共有残疾人 656 人，其中重度残疾人丧劳 11 人，定期社会救助 23 人；发挥两级（街道、居委会）残疾工作小组的作用，重点开展残疾人的调查和残疾人退保工作，多次走访单位，帮助解决退保工作，落实 95％以上残疾人档案；开展助残结对活动，与武警中队结对，战士们带领残疾人看上海，受到残疾人的欢迎；开展残疾人技能培训，为残疾人自立创造条件。

2004 年起街道落实上海市“扶残助学春雨行动”，发放助学补贴 53 人，总金额 37 000 元；对兴武、复永居委会、老年活动室等多处进行无障碍设施改造，方便社区残疾人的生活；将辖区未改建的 166 条无障碍设施（包括住宅楼）资料信息输入电脑，为逐步改善社区残疾人做好先前条件。

2005 年，继续做好“7259”帮老助残志愿者服务工作，上海市志愿者“7259”帮老助残行动的对象为：具有本区同一地址常住户口并共同居住在本区，父母亲一方年满七十周岁、子女生活不能自理或难以自理且未婚重度残疾，父母亲（有健全兄弟姐妹住在一起的除外）作为照料重残子女日常生活的主要承担者的老年人抚养单身重残子女型家庭。帮老助残的形式和内容，原则上由一名志愿者每天到一户家庭上门服务一小时，服务内容一般以帮助料理家务、打扫卫生、陪伴看病和代为购物等为主。具体的方式和内容由地区组织和家庭协商确定。共补贴残疾人士 37 人，发放助学金总金额达 38 700 元，节日慰问和帮困共计 48 400 元；进行 42 部残疾车的置换更新，发放残疾车一次性困难补助 21 500 元，发放残疾人各类用品用具 72 件；共 247 名有康复需求的残疾人与社区卫生中心签订送康复服务约定书，并据不同的残疾类别、不同的残疾需求，提供个性化的全方位康复服务；在康复医生的评估和指导下个性化配发残疾人用品用具，总价值达一万三千余元，受益人数 145 人；社区无障碍建设上，为 75 户残疾人家庭安装残疾人专用拉手，3 户残疾人家庭安装残疾人专用坡道，10 户残疾人家庭安装残疾人专用门铃。“智障人士融入社区阳光计划——阳光之家”在安福路 275 弄 17 号正式成立。

2006 年，落实为听力、言语障碍者生活和工作提供信息沟通服务，为聋哑人短信交流所需费用给予补贴，为 32 人开通免费信息服务，办理登记免费信息卡总人数达 45%左右；举办“为社区残疾儿童献爱心”为主题的慈善义卖活动，共卖出 70 件物品，筹得资金 2 500 余元。

2007 年，为辖区 8 位重残养护人员补贴 18 400 元，重残医疗卡 119 人金额 59 500 元；助学补贴 15 人 16 700 元；多残、双下岗 59 户 17 700 元；大病救助 10 人 2 100 元；困难救助 86 人 23 600 元；与社区内铭源集团、徐房集团等 11 家单位签订共建助残协议书，营造关心残疾人、支持残疾人事业的社会氛围；走访、慰问、一次性帮困、助学 220 人，补贴 136 050 元。做好残疾人康复服务工作，获区“为残疾人送康复服务上门”组织奖和一等奖。

2008 年，街道共有残疾人 822 名，享受保障 753 人，残疾人保障覆盖率 100%；助残周、国庆期间共发放低保家庭帮困金 17 600 元，一次性帮困金发放 127 户，共计 30 100 元；为 12 位重残养护人员提供补贴 21 600 元，为 10 名重残人员提供重残无业医疗帮困补贴（指：重残无业医疗帮困补贴是 2007 年市政府出台的利民新举措，每个重残人员享受 50%的门急诊医保；70%的住院医保。余额还可以享受区残联一年不超过 500 元的补贴及大病重病不超过 3 000 元的补贴）5 145.8 元；组织 156 名残疾人参加健康体检，康复医生为残疾人提供咨询服务和医疗指导，定期跟踪随访 1 名患有重大疾病的残疾人，为低保家庭的残疾人士提供健康体检后续服务；“扶残助学春雨行动”行动中为大、中、小学学生发放助学补贴 25 人，共计 25 500 元；“7259”残疾老人家庭 29 户居家养老补贴 69 600 元；为突发生病等突发事件而需要帮助的 2 位残疾人发放 2 万元临时性补贴；按照区残联《关于为本市视力障碍者提供信息沟通服务实事项目的工作方案》为 70 余位视力障碍者进行网上集中登记；中共第十七届中央候补委员、中国残疾人联合会党组书记王新宪一行到街道残疾人自营广告制作工作室“小雨亭”调研残疾人自主创业工作。

2009 年，社区共有残疾人 675 名，享受保障 675 人，残疾人保障覆盖率 100%；“7259”居家养老，重残无业居家养老由 27 户新增至 34 户；在助残日、国庆、元旦及春节期间，帮助近 100 人次困难残疾人，帮困款 30 000 余元；低保残疾家庭补助 24 户，每次过节给予 400 元补贴；成功建立精神残疾人士“阳光心园”“爱心艺术沙龙”，为残疾人士提供特色化服务。

2010 年，街道建立社区残疾人定期联系制度，构筑全方位动态信息网络和矛盾化解平台；抓好残疾人技能培训，增加文体团队，丰富“爱心艺术沙龙”内涵；招募社工充实助残员队伍，完善考核激励机制；街道持证残疾人数已递增到 1 000 人以上，全年重残无业医疗门诊帮困补贴 11 人，金额 3 942 元；大病住院 3 人，补贴金额 6 731.9 元，助残日期间，为 26 户低保困难残疾人发放帮困金额 10 400 元。上海世博会期间一次性帮困 166 人，金额 33 200 元。国庆世博期间一次性帮困 29 户，发放金额 8 700 元，国庆低保残疾人家庭 28 户，发放救助金额 11 200 元。“扶残助学春雨行动”为社区 11 户困难残疾人家庭子女，发放助学款 3 500 元，为 10 名残疾大学生，发放助学款 25 000 元。

2011 年，街道共有残疾人 954 人、其中肢体残疾 335 人、视力残疾 182 人、听力残疾 94 人、言语残疾 5 人、智力残疾 152 人、精神残疾 186 人，重残无业残疾人 121 人，残疾人低保家庭 27 户。本年度为辖区残疾人发放各类帮困救助金累计 123 819.70 元；为重残无业及残疾人低保家庭发放春节大礼包 150 个，累计帮困人次 512 人。助残日为低保及困难残疾人发放救助金 21 600 元，帮困人次 49 人；高温期间为重残无业人员、残疾人低保家庭、困难残疾人发放一次性帮困金：53 100 元，帮困人次 177 人；街道 42 辆残疾车全部通过年检，为残疾人专用车发放年检油费补贴：8 400 元，为残疾人专用车车主发放燃油补贴 19 347 元，合计残车帮困人次 85 人。建立残疾人“居家养护”和“重残机构养护”一人一档，健全残疾人养护档案的管理；按市“扶残助学春雨行动”和区残疾人家庭子女及残疾学生的帮困政策，18 名残疾人家庭大、中、小学生享受补助，金额 20 700 元。

2013 年，街道开展“轻残帮助重残”为民服务实事项目，为社区重残人士定期上门提供精神慰藉和适当的生活服务，全年为残疾人送康复服务 107 人；开展春雨助学工作，为残疾人学生及有在读学生的困难残疾人家庭发放帮困助学金。2016 年，开展帮残助残工作，落实 552 名困难残疾人“两项补贴”政策。

三、康复·文体

1999 年，根据市、区政府的工作要求，做好“三车”(指：残疾车、黄车、黑车)管理、置换工作，街道全年完成 53 辆残疾车辆的置换。

2000 年，街道举办残疾人 3 期技能培训班，共有 60 人次参加；上海东方电视台专门为辖区 3 位自强不息的残疾青年拍摄专题片进行宣传报道；全国第五届残疾人运动会在上海举办，街道组织 21 个居委会社区志愿者 1 200 余人到市八万人体育场观摩为残疾人运动员鼓劲、加油。

2001 年，街道残联为残疾人举办插花等各种培训班，丰富残疾人的生活；结合助残日，开展军民共建签约仪式暨“扬生活风帆，做时代强者”报告会等，举办各项宣传教育活动，提高残疾人的思想素质。

2002 年，街道组织编写出版残疾人自强不息书籍《生命赞歌》。

2003 年，街道残联对 20 个居委会 78 名视力残疾者进行定向行走训练服务需求登记统计，选出其中 6 名为志愿者进行培训；召开盲人定向行走训练交流评估会，并通过上海市盲人定向行走训练服务培训的验收。

2005 年，街道对辖区 42 部残疾车置换更新，发放残疾车一次性困难补助 21 500 元，发放残疾人各类用品用具 72 件；建立 100 多平方米的残疾人能力康复训练学校暨残疾人活动中心；共有 247 名有康复需求的残疾人同社区卫生中心签订送康复服务约定书。

2006 年，新增 155 名有康复需求的残疾人同社区卫生中心签订送康复服务约定书；实行残疾人用品个性化配发，共有 145 人受益；街道对社区内 117 位智障对象进行分析，动员近 60 余名智障者开展训练；组织特奥运动员参加全国、市、区的特奥运动，共选送 33 人次分别参加 12 个项目的比赛，总计获得 3 金 3 银的成绩。

2007 年，街道完善残疾人用品个性化配发，受益的肢体残疾人 49 人，视残 32 人，听残 19 人，智残 14 人，帮困、助学 220 人，补贴 136 050 元，获评区“为残疾人送康复服务上门”组织奖和一等奖；上半年，组织参加“走近特奥，支持特奥”征文、演讲比赛活动，参加对象包括阳光之家学员、残疾人工作助理员、社区志愿者、在校大学生和特奥运动员家长，所有参与的智障人士都获欢乐奖，街道残联等获得优秀组织奖。9 至 10 月街道接待乌兹别克斯坦共和国特奥代表团的 41 名运动员、教练员和官员，入住天平宾馆；为代表团举办入住仪式和欢迎晚宴，社区居民及文艺团队表演 30 余个精彩节目；挑选 6 户接待家庭，对 95 名志愿者及 10 名翻译，通过分组分层次培训，提高志愿者的服务水平。街道安排代表团参观和游览。其间，乌兹别克斯坦共和国副总理伊拉莫娃 2 次到访湖南社区，并向街道赠送水晶工艺纪念品，街道党工委与乌兹别克斯坦代表团在联欢晚宴上互赠纪念品。

2008 年，街道残联成立残疾人合唱队，聘请声乐专业老师授课，这是湖南残疾人品牌特色活动项目；在区残联举行“纪念改革开放 30 周年”残疾人合唱比赛中，湖南路街道获一等奖；组队参加由市残联、市文广局联合举办的“纪念改革开放 30 周年残疾人歌唱比赛”，《上海越长越高》获合唱组一等奖，《我和你》获小组唱二等奖；盲人协会有“光明之家星光书社视障人士读书会”每季度活动一次，书画读书班，每周活动一次；区残运会中，街道参赛运动员荣获聋人飞镖团体第一名，聋人组个人跳绳第二名，盲人组跳绳第三名，80 米短跑肢体女子组第二名，短跑盲人男子组第二名；以北京“残奥会”为契机，利用五类协会（肢残人、盲人、聋人、智力残疾人及亲友和精神残疾人及亲友五个协会）平台开展活动，发动社区单位开展丰富多彩的拥军活动，营造“军爱民，民拥军，军民团结一家亲”的共建氛围，关心优抚对象，全年共发放各类抚恤、补助金 110 万元。对于社区内部分不便出门的残疾人，依托社区卫生服务中心共同做好康复进家庭工作，社区内已有 140 名有康复需求的残疾人和社区卫生中心签订送康复服务约定书。

2009 年，街道送康复服务上门 1 104 次，共康复 147 人；提供辅助器具试配 204 人，实现体检 112 人，0—7 岁补助 10 人。发挥五类协会作用，培育各类兴趣沙龙，成立残疾人合唱队、乒乓球队、小乐队、聋哑人读书会、聋哑人摄影学会及盲人的“光明之家”读书会，定期举办关于精神病的讲座。开展征文活动的形式，使残疾人通过自我管理来提高参与社区活动的积极性。10 月，成立“残疾人爱心艺术沙龙”，并现场开展义卖助学活动，包括当代著名人物画家“笔挺先生”许艺城、青年书法家郑阶平等 10 位残疾人艺术家的近 50 幅书画、摄影、布艺等作品；街道慈善超市专门开辟“残疾人艺术作品义卖专柜”，沙龙艺术者捐献的作品长期在此义卖，所得资金存入残疾人慈善基金，用于困难残疾人的节前实物补助；街道义工组织志愿者为行动不便的残疾人士提供上门送货服务，此活动得到媒体关注，《青年报》《新民晚报》等都作报道。

2010 年，街道发放 0—7 岁残疾儿童康复费用补贴 5 人，补贴金额 18 000 元（包含募集资金）；免费享受残疾人用品用具，受益 300 多人次，金额 27 734 万元左右；享受各类康复政策 1 531 人次；建立精神残疾人士“阳光心园”，组织残疾人士参与“爱心艺术沙龙”活动，提供特色化服务。

2013 年，街道残疾人读书会创建为市第二批“阳光读书会”；开展“轻残帮助重残”为民服务实事项目，为社区重残人士定期上门提供精神慰藉和适当的生活服务，全年完成为残疾人送康复服务 107 人。

2015 年，辖区残疾人助听器申请 20 人，白内障手术救助 4 人，矫形鞋申请 10 人，阳光宝宝康复救助 38 312.30 元，残疾人辅助器具、家庭组合适配受益 260 人次，盲人定向行走培训

10 人；日间精神照料康复费用报销 6 000 元；享受送康复上门 93 人。

四、阳光机构

［阳光之家］

2005 年 9 月，根据市政府实施“智障人士阳光行动”的计划，阳光之家在湖南路街道安福路 275 弄 17 号正式成立，后搬迁至湖南路 301 号，扩充场地，配备功能齐全的教室、活动室和办公室，专门接纳智障人士，主要任务是组织智障人士学习简单的文化知识、生活本领和劳动技能、开展特奥活动项目的训练等。年内，有注册学员 18 名，其中，全日制 8 名、定期 8 名、送教上门 2 名，通过教育培训、特奥活动、康复训练和简易劳动等形式，提高智障人士生活自理能力、社会交往能力和劳动能力，帮助他们走出家庭、融入社会。

根据智障人士的生理、心理特点，组织开展各项身心健康的活动，包括日常生活常识培训、文化知识培训、康复训练、简单劳动技能培训、特奥运动、兴趣爱好培养等，重点突出简单劳动技能培训。

在教育培训上，通过不断的实践摸索，除依照市统一教材每周固定安排文化知识、自理能力、生活礼仪、社会交往、心理健康等课程外，针对智障人士的兴趣爱好和特长，因“材”施教，开展不同层次的培训。经常性组织学员外出参加表演比赛和夏令营活动，培养智障人士融入交际能力，锻炼其生活自理能力。

在特奥活动上，动员社区智障人士参加特奥活动，通过这种集竞赛和娱乐于一体的趣味体育形式，不仅能使智障残疾人在趣味活动中开发智力、锻炼身体；激发残疾人参与体育活动的热情，推动残疾人群众性体育活动的开展与普及。

在康复训练上，注重将康复与活动有机结合起来，组织上海徐汇区中心医院志愿者展开智障人士健康行动计划，定期开展康复训练，了解智障人士身体及康复情况。

湖南路街道阳光之家

在简单劳动上，“阳光之家”为有效打造智障人士手工基地，让更多社会人士了解智障人士在生活和工作中的真实感受，学会尊重和认同，善淘网和阳光之家合作开展手工折纸项目，通过教学让阳光学员获得手工技能，并且在手工制作过程中得到康复。

辖区外国太太志愿者、下班后创业俱乐部、新知进修学院、五原路幼儿园、强生出租团员青年等 7 个志愿者团队每周按时来到街道阳光之家为学员服务，服务形式包含教学员做手工、给学员传播文化知识、和学员一起做游戏，组织学员参与社会实践活动等。阳光之家学员与外国志愿者家庭在上海植物园举行“牵手残疾孩子 湖南社区中外家庭融合运动会”，上海电视台新闻频道《媒体大搜索》《新民晚报》进行聚焦报道。

［**阳光心园**］

街道残联阳光心园成立于 2009 年 11 月 2 日，以“保民生、促稳定”为宗旨；以“提素质、扬风采”为目标、以“社会化、专业化”为方向。

2010 年上海世博会期间，街道组成居委会精神病防控干部、社区精神病防控医生，阳光心园老师和阳光心园学员为一体的社区防护系统。一旦发现学员有异常想法，及时通过社区精防精神病防控医生对其进行心理疏导，阳光心园老师与其监护人沟通，居委会精神病防控干部通过楼组长等社区居民及时了解其动态。探索建立“1＋2＋4”工作机制，每月一次由社区精神病防控医生对学员进行精神状况评估，每月举办两次不同种类的团体小组活动，每月由社区精神病防控医生对学员进行四次谈心活动。阳光心园不仅招募社区志愿者服务队伍，还引入社会组织进行志愿服务，如上海艺途无障碍工作室的志愿者传授油画艺术制作，在上海市民政局举办的上海公益嘉年华活动中，阳光心园共有六幅油画作品入围。阳光心园分类管理、弹性管理、有效管理的工作模式确保了世博期间平稳过渡，零事故发生，获得“徐汇区阳光心园世博工作优胜奖”。

表 7-6-1　**1998—2003 年湖南路街道残疾人保障工作所获荣誉一览表（区级）**

年　度	荣誉名称	获奖单位	颁 发 单 位
1998—2000 年	徐汇区助残先进集体	湖南路街道	徐汇区残疾人联合会
2002—2003 年	徐汇区助残先进集体	湖南路街道	徐汇区人民政府残疾人工作协调委员会

第七节　劳 动 就 业

一、机构职责

湖南路街道劳动服务所成立于 1993 年，属于徐汇区劳动服务公司派驻机构，行政隶属关系划归街道；1998 年 11 月，区政府批准建立“乐帮湖南社区服务中心”，位于高邮路 5 弄口，作为再就业服务载体，为下岗、失业人员开发岗位提供就业机会；2003 年，街道劳动服务所更名为湖南路街道劳动保障事务所（简称：劳动保障事务所），受区劳动和社会保障局业务指导。

劳动保障事务所主要职责有：开展劳动和社会保障政策的咨询服务；在街道办事处、区劳动保障行政部门的领导下，综合协调、管理辖区劳动和社会保障工作；掌握辖区下岗、失业人员和就业困难人员情况，按要求建立下岗、失业人员，特别是就业困难人员就业状况台账，定期上报就业统计报表和工作信息；开展求职登记、职业指导、职业介绍等"一站式"就业服务，因地制宜开展各种形式的就业推荐活动，协调和借助社会力量，多渠道开发、筹集就业岗位，扩大就业；指导、鼓励和引导下岗、失业人员以多种形式实现再就业，帮助落实优惠政策；宣传创业政策和开展创业咨询等服务，鼓励创业带动就业；保管辖区流动人员档案，并做好转入、转出备案及调阅工作，开展劳动力资源常规与专项调查，按要求进行分类系统录入；协助做好辖区劳动关系协调和劳动争议调解工作；提供社会保障咨询、查询受理服务，涵盖灵活就业人员城保缴费和养老金申领以及账户终止手续，生育和工伤保险业务；城乡居保参保缴费和终止业务；外省市养老人员生存资格认证等。

二、就业与再就业

1991 年，街道安置各类待业人员 1 152 人，其中招工 545 人。发放待业救济金 467 人次。街道待业人数达 1 125 人，占全区第二位，劳动服务所的同志想方设法，开拓就业渠道，全年安置就业 1 048 人次，其中合同制工人 617 人，二劳人员（指：劳动改造和劳动教养人员）60 人，街道企业安置 41 名待业人员，超额完成上级下达的指标。全年发放待业救济金 600 人次，金额 45 000 元。

1993 年，街道劳动服务所为方便双职工联系，每周二、五晚上延长办公至七时。下半年以来接待 416 人。1996 年，街道多渠道安置下岗、待业人员 1 230 人。

1997 年，面对下岗职工，拓宽就业渠道，安置下岗、待业人员共 1 167 人次；对困难家庭，酌情给予适当资助、帮困；建立下岗职工档案，利用培训、座谈会等形式，帮助下岗职工建立正确的择业观，与地区 15 家企业、公司、物业管理部门、宾馆等取得联系，提供就业岗位。

1998 年，街道职能部门依托社区，针对下岗职工，一是从现有的各类服务项目中，挖掘 150 余个岗位，供地区内下岗后生活发生困难的职工优先就业，供解决下、待岗人员就业 435 人次，街道劳动就业登记率达 95%以上；二是通过招聘居委会干部，设立商品直销点，便民流动点心车，治安值班等多种非正规就业的渠道解决部分下岗职工的就业。1999 年，街道、居委会举办各种内容的就业培训班 7 次，共安排下岗再就业 327 名，安排就业 1 565 人次。

2000 年，街道安排下岗、无业人员 1 486 人，举办各种内容的就业培训 16 次，参加人员达 298 人次；全年共发放失业保险 3 521 人次，发放协保人员经费 9 637 人次，安置下岗人员重新就业上岗 356 人次，安置下待岗人员 1 513 人，其中，国企、集体事业、股份制单位 427 人，三资企业 188 人，个体私营 108 人，公益性劳动 191 人，非正规就业 161 人，其他 411 人；

技能帮困，街道辖区企事业单位利用本身的优势，为各自的帮困对象进行烹饪、裁剪、修配、家政等各项技能培训，提高竞争上岗的能力。

2001 年，继续推进技能帮困，帮助下岗人员学会一、二门技术；全年解决竞争就业岗位安置 400 人，安置重新就业 1 858 人，解决“4050”人员上岗 345 人，办理就业证 1 023 人，公益性非正规劳动从业人员培训率达到 100%。2001 年末，辖区有失业人员 1 806 人，2002 年新增失业人员 1 674 人，经安置，年底尚有失业人员 1 602 人。2002 年内安置就业 1 878 人，其中安置到国营、集体、三资企业 987 人，个体、私营企业吸纳 209 人，非正规劳动就业和自谋出路 676 人。安置公益性劳动 2 041 人次，新增非正规就业组织 21 个，非正规劳动就业人员培训率达 100%。

2003 年，街道发展非正规就业组织 18 个，提供就业岗位 299 个，开发“4050”项目 3 个，提供就业岗位合计 369 个；同时依托小区，充分发挥就业援助员的作用，安置就业 1 440 人，安置公益性劳动 2 207 人次。2003 年新增失业人数 1 644 人，安置就业 1 701 人，安置公益性劳动 2 207 人次，发放岗位补贴 2 104 人次，失业保险金 5 592 人次，协保生活补助 463 人次。

2004 年，街道落实万人就业项目，就业安置 2 388 人次，新增岗位 336 人，其中非正规就业 308 人。2006 年，街道新增失业登记人 3 692 人次，安置失业人员 1 762 人，安置失业、下岗、协保人员参加非正规就业、公益性劳动 331 人次。2007 年，失业人员登记 2 523 人，2 030 失业登记 1 630 人，失业率控制在 1 191 人内。

2009 年，街道职业指导下社区 65 人次；应届毕业生就业总人数 459 人，其中未就业 10 人，已办录用 268 人，未办录用 53 人，继续求学 32 人，见习 11 人，出国 53 人，入伍 4 人，人户分离 18 人，自主创业 10 人，就业率 58.39%。年内帮助 233 人成功就业。

2010 年，街道健全区开业指导中心和徐汇区职介所、街道劳动保障事务所和居委会三级就业信息网络体系；率先推进世博双拥工作，建立应届毕业生和退伍军人就业信息平台，联手相关部门，为应届毕业生和退伍军人创造就业机会，促进就业；进行创业扶持：非正规就业劳动组织专制率 30%，贷前调查和贷后跟踪管理正确率 100%。

2011 年，街道在全面排摸应届大学生就业状况的基础上，着力做好低保家庭就业援助对象的再就业促进工作。本年度应届毕业生 402 人（已办录用 297 人，就业率 73.8%），全年经推荐的实际面试人员数达 248 人，与去年同期相比增加 30%。全年办理劳动手册 1 184 本、失业登记 1 260 人次、申领失业保险金 2 280 人次失业人员医疗保险补助 278 人次，医药费报销 24 万元，异地养老金领取生存认证 233 人、为 234 人办理社会保险待遇、自由职业参保 417 人、社保业务咨询服务 1 976 人次，传递劳动能力签订 10 份。在全区劳动力资源调查工作中，建立招工档案 2 006 份、退休档案 1 908 份、户口迁移档案 419 份。个人基本信息初始化 567 人次。这一做法得到市、区就业促进中心的褒奖，并以湖南路街道为例进行推广。对辖区失业人员进行走访登记，组织社区下岗失业人员参加区劳动保障局的专项招聘会，推荐 248 人参加面试，网上有效数为 165 人，提供有效岗位 24 个。对零就业家庭和“双困”等特殊群体进行重点的援助和安置，认定双困难人员人 18 人，安置双困人员 16 人，其中困难特殊人员就业安置 7 人，零就业家庭 1 人。

2013年，街道启动“双困”人员调查工作，召开专场招聘会。2014年，组织专场招聘及创业指导咨询会，联系辖区18家用工单位进行现场招聘，并依托“生活服务大篷车”定期将岗位及创业信息送到小区中，有效解决辖区部分失业人员的再就业问题。

2015年，街道城镇登记失业控制指标数1 050人，每月最大减幅做到不超过指标数6%；全年认定就业困难人员29名“就业困难人员”，认定后三个月内100%得到安置；配合市、区启航活动，开展各类招聘会，组织失业青年参加培训，帮助长期失业青年实现就业10人；鼓励扶持创业，帮助成功创业50家，其中帮助35岁以下青年创业30人；配合区“青年乐业起点”运作，推荐参与各类失业青年求职和就业服务，启航数量最终完成14人，完成率达到140%；全年配合市、区社保中心业务延伸至社区，灵活就业参保503人，为失业人员办理退休321人，调换银行卡60人，调整92年工龄66人。

2016年，街道推进社区就业起航计划，落实各项就业措施，超额完成年度就业指标。街道全面贯彻党的十八届五中全会精神，推动落实《国务院关于进一步做好新形势下就业创业工作的意见》，帮助各类就业困难人员和残疾登记失业人员实现就业，结合街道的区域特色，特制定就业创业工作方案，建设一支专业化的就业、创业指导团队；充分发挥广大居委会就业援助员的作用，为就业创业工作打好坚实基础。社保就业援助管理专项基金50万。具体措施为开展就业人员普查登记，建立就业需求基础台账和数据库；多渠道开发就业岗位；加强职业指导，提高职介业务水平；做好重点对象的就业援助工作；加大社区促进就业工作宣传力度。

表7-7-1　**湖南路街道2016年就业招聘会情况表**

日　期	活　动　主　题	地　点
2016年2月1日—3月1日	启动创业者普查(走访有创业意愿的应届大中专毕业生和城乡失业人员，全面摸查创业意向；走访已创业人员的经营场所，各创业孵化基地，了解创业政策落实情况；将摸查情况登记造册，纳入创业服务信息系统。)	街道范围
2016年3月5日	雷锋精神带动就业活力	聂耳广场
2016年3月5日	专场宣传咨询(设立免费咨询服务台，发放“创业政策指南”等各类宣传资料，现场受理创业政策咨询、创业补贴申请、小额担保贷款申请、创业培训申请等业务，推介一批创业孵化基地、创业实训基地、创业项目等。)	聂耳广场
2016年10月9日	就业一个人，幸福一家人(援助对象为符合就业困难人员认定条件的人员和认定后尚未实现就业的就业困难人员；残疾登记失业人员；零就业家庭中的登记失业人员和最低生活保障家庭中有劳动能力并处于失业状态的人员；各街镇根据实际情况确定的困难家庭离校未就业毕业生、因病致贫家庭成员、退役士兵、征地人员、戒毒康复人员、刑满释放人员等其他援助对象。)	襄阳公园

推进就业与再就业

三、劳动保障

街道劳动保障事务所为知青返沪子女、支内职工退休返沪子女解决读书、就业困难，为高龄无保障老人、上海市支援外地建筑退休(职)回沪定居人员等做好社会保障工作，受理社会医疗保险、社会保险业务。

1991 年，街道安置知青在外地、子女按政策回沪，报好户口 196 人(其中新疆知青 45 人)。1995 年，街道做好知青子女回沪、下岗、待业对象的安排工作。做知青子女回沪安排工作，为下岗、待岗对象提供就业方便，做好社会稳定、人心安定工作。

2008 年，街道劳动保障工作办理劳动手册 1 382 次，失业登记 1 081 次，申领失业保险金 756 次，自由职业参加社会保险 302 次，办理自由职业者账户转出 136 次，失业人员办理退休 283 次，人事档案材料转移 2 198 次，高龄无保障老人参保 10 次，办理特殊工种认定 20 次，签低保“承诺书”523 次，非正规劳动组织的初审和年检 24 次，失业人员工作经历摘录 861 次，人力资源调查 5 836 次。

2010 年，街道劳动保障工作办理申领失业保险 1 475 人次，失业登记 1 260 人次；申请享受社会保险待遇(退休)234 人，自由职业社保业务 447 人次，高龄纳保申请人员 4 人；居住证受理数目，社保卡：872 张，临时居住证：新办 3 706 张，续签：285 张，变更：5 655 张，去向不明注销：1 383 张，上海市居住证：新办 110 张续签：310 张。2011 年，通过排摸，街道共有支援新疆返沪定居退休人员 160 人，上海退休 27 人，零收入 1 人。

表 7-7-2 **2000—2003 年湖南路街道劳动就业工作所获荣誉一览表(区级)**

年 度	荣誉名称	获奖单位	颁发单位
2000 年	社区劳动就业保障工作先进集体	湖南路街道	徐汇区人民政府再就业领导小组
2000—2001 年	湖南路街道荣誉称号(区级)	湖南路街道	上海市人民政府再就业领导小组

续表

年　　度	荣誉名称	获奖单位	颁发单位
2001—2002 年	徐汇区劳动就业保障工作先进集体	湖南路街道	徐汇区人事局、区社保局
2002—2003 年	徐汇区劳动就业保障工作先进集体	湖南路街道	徐汇区人事局、徐汇区劳动和社会保障局

第八节　社会组织服务中心

一、机构设置

2003 年 5 月 28 日，街道成立民间组织服务中心。2007 年 8 月，湖南社区民间组织服务中心成立。2011 年 11 月更名为湖南社区社会组织服务中心，位于徐汇区复兴西路 100 号二楼 B—2 室。“中心”的宗旨是发挥社会组织连接政府和人民群众的纽带和桥梁作用，发挥“服务、管理、协调、预警”的四大功能，做好社区社会组织服务工作，促进社区社会组织健康发展，推进社会组织参与社区建设和管理，推动社区两个文明的建设。“中心”成立时注册资金人民币 5 万元。

“中心”设置理事会，实行主任责任制，制定有信息公开、重大事项报告、预警网络建设、财务管理等制度。业务主管单位是湖南路街道办事处。其业务范围是为社区内各类民间组织提供活动指导、业务咨询、培训、协调等相关服务。

“中心”在街道内开展社会组织服务、监督管理和社区公益工作，促进社区社会组织健康发展，推进社会组织参与社区建设和管理。2012 年被区社会团体管理局评为 3A 级社会组织。2016 年，“中心”先后召开第一届理事会会议和第二届理事会第一次会议。

截止 2016 年末，以街道为业务主管部门的社会组织共计 12 家。

二、主要工作

［服务社会组织］

“中心”主动服务，加强社会组织管理和指导，落实相关常规工作，并对于辖区个人、单位或组织成立社会组织的，进行培育、孵化与指导，帮助他们建立组织、良性发展。社会组织需要办理年检、变更、注销等相关手续，“中心”主动提供业务指导和协调工作，帮助相关社会组织整理材料。对在年检等过程中发现的问题，及时与社会组织相关负责人沟通，责令整改，确保辖区社会组织健康有序运作。

通过召开社会组织工作会议，传达行业内的相关信息、政策，为社会组织资源对接提供平台，同时开展业务培训，开展社会组织规范化建设。

［参与社区自治共治］

“中心”组织开展“公益伙伴日”系列活动，协同相关科室和部门开展社区公益服务，参与各类社区服务活动，如理发、修理小家电、按摩推拿等项目，为社会组织参与社区自治共治搭建平台。组织社会组织负责人学习其他街道经验和做法，发挥“服务、管理、协调、预警”四大功能，融入社区，切合社区实际开展各级各类活动，服务社区居民，共同参与社区治理。

［**做好预警网络工作**］

预警网络工作是“中心”的一项长期工作，在每月完成日常上报的同时，不断加强学习，落实相关工作要求。对社会组织建立健全预警工作网络和工作机制，建立“市—区—街道—居委会”四级预警网络，每个居委会设四级预警网络信息员和联络员，掌握社区基层动态、构建快速反应通道。

2001 年徐汇区开展三级预警网络试点，湖南路街道作为试点开始建网工作，成立区三级预警网络协调小组、街道工作小组、居委会工作组，成立联络员队伍。2003 年根据工作要求建设完善民间社会组织四级预警网络建设工作。

“中心”制定社会组织预警网络建设工作制度，定期开展工作培训；及时更新信息员和联络员联系表，保持队伍稳定，确保四级预警网络相关负责人在线在岗；规范日常管理，及时更新信息平台，明确预警信息内容上报途径，确保及时高效；指导社区做好日常巡查记录，掌握社区群众文化团队活动情况；完善社会组织预警信息处置网络，促进预警网格建设工作有序开展。

表 7-8-1　　湖南路街道辖区社会组织一览表

序号	名　　称
1	上海徐汇区湖南社区社会组织服务中心
2	上海徐汇区湖南社区慈善工作站
3	上海徐汇区湖南路街道社区综合协管服务中心
4	上海湖南路街道社区工作者事务所
5	上海荆棘鸟公益发展中心
6	上海乐吾公益发展中心
7	上海市徐汇区湖南路街道老年协会
8	上海市徐汇区湖南路街道弄堂管理协会
9	上海市徐汇区湖南路街道沿街商铺管理协会
10	上海市徐汇区湖南路街道民生服务志愿者协会
11	上海市徐汇区湖南路街道计划生育协会
12	上海市徐汇区湖南社区社会组织联合会

第八章　居民委员会

1991年7月6日，湖南路街道办事处正式挂牌，辖区设有41个居委会。1996年，按照“二级政府，三级管理”试点工作方案，设有23个居委会。2001年，街道设有20个居委会。2003至2016年，街道设有16个居委会。

2008年，成立湖南路街道弄管协会。2011年，东湖居民区8位居民发起成立“金相邻”居民自治工作站。2012年，“社区小弄堂、共治大平台”弄管会工作获评第二届上海社会建设十大创新项目。2015年，成立湖南路街道社区自治办公室，社区自治共治加强。

居民委员会是居民自我管理、自我教育、自我服务的基层群众性自治组织。居民委员会的主要工作：宣传宪法、法律、法规和国家的政策，维护居民的合法权益，教育居民履行依法应尽的义务，爱护公共财产，开展多种形式的社会主义精神文明建设活动；办理居住地区居民的公共事务和公益事业；调解民间纠纷；协助有关部门维护社会治安；协助人民政府或者派出机关做好与居民利益有关的公共卫生、计划生育，优抚救济、青少年教育等工作；向人民政府或者派出机构反映居民的意见、诉求和建议。

2016年末，在16个居民区建有15个党总支、1个党支部。

第一节　居委会建设

一、建置沿革

1991年7月6日，湖南路街道办事处正式挂牌，有东湖、长延、新乐、长新、陕新、陕南、兴业、复中、复南、张家弄、常熟、华亭、钱塘、淮海、复襄、乌里、华村、高邮、安福、长华、华园、金波、泰兴、泰安村、复永、武康、乌中、春华、中原、淮中、复庆、曹家弄、曙光、兴武、长乐、常安、五原、柳林、湖北、湖南、华康41个居委会。

1996年5月，街道制定“二级政府，三级管理”试点工作方案，原则上居委会按1 000户左右居民设立，与“文明小区”创建结合，以常熟路为界划分为东块与西块，设置居委会。同年7月，各居委会正式撤并为：张家弄、复中、淮海、复襄、陕新、新乐、兴业、东湖、常熟、延庆、乌中、淮中、金波、五原、复永、安福、春华、乌里、华康、湖南、武康、兴武、长安23个居民委员会。

2000年7月，街道决定兴业居委会与复襄居委会合署办公。

2001年6月，经区政府批准，因批租动迁和商业动迁，撤销长乐居委会和兴业居委会。居委会撤并为21个：张家弄、复中、淮海、复襄、陕新、新乐、东湖、常熟、延庆、乌中、淮中、金波、五原、复永、安福、春华、乌里、华康、湖南、武康、兴武。年内，合并湖南、兴武居委会为兴武居委会，街道居委会由21个沿革为20个居委会。

2003年8月，经区政府批准，街道撤并春华、乌里居委会为春华居委会；撤并淮中、乌中居委会为淮中居委会；撤并延庆、常熟（部分）居委会为延庆居委会；撤并东湖、常熟（部分）居委会为东湖居委会；撤并兴武、湖南居委会为兴武居委会；撤并五原、安福居委会为安福居委会。自此，街道设有华康、安福、兴武、武康、金波、复永、淮中、春华、淮海、东湖、延庆、新乐、陕新、复襄、张家弄、复中16个居委会。

至2016年末，街道设有16个居委会。

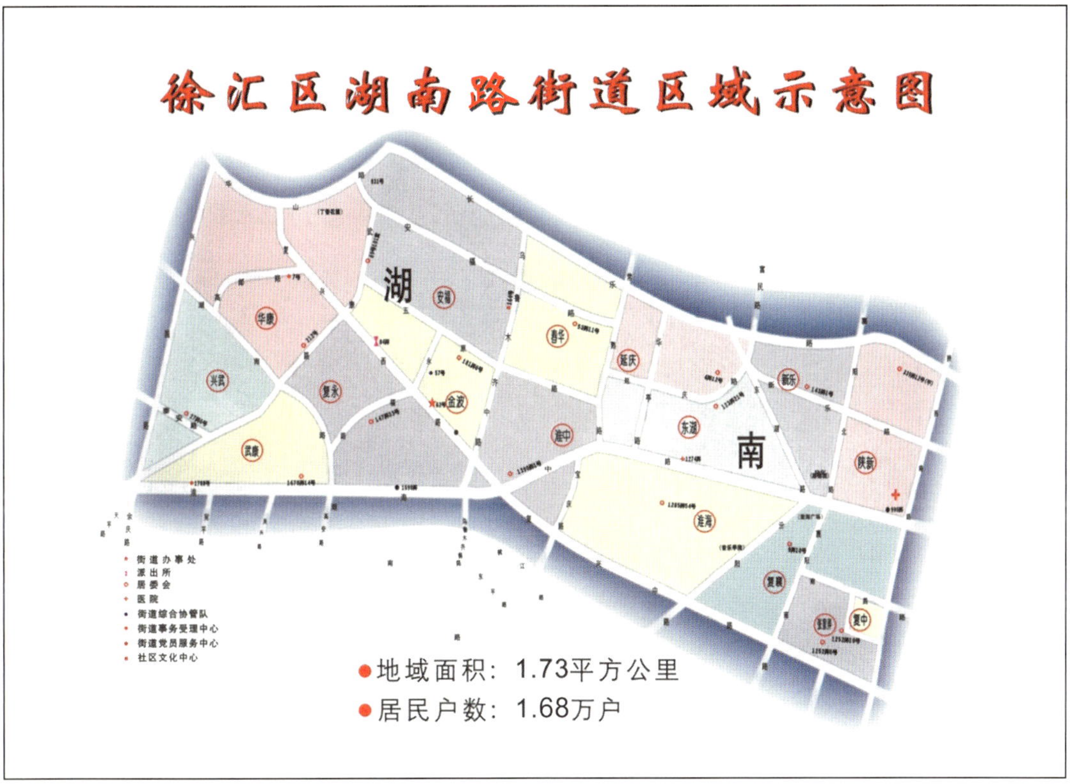

湖南路街道各居委会分布示意图

表8-1-1 **1991—2003年湖南路街道居委会撤并情况表**

居委会名称	户数	人数	居委会用房面积（平方米）	物业管理	撤并原因	拟定名称	办公地点	活动室地点
乌里居委会	300	800	约79	永福物业管理	动迁	春华居委会	安福路53弄11号（原春华居委会）	安福路49弄2号（原春华居委会）
春华居委会	700	2 000	约65	永福物业管理				

续表

居委会名称	户数	人数	居委会用房面积（平方米）	物业管理	撤并原因	拟定名称	办公地点	活动室地点
淮中居委会	774	2 058	约 82	永福物业管理	原小区一分为二，不利于管理，现整合	淮中居委会	淮海中路1390弄1号（原淮中居委会）	乌鲁木齐中路261号106室（原乌中居委会）
乌中居委会	902	2 316	约 80	永福物业管理中麦物业管理				
延庆居委会	1 053	2 768	约 70	永福物业管理	解决居委会办公用房	延庆居委会	华亭路25号（原常熟居委会）	延庆路4弄12号（原延庆居委会）
常熟居委会	399	1 099	约 50	永福物业管理				
东湖居委会	1 200	3 260	约 96	永福物业管理	区域合理化	东湖居委会	延庆路123弄7号（原东湖居委会）	延庆路123弄21号（原东湖居委会）
常熟居委会	390	1 052		永福物业管理				
兴武居委会	890	2 582	约 60	永福物业管理	区域合理化	兴武居委会	武康路280弄49号（原兴武居委会）	武康路280弄49号（原兴武居委会）
湖南居委会	710	2 250		永福物业管理				
五原居委会	932	2 482	约 106	永神物业管理	区域合理化	安福居委会	安福路228弄9号（新购房）	安福路275弄17号（原五原居委会） 长乐路1239号（原安福居委会）
安福居委会	945	2 229	约 50	永福物业管理				

表 8-1-2 **2013 年湖南路街道部分居委会撤并情况表**

居委会名称	户数	人数	居委会用房(m^2)	撤并原因	办公地点	活动室地点
乌里居委会	300	800	约 79	动迁	安福路53弄11号（原春华居委会）	安福路49弄2号（原春华居委会）
春华居委会	700	2 000	约 65			

续表

居委会名称	户数	人数	居委会用房(m^2)	撤并原因	办公地点	活动室地点
淮中居委会	774	2 058	约 82	原小区一分为二，不利于管理，故整合	淮海中路 1390 弄 1 号（原淮中居委会）	乌鲁木齐中路 261 号 106 室（原乌中居委会）
乌中居委会	902	2 316	约 80			
延庆居委会	1 053	2 768	约 70	解决居委会办公用房	华亭路 25 号（原常熟居委会）	延庆路 4 弄 12 号（原延庆居委会）
常熟居委会	399	1 099	约 50			
东湖居委会	1 200	3 260	约 96	区域合理化	延庆路 123 弄 7 号（原东湖居委会）	延庆路 123 弄 21 号（原东湖居委会）
常熟居委会	390	1 052				
兴武居委会	890	2 582	约 60	区域合理化	武康路 280 弄 49 号（原兴武居委会）	武康路 280 弄 49 号（原兴武居委会）
湖南居委会	710	2 250				
五原居委会	932	2 482	约 106	区域合理化	安福路 228 弄 9 号（新购房）	安福路 275 弄 17 号（原五原居委会） 长乐路 1239 号（原安福居委会）
安福居委会	945	2 229	约 50			

表 8-1-3　**2016 年湖南路街道居民委员会一览表**

序号	居民委员会名称	办 公 地 址
1	华康居委会	湖南路 280 弄 20 号
2	安福居委会	武康路 69 弄 1 号 103 室
3	兴武居委会	泰安路 27 弄 6 号
4	武康居委会	淮海中路 1670 弄 14 号
5	金波居委会	永福路 49 弄 19 号甲
6	复永居委会	永福路 147 弄 33 号 101 室
7	淮中居委会	淮海中路 1390 弄 1 号
8	春华居委会	安福路 49 弄 2 号
9	淮海居委会	淮海中路 1285 弄 54 号底层
10	东湖居委会	延庆路 123 弄 7 号

续表

序号	居民委员会名称	办 公 地 址
11	延庆居委会	延庆路 4 弄 12 号
12	新乐居委会	新乐路 151 弄 1 号
13	陕新居委会	长乐路 339 弄甲 12 号
14	复襄居委会	汾阳路 9 弄 10 号
15	张家弄居委会	复兴中路 1252 弄 5 号
16	复中居委会	复兴中路 1252 弄 10 号

二、换届改选

1992 年，根据七届全国人大常委会第十一次会议通过的《中华人民共和国城市居民委员会组织法》中关于“居民委员会每届任期三年”的规定，并按照区政府、区民政局的要求，对兴武、泰兴泰安村居委会、东湖长延居委会进行换届改选试点。年内，其余 26 个居委会进行换届改选。

1994 至 2003 年，街道各居委会共进行 4 次换届选举。

2003 年，街道进行居委会换届选举工作试点，16 个居委会中有百分之五十进行换届直选，共选出属地化居委干部 106 人。

2006 年，根据《中华人民共和国城市居民委员会组织法》规定，按照市人民政府办公厅转发市民政局《关于本市 2006 年居民委员会换届选举实施意见的通知》的精神，街道在区委、区政府的领导下，在区民政局的指导下，16 个居委会全部依法进行换届选举。

2009 至 2015 年，16 个居委会进行 3 次换届直选。

三、基本情况

1996 年，街道根据市、区城区工作会议关于居民委员会一般管辖 1 000 户左右居民的精神，将 41 个居民委员会调整为 23 个居民委员会。

1997 年，街道加大居委会硬件建设的力度，投入资金 25.77 万元用于改善居委会办公用房和添置必需设备，为各居委会配置电视机、放映机、饮水机、电话机、健身器、铝合金宣传栏。年内，为 14 个居委会或老年活动室进行内部装修，9 个居委会置换办公用具，21 个居委会全部实现电化教育。同时，健全居委会办事制度，培训居委会干部，提升居委会整体工作水平。

2000 年，街道印发《关于提高调整居委会办公经费的通知》，将新的居委会办公经费标准根据居委会的户数和居委会的级数相结合制定。年内，街道新增 400 多平方米居委会活动室，组织机关干部、社区居民、社区单位和困难群众结对。

2001年,街道聘请法律工作者担任各居委会义务法律顾问。为10个居委会20名在职干部进行计算机培训,并配备电脑,为信息化在社区建设中应用作前期准备。年内,华康、武康、复永、陕新、复中、张家弄、五原居委会完成调整、改善办公用房,共增加450左右平方,并进行统一装修。

2002年,街道投资400余万元加强居委会办公设施建设,为21个居委会配置电脑打印机、空调、VCD、照相机和29寸彩电,居委会办公室和活动用房基本达到要求。社区综合管理信息系统建成后,街道先后组织对机关和居委会干部进行3期180余人次的信息化应用培训,重新配置和调整20个居委会的计算机设备,并进行现场辅导60余次。

2003年,街道在20个居委中撤并部分居委会,撤并以后共有16个居委。街道通过ISDN(综合业务数字网)将网上办公手段延伸到16个居委会,并全面启动湖南门户网、湖南OA(办公自动化)系统、湖南人口计生系统、湖南社区综合管理管信息系统(包括MIS(管理信息系统)和GIS(地理信息系统))等多项社区信息化应用系统。街道完成全部20个居委会和社区服务中心的联网工作,做到区政府、街道、居委会的三网互联,推进居委会的办公自动化。

2004年,街道制定居委会“三会”制度指导意见,搭建“听证会”“评议会”“协调会”民主参与平台,让居委会组织居民参与社区事务。街道建立覆盖街道办事处、区各职能部门派出机构、居委会协同办公系统。

2005年,街道对9个居委会办公用房和活动室进行装修和改建,更新办公家具,配备DVD、数码相机、电脑、空调等。各居委会办公室和老年活动室,用房面积平均136平方米。年内,16个居委会全部被命名为“上海市社区建设示范居民委员会”。

2007年,街道装修安福、淮中等居委会办公和活动用房。

2008年,街道成立湖南社区法律顾问团,17位律师被聘为街道办事处和16个居委会的法律顾问,为社区事务提供法律咨询服务。街道制定《关于进一步加强居委会建设的实施意见》,就居委会建设和管理提出明确的“四个有”要求:“有时间”“有空间”“有权限”“有能力”。街道为加强居委干部的科学规范管理,制定《关于进一步加强居委会干部队伍规范化管理的实施意见》。

2009年,街道推进居委会社会治安综合治理工作站(简称:综治工作站)建设,在16个居委会组建综治工作站,对居民区社会治安、安全生产、消防安全、社会稳定、外来人口管理做到全覆盖。街道对陕新、复永、新乐、复中等居委会的办公室和居民活动室进行重新装修,并通过租赁和改造的方式扩大新乐和陕新居委会的办公用房面积,改善基层居委会办公条件,增加居民群众开展活动的空间。

2010年,16个社区居委会中有11个居委会活动室达到市区要求的标准。街道将居委会办公经费增至10万元,作为上海世博会期间综治工作专项经费,用于居委会开展社区安全、维稳和应急等方面工作。人员配备方面,在近年招录几批社工的基础上,面向社会又公开招聘20名社工充实到居委会工作一线,改善居委干部队伍的年龄和文化结构;信息化方面,各居委会配备电脑、打印机等设备,基本实现居委会办公设备的自动化。

2011年,街道根据“居委文化活动室达标三年行动”计划,通过购买、划拨、联建、调整等手段，加强居民区文化活动室建设。此外，与市文广影视局老干部活动中心、团市委等联手共建，扩充淮海、东湖居委会文化活动室。

2014年，街道探索网格化联动工作机制，筹备成立街道城市网格化管理联动中心，将社区划分为4个网格、2个责任区，在16个居委会逐步成立联动工作站，整合相关职能部门，实现“全面覆盖、一口受理、一网通达”。

2015年，16个居委会设置网格化管理联勤工作站，形成城市综合管理服务联动体系，实现以源头防控为目标的联动管理机制。

2016年，深化居委会制度建设，做好居务公开，推进居委会标识标牌规范化建设。组织6个居委会分别与静安区曹家渡街道居委会结对共建，实现资源共享、疑难共解、方法共用、队伍共建。

四、社区自治共治

2001年，武康居委会实施居民自治管理。武康居委会班子成员是由全体居民直接选举产生的，居委会根据《中华人民共和国城市居民委员会组织法》，建立居民会议制、议事制、听证制、居委会例公制、楼组长会议制等自治管理制度；以社区党支部为领导核心，形成居民会议决策、居民议事，居民群众广泛参与的居民区自治管理新格局，居委会设立由居委会干部和居民4—5人组成的小区管理、社会保障、精神文明、综合治理4个工作委员会，在社区中实行居民自我管理、自我教育、自我服务。

2002年，逐步建立居委会“三会”(指：听证会、评议会、协调会)制度，定期召开研讨会，印发“三会”制度工作手册。

2004年，制定信访听证制度，组织由人民代表、居民代表、法律工作者和职能部门组成的评议委员会，召开公开听证会20次，有2 100人次参加。

2008年，陕新居委会成立长乐路339弄弄管会，由居民们通过投票推选弄管会主任，负责弄管会的组织协调工作，弄管会每季度召开例会，讨论群租、违法搭建、公用部位纠纷等老城区较为普遍的问题。年内，湖南路街道弄堂管理协会成立，在引导组织成立、规范日常管理、指导工作业务、推进老弄堂居民自治管理等方面发挥作用。街道弄堂管理协会协同房管、物业、公安、居委会共同组成“五大支撑”，共同支持各弄管会开展“自我教育、自我服务、自我管理”。年内，武康居委会获评上海市居委会自治家园示范点。

2009年，选举成立5个弄管会(伯乐大院弄管会；湖南路4、20、100弄弄管会；复兴西路37、49、53弄弄管会；淮海中路1562弄—1610弄弄管会；永福路147、72、131弄弄管会)。辖区累计有46个弄管会成立并开展弄堂管理工作。街道联合区房地局、徐房集团公司，先后2次发文《关于进一步完善湖南社区老弄堂管理的实施意见》，明确22项具体工作目标。街道弄管协会编制《弄管会工作手册》，从而规范弄管会日常工作；组织开展“新成立弄管会培训”“弄管会负责人经验交流”“弄管会参观学习培训”等活动。街道弄管协会、各弄管会每月召开例会，商议解决弄堂管理中遇到的问题。弄堂自治共治取得明显成效，公共环境逐步整洁，入室盗窃等案件大幅下降。

2010年，街道通过培育和发展社区社会组织，逐步让社会组织承接部分政府管理职能，改变“大政府、小社会”的社区治理结构。先后培育壮大社区文化团队协会、计划生育协会、弄管会、湖南社区爱心委员会、湖南社区生活服务中心及便民服务“生活服务大篷车”等项目。一部分社会组织承接部分小区管理、文化活动、慈善救助、为老服务等社区管理和服务项目，社会组织建设渗透到社区管理、社区文化、社区服务等各个领域参与社区居民自治共治。

2011 年，东湖居民区 8 位居民发起成立“金相邻”居民自治工作站，以帮困、照护、救助等形式救助居民区独居老人，年轻老人照顾高龄老人这一互助模式开辟老龄化社区居民自治共治的新路。

2012 至 2013 年，共成立弄管会 74 个，成员 388 人、志愿者 2 500 余人，覆盖辖区老弄堂 214 条，基本实现社区弄堂自治管理全覆盖。弄管会每季度召开例会，发挥综合协调作用，讨论群租、违法搭建、公用部位纠纷等老城区较为普遍的问题，每月召开社区综治联席会议（街道、居委会、派出所、物业、房管办），共同探讨解决社区治理问题。每 2 个月召开 1 次分块弄管会交流会，集思广益、拓宽管理思路、分享经验及创新。街道逐步构建起“居民—弄管会—弄管协会—街道”4 级社区自治共治管理模式，由街道、居委会、派出所、物业、房管办共同协商解决问题。“社区小弄堂、共治大平台”弄管会工作获 2012 年第二届上海社会建设十大创新项目。

2014 年，召开湖南路街道弄堂管理协会第三次代表大会，区民政局、区房管局、徐房集团公司、湖南社区各弄管会等代表 150 余人参加。大会选举产生湖南弄管协会第三届理事会成员，与会成员观看弄管会宣传片《老弄堂走出新模式》。

2015 年，街道成立社区自治办公室。主要工作有居民区自治和基层政权建设，自治和共治项目的管理和创新，社会组织的培育、孵化和扶持，以及社区志愿者管理服务中心的工作。各居民区立足街道实际，以“两个小微”（指：小微实事项目和小微自治项目）为切入点，探索和加强居民自治的项目化建设。街道制定《关于加强居民区自治项目建设的实施意见》《湖南路街道居民自治项目化建设专项经费管理办法》，按照“一居一特”的要求，指导居民区探索实施自治项目并加强规范化建设。此外，推进“老洋房里的新生活”“便民雨棚”等 10 个小微自治项目和 19 个小微实事项目建设。

2016 年，完善“街道联席会议—居民区自治联席会—居委会下属五个委员会”的“街—居联动社区自治共治工作模式”，理顺“街—居”管理条线。完善居民自治金的申请、使用、考核、激励机制，探索创新项目化运作的居民自治新模式。16 个居民区全年共 147 个项目立项实施。“金相邻”有志愿者 200 余位，累计照护“老邻居”1 400 余位。街道对成立 5 周年的东湖居民区“金相邻”居民自治工作站的工作进行总结提炼，编辑整理《爱在金相邻》一书，以故事会的形式宣传志愿者事迹，在居民区中推广普及“金相邻”居民自治工作经验。

五、获奖情况

1992 年 9 月，陕新、武康、新乐、淮中、复襄、常安居民委员会被评为区先进居委会。10 人被评为区先进居民委员会工作者。

1996 年 2 月，武康居委会武康小区被评为“上海市文明小区”；4 月，街道 6 个小区获评“徐汇区文明小区”。

1997 年 4 月，武康小区再次获评“上海市文明小区”；同年，常熟、华康、复永、张家弄、春华、淮中、淮海、新乐、陕新、东湖、金波、五原、武康、复襄等 15 个居委会评为区级文明单位。

1998 年 12 月，武康居委会被评为 1996—1998 年度“上海市先进居委会”；华康居委会主任、春华居委会主任被授予 1996—1998 年度“上海市先进居委会主任”称号。

1999 年 3 月，街道在“上海市居委会建设达标升级”（1997—1998 年度）工作中，已建成一级居委会 6 个，占 25%；二级居委会 10 个，占 76%；三级居委会 5 个，占 100%。

2004 年，湖南社区 16 个居委会全部创建成示范（达标）居委。

2005 年 1 月，延庆、东湖、金波、春华、陕新、复中 6 个居委会被评为“上海市社区建设示范居民委员会”。7 月，武康、东湖、淮海、复永、兴武、淮中、陕新、新乐 8 个居委会被评为“上海市社区建设模范居民委员会”。

第二节　华康居委会

一、基本情况

华康居民委员会位于街道西北部。原为湖南、高邮、复永三居委会的一部分，1965 年分离，单独设立，从华山路武康路名中各取一字组合命名为华康。1996 年 9 月，高邮居委会全部和湖北居委会所属武康路以西地块并入华康居委会。居民区范围包括：华山路 847—923 单号；武康路 2—222 双号；复兴西路 199—317 单号，210—246 双号；高邮路整条；湖南路 262 号—328 号；兴国路 5 号—91 号。居民区内有湖南别墅、丁香花园等。居委会办公地点设在湖南路 280 弄 20 号。

1996 年，居民区建有党总支，下设党支部 3 个，共有党员 142 名。居民区有 34 个居民小组，居民 829 户，2 219 人。主要居民点有：兴国苑、康兴公寓、武康公寓、汇益花园、复兴西路 203 号大楼等小区。

二、主要工作

1998 年，成立华康居民区在职党员联络站，组成夜间巡逻、医疗咨询，法律咨询、文化咨询及陈孝瑞推拿保健志愿者工作室 5 支在职党员志愿者队伍，在职党员参与率为 82%，为小区居民群众提供多种服务，在职党员参与率为 82%。陈孝瑞推拿保健志愿者工作室自 1996 年起，每星期三上午 9 至 11 时，在党员服务中心为社区居民提供服务；在兴国路小花园建有一支由社区居民张槐生负责的拳操队，队员最高峰达到 50 多人，经常代表街道参加各类体育运动会，荣获各类奖项；由社区居民朱世珍带领的舞蹈队是街道社区文化的一支主力队，常年活跃在社区舞台。

1999 年，在离休干部王蕙芗的倡议和组织下，每年“八一”建军节带领辖区青少年慰问附近领馆的值班武警战士。

2003 年，辖区单位上海博爱医院与徐汇区中心医院每周在武康路 106 弄及复兴西路 203 号开展志愿服务。武康路 106 弄离休干部组织成立学习小组，每月开展一次学习，居委会干部全程参与。复兴西路203号大楼组织的学习扩展至楼内所有居民，为华康居委会居民自我管理开先河，也为今后弄管会的组建打下良好的基础。年内，完成武康路106弄环保绿色小区和花卉特色小区的创建工作。

2005年，进行小区业主委员会的换届选举。为居民办实事，主要包括解决兴国路小花园灯光工程；协调物业和居民关系，由二者共同出资对高邮路34弄路面进行整修并在弄口安装铁门；多方多次协调，为兴国路89弄1号和2号居民找回物业，并为该小区成立业委会；与业主委员会、弄管会共同努力，在武康路6弄各楼组安装电子防盗门。

2009年，党总支按照便于活动、便于管理的原则，以地域相邻相近的弄堂，几幢楼房或一个小区为单位成立党支部，并在楼道或弄堂建立党小组。年内，华康居民区内所有弄堂及小区全覆盖成立弄管会。开设"远程收视点""推拿工作室"和"阳柳编织班""健康养生"等自治项目和活动，以居民为主导，让居民受益。

2014年，居委会按照创建全国文明城区验收要求，围绕"美丽楼道""美丽街景"的建设开展系列行动。完成湖南路308弄兴国苑、武康路112号康兴公寓和复兴西路203号大楼楼道堆物、花园凌乱、电表箱内堆物的整治工作。

2016年，居委会按照问题导向、项目导向、民生导向原则，配合物业做好房屋修缮及厨卫改建工程。为武康路、湖南路等处居民修缮房屋，针对房屋使用特点，通过修缮，完善使用功能，优化居住环境，结合"安全性、实用性、使用性、美观性"四方面要求，解决房屋"险、漏、堵、水、电"方面的难点问题。

第三节　安福居委会

一、基本情况

安福居民委员会位于街道西北部。1951年4月在人民冬防队的基础上成立，以安福路命名。1953年改名为长乐安福迪化中路居委会，1955年复名安福居委会。1984年11月，划分为安福、华园、长华三个居委会。1996年9月，撤销位于其北的长华居委会和位于其南的柳林居委会，与同时撤销的华园居委会安福路以北部分一起并入安福居委会。2003年8月，位于安福路南的五原居委会撤销并入安福居委会。居民区范围：安福路143—275单号、156—322双号；五原路210—400双号；乌鲁木齐中路66—212双号；武康路55—75单号；长乐路1035—1255单号；华山路823—831单号。居民区范围内有五原路幼儿园、爱菊小学、拥军优属办公室、上海话剧艺术中心、中国福利会、张乐平故居等。居委会办公地点设在武康路69弄1号103室。

2016年，居民区建有党总支，下设党支部4个。共有党员192名，其中退休党员160名。居民区有居民小组69个，常住居民1 699户、5 211人；户籍居民2 212户、4 674人；外来人口643人。户籍人口中，军属37户、烈属39户，残疾人116人，少数民族36人，港澳台同胞56人，独居老人34人，年龄60岁以上有1 842人，占户籍人口39.4%，百岁老人0人。主要居民点有：亦园大厦、金苑大厦、徐汇一品苑、自由公寓、金波村、长乐公寓等。绿化面积0.7

万平方米，绿化率为28%。

二、主要工作

2005年，成立离休干部学习小组，学习时事政治。同年，设立安福居委会生活论坛，后更名为安福居委会“学习思考探索交流之家”生活论坛。至2010年，持续开展上海远程老年大学每周二上午电视教学课程，同年3月，将生活论坛更名为“安福学习收视点”。

2005至2006年，先后成立安福夕阳红合唱队、安福舞蹈队，丰富居民业余生活，曾多次参加社区的文娱会演，到养老院为老人慰问演出。

2008年，成立社区居民健康自我管理小组，在医务人员的指导下，通过开展小组成员之间多种形式的活动，了解自己的基本健康状况，掌握基本的健康知识和技能，养成健康的生活方式。

2009年，成立志愿服务团队，志愿者通过参与关爱他人、关爱社会的各种志愿服务活动，传递志愿服务的理念，在奉献中感悟自身价值。

2012年，成立“聊天下”活动小组，系远程教育学习之后的拓展活动，组织居民学习法律法规、时事政治，开展主题讨论。同年，以结对互助方式成立“老伙伴”志愿者队伍，由低龄老年志愿者向高龄独居老人提供预防失能、健康科普、精神慰藉等方面的家庭关爱和生活辅导服务，预防或减少风险的发生，提高高龄老年人的生活质量和社会交往能力。

2015年，居委会在武康路73弄(含75号)成立“睦邻点”，组织安福手工编织小组，丰富居民生活。同年，成立“同心坊”居民自治工作站，以“同心同德·同心同建·同心同悦”为理念共建美丽家园。“同心坊”居民自治工作站作为居委会和居民间沟通的桥梁，先以武康路73弄建设“美丽楼道”为切入点，为居民营造良好生活环境，后再逐步推广延伸至更广范围，使更多居民受益，充分体现居民自治管理的理念。

2016年，台湾地区北投林泉里社区工作者参观团到安福居民区参观，居民代表赠送编织小物件，体现“父辈乡愁情，两岸一家亲”。年内，凌云街道梅陇三村居委会前来参观小工艺制作，学习交流。

第四节 兴武居委会

一、基本情况

兴武居民委员会位于街道西部。1951年在人民冬防队的基础上成立泰安居委会。1952年更名为泰安武康兴国路居委会。次年划分为武康路及兴国路两个居委会。1967年后复合并，更名为兴武居委会，以兴国路、武康路首字组合命名。1984年11月再次分为兴武、泰安村、泰兴三个居委会。1996年9月，泰安村、泰兴两居委会撤销并入兴武居委会；同时划出武康路230弄以北部分并入湖南居委会。2003年8月兴武与湖南两居委会撤并成立新的兴武居委会。居民区范围：湖南路261—343号单号、武康路232—420号双号、兴国路111—279号单号、泰安路2—36号双号、泰安路27—45号单号。居民区范围内有世界小学、襄一幼儿园。居委会办公地点设在泰安路27弄6号。

2016年,居民区建有党总支,下设党支部3个。共有党员167名,其中退休党员144名。居民区有居民小组78个,常住居民1 623户、2 889人;户籍居民1 242户、3 301人;外来人口561人。户籍人口中,军属8户、烈属3户,残疾人98人,少数民族32人,港澳台同胞6人,独居老人25人,年龄60岁以上有1 511人,占户籍人口45.77%,百岁老人3人。主要居民点有:国富门公寓(武康路230、232号)、开普敦公寓(武康路240、242、246号)、兴国花园(280弄内)、汇成武康公寓(280弄内)、汽车总公司(武康路390号)、徐汇区文物保护点(湖南路265号花园住宅、湖南路273号住宅、湖南路277号花园住宅、湖南路295号花园住宅、武康路270、272号住宅、郑洞国旧居(武康路274号)、武康路394、396、398号住宅、武康路400弄1—5号住宅、迪瑞公寓(泰安路20号)、泰安路22、24号住宅、泰安路2—8号花园住宅、武康路280弄7号住宅、武康路280弄8号花园住宅、武康路280弄9号花园住宅、武康路280弄11号花园住宅、武康路280弄15号花园住宅、武康路280弄16号花园住宅、武康路280弄43号花园住宅、武康路280弄45号花园住宅、武康路280弄64号花园住宅、武康路280弄66号花园住宅、武康路280弄67号花园住宅)等。绿化面积6万平方米,绿化率为40%。

二、主要工作

2006年,武康路280弄居民通过推荐或自荐选出5名居民代表,自发组建武康路280弄弄管会,承担起弄堂的保安、保洁工作和维持弄堂秩序的责任,探索以居民自治的方式解决物业管理难题,并取得成效,为地处衡复历史文化风貌区核心区域的湖南路街道在辖区214条老弄堂全覆盖地探索弄管会居民自治提供可复制、可推广的经验。

2010年上海世博会期间,做好世博安保和志愿者巡逻工作和"大礼包"发放活动。并配合做好全国第六次人口普查工作。

2011年,居委会组建组团式联系服务群众工作组,由居民区党总支书记出任组长,统一部署工作进度,每个块区明确1名块区长,作为开展组团服务的主要负责人,把"大走访"活动引向深入,重在解决居民区实际问题,并把调研走访与深化精神文明建设、"两个实有"管理和帮助居民群众解决实际困难相结合。

2013至2014年,配合做好第三次经济普查工作和房屋编码普查工作。

2015年,扎实开展"三严三实"专题教育活动,切实增强责任感和使命感。兴武居民区结对湖南路派出所,联合区人大代表、区政协委员、社区律师解决社区居民的实际困难。参与徐汇区创建全国文明城区工作,广泛发动居民投入创建全国文明城区工作。完成居委会换届选举,同步对居委妇代会、居委调委会、楼组长进行换届选举,完善居民区工作网络。

2016年,在"两学一做"学习教育活动中,抓好党员和居委干部政治理论学习。配合做好居民区敬老卡受理、发放工作。

第五节　武康居委会

一、基本情况

武康居民委员会位于街道西南部。1952年设立，以武康路名命名。居民区范围：武康路117—439单号；湖南路1—125单号；淮海中路1640—1858双号。属衡复历史风貌保护区域，有“中国历史文化名街”武康路，武康大楼、黄兴公寓、中南新邨等7幢市级优秀历史保护建筑。居民区范围内有乌南幼儿园、核电办等。2000年之前居委会曾在淮海中路1704号、淮海中路1754弄14号办公，2000年由于1754弄拆迁，居委会办公地点迁往中南新村（淮海中路1670弄14号）至今。

2016年，居民区建有党总支，下设党支部3个。共有党员103名，其中退休党员93名，其中，50岁以下15人，50至70岁42人，70岁以上46人。居住地报到党员65人。居民区有居民小组39个，常住居民600户、1 420人；户籍居民657户、1 800人；外来人口176人。户籍人口中，军属85户、烈属4户，残疾人30人，少数民族19人，港澳台同胞20人，独居老人52人，年龄60岁以上有469人，占户籍人口32%。主要居民点有：中南新村（1670弄）、潘兴公寓（1706号）、1710弄、军官公寓（1718号）、霞飞别墅（1768弄）、武康大楼（1834、1858双号）、黄兴旧居（武康路393号）等。绿化面积2.7万平方米。

二、主要工作

1994年，成立淮海中路1754弄弄管会，在居委会指导下，建章立制，及时反映小区居民民情民意，协助居委会开展工作。

1995年，武康居民区首次获评“上海市文明小区”。

1999年，对淮海中路1754弄进行整改，前门设立门卫室，后门进行封闭。年内，创建武康科普小区，开展“庆祝祖国母亲华诞50周年文艺活动”等。

2000年，完成居委会换届选举，居民参与率和投票率分别达到95%和99.3%。开展科普特色小区活动，举办科普讲座、咨询共17场次。在上海交响乐团举办新千禧龙年迎春联欢会，参加人数共有200多人。暑期举办纳凉晚会，敬老节开展“科普趣味文娱大家乐”活动。年内解决下岗人员就业问题13人。为卧床不起的老人安装阳光呼叫器。开展为民服务项目12项。配合实施淮海中路1670弄甲1号—甲5号平改坡工程。

2001年，居委会内设四个下属委员会，暨小区管理、社会保障、精神文明、综合治理委员会，确保居委会工作顺利开展。年内配合对淮海中路1670弄进行垃圾库房和路面修整，更换全部路灯，新装15盏，拆除沿街面商铺的边门，增设小区的科普宣传橱窗和黑板报。对武康路435号、391弄、1670弄进行公用部位卫生整治，共整治出垃圾6卡车。结合科普社区建设，开展多场科普讲座和活动。开展幸福工程——帮助贫困母亲募捐活动，共募捐款1 880元。宣传人口与计划生育政策，对新婚夫妇做到新婚必访。开展助老爱心网志愿者结对活动。支援灾区募集衣被，共募集衣被35包，1 096件。

2002 年，开展“放心、舒心、开心、齐心”“四心”工程活动。对武康路 391 弄安装铁门，对中南新村自行车棚进行重建，对小区部分楼栋进行外墙立面粉刷、路面修复、种绿补绿。配合做好武康路 435 号晾晒工程，增设活动衣架 6 副，固定衣架 7 副，武康路乱晾晒情况得到基本解决。培育群众自治文化团队，组建合唱队、健身队、健身舞、太极拳、艺术花班等 7 支队伍活跃在小区。

2003 年，完成淮海中路 1670 弄甲 1—甲 5 号楼道粉刷。对弄内设摊修自行车的困难人群进行适当的经济补偿，撤掉摊位。召开中南新村养犬户居民会议，对居民反映的不文明养犬情况，公开发出倡议，倡导文明养犬。抗非典卫生整治中，整治公共部位 11 处，清除垃圾 10 卡车，消灭蚊蝇，远离疾病，发放宣传资料 1 500 多份。协调高建物业公司，落实武康大楼 106 只信报箱改建工作，对大楼垃圾管道进行封闭。深化科普特色，开展科普活动 16 项，元宵节举办新春闹元宵、科普猜灯谜活动。科技周举办众志成城，依靠科学，战胜非典健身展示活动。完成居委会换届选举工作，居民参与率达 98%。做好弱势群体的帮困工作，帮困救助人次 75 次，关心待下岗人员，介绍待下岗人员就业 40 人次。居委会获上海市先进居委会、敬老小区、区双拥小区、暑期先进集体、2001 至 2002 年，居民区党支部获标兵基层党组织等称号。

2004 年，居委会围绕社区居民安居乐业的热点、难点问题，召开听证会、协调会、评议会。修复 1818 弄、1710 弄大门门锁，实行封闭式管理。为 8 户独居家庭配置报警器，为 64 辆非机动车发放防盗警示牌，为武康路 435 号配备灭火器 24 只。开展支援灾区募集衣被工作得到居民的大力支持，156 人参加，募集衣被 30 包，748 件，募集钱款 2 360 元。年内，获评社区建设示范居委会、徐汇区基本侨情调查先进。

2005 年，配合做好淮海中路 1710 弄平改坡综合改造。更新武康大楼电梯门、自行车棚，统一安装空调滴水管网；更新武康路 393 号电线和信报箱；为淮海中路 1670 弄甲 1 号、甲 3 号楼梯扶手安装；配合做好中南新村房屋大修，线路更换，安装喷淋装置。博爱医院每周二、五在武康大楼和中南新村为居民看病配药，组织健康志愿者为居民提供医疗咨询、量血压。为印度洋海啸、幸福工程募捐共计 14 730 元。开展支援灾区募集衣被，参加募集人数 84 人，共募集衣被 35 包。

2006 年，组织居民参加“百万家庭学礼仪”培训活动；开展蓝天下的至爱募捐活动；开展“新春元宵团圆情，军民鱼水一家亲”闹元宵活动；敬老节组织 80 岁老人游上海南站；每季度召开民主党派人士联谊会；开展各类科普讲座 8 次，参与人数 200 多人次。居委会在武康社区家门口举办主题为《快乐、健康，文明、和谐——武康“新里文化体育”科普系列活动》的弄堂运动会。完成居委会换届选举，同步对居委妇代会进行换届选举。

2007 年，配合做好中南新村大修。参与“蓝天下的至爱”慈善募捐活动，万人捐、帮万家，让特困家庭过好年，武康居委会参加募捐人数达 37 人次，募捐金额达 2 345 元。武康居委会文化团队开展“一居一特”文艺演出。

2008 年，配合做好武康路 435 号实事工程；配合做好淮海中路 1670 弄、1818 弄老弄堂改建。配合完成第二次经济普查。

2009 年，完成居委会换届选举；配合完成“实有人口、实有房屋”调查工作。成立中南新村弄管会、淮海中路 1818 弄弄管会。对武康路 435 号车间底层设施卫生进行改造，新装马桶，整修路面，增设晾衣架。对淮海中路1670弄、1818弄、1696弄以及武康路391弄进行市政综合改造。组织开展“我要讲卫生，我要爱环境，人人动手、清洁环境，养成讲卫生爱环境好习惯”集中整治行动。和驻地武警部队联合举办元宵节联欢会，共同谱写“军爱民，民拥军，军民团结一家亲”的新乐章。开展3次武康红十字服务站——现场普及救护知识培训，参加人数120人次。举办各类科普讲座达10次，参加人数达230人次。

2010年，配合完成小区平改坡综合改造工程。上海世博会期间，组织社区平安志愿者参加公交站点值班；开展欢乐世博年，社区大舞台——湖南社区文化进小区暨科学低碳生活方式宣传活动。年内，建立由居民区党总支书记、社区民警、物业经理、外来人口协管员等共同组成的武康社区综合治理工作站，以做好群防群治和社会全面防控工作为重点，开展“看好家门口，守住楼梯口，把好弄堂口”的社区平安活动。

2011年，完成武康居民区党总支换届选举。开展“我们的节日”新春到，玉兔乐，团团圆圆闹元宵活动。创建“市级绿色社区”培训会。落实市府实事“防火墙工程”，举办小区消防逃生演习和油锅、电器灭火演练。组织居民参加消防逃生演练，参与人数50人。开展垃圾减量知识讲座，参加人数50人。每月一次开展武康“绿色巧当家、你我共参与”行动小组垃圾减量回收活动，参加人数50人。自2010年7月起已有66户居民参加每月一次“武康绿色巧当家、你我共参与——武康垃圾减量回收活动”，共回收利乐包89.17公斤，食品外包装133.02公斤，塑料袋55.86公斤，累计278.05公斤。

2012年，完成武康居民委员会、人民调解委员会、居民区团支部的换届改选工作。召开武康居民委员会妇女代表大会，开展“金龙劲舞闹元宵，欢歌笑语唱和谐”活动。武康“绿色巧当家、你我共参与”行动小组垃圾减量回收活动，参加人数60人。经典社区，精彩生活——2012年湖南社区文化进小区活动武康小区文艺专场，参加人数121人。开展“家庭拒绝邪教”现场签名活动，参加人数50人。开展消防灭火演练，参加人数20人。开展找回尘封的童年记忆——“漕开发杯”上海市第一届市民运动会徐汇分区赛“武康杯”弄堂游戏，参加人数85人。开展红十字现场急救普及培训3次，参加人数80人。

2013年，配合做好全国第三次经济普查。四川雅安发生地震后，开展祈福雅安，守望相助活动，参加人数129人，募捐金额17 900元。开展群众性现场初级急救普及培训，参加人数90人。开展“绿色巧当家，你我共参与”垃圾减量活动、第三届“邻里和谐杯”中怪路子友谊赛、“家庭拒绝邪教”现场签名活动、社区资源回收活动、“建家庭微绿地，造美丽中国城”“爱国歌曲大家唱”暨首届上海市民文化节市民合唱徐汇区复赛、“冬日电力行，优质服务进社区”等活动。

2014年，参与全国文明城区创建工作。开展群众路线教育实践活动，组织“服务亚信、奉献亚信”平安志愿者培训会。配合做好房屋编码工作。社区帮困工作常态化，走访大病重病生活困难家庭32户，发放医疗帮困卡9张，发放实物、帮困金共计16 500元，同时为四户困难家庭发放帮困助学金8 500元，为就业困难人员提供岗位24次，落实就业岗位1人。向社区中17位90岁以上老人发放牛奶券和100元营养费，为25位80岁以上困难老人提供居家养老服务；为老阳光服务站武康点为15位60岁以上老人提供午餐服务，为行动不便的老人送餐上门。开展敬老月系列活动，为地区80岁以上老人送上寿面，举办九九重阳节我们的节日——“睦邻大家庭相约庆重阳”活动，为老人提供助浴、助洗、助理发服务。做好传统节日拥军优属慰问工作。“八一”建军节前，为辖区86位烈属、病故属、军属送上慰问品并向烈属和解放前参加革命的七位功臣发放慰问金。开展健康养生、慢性病防治、食品安全知识宣传等讲座8场。依托社区学校资源，在原有老年读书班、合唱班、健身队等文化团队的基础上，利用居委会活动室共新增剪纸、折纸、园艺、烘焙和瑜伽5个班，满足社区居民在家门口学习、休闲和娱乐的需求。争创“全国科普示范社区”，深入宣传“节约能源资源、保护生态环境、保障安全健康、提升生活质量”的理念。

2015年，开展“三严三实”专题教育，查找解决存在的问题。依托街道老旧公房综合整修工程，配合对武康路129号、391弄、湖南路5号、9号的屋面、外立面、公用厨房、厕所等公共部位进行综合整修。配合做好老旧住宅小区“光明工程”，即电能计量表前供电设施维护和更新改造工程。配合完成“实有人口、实有房屋”调查工作和房屋编码管理工作。配合完成上海市无证建筑普查工作任务。完成居委会换届选举，登记选民1 348人，参与选举1 343人，参选率达99.6%。帮助困难家庭153人次，发放慰问金99 000元。落实低龄老人结对服务高龄老人的“老伙伴计划”，为90岁以上老人送上营养费并提供免费牛奶，为80岁以上困难独居老人、离休干部提供居家养老服务，为24位65岁以上老人提供免费体检和为65位老年人进行餐肉、视力、血糖餐后免费筛查。完成“老洋房里新生活”小区自治项目。按照“管理进网格、服务进社区”的社会治理理念，召开每月一次工作例会，共发现问题63起，居委会层面解决58起，上报平台解决5起。

2016年，配合做好淮海中路1670弄甲1至甲5住宅修缮工程和武康路435号安装消防喷淋。通过“满意在徐汇，服务在基层”组团走访联系社区，解决淮海中路1710弄水泵房二次供水改造。配合开展道路交通违法行为大整治活动，组织志愿者每月5号的交通违法行为劝阻执勤活动。通过节日帮困、助医助学等形式走访困难家庭281人次，并发放慰问金35 900元。在红十字日募捐活动日共募集钱款4 150元；配合展开徐汇区残疾人“两项补贴”（指：困难残疾人生活补贴和重度残疾人护理补贴）工作。举办“真情送温暖，爱心献功臣”——军民同乐庆中秋活动。红十字日募捐活动日，共募集钱款4 150元。结合社区老洋房、老弄堂、老年人的特点，开展社区自治特色品牌“老洋房里的新生活——衣、食、住、行”，组织老人体验新生活、老洋房、新科技、老弄堂，吸引包括老年人在内的社区居民走出家门融入社区。开展共建心向民，科普猜谜闹元宵活动，参加人数达70多人次；老洋房里的新生活“百万家庭低碳行，垃圾分类我先行”第二批厨余垃圾桶发放；联手市南供电公司慰问困难居民；举办“老洋房里的新生活”我运动、我健康、我快乐社区弄堂运动会，参加人数在75人次；“老洋房里的新生活”中南新村弄堂纳凉晚会，参加人数在80人次；开展各类讲座19场，参加人数400人左右。

第六节　金波居委会

一、基本情况

金波居民委员会位于街道中部，原为五原居委会的一部分，1984年11月，分为五原、柳林、金波三个居委会。以原居民区内五原路372弄金波村名命名。1996年9月，五原路以北地块包括金波村划出，与同月撤销的原华园居委会安福路以南部分等组建新的五原居委会；原位于五原路以南的旧五原居委会撤销，与复永居委会所属复兴西路以北和原华康居委会所属武康路以东地块一起并入金波居委会。居民区范围：复兴西路 26—140 双号；武康路 97、99 号；五原路 161—297 号，乌鲁木齐中路 270—354 双号。居委会办公地点设在五原路 181 弄 2 号。

2016 年，居民区建有党总支，下设党支部 4 个。共有党员 92 名。户籍户数 761 户，户籍居民 2 085 人。主要居民点有：来斯南村、皮佛华公寓、乔琪公寓、卫乐公寓、玫瑰别墅等。

二、主要工作

2008 年，为四川汶川地震灾民捐款共 2 万余元。

2003 至 2016 年，参与红十字会捐款 33 730 元。

2009 年，配合相关部门做好乌鲁木齐中路 336—350 号、永福路 57 号等地块旧房马桶设施改造工作，共改造马桶 30 只。

2013 年，成立小区弄管会，每月开展一次工作例会，主要负责居民区的保洁、保绿、保安，配合居委会做好居民区日常的治安和宣传工作。党总支在弄管会管理过程中发挥党员先锋模范作用，组建一支党员志愿者队伍，在小区中加强巡逻。从“保绿、保洁、保安”延伸到关心、关爱、帮助弄内的独居老人、困难老人、高龄老人，做到对家家户户情况底数清、情况明。年内，配合完成经济普查工作。

2012 至 2019 年，参与全国文明城区创建工作，扩大宣传范围，营造良好的迎检氛围。

2016 年，配合完成好春节“烟花禁燃”，在春节期间组织平安志愿者们进行禁放巡逻。配合做好金波小区综合治理工作，在整个施工改造过程中，严格按照施工规范进行施工，听取居民意见做到及时发现问题、及时整改。年内，居委会荣获上海和谐社区建设示范居委会、上海市徐汇区总工会先进职工之家、上海市世博会先进集体等荣誉称号。

第七节 复永居委会

一、基本情况

复永居民委员会位于街道西南部，建于 1952 年，以复兴西路和永福路名的首字命名。1996 年 9 月，复兴西路以北地块划出并划入金波居委会；曹家弄、曙光两居委会全部和华康、湖北两居委会所属武康路以东地块并入复居委会。居民区范围：永福路 68—256 双号、121—265 单号；湖南路 4—110 双号；武康路 101—115 单号；复兴西路 7—193 单号；淮海中路 1480—1634 双号；乌鲁木齐中路 400 号。居民区范围内有巴金故居、柯灵故居、财政部驻上海办事处、上海市发改委培训中心、上海教育出版社、上海市房地产科学研究院、武警干休所、卫生局幼儿园、博爱医院、雍福会、德国领事馆、伊朗领事馆等。居委会办公地点设在永福路 147 弄 33 号 101 室。

2016 年，居民区建有党总支，下设党支部 3 个。共有党员 126 名，其中退休党员 118 名。居民区有居民小组 30 个，常住居民 795 户、1 996 人；户籍居民 930 户、2 439 人；外来人口

345 人。户籍人口中，军属 8 户、烈属 3 户，残疾人 58 人，少数民族 26 人，港澳台同胞 3 人，独居老人 53 人，年龄 60 岁以上有 925 人，占户籍人口 38%，百岁老人 1 人。主要居民点有：良友公寓（永福路 68 号）、伯乐大院（永福路 86 弄）、密丹公寓（武康路 115 号）、鸿艺豪苑（淮海中路 1500 号）、林肯公寓（淮海中路 1562 弄）、逸邨（淮海中路 1610 弄）等。

二、主要工作

2002 年，建立“听证会”“协调会”“评议会”三会制度，搭建居民民主参与社区事务的平台。

2006 年，组织居民参加“百万家庭学礼仪”培训活动。开展“蓝天下的至爱”募捐活动。

2009 年，选举成立 5 个弄管会（伯乐大院弄管会；湖南路 4、20、100 弄弄管会；复兴西路 37、49、53 弄弄管会；淮海中路 1562 弄—1610 弄弄管会；永福路 147、72、131 弄弄管会）。

2010 年，配合做好上海世博会安保工作，安排志愿者在居民区巡逻以及上海世博会宣传动员工作，做好世博大礼包发放；配合做好第六次人口普查工作。

2012 年，复兴西路 53 弄弄管会、2015 年，淮海中路 1562 弄弄管会被评为先进弄管会。组织居民区内 60 岁以上老人免费接种肺炎疫苗。

2013 年，配合完成全国第三次经济普查。配合做好街道组织的疏散逃生、灭火等消防演练。

2014 至 2015 年，开展“三严三实”专题教育，帮助解决居民反映的急难愁盼等问题。参与全国文明城区创建工作，安排志愿者巡逻居民区，确保沿街商铺和马路整洁有序、居民安居乐业。

2016 年，以“两学一做”学习教育活动为重点，抓好党员和居委干部政治理论学习。配合做好居民区敬老卡受理、发放工作。居委会坚持抓好敬老工作特色，不断深入开展“五个有”（指：老有所学、老有所养、老有所依、老有所医、老有所乐）活动，使居民区内的老年人切实感受到社区大家庭的温度，让晚年生活过得放心、安心、开心、舒心。

第八节 淮中居委会

一、基本情况

淮中居民委员会位于街道中南部。1984 年 9 月由原乌中居委会划出设立。以淮海中路简称命名。1956 年 9 月，复庆居委会撤销分别并入淮中、乌中居委会。2003 年 8 月，原乌中、淮中两居委会撤并设立新的淮中居委会。居民区范围：淮海中路 1329—1375 单号、1350—1416 双号（包括 1412 弄 25 号）；宝庆路 2—10 双号；复兴中路 1456—1472 双号；复兴西路 8—24 双号；乌鲁木齐中路 243—363 单号；五原路 55—145 单号；常熟路 280 号。居民区内的乌中小区为回迁房，在 20 世纪 80 年代初由上海港务局动迁，1991 年回搬，小区面积为 41 189.52 平方米，绿化面积 400 平方米。居民区范围内有：上海市第五十四中学、湖南社区卫生医院、上海市卫生健康委员会监督所、上海越剧院等。居委会办公地点设在淮海中路 1390 弄 1 号。

2016年,居民区建有党总支,下设党支部5个。共有党员208名,其中退休党员190名。居民区有居民36个小组,常住居民861户、2 123人;户籍居民1 472户、3 941人;外来人口572人。户籍人口中,军属17户,烈属1户,残疾人95人,少数民族55人,境外98人,独居老人246,年龄60岁以上有1 926人,占户籍人口48%,百岁老人4人。主要居民点有:愉园、麦琪公寓、乌中小区、同兴坊等。

二、主要工作

1999年,乌中小区成立第一届业委会。

2005年,乌中小区在1、2、3号楼修建残疾人无障碍设施;并成立量血压志愿者团队;为五原路沿线的居民楼安装大铁门;居委会成立党员治安防范志愿者服务队伍。

2006年,配合地铁七号线建设,做好常熟路30多户居民的动迁安置工作。

2007年,定期召开由党员、楼组长、物业、民警、居民代表、居委干部组成的听证会,配合做好淮海中路1412弄平改坡综合改造;商议乌中小区2号、3号楼的改造工程、残疾人通道工程。做好社区安全工作,共安装铁门7扇。张贴宣传画近80份,向居民发放法制安全宣传品600多份,共募集救助款11 080元。居民区内有离休干部64位,全年走访慰问老干部700多人次。

2008年,四川汶川地震后,向红十字会捐款78 230元。推动创建平安小区工作运行机制,确保奥运会保卫工作,协助做好乌鲁木齐中路301弄、303号—317号、淮海中路1412弄27、28号、乌鲁木齐中路255弄、五原路121弄等地块旧房卫生设施改造工程,共改造马桶172只(其中私房20只)。以乌鲁木齐中路301弄旧房卫生设施改造契机,成立301弄弄管会,并对弄内环境卫生进行整顿,在弄内三个出口处分别安装铁门和旋转门,在弄内装健身器材和晾衣架。乌中小区在大门边上安装健身点,方便居民在家门口锻炼。

2009年,配合相关部门为乌中小区居民安装大楼门禁,为6层楼的售后公房进行平改坡工程。成立离休老干部读书班。

2012年,协助做好乌鲁木齐中路301弄、309号、311号、313号、315号、317号,淮海中路1412弄1号—27号,五原路6号—8号、67号、69号的新里石库门安装喷淋工作。向红十字会募捐款4 440元。开展组团式联系服务群众工作,将淮中居民区共分为9个责任块区,组成166人的工作团队共参与走访居民家庭2 030余户次,共收集各类意见建议32条和征询问题73件,解决23件,构建并深化社区群众诉求回应解决平台和运作机制。

2013年,为四川雅安地震红十字会捐款12 745元。推进60岁以上老人免费接种肺炎疫苗工作、老年居民免费大肠癌筛查工作,配合完成第三次全国经济普查工作,参与徐汇区创建全国文明城区工作。

2014年,向红十字会捐款4 700元。同年,配合相关部门对老旧房屋进行大修,涉及五原路61号121弄、淮海中路1352号1390弄、复兴中路1456号1472号、乌鲁木齐中路255弄317号等四个路段近10条弄堂和小区,覆盖小区居民近600户。成立"老旧房屋大修工程"临时党支部,将小区党员、居民骨干、物业经理、弄管会成员和社区民警纳入其中,让党组织的力量深入维修工地和居民区。

2015年,组织居民向红十字会捐款5 290元,乌中小区建立卫生志愿者巡查队伍,每天在小区和楼层楼道巡视。结合区“双结对”资源，坚持将每季度的“满意在徐汇，服务在基层”工作做好，通过此平台先后解决乌中小区“世博工程”遗留渗水问题、环卫清洁工道路清扫不到位、小区垃圾清运不及时等民生问题。

2016年，组织居民向红十字会捐款4 100元。启动乌中小区综合治理工作，汇集区委、小区物业、业委会、居委会、街道、房管及居民志愿者等各方力量对乌中小区存在的问题从“拆、建、管”三方面做全面梳理，先后召开联席会议4次，听取居民等各方意见，制定整治方案，提出涉及小区各方面的整改措施和项目共8项。同时，配合及完成好春节“烟花禁燃”和创建全国文明城区等中心工作。

第九节　春华居委会

一、基本情况

春华居民委员会位于街道中北部。1966年前成立，以原安福路59弄和69弄等旧名“春华里”(2008年拆除)命名。1984年11月，分为春华、中原两个居委会。1996年9月，其东部与中原居委会撤并成立新的春华居委会；西部与华村居委会并入乌里居委会。另位于原春华居委会北面的长乐、常安两居委会，于1996年9月撤并为长安居委会，2001年6月亦并入春华居委会。2003年8月，乌里与春华两居委会又撤并成立新的春华居委会。居民区范围：长乐路801号—899号；安福路3号—57号、49弄1号—8号、安福路53弄1号—20号；五原路50弄2号—10号、52号、74号、76弄1号—16号、82号、84弄1号—33号、86号—94号、96弄1号—10号、120号—128号；常熟路182号、188弄1号—10号，228弄1号—13号；乌鲁木齐中路99号。居民区范围内有芳馨幼儿园、工商银行等单位。2010年居委会办公地址从安福路53弄11号搬迁至安福路49弄2号至今。

2016年，居民区建有党总支，下设党支部3个。共有党员106名，其中退休党员100名。居民区有居民小组45个，常住居民1 144户、2 238人；户籍居民1 144户、2 987人；外来人口340人。户籍人口中，军属4户、烈属1户，残疾人72人，少数民族37人，港澳台同胞0人，独居老人284人，年龄60岁以上有1 301人，占户籍人口42.7%，百岁老人3人。主要居民点有信和别墅等小区。

二、主要工作

2003至2004年，居民区内麦琪里地块动迁，协助做好300多户居民的动迁安置工作。因动迁，乌里居委会与春华居委会于2003年6月撤并为春华居委会。

2005年，常熟路236号—248号市政动迁，地铁七号线建设，配合地铁七号线建设做好沿路沿线居民的动迁安置工作。

2006年，建立由邻居、党员、楼组长构成的助老爱心网，确保当老人发生意外时，居委会能在第一时间知晓并给予帮助。

2007年，成立由居委会、社区民警、物业公司组成的创安工作小组，定期召开会议分析小区的治安情况，发现问题及时解决。

2008 年，在迎世博弄堂整治以及马桶工程两项实事项目中，对五原路 76 弄、安福路 49 弄、53 弄进行翻新，做到自我管理、自我服务、自我监督。奥运会期间为确保会间安全工作，加强公交安检工作，并加强小区门卫管理。

2009 年，开展居委会换届选举工作，配合做好上海市第一批经济适用房申请工作，做好迎接上海世博会工作，做好轨道交通 M7 配套地铁的建设项目、临街房屋立面的整修工程。

2010 年，配合做好上海世博会的安保工作，以及居民区宣传动员工作，如世博大礼包发放工作；配合做好第六次人口普查工作；配合做好红十字会失智困难老人关怀服务项目试点工作；居委会成立由社区民警、居委干部、社区社保、人口协管员等组成的春华居委会综合治理工作站，共同构筑治安联防网络。

2012 年，完成居委会换届选举，同步完成居委妇代会换届选举，及五原路 108 号和五原路 50 弄、常熟路 228 弄业委会换届改选。

2013 年，开展组团式联系服务群众的大走访工作，探索适合本居民区实际情况的组团式服务工作方法，注重发挥“五大员”（指：楼组长宣传员、民情信息收集员、社区团队组织员、党员模范员、助老服务员）作用，为社区居民做好服务工作。

2014 年，组织开展清理家园活动、卫生宣传活动和“除四害”等活动，开展健康教育讲座 10 余次；全年设置除四害毒饵站 60 多个；发放宣传单 400 余份，清理小广告 200 余处、粉刷乱涂乱画 140 余处。开展“满意在徐汇・服务在基层”组团式服务，由环保局副书记郭宝华带领党代表、区人大代表、区政协委员、律师等一行 6 人下基层走访听取意见，解决五原路 92 号噪声扰民问题以及五原路 52 弄的油烟、噪声扰民两件事项。配合完成房屋编码工作，共统计原房屋 1 365 户，合并房屋 4 户，新增房屋 131 户，排查违章房屋 30 户，动迁房屋 10 户，最终共计核查房屋 1 512 户。

2015 年，完成居委会换届选举，同时完成居委妇代会、调委会换届选举。

2016 年，按照“安全隐患必须消除、违法无证建筑必须拆除、脏乱差现象必须整治、违法经营必须取缔”的工作要求，开展“五违”（指：违法用地、违法建筑、违法经营、违法排污、违法居住）工作。配合相关部门对五原路、延庆路、复兴中路、新乐路等六条马路中的共 164 家违法经营以及违法建筑进行整治。五原路 50 弄“幸福美丽”小区综合整治工作，经过“一小区一方案”要求，制定具体实施项目，先后完成 8 号、9 号两幢房屋的大修、自行车棚、绿化设施整修以及绿化补绿、门房间的修葺、大铁门的更换以及大门门头诸多项目。年内，做好居民区“禁燃烟花爆竹”工作。

第十节　淮海居委会

一、基本情况

淮海居民委员会位于街道中南部。1951 年在人民冬防队的基础上成立复襄居委会。1954 年改名复汾居委会。1956 年划分为上方、复襄两个居委会。1959 年合并为复襄居委会。次年改名淮海居委会，以淮海中路名命，1979 年又划分为淮海、复襄两个居委会。居民区范围：汾阳路 16—30 双号；复兴中路 1330—1380 双号，宝庆路 1—9 单号；淮海中路 1131—1325 单号。居民区范围内有上海音乐学院（汾阳路 20 号）、上海交响乐团（复兴中路 1380 号）、上海交响音乐博物馆（宝庆路 3 号）、瑞力大厦（淮海中路 1325 号/宝庆路 1 号）。居委会办公地点设在淮海中路 1285 弄 54 号一楼。

2016 年，居民区建有党总支，下设党支部 3 个。共有党员 95 名，其中退休党员 89 名。居民区有居民小组 22 个，常住居民 928 户、2 438 人；户籍居民 780 户、2 106 人；外来人口 345 人。户籍人口中，军属 19 户、烈属 4 户，残疾人 65 人，少数民族 28 人，港澳台同胞 4 人，独居老人 76 人，年龄 60 岁以上有 880 人，占户籍人口 42%，百岁老人 1 人。主要居民点有：淮海中路 1285 弄（上方花园）4 号—24 号、28 号—77 号；淮海中路 1273 弄（新康花园）1 号—22 号、26 号—28 号；复兴中路 1360 弄（新康公寓）1 号—4 号；淮海中路 1251 弄 1 号—3 号；淮海中路 1323 号（公安大楼）；宝庆路 9 弄 1 号—6 号；复兴中路 1350 弄 1 号—6 号、7 号—14 号（文兴小区）、16 号—23 号（音苑小区）；复兴中路 1340 弄（尚音小区）1 号—2 号。

二、主要工作

2002 年，建立居委会“听证会”“协调会”“评议会”三会制度，搭建民主参与平台。

2006 年，组织居民参加“百万家庭学礼仪”培训活动。开展“蓝天下的至爱”募捐活动。

2010 年，配合做好上海世博会安保工作，安排志愿者在居民区巡逻以及上海世博会宣传动员工作，做好世博大礼包发放；配合做好第六次人口普查工作。

2012 年，组织居民区内 60 岁以上老人免费接种肺炎疫苗。

2013 年，配合完成全国第三次经济普查。配合做好街道组织的疏散逃生、灭火等消防演练。

2014 至 2015 年，开展“三严三实”专题教育，帮助解决居民反映的急难愁盼等问题。参与全国文明城区创建工作，安排志愿者巡逻居民区，确保沿街商铺和马路整洁有序、居民安居乐业。

2016 年，在开展“两学一做”学习教育活动中，抓好党员和居委会干部政治理论学习。配合做好居民区敬老卡受理、发放工作。

第十一节　东湖居委会

一、基本情况

东湖居民委员会位于街道中部。1955 年从原延庆居委会划出部分地区成立，以东湖路名命名。1996 年 9 月、2003 年 8 月，华亭和常熟两居委会所属延庆路以南地块先后并入东湖居委会。居民区范围：常熟路 191—239 单号；华亭路 71—93 单号，72—86 双号；东湖路 3—37 单号；延庆路 9—159 单号；淮海中路 1118—1326 双号。居委会办公地点设在延庆路 123 弄 7 号。

2016 年，居民区建有党总支，下设党支部 4 个。共有党员 179 名，其中退休党员 158 名。居民区有居民小组 38 个，常住居民 1 292 户、3 085 人；户籍居民 1 441 户、4 115 人；外来人口 546 人。户籍人口中，军属 21 户、烈属 2 户，残疾人 94 人，少数民族 62 人，港澳台同胞 0 人，独居老人 110 人，年龄 60 岁以上有 1 569 人，占户籍人口 38.1%，百岁老人 2 人。主要居民点有：瑞华公寓、大福里、淮中大楼、淮海公寓、光明公寓、淮海大楼等。绿化面积 0.075 万平方米，绿化率为 10%。

二、主要工作

2006 年，在第八届居委会换届选举工作中，共有资格选民 2 128 人，除 15 名选民因个人原因未参加选举外，其他 2 113 名选民全部参加投票选举，参选率达 98.03%，选举民主基础广泛。

2011 年，东湖居民区党总支与区政协党支部开展共建活动。8 月，成立"金相邻"居民自治工作站，开展邻里间帮困扶老工作。

2012 年，完成居委会换届选举。协助相关部门做好淮海大楼、瑞华公寓地铁赔偿事宜。

2013 年，四川雅安发生地震，社区居民奉献爱心，捐款 24 900 元，全年各类捐款共计 36 100 元。为社区 100 余位 65 岁以上老年人进行免费体检。年内，配合完成第三次经济普查工作，对沿街商铺和商务楼宇进行经济普查核查。配合煤气公司天然气转换工作，做好专项宣传。

2014 年，参与全国文明城区创建工作，开展迎检行动。成立老伙伴志愿者团队，以低龄老年人照顾高龄老人的方式关爱高龄老人，14 位老伙伴志愿者承担照顾辖区 60 位独居老人的责任。云南省昭通市鲁甸县发生 6.5 级地震，共计收到捐款 11 350 元。配合完成房屋编码工作。成立居民区"睦邻点"，发挥自身优势，开展形式多样的居民互动活动，全年共设计黑板报 30 余期，发放宣传资料千余份，举办各类健康、法律知识讲座 15 次，参与人数 500 余人次。

2016 年，配合做好沿街环境整治工作，共拆除违章建筑、无证经营商户十余户。配合做好居民区内房屋大修厨卫改造、光明工程、二次供水改造等项目。协同开展延庆路历史风貌整治。年内，共接待两批台湾社区工作者参观团来东湖居民区参观，交流学习"金相邻"居民自治特色活动。

第十二节　延庆居委会

一、基本情况

延庆居民委员会位于街道中北部。1951 年在人民冬防队的基础上建立居委会，以延庆路名命名。1955 年分为东湖与长延两个居委会。其后几经变迁，1985 年又划分为东湖、长延两居委会。1996 年 9 月，华亭居委会撤销，其所属延庆路以北地块并入长延居委会，恢复原名延庆居委会。2003 年 8 月，原常熟居委会所属延庆路以北地块并入延庆居委会。居民区范围：延庆路 2 号—142 号、长乐路 601 号—699 号、常熟路 137 号—181 号、华亭路 11

号—31 号、华亭路 6 号—58 号、东湖路 51 号。居民区范围内有延庆路 130 号同济大学附属上海市肺科医院延庆路门诊部、常熟路 171 号申万宏源办公大楼、常熟路 157 号中国福利会出版社、延庆路 18 弄 8 号徐汇区老年大学、长乐路 637 弄“蓝蓝中国蓝”印花布社等。居委会办公地点设在延庆路 4 弄 12 号底楼。

2016 年，居民区建有党总支，下设党支部 3 个。共有党员 145 名，其中退休党员 132 名。居民区有居民小组 28 个，常住居民 1 425 户、3 901 人；户籍居民 1 436 户、3 867 人；外来人口 543 人。户籍人口中，军属 2 户、烈属 1 户，残疾人 70 人，少数民族 82 人，港澳台同胞 12 人，独居老人 75 人，年龄 60 岁以上有 1 432 人，占户籍人口 37.03%，百岁老人 1 人。主要居民点有：沪江别墅（长乐路 613 弄）、永存坊（长乐路 611 弄）、友华村（长乐路 637 弄）、长乐路 695 弄、延庆路 96 弄、顺龙里（延庆路 110 弄）、延庆路 4 弄、圣乔琪夜花园（东湖路 51 号）、中信一村（常熟路 163 弄）、华亭路 31 弄等。绿化面积 1.03 万平方米，绿化率为 20%。

二、主要工作

2006 年，举行“杨芰薌女士慈善捐款仪式”。社区居民杨芰薌女士生前把积蓄交托给侄女，捐款 17 500 元，使社区 35 位困难老人受益。组织社区居民为四川、云南灾区人民捐款捐物，捐款 3 900 元，捐献棉衣棉被 49 包。

2007 年，每周四下午定期开办“健康沙龙”活动，特邀社区医学徐博士为老年人上健康保健课，并提供量血压服务。

2008 年，配合做好延庆路 110 弄居民区旧住房卫生设施改造。在共建单位申银万国证券有限公司的帮助下，居委会开展社区孤老、独居老人共享年夜饭活动。四川汶川地震后，居民捐款 8 万多元。居委会开办国画班、老年人读书班、京剧班、老年健身班。共出黑板报 15 件，科普画廊 2 期。“三八”国际劳动妇女节开展“知识女性军嫂恳谈会”，宣传《妇女权益保护法》。开展“迎奥运、讲文明、树新风、我参与、我奉献、我快乐”及“倡导婚育新风、关爱健康成长、共创美好家庭”的咨询活动，宣传《未成年人保护法》和《儿童权益法》相关内容。年初雪灾期间，全体居委干部和小区党员志愿者在社区内扫雪为居民出行提供保障并给行走不便的独居老同志送上蔬菜、肉松，解决他们买菜之难。做好北京奥运会的各类宣传、维稳、志愿者巡查工作。

2009 年，完成居委会换届选举。开展迎世博各类宣传活动，进行环境整治、志愿者巡查工作。配合做好对长乐路 611 弄、637 弄、613 弄、延庆路 4 弄、96 弄、76 弄等进行弄堂综合改造工作。配合做好长乐路 611 弄、延庆路 4 弄、96 弄安装电控门工作。配合完成居民区内的“实有人口、实有房屋”调查工作。年内，由小区共建单位申银万国证券有限公司出资赞助，居委会在保罗酒家举办“老年人年夜饭”，邀请小区内的独居老人、孤寡老人、生活困难的老人欢聚一堂，共度佳节。

2010 年，开展各类文明观博宣传活动。做好上海世博会期间社区安保和“世博大礼包”发放工作。被授予“2010 年徐汇区文明观博宣传优秀阵地”称号。配合做好第六次全国人口普查。配合实施延庆路 62 弄、长乐路 655 号房屋修缮和居民区内最后一批卫生设施改造工程。在“送温暖、献爱心”活动中，共捐款 3 万余元，捐衣被 1 200 件。年内共出黑板报 30 期，制作世博宣传版面 2 期，发放宣传资料万余份。组织居民进行健康体检和困难妇女免费体检 2 次。

2012 年，完成居委会换届选举，同步完成居委妇代会、居委调委会换届选举。组织 65 岁老人免费体检 37 人次，为小区 9 户独居老人家庭安装扶手。全年共出黑板报 20 期，发放宣传资料千余份，举办健康讲座 4 次，参与人数 150 人次，组织居民参加东方讲坛 12 次，参与人数 100 人次。

2013 年，在每条弄堂张贴宣传通知，配合完成居民区活禽信鸽饲养情况排摸及宰杀禁飞宣传控制工作。"4.20"雅安地震，收到 89 人次、共计 13 690 元爱心款。配合做好各小区修缮铁门实事工程。组织社区 65 岁以上居民进行大肠癌筛查，共有 270 位参加。组织 296 位 60 岁以上的老年居民进行肺炎疫苗接种。配合煤气公司做好人工燃气改天然气工作的专项宣传，并将天然气转换入户通知书发放到每家每户。组织 25 位困难妇女参加免费妇科两病筛查。年内共出黑板报 26 期，发放宣传资料千余份，举办健康、法律知识讲座 12 次，参与人数 400 余人次，组织居民参加东方讲坛 24 次，参与人数 190 余人次。寒暑假期间举办法制、禁毒竞赛、参观蓝印花布馆、慰问社区困难老人等 20 余次青少年活动。

2014 年，参与徐汇区创建全国文明城区工作，开展居民小区内外环境巡查。配合做好长乐路 637 弄、华亭路 6 号、28 号、30 号、32 号、42 号、31 弄公房、华亭路 17 号丙楼、常熟路 163 弄、常熟路 159 号、常熟路 139 号、长乐路 613 弄等老旧公房修缮工程。"8.3"云南鲁甸地震，共计收到 10 760 元爱心款。配合做好房屋编码工作。在街道食安办、工商的协助下，对延庆路无证水站和桂林米粉加工点进行取缔整治。年内共出黑板报 20 余期，发放宣传资料千余份，举办健康、法律知识讲座 12 次，参与人数 400 余人次。

2015 年，完成居委会换届选举。"5.8"红十字日活动中，共收到爱心捐款三千余元，年中进行红十字初级救护培训。配合完成无证建筑普查工作。组织 65 岁以上老人免费体检 60 人次，为小区 3 户独居老人家庭安装扶手，为 26 位独居老人转换九九关爱服务电话。组织退休妇女参加免费妇科两病筛查。年内共出黑板报 20 余期，发放宣传资料千余份，举办健康、法律知识讲座 12 次，参与人数 400 余人次。

2016 年，配合做好延庆路 4 弄小区综合治理工作。开展延庆和谐家园自治服务站项目。开展居民区室内运动会、志愿者给老人送爱心编织帽、志愿者和辖区单位职工一起包元宵猜灯谜、包饺子并送到独居老人家中、制作翻糖蛋糕、参观宋庆龄陵园、制作端午香囊、参观三毛故居、中秋送月饼、居民区店铺金刚面馆邀请社区老人吃长寿面和重阳糕等活动。申江书画社的画家们为 90 岁以上的老人们提笔作画，送上节日的祝福。为 65 岁以上老年人办理敬老卡。年内共出黑板报 26 期，发放宣传资料千余份，举办健康法律知识讲座 16 次，参与人数 500 余人次。

第十三节　新乐居委会

一、基本情况

新乐居民委员会位于街道东北部。1952 年成立长新居委会，1955 年改以新乐路名命名。次年分为长新、新乐两个居委会。1963 年长新并入新乐，1985 年又分开。1996 年 9 月长新再次并入新乐居委会。居民区范围：襄阳北路 64 号—104 号；新乐路 82 号—208 号、新乐路 55 号—167 号；东湖路 20 号—70 号；富民路 295 号；长乐路 409 号—495 号。居民区内有位育实验学校。居委会办公地点设在新乐路 151 弄 1 号。

2016 年，居民区建有党总支，下设党支部 4 个。共有党员 113 名，其中退休党员 107 名，人户分离 23 人。户籍居民 1 460 户、2 499 人；外来人口 341 人；归侨、侨眷 42 户，港澳台同胞 2 人。独居老人 51 人，残疾人 54 人，60 岁以上 1 154 人，占户籍人口的 46%。主要居民点有：东湖公寓等。

二、主要工作

2012 年，完成居委会换届选举，同步完成居委妇代会换届选举，参加选举居民达 1 598 名，投票数 1 520，投票比例 95.12%。与东湖宾馆、长乐学校、盛宇物业签订党建联建协定，并结对关心烈属等困难老人。成立星期三下午老人谈心室。为老旧楼房安装简易消防喷淋 138 个。对 138 户侨胞、港澳同胞进行侨情调查。居委会在居民区内的所有弄堂及小区全覆盖成立弄管会，让居民做到自我管理、自我服务。

2013 年，四川雅安地震，党员干部带头捐款，捐款数额达 27 070 元。成立离休老干部谈心室，每月邀请邮电医院的医生为老干部进行健康讲座。全年发放困难帮扶金 127 750 元，助学帮困金 8 500 元。为社区 65 岁老人免费体检 43 人，为 50 岁以上的老人免费进行大肠癌筛查 189 人，为 60 岁老人接种免费肺炎疫苗 200 余人。为 60 岁老人免费办理人身意外保险。配合完成居民区内房屋编码工作。

2014 年，淮海中路 1068 号嘉丽苑作为徐汇区创建全国文明城区迎检点，居委会与物业等相关部门互相配合，将楼道的堆物全部清除干净。成立老伙伴志愿者团队，由 10 位年轻老人关心、照料 50 位独居老人。配合整治辖区群租房 8 间。协同徐房集团公司对襄阳北路 64 弄—74 弄进行房屋大修。为 157 名困难妇女进行免费妇科体检。做好健康普及常识及宣传活动，尤其是对 H1N1 流感防控进行广泛的宣传，发放宣传资料 1 600 多份。

2015 年，完成居委会换届选举。配合做好辖区无证建筑登记排摸。居委会沪剧班、远程教育班、健康讲座班均获得街道优胜奖，年内，组织居民参加社区学校的东方讲坛 400 人次。对 63 户独居老人房屋进行安全大检查。

2016 年，展开新乐路 100 弄、新乐路 142 号、新乐路 144 号美丽家园建设，拆除违章建筑 300 平方。配合做好“光明工程”改造，对襄阳北路 66 号—74 号公共部位电线进行改造。建立微型消防站。

第十四节　陕新居委会

一、基本情况

陕新居民委员会位于街道东北部。1951 年在人民冬防队的基础上成立陕一居委会，

1955 年改名淮陕居委会。1960 年后与长陕居委会合并，取陕西南路、新乐路名的首字组合命名。1985 年划分为陕新陕南两个居委会，1996 年 9 月陕南又并入陕新居委会。居民区范围：陕西南路 164—270 双号；淮海中路 962—1008 双号；新乐路 7—47 单号 8—80 双号；长乐路 325—401 单号；襄阳北路 77—141 单号。居民区范围内有襄阳公园、复旦大学附属中山医院徐汇医院、徐汇区中心医院、工商银行、上海教育评估院、上海市园林设计院有限公司等。居委会办公地点设在长乐路 339 弄甲 12 号。

2016 年，居民区建有党总支，下设党支部 3 个。共有党员 112 名。居民区有居民小组 48 个，常住居民 1 207 户、2 474 人；户籍居民 1 232 户、3 484 人；外来人口 527 人。户籍人口中，军属 3 户、烈属 2 户，残疾人 86 人，少数民族 37 人，港澳台同胞 3 人，独居老人 200 人，年龄 60 岁以上有 1 512 人，占户籍人口 43%，百岁老人 1 人。主要居民点有：培福里、纪家花园、蒲石村等。绿化面积 0.555 0 万平方米，绿化率为 28.361%。

二、主要工作

2007 年，配合相关部门做好陕西南路 186 弄—188 弄的路面、下水道、透视墙、绿化、墙面恢复和整修，并对陕西南路 186 弄居民的信箱、晾衣架和小花园绿化等进行重新布置。

2010 年，市委书记俞正声考察陕新居委会老弄堂综合改造工程。解放日报、文汇报、新闻晨报等多家报刊媒体进行专题报道。

2012 年，长乐路 339 弄荣获“徐汇区文明小区”称号。组织居民区内 60 岁以上老人免费接种肺炎疫苗。

2014 至 2015 年，开展“三严三实”专题教育，帮助解决居民反映的急难愁盼等问题。参与全国文明城区创建工作，安排志愿者巡逻居民区，确保沿街商铺和马路整洁有序、居民安居乐业。

2016 年，开展对“衡复历史风貌保护区”新乐路沿街店铺的“五违”整治工作，共完成 19 家商户的整改。

第十五节　复襄居委会

一、基本情况

复襄居民委员会位于街道东南部。1951 年在人民冬防队的基础上成立，取复兴中路、襄阳南路名的首字组合命名。1954 年改名复汾居委会。1956 年改组为上方、复襄两个居委会。1959 年复合并为复襄居委会。1960 年改名淮海居委会。1979 年又划分为淮海、复襄两个居委会。1992 年 9 月钱塘居委会因居民动迁，撤销并入兴业居委会。1996 年拆迁后，变成襄阳服饰市场。1996 年 9 月钱塘居委会撤销并入兴业居委会。2001 年 6 月，兴业居委会再撤销并入复襄居委会。2006 年，兴业居民区地块动迁，修建成环贸广场。居民区范围：淮海中路 1045 号；复兴中路 1278—1308 双号；汾阳路 1—45 单号；襄阳南路 92—198 双号。

居委会办公地点设在汾阳路9弄10号。

2016年,居民区建有党总支,下设党支部2个。共有党员90名,其中退休党员85名。居民区有居民小组16个,常住居民643户、2 200人;户籍居民806户、2 215人;外来人口378人。户籍人口中,残疾人67人,少数民族44人,港澳台同胞9人,独居老人32人,年龄60岁以上有993人,占户籍人口44.83%。

二、主要工作

1999年,汾阳小区召开业主大会,选举成立汾阳小区业主委员会。

2007至2008年,居委会建立由党员、小组长、群众组成的巡逻队伍,确保地区平安,协助13幢楼安装电控门。

2009年,配合相关部门做好"迎世博600天行动"小区修缮工程;年内组建弄管会,有12支志愿者队伍,为居民群众提供多种服务。

2010年,在汾阳小区内安装健身设施,并于2016年进行重装改造。在上海世博会期间,做好世博安保和志愿者巡逻和"世博大礼包"发放工作。配合做好全国第六次人口普查工作。根据居民区文化团体特点,小区内建造5米文化画廊,设立28平方米文化室及音乐角、英语角、书画角、京剧角和书评角,20余名书画爱好者合创"春光无限好"长画,反映文化艺术小区特色,年内,被区政府命名为文化艺术特色小区。

2011年,成立弄管会3个,开展楼道整治工作。将开展调研活动与帮助解决居民实际问题相结合,全年共安装防盗门13扇,安装监控探头共10只。

2012年,完成居委会换届选举,参选率96%。评选弄管会优秀组织者和先进工作者。开展绿色低碳环保活动。年内,被评为市级民主法治小区。

2013至2014年,配合完成第三次经济普查和房屋编码普查工作。做好控烟宣传,开展爱国卫生劳动,参与创建全国文明城区工作。做好消防安全工作,普及防火防灾知识。配合实施襄阳南路124弄和复兴中路1278号到1286号的老式弄堂房屋大修;帮助解决汾阳路9弄1号、2号墙体脱落、老化问题,更换信箱;配合对小区绿化进行全面修剪以及对小区楼道堆物进行大规模整治,保持环境整洁;做好防汛防台工作。发动"救助贫困母亲"捐款活动,共募集950元,向红十字捐款3 050元,为云南地震捐款2 850元。组织困难家庭妇女进行妇科普查,共计151人。

2015年,完成居委会和楼组长换届选举。与街道"两新"组织在共建单位上海音乐学院的球类馆内,共同举办"湖南路街道2015年'快乐湖南杯'暨第一届'新汇友'杯羽毛球赛",吸引近120位白领和30余位居民参加,赛后,汾阳小区自发组建一支社区羽毛球队伍。年内依托居委会自治小微项目,进行小区滴水管改造。

2016年,配合老年人敬老卡改革,完成为65周岁以上人群的敬老卡受理、发放工作。配合做好襄阳南路146号到150号老式弄堂房屋大修;配合做好汾阳路9弄老旧煤气管道更新调换;对寒流造成的大面积水管爆裂问题,对管道做好防冻保暖工作;配合拆除复兴中路1294弄甲等处的违章搭建;配合做好小区绿化修剪和楼道堆物的大规模整治。

第十六节　张家弄居委会

一、基本情况

张家弄居民委员会位于街道东南部。1951 年在人民冬防队的基础上成立，以居民区内的张家弄命名。1996 年 9 月撤销复南居委会，分别并入张家弄和复中居委会。2001 年 8 月，在南昌路新建霞飞苑小区，划出另建复中居委会，原复中居委会撤销，部分地区并入张家弄居委会。居民区范围：复兴中路 1180—1272 双号、襄阳南路 115—193 单号、南昌路 503—621 单号、陕西南路 348—388 双号。居民区范围内有上海大戏院、上海市口腔病防治所、邮政储蓄银行复兴中路支行等。居委会办公地点设在复兴中路 1252 弄 5 号。

2016 年，居民区建有党总支，下设党支部 3 个。共有党员 140 名，其中退休党员 120 名。居民区有居民小组 31 个，常住居民 1 874 户、3 537 人；户籍居民 1 543 户、5 121 人；外来人口 1 728 人。户籍人口中，军属 1 户、烈属 0 户，残疾人 124 人，少数民族 84 人，港澳台同胞 2 人，独居老人 48 人，年龄 60 岁以上有 1 740 人，占户籍人口 33.9%，百岁老人 2 人。主要居民点有：梅谷公寓、小桃园、复兴新村、张家弄等。

二、主要工作

2001 年，成立爱国卫生志愿者队伍，成员有 20 人，全年开展爱国卫生主题讲座 10 次。

2003 年"非典"期间，利用黑板报进行宣传，共出黑板报 10 块，走访从外地返沪居民家庭了解情况。

2004 年，成立老龄工作领导小组，关爱老人委员会成员 40 人，小区党员和老人结对帮困 10 对。

2005 年，成立第一届复南业委会。

2006 年，联系驻区单位与困难家庭帮困结对，共结对 12 对、帮困助学 7 对。夏季慰问残疾人 60 人次，为家庭困难外来女性免费健康体检 35 人次。组织 65 名女性居民参加"百万家庭学礼仪"培训活动。在就业援助方面，共介绍 90 人次，有 21 人重新走上新的工作岗位。

2007 年，配合相关部门对始建于 1937 年的南昌路 615 弄 1 号—20 号及南昌路 605 号—621 号无卫生设施的旧里进行增设卫生设施的改造工程，此项工程惠及 103 户居民。

2008 年，居委会坚持"以人为本"，拓展"乐民"内容，大力开展"一居一特"，结合社区自身特点，根据社区内居民不同的爱好，开设京剧班、国画班、桥牌班，丰富居民群众精神文化生活。继续配合对社区内 520 户无卫生设施的家庭开展安装抽水马桶的民生工程。

2009 年，迎接上海世博会召开，居委会配合相关部门对辖区 12 条弄堂进行自来水、下水道的翻排、路面翻新、晾衣架安装整修、安装铁门等工程。建立每半年一次的居民代表大会制度，报告年内工作情况。组建由党员和志愿者组成的社区消防安全志愿者服务队，在社区内坚持开展消防安全大检查，普及公共安全防范知识，增强居民群众的消防安全"防火墙"意识。组建工作小组，开展居民区实有人口和实有房屋(简称：两个实有)排查工作。

2010 年，配合相关部门对 1 000 多户旧住房的老旧电线进行更新，安装触电保护器和消防喷淋，在弄堂内安装灭火器 64 组，个别重点楼道安防灭火器 50 只。配合完成第六次全国人口普查工作，登记总户数 2 074 户，登记总人数 6 500 人，常住人口 3 237 人，户籍人口 5 123 人，户在人不在 3 332 人，占户籍人口 65%；人在户在 1 791 人，占户籍人数 35%。上海世博会期间，组建平安世博志愿者队伍，开展值班站岗任务。组织 131 名退休妇女在徐汇区中心医院接受免费妇科检查。

2012 年，建立综合治理领导小组，建立群防群治信息网络，严格做好外来人员基本信息采集，整治 15 处群居集体宿舍。完成居委会换届选举，同步完成居委妇代会和居民区团支部换届选举工作。

2013 年，配合相关部门对复兴中路 1218 弄、1252 弄，襄阳南路 151、155、161、173 弄及 193 号进行房屋大修及厨房卫生改造。对复兴中路 1252 弄市政道路进行重新铺设，疏通下水道。开展组团式大走访，做好民生大走访，了解百姓所思所想，为老百姓排忧解难。开展清洁家园活动 18 次，参加人数 180 人次。

2014 年，配合做好南昌路 585 号—621 号房屋大修及厨房卫生改造。对辖区群租集体宿舍进行集中整治 30 处。整治乱拉电线、收缴"热得快"12 只。配合做好"实有房屋编码"全覆盖管理工作，获得街道先进集体称号。

2016 年，组织志愿者参与烟花爆竹"零燃放"工作。完成居民区内 590 名 65 周岁以上老年人的上海市老年卡的集中登记和申领工作。开展复兴中路沿街商铺"五违"专项整治及复兴中路风貌区保护修缮工作。

第十七节　复中居委会

一、基本情况

复中居民委员会位于街道东南部。1985 年由原复南居委会划出建立，以南界复兴中路名的简称命名。1996 年 9 月撤销复南居委会，东、西部分别并入复中和张家弄居委会。2001 年 8 月因在南昌路新建霞飞苑住宅区，原复中居委会撤销，从张家弄居委会划出霞飞苑住宅区成立新的复中居委会。居民区范围：南昌路 555 号东方巴黎霞飞苑。居委会办公地点设在复兴中路 1252 弄 10 号。

2016 年，居民区建有党支部，共有党员 20 名，其中退休党员 17 名。居民区有居民小组 13 个，常住居民 585 户、1 314 人；户籍居民 237 户、477 人；外来人口 287 人。户籍人口中，烈属 1 户，残疾人 7 人，少数民族 7 人，港澳台同胞 38 人，独居老人 115 人，年龄 60 岁以上有 330 人，占户籍人口 25.1%。绿化面积 0.55 万平方米，绿化率为 37.16%。

二、主要工作

2006 年，组织居民参加"百万家庭学礼仪"培训活动。开展"蓝天下的至爱"募捐活动。

2008 年，建立由居委会、物业公司、业委会组成的三方联席会议。制定巡视制度，由物业管理员与居委干部，每天对本小区楼道内的卫生、治安，公共设施进行巡视，发现问题及时整改。制定例会制度，定期召开会议，共同研究和解决小区管理中存在的矛盾和问题。制定监督制度，由社区居民对三方联席会议的工作情况进行监督检查。

2010 年，配合做好上海世博会安保工作，安排志愿者在居民区巡逻。做好上海世博会宣传动员工作。做好世博大礼包发放。配合完成第六次人口普查工作。

2012 年，组织居民区内 60 岁以上老人免费接种肺炎疫苗。

2013 年，配合完成全国第三次经济普查。配合做好街道组织的疏散逃生、灭火等消防演练。

2014 年，在“三严三实”专题教育活动中，帮助解决居民反映的急难愁盼问题。参与全国文明城区创建工作，安排志愿者巡逻居民区，确保沿街商铺和马路整洁有序、居民安居乐业。

2015 年，开展居民区自治小微自治项目，针对居民实际需求和社区特点，制定文明养宠公约、设置宠物便便收集箱。

2016 年，在“两学一做”学习教育活动中，抓好党员和居委干部政治理论学习。配合做好居民区敬老卡受理、发放工作。为弘扬中华民族传统文化，增进居民之间的沟通和交流，结合居民区中外国人租户较多的情况，开展以“我们的节日”为主题的自治活动。

第九章　街道经济

1992年，街道成立经济办公室，开展集体企业股份制试点工作。2003年，街道制定《湖南路街道经济管理办法》，2004年，组建"街道经济管理委员会"，建立街道楼宇属地工作小组，开展招商引资，分组划片，定人定位与商务楼业主或物业管理部门联系，宣传招商引资优惠政策，为企业提供全方位全过程服务。2007年，采取"一楼一策"加大楼宇招商引资，2010年，世纪商贸广场、嘉华中心、环贸广场三幢甲级商务楼宇税收达到5.75亿元。

2000年，街道成立徐汇区工商业联合会湖南路街道商会(简称：湖南路街道商会)，2012年，湖南路街道商会被评为2012年度"上海市工商联思想政治工作先进基层商会"。

2015年，根据市委《关于进一步创新社会治理加强基层建设的意见》《关于深化街道体制改革的实施意见》等文件精神，街道剥离招商引资职能。

第一节　发展概况

1991年，新成立的湖南路街道对各经济实体加强组织领导、思想和制度建设以及经营管理，增强各经济实体的工作效能。抓重点企业、新办企业和民政福利企业发展，帮助企业解决发展中的各种新问题，保证街道经济发展，辖区长江、泰安两个企业，年利润分别增长14%、10%，新办南洋电声厂半年创利三万。街道经济年产值(营业收入)2 200万元，利润185万元。全年产值2 263.51万元，超计划41.47%，同比增长56.4%，全年利润186.02万元，超计划3.34%，同比增长7.6%。

1992年，街道成立经济工作领导小组，制定《街道经济发展的意见》和奖励制度，激励企业向上发展；深化改革，转换经营机制，在东湖修建队、长江生化试剂厂试行股份合作制，抓规模经济规模效益，保证重点企业的发展，使街道两个重点单位长江、泰安试剂厂创利高达80多万元；抓便民利民服务，全年增设三个点，创利近万元。街道经济完成产值3 135万元，同比增长38.5%，创利250万元，同比增长34.48%，上交国家税收36万元。

1993年，按照区委、区政府提出的"超常规，高速发展"要求，克服受地铁施工、城区内市政建设、大块土地批租、旧危房改造、市内整顿等影响，使街道范围内10多个单位和摊点受到停业和半停业，直接影响利润20多万元等困难。转换企业机制，调整品种结构，新建项目网点，街道经济得以持续发展。三大口完成产值5 500万元，利润300万元。产值比同期增长75.43%，超计划52.78%；利润比同期增长20%，超计划9%。

1994年，街道根据区域特色，发展经济。全年完成产值7 335万元，比同期增长31.8%。完成利润330万元，比同期增长10%，实现1991年提出的三年翻一番的目标。

1995年，街道克服税收政策及土地批租、施工和建设优美小区的影响，全年完成产值首次突破亿元大关，完成利润360万元，超额完成经济指标。

1996年，街道全年完成产值9 000万元，完成利润270万元，经济保持稳定发展势头。

1997年，街道实现利润243万元。

1998年，街道实现利润252万元，比上年增长15%，完成各类税收740万元，比上年增长18%。

1998年，街道实现利润249万元，完成税收720.5万元，分别比上年增长15%和22.58%。在全区第一个成立街道协管税收办公室（简称“协税”办公室），加强对小税、私房出租税的征收工作。街道经济扭转摊、棚、亭的经营格局。

1999年，街道完成税收1 315.6万元。年内，街道建立经济协调办公室，加大招商引资力度。

2000年，街道累计完成各类税收1 549.77万元，比上年增长17.2%。

2001年，街道全年完成各类税收1 924.69万元，比上年增长24.19%，其中大税收（指：增值税、消费税、企业所得税、个人所得税）755.08万元，比上年增长7.15%，小税收（指：房产税、车船税、城镇土地使用税、印花税）1 169.61万元，比上年增长38.14%。完成15家企业的改制工作。

2002年，街道全年完成各税收2 449.13万元，比上年增长24.77%，其中大税收1 049.98万元、比上年增长32.36%，小税收1 399.15万元，比上年增长19.63%。根据区国资委有关文件精神，街道对所属单位占有和使用的国有资产受托实施日常监管。

2003年，街道完成各类税收5 018万元。

2004年，街道完成各类税收9 000万元，比上年增长80%，其中地方税5 324万元，同比递增71.2%；其中，大税收完成3 421万元，小税收完成1 903万元。街道对经济管理运行机构进行优化组合。

2005年，街道税收总额1.68亿元，同比增长87%。其中，大税完成1.39亿元，小税0.289亿元。其中楼宇经济1.33亿元，占税收总额的80%，百万元以上的纳税户有23家。

2006年，街道累计完成各类税收2.81亿元，同比2005年增长67.2%，超额完成区政府下达的全年完成各类总税收2.3亿元的指导性指标。其中大税完成2.52亿元，同比2005年递增81.3%，小税完成2 847万元。区级财力累计完成1.05亿元，同比2005年递增100.53%。在各类总税收中，楼宇经济创税2.27亿元，占社区总税收80.8%，现代服务业企业创税1.71亿元，占总税收的60.7%。楼宇中现代服务业企业创税1.61亿元，占现代服务业企业税收的94.5%。

2007年，街道完成各类税收4.47亿元，比上年增长59.07%。

2007年，街道完成各类税收4.5亿元，比上年增长57%。在各类总税收中，楼宇经济创税4亿元，占社区总税收89%，现代服务业企业创税2.31亿元，占总税收的51%。

2008年，街道依托区位优势，以楼宇经济和现代服务业为重点，以推进企业工商、税务关系“双属地”为抓手，加大服务力度，不断提升招商引资质量和企业税收贡献度。街道完成各类税收5.82亿元，比上年增长16.4%。其中，楼宇经济创税5.31亿元，占社区总税收的

91.2%；现代服务业企业创税3.31亿元，占总税收的56.8%；区级财力累计完成1.91亿元，比上年增长15.1%。

2009年，街道累计完成各类税收6.8亿元，比上年增长17%，基本完成年度经济工作指标。在总税收中，楼宇经济创税占社区总税收89%，比上年增长14%；现代服务业企业创税占总税收58%，比上年增长19%。根据区委、区政府提出的"安商、助商、兴商"工作要求。街道明确"强服务、能属地、有空间"的工作思路，聚焦辖区企业，以税收属地和经营注册属地为目标，加大为企业服务力度。挖掘资源，推进商务楼宇、花园洋房等载体和配套设施建设，强化楼宇经济和老洋房经济工作。

2010年，街道全年街道税收11.17亿元，比上年增长64.3%，其中3幢甲级商务楼宇（分别是世纪商贸广场、嘉华中心和淮海国际广场）税收5.75亿元，占街道总税收的51.5%；现代服务业实现税收7亿元，占街道总税收的62.7%。

2011年，街道实现税收14.71亿元，比上年增长32.3%，其中楼宇税收13.34亿元，占总税收的90.7%，比上年增长37.2%。现代服务业实现税收10.95亿元，占总税收的74.5%，比上年增长37.2%。

2012年，全年完成税收21.47亿元，比上年增长46%。新增企业69家，其中内资企业26家、注册资金21.11亿元，外资企业43户、注册资金2 114万美元。

2013年，全年完成税收21.86亿元，比上年增长9.3%，其中楼宇税收19.40亿元，占总税收的88.7%，比上年增长2.9%。现代服务业实现税收16.10亿元，占总税收的73.6%，比上年增长4.4%。引进企业87家，其中内资企业32家、注册资金6 917万元；外资企业55家、注册资金9 702万美元。完成辖区第三次全国经济普查的单位核查阶段工作。

2014年，全年完成税收23.55亿元，比上年增长7.7%。完成区级税收9.19亿元，比上年增长12.3%，其中楼宇税收6.95亿元，占区级税收的75.6%，比上年增长24.3%。现代服务业税收6.76亿元，占总区级税收的73.6%，比上年增长20.6%。引进企业79家，其中内资企业35家、注册资金1.9亿元，外资企业44家、注册资金3 744万美元。

2015年，根据市委《关于进一步创新社会治理加强基层建设的意见》《关于深化街道体制改革的实施意见》等文件精神，街道剥离招商引资职能。街道开展"质量、品种、效益年"活动，坚持"便民、利民、为民"为服务宗旨，指导思想为"开拓创新，方便群众"，以"开发、引进、调整、借力"的方式，因地制宜、挖掘潜力发展经济。

表9-1-1　**1997—2011年湖南路街道经济工作所获荣誉一览表（区级）**

年　度	名　　称	颁发单位
1997	徐汇区第一次基本单位普查上海市先进集体：湖南路街道基本单位普查办公室	徐汇区第一次基本单位普查办公室
1997	徐汇区第一次基本单位普查徐汇区先进个人：刘金萍、刘国才	徐汇区第一次基本单位普查办公室

续表

年　度	名　　称	颁发单位
2005	湖南统计站一等奖	徐汇区统计局
2006	“国家级先进”荣誉称号、“徐汇区 2006 年度统计工作一等奖”(市统计局行风评议工作)	徐汇区统计局
2009	徐汇区第二次经济普查区级先进集体：湖南路街道第二次经济普查办公室	徐汇区第二次经济普查领导小组办公室 2010 年 3 月
2011	徐汇区“副食品价格补贴发放”工作优秀集体：湖南路街道	徐汇区商务委员会、徐汇区粮食局

第二节　招商引资

1999 年，街道建立经济协调办公室，印发《引进企业享受街道财政优惠政策的若干规定》。年内，共引进企业 12 家，资金 560 万元，完成税收 1 315.6 万元。

2000 年，徐汇区招商中心湖南分中心正式成立挂牌，组建招商队伍，加强与区工商局、区招商中心、区税务、区工商联等有关部门的协作协调。2000 至 2002 年，共引进企业 222 家，其中，外资企业 14 家，注册资金 12 056 万元人民币、573 万美元。

2003 年，街道共引进各类企业 74 家，其中，内资企业 68 家，注册资金 2 400 万元，外资企业 6 家，注册资金 217 万美元。

2004 年，街道引进各类企业 92 家，其中内资企业 74 家，注册资金为 8 658 万元人民币；外资企业 18 家，注册资金为 891 万美元。

2004 至 2005 年，按照区政府先后制定的《支持企业发展繁荣区域经济的若干规定》《关于进一步扩大招商引资的若干意见》《关于加快街道经济发展的若干意见》等文件精神，共吸引企业 191 家，其中外资企业 18 家，注册资金 891 万美元。其中地区总部级企业 3 家，占全区地区总部数的 75%。

至 2006 年，据第一次经济普查数据显示，辖区共有各类经营企业 1 085 家。其中，区属地企业 597 家，占 55%。由街道引进并属地的企业有 357 家(内资企业 270 家，注册资金为 2.78 亿元人民币；外资企业 87 家，注册资金为 1.14 亿美元。1 至 12 月，新引进企业共 78 家)，占社区企业数的 59.8%。同时，商务楼宇企业属地率不断提高。在辖区 22 幢商务楼宇中，共有企业 623 家，其中由街道招商引资的企业有 129 家，平均属地率为 20.7%。社区商务楼宇中有 28 家世界 500 强或大型企业办公经营。

2007 至 2008 年，以楼宇经济为目标、现代服务业为重点，以推进企业工商、税务关系“双属地”为抓手，提升招商引资质量，辖区 407 家企业顺利实现“双属地”。在淮海国际广场推行“一楼一策”试点工作，调动中介团队、楼宇业主、物业的招商引资积极性。

2010年，按照区委、区政府提出的“安商、助商、兴商”工作要求，明确“强服务、能属地、有空间”的工作思路，充分调动社区各方资源，为楼宇企业搭建白领文化平台、交友平台、健康平台等。年内，由街道引进属地并纳税的企业有449家(共新增企业户管64家，内资企业32家，新增注册资金71 780万元人民币；外资企业32家，新增注册资金9 188.5万美元)。

2014年，建立网络信息平台，有效整合各类资源，做到企业信息互通、资源互用。走访楼宇内属地50余家企业，与新路达集团协调，帮助企业租赁柜台用以展示和销售产品、宣传企业品牌。全年共引进企业81家，其中外资企业42家。

2015至2016年，鼓励扶持创业，全年成功扶持创业企业50家，其中35岁以下青年创业企业30家。

第三节 集体企业

1992年，街道成立经济办公室，开展集体企业股份制试点工作。企业进行经营机制转换，东湖修建队、长江生化试剂厂试行股份合作制，街道通过抓规模经济，提升规模效益，保证重点企业的发展，使街道两个重点单位、泰安试剂厂创利高达80多万元。年内，成立“新世纪”工贸总公司，新开12个经济单位，其中理发店、表店、涂料店、食品店、点心店、服装店为地区居民生活提供便利。南洋电器声厂开发话筒系列产品，与南京1 714厂实行配套生产。南康电机试制成功电动机保护柜等产品，并建立技术工程部，发展高科技项目。

1993年，街道撤销原街道经济办公室，为适应经济发展的需要，减少管理层次，成立上海万隆经济发展总公司，既发挥总公司对下属分公司的行政、业务管理职能，又得以行使自身的经营职能。年内，在社区力量的配合下，扩大外延，提高经济效益，新建两家工业企业，其中“南康电器厂工程技术服务部”引进人才，全年产值超100万元。街道配合区政府建设襄阳南路“家电一条街”，调整品种结构，开办“通用电子电器经营部”，经营电脑品种齐全，并有相当的规模，利润比同期增长166%；华南电脑电器经营部营业额高达10多万元。对创利大户“泰安试剂服务部”“长江试剂服务部”引进技术人才、开拓业务、增加批发项目、拓宽经营范围，民政企业之一的益康综合服务部发展照相制版业，街道协助调整场地、增添设备。此外，为适应不同层次消费者的需求，兴办“华南废品回收站”“正达建材经营部”“洋洋建材五金商店”等。

1994年，街道兴办新企业10家，引进资金200万元。新办企业的全年产值超过300万元，利润达20万元以上。街道调整不合理的品种结构和低微低利企业，在讲特色上档次上下功夫。按照国家、集体、个人三得利原则，在振兴烟杂店、华南五金机电经营部和南康厂实行集体承包经营责任制。开辟企业内部审计，帮助企业建制堵漏，南洋电声厂经过内部审计后，建立健全规章制度，经济效益大幅度提高，全年产值突破200

万元，利润达到 13 万元以上。益康综合服务部扩大照相制版业后，产值、利润大幅度上升。

1995 年，开发新的经济增长点，从外延上扩大经营规模，新办企业 16 家，引进管理、技术人才 18 人，引进资金近 200 万元，从而提高企业的经营素质，增强企业参与市场竞争的能力。街道推行聘用制和承包经营责任制，注重抓好企业的内部管理。

1996 年，打破区域观念，拓展经营思路，调整低微利企业和不合理品种结构，引进科技管理人才 21 名，引进资金 200 万元，新办企业 10 家（上海盛世饮水发展中心、上海巴士拓华科技发展有限公司、朝盛通信电器商行、隆升电脑总汇等）。完成产值 9 000 万元，完成利润 270 万元。

1997 年，按照国务院《国务院办公厅关于扩大清产核资试点工作有关政策的通知》，街道组成 5 人领导小组，分别对万隆、华南两家公司下属 61 家企业进行全面清产核资，摸清掌握集体企业单位的资产存量结构和效益状况，理顺产权关系，为 1998 年进行的集体企业产权登记工作奠定基础。年内，为保证国家税收定额上交，在 6 家企业中推行税利承包，增强企业活力，增强承包者合法经营，依法纳税的意识。

1998 年，街道按照街、镇城市管理型经济新框架的要求，继续加强企业内部的经营管理，转换机制，发展优势企业，改组劣质企业。对通用电子、柏拓模具等长期效益差的企业采取调整、更换法人代表，实行经营承包责任制等措施。新办上海广万置业有限公司等 4 家企业。街道在对所属企业进行清产核资和企业改制过程中，对企业经营管理人员，尤其是企业的领导班子成员进行考核，使街道经济做到合法经营、稳步发展。为更好地提高经济效益，解决智残人员的工作状况，做好社会稳定工作，经街道办事处办公会议讨论，同意益康综合服务部重新开设零件印刷、照相制版、名片印刷、复印、晒图等项业务。

2000 年，街道下属的万隆经济发展公司进行体制改制，由管理型公司改制为经营性公司，经职代会通过三项决定：国有资产占公司总资产的 25%；成立联合资产理事会；万隆经济发展公司、华南工贸公司等四家单位为第一批改制企业。原华亭商场、万隆经济发展公司、湖南路街道合作联社、华南工贸公司合并改制为上海万隆经济发展有限公司。

2001 年，上海万隆经济发展有限公司改制下属企业 15 家，部分企业歇业，部分企业转为民营企业。2003 年，在税收上扶植支持改制后的万隆经济发展有限公司，万隆经济发展有限公司获得标准为公司年交税收总额 30%的奖励。

2002 年，上海华亭商场改制为上海夏顺记服饰有限公司。

2004 年，街道经济逐步转向招商引资和发展楼宇经济。

第四节　楼 宇 经 济

2003 年，街道以楼宇招商为经济工作的重点，建立楼宇经济发展的议事领导机构和日常从事楼宇招商工作机构，划片分工，开展商务楼宇入驻企业调查，进行全面排摸，走访招商企业。调查显示，辖区有大小商务楼 31 幢，入驻企业共 200 余家，其中属地纳税企业 160 余家，街道引进企业 20 余家。

2004 年，街道成立楼宇招商工作协调小组，围绕社区内的高档商务楼开展招商引资与企业服务工作，主动帮助企业解决实际困难，做好协管税收和在地统计工作。

2005 年，社区 2 幢顶级商务楼共有 19 家企业入驻，6 幢重点楼宇共有 50 家企业入驻，其他 14 幢楼宇共有 30 家企业入驻。引入地区总部级企业 3 家，占全区地区总部数的 75%。

2006 年，街道突出楼宇经济的核心地位，通过摸清世纪商贸、嘉华中心和淮海国际广场等各大商务楼内的企业情况，寻找新的经济增长点，年初明确 10 家大企业为属地化重点单位。

2007 年，区招商中心、区企业服务中心复函，原则上同意街道提出的针对淮海国际广场在招商引资中采取"一楼一策"的试点方案。区招商中心与街道联手推进新一轮"双落地"工作，继续提高高品质楼宇的税收属地率。

2008 年，街道 3 幢甲级商务楼宇（世纪商贸、嘉华中心、淮海国际广场）税收 5.75 亿元，占总税收的 51.5%。

2009 年，全年实现税收 14.71 亿元，其中楼宇税收 13.34 亿元，占总税收的 90.7%，比上年增长 37.2%。此外，4 幢重点商务楼（世贸、嘉华、淮海国际、悟锦）共有企业约 247 家，其中由街道招商引资的企业有 118 家，平均属地率为 47.8%，另有 15 家区属地企业，区平均属地率达 53.8%。

地产大厦

2014 年，街道在原有基础上挖掘企业属地潜力，对楼宇内不属地的 50 余家企业进行走访。通过努力，有 9 家外区户属企业迁入本区。

2015 年，转变服务区域企业工作方式和角色定位，开展企业走访调研，完善重点楼宇企业档案。通过社会化运作，搭建企业服务平台，优化企业服务方式，为企业白领提供多样化、个性化、专业化的服务，形成长效化、常态化的企业服务机制。

2016 年，依照《中华人民共和国统计法》的指示精神，落实徐汇区统计局《关于开展 2016 年商务楼宇调查的通知》的文件精神，对辖区 3 幢重点商务楼宇——世纪商贸、嘉华中心、环贸大厦进行统计楼宇调查。

淮海国际广场

嘉华中心

云海大厦

表 9-4-1　**湖南路街道部分年度税收超亿元楼宇情况表**

年度	2006 年			2007 年			2012 年		
排名	楼宇名称	所在区域	全年税收	楼宇名称	所在区域	全年税收	楼宇名称	所在区域	全年税收
1	世纪商贸广场	湖南路街道	27 439.03 万	世纪商贸广场	湖南路街道	43 845.19 万	悟锦世纪大楼	湖南路街道	91 989.43 万
2	嘉华中心	湖南路街道	13 119.04 万	嘉华中心	湖南路街道	23 939.25 万	嘉华中心	湖南路街道	23 939.25 万
3							世纪商贸广场	湖南路街道	43 845.19 万

资料来源：徐汇区统计局

2012 年，各街镇商务楼宇户数属地率情况，湖南路街道为 44.42%。

表 9-4-2　**2012 年徐汇区各街镇商务楼宇户数属地率情况表**

街　道	建筑面积（米^2）	商务办公面积（米^2）	户数属地率（%）
天　平	258 407.36	192 838.16	34.74
湖　南	729 958.84	359 467.25	44.42
斜　土	98 269.04	81 174.5	27
枫　林	181 718.04	137 706.11	33.1
田　林	283 814.75	222 443.78	27.8
虹　梅	1 040 215.23	837 009.22	42.74
康　健	52 535.92	28 604.72	30.77
徐家汇	1 513 203.96	992 368.76	37.82
凌　云	46 990	40 748	30.1
漕河泾	114 742.43	93 627.34	29.1
华　泾	123 500	93 000	32.03

资料来源：徐汇区统计局

表 9-4-3　**2012 年 31 幢重点楼宇及重点区域重点楼宇税收增长情况统计表**

	2011 年与 2012 年重点楼宇内匹配企业	2012 年重点楼宇内新增企业	2012 年重点楼宇内搬迁企业
楼宇数量(幢)	湖南(4) 湖南(4)	湖南(4)	湖南(4)
单位数(个)	75	39	6
2011 年纳税(亿元)	10.47	—	−0.83
2012 年纳税(亿元)	13.78	2.99	—

资料来源：徐汇区统计局

表 9-4-4　**2016 年湖南路街道部分商务楼宇列表**

楼宇名称	名 称 含 义	地　　址	建筑面积(万平方米)	最高层数	建成年月
爱美高大厦	爱美高集团投资	淮海中路 1325 号	2.14	23	1997 年
长鑫大厦	为上海长鑫房产公司开发	长乐路 1219 号	1.07	18	1996 年
华尔登广场	取华丽、摩登之意	常熟路 158 号	1.23	14	1996 年
上海地产大厦	上海地产(集团)有限公司管辖	东湖路 9 号	2.68	24	1999 年
襄阳大楼	坐落襄阳北路	襄阳北路 77—97 号	1.27	7	1995 年
云海大厦	取高耸入云于淮海中路之意	宝庆路 2 号	2.07	24	1992 年

资料来源：《徐汇区地名志》

第五节　街 道 商 会

2000 年，按照区委、区政府《关于加快发展非公有制经济的若干意见》中提出的“各街道、镇应创造条件分批建立工商联基层组织”要求，成立徐汇区工商业联合会湖南路街道商会(简称：湖南路街道商会)。湖南路街道商会在党和政府的统一领导下，按照党中央关于加强社会组织党建工作和推动统战工作向商会组织有效覆盖的精神指引，推动湖南商会党的组织建设，以党建带会建，发挥商会在非公经济领域的基层统战组织作用。湖南路街道商会旨在建设成一个有交流合作、团结互助、学习提升、助推发展等多种职能，帮助企业健康发展的综合性服务平台，把职能定位到服务大局、服务经济、服务企业上，有效承担政治引导、经济服务、诉求反映、权益维护、诚信自律、协同参与社会治理等任务。根据湖南路街道外资企业多、优质企业多的特点，围绕街道党工委、办事处的中心工作，开展系列活动，倡导商会品牌建设，凝聚力量为区域建设做贡献。

2002 年，湖南路街道商会结合社区特点，发挥商会优势，将民间商会工作与新经济组织党建、社区精神文明建设、招商引资、培养和推荐非公经济代表人士相结合，为地区经济及非公经济发展、壮大作贡献。

2005 至 2006 年，徐汇区印发《徐汇区工商联(商会)与基层商会工作例会制度》。中共徐汇区委统战部、区工商联联合召开工商联基层商会建设交流会。湖南路街道等 3 个街道商会在会上交流开展基层商会工作的经验，探讨发挥基层商会作用的办法和途径。

2007，湖南路街道商会召开年度换届选举会议。选举产生新一届湖南路街道商会领导班子。

2011 年，湖南路街道商会按照区工商联要求，走访企业近千家(次)，了解企业需求，促进企业围绕创新、转型要求，加快技术引进、消化、吸收，优化资本投资结构，帮助企业科学发展。

2012 年，湖南商会被评为 2012 年度"上海市工商联思想政治工作先进基层商会"。

2014 年，湖南路街道商会代表参与区民营经济发展联席会议第一次全体会议，围绕如何发挥各自优势服务民营经济发展作交流讨论。

2016 年，湖南路街道商会召开年度换届选举会议，选举产生新一届湖南路街道领导班子。

表 9-5-1　**2016 年湖南路街道商会会员名单表**

序号	会员名称	地址
1	庆隆(上海)投资管理有限公司	淮海中路 1010 号嘉华中心 601 室
2	艾力士管理(上海)有限公司	淮海中路 1010 号嘉华中心 3501 室
3	万国纸业企业管理(上海)有限公司	淮海中路 1010 号嘉华中心 30 楼
4	格雷斯贸易(上海)有限公司	淮海中路 1010 号嘉华中心 1903 室
5	柯尼卡美能达(中国)投资有限公司	淮海中路 1010 号 3306 室
6	乐奕餐饮(上海)有限公司	淮海中路 1028 号嘉华中心裙楼 4 楼
7	奥林巴斯(北京)销售服务有限公司上海分公司	淮海中路 1028 号嘉华中心裙楼 10 楼
8	固特异轮胎管理(上海)有限公司	淮海中路 1028 号嘉华中心裙楼 28 楼
9	三菱化学(中国)商贸有限公司	长乐路 989 号世纪商贸广场 42 楼

续表一

序号	会员名称	地址
10	东芝泰格复印机(深圳)有限公司上海分公司	长乐路989号世纪商贸广场8楼
11	杜比实验室国际技术服务(上海)有限公司	长乐路989号世纪商贸广场1803－07A
12	上海育碧电脑软件有限公司	长乐路989号世纪商贸广场15楼
13	微芯贸易(上海)有限公司	长乐路989号世纪商贸广场2102－07室
14	上海新汇房产开发有限公司	长乐路801号208室
15	上海嘉汇达房地产开发经营有限公司	衡山路598号
16	上海平安欣仑物业发展有限公司	淮海中路1045号
17	卡夫食品企业管理(上海)有限公司	富民路291悟锦世纪大楼601室
18	德希尼布工程咨询(上海)有限公司	淮海中路1329号1101、1103室
19	上海华蓬防爆科技有限公司	淮海中路1720号E座
20	彼爱游建筑设计咨询(上海)有限公司	复兴中路1252弄17号1幢201室
21	上海马达思班建筑设计事务所	新乐路134弄2号302室
22	上海专用色美发有限公司	东湖路20号2B
23	上海博灏投资咨询有限公司	襄阳南路175号2幢110室
24	上海上品美术装潢有限公司	武康路105号
25	上海华视科技有限公司	武康路112号
26	上海运宣广告有限公司	肇嘉浜路288号1605室
27	浙江宏润控股有限公司上海分公司	襄阳北路77、81、97号
28	上海铭源科技企业发展有限公司	华山路899号
29	上海圆苑餐饮管理有限公司	兴国路201号
30	上海大公馆文化俱乐部有限公司	东湖路7号
31	华典酒店(上海)有限公司	新乐路82号
32	新金信实业有限公司	永福路61号
33	万隆经济发展公司	复兴中路1462弄11号
34	上海华澳整形美容医院有限公司	新乐路57号
35	上海新晶包装制品有限公司	龙吴路2200号

续表二

序号	会员名称	地址
36	联祥文体用品有限公司	新渔东路60号安龙大楼
37	金启广告有限公司	淮海中路2006弄10号103室
38	添旺广告有限公司	金玉兰广场打浦路1号703室
39	艺阪凡电脑印务有限公司	复兴西路51号
40	格瑞酒家(葡萄园酒家)	新乐路55号甲
41	上海安钢实业有限公司	淮海中路1416号3层
42	上海新乐旅行社有限公司	肇嘉浜路288号1号楼1106室
43	上海邓璐妮律师事务所	淮海中路1045号4203C
44	上海磐石投资管理有限公司	华亭路32号
45	IMG康体发展(上海)有限公司	淮海中路1325号15楼
46	上海徐汇成隆行餐饮有限公司	汾阳路1号甲三楼
47	因邸高家居商贸(上海)有限公司	安福路185号、187号
48	炳恒电子商务(上海)有限公司	淮海中路1045号3202室
49	上海引舰投资咨询有限公司	陕西南路180弄1号208C
50	华人文化(上海)投资咨询有限公司	陕西南路238号329室
51	上海文创引力投资咨询有限公司	陕西南路180弄1号208A
52	上海交响乐音乐厅管理有限公司	湖南路105号1幢2楼
53	佑吾(上海)贸易有限公司	陕西南路238号311室
54	贸涓餐饮(上海)有限公司	淮海中路999号6层606室
55	上海环贸广场房地产有限公司	淮海中路3号A—1地块
56	上海衡复经济发展有限公司	复兴西路230弄1号

表9-5-2　**2016年已迁出湖南路街道辖区会员名单表**

序号	会员名称	地址	备注
1	华亭商场	华亭路70—92号	已注销
2	上海唐码广告有限公司	乌鲁木齐中路328号315室	已注销

续表一

序号	会员名称	地址	备注
3	梁志天设计咨询(上海)有限公司	乌鲁木齐中路328号304B室	已注销
4	增晖贸易有限公司	茅台路169号—171号	已注销
5	百富情娱乐有限公司	淮海中路1325号(宝庆路1号)	已注销
6	世嘉(中国)网络科技有限公司上海分公司	淮海中路1010号嘉华中心37楼	已注销
7	利曼斯商务咨询(上海)有限公司	长乐路989号世纪商贸广场3702室	已注销
8	振鼎鸡实业有限公司	长宁区	已迁出
9	先驱微电子上海有限公司	长宁区	已迁出
10	伊莱克斯(中国)电器有限公司上海分公司	闸北区	已迁出
11	横河电机(中国)商贸有限公司	长宁区	已迁出
12	上海永基贸易有限公司	长宁区	已迁出
13	康银管理咨询(上海)有限公司	浦东新区	已迁出
14	安永(中国)企业咨询有限公司	浦东新区	已迁出
15	百威(中国)销售有限公司上海分公司	黄浦区	已迁出
16	巴赛尔亚太咨询(上海)有限公司		已迁出
17	上海九龙山文化发展服务有限公司	黄浦区	已迁出
18	中录华纳家庭娱乐有限公司	外省市	已迁出
19	华纳兄弟咨询服务(上海)有限公司	外省市	已迁出
20	上海裕山信息科技有限公司		已迁出
21	丰田通商(中国)商贸有限公司上海分公司	浦东新区	已迁出
22	上海大公馆文化俱乐部有限公司		已迁出
23	百加得管理(上海)有限公司	长宁区	已迁出
24	高品(上海)图像服务有限公司	黄浦区	已迁出
25	上海艺丰文化艺术交流有限公司		已迁出
26	上海辞章企业管理咨询有限公司		已迁出

续表二

序号	会员名称	地址	备注
27	上海翔禹实业有限公司		已迁出
28	上海禅瑞贸易有限公司		已迁出
29	上海通达理数码影像制作有限公司		已迁出

第十章　商　业

1984 年 10 月，华亭路小商品市场投入营业，1989 年更名为华亭服装市场，2000 年 8 月正式搬迁至襄阳服饰礼品市场。2005 年起，实施武康庭一期、二期工程，2013 年，环贸 iapm 大型商场试营业。

2005 年起，推进标准化菜市场建设。2013 年起，实施乌鲁木齐中路沿街商业发展和业态升级工程。

至 2016 年底，街道辖区有商场、超市、便利店等连锁网点及旅馆餐饮企业，商业设施配套完善。

第一节　特色街市

一、华亭服装市场

1978 年 12 月，党的十一届三中全会召开之后，区政府为引导鼓励非公有制经济发展，解

华亭路位于上海市徐汇区，垂直于淮海中路与长乐路中间。
2000 年之前被誉为“中华第一服装街”

决回沪知青和其他社会待业人员的就业问题，开始酝酿创建小商品市场。经过多次讨论和实地考察，区政府最终决定由区工商局投资，新乐路街道办事处具体负责，在华亭路创建小商品市场。1984 年 10 月，华亭路小商品市场正式投入营业，1989 年更名为华亭服装市场。

开业当初，市场面积仅有 800 平方米，摊位 100 多个。市场经营的商品种类主要以衣服、鞋帽和饰品为主。市场经营者把握流行趋势，区政府、工商局和税务局等相关部门大力推动，华亭服装市场在开办当年就取得很好的成绩，月平均成交额达到 70 余万元。由于经济效益好，越来越多的商户申请进驻，“一摊难求”的局面开始出现，逐步成为全市闻名的服装市场之一，并逐渐崛起为北京秀水街、广州高第街并称的全国三大服装街市之一。

华亭服装市场经历三个发展阶段：第一阶段仅在淮海路以北至延庆路以南；第二阶段则一直延伸到长乐路；第三阶段是辐射华亭路整个周边区域，形成一个小商圈。1989 年 4 月，场内旧棚架改建为全塑钢棚架 276 间，配备统一遮阳布、试衣间，靠近淮海中路的入口处设置金属牌楼。这一规范化改造使得成交额和上缴税收攀升。上海地铁一号线的开通，推动华亭服装市场的交易。1994 年，成交额达到 2 820 万元，上缴税收 134 万元。自 1985 年 1 月至 2000 年 10 月，华亭服装市场共计纳税 2 293 万元。

2000 年 8 月，华亭服装市场整体搬迁至襄阳服饰礼品市场，还路于民。

二、襄阳服饰礼品市场

市场由新上海国际商城发展有限公司投资建设并管理，于 2000 年 1 月开工，5 月起试营业，10 月 31 日正式开业。市场占地 2.4 万平方米，建筑面积 1 万余平方米，共有商铺 765 个。市场位于地铁一号线陕西南路站，紧邻包括有百盛、巴黎春天和二百永新等大型百货商

襄阳服饰礼品市场

店在内的淮海中路繁华商圈和时尚服饰集聚地，成为不少来沪游客的必到地点和一些外国旅游团队的在沪定点旅游项目。

市场开业以来，日均人流量 5 万余人次，节假日高达近 10 万人次，2001 年共接待境外旅游团队 366 个。全年营业额超过 2.5 亿元，上缴各项税金超过 1 000 万元。市场已吸纳失业、下岗人员 100 余人，成为徐汇区“4050”（指：上海市政府促进困难群体就业的一项重要措施，旨在为特殊历史时期形成的女性 40 岁以上、男性 50 岁以上的下岗协保失业等就业困难群体度身定制就业岗位，以市场化、社会化的运作机制，促进其就业）再就业基地之一。

由于襄阳路市场及周边地区后来出现的销售假冒涉外高知名度商标商品等情况，逐步占到商标侵权案件总量的近 8 成，成为知识产权保护领域应清除的一大“顽症”，给所在区域乃至上海的城市形象造成一定的负面影响，区政府最终决定于 2006 年 6 月 30 日将其关闭。

三、武康庭

武康庭坐落在武康路 374 号、376 号、378 号区域。2005 年起，香港康世国际投资集团先后购入或承租该区域内的楼宇，组织国际建筑师、工程师、园林设计师合力规划实施武康庭一期、二期工程。

武康庭一期、二期工程完工后，庭内随处可见承载着悠久历史文化的保护建筑，民国时期外交官宅邸旧址、原上海仪表局办公楼华丽转身，成为老洋房、老厂房时尚改造的典范。庭内分布着各式各样的店铺，获奖餐厅、葡萄酒店、美容院、服装店、花店、画廊等都在其中。梧桐掩映下，高低错落的法式红砖小楼，不仅保有上海人家里弄生活的原味，更融入先锋艺术画廊的新潮。

位于武康路 376 号的武康庭

自 2007 年起就被著名的《LUXE 城市指南》报道，且成为 2010 世博会定点接待游客的场所。

四、乌鲁木齐中路商业街

乌鲁木齐中路（长乐路——复兴西路）地处湖南社区中心区域，全长 700 米左右，路宽 7.8 米，是湖南社区历史风貌保护区内的主要马路之一。据 2013 年经济普查数据显示，乌鲁木齐沿街共有 63 家商铺。

乌鲁木齐中路商铺业态存在环境杂乱、道路风貌差、房屋质量及居住条件恶劣等情况，根据《徐汇区天平、湖南社区沿街商业发展的指导意见》及区政府领导的指示精神，2013 年 9 月，街道向区政府提交《湖南路街道与徐房集团关于共同推进乌鲁木齐中路业态升级的报告》，提出根据乌鲁木齐中路人口结构和房屋构造的实际情况，以政府搭台、企业运作、各方参与为原则，以项目建设带动整条道路功能业态的调整、改造、提升和完善。分步实施，先易后难，整体推进该路段商业业态提升及风貌整治工作。力争通过 3 年时间，从比较低端、凌乱的商业布局逐步调整为满足多元化人口需求、商业布局合理、外立面风格统一、道路整洁有序的便民休闲一条街。

2013 年，区规土局在关于《徐汇区风貌保护道路规划——乌鲁木齐中路和南路》规划指导意见的基础上，完成道路整体景观设计及建筑测绘研究工作、委托专业设计公司配合规划要求拟定商户建筑外立面整治升级的设计指导意见范本等三部分工作和方案，为后期实施做好准备。年内，通过调研统计区内国有产权单位所持物业约占总沿街商铺面积的 90%，总计约为 7 593.66 平方米，其中徐汇副食品公司及乌中农副食品市场经营管理有限公司合计

乌鲁木齐中路商业街

持有 5 273.96 平方米，成为年度的协调重点，为全面物业收储工作打下基础。

2013—2014 年，街道基本完成乌中菜市场及其以南（至复兴西路）路段商户整体房屋外立面修缮和店招店牌整治，并以此为示范试点，逐步改善乌鲁木齐中路市容市貌。街道与衡复公司合作，对乌鲁木齐中路的业态规划定位、业态升级的路径与方法、长效管理机制提出规范要求和建议，对沿街商户店招店牌及门面提出指导性整改意见。完成烈火娜酷蛋糕、红峰副食品、小王水果店、长白山参茸和巧芋工坊、伟明水产（黄记大闸蟹）、新疆餐厅、蔬菜店、杂粮店等 9 家商铺的业态调整。街道与新路达集团、尚道公司合作，确定复兴中路历史风貌街区的总体功能定位、业态组合以及近期和中长期推进方案。完成一期 13 家商铺的收储及 7 家商铺的招租工作。

第二节 商场、超市、便利店

一、商场

环贸 iapm 商场是辖区大型商场。商场由新鸿基地产投资开发，位于淮海中路 999 号，于 2013 年 8 月开始试营业。商场交通便捷，地铁 1 号线、10 号线、12 号线在此设有换乘交汇站。商场设有两层停车场，提供近 800 个停车位。

环贸 iapm 商场共有地上六层及地下二层，汇聚逾 238 个国际级高端潮流品牌，其中有一成是首次进驻中国市场，更有一成半为首度进驻上海，能够提供最为新潮的新颖化、多元化购物体验，它以高端时尚及潮流作为市场定位，是上海首个糅合“品味生活杂志”及“夜行消费购物模式”于一体的世代高端潮流商场，“高端潮流＋夜行消费”为该商场经营特色。商场沿淮海中路逾 220 米长的临街复式旗舰店集合全中国最大的普拉达（Prada）旗舰店、古驰（Gucci）旗舰店、缪缪（Miu Miu）等多家国际一线高端品牌旗舰店；汇聚多家特色食肆、知名食府，呈现创新高端的国际美食体验。

环贸 iapm 商场

环贸 iapm 商场上盖包括两座甲级写字楼及豪华服务式公寓。商场名字“iapm”呈现国际化“international”及日“am”与夜“pm”，提供不受时限的全新购物体验，综合性环贸 iapm 商场以其独特创新的延时消费概念，引领沪上时尚潮流，环贸 iapm 商场与百盛、巴黎春天恰巧形成犄角之势。iapm 项目定位于建造上海首个主打“夜行购物消费”概念的“夜行商场”。商场营业时间为上午10点至晚上11点，餐饮等业态则延长至次日零点甚至凌晨1点左右，突破一般商场10点关门的惯例，开创沪上行业先河，弥补“夜间消费”的空白。

二、超市、便利店

根据2013年湖南路街道经济普查数据显示，辖区共有便利店20家，超市2家，其他零售店5家。

表10-2-1　**2013年湖南路街道超市、便利店情况一览表**

序号	超市、便利店	地　址
1	上海迪亚零售有限公司乌鲁木齐店	乌鲁木齐路2473号
2	上海可的便利店有限公司五原路店	五原路145号
3	上海恭汇贸易有限公司襄阳南路店	复兴中路1272号
4	上海联华超市发展有限公司兴国路店	兴国路277号
5	上海家得利超市有限公司长乐超市店	襄阳北路97号
6	上海好德便利有限公司复兴店	复兴中路1192—1194号
7	上海好德便利有限公司长乐路二分店	长乐路681号101室底层
8	上海好德便利有限公司延庆路店	延庆路9294号
9	统一超商(上海)便利有限公司常熟路店	常熟路225—227号
10	上海联华快客便利有限公司东湖店	东湖路9号
11	上海昕昊食品经营有限公司武康路店	武康路232号
12	上海喜士多便利连锁有限公司泰安路一分店	泰安路27弄5号
13	上海好德便利有限公司襄阳北路店	襄阳北路93号底层A室
14	上海福满家便利有限公司襄阳南路店	襄阳南路94号
15	上海好德便利有限公司襄阳南路店	襄阳南路170号172号
16	上海恭汇贸易有限公司湖南路店	淮海中路1640号
17	上海徐汇百货批发部华南百货商店	淮海中路1640号二楼
18	上海好德便利有限公司淮海中路三分店	淮海中路1800号1楼
19	上海恭汇贸易有限公司五原路店	乌鲁木齐中路214号
20	上海可的便利店有限公司武康店	武康路55号

续表

序号	超市、便利店	地　址
21	上海好德便利有限公司乌鲁木齐路店	乌鲁木齐中路 176 号底层
22	上海好德便利有限公司安福路店	安福路 143 号
23	上海福满家便利有限公司常熟路站店	地铁 1 号、7 号线换乘车站
24	上海福满家便利有限公司淮海中路二店	淮海中路 1297—1299 号
25	上海昕昊食品经营有限公司五原路店	五原路 61 号
26	上海枫惠食品销售有限公司	乌鲁木齐中路 303 号
27	上海福满家便利有限公司新乐路店	新乐路 212 号

第三节　旅馆餐饮

一、旅馆

根据 2013 年湖南路街道经济普查数据显示，辖区共有旅馆 11 家。

表 10－3－1　**2013 年湖南路街道旅馆情况一览表**

序号	旅　馆	地　址
1	上海清河宾馆	武康路 103 号甲
2	上海嘉豪淮海商务酒店有限公司	淮海中路 1045 号副楼
3	上海悦思居酒店管理有限公司	乌鲁木齐中路 243 号 2 层
4	华典酒店(上海)有限公司	新乐路 82 号
5	上海东湖宾馆	东湖路 70 号
6	上海东湖宾馆(本部)	东湖路 70 号
7	上海骏亭酒店管理有限公司	延庆路 36 号
8	上海家萨酒店管理有限公司	宝庆路 10 号 7 栋 5—6 层
9	上海市徐汇区华亭旅社	华亭路 71 弄 9 号

续表

序号	旅　　馆	地　　址
10	上海华甸园大酒店	高邮路 68 号
11	上海振仪旅馆分部	乌鲁木齐中路 261 弄 3 号

二、餐饮

根据 2013 年湖南路街道经济普查数据，辖区共有餐饮店 163 家，其中大型饭店 4 家，中型饭店 13 家，其他餐饮服务类 146 家。

雍福会、星巴克咖啡(武康路店)

表 10-3-2　**2013 年湖南路街道餐饮店情况一览表**

序号	餐　饮　店	地　　址
1	上海嘉豪淮海商务酒店有限公司	淮海中路 1045 号副楼
2	上海华甸园大酒店	高邮路 68 号
3	上海搏多新记餐饮管理有限公司	复兴中路 1252 弄 15 号 301 室
4	上海斗猫餐饮有限公司复兴西路分公司	复兴西路 82 号
5	上海市徐汇区高丽餐厅	五原路 181 弄 1 号
6	帕特蒙(上海)餐饮有限公司	永福路 47 号 302 室

续表一

序号	餐　饮　店	地　　址
7	上海谷林园餐饮有限公司	乌鲁木齐中路 346 号
8	上海乐顺餐厅有限公司(本部)	复兴西路 46 号西侧辅楼
9	上海孝太餐饮有限公司	淮海中路 1333 号 1 楼
10	奥若(上海)餐饮管理有限公司	淮海中路 1333 号 2 楼
11	上海博悦餐饮有限公司	宝庆路 10 号 7 幢
12	上海蓓啦蜜娅餐饮有限公司	宝庆路 10 号 7 幢 1 楼
13	上海玛蒂波餐饮管理有限公司	宝庆路 2 号三层
14	上海加阳餐饮有限公司	淮海中路 1028 号三楼整层
15	乐奕餐饮(上海)有限公司	淮海中路 1028 号 4 楼
16	上海鲜墙房雍福会餐饮管理有限公司	永福路 200 号
17	上海鸿艺房地产发展有限公司分公司	淮海中路 1500 弄 2 号
18	禄多富餐饮管理(上海)有限公司东湖路分公司	东湖路 7 号东湖宾馆一幢一楼 6100 室
19	上海沃歌斯餐饮有限公司东湖路店	东湖路 7 号 1 幢 1 层
20	上海锦渔餐饮管理有限公司淮海中路分公司	淮海中路 988 号地下室
21	上海查厘士餐饮管理有限公司淮海中路第二分公司	淮海中路 988 号
22	上海意贝餐饮管理有限公司	淮海中路 988 号 6 楼
23	上海御信餐饮经营管理有限公司	新乐路 47 号
24	上海东涌码头餐饮管理有限公司	淮海中路 1008 号
25	上海东涌码头餐饮管理有限公司(本部)	淮海中路 1008 号
26	上海新素代餐饮管理有限公司淮海路分店	淮海中路 988 号 5F
27	上海东涌码头餐饮管理有限公司餐饮分公司	淮海中路 1008 号
28	上海椰香天堂餐饮有限公司	武康路 378 号 201 室
29	拉雷餐饮管理(上海)有限公司武康路店	武康路 378 号 102 室
30	上海极丽餐饮管理有限公司	湖南路 285 号 1 幢
31	上海武康公馆餐饮管理有限公司	武康路 280 弄 5 号

续表二

序号	餐 饮 店	地 址
32	魔藤(上海)餐饮有限公司	武康路378号801室
33	恒威餐饮管理(上海)有限公司	武康路374号105室
34	上海徐汇圆苑餐饮有限公司	兴国路201号
35	上海徐汇圆苑餐饮有限公司(本部)	兴国路201号
36	上海花马天堂餐饮管理有限公司	高邮路40号
37	上海聚膳源餐饮管理有限公司	复兴西路258号、268号二层部分
38	上海东欣酒家	武康路98号
39	上海夏朵餐饮有限公司复兴西路店	复兴西路268号一层
40	上海申粤轩酒楼管理有限公司丁香花园店	华山路849号2号楼
41	上海夏朵餐饮有限公司	华山路855号
42	上海夏朵餐饮有限公司(本部)	华山路855号
43	上海福色餐饮管理有限公司	襄阳北路93号-3
44	上海天地泰餐饮管理有限公司	长乐路333号
45	上海朗益餐饮管理有限公司	汾阳路3号2幢4F
46	上海尚原餐饮管理有限公司淮海中路店	淮海中路1045号3号楼3楼(301—302)
47	桓邦餐饮管理(上海)有限公司	淮海中路1045号2幢2楼整层和3楼301室
48	银平餐饮(上海)有限公司淮海路分公司	淮海中路1045号2幢3楼302单元
49	上海欣程餐饮企业管理有限公司	汾阳路3号2号楼1楼
50	上海徐汇成隆行餐饮有限公司	汾阳路1号甲三楼
51	上海丰旺餐饮管理有限公司	淮海中路1045号3号楼2楼201—202铺位
52	上海星公馆商务酒店有限公司	淮海中路1045号4201楼
53	上海徐汇致真餐饮有限公司	淮海中路1726号
54	上海利东餐饮管理有限公司	淮海中路1720号
55	上海东樱苑餐饮管理有限公司	淮海中路1720号

续表三

序号	餐饮店	地址
56	上海东樱苑餐饮管理有限公司(本部)	淮海中路1720号
57	上海韦栗士餐饮有限公司	安福路201号东首沿街2幢1楼102室
58	上海韦栗士餐饮有限公司(本部)	安福路201号东首沿街2幢1楼
59	上海米泰餐饮有限公司	安福路195号
60	上海味儿灵餐饮有限公司	安福路201号103室
61	上海利郎餐饮管理有限公司	乌鲁木齐中路168号
62	上海依露法酒店分店	乌鲁木齐中路210号
63	晓樑(上海)餐饮管理有限公司	乌鲁木齐中路99弄4号101室
64	上海开亮餐饮管理有限公司	长乐路989号B1
65	上海颐雅餐饮管理有限公司	富民路291号101B、201单元
66	西拓餐饮管理(上海)有限公司(本部)	富民路291号01A - 2室
67	上海艾柏餐饮有限公司	富民路291号1楼3B室
68	上海艾柏餐饮有限公司(本部)	富民路291号1楼3B室
69	上海采华餐饮管理有限公司	富民路291号102室
70	上海采华餐饮管理有限公司(本部)	富民路291号102室
71	上海搜浩捌捌餐饮管理有限公司	富民路291号2F02、03、C室
72	上海梦曼特餐饮管理有限公司徐汇分公司	乌鲁木齐中路66—68号
73	上海陶然御庭餐饮有限公司	安福路322号
74	昆山太平洋酒店有限公司上海分公司	长乐路1045号
75	上海漫乡餐饮管理有限公司	五原路71号一号楼底楼西面
76	上海安钢实业有限公司	淮海中路1416号
77	上海瑞苑餐饮管理有限公司	淮海中路1414号
78	上海仕美餐饮管理有限公司	淮海中路999号3楼302—303室
79	上海莫尔顿佳淮餐饮管理有限公司	淮海中路999号4层403室
80	贵亨餐饮管理(上海)有限公司	淮海中路999号5层(L5)503室

续表四

序号	餐 饮 店	地 址
81	元气寿司企业管理(上海)有限公司淮海中路分店	淮海中路 999 号 4 层(L4)419 室
82	上海天浩迎喜餐饮有限公司	淮海中路 999 号 3 层 L3－301 室
83	叶浦都餐饮管理(上海)有限公司淮海中路分店	淮海中路 999 号地下一层(LG2)235 室
84	丽港(上海)餐饮有限公司	淮海中路 999 号(LG2)222、223 室
85	银林(上海)餐饮有限公司淮海中路分公司	淮海中路 999 号环贸广场 6 层(L6)610 室
86	上海领威餐饮管理有限公司	淮海中路 999 号 6 层 607 室
87	上海领威餐饮有限公司（本部）	淮海中路 999 号 L6－607 室
88	贝拉吉奥(上海)餐饮管理有限公司第八分公司	淮海中路 999 号地下 1 夹层(LG1)143 室
89	白熊(上海)餐饮管理有限公司淮海中路分公司	淮海中路 999 号 5 层(L5)512 室
90	盈德餐饮管理(上海)有限公司	淮海中路 999 号 5 层(L5)515 室
91	上海紫福餐饮有限公司	淮海中路 999 号(LG2)231 室
92	喜艺餐饮管理(上海)有限公司	淮海中路 999 号 5 层(L5)510 室
93	炎丸(上海)餐饮管理有限公司	淮海中路 999 号 L5－505 室
94	意红(上海)餐饮管理有限公司淮海中路分公司	淮海中路 999 号 5 层(L5)511 室
95	上海广成餐饮管理有限公司徐汇淮海中路分公司	淮海中路 999 号 3 层(L3)318、319 室
96	上海领威餐饮管理有限公司淮海中路一分店	淮海中路 999 号 5 层(L5)509 室
97	上海逸美泰餐饮管理有限公司徐汇分公司	淮海中路 999 号 L5－521
98	凯珍餐饮管理(上海)有限公司	淮海中路 999 号 LG1－142 室
99	上海棒约翰餐饮管理有限公司	淮海中路 999 号 20 层
100	上海日鼎成餐饮管理有限公司	淮海中路 999 号 612 室
101	上海天家环贸餐饮有限公司	淮海中路 999 号地面 5 层 516 室
102	大泓牛(上海)餐饮有限公司	东湖路 56 弄 39 号一层
103	上海格瑞普酒家	新乐路 55 号甲
104	上海圆苑餐饮管理有限公司	襄阳北路 108 号 1—2 楼
105	上海大江户餐饮管理有限公司	东湖路 30 号

续表五

序号	餐 饮 店	地 址
106	芙露餐饮管理(上海)有限公司	东湖路20号老洋房
107	笑辉餐饮(上海)有限公司第一分公司	东湖路30号甲
108	上海振鼎鸡实业发展有限公司乌中路店	乌鲁木齐中路318号底层北部南侧商铺
109	奥岱客(上海)餐饮有限公司	永福路47号106室
110	上海肯德基有限公司永隆餐厅	淮海中路1298号
111	上海海乃屋餐厅	淮海中路1250号
112	上海沃歌斯餐饮有限公司安福路店	安福路201号东首沿街102室
113	西拓餐饮管理(上海)有限公司	富民路291号1楼01A－2室
114	上海夏乐餐饮有限公司	富民路291号1楼4A室
115	上海麦当劳食品有限公司淮海中路二号餐厅	淮海中路999号LG2－230室
116	上海布歌餐饮管理有限公司	淮海中路LG2－226室
117	上海丁香花园宾馆丁香娱乐厅	复兴西路288号
118	上海粮品餐饮管理有限公司	安福路298弄2号504室
119	上海晶伙酒窖有限公司	永福路5号
120	上海辉祥酒吧有限公司	复兴西路49弄2号
121	上海沙奈荣酒吧	安福路53—57号
122	萄醉餐饮管理(上海)有限公司安福路分公司	安福路162号第3号铺位
123	上海美思浓酒吧	长乐路1221号
124	上海和谐天地酒吧餐饮管理有限公司	淮海中路1131号
125	上海炎烜贸易商行	乌鲁木齐中路294号
126	上海希娃餐饮有限公司	永福路47号102室
127	上海甜兮兮贸易有限公司	淮海中路999号LG2－236室
128	怡好(上海)餐饮有限公司	淮海中路999号522室
129	通用磨坊贸易(上海)有限公司环贸广场店	淮海中路999号L5－520室
130	上海欧芙餐饮管理有限公司	淮海中路999号LG2－233

续表六

序号	餐　饮　店	地　　址
131	上海适达餐饮管理有限公司	淮海中路 999 号环贸广场一期 20 楼
132	上海快乐柠檬餐饮管理有限公司淮海中路店	淮海中路 999 号 LG2－225
133	上海思露得餐饮有限公司	永福路 47 号 203 室
134	考克特(上海)餐饮有限公司	永福路 47 号 105、202 室
135	上海乐顺餐厅有限公司	复兴西路 46 号西侧辅楼
136	上海朗慕餐饮有限公司徐汇分公司	永福路 47 号 103 室
137	上海艾柏餐饮有限公司武康路分公司	武康路 378 号 105 室
138	上海邻间小吃店	武康路 374 号 108 室
139	法香餐饮管理(上海)有限公司	武康路 378 号 103 室
140	上海兴国酒家	兴国路 91 号
141	上海叙沁阁茶餐厅	长乐路 339 弄 18 号
142	上海襄阳南里化妆品有限公司	襄阳南路 174 号
143	上海依露法酒店	淮海中路 1680 号
144	上海依露法酒店(本部)	淮海中路 1680 号底层
145	新之美餐饮管理(上海)有限公司淮海路店	南昌路 559 号 1 楼
146	琳德食品(上海)有限公司亦园大厦店	乌鲁木齐中路 88 号
147	上海文鹊餐饮管理有限公司	淮海中路 1305 弄底层东部
148	上海麦优餐饮管理有限公司淮海中路店	淮海中路 999 号地下一层 LG2－239 室
149	上海新语餐饮管理有限公司淮海中路分公司	淮海中路 999 号地下一层 228 及 229 室
150	上海领威餐饮管理有限公司淮海中路二分店	淮海中路 999 号 6 层(L6)609 室
151	上海米子猫餐饮有限公司	淮海中路 999 号 513 商铺
152	笑辉餐饮(上海)有限公司第二分公司	东湖路 30 号乙
153	上海策康酒店管理有限公司淮海中路分公司	淮海中路 988 号二楼东侧
154	上海新亚富丽华餐饮股份有限公司第一分公司	淮海中路 988 号 4 楼
155	上海沃歌斯餐饮有限公司安福路分公司	安福路 201 号东首沿街 4 幢 104 室

续表七

序号	餐饮店	地址
156	食邻(上海)餐饮管理有限公司	襄阳北路 97 号 705 室
157	食邻(上海)餐饮管理有限公司(本部)	襄阳北路 97 号襄阳大楼 705 室
158	新之美餐饮管理(上海)有限公司	南昌路 559 号 2 楼
159	新之美餐饮管理(上海)有限公司(本部)	南昌路 559 号
160	上海粮品餐饮管理有限公司(本部)	安福路 298 弄 2 号 504 室
161	上海棒约翰餐饮管理有限公司(本部)	淮海中路 999 号一期 20 楼
162	上海适达餐饮管理有限公司 (本部)	淮海中路 999 号环贸广场 20 楼
163	上海采华餐饮管理有限公司徐汇分公司	淮海中路 1325 号 1 幢 901 室

第四节 菜市场

一、马路市场入室

1990 年前,五原路农贸集市曾是上海露天农贸市场之一。1990 年后,区有关部门在乌鲁木齐中路 318 号建造室内市场。

1991 年,街道牵头五原路农贸集市和乌中菜市场进场工作,同时整治沿街道路,改善周边面貌。

1999 年,在区政府的支持和新上海国际商城的配合下,街道投入 200 万元资金,筹建南昌路农贸集市,并于 11 月 15 日开始对外营业。集市占地面积 6 000 平方米,有卷帘门房 168 间、棚架摊位 416 个、营业人员 450 人、管理人员 21 人,南昌路农贸集市的建成,完成南昌路临时的马路集市迁入室内,改变南昌路乱设摊点和脏、乱、差面貌,解决部分下岗、待业人员再就业。

2000 年,街道在武康路 98 号区域一带投入资金 60 余万元建造武康农贸集市,解决附近居民买菜难的问题。10 月 15 日开张营业。

2007 年 6 月,为配合轨道交通 12 号建设,南昌路农贸市场正式关闭。

二、标准化菜市场建设

2000—2001 年,区政府发布《徐汇区菜市场管理暂行办法》,建立菜市场规范化建设标准和考核验收标准,落实菜市场入室后的长效管理。区商委形成《徐汇区菜市场主副食品供应情况调研报告》,并制定 55 条“合格菜市场”创建标准。辖区菜市场长效管理进入制度化、规范化的新阶段。2005 年，区政府制定《2005—2007 年度全区标准化菜市场的建设规划》。年内，街道按照“统一标准、统一标识、统一计量、统一品牌、统一规范”的要求，将武康路菜市场改造成为标准化菜市场。

2006 年，区经委开展“标准化管理星级菜市场”评比工作。街道实施健康菜市场建设，完成乌中菜市场标准化改造，且通过验收。

2007 年，区组织专家评比组，按照标准化管理星级菜市场评比要求，开展星级菜市场评比。评选出 10 家“标准化星级管理菜市场”，其中湖南路街道乌中菜市场被评为二星级菜市场。

2008 年，区政府启动标准化菜市场新三年行动计划，湖南路街道延庆路菜店为新增标准化菜市场。街道针对社区东块长期缺少菜市场，以及延庆路、长乐路等路段乱设摊情况严重的现象，租赁延庆路 9 号（原联华超市）店面，并以“政府出资长期补贴，企业坚持保本微利”的运作模式，委托专业服务企业建立便民菜店，通过大幅调低菜店内的摊位费，吸引马路摊位入菜店经营。延庆路菜店的建立，方便居民买菜，保障食品卫生安全，使东块多条道路的路面环境状况得到有效提升，探索出一条“政府推动、社会参与、百姓受益”的民生工作新路。

2009 年，街道重点整治乌中菜市场的周边环境，在人行道安装隔离栏，调整菜市场内部经营业态，加强协同部门的联合执法，重点打击无证摊贩、跨门营业、车辆乱停放等不规范行为。在市、区星级菜市场评比工作中，延庆菜店（场）、乌中菜市场、武康菜市场被评为徐汇区二星级菜市场以及上海市一星级菜市场。

2011 年，在徐汇区标准化管理星级菜市场评选中，延庆菜店被评为三星级菜市场，乌中菜市场、武康菜市场被评为二星级菜市场。

2012 年，街道抓住国家卫生城区复审契机，推进乌鲁木齐中路和延庆路等重点路段沿街门面业态调整，对辖区低端业态集聚的道路实施开展业态调整工作。一方面，针对乌鲁木齐中路开展业态调整工作。街道完成乌中老菜市场的二次改造实事项目，对一楼沿街面经营业态进行调整，引进振鼎鸡、凯司令等知名品牌，沿街面脏乱差的局面得到根本改善，同时对一楼二楼的摊位结构进行重新布局。另一方面，针对延庆路开展业态调整工作，通过路管会

先后与延庆路上 6 家影响市容环境严重的商铺达成协议，将原来的低端业态调整为中端业态，从而达到明显改善延庆路整体市容环境的目标。年内，在徐汇区标准化管理星级菜市场评选中，乌中菜市场评为三星级菜市场，延庆、武康菜市场评为二星级菜市场。

2013 年，街道基本完成乌中菜市场及以南（至复兴西路）路段商户整体房屋外立面修缮和店招店牌整治，并以此为示范试点，逐步改善乌鲁木齐中路市容市貌；在徐汇区标准化管理星级菜市场评选中，乌中菜市场、武康菜市场、延庆菜市场被评为三星级菜市场。

2014 年，街道对乌鲁木齐中路的业态规划定位、业态升级的路径与方法、长效管理机制提出规范要求，对沿街商户店招店牌及门面提出指导性整改意见，全年完成 9 家商铺的业态调整，并对乌中菜市场及以南路段商户进行了整体房屋外立面修缮和店招店牌的改造升级；在徐汇区标准化管理星级菜市场评选中，乌中菜市场、武康菜市场、延庆菜市场再次被评为三星级菜市场。

2015 年，在徐汇区标准化管理星级菜市场评选中，乌中菜市场被评为三星级菜市场。

2016 年，乌中菜市场、延庆菜市场成为“菜市场环境治理”表扬单位。

[**武康农贸集市**]

位于武康路 98 号。2000 年，街道为解决地区居民买菜难的问题，投入 60 余万元建造武康农贸集市。10 月，正式开张营业。占地面积 924 平方米，建筑面积 1 150 平方米，101 个摊位。2002 年 5 月 17 日，武康农贸集市被区商委、工商局、卫生局、技监局联合批准为合格菜市场。2006 年，街道完成对武康菜市场的健康菜市场的创建工作。2015 年，武康农贸集市搬迁至五原路 287 号，由上海铭言生鲜超市进行主体运营。

[**社区便民菜市场**]

位于延庆路 9 号。2008 年，针对社区东块长期缺少菜市场，延庆路、长乐路等路段乱设摊严重的现象，街道盘活房屋资源，租赁原联华超市约 500 平方米的店面，并以政府出资长期补贴，企业坚持保本微利的运作模式，委托专业服务企业建立起一家拥有 48 个摊位的便民菜店。低廉的摊位租赁费和整洁的市场环境，吸引延庆路和长乐路周边马路摊位入店经营，实现既方便居民买菜，保障食品卫生安全又改善环境卫生的目的。延庆便民菜店是上海市副食品行业协会的四星级菜市场。

表 10－4－1　**湖南路街道菜市场情况**

名　　称	开业时间(年)	面积(平方米)	摊位(个)	地　　址
乌中菜市场	1990 年	—	—	乌鲁木齐中路 318 号
建设社区便民菜市场	2008 年	500 平方米	48	延庆路 9 号

第十一章　金　融

街道辖区金融业务主要有银行、证券公司、保险公司、投资型公司和典当。其中银行业务与居民的关系最为密切。1991 年，街道发动居民参加集体储蓄，支援国家经济建设。居委会干部穿街走巷，深入居民小组，在较短的时间内，全街道总共筹集集体储蓄 18 万元，居全区榜首。1992 年地区居民参加集体储蓄 26.15 万元，居全市街道第二名。是年，街道联合辖区银行深入社区宣传防范金融诈骗知识，开展“防电信诈骗”知识讲座活动。

第一节 银 行

1988 年 9 月，上海淮海城市信用合作社在常熟路 201 号开业，此后中国工商银行淮海中路第二支行、中国农业银行淮海中路支行、中国建设银行常熟路支行、中国建设银行武康路支行、中国建设银行襄阳路支行、中国银行淮海支行、中国银行安福路支行等银行网点先后在街道辖区成立。银行网点的主营业务为人民币和外汇存款、汇款、贷款、结算、储蓄，外币兑换，理财产品办理，保险兼业代理等。

一、上海银行淮海支行

上海银行淮海支行成立于 1988 年 9 月，原为上海淮海城市信用合作社，地址为常熟路 201 号。1989 年 10 月搬迁至淮海中路 1350 弄 4 号(愉园)内。1993 年 5 月搬迁至宝庆路 10 号(甲)。1995 年 6 月搬迁至宝庆路 10 号(丙)。1995 年 12 月翻牌为上海淮海城市合作银行，地址为宝庆路 10 号(丙)。1998 年 10 月更名为上海银行股份有限公司淮海支行，地址为宝庆路 10 号(丙)。2008 年 10 月搬迁至淮海中路 1325 号(爱美高大厦)，2015 年 10 月搬迁至宝庆路 10 号至今。

二、中国工商银行淮海中路第二支行

中国工商银行淮海中路第二支行，隶属于工行徐汇支行下辖营业网点，1990 年 9 月 24 日营业，地址为淮海中路 1028 号。

中国工商银行淮海中路第二支行

2003年5月，湖南路街道与中国工商银行淮海中路第二支行联手成立“社区金融学校”。面向社区居民，采取集中授课、情景小品、社区现场咨询、单位现场咨询和参观活动等有关形式开展教育教学活动。

三、中国农业银行淮海中路支行

中国农业银行淮海中路支行隶属于农行徐汇支行下辖营业网点，1993年12月营业，地址为汾阳路1号甲。

2013年，上海徐汇淮海中路支行行长刘颖捷携客户经理、志愿者服务队队长杨轶雯和志愿者王越之到湖南社区老年人日间服务中心为老年人送清凉。农行淮海中路支行志愿者服务队长期参与湖南社区各项志愿者活动，连续两年被评为“湖南路街道优秀志愿者集体”。

四、中国建设银行常熟路支行、武康路支行、襄阳路支行

中国建设银行常熟路支行，隶属于建行徐汇支行下辖营业网点，2004年4月营业，地址为长乐路989号。

中国建设银行武康路支行，隶属于建行徐汇支行下辖营业网点，地址为武康路406号。2000年10月营业，前身为中国建设银行股份有限公司上海高安路支行，地址为淮海中路1632号。2012年，更名为中国建设银行股份有限公司上海武康路支行，迁至武康路406号。

中国建设银行襄阳路支行，隶属于建行徐汇支行下辖营业网点，1992年1月营业，原营业地址位于襄阳南路92号，现迁至襄阳南路102号。

五、中国银行淮海支行、安福路支行

中国银行淮海支行，隶属于中国银行徐汇支行下辖营业网点，地址为淮海中路1164号。2004年3月22日营业。2016年，街道联合中国银行淮海支行在“国际消费者权益日”，为社区居民举办“金融知识进万家”活动，深入社区宣传普及如何认识假币、防范金融诈骗等知识。年内，街道社区服务办、总工会邀请支行工作人员在社区服务中心一楼活动室开展“防电信诈骗”知识讲座。中国银行安福路支行于2000年4月28日营业。

中国银行淮海支行

六、招商银行长乐支行

招商银行长乐支行成立于2005年9月，地址为长乐路801号。主营货币金融服务，服务领域为办理人民币存款、贷款、结算业务，办理票据贴现，提供信用证服务，代理发行金融债券，代理发行、兑付、销售政府债券，代理买卖政府债券，代理收付款项及代理保险业务等经中国银行业监督管理委员

会批准并由总、分行授权的业务，以及经中国银行业监督管理机构批准的其他业务。

七、其他银行

街道辖区还有招商银行淮海支行、中国邮政储蓄银行淮海中路支行、广发银行淮海支行等银行以及汇丰银行、印度国家银行、渣打银行、恒生银行四家外资银行设立的分支机构。

中国邮政储蓄银行淮海中路支行，隶属于邮储银行上海徐汇区支行下辖营业网点，地址为淮海中路1310号。成立于2008年9月，2016年7月迁至淮海中路1310号。

广发银行淮海支行成立于2002年10月，该行为一级支行，地址为淮海中路1360号。

上海农村商业银行淮海中路支行，隶属于上海农商银行徐汇支行下辖营业网点，地址为淮海中路1216号，于2012年2月成立，原地址为淮海中路1234号，2018年7月迁至淮海中路1216号。

表11-1-1　湖南路街道辖区银行网点表

名　　称	地　　址
中国邮政储蓄银行淮海中路支行	淮海中路1337号
中信银行淮海路支行	淮海中路1355号
汇丰银行(中国)有限公司上海嘉华中心支行	淮海中路1010号嘉华中心大厦101单元
印度国家银行上海分行	淮海中路1010号嘉华中心4206室
中国工商银行淮海中路第二支行	淮海中路1028号
中国工商银行淮海中路支行	淮海中路1312号
上海农村商业银行淮海中路支行	徐汇区淮海中路1234号1—3层
中国银行淮海支行	淮海中路1154—1170号底层及二层
中国工商银行陕西南路支行	淮海中路960号
中国建设银行武康路支行	徐汇区武康路406—410号
中国农业银行淮海中路支行	汾阳路1号甲
渣打银行(中国)有限公司上海淮海中路支行	淮海中路1045号上海淮海国际广场一楼101单元及4202室
中国建设银行襄阳路支行	襄阳南路102号
上海农村商业银行五原支行	乌鲁木齐中路212号
中国建设银行常熟路支行	长乐路989号
招商银行长乐支行	长乐路801号底层及二层

续表

名　　称	地　　址
汇丰银行(中国)有限公司上海安福路支行	安福路 322 号 2 幢 105 号商铺
上海银行长乐路支行	长乐路 1219 号 101 室
恒生银行(中国)有限公司上海安福路支行	徐汇区安福路 156 号
中国银行安福路支行	徐汇区安福路 188 号
招商银行淮海支行	淮海中路 1155 号
上海银行淮海支行	淮海中路 1325 号 1 幢 4－06 室
广发银行淮海支行	淮海中路 1360 号

第二节　证　　券

街道辖区有上海市证券同业公会。有证券公司 2 家及营业部 3 家。证券公司营业部的主营业务为证券经纪，证券投资咨询，证券投资基金销售，融资融券，代销金融产品，与证券交易、证券投资活动有关的财务顾问业务等。

一、上海市证券同业公会

1997 年 1 月上海市证券业协会成立，是上海证券业自律性组织，由上海证券业相关单位自愿组成的行业性非营利性社会团体法人。办公地址为襄阳北路 97 号 501 室。2003 年 7 月 17 日，会员大会表决更名为上海市证券同业公会。同业公会登记管理机关是上海市社会团体管理局，业务主管单位为中国证监会上海监管局，接受登记管理机关和业务主管单位监督管理。

二、证券公司

［申银万国证券有限公司］

申银万国证券有限公司全名为申银万国证券股份有限公司(简称：申银万国)，由原上海申银证券公司和原上海万国证券公司于 1996 年 7 月 16 日合并组建而成，是国内最早的一家股份制证券公司，也是国内规模最大、经营业务最齐全、营业网点分布最广泛的综合类证券公司之一。总部设在常熟路 171 号。

［浙商证券股份有限公司上海分公司］

浙商证券股份有限公司上海分公司成立于 2009 年 7 月，法人周旭东，注册地址为长乐路 1219 号，办公地址为长乐路 1219 号 17 楼。经营范围包括证券承销与保荐业务。

三、证券公司营业部

街道辖区共有3家证券公司营业部。

表11-2-1 湖南路街道辖区证券公司营业部一览表

证券公司	地址
光大证券股份有限公司上海淮海中路证券营业部	淮海中路1045号31楼
北京高华证券有限责任公司上海长乐路证券营业部	长乐路989号43楼
浙商证券股份有限公司上海长乐路证券营业部	长乐路1219号2楼

第三节 保险·投资·典当

一、上海全安保险经纪有限公司

成立于2005年9月，地址为长乐路801号206室，为自然人投资或控股的有限责任公司，公司经营范围包括：为投保人拟订投保方案、选择保险人、办理投保手续；协助被保险人或受益人进行索赔；再保险经纪业务；为委托人提供防灾、防损或风险评估、风险管理咨询服务；中国保监会批准的其他业务等。

二、国泰财产保险有限责任公司徐汇长乐路营销服务部

2011年9月成立，地址为长乐路801号。主要经营业务包括：(一)财产损失保险、责任保险(包括机动车交通事故责任强制保险)、信用保险、保证保险等财产保险业务；(二)短期健康保险、意外伤害保险；(三)上述业务的再保险业务等。

三、上海联和投资有限公司

1994年9月成立，2009年搬迁至高邮路19号，主要从事高新技术产业和金融及现代服务业领域的股权投资及管理工作，已投资项目涉及信息产业、生物医药、新能源、环保与新材料、金融服务、现代服务业等领域，对外投资规模已超百亿元。上海联和投资有限公司是由上海市人民政府批准成立的国有独资有限公司，隶属于上海市国有资产监督管理委员会。

四、华威慧创(上海)投资管理咨询有限公司

2005年3月成立，2005至2009年期间办公地址在长乐路989号世纪商贸广场，2009年

搬迁至黄浦区，主要从事企业管理咨询、国际经济信息咨询、投资咨询、科技咨询、环保信息咨询、贸易信息咨询、展会咨询、市场营销策划咨询、企业形象策划咨询。

五、上海信邦典当行有限公司

上海信邦典当行有限公司徐汇分公司成立于2013年10月，地址为淮海中路1664号。2019年4月，上海信邦典当行有限公司徐汇分公司更名为上海信邦典当行有限公司川沙分公司，并于同年同月变更经营场所至上海市浦东新区川沙路777弄1号404室。

第十二章　住　　房

19 世纪末 20 世纪初，街道辖区多为沟浜、坟丘、菜地，散有李家宅、马家宅、曹家弄等自然村落，居民多以种菜为生。清光绪二十七年(1901 年)起法国殖民者越界筑宝昌路(今淮海中路)、善钟路(今常熟路)等道路，民国三年(1914 年)后成为法租界的一部分。中外商人在沿路两旁陆续兴建花园住宅及诺曼底公寓(今武康大楼)等。民国二十三年(1934 年)起，建成新康花园、沙发花园(今上方花园)等花园住宅，中南新村、愉园等一批新式里弄和麦琪里、广寒里等石库门里弄住宅亦相继建成。解放后，先后拆除一些旧平房，改建为新村住宅、多层公寓大楼，修建街心花园。街道境内共有 614 幢风格迥异的花园住宅，是上海屈指可数的世界万国建筑博览缩影之一。“文化大革命”期间，由于人口激增，居民住房公共配套设施不健全，人均居住空间较为狭小。1978 年改革开放后，为改善居民居住条件，街道对老弄堂和旧城区进行综合改造，先后拆除曹家弄、钱家塘、麦琪里等危旧房，新建霞飞苑、徐汇嘉丽苑、鸿艺豪苑、霞飞别墅、汇贤居、翡翠苑、兴国苑、汇益花园、亦园大厦、徐汇一品苑等商品房。

2004 年起，街道配合区住房保障和房屋管理局做好公房小区平改坡工程，配合区建设和交通委员会开展二次供水改造和光明工程，确保辖区居民饮用水安全和安全用电。同时，随着房屋管理改革的深化，小区物业管理体制机制日益成熟，至 2016 年年末，物业管理覆盖辖区 78 个住宅小区(包括业主委员会自我管理)，实现物业管理全覆盖；62 个小区成立业主委员会。

第一节 旧区改造

1991—2005 年，街道对旧里进行改造，共改造地块占地 148 431 平方米，动迁居民数 6 237 人、单位 198 家，新建筑面积超过 40.63 万平方米。

表 12-1-1 **1991—2005 年湖南路街道旧区改造主要地块完成情况表**

地块名称	地块类型	占地面积(平方米)	动迁年月	动迁居民数	动迁单位数(家)	新建建筑名称	新建筑面积(万平方米)
长乐路 801 号、常熟路 58 号	旧里	2 468	1992.6	117	1	华尔登广场一期	1.23
安福路 198—208 号	旧里	3 610	1993.5	100	1	金苑大厦	3.14

续表

地块名称	地块类型	占地面积（平方米）	动迁年月	动迁居民数	动迁单位数（家）	新建建筑名称	新建筑面积（万平方米）
淮海中路1068号	旧里	13 690	1993.8	65	12	嘉丽苑	3.41
长乐路14坊48号地块	旧里	4 749	1993.9	150	2	华尔登二期	2.73
淮海中路曹家弄	旧里	13 301	1993.10	526	63	鸿艺豪苑	7.43
长乐路445弄	旧里	10 907	1993.12	516	14	住宅改建	0.90
安福路乌鲁木齐中路	旧里	23 667	1994.6	872	7	亦园大厦	3.12
兴国路湖南路	旧里	6 627	1994.7	215	—	翡翠花园	1.20
淮海中路钱家塘	旧里	29 653	1994.10	1 724	47	未建	—
长乐路989号	旧里	24 960	1995.4	1 092	39	世纪商城（华尔登三期）	8.90
南昌路551弄555号	旧里	14 799	1997.12	860	12	霞飞苑	8.57

2004年10月，按照徐汇区人民政府下发《关于徐汇区推进旧小区平改坡综合改造实施意见的通知》，湖南路街道对辖区旧住房小区实施"平改坡"（指：在建筑结构许可条件下，将多层住宅平屋面改建成坡屋顶，并对外立面进行整修粉饰，达到改善住宅性能和建筑物外观视觉效果的房屋修缮行为。即多层住宅平屋面改斜坡屋顶）"二次供水"（指：单位或个人将城市公共供水或自建设施供水经储存、加压，通过管道再供用户或自用的形式）等综合改造，对高层住宅进行综合整治。2005年，上海徐房（集团）有限公司（简称：徐房集团）投入旧公房维修和综合整治等共计3 097万元。其中综合整治23.1万平方米，投入1 500万元，电梯改造、改水、改电、下水路面、水泵改造，投入470万元，房屋解危150万元，绿地、小区、市容等整治投入850万元，平改坡8.55万平方米，投入127万元。2006年，街道协调相关小区的业委会、居委会和物业公司，完成复兴中路1232弄、复兴西路44弄、五原路84弄等27处，5万多平方米旧小区的综合整修工程，直接受益居民1 100多户。

2007年街道编制《湖南社区旧住房综合改造三年（2007—2009）行动计划》，分别完成张家弄居委会525户居民卫生设施的改造；完成淮海中路1412弄25号，襄阳北路100号5 500平方米平改坡综合改造；协调徐房集团完成复兴中路1180号—1184号，陕西南路370弄2号、5号—8号、陕西南路372号—388号等旧住房的综合整修，共8 000余平方米。

2008年，建立街道、区房屋管理局、徐房集团"三方联动"联席会议制度，在2007年张家弄地区卫生设施改造试点成功的基础上，在16个居委会全面推开旧住房家庭卫生设施综合改造，整个改造工程涉及20多个小区、弄堂共700余户居民家庭，累计安装卫生设施1 299户，基本消灭湖南社区"手拎马桶"的现象。在改造过程中，为居民家庭安装独立水表1 000

多只，整理电表近 1 200 只，公用部位刷白近 3 万平方米，安装消防喷淋管道 4 403 米，路面整修 5 000 平方米，大修 4 万平方米。10 月 31 日，街道召开“旧住房家庭卫生设施综合改造工作总结表彰大会”，对改造工作中的先进个人和集体进行表彰。完成汾阳小区、乌中小区等多层平改坡综合改造(包括二次供水设施改造)3 万多平方米；安福路 228 弄等旧住房综合整修 3 万多平方米。完成 41 条老弄堂的“三化”改造(指：老弄堂管理自治化、设施便民化、环境舒适化改造工程)，翻做路面 11 700 平方米，翻排下水道 8 500 米，修理化粪池 70 多只；新建门卫室 5 处、安装抽水马桶 1 299 只，新建自行车棚，安装晾衣架 80 余付，加装雨棚 60 多只，新安装各式铁门 155 平方米，修理破损铁门 85 档，对 330 条弄堂铁门进行上漆作业。此次“三化”改造涉及房屋建筑面积约 30 万平方米，受益居民达 4 700 多户。

2009 年，街道投入资金约 2 500 万元，完成社区内 98 条老弄堂“三化”改造。翻修路面 12 455 平方米，翻排下水道 5 634 米，改造化粪池 63 只，新(改)建门卫室 24 间，翻新自行车车棚 41 个，改建垃圾库房 43 间，统一设置晾衣架 85 副，新装宣传栏 39 个，新建弄堂健身点 12 个，安装健身器材 38 件。同时，结合老弄堂建设，推进老城区综合改造，完成平改坡工程 3 万平方米，综合平改坡改造 2 万余平方米，二次供水改造 2 万余平方米；综合改造 2.1 万平方米；二次供水改造 13.7 万平方米；旧住房综合整修 14 万平方米，受益居民达到 1 000 余户。全面推进 20 个小区(弄堂)旧住房家庭卫生设施综合改造，累计为 1 299 户居民配齐基本卫生设施，消除湖南社区倒马桶现象。在改造过程中，还为居民家庭安装独立水表、改造老化电线 90 万平方米、安装消防喷淋管道、整修路面等，大修房屋 4 万平方米，居民的生活环境得到改善。

2011—2015 年，街道完成旧住房综合改造 39.18 万平方米，受惠居民达万余户。实施 1 146 户居民二次供水改造工程，涉及房屋面积约 6.6 万平方米。协助推进 500 户居民光明工程(指：上海市政府“为民实事工程”项目。计划在 2014 年至 2016 年的 3 年内，对上海市 6 500 余个老旧住宅小区 300 万户居民的电能计量表前供电设施进行更新，将重点解决老旧小区“用电容量低、安全隐患大、环境面貌差”三大问题。通过此次改造工程，用电容量配置将从原先的每户 2 千瓦提高至 8 千瓦。改造后，老旧电力设施中的用电安全隐患将会彻底消除，老旧住宅小区将安装统一新的电能计量箱，改善居住环境)改造任务。

表 12-1-2 **2014—2015 年湖南路街道辖区旧住房综合改造和高层住宅综合整治情况表**

序号	小区名称	改造范围	改造内容	建筑面积(万平方米)	改造年份	受益户数	幢数
1	湖南路街道“标段 1”	五原路 65 弄 1—9 号、61 号、67—69 号、常熟路 228 弄 13 号(车间)、常熟路 211	直管公房厨卫改造	0.36	2014	79	11
2	湖南路街道“标段 2”	乌鲁木齐中路、五原路、长乐路、华山路	直管公房厨卫改造	3.08	2014	605	68

续表

序号	小区名称	改 造 范 围	改造内容	建筑面积（万平方米）	改造年份	受益户数	幢数
3	湖南路街道“标段 3”	高邮路、长乐路、东湖路、襄阳北路	直管公房厨卫改造	2.36	2014	490	52
4	湖南路街道“标段 4”	延庆路、长乐路、常熟路、华亭路、淮海中路	直管公房厨卫改造	3.00	2014	1 221	65
5	湖南路街道“标段 5”	乌鲁木齐中路、五原路	直管公房厨卫改造	3.40	2014	864	91
6	湖南路街道“标段 6”	淮海中路、常熟路、武康路、复兴西路、复兴中路、南昌路、襄阳南路	直管公房厨卫改造	2.42	2014	548	71
7	湖南路街道“标段 7”	安福路，武康路	直管公房厨卫改造	2.83	2015	670	53
8	湖南路街道“标段 8”	武康路、湖南路	直管公房厨卫改造	2.62	2015	607	57
9	湖南路街道“标段 9”	永福路、陕西南路	直管公房厨卫改造	2.85	2015	628	39
10	湖南路街道“标段 10”	复兴西路、淮海中路、永福路	直管公房厨卫改造	3.05	2015	713	59
11	湖南路街道“标段 11”	新乐路、延庆路、襄阳南路	直管公房厨卫改造	2.62	2015	519	29
12	中南小区	淮海中路 1670 弄甲 1—甲 5 号	平改坡	0.56	2015	72	5
13	音苑小区	复兴中路 1350 弄	平改坡	0.77	2015	135	5
14	愉园	淮海中路 1350 弄 1—16 号	历保	0.59	2015	67	8
15	逸村	淮海中路 1610 弄	历保	0.25	2015	37	4
16	淮海中路 1276—1292 号	淮海中路 1276—1292 号	历保	0.21	2015	45	4
17	华亭路 71 弄等	华亭路、延庆路	历保	0.22	2015	35	5
合计				31.38		7 360	628

第二节 住宅建筑

1912—1948年，今街道辖区范围内相继建筑大批各具特色的花园洋房。1949—1990年，又陆续建造各类房屋55幢，建筑面积10.84万平方米。20世纪90年代起，随着改革开放的不断深入、土地使用制度和住房制度改革的实施，房地产管理制度不断完善，街道新建住房步伐加快，至2016年新建住宅137幢，建筑面积55.58万平方米。

一、1912—1948年住宅建筑

辖区环境优雅，是上海高级住宅区之一，20世纪初起先后兴建各类花园住宅、公寓大楼、新式里弄，建筑面积19.33万平方米。

表12-2-1 **20世纪初—1948年新建住房情况表**

新建地块名称	地址	幢数	占地面积（平方米）	建筑面积（平方米）	建成年份
武康路393号（黄公馆）	武康路393号	1	255	1 749	1912
哥伦比亚公寓	延庆路11弄2、4号及13—23单号	1	967	1 905	1912—1936
新康花园	淮海中路1273弄1—22号（花园住宅）	11	11 600	10 300	1916—1933
巨泼来斯公寓	安福路233号	1	457	1 004	1918
梅谷公寓	陕西南路372—388双号	1	807	2 799	1921
鹤园	安福路229弄1—8号、沿街211、215、221、225号	12	4 627	7 283	1922、1936、1982
皮佛华公寓	复兴西路30弄12号	1	—	1 391	1924
武康大楼	淮海中路1834—1858双号/武康路435—439单号	2	2 783	12 400	1924—1930
世纪花园	陕西南路188弄1—20号、新乐路22—32号	22	15 400	8 292	1927
瑞华公寓	常熟路209弄1—4号	1	3 080	11 600	1928
淞云公寓	复兴西路1198、1200号及1196弄1—5号	7	1 093	1 445	1928

续表一

新建地块名称	地　　址	幢数	占地面积（平方米）	建筑面积（平方米）	建成年份
曙光公寓（林肯公寓）	淮海中路 1554—1568 双号、1562 弄 1—6 号	6	2 067	3 790	1930
上方花园	淮海中路 1285 弄 4—24、28—77 号，沿街 1287—1303 单号	76	23 700	28 500	1916—1941（1986 加建设）
霞飞别墅	淮海中路 1768 弄 1—30 号	29	11 400	5 308	1930 （1980 拆除重建）
密丹公寓	武康路 115 号	1	93	558	1931
新乐公寓	新乐路 142 弄、142A 号	1	200	768	1933
光明公寓	淮海中路 1224—1234 双号	2	4 040	4 509	1934
协发公寓	五原路 253—271 单号	1	1 050	2 128	1934
卫乐公寓	复兴西路 34 号	1	1 900	4 170	1934
自由公寓	五原路 259 号	1	1 180	2 918	1935
淮海公寓	淮海中路 1202—1220 双号	3	4 553	13 138	1935
国富门公寓	武康路 230、232 号	1	153	741	1936
高邮公寓	复兴西路 271 号	1	133	653	1936—1939
良友公寓	复兴西路 91、93 号	1	667	3 052	1937
麦琪公寓	复兴西路 24 号	1	220	1 939	1937
玫瑰别墅	复兴西路 44 弄 1—7 号、10 号	7	4 575	3 175	1937—1941
乔琪公寓	复兴西路 32 号	1	193	632	1939
沪江别墅	长乐路 613 弄 1—25 号、615—629 单号	18	3 807	6 725	1939
美杜公寓	武康路 135、137 号	1	487	856	1940
福园	湖南路 20 弄 1—12、14、16、17、20—22 号	13	17 200	9 690	1940（解放后又增建）
潘兴公寓	淮海中路 1706 号	1	1 260	1 064	1940—1942
信和别墅	安福路 49 弄 1—10 号	9	2 313	2 352	1940、1941、1944

续表二

新建地块名称	地　　址	幢数	占地面积（平方米）	建筑面积（平方米）	建成年份
愉园	淮海中路 1350 弄 1—18 号	17	7 950	9 826	1941
中南新村	淮海中路 1670 弄	33	1 066.72	12 181	1941
大通别墅	五原路 248 号、252 弄 1—17 号	15	5 893	1941—1942	1941—1942
开普敦公寓	武康路 240、242、246 号	1	127	429	1942
逸村	淮海中路 1610 弄	8	4 839.36	4 276	1942
华园	安福路 250 弄 1—7 号和 256 号	8	3 733	3 647	1942—1946
嘉宝公寓	南昌路 625 号	1	140	324	1943
秀琪公寓	南昌路 635 号	1	153	336	1943
康高特公寓	泰安路 22、24 号	2	1 299	2 057	1944
湖南公寓	湖南路 280 弄 2 号	1	—	970	1946
石油公寓	湖南路 343 号	1	346	688	1946
迪瑞公寓	泰安路 20 号	1	207	780	1946—1948
大昌别墅	兴国路 151 弄甲之弄 1—4 号	4	3 733	948	1947
合　　计		328	151 747.08	193 296	

1912—1948 年特色住宅建筑选介。

[武康大楼]

位于辖区西南部的淮海中路 1834—1858 双号/武康路 435—439 单号，淮海中路北、武康路东转角处。有居民 106 户，255 人。属武康居委会。分为西部老武康大楼和东部新武康大楼两幢。老武康大楼位于淮海中路 1838—1858 双号，占地 1 550 平方米。1924 年，法商万国储蓄会建造武康大楼（旧名诺曼底公寓），由著名匈牙利籍建筑师邬达克设计。为一幢钢筋混凝土结构 8 层公寓楼，建筑面积 1.07 万平方米。楼身狭长，从西侧面看像一艘大轮船。有电梯、发电设备，地下室 86 平方米。正式房间 76 个，附屋 30 多间。底层连续半圆券廊式骑楼开商铺，楼上为住宅。初名东美特公寓，后为纪念第二次世界大战中盟军在诺曼底登陆成功，改名诺曼底公寓。1953 年，以所在路名更名为武康大楼，是旧时本市著名公寓之一。1994 年 2 月、2003 年 8 月，先后公布为市优秀历史建筑和区登记不可移动文物。

新武康大楼位于淮海中路 1834 号。占地 1 233 平方米。1930 年后，亦由万国储蓄会建造，为一幢混合结构 5 层公寓楼，建筑面积 1 700 平方米。底层为商铺，楼上为住宅。在武康路 435 号内有汽车间及附屋，原是一幢钢筋混凝土结构二层楼房，为新、老大楼共用的汽车间，建筑面积 1 400 平方米；后翻建为 4 层，底层为办公室，二层以上是住宅。著名电影艺术家郑君里、赵丹、秦怡、孙道临、吴茵、应云卫等曾居住于老、新武康大楼。

武康大楼

［武康路 393 号（黄公馆）］

位于辖区西南部，原为黄兴故居，习称黄公馆，占地面积 255 平方米，建筑面积 1 749 平方米，四层三开间楼房。始建于 1912 年，是本区最早的公寓，当时南边为花园，有 4 亩，园内苍松翠柏，绿草如茵，花木繁多，环境优雅。

1916 年，黄兴逝世后，故居为世界社所用。1936 年，设立世界学校。1981 年，沪光中学迁入，在花园内建造一幢五层教学大楼。至此，花园不复存在，故居现为居民所用。

黄公馆

［卫乐公寓］

位于辖区南部的复兴西路 34 号，复兴西路北、乌鲁木齐中路西。占地 1 900 平方米。有居民 56 户，186 人。属金波居委会。1934 年，由柏润身投资在此建造钢筋混凝土结构 13 层公寓楼一幢，建筑面积 4 170 平方米。楼前有小花园。另有汽车间附屋 802 平方米。

曾名卫乐(Willow)精舍、会乐公寓。中华人民共和国成立后,吴强、黄准、王西彦、陈鲤庭等文艺界名人曾居住于此。1994 年 2 月、2003 年 8 月,先后公布为市优秀历史建筑和区登记不可移动文物。

卫乐公寓

麦琪公寓

[麦琪公寓]

位于辖区南部的复兴西路 24 号,复兴西路北、乌鲁木齐中路西转角处。占地 220 平方米。有居民 15 户,40 人。属淮中居委会。1934 年,由美籍犹太人投资建造,1937 年,建成一幢钢筋混凝土结构的 10 层公寓楼,底层为汽车间。建筑面积 1 039 平方米。以麦琪路(今乌鲁木齐中路)名命名。1999 年 9 月、2003 年 8 月,先后公布为市优秀历史建筑和区登记不可移动文物。

[逸村]

位于辖区南部的淮海中路 1610 弄,占地 4 839.36 平方米。1942 年,由远东企业公司建造,为八幢西班牙式花园住宅,建筑面积 4 276 平方米,房屋结构良好,设施现代化,每幢房前部有花园。弄口有一狭长的绿化园地,种有夹竹桃。

逸村

密丹公寓

［密丹公寓］

位于辖区西部的武康路 115 号，武康路东、湖南路北转角处。占地 93 平方米。有居民 9 户，20 人。属复永居委会。1931 年，由一法国船长密丹（Midget）在此建造钢筋混凝土结构 5 层公寓楼一幢。从正面看外形像一头大象。底层以建造者名命名的密丹公寓为附屋，2—5 层为 4 套住宅。建筑面积 558 平方米。以建造人名命名。1994 年 2 月、2003 年 8 月先后公布为市优秀历史建筑和区登记不可移动文物。

［中南新村］

位于辖区南部的淮海中路 1670 弄。属武康居委会。始建于 1941 年，是一条新式里弄，共有双开间三层楼房 33 幢。占地面积为 1 066.72 平方米，建筑面积 12 181 平方米。每幢门前都有绿色小花园。1973 年，沿淮海中路新建一排五层、六层大楼，底层开设商店，二层以上为民居。

中南新村

福园

［福园］

位于辖区西南部的湖南路 20 弄 1—12、14、16、17、20—22 号，湖南路北、永福路西、武康路东。占地 1.72 万平方米。有居民 135 户，382 人。属复永居委会。1940 年后，在此建造砖木结构花园住宅楼 13 幢，其中 3 层楼房 5 幢，假 3 层楼房 4 幢，2 层楼房 4 幢。中华人民共和国成立后又增建 3 层新村住宅楼 3 幢及瓦平房 3 间。建筑总面积 9 690 平方米。每幢楼前均有小花园，环境幽静。中华人民共和国成立前出入口设在西侧福开森路（今武康路），以其首字命名，“福”也是吉祥语。中华人民共和国成立后出入口设在湖南路。

二、1949—1990 年住宅建筑

1949—1990 年，建设住宅 55 幢，建设面积 108 396 平方米。至 1990 年，辖区共有花园住宅 521 座，公寓大楼 84 座，新旧式里弄 97 条，平房 97 幢。其中花园住宅占总面积 33.06%，公寓大楼占总面积 11.70%，新旧式里弄占总面积 21.34%，新工房占总面积 15.66%，简易平房占总面积 0.05%，其他建筑总面积 1.08%。

表 12-2-2　　**1949—1990 年建设住宅情况表**

房屋名称及结构层数	地　址	幢数	占地面积（平方米）	建筑面积（平方米）	建筑年份
中波大楼七层	五原路 52 号	1	6 000	2 287	1959
五层公寓	永福路 86 弄 1—5 号	5	5 333.37	5 580	1964
四层新工房	曹家弄甲、乙支弄	6		2 480	1964
中南新村大楼六层、五层	淮海中路 1640—1682 号	1	2 053	4 330	1974
音苑	复兴西路 1350 弄 16—23 号	6	5 000	7 644	1974—1982
康湖公寓	湖南路 4 弄 1—3 号	3	1 600	2 886	1978
六层新工房（沿街）	安福路 229 号	3		7 282	1982
加层	五原路 255 弄			214	1982
六层新工房	华山路 923 号	4		4 922	1983
六层新工房	武康路 40 弄	4		3 372	1983
六层新工房	湖南路 298 号	2		1987	
军事矿产研究大楼十一层	湖南路 121 号	1	1 666.68	4 659	1984
六层新工房	兴国路 151 弄	7		10 206	1985
武康公寓	高邮路 5 弄 23 号和 23 号甲、乙、丙、丁	5	3 710	6 340	1988
襄北大厦	襄阳北路 100 号甲、乙、丙、丁	2	1 975	7 345	
启华大厦二十四层	淮海中路 1375 号	1			1990

续表

房屋名称及结构层数	地　址	幢数	占地面积（平方米）	建筑面积（平方米）	建筑年份
老干部住在楼	复兴西路	1			1990
高层大楼十八、二十四、二十八	乌鲁木齐中路 251、253 号	3		36 862	1990
合　计		55	27 338.05	108 396	

1949—1990 年建设住宅选介

［中波大楼］

位于辖区中部的五原路 52 号，五原路北、常熟路西。占地 6 000 平方米。有居民 24 户，78 人。属春华居委会。1959 年，由中波轮船股份公司建造，为一幢钢筋混凝土结构 7 层公寓楼，建筑面积 2 287 平方米。另有附屋 158 平方米。当时为公司中方人员居住。以建造公司名命名。

［康湖公寓］

位于辖区西南部的湖南路 4 弄 1 号—3 号，湖南路北、永福路西。占地 1 600 平方米。有居民 62 户，172 人。属复永居委会。1978 年，在此建成 6 层楼房 3 幢，建筑面积 2 886 平方米。绿化面积 200 平方米。以湖南路和附近的武康路名中各取一字组合命名。

［武康公寓］

位于辖区西部的高邮路 5 弄 23 号和 23 号甲、乙、丙、丁，高邮路东、复兴西路南。占地 3 710 平方米。有居民 30 户，82 人。属华康居委会。1988 年，在此建成混合结构楼房 5 幢，其中 4 层楼房 4 幢，3 层与 4 层连体楼房一幢（即 23 号），建筑面积 6 340 平方米。绿化面积 317 平方米。以附近的武康路名命名。

三、1991—2016 年新建住宅

至 2016 年，辖区新建乌中小区、兴国苑、东方巴黎霞飞苑等 26 个地块，多层建筑 105 幢，高层建筑 32 幢，建筑面积 52.58 万平方米。

表 12-2-3　**1991—2016 年新建住宅情况表**

新建地块名称	地　址	多层（幢）	高层（幢）	建筑面积（平方米）	建成年份
乌中小区	乌鲁木齐中路 261 弄 1—5 号、243 号、五原路 87 弄 9 号	4	3	37 741.24	1991
兴国路 8 912	兴国路 89 弄 1、2 号	2		1 447.77	1991

续表一

新建地块名称	地　　址	多层（幢）	高层（幢）	建筑面积（平方米）	建成年份
兴国花园	武康路 280 弄 1—6 号	3		5 250	1991
复兴西路 203 号	复兴西路 203 号	—	1	4 656.96	1992
汇益花园	华山路 905 弄 1—19 号(西区)；高邮路 16 弄 1—8 号(东区)	17		6 480	1993
文兴小区	复兴中路 1350 弄 7—14 号	4		4 788.79	1994
兴国苑	湖南路 308 弄 1—6 号	5	1	11 100	1996
兴国花苑	武康路 280 弄	6		4 543.02	1991—1996
长乐电力小区	长乐路 447 号	4		4 745.3	1997
汇成武康公寓	武康路 280 弄 1—6 号	5		7 978.33	1996
金苑大厦	安福路 198 号		1	32 076.56	1997
翡翠苑	兴国路 11 号	20	—	12 200	1998
嘉丽苑	淮海中路 1068 号		2	26 800	1997
长乐公寓	长乐路 1225 号		1	10 495.88	1998
惠乐公寓	复兴西路 34 号	2		5 439.34	1998
康兴公寓	武康路 112 号	1		4 278.78	1998
东湖公寓	新乐路 158 号		1	11 115.31	1999
一品苑	安福路 298 弄		2	18 341.87	1999
鸿艺豪苑	淮海中路 1500 号	—	3	72 200	2000
亦园大厦	安福路 168 号		3	41 297.26	2000
东方巴黎霞飞苑	南昌路 555、559 号	1	3	71 600	2001
嘉慧园	武康路 101 号	—	1	6 288.14	2001
汇贤居	乌鲁木齐中路 99 号	—	7	80 494.22	2002—2004
兴盛公寓	高邮路 1、3 号	—	2	4 800	2002
霞飞花园	淮海中路 1768 弄	28		9 300	2003

续表二

新建地块名称	地　　址	多层（幢）	高层（幢）	建筑面积（平方米）	建成年份
信联公寓	淮海中路 1696 弄 6、8 号	2		2 895.01	2002
军官公寓	淮海中路 1718 弄	1		6 214	2003
上海天玺	襄阳南路 99、101 号		1	21 278.03	2013
合　　计		105	32	525 845.81	

1991—2016 年新建住宅选介。

［兴国苑］

位于辖区西部的湖南路 308 弄 1 号—6 号，湖南路北、高邮路东。占地面积 4 730 平方米。有居民 69 户，193 人。属华康居委会。1996 年，在此建成 11 层楼房一幢，6 层楼房两幢，3 层别墅 3 幢，建筑面积 1.11 万平方米。绿化面积 918 平方米。以附近的兴国路名命名。

［翡翠苑］

位于辖区西部的兴国路 111 号，兴国路东、湖南路南。占地 6 627 平方米。有居民 20 户，57 人。属兴武居委会。该地原为李家宅部分居民地。1998 年，在此建成 4 层别墅 20 幢，建筑面积 1.22 万平方米。绿化面积 2 926 平方米。翡翠是贵重的绿色宝石，与该小区绿化面积较大，又是位于环境幽静的高级住宅区的别墅品位相合，故名。

［鸿艺豪苑］

位于辖区南部的淮海中路 1500 号，淮海中路北、乌鲁木齐中路西。占地 1.23 万平方米。有居民 375 户，750 人。属复永居委会。该地原为绿化公寓、建中里、瑞福里、曹家弄、广寒坊等 5 个居民地。2000 年，在此建成 29 层楼房 3 幢，建筑面积 7.22 万平方米。绿化面积6 000 平方米。以开发商鸿艺房地产公司名命名。

［霞飞苑］

位于辖区东南部的南昌路 555、559 号，南昌路南、陕西南路西、襄阳南路东。占地 1.48 万平方米。有居民 583 户，2 300 人。属复中居委会。该地原为永和坊、南昌路 513 号公寓、厚福里、甡甡里、南昌路 551 弄甲支弄、吴家弄、振德坊、宗德坊等 8 个居民地。2001 年，在此建成 35 层楼房 3 幢，建筑面积 7.16 万平方米。绿化面积 6 811 平方米。以邻近的淮海中路旧名霞飞路名命名。投资商以其东方海外(上海)投资有限公司名，加上此地旧属法租界，与法国首都巴黎市名组合成“东方巴黎霞飞苑”作为推广名。

［嘉丽苑］

位于辖区东北部的淮海中路 1068 号，淮海中路北、东湖路东。占地 2 870 平方米。有居民 224 户，650 人。属新乐居委会。1997 年，在此建成 32 层楼房 2 幢，建筑面积 2.68 万平方米。绿化面积 6 500 平方米。以区名加开发商香港嘉里集团名的谐音组合命名。

第三节　高层住宅

至2016年，湖南路街道共有高层住宅小区26幢。

表12-3-1　　湖南路街道高层住宅小区一览表

序号	小区名称	小区地址	居委会	物业公司
1	襄北大楼	襄阳北路100号甲乙丙丁	新乐	上海高建物业公司
2	自由公寓	五原路258号	安福	
3	中波公寓	五原路52号	春华	
4	瑞华公寓	常熟路209弄1—4号	东湖	
5	淮海大楼	淮海中路1326号	东湖	
6	武康大楼	淮海中路1850号、武康路435号	武康	
7	东湖公寓	新乐路158号	新乐	
8	麦琪公寓	复兴西路24号	淮中	
9	惠乐公寓	复兴西路34号	金波	
10	复兴西路203号	复兴西路203号	华康	
11	尚音小区	复兴中路1340弄	淮海	上海益镇物业管理有限公司
12	乌中小区	乌鲁木齐中路261弄1 5号、243号、五原路87弄9号	淮中	上海国际港务(集团)股份有限公司海湾分公司
13	嘉丽苑	淮海中路1068号	新乐	上海盛宇物业经营服务有限公司
14	东方巴黎霞飞苑	南昌路555号	复中	上海东湖物业管理有限公司
15	鸿艺豪苑	淮海中路1500号	复永	上海华天物业管理有限公司
16	亦园大厦	安福路168号	安福	上海其士物业管理有限公司
17	兴国苑	湖南路308号	华康	上海保利物业酒店管理有限责任公司分公司
18	一品苑	安福路298弄	安福	上海良宇物业管理有限公司

续表

序号	小区名称	小 区 地 址	居委会	物 业 公 司
19	长乐公寓	长乐路 1225 号	安福	上海长佳物业管理有限公司
20	康兴公寓(华康小区)	武康路 112 号	华康	上海外经贸物业管理有限公司
21	金苑大厦	安福路 198 号	安福	皆斯内(上海)物业管理服务有限公司
22	汇贤居	乌鲁木齐中路 99 号	春华	家利物业管理(上海)有限公司
23	上海天玺	襄阳南路 99、101 号	复襄	上海启胜物业管理服务有限公司
24	嘉慧园	武康路 101 号	复永	单位自管(仲量联行测量师事务所)
25	兴盛公寓	高邮路 1—3 号	华康	上海兴盛物业有限公司
26	华尔登广场	长乐路 801 号	春华	家利物业管理(上海)有限公司

第四节　拆迁地新建筑

1991—2016 年，乌鲁木齐中路、长乐路、安福路等地块被拆迁，在拆迁地块新建汇贤居、世纪商城、金苑亦苑等建筑。

表 12-4-1　　**1991—2016 年湖南路街道拆迁地新建筑名称情况表**

名　　称	形成年份	原 所 在 地	拆迁年份	新建筑名称
长乐路、安福路、乌鲁木齐中路地块	—	乌鲁木齐中路 67—75 单号及 77 弄 1 号，长乐路 971—979 单号	1993 年拆	汇贤居
常熟路、长乐路、安福路	—	长乐路 989 号	—	世纪商贸
安福路、乌鲁木齐中路、长乐路地块	—	安福路 198 号	1997	金苑亦苑
安福路、乌鲁木齐中路、五原路地块	—	乌鲁木齐中路 179 弄	—	麦琪里
曹家弄地块	—	淮海中路 1500 号	2000	鸿艺豪苑
钱家塘	—	淮海中路 999 号	—	环贸商城

续表

名　　称	形成年份	原 所 在 地	拆迁年份	新建筑名称
淮海路、襄阳北路、东湖路地块	—	淮海中路 1010 号	—	嘉华中心
南昌路地块	—	南昌路 555 号	2000	东方巴黎
湖南路、兴国路地块	—	兴国路 111 号	—	翡翠苑
宝庆路淮海路口地块	—	淮海中路 1329 号	—	云海大厦
淮海路宝庆路口地块	—	淮海中路 1325 号	—	百富勤(爱美高)
安福路、武康路地块	—	安福路 298 弄	1999	一品苑
淮海路、襄阳南路、汾阳路地块	—	淮海中路 1045 号	—	淮海国际
长乐路、东湖路地块	—	长乐路 455 号	—	位育实验学校
复兴路、淮海中路口地块	—	淮海中路 1375 号	—	启华大厦
高邮路、华山路	—	华山路 905 路	—	汇益花园
高邮路、湖南路口	—	湖南路 308 弄	1994	兴国苑
武康路、复兴路口	—	武康路 101 号	—	嘉慧园
武康路、复兴路口	—	康兴公寓	—	武康路 112 号

第五节　物 业 管 理

一、机构职责

1992 年 1 月 30 日，撤销湖南房管所、撤销新乐房管所，成立湖南房管所。

1995 年 8 月，湖南房管所挂牌转为上海永福物业有限公司。

2009 年，街道成立住宅小区综合管理联席会议，主要成员包括街道分管领导和街道市政科、社保科、综治办、房管办、市容所、居民区党组织代表等。办公室设置专职人员，负责受理建设单位、业委会成立和换届的申请，办理委员会的成立、换届、变更、注销等备案手续。2011 年 4 月，《上海市住宅物业管理规定》颁布实施，要求街道办事处建立住宅小区综合管理综合制度，协调和处理辖区物业管理综合事务和纠纷，指导监督业主大会、业主委员会的组建及日常工作。

永福物业有限公司下属 6 个物业小区，管辖 27 个街坊、54 个“一体化”小区，物业管理和服务范围约 68 万平方米，占湖南路街道总面积的 42.2%，其中公房面积约 56 万平方米，约 1.3 万户居民，占湖南路街道居民总户数的 66%。老小区存在着“四多”的特点，即公用部位使用纠纷多、历史遗留问题多、老违章建筑多、受理房屋置换多。

2010年，公司全年办理业务签报300余份，生产签报60份，开出非居住场地证明50张次，置换房屋80余户，房改售房20余户。

永福物业有限公司管理200多条老弄堂和2 000余门牌幢的房屋。老弄堂四通八达、路面坑洼、夜晚阴暗、排污管老化堵塞。公司按照湖南社区(街道)党工委开展惠民利民工程的要求，提出以“迎世博、促民生”的工作新姿态，全面推进“老弄堂三化(环境舒适化、设施便民化、管理自治化)改造工程”。

二、居民住宅小区管理

至2016年末，辖区有居民住宅小区78个。除上海海关学院、兴国路89弄1—2号、康湖小区、福园、科植武康、武康公寓、永福路49弄14号等7个小区为业委会自治管理外，其余71个小区均由物业公司承担居民小区管理。

表12-5-1　**2016年住宅小区管理情况表**

序号	小区名称	物业管理单位名称	业主委员会成立时间	业主委员会到期时间
1	上影五原小区	上海上影物业管理有限公司	2013.5.28	2018
2	上海海关学院	无	2013.11.8	2018
3	兴国路89弄1—2号	无	2011.3.16	2016
4	康湖小区	无	2006.7.17	2011
5	武康路73弄1号	上海上房经租物业管理有限公司	2006.7.6	2009
6	福园	无	2002.4.15	2004
7	科植武康	无	2013.5.6	2018
8	金苑	皆斯内(上海)物业管理服务有限公司	2014.6.27	2019
9	湖南公寓	上海海运物业管理有限公司	—	—
10	长乐电力小区	上海新电后勤服务有限公司市中分公司	2014.8.11	2019
11	汾阳小区	上海美沪物业管理有限公司	2005.3.7	2009
12	华港小区	上海国际港务(集团)股份有限公司海湾分公司	2013.7.8	2018
13	乌中小区	上海上港服务有限公司	2014.4.10	2019
14	文兴小区	上海志昕物业管理有限公司	2015.12.25	2020

续表一

序号	小区名称	物业管理单位名称	业主委员会成立时间	业主委员会到期时间
15	宫宵淮中小区（宫宵小区）	上海广鹰物业管理有限公司	2009.2.19	2014
16	华医小区	上海锦润物业管理有限公司	2010.6.22	2021
17	五原小区	上海中波物业管理有限公司	2013.5.31	2018
18	音苑小区	上海志昕物业管理有限公司	2015.6.30	2020
19	尚音小区	上海志昕物业管理有限公司	2014.9.9	2019
20	复兴西路 203 号	上海高建物业有限公司	2012.12.26	2017
21	襄北大楼	上海高建物业有限公司	2005.8.15	2008
22	五原路 258 号（自由公寓）	上海高建物业有限公司	2006.7.13	2011
23	五原路 52 号（中波公寓）	上海高建物业有限公司	2005.10.8	2008
24	瑞华公寓	上海高建物业有限公司	2013.1.30	2018
25	惠乐公寓	上海高建物业有限公司	—	—
26	麦琪公寓	上海高建物业有限公司	—	—
27	武康大楼	上海高建物业有限公司	—	—
28	淮海大楼	上海高建物业有限公司	—	—
29	延东小区	上海衡复物业有限公司	2013.12.12	2018
30	华亭小区	上海衡复物业有限公司	2013.12.12	2018
31	永福第三小区	上海衡复物业有限公司	—	—
32	复南小区	上海衡复物业有限公司	2013.1.11	2018
33	复襄小区	上海衡复物业有限公司	2013.12.29	2018
34	永福第二小区	上海衡复物业有限公司	—	—
35	伯乐小区	上海衡复物业有限公司	2005.12.15	2010
36	长乐小区	上海衡复物业有限公司	2015.6.30	2020
37	永福教苑小区	上海衡复物业有限公司	2013.12.28	2018
38	五福小区	上海衡复物业有限公司	2006.1.24	2011
39	永湖小区	上海衡复物业有限公司	2013.1.24	2018

续表二

序号	小 区 名 称	物业管理单位名称	业主委员会成立时间	业主委员会到期时间
40	永福第五小区	上海衡复物业有限公司	—	—
41	武康路 106 弄小区	上海衡复物业有限公司	2013.1.11	2018
42	高邮小区	上海衡复物业有限公司	2011.3.24	2016
43	兴泰小区	上海衡复物业有限公司	2013.4.26	2018
44	兴国小区	上海衡复物业有限公司	2011.5.28	2023
45	武康 6.8 小区	上海衡复物业有限公司	2013.12.28	2018
46	中南小区	上海衡复物业有限公司	2013.1.24	2018
47	兴湖小区	上海衡复物业有限公司	2015.12.17	2020
48	湖南小区	上海衡复物业有限公司	2011.3.25	2016
49	永福第六小区	上海衡复物业有限公司	—	—
50	中兴小区	上海衡复物业有限公司	2013.1.11	2018
51	常熟外贸小区	上海衡复物业有限公司	2013.7.5	2018
52	五原小区	上海衡复物业有限公司	2013.11.8	2018
53	复兴西路 53 弄 5 号小区	上海衡复物业有限公司	2007.11.6	2012
54	永福第四小区	上海衡复物业有限公司	—	—
55	永乐小区	上海衡复物业有限公司	2006.3.27	2011
56	一品苑	上海良宇物业管理有限公司	2013.4.22	2018
57	东方巴黎霞飞苑	上海东湖物业管理有限公司	2013.11.30	2018
58	东湖公寓	上海高建物业有限公司	2010.9.5	2015
59	亦园大厦	上海其士物业管理有限公司	2014.1.30	2019
60	信联公寓	上海轻工物业管理有限公司	2013.2.28	2018
61	兴国花园	上海梓班物业管理有限公司	2015.11.30	2020
62	兴国苑	上海保利物业酒店管理有限责任公司	2011.3.28	2016
63	兴盛公寓	上海兴盛物业有限公司	—	—
64	嘉丽苑	上海盛宇物业经营服务有限公司	2009.6.25	2014

续表三

序号	小区名称	物业管理单位名称	业主委员会成立时间	业主委员会到期时间
65	嘉慧园	仲量联行测量师事务所(上海)有限公司	—	—
66	康兴公寓	上海外经贸物业管理有限公司	2006.2.21	2011
67	武康公寓	无	—	—
68	汇成武康公寓	上海汇成物业有限公司	2008.2.3	2013
69	汇益花园	上海东海别墅物业管理有限公司	—	—
70	汇贤居	家利物业管理(上海)有限公司	2016.8.30	2021
71	淮海中路1754弄(霞飞别墅)	上海明君物业管理有限公司	2013.1.6	2023
72	长乐公寓	上海长佳物业管理有限公司	2015.10.8	2020
73	鸿艺豪苑	上海华天物业管理有限公司	—	—
74	永福一区	上海衡复物业有限公司	2011.3.31	2016
75	永福第一小区	上海衡复物业有限公司	—	—
76	大德小区	上海衡复物业有限公司	2014.8.11	2019
77	永福路49弄14号	无	2008.3.6	2011

三、物业公司

至2016年，辖区有徐房物业、高健物业、轻工物业、东湖物业、华天物业等29家物业公司，负责各小区的物业管理。其中一级资质6家，二级资质11家，三级资质12家。

表12-5-2　**2016年湖南路街道居民区物业管理公司情况表**

序号	公司名称	成立时间	资质	管辖小区
1	上海徐房(集团)有限公司所属上海衡复物业有限公司	1994.9.29	一级	永福一区(陕西南路164—268号，淮海中路990—1008号，长乐路325—429号，东湖路56弄，新乐路7—157号、22—196号，襄阳北路131弄60—74弄)；永福二区(陕西南路344—388号，南昌路503—621号，复兴中路1180—1274号，1278—1306号，襄阳南路115—193(单号)、92—192(双号)，汾阳路9弄1、2、21号，南昌

续表一

序号	公 司 名 称	成立时间	资质	管 辖 小 区
1	上海徐房（集团）有限公司所属上海衡复物业有限公司	1994.9.29	一级	路625—635号，襄阳南路92—192号）；永福三区（常熟路139—217号，长乐路611—695号，华亭路6—93号，延庆路9—159（单号）、2—142（双号），淮海中路1176—1292（双号）、1251—1323（单号），汾阳路20号，宝庆路9号，复兴中路1350—1360号，东湖路17—29号）；永福四区（安福路3—139号，复兴西路10—22，49号，乌鲁木齐中路141—233（单号）、255—363（单号），复兴中路1456—1472号，淮海中路1350—1454号、1331号，常熟路188—304号，武康路57—115号，五原路74—166（双号）、61—127（单号））；永福五区（长乐路1121—1253号，华山路823—831号，湖南路8—100号，淮海中路1562—1610号，乌鲁木齐中路146—400（双号），安福路218—322号、143—275号，五原路210—372（双号）、163—289（单号），复兴西路26—84（双号）、91—149（单号），永福路2—86（双号）、49—253（单号））；永福六区（武康路129—395（单号）、2—420（双号），华山路847、899—923号，兴国路41—279号，淮海中路1640—1818号，湖南路5—343（单号）、264—298（双号），复兴西路201—317（单号）、230—236（双号），高邮路5—59（单号）、22—68（双号），泰安路27—43（单号）、2—36（双号））
2	上海美沪物业管理有限公司	1999.4.9	三级	汾阳小区
3	上海中波物业管理有限公司	1995.7.13	三级	五原小区
4	上海新电后勤服务有限公司	1999.9.30	二级	长乐电力小区
5	上海盛宇物业经营服务有限公司	2008.11.11	二级	嘉丽苑
6	上海东湖物业管理有限公司	1993.4.30	一级	东方巴黎霞飞苑
7	上海志昕物业管理有限公司	2009.10.1	三级	文兴小区，尚音小区，音苑小区
8	上海广鹰物业管理有限公司	1996.4.9	三级	武康小区（宫宵小区）
9	上海国际港务（集团）股份有限公司海湾分公司	2016.5.4	三级	乌中小区，华港小区

续表二

序号	公司名称	成立时间	资质	管辖小区
10	上海华天物业管理有限公司	2011.5.23	二级	鸿艺豪苑
11	上影物业管理有限公司	1995.12.6	三级	上影五原小区
12	上海其士物业管理有限公司	1998.7.23	三级	亦园大厦
13	上海保利盛美物业有限公司	2016.1.28	三级	兴国苑
14	上海良宇物业管理有限公司	1999.11.12	二级	一品苑
15	上海海运物业管理有限公司	1994.3.15	二级	湖南公寓
16	上海高建物业公司	1995.3.21	二级	东湖公寓，襄北大楼，自由公寓，中波公寓，瑞华公寓，武康大楼，淮海大楼，麦琪公寓，惠乐公寓，复兴西路203号
17	上海长佳物业管理有限公司	1997.3.18	三级	长乐公寓
18	仲量联行测量师事务所(上海)有限公司	1994.9.8	一级	嘉慧园
19	上海外经贸物业管理有限公司	1999.9.16	二级	康兴公寓
20	上海汇成物业有限公司	1993.5.31	一级	汇成武康公寓
21	上海兴盛物业有限公司	1996.1.16	三级	兴盛公寓
22	上海东海别墅物业有限公司	2002.10.30	三级	汇益花苑
23	皆斯内(上海)物业管理服务有限公司	1996.5.27	二级	金苑大厦
24	上海上房经租物业管理有限公司	2003.7.3	三级	武康路73弄1号
25	上海明君物业管理有限公司	1996.5.31	一级	霞飞花园
26	家利物业管理(上海)有限公司	1999.8.18	二级	汇贤居
27	上海轻工物业管理有限公司	1993.11.4	二级	信联公寓
28	上海锦润物业管理有限公司	2001.1.16	二级	华医小区
29	上海启胜物业管理服务有限公司	1996.11.1	一级	上海天玺

四、业主大会和业主委员会

至2016年末，辖区78个住宅小区有62个小区成立业主委员会，依照《上海物业管理条例》的规定进行换届。业主委员会由物业管理区域内的业主5至11人组成，由业主大会会议选举产生，设主任1人，副主任、委员若干人，主要职能是代表居住小区全体业主的利益，向社会各方反映业主意愿和要求，选择小区物业管理企业，监督物业管理工作的实施。

表12-5-3　**2016年湖南路街道业委会情况表**

序号	业主委员会名称	地　址	所属居委会	成立时间	到期时间
1	长乐公寓业主大会	长乐路1225号	安福	2006.8.21	2020.10.8
2	长乐业主大会	长乐路1131弄	安福	2005.12.27	2020.6.30
3	金苑业主大会	安福路198号	安福	2004.1.22	2019.6.27
4	科植武康业主大会	武康路69弄	安福	2005.12.29	2018.5.6
5	五福业主大会	五原路210弄	安福	2006.1.24	2011.1.24
6	五原路258号小区业主大会	安福路258号	安福	2006.7.13	2011.7.13
7	武康路73弄1号业主大会	武康路73弄1号甲、乙	安福	2006.7.6	2009.7.6
8	一品苑业主大会	安福路298弄	安福	2009.12.11	2018.4.22
9	亦园大厦业主大会	安福路168号	安福	2008.4.21	2019.1.30
10	常熟外贸业主大会	常熟路228弄	春华	2006.2.21	2018.7.5
11	汇贤居业主大会	乌鲁木齐中路99号	春华	2005.12.29	2021.8.30
12	五原路52号小区业主大会	五原路52号	春华	2005.10.8	2008.10.8
13	五原小区业主大会	五原路50弄	春华	2007.4.6	2018.5.31
14	五原业主大会	五原路108号	春华	2006.6.27	2018.11.8
15	大德业主大会	淮海中路1270弄	东湖	2005.12.12	2019.8.11
16	瑞华公寓业主大会	常熟路209弄1—4号	东湖	2005.12.27	2018.1.30
17	延东业主大会	延庆路9号	东湖	2005.12.12	2018.12.12
18	汾阳小区业主大会	汾阳路9弄3—9，11、14—17号+木屋	复襄	2005.3.7	2009.3.7

续表一

序号	业主委员会名称	地　　址	所属居委会	成立时间	到期时间
19	复襄业主大会	襄阳南路 98 号	复襄	2005.12.29	2018.12.29
20	关校	汾阳路 19 号、复兴中路 1294 号甲	复襄	2002.6.29	2018.11.8
21	伯乐业主大会	永福路 86 弄 2—5 号、68 号、70 号，复兴西路 91 号、93 号	复永	2005.12.15	2010.12.15
22	福园	湖南路 20 弄 5、7、9 号	复永	2002.4.15	2004.4.15
23	复兴西路 53 弄 5 号业主大会	复兴西路 53 弄 5 号	复永	2007.11.6	2012.11.6
24	康湖业主大会	湖南路 4 弄 1—3 号	复永	2006.7.17	2011.7.17
25	永湖业主大会	湖南路 100 弄 1、2 号	复永	2006.1.24	2018.1.24
26	永乐业主大会	永福路 147 弄	复永	2006.3.27	2011.3.27
27	东方巴黎霞飞苑业主大会	南昌路 555 号	复中	2009.12.28	2018.11.30
28	复兴西路 203 号业主大会	复兴西路 203 号	华康	2005.12.12	2017.12.26
29	高邮业主大会	复兴西路 271 号，高邮路 5 弄 2、17、19 号，湖南路 280 弄 10、12 号，武康路 216 号	华康	2011.3.31	2016.3.24
30	湖南业主大会	湖南路 298 弄 1、3 号	华康	2011.3.31	2016.3.25
31	康兴公寓业主大会	武康路 112 号	华康	2006.2.21	2011.2.21
32	武康 68 业主大会	武康路 6 弄、8 号	华康	2005.12.28	2018.12.28
33	武康公寓业主大会	高邮路 5 弄 23 号甲、乙、丙、丁	华康	2008.2.3	2013.2.3
34	武康路 106 弄业主大会	武康路 106 弄 1—8 号（5 号除外）	华康	2005.10.21	2018.1.11
35	兴国路 8912 业主大会	兴国路 89 弄 1、2 号	华康	2011.3.31	2020.11.30
36	兴国苑业主大会	湖南路 308 号	华康	2011.3.31	2016.3.28
37	尚音业主大会	复兴中路 1340 弄	淮海	2007.4.6	2019.9.9

续表二

序号	业主委员会名称	地　　址	所属居委会	成立时间	到期时间
38	文兴业主大会	复兴中路1350弄7—14号	淮海	2001.11.30	2020.12.25
39	音苑业主大会	复兴中路1350弄16—23号	淮海	2008.4.30	2020.6.30
40	伯乐业主大会	永福路86弄1—5号、永福路68、70号、复兴西路91、93号	复永	2005.12.15	2010.12.15
41	乌中小区业主大会	乌鲁木齐中路261弄1—5号、243号、五原路87弄9号	淮中	2010.6.21	2019.4.10
42	中兴业主大会	淮海中路1412弄	淮中	2006.1.25	2018.1.11
43	上影五原小区业主大会	五原路281弄15—16号	金波	2007.5.28	2018.5.28
44	永福教苑业主大会	永福路49弄13号,五原路181弄2、5号,五原路253—271号、复兴西路30弄12号,永福路57号,复兴西路62号,乌鲁木齐中路280弄31号	金波	2005.12.28	2018.12.28
45	永福路49弄14号业主大会	永福路49弄14号	金波	2008.3.6	2011.3.6
46	永福一区业主大会	长乐路339弄甲支弄10—15号,淮海中路990弄8—11号,陕西南路188弄1、2、6、8、10、12、13、14、19号,新乐路56弄3号,新乐路7号、9号,新乐路44弄4、5、13、14、15号,新乐路17号,19号,21号,新乐路136—140号,新乐路142弄1号,新乐路142甲号,新乐路151弄1号,新乐路153—157号,新乐路192、194、196号	陕新	2011.3.31	2016.3.31
47	宫宵淮中业主大会	淮海中路1710弄	武康	2009.2.19	2014.2.19
48	淮海中路1754弄业主大会	淮海中路1768弄	武康	2008.2.27	2023.5.8
49	信联公寓业主大会	淮海中路1696弄6号	武康	2005.11.4	2018.2.28
50	中南业主大会	淮海中路1670弄	武康	2006.1.24	2018.1.24
51	长乐电力业主大会	长乐路447号	新乐	2007.11.15	2019.8.11

续表三

序号	业主委员会名称	地　　址	所属居委会	成立时间	到期时间
52	东湖公寓业主大会	新乐路 158 号	新乐	2006.1.24	2018.1.24
53	嘉丽苑业主大会	淮海中路 1068 号	新乐	2009.7.22	2014.6.25
54	襄北大楼业主大会	襄阳北路 100 号	新乐	2005.8.15	2008.8.15
55	兴国花苑业主大会	武康路 280 弄 1—6 号	兴武	2007.9.28	2010.9.28
56	兴国业主大会	兴国路 41 弄 1、2 号，63 弄 1 号	兴武	2011.3.31	2023.5.28
57	兴湖业主大会	武康路 280 弄 47—51 号，54、56、58、60 号，72、74、76、78 号，武康路 240 号，兴国路 151 弄 3 号，153—159 号，169、171 号，泰安路 20、22、24、26、28、30、32、34、36 号，湖南路 311 弄 12 号，261 号，273 号，343 号	兴武	2006.2.21	2020.12.17
58	兴泰业主大会	泰安路 27 弄 1—4 号，兴国路 229 弄 1、2 号，271 弄 1—4 号，279 号，武康路 400 弄 1—3 号、5 号，武康路 396 号	兴武	2005.12.15	2018.4.26
59	华港小区业主大会	长乐路 681—685、687 号	延庆	2007.9.7	2018.7.8
60	华亭业主大会	延庆路 54 弄 1 号 4 室、1 号 5 室、2 号 2 室、2 号 3 室、2 号 4 室，延庆路 56—60 号，延庆路 64 号，延庆路 76 弄 1、2 号、延庆路 94 号(301 室、302 室)、常熟路 163 弄 1、13、14、21、23、24 号，常熟路 165 号甲乙，华亭路 11 号、12 号(102、103、202)、长乐路 613 弄 17、18、23 号，长乐路 637 弄 4、6 号	延庆	2005.12.22	2018.12.12
61	华医小区业主大会	华亭路 17 号甲、乙	延庆	2010.6.22	2021.6.22
62	复南业主大会	复兴中路 1260 弄 1 号、1248 弄 1—5 号 1250 号、1250 甲，1222，1244、1246 号，1218 弄 1、2 号、2A 号、1184、1182、1180 号，陕西南路 370 弄 4 号、372、378、384、386、388 号，南昌路 509 号	张家弄	2005.11.4	2018.1.11

第六节　住房保障和房屋管理

一、机构职责

1994 年 5 月徐汇区房屋管理局第三办事处设立，1999 年 10 月法人变更登记为徐汇区房屋土地资源管理局湖南办事处，2009 年 9 月，法人变更登记为徐汇区住房保障和房屋管理局湖南办事处。徐汇区住房保障和房屋管理局湖南办事处的主要职责为宣传贯彻政策法规；承担物业行政管理事务；开展房屋管理动态巡查和数据统计；承担房屋租赁、使用和修缮管理事务；协助做好住房保障事务；协助做好违法违规行为的调查；做好信访处置、突发事件应急处置和其他交办的事务性工作。

二、主要工作

2007 年 5 月，为贯彻落实上海市实施迎接世博行动计划，推进“衡山——复兴历史文化风貌保护区三年（2007—2009）整治计划”的实施，湖南社区进行平改坡综合改造工作。对湖南社区 33 处，共计 45 幢，61 858.48 平房米新公房进行平改坡综合改造，受益居民达 1 192 户。

2007 年 12 月，根据市委、市政府关于建立健全分层次、多渠道住房保障体系的精神，按照相关文件的要求，扩大廉租房受益面工作，成立湖南路街道住房保障工作领导小组，由街道办事处主任顾耀明任组长。

2008 年，年底累计受理廉租住房申请 235 户，累计配租 219 户（其中实物配租 6 户），累计发放租金补贴约 343 万元（其中 2008 年约 96 万元）。

2009 年，新增廉租住房 78 户，廉租住房累计享受 235 户。

2010 年，新增廉租住房 28 户，廉租住房累计享受 311 户；做好经济适用住房试点咨询和受理工作，街道共有 176 户申报经适房的材料，经“两级审核、两级公示”后共有 149 户获得经济适用住房准购资格，127 户居民完成选房工作，115 户家庭已签订购房合同。

2011 年，新增廉租房 22 户，廉租住房累计享受 333 户。街道第一批次经济适用住房共有 94 户申报，经“两级审核、两级公示”后共有 82 户获得经济适用住房准购资格，于 9 月完成选房工作。第二批次经济适用住房共受理 62 户，通过初审公示 52 户。

2014 年，根据区局及街道要求，创建无“群租”街道，配合街道对辖区 152 处群租现象进行劝阻制止与集中整治。

第十三章　市政设施·城区管理

街道辖区市政设施基本始建于20世纪初，20世纪20—30年代，随着侨民和居民的陆续进入，基础市政设施趋于完备。中华人民共和国成立后，辖区人口激增，原先的市政设施逐渐不能满足居民日常生活所需。改革开放后，特别是1991年以来，辖区市政基础设施逐步完善。辖区有淮海中路、复兴中路、复兴西路、武康路等26条道路；轨道交通1号、10号、12号、7号线穿梭于境内；途径的公交线路20条。为了方便群众出行、规范管理措施，加强对市政设施以及城区管理效能，2011年，街道创建成为上海市市容环境示范街道。2004年，为加强城区管理，街道开始建设社区信息网，2014年，街道实施城市网格化综合管理。

第一节 道　　路

街道辖区共有26条道路，其中主干道3条，次干道8条，一般道路15条。

2007年9月17日，上海市人民政府批转市规划局《关于本市风貌保护道路(街巷)规划管理若干意见的通知》。2015年12月11日，市规划局宣布对12个中心城历史文化风貌区内144条历史风貌保护道路进行"原汁原味"的整体规划保护，其中64条道路列为"一类风貌保护道路(街巷)"。街道辖区有淮海中路、复兴西路、兴国路、华亭路、长乐路、永福路、延庆路、武康路、高邮路、汾阳路、新乐路、五原路、湖南路、泰安路、东湖路、华山路列入上海"一类风貌保护道路(街巷)"。

一、主干道

至2016年末，湖南路街道辖区有淮海中路、复兴中路、复兴西路3条主干道，均为东西走向。

［**淮海中路**］

东起陕西南路，西至华山路，中与襄阳南路、襄阳北路、复兴中路、复兴西路、乌鲁木齐中路相交，与东湖路、汾阳路、华亭路、常熟路、宝庆路、高安路、湖南路、吴兴路、宛平路、武康路、兴国路、余庆路、天平路成"丁"字形交接。长2 730米，宽19—30米，其中车行道宽10—20米，沥青路面。

路基原为农田，间有河浜、坟丘、村落。清光绪二十七年(1901年)由法租界公董局越界筑成泥土石子路，以广东省的西江命名，宽18.3米。清光绪二十八年(1902年)至民国二年(1913年)间，由东向西分段铺成碎石黄沙路；其中自麦高包禄路(今龙门路)至善钟路(今常熟路)段，清宣统三年(1911年)拓宽至24米左右。清光绪三十二年(1906年)10月改用法租界公董局总董宝昌之名作路名。民国三年(1914年)起分段铺浇柏油路面。民国四年(1915年)6月又改以第一次世界大战时的法国陆军元帅霞飞名字为路名。民国十五至十六年(1926至1927年)间大部分路段已铺成柏油路面。民国二十四年(1935 年)个别路段铺成三合土水泥路面。民国三十二年(1943 年)10 月改以山东省的泰山名命名。民国三十四年(1945 年)12 月又以曾任国民政府主席的林森之名易名林森中路。1950 年 5 月,为纪念淮海战役的胜利,更名为淮海中路。1960 年将 1907 年铺设的有轨电车轨道拆除,改驶无轨电车。1992 年进行嵩山路至常熟路跨区路段的改建,基本按原有道路线型,局部线型有所调整和拓宽,如车行道拓宽为 12—16 米不等,将原灌入式沥青道路改为水泥混凝土结构,两侧人行道拓宽为 2.5—6.5 米不等,改铺砌彩色人行道板。1995 年 3—10 月再进行常熟路至华山路段的修拓,将原宽约 10.5 米的车行道统一拓宽为 14 米,改为水泥混凝土结构,原有道路两侧各拓宽 1.5 米,改铺设彩色人行道板。

［复兴西路］

东起淮海中路,与复兴中路相接;西至华山路,自东南向西北弯曲延伸;中与乌鲁木齐中路、永福路、武康路相交,与高邮路成“丁”字形相接。长 1 040 米,宽 18.5—20.9 米,其中车行道宽 10—10.5 米,沥青路面。路基原为农田、村落,民国三年(1914 年)法租界公董局在此越界筑成泥土路,后改为柏油路面,民国九年(1920 年)10 月以第一次世界大战中战死的法军上士白赛仲之名作路名。民国三十二年(1943 年)10 月一度改以北平市郊的大兴县名命名,曾称西大兴路。1945 年 12 月改为今名。1981 年进行道路维修。2001 年 3—4 月,华山路至乌鲁木齐中路段再次进行维修养护,两侧人行道铺设彩色板。沿路悬铃木夹道,林荫覆盖。两侧多为花园住宅、公寓、新式里弄,环境幽谧,为市级历史文化风貌区之一。

［复兴中路］

东起西藏南路,与复兴东路相连,西至淮海中路,与复兴西路相接,全长 3 493 米。在徐汇区段位区境东北部,东起陕西南路,西讫淮海中路,中与襄阳南路、汾阳路、宝庆路相交,与嘉善路成“丁”字形相接;长 1 275 米,宽 18—19 米,其中车行道宽 10—11 米,沥青路面。

路基原为农田、沟浜、村落、桃园。法租界公董局于民国三年(1914 年)越界所筑,初为泥沙路,民国五年(1916 年)铺成煤屑路。原名法华路,东起今瑞金二路,西讫东漤浦(其南段大致沿今茂名南路,已填没);后向两端延伸,于民国七年(1918 年)东端筑至今西藏南路,西端筑至今汾阳路,并改用第一次世界大战中法国陆军将军辣斐德之名为路名。民国九年(1920 年)改铺成蒸馏柏油路。1922 年向西延伸至今宝庆路,翌年分段铺成沥青路。20 世纪 40 年代初始修至今淮海中路,与白赛仲路(今复兴西路)衔接。民国三十二年(1943 年)10 月始以北平市大兴县名命名,曾称大兴路。1945 年 12 月更名为复兴中路,以反映抗战后人民希冀中华民族昌盛。1947 年加高路基,改沥青混凝土路面。

表 13-1-1　**2016 年徐汇区湖南路街道道路情况表(主干道)**

路　名	境内起讫点		路幅宽度(米)	道路长度(米)	走向	建成年份	最后修(改)建年月
	起点	讫点					
淮海中路	西藏南路	华山路	19—30	2 730	东西	1901	1995.10
复兴西路	淮海中路	华山路	18.5—20.9	1 040	东西	1914	2001.4
复兴中路	西藏南路	淮海中路	18—19	1 275	东西	1914	1989.6

二、次干道

至2016年末，湖南路街道辖区有兴国路、华亭路、长乐路、永福路、延庆路、武康路、高邮路、汾阳路、富民路、新乐路、五原路、湖南路、泰安路、东湖路、华山路15条次干道，其中，长乐路、延庆路、新乐路、五原路、湖南路、泰安路、华山路7条道路为东西走向；兴国路、华亭路、永福路、武康路、高邮路、汾阳路、富民路、东湖路8条道路为南北走向。

［**兴国路**］

北起华山路，南至淮海中路，与余庆路相接，中与湖南路、泰安路相交。长796米，宽10.5—13米，其中车行道宽7.5—10米，沥青路面。路基原为洛云浜，民国二十六年(1937年)之前由法租界公董局始筑，翌年筑成华山路至湖南路一段，为煤屑路面，后延伸至淮海中路。民国二十六年(1937年)12月以公董局秘书雷上达的名字作路名。民国三十二年(1943年)10月改以江西省兴国县名命名。上海解放后改建为沥青混凝土结构。

［**华亭路**］

北起长乐路，南至淮海中路。中与延庆路相交。长365米，宽8.6—9.5米，其中车行道宽5.6—6.5米，沥青路面。路基原为农田、荒地，穿越毛家浜、狄家浜等沟浜，法租界公董局于民国八年至十年(1919至1921年)间筑成泥土路，曾以第一次世界大战中战死的法国旅沪商人麦阳作路名。后改为灌浇柏油路面。民国三十二年(1943年)10月改以松江旧称华亭命名。1984年改为沥青混凝土结构。两旁人行道北段原为泥土路面，南段原为柏油路面，后均改为水泥板人行道。2000年道路翻修，人行道拓宽各1.5米，并铺砌彩色板。

［**长乐路**］

东起陕西南路，西至华山路，中与襄阳北路、富民路、常熟路、乌鲁木齐中路相交，与东湖路、华亭路成“丁”字形相接。长1 914米，宽10—16米，其中车行道宽6—10米，沥青路面。路基原为农田、村落、沟浜，民国三年(1914年)由法租界公董局分段修筑，其时先筑今卢湾区的瑞金一路至茂名南路一段，以第一次世界大战中战死的法军少尉蒲石名字作路名。以后向两端延伸，西端于民国十一年(1922年)伸入区境与清光绪二十八年(1902年)辟筑的杜美路(今东湖路)西北段(富民路至常熟路)相接，并将其并入。始筑时为泥土路，后改煤屑路，再改沥青路面。常熟路至乌鲁木齐中路的西段初称刘家宅，长351米，路幅狭窄，民国三十二年(1943年)前改称蒲石路。民国三十二年(1943年)10月全路始以福建省的长乐县名命名。1946年前又将其从今乌鲁木齐中路筑至华山路。乌鲁木齐中路至华山路段，原为煤屑面层，1979年12月改建为沥青混凝土结构。常熟路至乌鲁木齐中路原为片弹街、泥石路面，1984年11月亦翻修为沥青混凝土结构。1989年11月后将原路幅宽4.2—15.5米修拓成宽10—16米，原车行道宽3.2—9.2米，修拓成宽6—10米。为徐汇、静安两区的界路，路北为静安区，路南为徐汇区。

［**永福路**］

北起五原路，南至湖南路，自东北向西南延伸，中部略有弯曲，与复兴西路相交。长485米，宽13.5—16米，其中车行道宽9—10米，沥青路面，两侧人行道宽各3米，铺设彩色板。路基原为农田，20世纪二三十年代法租界公董局在此筑路，为沥青灌浇路面，民国十五年(1926年)公董局决议以法国传教士古伯察的中式称呼命名为古神父路。民国三十二年

(1943 年)10 月改以广西省的永福县名命名。直至 1982 年起才改为沥青混凝土结构。2003 年道路进行大修。

[延庆路]

东起东湖路,与富民路相接,西至常熟路,中与华亭路相交,略呈弧形。长 496 米,宽 12—13 米,其中车行道宽 7—7.5 米,沥青路面。路基原为农田、坟丘,地辟人稀,初仅有东湖路至华亭路人行小道,后行人日多,路面也渐宽;于民国八年(1919 年)左右,法租界公董局就在原有泥土路基础上,拓宽延伸至常熟路,并以第一次世界大战中战死的旅沪法侨格罗希名字作路名。民国三十二年(1943 年)10 月改以河北省延庆县(1958 年划归北京市)名命名。1973 年进行道路路面加高。

[武康路]

北起华山路,南至淮海中路,中与安福路、五原路、泰安路成"丁"字形相接,与复兴西路、湖南路相交。长 1 180 米,宽 13—16 米,其中车行道宽 8—13 米,沥青路面。路基原为农田、沟浜,清光绪三十三年(1907 年)由法租界公董局越界所筑,并以美国人福开森(原南洋公学第一任监院)之名为路名。初为泥土路,几经翻修,成为沥青表面处理道路。民国三十二年(1943 年)10 月始以浙江省的武康旧县名命名。1982 年将路面填高,人行道铺设水泥板。

[高邮路]

北起复兴西路,西至湖南路。长 354 米,宽 15.4 米,其中车行道宽 9.4 米,沥青路面。路基原为荒地,野草丛生,民国十四年(1925 年)由法租界公董局辟筑,并以清同治八年(1869 年)曾来华任旗昌洋行职员的法国汉学家高逖爱之名作路名。民国三十二年(1943 年)10 月改名库信路,民国三十四年(1945 年)11 月始以江苏省的高邮县名命名。初筑时仅是复兴西路至该路 63 号一段,为煤屑路;1958 年转折向南延伸,与湖南路相接,始全部贯通。1982 年前改建成沥青表面处理。2006 年 8 至 10 月进行大修,车行道宽为 9.4 米,两侧人行道宽各 3 米,并铺砌彩色砖。

[汾阳路]

北起淮海中路,向南延伸,中与复兴中路相交,至太原路口后折向西,南侧至岳阳路、北侧至桃江路,成曲尺形的走向。长 815 米,宽 14—15 米,其中车行道宽 7.5—8 米,沥青路面。初为法租界公董局于清光绪二十八年(1902 年)越界所筑的泥土路,以法驻华公使毕勋之名作路名。清光绪三十年(1904 年)铺成石子路面。民国三十二年(1943 年)10 月改以山西省的汾阳县名命名。后几经翻修。

[富民路]

北起延安中路,南至东湖路。全长 624 米。位于徐汇区境北部,北起长乐路,南至东湖路,与新乐路、延庆路交会。长 59 米,宽 16 米,其中车行道宽 9 米,沥青路面。为法租界公董局于民国二年(1913 年)越界始筑,初时北起长浜路(今延安中路),南至巨籁达路(今巨鹿路)。民国七年至十年(1918 至 1921 年)间,南端延伸至杜美路(今东湖路)。民国二年(1913 年)10 月 13 日,公董局董事会议上决议以原法国侵华舰队司令古拔(今译孤拔)名字作路名。民国三十二年(1943 年)10 月改以云南省的富民县名命名。后经养护维修成为沥青混凝土结构的道路。

[新乐路]

东起陕西南路,西至东湖路,中与襄阳北路相交。长 570 米,宽 16 米,其中车行道宽 9

米，沥青路面。初由法租界公董局于民国二十一年（1932 年）填没白洋河筑成泥土路，以清光绪二十六年（1900 年）在北京义和团运动中毙命的法国中尉亨利名字命名。民国三十二年（1943 年）10 月始以河北省新乐县名命名。几经分段翻修，襄阳北路以东路段于 1980 年将灌浇沥青路面改为沥青混凝土结构，以西路段 1987 年改为沥青混凝土结构。

新乐路街景

［五原路］

东起常熟路，西至武康路，中与乌鲁木齐中路相交，与永福路成"丁"字形相接。长 820 米，宽 15—16 米，其中车行道宽 8—11 米，沥青路面。20 世纪 30 年代筑就的碎石灌浇路，民国十五年（1926 年）3 月取名赵主教路（意大利旅华传教士玛勒斯卡，取中文名赵方济），民国三十二年（1943 年）10 月以绥远省（后归并内蒙古自治区）五原县名命名。

1973年进行翻修加高，两侧人行道铺设水泥板。1980年后乌鲁木齐中路以东路段一度辟为农贸集市市场。1992年11月常熟路至永福路段道路大修，路长527米，宽15.4米，其中车行道宽8米。

［湖南路］

东起淮海中路，西至兴国路，中与永福路、高邮路成“丁”字形相接，与武康路相交。长727米，宽15—17米，其中车行道宽7—10米，沥青路面。路基原为农田、沟浜，1918—1921年间为法租界公董局所筑；民国十四年(1925年)10月以第一次世界大战中战死的法军士兵居而典之名作路名。民国三十二年(1943年)10月改以湖南省名命名。武康路至兴国路段，原为煤渣碎石路面，1964年改铺灌浇式沥青面层，1979年改建沥青混凝土结构。2001年徐汇区境内整条道路进行翻修养护，两侧人行道加铺彩色板，始成现状。

［泰安路］

东起武康路，西至兴国路，长200米，宽15米，其中车行道宽9米，沥青路面。由法租界公董局于民国七年至十年(1918—1921年)始筑，路宽9—10米，车行道宽6米。民国九年(1920年)10月以第一次世界大战中回国战死的旅华法侨劳利育少尉的名字作路名。民国三十二年(1943年)10月改以山东省泰安县(今为市)名命名。2006年8月徐汇区境内进行修拓，始成现状。

［东湖路］

西北起长乐路，东南至淮海中路，中与延庆路、新乐路、富民路成“丁”字形交汇。长474米，宽15—17米，其中车行道宽8—11米，沥青路面。路基原为农田及沟浜，清光绪二十八年(1902年)，由法租界公董局填浜筑成泥土路，以法属印度支那总督杜美名字作路名。初筑时，南起淮海中路向西北延伸至富民路，复折向西延伸至常熟路，原长880米，呈“乁”形。民国十一年(1922年)西北段与蒲石路相接，成为蒲石路的组成部分(后改名长乐路)；南段仍叫杜美路。民国三十二年(1943年)10月改以湖北省武汉市内的东湖命名。几经翻修，始成现状。

［华山路］

分南、北两段。北段东西走向，自长乐路至兴国路，长650米，宽14.9—20米，其中车行道宽9.6—15米，中与武康路、复兴西路成“丁”字形相接。南段南北走向，自淮海中路、淮海西路交接处至衡山路、虹桥路、肇嘉浜路、漕溪北路交汇处，中与康平路、广元路、广元西路成“丁”字形相接。长1 005米。最初是清同治元年至三年(1862—1864年)间英租界当局为对付太平军进攻上海而修筑的七条“军路”之一。迨太平天国战争结束，由公共租界工部局接收、整修，因通徐家汇，曾命名徐家汇路。民国三年(1914年)法租界扩展至徐家汇，便成法、华界路。为纪念英国将领海格，民国十年(1921年)1月1日起名海格路。民国三十二年(1943年)10月始以陕西省的名山华山命名。初为土石路，20世纪20年代翻修成沥青路面。1999年将南段道路拓宽至32米，其中两侧人行道宽各4米，非机动车道宽各3.5米，非、机隔离带各0.5米，机动车道宽16米，人行道改用镶嵌式彩色板。后又将广元路交叉口北侧的华山路人行道宽从4米缩成3.25米，机动车道加宽为17.5米。2005年又将该路段非、机隔离带全部拆除，以提高道路通行能力。

表 13-1-2 **2016 年徐汇区湖南路街道道路情况表(次干道)**

路 名	境内起讫点		路幅宽度(米)	道路长度(米)	走向	建成年份	最后修(改)建年月
	起点	讫点					
兴国路	华山路	淮海中路	10.5—13	796	南北	1927	—
华亭路	长乐路	淮海中路	8.6—9.5	365	南北	1921	1984.10
长乐路	陕西南路	华山路	10—16	1 944	东西	1914	1991.9
永福路	五原路	湖南路	13.5—16	485	南北	1926	2003.12
延庆路	东湖路	常熟路	12—13	496	东西	1919	1973.12
武康路	华山路	淮海中路	13—16	1 180	南北	1907	1982.12
高邮路	复兴西路	湖南路	14—15	354	南北	1925	2006.10
汾阳路	淮海中路	岳阳路	14—15	815	南北	1902	—
富民路	新乐路	长乐路	16	59	南北	1913	1979.12
新乐路	陕西南路	东湖路	16	570	东西	1932	1987.12
五原路	常熟路	武康路	15—16	820	东西	1926	1992.12
湖南路	淮海中路	兴国路	15—17	727	东西	1921	2001.12
泰安路	武康路	兴国路	15	200	东西	1921	2006.8
东湖路	长乐路	淮海中路	15—17	474	南北	1902	1980.12
华山路	长乐路	兴国路	14.9—20	650	东西	1864	1999.12

三、一般道路

至 2016 年末，湖南路街道辖区有乌鲁木齐中路、陕西南路、南昌路、宝庆路、常熟路、襄阳南路、襄阳北路和安福路 8 条一般道路，其中南昌路和安福路为东西走向，其余 6 条道路为南北走向。

［**乌鲁木齐中路**］

北直长乐路，南至淮海中路，中与安福路、五原路、复兴西路相交。长 691 米，宽 14.6—16.2 米，其中车行道宽 9.2 米，沥青路面。清宣统三年(1911 年)法租界公董局越界所筑，并以回国战死于第一次世界大战的旅沪法侨麦琪之名作路名。民国三十二年(1943 年)10 月改以新疆省迪化市名命名为中迪化路，民国三十五年(1946 年)1 月改名迪化中路。1954 年迪化市易名乌鲁木齐市，随之更为今名。1986 年之前道路结构既是沥青混凝土，亦有沥青表面处理。1999 年 11 至 12 月改建，路幅按原 15—16 米不变，其中车行道统宽为 9.2 米，人行道宽各 2.7—3.5 米，始成现状。

［陕西南路］

北起长乐路，南至肇嘉浜路，中与并把乐路成“丁”字形相接，与淮海中路、南昌路、复兴中路、永嘉路、建国西路相交。全长 1 950 米，宽 14.7—18.7 米，其中车行道宽 9.2—13.3 米，沥青路面。

［南昌路］

东起陕西南路，西至襄阳南路，长 279 米，宽 14—15 米，其中车行道宽 9 米，沥青路面。路基原为农田、村落、沟浜，分东西两段先后修筑：雁荡路以东段早于清光绪二十八年（1902 年）修筑；以西段于民国元年（1912 年）始筑，民国十一年（1922 年）才从陕西南路伸筑至区境的襄阳南路。初筑时为泥石路面，民国六年（1917 年）西段铺碎石路面，民国十一年（1922 年）后改铺成柏油路面。雁荡路以西段曾以法国飞行家环龙（清宣统三年〔1911 年〕赴上海举行飞行表演时机毁人亡，复兴公园内曾建有环龙纪念碑）之名作路名。以后几经维修，道路曾作沥青表面处理，后改沥青混凝土结构。

［宝庆路］

北起淮海中路，与常熟路相连，南至桃江路，与衡山路衔接，中与复兴中路相交。长 322 米，宽 21—22 米，其中车行道宽 12—13 米，沥青路面。该路于清光绪二十八年（1902 年）为法租界公董局越界而筑，并以法远东舰队司令宝建名作路名。初为泥石路，清光绪三十年（1904 年）加铺石子。民国三十二年（1943 年）10 月改以湖南省的宝庆县（今邵阳市）名命名。后经一再翻修，成为市区南北向主要通道之一。

［常熟路］

北起长乐路，南至淮海中路，与宝庆路相连，中与安福路、延庆路、五原路成“丁”字形相接。路基原为朱丝浜，清光绪二十七年（1901 年）法公董局越界所筑。初系石子路面，因该处有一家善钟马房，故名善钟路。民国三十二年（1943 年）10 月改以江苏省的常熟县名命名。1991 年 9 至 11 月长乐路至淮海中路段进行改建，车道从原宽 13 米拓宽至 14 米，始成现状。

［襄阳南路］

南起肇嘉浜路，北至淮海中路。长 1 499 米，宽 16.0 米，车行道宽 9.0—10.0 米。民国七至十年（1918 至 1921 年）筑，以法国邮船公司职员名命名拉都路（Route Tenant de la Tour）。民国三十二年（1943 年）10 月改以湖北省襄阳县名命名。民国三十五年（1946 年）2 月因将北面相接的淳化路也改名襄阳路，故同时将位于南边的襄阳路改名襄阳南路，北边的襄阳路改称襄阳北路。原为片弹石街路面，后改灌浇式沥青面层，1981 年改为沥青混凝土结构。2001 年 4 至 6 月进行道路养护。

［襄阳北路］

北起长乐路，南至淮海中路，中与新乐路相交。长 418 米，宽 15—19 米，其中车行道宽 9.2—11 米，沥青路面。由法租界公董局于民国十至十八年（1921 至 1929 年）间筑成，民国十年（1921 年）2 月以战死于第一次世界大战的法军士兵劳尔登之名作路名。初筑时仅是巨鹿路至长乐路一段，民国十八年（1929 年）前向南延伸至淮海中路。1943 年 10 月曾改以陕西省的淳化县名作路名。民国三十五年(1946 年)2 月改以湖北省襄阳县名命名,并因在原襄阳路之北,故称襄阳北路。原长乐路至新乐路段由沥青混凝土及沥青表面处理构成,新乐路至淮海中路段为灌浇柏油路面,1982 年也改成沥青混凝土结构。1990 年 7 至 9 月进行拓建,车行道宽至 9.5 米,其中快车道宽 3.5 米,慢车道(双向)各宽 3 米。

[安福路]

东起常熟路,西至武康路中与乌鲁木齐中路相交。长 861 米,宽 12—13 米,其中车行道宽 7—7.5 米。沥青路面。路基原为乡村小路,当地居民在此经纱浆布;后经法租界公董局于民国四至五年(1915 至 1916 年)间筑路用于跑马,原名巨泼来斯路,取一法国海军将领名字。初为泥土路,后改煤屑路。民国三十二年(1943 年)10 月改以江西省的安福县名命名。道路几经翻修改建,才成今貌。

表 13-1-3　**2016 年徐汇区湖南路街道道路情况表(一般道路)**

路名	境内起讫点		路幅宽度(米)	道路长度(米)	走向	建成年份	最后修(改)建年月
	起点	讫点					
乌鲁木齐中路	长乐路	淮海中路	14.6—16.2	691	南北	1911	1999.12
陕西南路	长乐路	肇嘉浜路	14.7—18.7	1 950	南北	—	—
南昌路	陕西南路	襄阳南路	14—15	279	东西	1912	1968.10
宝庆路	淮海中路	东平路	21—22	322	南北	1902	1986.9
常熟路	长乐路	南海中路	13—14	372	南北	1901	1991.11
襄阳南路	淮海中路	肇嘉浜路	16	1 499	南北	1921	1982.6
襄阳北路	长乐路	淮海中路	15—19	418	南北	1921	1990.10
安福路	常熟路	武康路	12—13	861	东西	1915	1987.6

第二节　公共交通

一、轨道交通

辖区轨道交通 1、7、10、12 号线穿行境内,并在淮海中路常熟路、陕西南路设立站点。

轨道交通 1 号线和 7 号线均经过辖区常熟路站。常熟路站位于淮海中路常熟路口,以常熟路命名。为双层单柱单跨折线拱顶结构。长 230 米，宽 17.9—19.4 米，深 11.6 米，有 8 个出入口。为轨道交通 1 号线和 7 号线的换乘站。其中 1 号线车站位于淮海中路，7 号线车站位于常熟路，均为地下岛式车站，两线通过通道换乘；1 号线、10 号线、12 号线均经过陕西南路站并可实现同站换乘。

2016 年，贯穿街道境内的公共汽车线路有 20 条，其中起讫站在街道辖区有 1 条，在街道辖区境内通过的有 19 条。

[轨道交通一号线]

上海轨道交通一号线是上海的第一条地铁线路，由上海地铁第一运营有限公司负责运营。1990 年 1 月开工建设，1993 年 1 月 10 日建成南段锦江乐园站至徐家汇站上行线，1993 年 5 月 28 日开始试运营，1995 年 4 月 10 日启用。至 2016 年，该线途经宝山、闸北、黄浦、徐汇、闵行等区，全长 36.89 公里，共设 28 个车站，其中换乘车站 8 座，其中一个站点为辖区常熟路站。

[轨道交通七号线]

上海轨道交通七号线 2009 年 12 月 5 日开通运营一期工程（上海大学站至花木路站），2010 年 12 月 28 日开通运营北延伸段（美兰湖站至上海大学站），是上海轨道交通系统中第 9 条开通运营的线路，途径宝山、普陀、静安、徐汇、浦东新区 5 个区，从宝山区美兰湖起，穿越上海市中心城区，至浦东新区花木路，线路全长约 44.35 km，共有 33 座车站，换乘车站 9 座，含辖区常熟路站。

[轨道交通十号线]

上海轨道交通 10 号线，是国内首条无人驾驶轨道交通线，分两期建设。一期由新江湾城站至虹桥火车站，支线在龙溪路站连接航华支线，抵达航中路站，主干线路全长 36 千米，其中龙溪路站以东及支线部分于 2010 年 4 月 10 日先期开通试运营，而主线龙溪路站以西于 2010 年 11 月 28 日开通；第二期由新江湾城站延伸至外高桥，长 10.08 公里，共设 6 站，为上海 2010 至 2020 年规划建设线路。由于沿途经过新天地、豫园老城厢、南京路、淮海路、四川路、五角场城市副中心等上海中心区域，被称为“最黄金线路”。2015 年 10 月 23 日，10 号线（一期）工程获得有世界工程界“诺贝尔奖”之称的“FIDIC 优秀工程奖”。辖区有上海图书馆站（博爱医院出口）、陕西南路站（环贸出口）。

[轨道交通十二号线]

上海轨道交通 12 号线是上海市第十三条建成运营的地铁线路，于 2008 年 12 月 30 日开工建设，2013 年 12 月 29 日开通运营东段（金海路站至天潼路站），2014 年 5 月 10 日开通运营曲阜路站，2015 年 12 月 19 日开通运营西段（曲阜路站至七莘路站）。全线开通后，线路起点七莘路站，终点金海路站，是上海城市轨道交通网络中串联上海西部与东北部的直径线，是纵贯中心城区“西南——东北”轴向的主干线，是上海轨道交通网络的“换乘之王”。上海地铁 12 号线全长 40.4 千米，全部为地下线，全线共设 32 座车站。辖区有陕西南路站（环贸出口）。

[街道建设任务]

2006 年，街道承担辖区轨道交 7 号线常熟路站、10 号线淮海中路站、12 号线陕西南路站站点和襄阳服饰礼品市场和南昌集贸市场的动迁任务。为全力保证 3 条轨道交通线顺利开工，街道分别成立各条轨交站点动迁工作组，安排全体机关干部分批次进入动迁工作组，建立包干到户，责任到人的工作制度；聘请专业化律师，提供法律知识帮助。动迁基地共动迁344证431户居民，其中高安路基地20证26户；常熟路基地28证51户；陕西路基地296证354户。实现3个动迁基地签约率100%目标，居民搬迁率100%。南昌集贸市场的五百多个摊位和襄阳服饰礼品市场八百多个摊位全部按期关闭。

二、公共汽车线路

2016年，贯穿街道境内的公共汽车线路有20条，其中起讫站在街道辖区有1条，在街道辖区境内通过的有19条。

表13-2-1　**2016年末湖南路街道辖区内公交线路一览表**

线路	起点站	终点站	境内公交站点	备注
94路	襄阳北路长乐路	建德花园	襄阳北路长乐路	起讫站辖区
911路	老西门	航南路航东路	淮海中路陕西南路、淮海中路常熟路、淮海中路乌鲁木齐中路	在辖区通过
920路	宜山北路虹桥路	老西门	淮海中路乌鲁木齐中路、淮海中路常熟路、淮海中路陕西南路	
26路	新开河路中山东二路	广元西路虹桥路	淮海中路乌鲁木齐中路、常熟路长乐路	
45路	南浦大桥(沪军营路)	曹家渡	襄阳公园、淮海中路常熟路	
167路	龙华西路龙桓路	伊敏河路巴林路	淮海中路陕西南路	
198路	长乐路淡水路	七宝农贸市场	淮海中路陕西南路、宝庆路淮海中路	
548路	东兰路龙茗路	延安西路华山路	永福路湖南路、复兴西路华山路	
96路	中山南一路西藏南路	中山路地铁站	复兴西路武康路、复兴西路华山路	
93路	武宁南路武定路	桂平路江安路	安福路乌鲁木齐中路	
48路	西区汽车站	延安西路华山路	华山路湖南路	
113路	上海火车站(共和路)	静安新城	华山路乌鲁木齐中路、华山路武康路	
926路	上海体育馆	中山东二路新开河路	淮海中路常熟路、淮海中路陕西南路	
927路	上海火车站(南广场)	宜山路虹梅路	常熟路淮海中路	

续表

线路	起 点 站	终 点 站	境内公交站点	备注
824 路	龙临路上中路	忻康里	宝庆路淮海中路	在辖区通过
49 路	汉口路江西中路	上海体育馆	常熟路淮海中路、宝庆路淮海中路	
24 路	长寿新村	豆市街复兴东路	陕西南路淮海中路	
42 路	上海体育馆	龙门路淮海中路	淮海中路陕西南路	
830 路	富水路万里小区	钦州南路虹漕南路	常熟路淮海中路	
15 路	浙江北路天目东路	上海体育场	常熟路淮海中路	

三、出租汽车站

街道历史上曾有一个出租汽车站，位于宝庆路、淮海中路口，1994 年拆除。

第三节 公 用 事 业

一、邮政

街道辖区有 1 个邮政支局，2 个邮政所。

表 13－3－1 **2016 年湖南路街道辖区邮政机构情况表**

名 称	地 址	邮筒、箱（个）	邮路（条）	邮政编码
淮海中路邮政支局	淮海中路 1337 号	36	2	20031
陕西南路邮政所	襄阳南路 92 号	—	—	200031－1
复兴中路邮政所	复兴中路 1246 号	—	—	200031－2

［淮海中路邮政支局］

成立于 1954 年，地址为淮海中路 1337 号，1983 年原址重建，共服务 13 万户居民、1 100 多户主要单位，主要提供信件、印刷品、包裹递寄，盲人读物、义务兵信函、烈士遗物包裹免费递寄，报刊订阅、代收费、交通卡充值、ETC（电子不停车收费系统）充值、邮政汇兑、邮票零售、邮品零售、领取邮件等业务。

表 13-3-2　**2016 年淮海中路邮政局主要邮政业务量情况表**

项　　目	单　　位	数　　量
函件	万件	7.1
包件	万件	0.99
特快专递	万件	2.45
储蓄	万元	159.7
汇兑	万张	2.1
代理保险	万元	192
报刊发行	万份	1.30
集邮	万元	17.03

［陕西南路邮政所］

成立于 1991 年 12 月，地址为襄阳南路 92 号，是淮海中路邮政支局下属的一个邮政所，主要提供各项邮政各项传统服务和存款、保险、理财等金融服务。

［复兴中路邮政所］

成立于 1991 年 12 月，地址为复兴中路 1246 号，是淮海中路邮政支局下属的一个邮政所，主要提供邮政各项传统服务以及代理金融服务。

二、电信

1990 年，每个居委会辖区均设有一到两处公用电话传呼站，街道辖区共有 21 个。

进入 21 世纪后，随着网络通信技术的发展普及，网络、固定电话等通信设施设备逐步覆盖街道辖区。至 2016 年末，街道属于上海电信南区局汾阳分局管辖范围，分局位于汾阳路 61 号。辖区光纤覆盖率达 100%，平均宽带上网速度为 150 M。宽带用户有 2 万 5 千余线，其中企业用户 2 千余线，私人用户 2 万 2 千余线。固定电话用户 2 万线左右，其中，企业用户 7 千余线，私人用户 1 万 2 千余线。

三、水电燃气

辖区居民用水由上海市城投水务(集团)有限公司营业所负责供应。1991 年，延庆路 61 弄、乌中路 280 弄内 23 号、24 号的居民多年来为高峰时无水而苦恼，街道在有关部门协同下，帮助解决用水问题。1992 年，实行随报随修，从而保证居民在节日期间的正常用水、排水。年内，集中解决 72 处老大难屋漏，翻修各类屋面 3 586 平方米，翻排疏通下水道 2 056 公尺，更换自来水管 4.2 吨，对 147 只屋顶水箱进行清洗、消毒，保证居民的饮水卫生。对外露水管进行包扎，共包扎水管 3 980 公尺，确保寒冬时期居民的正常用水。1996 年，街道投资 20.7 万元更换水管 14.07 吨，受益户 2 215 户，翻排、疏通下水道 2 906 米，泵房故障排除 45 处，低压路段换线 19 071 米，受益户 1 448 户，对 147 只屋顶水箱进行清洗、消毒、配盖、加锁，保证居民的饮用水卫生。

辖区用电由沪南供电分公司负责供应。供电便民服务工作以险、漏、沟、水、电为重点，提供电网运行服务。

1992 年，有线电视信号陆续接入辖区居民家。2009 年起，分批次进行有线电视信号整体转化为数字电视信号，实现居民家庭有线电视数字化。至 2016 年末，街道社区居民户水、电、天然气和数字电视做到全覆盖。

街道居民使用的天然气由上海大众燃气有限公司负责供应，其办公地址与对外服务窗口位于衡山路 704 号。1990 年，原湖南路街道辖区有煤气户 11 955 户。1991 年，新的湖南路街道成立后，区政府设建立煤气办公室，街道从工程设计、定灶位、施工安装等方面参与工作，年内配合煤气公司完成市政府实事，发展 2 390 户煤气新装户。至 1997 年，辖区居民全部使用煤气。2012 年，煤气转天然气工作启动。至 2016 年末，辖区 16 个小区共 20 887 户使用天然气。

表 13-3-3 **1990 年原湖南路街道辖区煤气用户调查表**

住房类别	幢 数	户 数	有气户	无气户
新工房	113	2 179	1 914	267
新式里弄	269	3 169	2 954	215
旧式里弄	1 171	4 493	3 474	1 019
公寓	75	1 042	997	45
独立住宅	388	2 648	2 576	72
简屋	98	199	42	157
合计	2 114	13 730	11 955	1 775

表 13-3-4 **2012—2016 年湖南路街道管道燃气用户及销售情况表**

年份	总户数	民用户	非民用户	人工煤气销售（立方米）	天然气销售（立方米）
2012	18 700	18 500	200	203 197	1 651 484
2013	18 997	18 800	197	193 038	1 738 405
2014	20 405	20 200	205	—	3 966 993

第四节　环境保护

一、环境治理

1997年，湖南路街道获评徐汇区大气污染物排放达标社区。

1998年底，辖区烟尘、二氧化硫排放浓度全部达到国家排放标准；烟尘允许排放量为25.67吨/年，现实际排放量为7.27吨/年；二氧化硫允许排放量为48.86吨/年，实际排放量为27.67吨/年。同年，经市环保局创建大气污染物排放达标验收组检查验收，街道率先在区内创建成功大气污染物排放达标街道。

1999年1月，为加强落实市府实事工程，确保年度环境噪声达标街道创建成功，街道成立创建环境噪声达标街道领导小组，召开地区70多家企事业单位参加的治理噪声污染动员会，部署噪声整治工作。“6·5”世界环境保护日，组织机关干部和专家近80人，在襄阳公园举办大型环保咨询活动，现场“会诊”噪声污染重点难点问题。年底，经市区两级环保部门检查验收，街道被评为环境噪声达标街道。

2001年，街道创建基本无燃煤街道，并通过市级验收，完成当年区政府环保实事项目。

2002年，街道市政科联同城管开展联合行动，取缔燃煤炉14只，通过市环保局复验。烟尘实际排放量为5.63吨/年，较创建前削减了28.6吨/年，削减率83.55%；二氧化硫实际排放量21.42吨/年，较创建前削减76.33吨/年，削减率78.095%。

2003年，街道对23家150座以上餐饮单位进行检查，其中共有22家单位的油烟气净化达标率100%，噪声达标率100%，达到所规定95%的要求。

2004年，为落实区第二轮环保三年行动计划，街道制定《湖南路街道社区环保公约》，主要内容包括：节约用水、用电；生活垃圾分类投放；不使用一次性餐具；倡导绿色出行；不食用野生动物等。

2006年，经市扬尘污染控制区(街道、镇)考核验收专家组验收，成功创建市扬尘污染控制示范街道。

2015—2016年间，为落实区环保三年行动要求，提升居民居住生态环境，街道社区管理办公室制定《湖南路街道环境协调管理制度》，贯彻执行环境保护的方针、政策和法律、法规、规章；协调解决环境保护工作中的重大问题；推进大气、水体、土壤等污染防治的监督管理；推动公众参与环境保护等。

二、生活垃圾分类

2011年，街道在武康路280弄、永福路86弄(伯乐大院)、安福路198(金苑小区)等5个小区试点生活垃圾分类。2012年在总结生活垃圾分类试点工作基础上，街道在各小区开展系列宣传活动，如制作宣传板报、悬挂宣传横幅、开设知识讲座、在《湖南社区报》刊登科普知识、居委会组织学习讨论等，向居民普及生活垃圾“产生—分类—收集—运输—处置”等各个环节知识，提高社区居民生活垃圾分类投放的环保意识。联合社会公益组织在居民区开展

“绿色账户”资源回收活动，提高可回收物资源回收利用率。至 2016 年末，全街道实现居民区生活垃圾分类全覆盖。

三、专项工作

［污染源调查］

2009 年，经区环保局认定，辖区生活污水等各类排放接入市政管理网或污水处理设施并达标排放；无危险废物（包括工业、医疗、有毒有害废物）排放，固定噪声基本达标。

［污染治理］

2008 年，辖区出现白色污染物共 1 243 件，实际收集处理 1 056 件，整治率达 84.96％。2009 年，辖区约有各种白色污染物 743 件，收集 621 件，整治率达到 83.6％。两年平均整治率达到 84.28％。

第五节　市容管理与绿化

一、机构职责

1991 年，湖南环卫所撤销，成立湖南环境卫生管理所（简称：湖南环卫所）。主要职责为清扫辖区 34.47 万平方米马路，保洁 113 只废物箱，5 个公共厕所，25 个倒粪站和 1 992 个化粪池。担负市容环境综合管理工作。2004 年，区市容环卫系统实行管理与作业分类管理模式，湖南环卫所环境卫生管理职能划归街道市容管理所。2004 年，湖南环卫所划归日盛环境保洁服务有限公司，更名为湖南作业队。作业队设队长和班长职位，设有业务、统计、出纳、后勤、机扫班、吸卡班、大卡班以及清运班、清道班等部门。

2004 年 7 月，市环卫体制实行管作分离后，湖南市容管理所作为全区的试点单位，于同年 12 月成立，隶属湖南路街道办事处，承担辖区市容环境卫生与管理工作。主要职责为：与辖区各个门责单位签订市容责任告知书，加强协调、指导和监督。辖区餐饮单位餐厨垃圾申报与废弃油脂、地沟油等管理；店招店牌设置审核、备案以及店招日常清洗维护与安全规范检查；小区、企事业单位，菜市场生活垃圾分类宣传、指导、推动；小区建设垃圾日登记及协调日清；沿街商户装修垃圾规范管理；跨门营业、乱张贴、乱堆放、乱悬挂、乱晾晒、非机动车乱停放、偷倒垃圾等综合市容问题整治；市容环境质量问题整改及各种投诉处理。2016 年底，湖南市容管理所有事业编制人员 4 人，社工 3 人。

二、环境综合整治

1991—2002 年，湖南环境卫生管理所组织 100 余名清道清运工及保洁人员每天对辖区 113 只废物箱、2 022 个公共卫生设施，918 只垃圾圆桶进行日常保洁作业，每日清扫全部马路路面。

2003 年，街道开展环境卫生整治，清除各类垃圾 948 吨，疏通管道 6 709 米，窨井 625 只，清除下水道垃圾 28 吨，排除危险点 23 处。配合工商、环保、卫生和城管部门对小作坊、小摊点、小经营店(简称：三小行业)进行监督和管理工作,对沿街商铺、单位基本信息逐一进行登记,对阅报栏进行整治更新,新装电子阅报栏 9 处。加强垃圾库房和大街小巷保洁,清除四害孳生地 363 处。2004 年,加强重点道路市容环境进整治和保护,粉刷淮海中路、常熟路、陕西南路、复兴中路等主干道周边外立面 1 万平方米,更换沿街商铺店招店牌 150 块。推进社区物业管理"一体化",加强小区保安、保洁、保绿和车辆乱停放等管理。改建垃圾库房 52 处,安装晾衣架 120 副,划定自行车停放线 50 处。2006 年,对五原路、湖南路、武康路、永福路等 14 条景观道路进行市容市貌综合治理,重点整治历史保护建筑沿街周边环境,恢复其原有历史文化风貌。对陕西南路 186、188 弄内路面、下水道、透视墙、绿化、墙面进行整修恢复,对居民信箱、晾衣架和小花园绿化等进行重新布置。2007 年,重点开展乌鲁木齐中路、延庆路、襄阳北路等路段以及武康路菜市场周边环境的综合整治。拆除中南新村各类违建 120 平方米,恢复该地区历史建筑原貌。按照《徐汇区政府迎世博 600 天行动计划纲要》要求,结合辖区市容环境实情,制定《湖南路街道迎世博市容环境建设和管理 600 天行动计划》。

2008 年,街道牵头城管、交警、工商、食药监等单位,建立湖南社区市容环境综合整治联席会议制度,专题研究整治重难点问题,明确整治计划。重点整治乱设摊、跨门营业、非法占路经营、无证流动摊贩、兜售假冒伪劣商品等现象,全年取缔乱设摊 500 余处,整治跨门营业 300 余处,收缴假冒伪劣商品近 4 万件,查扣无牌、无证三轮车、大板车、自行车 100 余辆。完成非居住建筑外立面的综合整修,淮海中路、长乐路等 4 条景观道路的综合整治。

2009 年,针对辖区区域面积小,地理位置重要,区区交界、街街交界、景观道路多的特点,牵头相关协同单位,加大"三乱"(乱设摊、乱推物、乱晾晒)现象综合整治力度。共整治乱设摊、乱堆物、跨门营业、摊亭棚、乱晾晒等千余处,拆除各类无证非法广告 346 块,改建店招店牌 5 000 余平方米,基本做到全方位的管理。针对湖南老城区道路狭窄,人流密度大的特点,规范辖区非机动车停放。

2010 年,通过重要道路和重点区域相结合、固守和巡查相结合、常态管理和集中整治相结合,共整治乱设摊、乱堆物、跨门营业、摊亭棚、乱晾晒等千余处,拆除各类无证非法广告 346 块,改建店招店牌 5 000 余平方米,整治规范辖区非机动车停放,做到全方位管理。

2011 年,针对乌鲁木齐中路、南昌路乱设摊、跨门营业的突出问题,依托街道市容联席会议平台,会同市容、城管、工商、交警等协同单位,开展"会诊式"专项整治。出动执法人员 350 余人次,巡查道路 600 余次,取缔无证摊贩 9 501 个,整治跨门营业 1 500 余起。对辖区 16 条道路沿街店招店牌进行维护、更新。新做店招店牌 29 块,维修 69 块,修复灯光 73 处。乌鲁木齐中路、南昌路市容环境整治取得显著成效。

2012 年,街道办事处实施"绿化工程"和"亮灯工程"。针对社区 13 万余平方米绿化普遍缺乏养护的现状,会同区绿化管理署协调产权单位和专业公司,对绿化实施分等级维护。共提升改造花园住宅绿化 4 000 余平方米。在居民区新增和修复路灯 100 余盏,基本消除居民区黑暗死角。针对低端层次商店集聚道路,发挥街道沿街商铺管理协会(简称：路管会)自治组织作用,完成乌鲁木齐中路和延庆路店铺业态进行有序置换调整。加强联合整治与管理力度，引入会力量，在重点路段增派协管人员，建立联合执法和常态固守无缝衔接制度，对流动摊贩、非机动车乱停、跨门营业等实行全天候、全覆盖管理。

2013年，深化联勤联动工作机制，依托市容综合管理联席会议平台，整合协调单位执法力量，形成“联手、联动、联合”的大联勤工作模式，采取集中整治和常态管理相结合方式，组织整治150余次，出动6 500余人次，查处跨门营业772起、流动摊贩574起，收缴非法影像制品1 500余张，清除各类垃圾18吨。先后17次对规范非机动车停车线进行复线作业，总长度31 000多米，复地标2 900只，确保规范停放线清晰。全年共拆除违规设置的店招牌1.24万平方米。

2015年，依托街道大联勤工作机制，协调城管、派出所、交警、市场所，落实对辖区沿街商铺店招店牌管理，做好日常巡查、维修、保养，拆除违规设置广告牌24块，维修店招店牌69块。

2016年，全年共拆除违法建筑5 103平方米，其中在建违建874平方米，存量违建4 229平方米。拆除户外违规设置招牌45块，维修店招牌116处，商家新建店招牌38块，改建店招牌12家。全年受理申报38家，审批通过36家。清洗店招牌3.35万平方米。灯光维修64处。督促沿街店家落实门责环境责任制，加强市容环境日常巡查。强化非机动车管理，合理布局非机动车停放点位。

表13-5-1　**1997—2005年湖南路街道市容绿化所获荣誉一览表(区级)**

年度	荣誉名称	获奖单位	颁发单位
1997—1998	徐汇区第二届绿化先进家庭评比活动组织奖	湖南路街道	—
2003—2004	创建绿化文明行业“三位一体”管理先进单位	湖南路街道	徐汇区精神文明建设委员会
2005	徐汇区整治“三乱”达标小区	湖南路街道13个	徐汇区精神文明建设委员会
2005	徐汇区环保绿色小区	湖南路街道武康小区	徐汇区精神文明建设委员会

三、道路保洁·垃圾清运

[道路保洁]

1991—1993年，辖区实行二班制全天候道路清扫保洁作业，提高道路整体保洁水平。组建淮海中路女子清道班，全面提升淮海中路道路保洁水平。2001年3月，街道环卫所淮海中路女子清道班获评2001年度徐汇区“‘三八’红旗集体”。强化街面市容环境整治，对跨门营业较集中的泰安、襄北、乌中菜市场和南昌路集市施行门前包卫生、包绿化、包管理(简称：门前三包)管理，并全面落实沿街商店、单位门前卫生责任制，签约率、履约率均为100%。强化南昌路、安福路、延庆路乱停乱放乱堆整治力度，淮海中路、乌鲁木齐中路、常熟路获评市级文明街，其中淮海中路荣获上海市最佳文明街称号。襄阳北路、襄阳南路、复兴中路、复兴西路被评为区级文明街。

1996—1997年，在淮海中路、常熟路、宝庆路推广“白天扔掉大扫帚，机械清扫和人工保洁，宣传教育相结合”的新型道路保洁法，实行路面冲、洒、扫一体化保洁。全国第八届运动会在上海召开期间，实行全天候二班半保洁，道路保洁水平提高。同时，运用定人定岗、定白天轮流作息时间“三定”工作法，加强其他中小道路保洁，实现所有中小道路巡回保洁。

1998—1999年，随着扫路车、洒水车等硬件设备投入使用，清道工人作业全面推行“十扫法”。机扫车逐步推行边洒水边作业。同时，通过签订上岗合同，强化考核等手段，加强中小道路管理定额考核和清扫保洁到位率的检查考核。辖区三级以上中小道路实施机扫、人扫相结合保洁法的覆盖率达100%，加快推进机械化清扫步伐。淮海中路等免检道路实行新型道路保洁法。

2000年，街道在总结淮海中路清道新型道路保洁法成功经验基础上，中小道路全面实行新型道路保洁法，并建立机扫考核制度。清道工人实行定员、定岗、定工作量的上岗聘用制度。对清道工人开展上岗培训，培训考核合格率达100%，全员持证上岗。同时，做好沿路废物箱日常清洗工作，一级道路坚持每天清洗3次，二、三级道路每天清洗2次。进入21世纪后，加强景观道路及中小道路清扫力度，及时清理路边暴露垃圾、大件垃圾等各类垃圾，以及清除乱张贴、乱涂写、乱刻画，提升辖区户外环境品质。

表13-5-2 湖南路街道道路保洁情况表

路　名	起　点	终　点	路面长(米)	总面积(平方米)	路级	清扫方式
陕西南路	长乐路	复兴中路	767	7 224	1级	人机混扫
淮海中路	陕西南路	武康路	1 272	22 976	1级	人机混扫
武康路	华山路	淮海中路	1 180	17 217	2级	人机混扫
湖南路	兴国路	淮海中路	740	11 275	2级	人机混扫
兴国路	淮海中路	华山路	177	1 618	1级	人机混扫
高邮路	湖南路	复兴西路	240	3 839	2级	人机混扫
复兴西路	华山路	淮海中路	1 040	18 696	1级	人机混扫
华山路	兴国路	长乐路	926	7 539	1级	人机混扫
永福路	五原路	湖南路	320	4 883	2级	人机混扫
五原路	武康路	常熟路	732	10 839	2级	人机混扫
安福路	武康路	常熟路	490	7 470	2级	人机混扫

续表

路　　名	起　点	终　点	路面长(米)	总面积(平方米)	路级	清扫方式
乌鲁木齐中路	长乐路	淮海中路	700	10 873	1 级	人机混扫
延庆路	新乐路	常熟路	491	6 983	2 级	人机混扫
华亭路	长乐路	淮海中路	200	1 853	3 级	人机混扫
长乐路	华山路	陕西南路	1 812	19 184	2 级	人机混扫
常熟路	长乐路	淮海中路	339	8 416	1 级	人机混扫
宝庆路	淮海中路	复兴中路	220	5 158	1 级	人机混扫
新乐路	延庆路	陕西南路	514	7 719	3 级	人机混扫
东湖路	新乐路	淮海中路	272	3 790	2 级	人机混扫
襄阳北路	长乐路	淮海中路	290	5 480	2 级	人机混扫
复兴中路	陕西南路	淮海中路	702	6 932	1 级	人机混扫
南昌路	陕西南路	襄阳南路	318	4 792	3 级	人机混扫
襄阳南路	复兴中路	淮海中路	183	3 404	2 级	人机混扫
汾阳路	复兴中路	淮海中路	440	6 506	2 级	人机混扫
泰安路	武康路	兴国路	200	3 000	—	人机混扫
富民路	新乐路	长乐路	59	944	—	人机混扫

［垃圾清运］

1991 年，按照要求，提高垃圾清运管理能力，开展运车到达时，拉出垃圾容器；及时装车，减少垃圾暴露时间；倒空的垃圾桶及时复位，减少桶“游街”现象，以及做好垃圾间及其作业场所周边 2 至 3 米范围内清扫工作，做到车走地净。暨“三同时，一手清”规范化作业法劳动竞赛。对部分垃圾量多但垃圾库面积小、圆桶少的点位，实行一天两次清运，确保生活垃圾日产日清。完成安福路、五原路、南昌路垃圾箱(库)整修，疏通下水道，请运大量各类垃圾。对汾阳路 9 弄、五原路 50 弄、永福路 86 弄等环境脏乱较突出的几十个庭院进行突击整治，清除 221 吨垃圾。1992 年，在辖区全面推广垃圾袋装化，全街道 16 个居委会，近万户居民实行生活垃圾袋装化。

1993 年起，坚持对管道垃圾和车辆开不进弄堂的垃圾人工驳运工作，对部分垃圾量多且垃圾库小，垃圾圆桶少的地段，实行每天二次清运，实现该地段垃圾无责任性积压，改善居民生活环境品质。

1996年后，居民生活清运由原先工人用铁锹装车，自卸式平板车、侧装式龙门架圆桶车、两吨集装箱垃圾臂车清运车辆为主，改为后压缩全封闭垃圾车辆清运生活垃圾，实现生活垃圾清运不落地。2004年，湖南作业队成立后，强化地区生活垃圾日产日清力度，加强道路“三乱”整治和建筑垃圾清运力度。

2016年末，辖区有保洁道路26条，面积24.29万平方米。

［化粪池和粪便清运］

粪便冒溢是地区中一个老大难问题，为更好地解决居民的后顾之忧，坚持按规范化作业，编制一坑一卡进行卡片式管理，并组织专人进行人工驳运，从源头消除粪便满溢。据统计，每年粪便清运量均在1万吨以上。

表13－5－3　**1994—2003年湖南路街道垃圾清运情况表**

年份	清运数量（吨）	年份	清运数量（吨）
1994	18 296	1999	13 135
1995	16 566	2000	13 219
1996	15 669	2001	13 322
1997	15 297	2002	—
1998	18 629	2003	12 083

［公共厕所］

1996年，街道以“满意在徐汇”为抓手，坚持倡导“优质服务、优良管理”的新风尚，在公厕内设立老年方便座，残疾人专座。1998年，公厕维修2座（次）。对公厕实行全面的任务量承包，把服务态度、服务质量同承包人的利益紧密结合起来，使之有约束力，并加强日常的考核、管理。2016年，辖区公共厕所市级文明公厕建成率为80%。至2016年，辖区有公共厕所5座，等级均为一类，市级文明公厕建成率为80%，其中4座在20世纪60年代启用，2座在20世纪90年代启用。

表13－5－4　**2016年湖南路街道内公共厕所情况表**

俗称或单位名称	启用日期	厕所等级	厕所地址
五原路厕所	20世纪60年代	一类	五原路157号
复兴西路厕所	20世纪90年代	一类	乌鲁木齐中路与复兴西路交叉口东50米
高邮路厕所	20世纪60年代	一类	高邮路59号附近

续表

俗称或单位名称	启用日期	厕所等级	厕所地址
襄阳北路厕所	20世纪60年代	一类	襄阳北路19号
淮海中路厕所	20世纪60年代	一类	淮海中路966号

四、绿化

1992年，街道加强绿化管理，充实湖南路街道绿化工作委员会成员单位。3月12日结合植树节街道进行广泛的宣传。全年植树2 365株，成活率达99%，扩大绿地900平方米。淮海中路1754弄评为“市优美居住小区”，武康路6弄评为区优美新村，淮海中路1610弄内发动居民清除花园杂物垃圾，拆除违章建筑物，统一安装晒衣架，铺植草坪，开展创建基础工作。组织一千多名中小学生参加绿化知识竞赛，在此基础上各中小学生都建立护绿队，分块包干学校四周路街的绿地。新增2家企事业单位花园单位，绿化合格单位增加到4个。全年基本完成绿化收费任务，共收39 840元。街道绿委会被评为1992年市和区绿化先进集体。1997年，街道获得市市容环境卫生红旗街道先进集体六连冠，获市绿化先进集体称号。1998年，街道绿化委员会调动社会力量，与主要道路沿线87家企事业单位签订门前绿化责任议定书，分别由单位领养绿地6 216平方米，行道树1 106棵，签约养绿护绿树在区内属首家。签约后，街道经常深入单位协助和指导开展养绿护绿工作，并开通绿化服务专线和发放护绿宣传广告牌36块，有效促进社区绿化工作开展。1999年，为拓展辖区绿化空间，营造城市绿化景观，改善城市生态环境，街道逐步开展破墙透绿。

2006年，街道配合区绿化局开发辖区“绿化地理信息系统”，管辖范围内的绿化逐渐接近“所见即所有”的初步理想数字化状态。街道根据历史风貌保护建筑多等特殊地理环境，对陕西南路186弄到188弄绿地内违章建筑进行整治，共拆除违章建筑户48户60间575平方米，清除违建垃圾300吨。处理违反绿化条例和治安条例6起，发放整改通知书8份，处罚金额11 500元。街道加强创建、养绿护绿工作，对区域内单位、居住区广泛开展创建“花园式单位”“绿化合格单位”“园林式绿化小区”“绿化合格小区”活动。结合辖区庭院数量多、养护等级类别齐全的特点，街道在区绿化和市容管理局指导与徐房集团共同改造陕西南路186弄1号—20号，188弄1号—20号等小区绿化。经改造，3 420.2平方米小区公共绿化区域种植落叶乔木7棵，常绿乔木73棵，花灌木119棵，绿篱400棵，马尼拉草坪290平方米，地被37 140棵。并对淮海中路1230号，东湖路51号进行补绿、修剪、除虫，清理绿地内的垃圾22吨。此外，街道建立两支养绿护绿志愿者队伍。小区绿化品质提升，绿化日常管理加强。

2009年底湖南路街道总面积1.73平方公里，有绿化覆盖面积达47.66万平方米，社区绿化覆盖率为27.7%。

2015年，绿地面积48.72万平方米，绿地覆盖率28.16%。至2016年，辖区绿地面积30万平方米，绿化覆盖率28.28%。

［公共绿地］

至2016年，辖区公共绿地面积4.5万平方米。

表13-5-5　**2016年湖南路街道所辖公共绿地一览表**

绿 地 名 称	地　址	面积(平方米)
兴国路绿地	兴国路湖南路口	7 396
乌中三角花园	乌鲁木齐中路、淮海中路、复兴西路口	2 222
东湖路绿地	东湖路淮海中路口	4 400
富民路绿地	富民路长乐路口	621
武康路绿地	武康路兴国路口	128
华山路绿地	华山路长乐路口	530
博爱医院门口绿地	淮海中路1590号	1 033
上方花园门口绿地	淮海中路1285弄旁	1 735
永福路绿地	永福路复兴西路口	260
上音歌剧院前面绿地	汾阳路淮海中路口	563
常熟路绿地	常熟路淮海中路口	2 903
宝庆路绿地	宝庆路复兴中路口	95
淮海中路1754号前面绿地	淮海中路1754号前面	93
淮海中路1404号绿地	淮海中路1404号	41
南鹰饭店绿地	淮海中路1728号	85
黑森林绿地	淮海中路1353—1355号	92
复兴西路(乌鲁木齐中路—高邮路)二侧靠墙绿化带	复兴西路(乌鲁木齐中路—高邮路)二侧靠墙绿化带	350
淮海中路行道树连接带绿地	淮海中路行道树连接带绿地(如：淮海中路1352号前面等)	425
襄阳公园	淮海中路1008号	22 066

［居住区绿化］

2016 年，辖区有住宅小区总绿地面积 17 万平方米。

［单位绿化］

表 13－5－7　**2016 年湖南路街道辖区单位绿化情况表**

单位名称	地址	周边绿地面积(平方米)
环贸广场	淮海中路 999 号	5 965
上海交响乐团	复兴中路 1380 号	5 300
上海房地产科学研究所	复兴西路 193 号	1 800
上海市委统战部事业管理中心	复兴西路 46 号	2 500
中国福利会	五原路 314 号	1 100
上海音乐学院	汾阳路 20 号	7 093
丁香花园	华山路 849 号	18 000
淮海国际广场	淮海中路 1045 号	2 940
嘉华中心	淮海中路 1010 号	9 900
上海世纪商贸广场	长乐路 989 号	3 000
上海市卫生和计划生育委员会监督所	常熟路 280 号	800
上海越剧院	复兴西路 10 弄 16 号	755
湖南路街道社区文化中心	乌鲁木齐中路 164 号	50
位育实验学校五十四中学复兴校区	长乐路 455 号	2 300
	复兴中路 1464 号	60

［庭院绿化］

至 2016 年，湖南路街道庭院绿化总面积 132 105 平方米。其中，一级 19 674 平方米，二级 36 639 平方米，三级 50 312 平方米，四级 25 480 平方米。

［古树名木和行道树］

至 2016 年末，湖南路街道辖区有行道树的道路有 25 条，行道树 3 464 棵。位于丁香花园内的铁冬青，已逾百年，是上海市唯一的一棵百年铁冬青。

［襄阳公园］

公园大门位于淮海中路 1008 号，南临淮海路，西为襄阳北路，北界新乐路。因公园临近杜美路(今东湖路)，上海人习惯称它为杜美公园。公园原为江阴颜料巨商薛宝成的私人花园，占地34亩。民国二十七年(1938年)，法租界公董局将其购买，民国三十年(1941年)改建为公园，民国三十一年(1942年)1月30日向社会免费开放。民国三十二年(1943年)，汪伪政府将公园更名为泰山公园。抗战胜利后，国民政府于民国三十五年(1946年)将其更名为林森公园。1950年5月28日，经上海市人民政府批准，更名为襄阳公园。1961年，经市人民委员会基本建设委员会批准，将相邻的1 900平方米土地并入公园。1997年3月，拆除大门东侧和面向襄阳北路的建筑，更新透视墙。2001年3月，公园投资400余万元将近淮海中路的南端改建成约6 000平方米的开放式绿地，于7月对外开放。悬铃木大道的地坪采用柔性软质适水性强的花岗石，林荫道两边的对称花坛与淮海中路的绿化景观交相辉映；北部隔离墙改为铁栅栏，用于围护和透景，同时拆除售票亭、大门和南端围墙，令公园视角更为开阔。2016年，公园面积为2.21万平方米。

公园四时如春，景色包括公园大道、喷水池、大草坪、六角亭、高平台等，非常宜人。园内有法式梧桐林荫道、对称式的花坛，植有樱花、茶花、杜鹃、海棠、月季等近百种花木。特色花坛闻名沪上，其中，“金鸡报晓”和“东亚运动会会徽”两个花坛，获1993年上海市“公园最佳花坛”奖。

公园因有围棋爱好者在此聚会弈棋的特色传统，素有“围棋之园”的美名。常有文化艺术界的老人相约来此下棋、打拳散步、品茗聊天。公园也曾一度被称为“儿童花园”，内有电瓶车、小手拉车、跷跷板、滑梯、爬格子、踏水车、转盘、秋千、充气弹跳、蹦床、抬轿子、摇摆机等儿童游艺设施，很受附近的小朋友欢迎。

2001年，公园被评为上海市三星级公园。

［**丁香花园**］

位于华山路849号，占地2.04万平方米，建筑面积2 934平方米。19世纪60年代(清同治年间)，由清末直隶总督北洋大臣李鸿章委托清末实业家盛宣怀在上海建造。美国建筑大师艾赛亚—罗杰斯设计，因园内种植丁香故名丁香花园。

园内龙蟠狮踞，亭榭错落，古朴典雅颇具江南园林的艺术风格，是上海历史名园之一。主体建筑为3幢西洋式楼房。主楼位于西北部。主楼与副楼呈相互依偎造型。楼房南置大草坪，园内辟有清澈平静的未名湖，龙墙蜿蜒其侧。湖上架九曲桥，湖中设八角形凤亭，金凤凰立于顶尖，与侧墙上龙首遥相对视，呈龙凤戏水之景。小岛上间植的厚皮香树及湖畔紫藤已逾百年，至今枝茂叶盛。东南隅古木参天，山石嶙峋，有水帘洞、瀑布等胜景。园中散植丁香、茶花、月桂、牡丹、海棠、雪松等名贵花木数百种，间有大小石狮多尊，形态各异。解放前，花园数易其主，年久失修，园容荒芜。1952年经整修后，于主楼西侧建造轮船状2层楼房1幢，改建喷水池，并将园向四面扩展5 560平方米。“文化大革命”中，园内龙墙、石狮、山石均遭破坏。经修复后一度改为兴国宾馆分部。1988年划归市委老干部局，作为离休老干部活动场所。

第六节　城管执法

1996年8月，湖南路街道城建监察队成立。2000年12月，徐汇区城市管理监察大队三分队成立，隶属徐汇区城市管理监察大队，并接受湖南路街道办事处管理。2012 年 1 月，徐汇区城市管理监察大队更名为徐汇区城市管理行政执法局执法大队，徐汇区城市管理监察大队三分队更名为徐汇区城市管理行政执法局执法大队湖南中队。2015 年 9 月，按照"区属、街镇管、街镇用"的城管执法体制改革要求，全区 13 支地区城管执法中队正式下沉至街道，徐汇区城市管理行政执法局执法大队湖南中队更名为徐汇区城市管理行政执法局执法大队湖南路街道中队（简称：城管中队），在区城管执法局的业务指导和街道办事处的管理下履行职责，有人员 28 人。

湖南路街道城管执法中队依据《上海市城市管理行政执法条例》以及市容环境、环境保护、工商管理等城市建设管理方面的法律法规，依法在辖区范围内行使市容环境卫生管理、绿化管理、市政工程管理、环境保护管理、工商管理、建设管理、交通管理、规划管理、物业管理、通用语言文字管理等方面的全部或部分行政处罚权，以及市地方性法规和市政府规章规定由城管执法部门实施的其他行政处罚。

第七节　违 建 拆 除

一、机构

2014 年 7 月，街道在拆除违法建筑工作领导小组基础上，成立由区拆除违法建筑办公室和城市管理监察部门、规划土地局和街道组成的湖南路街道拆除违法建筑办公室（简称：拆违办），提出"遏制增量，减少存量"工作目标。通过调查摸底、对违法建筑建立一户一表，登记造册，锁定存量目标整治。同时落实巡查机制，遏制新违法建筑形成。

二、拆违

拆违办成立后，按照"新违建零容忍，存量违建拆除"原则，及时消除公共部位安全隐患，提升辖区生态环境品质，

2014 年，强化历史风貌保护成效，完善以房管办、居委会、物业和网格协管员为主体的违法建筑巡查发现机制，组织开展"拆违控违百日行动"，拆除违法建筑 80 余处。

2015 年，街道会同拆违办协调城管、派出所、交警、市场监管、市容所等多部门，整合执法力量，对跨门营业、违建搭建、破墙开店等管理顽症进行综合执法，全年拆除违法建筑 121 处，共 1 160 余平方米。

2016 年，推进无证建筑拆除，集中对处于闲置状态、群众反应强烈、单位用房等三种类型的存量违法建筑启动处置程序，并对集中成块的小区违建启动整体拆违工作。完成安福路 255 弄、宝庆路 9 弄、五原路 50 弄等小区违法建筑拆除和修缮改造工程。加强违法建筑执法整治，制定《拆除违法建筑目标责任书》，综合分析无证建筑普查数据，按计划对存量违法建筑启动处置程序，拆除违法建筑 5 182 平方米。

表 13-7-1 **1991—2016 年湖南路街道拆除违法建筑情况表** 单位：平方米

年份	拆违面积	年份	拆违面积	年份	拆违面积	年份	拆违面积
1991	—	1998	1 300.6	2005	600	2012	—
1992	190	1999	1 661	2006	575	2013	—
1993	200	2000	2 320	2007	—	2014	—
1994	188	2001	1 856	2008	—	2015	1 160
1995	287	2002	195	2009	330	2016	5 182
1996	906	2003	687	2010	—	—	—
1997	1 450	2004	837	2011	—	—	—

第八节 网格化管理

2004 年，街道建成社区信息管理信息网。2005 年，街道建成社区安全处置应急网络。2006 年，街道初步建成网格化管理信息系统。为形成辖区城市网格化综合管理提供基础。

一、机构职责

2014 年 9 月，街道成立城市综合管理推进工作领导小组，成员单位包括街道各职能科室、下属单位和各派驻机构等。同时组建湖南路街道城市网格化综合管理中心（简称：网格中心），由街道办事处有关领导兼任网格中心主任，派出所和有关单位负责人兼任副主任。2015 年 1 月，网格中心正式启动运行，实施城市网格化综合管理。同年 3 月，街道建立网格化管理联席会议制度，并召开第一次会议。街道网格中心主要职能是：(1) 推进街道网格化综合管理工作。(2) 负责辖区城市综合管理的指挥调度，对各类渠道发现的问题实行一口受理、统一派单。(3) 对城市综合管理中发现的问题进行协调、督促、核查、评价和监督。(4) 上报需要区级平台和区级职能部门协调处置的案件。(5) 承接区网格中心的工作任务派单。(6) 指挥调度相关科室部门开展联勤巡防和综合执法。(7) 负责居民区工作站的建设，并对其业务工作进行指导。(8) 运用网格化疑难工单处置联席会议制度，协调解决疑难重点案件并进行督查办理。(9) 对各类案件进行甄别、整理、分析和统计，根据事件向各职能科室部门派单。(10) 负责网格监督员队伍的日常管理和培训考核。(11) 负责信息管理系统的运行和维护。

二、网格块区

街道网格中心成立后，将辖区划分为 4 个网格化管理块区，并在 16 个居委会设置网格化管理联勤工作站，形成城市综合管理服务联动体系，提高发现问题、解决问题的效率，实现以源头防控为目标的“五位一体”联动管理机制。设立居民区工作站。按照“一整体、两片区、四网格”的原则划分网格管理责任区，建立“一网覆盖、一口受理、协调指挥、跟踪反馈、科学评估”功能的街道城市网格化综合管理中心，整合部门职能，完善组织架构。2014 年，共受理各类上报案件 8 572 件，其中区级派单 666 件，网格案件 7 906 件，办结率达 100%。

2015 年，探索网格化联动工作机制，筹备成立街道城市网格化管理联动中心，将社区划分为 4 个网格、2 个责任区，在 16 个居委会成立联动工作站，逐步整合相关职能部门，实现“全面覆盖、一口受理、一网通达”。

2016 年，街道加强网格中心规范化建设，明确功能定位，完善处置流程，强化事后评估。同时，扩充网格化管理巡查队伍，升级网格化管理硬件设施，建立居民区网格巡查“微信群”，健全“小联勤”工作机制。配合交通大整治专项活动，采取购买社会化服务方式，配备交通辅警 16 人，辅助开展社区交通管理工作。网格化管理效能显著提升。

三、信息平台

2015 年 2 月，街道网格管理和 12345 市民服务热线一齐并入区城市网格化信息平台，网格中心正式承接平台相关工作，并受理居民区上报工单。5 月，街道网格中心完成信息化建设，为网格一线工作人员和各派驻机构配备手持终端和对讲机，做到责任到岗，责任到人，节省从上报到最终处置的时间，简化处置流程。2016 年，注重三、四级平台的建设、软硬件的融合、前后台的联动。重点完善网格中心运作各项机制，注重接单及时性、派单合理性、跟踪持续性、协调综合性和评估科学性。街道网格中心共受理各类工单 6.3 万余件，其中区级派单 1 568 件，12345 市民服务热线 1 464 件，区级督查 16 件，市级督查 6 件，其他工单 41 件。网格案件 6.1 万余件，其中，监督员上报 1.9 万件，居民区上报 4.1 万余件。

第十四章　精神文明建设

1991 年 7 月，湖南路街道精神文明建设领导小组成立。1995 年，街道成立精神文明建设活动委员会，在宣传统战科下设办公室(简称：街道文明办)。2015 年 12 月，街道成立精神文明建设指导委员会，由街道党工委书记任组长、街道党工委副书记、街道办事处主任任副组长。

1991—2016 年，街道党工委、办事处围绕“物质文明与精神文明一起抓”的工作目标，扎实开展思想道德建设、精神文明创建、志愿者服务等活动，全力创建文明社区、文明小区、文明单位，努力提高社区文明程度和市民素质。

1998 年，街道首次被命名为“上海市文明社区”，此后至 2016 年，街道 10 次被评为“上海市文明社区”。1992—2016 年，街道 106 个小区被评为“上海市文明小区”，26 个小区被评为“徐汇区文明小区”。2004—2007 年，淮海中路(陕西南路—常熟路段)2 次被评为“上海市文明示范标志区域”。1991—2016 年，街道多家单位获上海市和徐汇区文明单位[①]称号。

1998 年，湖南社区(街道)志愿者总队成立。2011 年，湖南路街道社区志愿服务中心成立。2012—2016 年，中心搭建“服务他人、奉献社区”平台，倡导“奉献、友爱、互助、进步”志愿精神，并根据志愿者专业技能和个人特长，围绕“医疗卫生、为老服务、法律咨询、环境保护、文化教育、助学助残、文明劝导”等内容组织开展各类志愿服务活动。至 2016 年底，街道有志愿者团队 53 支，志愿者近一万人，约占街道总数人 15%。

第一节　思想道德建设

1991 年，街道结合上海建城七百周年、建党七十周年，组织开展系列讲座、演讲、歌咏会，在群众中组织开展“三热爱”(指：热爱祖国、热爱社会主义制度、热爱党)教育。1993 年，组织开展“迎东亚，做主人”赠国旗、献爱心爱国主义教育活动。1994 年，组织开展“祖国颂”文化艺术节、“歌唱祖国”文艺专场，广泛宣扬爱国主义。1996 年，在聂耳广场建立爱国主义教育基地。组织社区内上海交响乐团、音乐学院、武警总队及著名艺术家举办“纪念长征胜利 60 周年”大型文艺演出。1997 年，结合香港回归，开展爱国主义教育，举办“情系香港，爱我中华”系列活动。1998 年，组织开展“98 上海艺术节聂耳广场民族音乐会国庆文艺汇演”“纪念十一届三中

---

① 文明单位主要是街道所属单位(部门)和辖区内区属单位(含区管系统单位)中获得上海市和徐汇区文明单位称号的单位。上海市文明单位由市文明办评审提名，市委、市政府命名，每 2 年评选命名 1 次；徐汇区文明单位由徐汇区精神文明建设委员会评审提名，区政府命名，每 2 年评选命名 1 次。

全会召开二十周年文艺演唱会”“纪念周总理诞辰一百周年读书演讲会”，扎实推进思想道德建设。1999 年，结合中华人民共和国成立 50 周年、澳门回归，组织开展“双庆”活动，激发人民群众对祖国的热爱。在沪警会堂举办以“爱心献功臣”为主题的文艺慰问演出，庆祝上海解放 50 周年，部队官兵、优抚对象、学校师生、居民群众共 1 500 多人出席。

2000 年，街道根据《上海市徐汇区国民经济和社会发展第十个五年计划纲要》的精神，以物质文明和精神文明共同发展为目标，探索和建立与文明城区相适应的市民思想道德体系，培育坚定的理想信念和社会主义市场经济相适应的道德观念。以全国思想政治工作会议为动力，将思想政治工作与五进社区、文明社区、文明小区的创建结合起来，召开居民区思想政治工作现场交流会，推广华康等居民区思想政治工作的先进经验。

2001 年，把推进文化、体育、科普进社区作为精神文明建设的重要内容，举办 11 场群众文艺演出，其中“双迎”大型社区文艺演出，参加演员 1 300 人。此外，为居委会活动室送书 6 000 余册。2002 年，贯彻落实《公民道德建设纲要》，在社区内大力倡导“爱国守法、明礼诚信、团结友善、勤俭自强、敬业奉献”的基本道德规范。依托社区文化底蕴，发挥社区合唱、昆曲、拳操、健身操等文化团队作用，广泛开展“五进社区五到家”活动，发放一万余册宣传手册，先后举办“第 8 届社区全民健身运动会”，组织群众文艺演出 7 场、群众团队展示表演 4 场，社区大型歌咏比赛等文体活动。2004 年，组织开展“新德新风评选活动”，深化公民道德宣传活动。举办“湖南社区第十届社区体育节”“第九届全民健身节”“第六届文化艺术节”，共有 3 万余人次参加。

2005 年，街道举办“祖国与您同行——湖南社区第七届文化艺术节”“都有一颗红亮的心——湖南社区戏曲演唱会”，纪念抗日战争胜利暨世界反法西斯战争胜利六十周年，弘扬以爱国主义为核心的民族精神。同年，湖南社区家庭文明建设指导中心成立，该中心是政府支持、妇联指导、社会运作的民办非企业社团组织，旨在为社区妇女、儿童、家庭提供公共服务，开展提高家庭成员素质和家庭生活质量的公益性活动。自中心成立后，先后举办“0—3 岁儿童健康成长咨询服务”“社会转型时期社会稳定器报告会”“青少年纪念抗战胜利 60 周年征文”等活动，受益群众 1 950 人。2006 年，湖南社区在襄阳公园特色广场上举办的各类活动达 26 场次，参加的演职人员和观众多达十多万人次，使得襄阳公园特色广场逐步成为社区群众心中的文化摇篮。2007 年，襄阳特色文化广场举办各类文艺体育活动共 52 场次，居民参与活动累计达 48 000 人次。“湖南社区襄阳特色文化广场”实验项目经市教委评估考核，验收通过，成功结题。按照市新一轮《创建标准》开展精神文明工作，组织开展“淮海路上鱼水情、军民共建树常青——湖南社区军民欢乐闹元宵”“军烈属、军童联欢”“百万市民看军营”等活动。举办“留下成长足迹”学生成长档案夏令营活动，该活动被评为“2007 年上海市未成年人暑期工作特色项目”。2008 年，以“迎奥运、迎世博”为契机，开展精神文明建设。举办“社区文化艺术节、第三届学习节、襄阳文化广场、上海国际艺术节”4 大主题共 56 场活动，以“关注民生，共建和谐”为主题开展宣讲活动，举办“同心协力，建设和谐家园”“社区为民实事工作”等 6 场专题讲座。街道被评为“2007 年军民共建精神文明先进集体”。2009 年，围绕“迎世博”“上海解放 60 周年”“新中国成立 60 周年”“社区文化艺术节”等主题，举办各类文体演出活动 49 场，参与居民约 3 万人。同年，湖南好心情工作室再次被徐汇区妇女联合会评为“2009 年度徐汇区社区家庭文明建设指导中心优秀项目”。2010 年，组织开展

“我推荐、我评议身边好人”等道德模范选树和“好人好事”评选活动，广泛发动居民群众推荐身边道德模范、身边好人，选树一批社区道德模范，并在《湖南社区报》刊登宣传。同年，湖南好心情工作室被徐汇区妇女联合评为“2010 年度徐汇区社区家庭文明建设指导中心优秀项目”。

2011 年，街道以庆祝中国共产党成立 90 周年为主题，举办“红歌演唱、群文书法、摄影比赛、舞蹈戏曲、体育建模”等十大赛事。依托襄阳公园全国特色文化广场“艺术星期六”品牌效应，举办“凝聚青春力量，演绎红色激情”管弦乐专场音乐会、“快乐湖南杯”系列体育赛事等，促进社区文化繁荣与发展，丰富群众的精神文化生活。举办“感动徐汇”2011 年道德模范故事汇巡演湖南社区专场，120 余名社区居民观看演出，聆听道德模范的故事，感受道德的力量。此外，湖南社区编辑了《奉献·感动人物——湖南社区优秀共产党员事迹汇编》，在社区中宣传身边优秀共产党员的事迹。2012 年，组织社区居民志愿者参加“爱国歌曲大家唱”激情广场演出活动、“城市新印象(2007—2012)大型主题展览”活动和徐汇区“关爱他人、关爱社会、关爱自然”志愿者岗前实务培训活动，充分激发社区居民热爱社区、踊跃参加社区精神文明建设的积极性和主动性，营造文明社区大家创的良好氛围。2014 年，街道举行纪念建党 93 周年暨精神文明建设大会，对在“群众路线教育实践”活动和社区志愿服务活动中有突出表现的集体和个人进行表彰。街道妇联组织面向社区、面向家庭，挖掘群众身边的“最美家庭”及感人故事，形成了人人参与、家家争创的良好局面。此外，继续巩固社区报、宣传栏、电子屏等传统媒体阵地，加快网站、微博、微信等新媒体建设，更新沿道路宣传版面，制作发放文明宣传用品。针对不同年龄、不同群体向社区居民、中小学生、文明单位发出《文明倡议书》，动员共建单位主动参与文明创建志愿服务活动。广泛宣传社会主义核心价值理念，举办道德讲堂、国学班等系列活动，推进未成年人思想道德建设。同年，“三毛心中国梦，湖南社区青少年爱国主义教育实践活动”被评为“徐汇区第二届未成年人思想道德建设工作创新案例”。2015 年，以“汇善汇美、文明徐汇”为主题，街道深入开展“满意、美丽、友善、诚信”四大系列主题活动。深入挖掘弘扬社区道德模范先进事迹，开展学习宣传活动。通过社区道德讲堂，弘扬社会正气，宣传职业道德、社会公德、家庭道德，营造辖区良好的和谐文明氛围。组织开展“红色系列”“中国梦”“我们的节日”“做一个有道德的人”等活动，与上海话剧艺术中心和爱菊小学合作，编排展演话剧《未来的三毛》，弘扬中华优秀传统文化，践行社会主义核心价值观。2016 年，湖南路街道妇联以寻找“最美家庭”活动为抓手，深入挖掘社区家庭中的榜样典型，共评选推荐出章剑安、朱平波等 80 户家庭为湖南街道“最美家庭”。开展道德模范学习宣传工作，挖掘社区先进，充分发挥助人为乐、见义勇为、诚实守信、敬业奉献、孝老爱亲等道德模范的榜样作用。

第二节　文明创建

一、文明社区

1996 年，市精神文明委提出以街道为单位开展创建文明社区活动。同年，街道申报创建文明社区。至1997年底,街道相继建立“淮海中路文明示范街共建委员会”“社区文明建设协调委员会”“地区精神文明共建联席会议”等相关组织与会议制度。1998年,区第六次代表大会号召以提高市民素质和城区文明程度为目标,加强领导,加大投入,深入持久地开展群众性精神文明创建活动,在5年内把50%的街道(镇)创建成文明社区。街道与区委签订《创建文明社区、文明小区目标责任书》,以创建“上海市文明社区”为目标,开展以精神文明建设为主线,以社区建设和管理、社区服务为工作重点的各项创建活动。1999年,街道被评为“1998年度上海市文明社区”“一级卫生街道①”“市级无噪声污染达标街道”“一级除害服务站”。

2000年,街道把民政工作列入文明社区建设,新增400多平方米居委会活动室,组织机关干部、社区居民、社区单位和困难群众结对。同年,获市侨务工作先进集体、市民政工作全优街道、市“三无信访”(指:无越级上访、无集体上访、无重复上访)达标单位等12个市级先进称号。2002年,区委、区政府召开文明社区长效管理研讨会。街道按照区文明委“关于实施《徐汇区社区长效管理暂行办法》的决定”要求,提出《湖南路街道2002—2003年长效管理规划》,全面推进社区长效管理。2002年,街道加强淮海中路(陕西南路—常熟路)上海市文明示范标志区域创建力度,分别与沿路100余家企业签订文明经商、门前保洁协议。2003年,街道按照“道路整洁美观、交通秩序良好、市场规范有序、创建形成合力、规范服务达标”5项标准继续做好上海市文明示范标志区域创建工作,组建淮海中路交通协管员队伍,发动社区志愿者600余人上街开展“排堵疏导、确保畅通、展示文明”宣传活动。2004年,街道精神文明建设表彰推进大会召开,表彰2003年度市文明小区、区文明小区和文明单位。2005年,街道被市绿化管理局、市精神文明委评为“2003—2004年度创建绿化文明行业三位一体管理先进单位”。同年,湖南社区家庭文明建设指导中心成立,围绕维护妇女保健、指导妇女、儿童及老年教育、建设家庭文化、开展家庭志愿者活动、承接妇女、儿童、家庭的公共服务项目。2006年,街道以“迎世博”为契机,开展“社区内公共区域——三个文明道口”创建活动,倡导市民“文明行路,做可爱的上海人”,不断提升社区居民精神文明素质。2007年,街道被市绿化管理局、市精神文明委评为“2005—2006年度创建绿化文明行业三位一体管理先进单位”。2008年,街道开展和谐社区建设工作。同年,街道被中国社会工作协会城区工作委员会评为“全国和谐社区建设自主创新先进街道”,被市民政局评为“上海市和谐社区建设示范街道”。2009年,街道开展“迎世博、讲文明、树新风”主题实践活动,成立“迎世博365网格巡访志愿者服务队”,全年共组织1.4万多人次参与世博“三五”主题日活动、交通文明岗执勤等志愿者服务活动,做好迎世博每一个百日文明指数测评相关工作。同年,街道获“2007—2008年度上海市军民共建社会主义精神文明先进集体称号”“上海市环境整治贡献奖”“迎世博贡献奖——环境整治贡献奖”。

2010年,湖南社区总户数17 539户,2009—2010年度湖南街道“‘五好’文明家庭”13 074户,占街道总户74.54%。结合上海世博会召开,街道组织开展以“世博先锋行动”

① 上海市一级卫生街道——《上海市爱国卫生运动委员会关于下发“上海市一级卫生街道、镇标准”、“二级卫生街道、镇标准”、“三级卫生街道、镇标准”及上海市卫生街道、镇考核标准及办法的通知》(沪爱卫会[1997]字第14号)。

为主题的争先创优活动。同年，被评为“全国和谐社区建设示范社区”。2011 年，以做好徐汇区创建“全国文明城区”迎检工作为抓手，不断完善社区精神文明创建工作机制，加大对居民区公共部位的整治力度，对难点突出问题进行梳理并协调解决，做好市级文明社区的争创工作。2012 年，街道全年可支配资金为 12 212.78 万元，其中与社区精神文明建设的有关经费投入 1 438.81 万元，占全年可支配资金 11.78%。在 2011 至 2012 年的市、区级文明小区和文明单位的争创工作中，街道申报的 22 个市、区级文明小区全部争创成功。2013 年，街道组建近 7 000 人的湖南街道志愿者总队，发挥志愿者自身特长，开展平安巡逻、清洁城市、交通文明、社区服务等志愿活动。组织开展系列文明城区创建宣传活动，引导小区居民了解、参与创建工作。发放 2 万份文明城区创建宣传品，制作近 200 条文明城区、文明社区创建宣传横幅，起到良好的宣传效果。同年，获得“徐汇区社区家庭文明建设指导服务中心优秀项目”荣誉。2014 年，街道全年可支配资金为 14 097.19 万元，其中与社区精神文明建设的有关经费投入 1 624.07 万元，占全年可支配资金 11.52%。在文明创建过程中，加大对重点道路、重点小区、背街小巷的环境综合治理和文明秩序、文明行为的引导规范，形成“全民出力、统筹得力、干部卖力、协同单位给力”良好工作氛围。此外，湖南街道完成 2013—2014 年度市级文明小区和文明单位的争创工作，12 个市级文明小区全部争创成功。2015 年，街道可支配资金为 14 586.6 万元，社区精神文明建设经费投入 1 846.3 万，占全年可支配资金 12.66%。围绕徐汇区创建文明城区三年行动计划，按照“汇善汇美、文明徐汇”的创全总目标，全面推进“美丽、友善、诚信、责任”四大系列主题活动，开展“高空不抛物”“垃圾不落地”“文明在路上”等专项文明宣传和志愿服务行动，提升社区文明程度和居民素质。把文明城区创建与回应居民需求相结合，提高居民对创全的知晓度、参与度和满意度。发挥市民巡访团力量，完善问题发现、教育引导、联合整治等综合工作机制，促进文明创建长效发展。广泛动员社区单位履行社会责任，推动文明社区与文明单位同创共建，提升社区文明创建合力。

2016 年，推进“无群租”社区建设，排查整治群租房屋 24 处，拆除高低铺 30 个。按照“五违四必”总原则，对延庆路、五原路等 8 条风貌道路沿街建筑、商户存在的“五违”现象依法开展生态环境综合整治，关停取缔违法经营商户 103 家，整治违法搭建、破墙开店 205 户。

表 14-2-1　　**1998—2016 年湖南路街道获评上海市文明社区一览表**

年　度	名　称
1998	1998 年度上海市文明社区
1999	1999 年度上海市文明社区
2000—2001	2000—2001 年度上海市文明社区
2002—2003	2002—2003 年度上海市文明社区

续表

年　度	名　　称
2004—2005	2004—2005 年度上海市文明社区
2006—2007	2006—2007 年度上海市文明社区
2008—2009	2008—2009 年度上海市文明社区
2010—2011	2010—2011 年度上海市文明社区
2012—2013	2012—2013 年度上海市文明社区
2014—2015	2014—2015 年度上海市文明社区

二、文明小区

1992 年，徐汇区委、区政府制定《文明小区暂行标准》和《实施细则》，召开创建文明小区现场推进会。同年，街道创建 27 幢标兵楼，27 条标兵弄，21 幢特色楼。召开"'五好'家庭""特色家庭"11 场主题交流会，15 场座谈会，3 场征文演讲，营造创建浓厚氛围。1993 年，做好特色楼创建工作，创建"军民共建弄""科普楼""文明优美弄""卫生弄"等，其中有 2 条特色弄通过区科协验收，正式命名挂牌。大力宣传"'三八'红旗手""'五好'家庭"，通过宣传栏、黑板报宣传 10 户区"'五好'家庭"和 50 户街道"特色家庭"先进事迹。1996 年，组织开展"创新风、文明在楼院、争创特色楼"活动，创建 80 幢文明楼，按其特色划分为"三学楼、敬老楼、军民楼、爱心楼、绿化楼"等十种标兵特色楼，并开展交流、参观，以点带面，增强创建成效。同年，武康小区被评为"上海市文明小区"。1997 年，以创建市级文明小区为契机，对淮海、武康小区进行改造。组织开展以"创优美环境、优质服务、优良秩序"为目标的"讲文明，树新风"百日竞赛活动。先后建立"淮海中路文明示范街共建委员会""社区文明建设协调委员会""地区精神文明共建联席会议"，11 个居委会与社区内 90 多家单位签约共建文明小区。同年，市文明办授予淮海中路"七不"示范路段创建优胜奖。1998 年街道文明社区创建协调委员会成立，以创建卫生小区、文明小区为抓手，展开环境整治，发动居民对住宅公用部位进行整治。1999 年，建成东湖双拥小区、武康科普小区、淮海绿化小区 3 个特色小区，评选出文明示范楼 49 幢，特色楼 20 幢，文明楼（组）430 幢。

2000 年，街道创建 49 幢文明示范楼，78 幢特色楼，293 幢文明楼（组），创建区"五好"家庭 12 户、街道"五好"家庭 3 070 户、文明家庭 10 865 户、特色家庭 60 户，使文明建设深入到社区各个角落。2002 年，在巩固文明社区创建成果的基础上，开展创建特色小区工作，创建"双拥""文化""涉外""绿化"特色小区 9 个，创建"五好"家庭 3 339 户、特色家庭 60 户、文明家庭 10 085 户。2005 年，市文明办下发《上海市新一轮精神文明创建工作标准》，按新标准规定，市、区文明小区每两年评选命名一次，街道制定新一轮文明小区创建计划。在 2004 年前获得的 14 个市级文明小区、13 个区级文明小区的基础上，2006 年，华康、兴国、复中、鸿艺、永福、淮海、嘉丽苑、安福、武康 9 个市级文明小区和东湖、复襄、中南新村、五原、淮中、常熟、兴武、延庆 8 个区级文明小区提出新一轮市、区级文明小区创建。2007 年，按照市新一轮创建标准开展精神文明创建工作。2011 年，由街道牵头，居委会、物业、弄管会共同组成创建工作小组，建立良好沟通机制，促进创建工作良性互动。创建武康居委会中南新村"市级绿色环保小区"，完成武康路 280 弄 49 号成套率综合改造，社区居民的居住环境得到整体提升。至 2011 年底，湖南路街道共有居民楼组 734 个，其中已创建成文明楼组 600 个，文明楼组占居民楼组的比例为 81.74%，大于 80%的标准。在 2011—2012 年的市、区级文明小区和文明单位的争创工作中，街道申报的 22 个市、区级文明小区全部争创成功。在 2013—2014 年度市级文明小区和文明单位的争创工作中，12 个市级文明小区全部争创成功。至 2015 年 12 月，湖南路街道共有居民楼组 770 个，其中已创建成文明楼组 700 个，文明楼组占居民楼组的比例为 90.9%，大于 80%的标准。2013—2016 年，结合上海市文明社区创建工作的要求，继续加大精神文明创建的力度，先后创建 22 个"上海市文明小区"。

表 14 - 2 - 2　**1992—2016 年湖南路街道获评上海市、徐汇区文明小区一览表**

年　度	上海市文明小区	徐汇区文明小区
1992	陕新、陕南	陕新、武康、新乐、淮中、复襄、常安
1995		陕新陕南小区、淮海小区、复襄小区、东湖小区、新乐小区、复永小区
1995	武康小区	—
1996	武康小区	6 个
1997	武康小区 淮海小区	15 个
1998 年	武康小区 淮海小区 华康小区 兴国小区 乌中小区 永福小区	—
1999	武康小区 淮海小区 华康小区 兴国小区 乌中小区 永福小区 东湖小区	—

续表一

年 度	上海市文明小区	徐汇区文明小区
2000	武康小区 华康小区 乌中小区 东湖小区 嘉丽苑小区 淮海小区 兴国小区 永福小区 复襄小区	—
2001	武康小区 东湖小区 淮海小区 复襄小区 华康小区 嘉丽苑小区 兴国小区 五原小区 乌中小区 安福小区 永福小区	—
2003	武康小区 复襄小区 淮海小区 嘉丽苑小区 华康小区 五原小区 兴国小区 安福小区 乌中小区 复永小区 永福小区 鸿艺小区 东湖小区	—
2004	武康小区 复襄小区 淮海小区 嘉丽苑小区 华康小区 五原小区 兴国小区 安福小区 乌中小区 复永小区 永福小区 鸿艺小区 东湖小区 复中小区	—

续表二

年　度	上海市文明小区	徐汇区文明小区
2005—2006	华康小区 复中小区 永福小区 淮海小区 嘉丽苑小区 安福小区 武康小区	—
2007—2008	华康小区 武康小区 复中小区 淮海小区 安福小区 汇贤居小区 嘉丽苑小区 复永小区 鸿艺小区 陕西南路 186—188 弄小区 中南小区 永福小区	常熟小区 五原小区 延庆小区 乌中小区 延华小区 金波小区 汾阳小区 淮中小区 兴武小区 东湖小区 尚音小区
2009—2010	华康小区 永福小区 东方巴黎小区 武康小区 安福小区 淮海小区 嘉丽苑小区 汇贤居小区 鸿艺小区 复永小区 中南小区 常熟小区 陕西南路 186—188 弄小区	汾阳小区 五原小区 淮中小区 延庆小区 兴武小区 乌中小区 东湖小区 延华小区 尚音小区 金波小区 常华小区 常乐小区 五福小区
2011—2012	常熟小区 永福小区 安福小区 华康小区 东方巴黎小区 武康小区 嘉丽苑小区 鸿艺小区 汇贤居小区	中南小区 淮海小区 复永小区 常华小区 常乐小区 汾阳小区 五原小区 淮中小区 延庆小区 延华小区 金波小区 尚音小区 长乐路 339 弄小区

续表三

年 度	上海市文明小区	徐汇区文明小区
2013—2014	东方巴黎小区 永福小区 瑞华小区 华康小区 淮海大楼 汇贤居小区 嘉丽苑小区 金苑小区 武康小区 亦园小区 鸿艺小区 汾阳小区	—
2015—2016	东方巴黎小区 军官公寓 汇贤居 湖南路 100 弄小区 伯乐大院 汾阳小区 亦园小区 金苑小区 瑞华公寓 霞飞公寓	—

三、文明单位

[上海市文明单位]

1991—1992 年度：徐汇区中心医院

1993—1994 年度：徐汇区中心医院、湖南路街道

1995—1996 年度：乌鲁木齐南路幼儿园、湖南路街道

1997—1998 年度：徐汇区中心医院、乌鲁木齐南路幼儿园

2000 年度：徐汇区中心医院、乌鲁木齐南路幼儿园、上海铭源实业集团有限公司

2003—2004 年度：徐汇区中心医院、乌鲁木齐南路幼儿园、上海日盛环境保洁服务有限公司、上海铭源实业集团有限公司

2005 年起，按照《上海市新一轮精神文明创建工作标准》评选命名上海市文明单位。

2005—2006 年度：徐汇区中心医院、乌鲁木齐南路幼儿园、上海日盛环境保洁服务有限公司

2006—2007 年度：徐汇区中心医院、乌鲁木齐南路幼儿园、上海永福物业有限公司、上海日盛环境保洁服务有限公司

2009—2010 年度：徐汇区中心医院、乌鲁木齐南路幼儿园、上海永福物业有限公司、上海日盛环境保洁服务有限公司

2012 年起，按照《2011 年新版 上海市文明小区、文明单位创建标准》评选命名上海市文明单位。

2011—2012 年度：徐汇区中心医院、乌鲁木齐南路幼儿园、湖南路街道社区事务受理中心、上海永福物业有限公司、上海日盛环境保洁服务有限公司

2013—2014 年度：徐汇区中心医院、乌鲁木齐南路幼儿园、湖南路街道社区事务受理中心、上海新知进修学院、上海永福物业有限公司、上海日盛环境保洁服务有限公司

2015—2016 年度：徐汇区中心医院、乌鲁木齐南路幼儿园、上海新知进修学院、上海永福物业有限公司、湖南路街道社区事务受理中心、上海日盛环境保洁服务有限公司

［**徐汇区文明单位**］

2007—2008 年度：徐汇公安分局湖南路派出所、湖南街道社区事务受理服务中心、湖南社区文化活动中心。

2009—2010 年度：徐汇公安分局湖南路派出所、湖南路街道社区事务受理中心、湖南社区文化活动中心、五原路幼儿园、襄阳南路第一幼儿园、上海世界小学、上海市南洋模范初级中学、中国农业银行股份有限公司上海徐汇淮海中路支行、上海铭源实业集团有限公司、襄阳公园

2011—2012 年度：徐汇公安分局湖南路派出所、中国农业银行股份有限公司上海徐汇淮海中路支行、徐汇区湖南社区文化活动中心、上海市新知进修学院、五原路幼儿园、襄阳南路第一幼儿园、上海市徐汇区民办四季方馨幼儿园、爱菊小学

［**上海市文明示范标志区域**］

2004 年度：淮海中路(徐汇段)

上海市 2005—2006 年度文明示范标志区域：淮海中路(徐汇段)

表 14-2-3　**2005—2012 年湖南路街道精神文明工作所获荣誉一览表(区级)**

年　度	荣誉名称	获奖单位(个人)	颁发单位
2005	徐汇区新德新风先进个人	湖南路街道精神文明建设市民巡访团副团长 孔玲筠	徐汇区精神文明建设委员会
2006	徐汇区新德新风先进集体	湖南路街道社区事务受理服务中心	—
2006	徐汇区新德新风先进个人	湖南社区居民 顾瑞芳	—
2007—2008	第十四届徐汇区文明单位	湖南路街道 5 家	徐汇区精神文明建设委员会办公室
2012	徐汇区精神文明建设宣传工作信息报道优秀单位	湖南路街道	中共徐汇区委宣传部徐汇区精神文明建设委员会办公室
2012	“感动徐汇”道德模范故事汇优秀组织奖	湖南路街道	徐汇区精神文明建设委员会办公室

第三节　志愿者服务

一、机构

1992年，街道成立社区服务中心，并建立42支志愿者服务队。

1998年，建立湖南社区(街道)志愿者总队。

2011年，成立湖南路街道社区志愿服务中心。中心制定相关章程、志愿者登记管理办法和服务守则，旨在大力弘扬文明风尚，加强对志愿者队伍的规范化管理和服务，促进服务与需求的优化匹配，加强民生服务功能，深化和谐社区建设，为社区居民、辖区单位提供参与志愿服务的平台。至2016年底，街道辖区16个居委会全部成立志愿者服务队，形成街道—居委会两级网络，健全和完善社区志愿服务体系。

二、队伍

1997年，街道共有志愿者6 898人。

1998年，湖南社区(街道)志愿者总队下设14个支队，自愿参加人数达16 000余人。

2001年，街道共有17支社区志愿者服务队，参加人员有3 000余人。

2003年，由辖区11位热心社区工作的居民志愿者组成市民巡访团，按照市民巡寻访团的工作章程、性质、职责和赋予的监督权、评议权、调查权，对辖区16个小区的精神文明创建工作展开调查暗访，推动街道文明小区创建工作。

2008年，街道成立"好心情工作室"，由辖区知识女性担任志愿者为居民提供心理咨询、医疗保健、文明礼仪指导等志愿服务，2015年起由上海荆棘鸟公益发展中心对"好心情工作室"进行项目化承接，并新组建心理咨询和情感陪护两支专业志愿者队伍，将志愿服务对象拓展到楼宇白领。

2009年，设立志愿者管理服务部，对社区志愿者、义工工作实施统一规划，逐步建立健全志愿者招募、注册、选拔、培训、考核、表彰管理体系。街道志愿者总队下属13个支队，志愿者8 228人。

2011年，东湖居民区9位志愿者组建"金相邻[①]"居民志愿工作站。街道志愿者在上海市志愿者网注册志愿者人数1 906人。街道建立了"社区志愿者管理服务中心—服务总队—服务队—服务分队"四级组织网络。

2013年，湖南社区服务中心依托市区民政局社区志愿者服务网，招募注册登记的民生服务志愿者共有3 534人。

2015年，街道及各居委会根据自身实际情况，共建立53支特色志愿者队伍。湖南路街道志愿者服务总队的规模，已经涵盖到40余家社区单位及16个居民区，志愿者人数近一万名。

---

① "金相邻"：详见《专记一》。

2016年，街道志愿者在上海市志愿者服务网注册志愿者人数为3 603人，分别有交通安全文明志愿者、卫生清洁志愿者、社区文艺团队志愿者、“爱心银行”青年志愿者、人口计生志愿者、家庭志愿者、党员志愿者、助老助残志愿者、侨界志愿者、社区平安志愿者、帮教志愿者、少数民族志愿者、便民利民志愿者、“生活服务大篷车”志愿者等志愿者队伍。辖区巴金故居、上海荆棘鸟公益发展中心成功创建“徐汇区志愿服务基地”，整合辖区25家驻区单位、社会组织等的公益资源，成立公益伙伴联盟。建立社区志愿服务领军人物和组织领袖团队，以座谈交流、团队拓展等形式对志愿者开展培训。

[陈孝瑞推拿工作室]

华康社区志愿者陈孝瑞退休后参加上海市退休职工大学的中医针灸推拿学习，获得职业证书，开始为社区居民开展义务推拿保健服务。2003年，陈孝瑞参加区组织的慢性病管理学习，学成后与小区志愿者组成社区推拿保健志愿者服务团队，为社区居民服务，并命名为“陈孝瑞推拿工作室”，除每周坚持在湖南路街道社区党建服务中心为居民提供健康咨询服务以外，该推拿保健志愿者团队还参加“3·5”学雷锋“上海公益伙伴日”等公益志愿活动，并走进黄浦、静安、浦东新区等多个外区的社区开展志愿服务。陈孝瑞曾被评为“湖南社区优秀共产党员”“上海市离退休干部先进个人”、荣获2007年上海市优秀志愿者、2012年徐汇区社区教育“奉献奖”提名奖等称号，团队也曾荣获“上海市老年优秀团队”等荣誉。

[交通安全文明志愿者]

2006年起，街道交通安全文明志愿者参与交通文明路口创建活动。至2013年，逐步形成固定和机动两支队伍，一支是覆盖16个居民区和40余家市区级文明单位，由1 400余位交通安全文明志愿者组成的固定队伍，其中包括近1 300位辖区各社区和单位员工志愿者。早上7:30—8:30在辖区中小道路交通路口早高峰时期，志愿者手持宣传旗、穿戴志愿者马甲、帽子、配挂志愿服务牌，在6个文明路口的值勤岗位上协助交警与协管员维持路口的文明秩序。另一支是16个居委会的交通安全文明志愿者机动队伍，每当有重要节点、重大活动时，志愿者们在社区内的各条道路上宣传“文明行路，规范停车，守序有礼”，营造全民参与交通安全文明建设工作的良好氛围。社区内共有近5万人次的志愿者参与“文明在脚下”的志愿服务活动，尤其是在迎办世博、创建全国文明城区等重要工作中，交通文明志愿者更是发挥重要的作用。

[“爱心银行”青年志愿者]

2008年，湖南社区青年志愿者“爱心银行”由辖区各银行团员和青年志愿者组成，活动以“存储时间和爱心，支取快乐和成长”为宗旨，共有283名青年志愿者注册登记，期间通过设在社区的“爱心工场”，向智障人士、孤老家庭、待业青年等弱势群体奉献爱心和时间，至2009年，共储蓄爱心时间近1 100小时，其中320小时已先后被社区2位热心居民和1家企业——农业银行徐汇支行认购，共计获得善款32 000元，用于社区3位困难学生助学及购买老年人日间服务中心的老人健身器材。该志愿者项目获得2009年度上海市优秀志愿者创新奖。2013年，“爱心银行”共存储时间823个小时，其中541个小时被热心企业和居民认购，资助56个社区困难家庭学生上学。《青年报》《新民晚报》、上视新闻坊等媒体先后对“爱心银行”的作法给予报道。

[社区文艺团队志愿者]

社区文艺团队志愿者发挥自己专业特长，参与襄阳公园全国特色文化广场“艺术星期六"活动。2011年,湖南社区第十三届社区文化艺术节暨襄阳公园文化广场"艺术星期六"开幕式上举行"凝聚青春力量 演绎红色激情"管弦乐专场音乐会,社区文艺团队志愿者参与社区文化活动。社区文艺团队志愿者(如复永居委会的歌咏舞蹈班、书画艺术班、编织兴趣班、手工艺兴趣班、科普小组)、东方配送(上海东方公共文化配送服务平台)、专业院校志愿者三方组合,经常深入社区,"专业演出与群众汇演相结合、大众文化与主题活动相结合、基层资源与院校表演相结合",为广大社区居民提供众多喜闻乐见的文化享受。

〔"生活服务大篷车"志愿者〕

2013年,居住在辖区且有一技之长的30余位居民志愿者,组成便民服务队,每双月开展"生活服务大篷车"服务项目或在有需要时到居民区提供便民服务。"生活服务大篷车"开展的服务项目有磨剪刀、修雨伞、理发、小家电维修、配钥匙、修鞋、修配眼镜、血压计修理、环保服务以及咨询项目等有40余项。"生活服务大篷车"全年在居民区开展便民服务13场(次),受益群众15 000余人次。2014年,"生活服务大篷车"便民服务6次,服务项目30余项,参加活动志愿者300余人次,受益居民2 000余人次。2015—2016年,"生活服务大篷车"先后参加"12·5"国际志愿者日便民服务进社区和"3·5"学雷锋精神薪火相传志愿者服务日活动。

四、服务

1998年,社区志愿者开展的服务项目达20多种,各项服务活动自愿参加人数达16 000余人。

2003年,600余位社区志愿者上街开展"排堵疏导、确保畅通、展示文明"宣传活动。

2005年,辖区新知进修学院、徐汇区中心医院和武警中队等单位青年志愿者同40名独居老人结对开展志愿服务,定期上门探望,陪老人聊天、读报,关心老人生活,提供精神慰藉服务。

2009年,3 500名志愿者与独居老人开展关爱结对工作,补充和扩大关爱老人的服务网络。成立"迎世博365网格巡访志愿者服务队",全年共组织1.4万余人次参与"3·5"学雷锋"交通安全文明岗执勤"等志愿者服务活动。社区志愿服务荣获"2009年度优秀志愿服务组织奖"。

2010年,上海世博会期间,辖区设立4个志愿者服务站,有近万余人次的志愿者参与为游客和路人提供信息咨询查询、文明宣传、语言翻译、应急救护等方面的服务。年内有2 000余名志愿者参与站点守护、小区巡逻和社区治安巡防等方面的安全服务,累计近14 000人次参与路口的交通安全文明岗和每月25日"交通秩序日"站岗执勤服务。

2011年,社区卫生清洁志愿者参加春季灭鼠、爱国卫生月及迎接"五一"节、"世界游泳锦标赛""十一"节等卫生清洁志愿者活动。加强爱国卫生的宣传和整治,开展周四义务劳动和每月15日的卫生整治活动,共处置各种垃圾650余吨,处置疏通积水点16 800余次,发动人次5 000余次。年内开通"64719199"24小时服务热线,提供磨剪刀、修雨伞、小家电维修等便民服务项目。

2012至2013年,实施"老伙伴"计划,社区志愿者130人与高龄老人650人结对,开展志愿服务。社区志愿者参加"蓝天下的至爱"募捐活动、"3·5"学雷锋活动、"12·5世界志愿者服务日"活动、徐汇区团委组织的义卖活动等。社区爱心妈妈志愿者义务编织羊毛披肩、围巾、帽子等各类手工艺品，并举办爱心义卖，所得款项纳入社区慈善基金，用于社区帮困助老等慈善活动等。2013 年内新成立的湖南路街道民生服务志愿者协会在关爱街道敬老院老人“老有所乐”、帮助脑瘫儿童改善疾患的音乐理疗等方面，每周都固定进行志愿服务。

2016 年，参加“金相邻”的志愿者达 200 余位，累计照护“老邻居”1 400 余位。同年，湖南路街道团员和妇女专职干部组成“爱在湖南星星不再孤单”志愿者服务队，每周两天去五原路幼儿园开展陪伴自闭症和白化病幼儿的服务。

表 14-3-1　**1997—2016 年湖南路街道志愿者队伍情况表**

志愿者团队名称	所属单位	成立时间	主要活动
计划生育协会志愿者服务支队	湖南路街道计生办	1997 年	计划生育宣传、咨询
青年志愿者服务支队	湖南路街道团工委	1997 年	帮困、文艺宣传不定期
家庭志愿者服务支队	湖南路街道妇联	1997 年	环境宣传、结对帮困不定期
党员志愿者服务支队	湖南路街道组织科	1997 年	医疗咨询、夜间巡逻、法律咨询
助老助残志愿者服务支队	湖南路街道社会保障科	1997 年	医疗咨询、夜间巡逻、法律咨询
侨界志愿者服务支队	湖南路街道宣传统战科	1997 年	医疗咨询、为老服务不定期
帮教志愿者服务支队	湖南路街道司法所	1997 年	法律咨询、宣传与刑释解教人员结对不定期
少数民族志愿者服务支队	湖南路街道宣传统战科	1997 年	医疗咨询、为老服务不定期
便民利民志愿者服务支队	湖南路街道社会保障科	1997 年	修理、服务
交通文明安全志愿者服务支队	湖南路街道文明办	2006 年	淮海中路六个道口维护交通秩序
世博宣传服务支队	湖南路街道社会保障科	2008 年	宣传世博会的相关信息与知识
365 网格巡访志愿者服务支队	湖南路街道社会保障科	2009 年	迎世博志愿服务、安全巡访
社区平安志愿者服务支队	湖南路街道综治办	2009 年	居民区巡逻、值班每天轮流值班
“生活服务大篷车”志愿者服务队	湖南路街道社会保障科	2013 年	便民服务

表 14-3-2　**2001—2016 年湖南路街道居委会特色志愿者服务活动表**

特色	居委会	成立时间
爱国卫生志愿者	张家弄	2001 年
陈孝瑞推拿工作室	华　康	2003 年

续表

特　　色	居委会	成立时间
量血压志愿者	淮　中	2005 年
健康咨询志愿者	春　华	2005 年
社区消防安全志愿者	张家弄	2009 年
平安世博志愿者	张家弄	2010 年
老伙伴志愿者	安　福	2012 年
“小香樟”志愿者服务工作总站	武　康	2012 年
老伙伴志愿者	新　乐	2014 年

表 14-3-3　　**2007—2012 年湖南路街道志愿者工作所获荣誉一览表(区级)**

年　度	荣誉名称	获奖单位(个人)	颁发单位
2007	徐汇区优秀志愿者	湖南街道办事处 孙桂芹	—
2008	徐汇区文明之星公益之星	湖南路街道乌中大楼志愿者服务队——为民办实事 爱心献社区	徐汇区精神文明建设委员会
2009	徐汇区志愿者服务先进集体	湖南路街道社区青年志愿者“爱心银行”	—
2009	徐汇区优秀志愿者	湖南路街道市民寻访团 孔玲筠 淮海居委志愿者服务队 屈晓丹	—
2009	2009 年度首届徐汇文明之星集体	公益之星 湖南路街道乌中大楼志愿者服务队	—
2010	徐汇区世博优秀志愿服务团队	湖南街道市民寻访团 湖南社区文化活动中心 湖南街道消防安全联席会议办公室 上海市新知进修学院党支部 湖南街道社会保障系统党支部	—
2010	世博会重性精神病人管理优秀集体 优秀志愿服务组织奖	湖南路街道办事处	徐汇区公共卫生工作联合会议办公室
2011—2012	徐汇区志愿者服务先进集体	湖南社区新乐路 56 弄弄管会志愿者服务队	—

第十五章　科技信息化

1991 年，湖南路街道成立科普委员会。1992 年，建设科普基地。街道坚持每年举办多项科普活动。街道加强机关和居委会信息化建设，建设网格化信息系统，提供相关信息化服务。辖区有多家市属科研院所。

第一节　社区科普

一、机构

1991 年，成立街道科普委员会，配备 3 名科普报告员，并落实一处可供参观的科普活动场所（上海科技情报所），每月举办一次“科普讲座”活动，满足不同时令和居民群众日常生活中的科学知识的需求。各居委会相继成立“科普小组”，一月举行一次“小讲座”及开展科普活动。

1997 年，街道科普协会成立。

1998 年，街道成立由上海第二军医大学院长刘志高带队的“湖南科普讲师团”。

二、活动

[社区科普活动]

1991 年，街道创办“市民文明学校”，开办“科普班”，教学内容包括计划生育、三优教育（指：优生、优育、优教）、家庭文化建设、社区保健、环境与个人健康等课程，有 1 400 多名社区居民参加。年内，街道和居委会共举办 340 次科普讲座，参与听课 13 500 余人（次），播放科普录像 34 次，举办科普画廊 35 期，黑板报宣传 350 块，各类卫生、健康咨询 5 次，咨询达 3 000 人（次）。

1992 年，街道在辖区公交站点设广播站、咨询站、黑板报展，广泛宣传“世界环境日”活动。年内，各居委会相继成立科普小组，共举办科普讲座 280 次，其他科普活动 50 余次。

1999 年，街道与徐汇区中心医院共建成立科普教育基地，定期为地区居民宣传普及科普知识。开展“武康科普小区”的创建工作，在小区内建立科普宣传雕塑和小区科普角，制作介绍绿化的科普宣传牌 100 多块，举办“文明的生活方式、计划生育、老年人保健”等科普讲座，参与人数 400 余人（次）。年内还在其他居委会中建立两条科普弄。

2000 年，区科技节期间，街道组织 40 名居委干部参加区科普讲座，制作 20 余块科普宣传版面在各居委会巡回展出，参与观看的居民群众约 2 000 人（次）。

2002 年，200 余名居民及居委干部参加在襄阳公园举行的“五进社区”（指：科教、文体、法律、卫生、公共服务）小册子发放仪式，共发放 1.8 万多册。

2004年，街道组织民居民先后参加在襄阳公园举行的“健康城区创建——健康游园会”大型宣传活动、《上海市精神卫生条例》颁布二周年活动、世界卫生日大型宣传活动、“掌握健康金钥匙”等卫生科普咨询活动。举办科普版面的巡回展示、开展精神卫生咨询、发放宣传资料、普及卫生知识。年内，街道举办科普英语比赛、科普节和“我们周围的优秀建筑文化”比赛，组织居委会教干部“科普一日游”，开展科普系列讲座，科普咨询。参加活动的居民约5 000人。

2005年，街道在襄阳公园广场举行“科普与健康同行”社区科技节大型宣传教育活动，有大型文艺演出、宣传版面展示、咨询、发放资料、猜谜、知识竞答以及汉光陶瓷艺术作品成果展览。区计生协湖南社区分会在社区文化中心主办“编制快乐祥和的生活”主题活动，湖南路街道妇女联合会、老年协会湖南办事处、湖南路街道科普协会、湖南社区文化体育中心共同协办。上海博康生殖医学医院专家“男性健康沙龙”举办艾滋病预防知识咨询活动。

2006—2007年，街道举办社区科普节。在襄阳公园开展“和谐文化引领和谐社区新发展——湖南社区‘一居一特’暨科技节展示活动文艺演出”，活动包括：湖南社区“一居一特”展演及科技节科普猜谜、科普咨询、科普展览、科普服务，发放科普小册子、大学生志愿者活动等。并举办“世博会与科技创新”“快乐节能，和谐生活”“孕妇幼儿保健”“女性青春期保健”“结核病健康家园”“糖尿病防治”等讲座。

2012年，全国科普日活动期间，街道邀请上海市疾病控制中心的专家姜培珍老师开展关于食品安全与健康的知识讲座。

2013年，街道组织社区团员青年到2062新能源主题公园，体验科普新概念。开展《雾霾发生与气象条件的关系及其预防》的专题科普讲座。开展2013年全国科普日暨湖南社区科普系列活动："新车间"讲座——《创客与都市农耕》、科普展板《家庭节能36计》展示、一周科普电影放映、上海科普示范社区武康居委会开展垃圾分类回收。

2014年，街道邀请上海市核电办公室专家缪德明老师主讲，为社区居民开展《认识核电》知识讲座。

2016年，街道开展《体育健身锻炼方法》健康生活讲座。武康居委会开展“DIY手工制作五彩肥皂”活动，张家弄居委会开展乐高体验活动，兴武居委会举办“拥有健康等于拥有美好的明天——控制体重预防肥胖”讲座，复中居委会组织自制冰激凌的活动。

［**青少年科普活动**］

1991年，徐汇区第四届中小学生科技节暨首届上海科技节徐汇区活动在襄阳公园开幕。

1992年，街道组织辖区两所中学五所小学的优秀教师、“三好”学生共40余人到庐山举办“绿化夏令营”环保活动，纪念“世界环境日”二十周年。

2001年，街道组织300名中小学生参加电脑冬令营活动，组织15名特困学生参观浦东新区市容，组织223名中小学生参加上海市少科站活动，组织40名学生参加科普夏令营。街道发挥科普基地的作用，结合科技宣传节点，组织大型科普咨询活动，并同徐中心医院合作，为社区居民每2个月开展一次医疗知识讲座；编写“学科学、用科学”科普小册子；结合已创建33幢科普楼的基础，开展科普示范楼的评选活动；组织青少年高新科技企业，开展便民科普咨询，组织青少年科技小制作评选活动等。

2004 年，街道在辖区 66 名青少年中，开展以青少年性教育为主题的“父母与我共青春”活动。讲授青春期性生理、心理等各方面的知识。

2007 年，街道组织青少年参加“‘我爱我家’节能降耗知识竞赛”“科技给我力量，创新伴我成长——上海科技馆夏令营”等活动。

2011 年，街道在长乐学校举办“湖南—长乐杯”老房子建筑模型系列竞赛：来自湖南社区的居民家庭组合参加现场建模制作，师生代表队参加难度较大的指定模型比赛，学生代表参加建模知识演讲比赛。全国科普日活动期间，街道举办第二届“湖南—爱菊杯”OM（头脑奥林匹克）亲子擂台赛。

2012 年，街道举办首届以“人人爱科学，家庭更和谐”为主题的家庭科普擂台赛活动。5 月上海市科技活动周期间，开展“乐游洋房建家园”全国科技活动周暨“湖南—世小”杯老洋房节活动。

2013 年，街道组织辖区爱菊小学、世界小学、长乐学校的中外学生家庭 60 余人，至上海市气象局、上海气象学会进行“气象、环境和我们”——2013 年湖南路街道寒假亲子活动。组织“双电齐下，电力十足”科普基地一日游活动。街道与上海市核电办公室合作举办“2013 年上海市中学生核科技夏令营”活动，将科普讲座和现场参观、体验相结合，20 多名社区青少年参加。

2014 年，上海市科技周活动期间，街道以“老洋房、新生态、新生活”为主题，以“绿色洋房，和谐生态”为特色，与世界小学合作举办科技周系列活动。暑假期间，引进环球健康与教育基金会资源，举办“三毛爱科学”流动科技馆开放活动、上海交响乐团音乐科学之旅——湖南社区科普基地一日游活动。在全国科普日活动期间，与爱菊小学合办“湖南——爱菊杯”OM 亲子头脑奥林匹克擂台赛，“竖立的十字架”“创意装置打靶”“定点空投”等项目为社区青少年与居民提供动脑和创造的平台。

2015 年，街道开展“气象科普体验之旅”活动，20 多名中小学生来到上海气象局气象大楼，当一次气象观察员。上海市科技活动周期间，街道在世界小学开展主题为“低碳环保 远离雾霾”的活动。暑期，街道在社区学校开展青少年 STEM（指：科学、技术、工程和数学）夏令营，通过老师的引导让小朋友利用学到的科学知识来自己设计自己的社区，设计属于自己的机器人，在玩中学，在学中玩。在“走进老洋房活动”中，学生们体会到“老洋房，新生态”的新理念。街道与爱菊小学联合，持续开展“OM”头脑风暴的亲子活动。

2016 年，街道与爱菊小学合办“湖南——爱菊杯”OM 亲子头脑奥林匹克擂台赛。

三、基地

1992 年，创建淮海中路 1754 弄科普弄，同年 11 月 5 日街道与市少年宫合建科技文化艺术学校。2003 年，《徐汇报》分期专题报道武康、福永、淮海、华康四个居委会开展的科普活动。2005 年，街道投资近 15 万元，在兴国花园内建成湖南社区科普儿童乐园，配置 17 件科普活动类和儿童娱乐类活动器材，满足社区少年儿童的娱乐需求。

［武康科普特色小区］

1999 年，街道根据地区优势和特点，提出开展武康科普特色小区的创建活动。小区内建有科普苑、英语角，组成有 70 人参加的科普宣讲队伍，年内为居民举办各种讲座 9 次和 2

次大型科普宣传活动，科普知识逐步进入武康小区每个家庭。建立小区科普角，制作绿化科普介绍片子，举办科普、计划生育讲座6次，听讲人数约300人(次)。街道举办计划生育“宣传员之友”知识竞赛，参赛人数约400余人。街道建成科普宣传雕塑，制作介绍绿化的科普宣传牌100余块，在小区内举办“文明的生活方式、计划生育、老年人保健”等科普讲座，听讲人数约400余人(次)。2006年，街道举办各类科普讲座8次，参与人数约200多人(次)。2014年武康居委会成功创建为“全国科普示范社区”。

[**与学校、院所合作建设科普教育基地**]

街道与学校、院所合作建设科普教育基地：位育实验学校，建模项目科普教育基地。爱菊小学头脑奥林风暴亲子擂台赛项目科普教育基地，持续开展“OM”头脑风暴活动。世界小学，老洋房艺术节项目科普教育基地，开展“走进老洋房活动”。街道分别与上海市核电办公室、上海市气象局、上海电影博物馆合作，每年定期开展暑期青少年实践参观活动。不断延伸创建新的科普教育基地平台。街道与徐汇区中心医院共建成立科普教育基地，定期为地区居民宣传科普知识。

四、项目

[**“科普艺校”项目**]

街道与中福会少年宫共同创办“科技文化艺术学校”。发展科普、文化娱乐服务。发挥文化宣传阵地作用，开展各类文体活动。举办各种讲座，建立居委会科普小组，创办科普专栏。开展形式多样、内容丰富的青少年科普文体活动，组织青少年参观市少年宫的“天象馆”“汽车城”、昆虫标本竞赛陈列馆、上海植物园，组织科技大篷车活动和“浏河夏令营”活动等。

[**“鱼菜共生”项目**]

鱼菜共生，是一种水产养殖与农业耕作的结合，形成共生共荣的永续有机生产模式。2014年街道在社区学校房顶建成一个“鱼菜共生”的推广基地，居民在学习这种技术的同时享受农耕的乐趣，并尝试自己种菜、养鱼的健康生活方式。

[**“微信、网站”项目**]

2013年，“徐汇湖南科普”微博正式开通。街道通过网络资源，及时公布活动信息，以科普知识竞答、梧桐树下的微镜头、有奖转发等形式提高公众关注量。除发布活动之外，每周公布科普小常识充实“微博”内容。2014年，街道拓宽网络宣传普及的渠道，做好微信、公益网站的“科普微博平台”升级建设。每周定期发布日用科学小常识，及时发布市、区、街道活动信息，成为居民网上交流科学的便捷平台。2015年，街道将社区人文历史、全民运动健身、衣食住行等信息向青少年层面宣传，通过若干个网络平台，传播科学普及知识、营造科技氛围、传递科学生活理念。

[**“白领午间”项目**]

2013年，社区科普工作着重于关注白领群体如何减轻工作压力。街道开放文化活动中心场地，依托梧桐space白领中心向商务楼宇中白领体供餐后休息、活动的服务场所。通过白领中午休闲的一小时，开设瑜伽、拉丁、话剧、茶道、烘焙、烹饪等课程。

[**“科普生活”项目**]

街道将武康居委会作为示范点，打造“老洋房里的新生活”，在居民区范围内建造太阳能路灯、灭蚊灯及科普墙，打造全生态、全环保的社区，并开展“DIY 手工制作五彩肥皂”活动。街道在张家弄居委会开展乐高体验活动，在兴武居委会举办“拥有健康等于拥有美好的明天——控制体重预防肥胖”讲座，在复中居委会组织“DIY 自制冰激凌”活动。

表 15-1-1　**2001—2016 年湖南路街道科普工作所获荣誉一览表(区级)**

年　度	荣 誉 名 称	获 奖 单 位	颁 发 单 位
2008	徐汇区科普活动组织奖	湖南路街道	徐汇区科普工作联席会议
2011	徐汇区科普创新工作先进集体	湖南路街道	徐汇区科普工作联席会议
2011	上海市科技节市民科普讲坛徐汇选拔赛 优秀组织奖	湖南路街道	徐汇区科学技术协会
2012	徐汇区科普创新工作先进集体	湖南路街道	徐汇区科普工作联席会议
2013	徐汇区科普工作综合先进单位	湖南路街道	徐汇区科普工作联席会议

第二节　信息化建设

1997 年，徐汇区政府机关建设政务信息网。1998 年，建设徐汇区社区网。1999 年，徐汇区成立信息化推进领导小组。2000 年，徐汇区成立信息化办公室，2001 年更名为徐汇区信息化委员会。同年 1 月，街道成立负责街道政务网络及信息化工作的信息化办公室（简称：信息办）。信息办根据街道实际情况，制定《湖南路街道信息化工作规划》和《湖南路街道 2001 年信息化工作进程表》。

2003 年 2 月，街道完成全部 20 个居委会和社区服务中心的联网工作，推进居委会的办公自动化，做到区政府、街道、居委会的三网互联。

2004 年 10 月，街道成立信息化建设领导小组，街道党工委书记任组长。下设办公室。年内，街道继续完善信息网络建设，基本形成社区综合管理平台，社区服务网和社区管理网，社区人口数据库，社区资源库和社区 CIS 库，社区人口管理系统、社区资源管理系统、社区 CIS 管理系统和视频会议系统的“一台、二网、三库、四系统”的网络化管理的构架。

一、机关和服务机构信息化建设

2001 年，信息办对街道计算机设备进行全面清理、调整和添置计算机设备共 37 台，建成以 TCP/IP（传输控制协议/网际协议）网络通信协议为平台的街道公务网网络应用系统，由网络服务器、通信设备、网络安全设备等组成的内部局域网、应用网间互联、网络管理、Internet（互联网）技术、防火墙等技术，建立街道公务网网络应用平台。并在此系统上实现信息传递、信息资源共享，街道内部信息简报、公文流转、会议通知进行上网，并与区政府实现联网，实现“电子文件”与“纸质文件”并行，加快向“无纸化”办公的转变，档案管理、信息上报等首次实现网上无纸化传递。

2002年，街道制定《湖南社区综合管理信息化工作规划》，在全区率先进行信息化工作试点。同年，湖南路街道被市信息化办公室列为徐汇区唯一的市级信息重点推进街道。

2003年，街道配置信息化建设专用机房，拨款60余万元用于信息化建设的基础设施建设和应用系统的开发。街道从人口信息属地化应用试点入手，整合人口与计生、民政基础数据，并协调公安、劳动等部门，构建全人口信息平台，形成救助、就业、助老民情网和社区建管社情网。完成湖南门户、湖南OA系统、湖南社区综合管理信息系统和地理信息系统的建设，使社区管理从粗放型管理转变为科学的信息化管理。重新配置和调整20个居委会的计算机设备，并进行现场辅导60余次，确保信息化工作的正常运作。同年，“湖南社区信息化概述”被列入《2003上海信息化年鉴》，《湖南社区信息化工作三年总结(2001至2003年)》被列入市信息化工作会议交流材料。

2004年10月20日，街道成立信息化建设领导小组，街道党工委书记任组长。下设办公室。并投入100万元，继续完善信息网络建设，基本形成社区综合管理平台，社区服务网和社区管理网，社区人口数据库，社区资源库和社区CIS库，社区人口管理系统、社区资源管理系统、社区CIS管理系统和视频会议系统的“一台、二网、三库、四系统”(指：即一台，湖南社区综合管理服务平台；二网，湖南门户网、湖南社区管理网；三库，人口库、资源库、GIS(地理信息系统)信息库；四系统，人口管理信息系统、资源管理信息系统、GIS(地理信息系统)系统、协同管理信息系统)的网络化管理的构架。建立覆盖街道办事处、区各职能部门派出机构、居委会协同办公系统。对社区重大事故、社会救助、社区服务、社区各类诉求等进行联动处理，形成对外“一口受理”、对内“协同处理”的工作机制。梳理、整合社区服务项目，分解为教育、咨询、医疗、家政、维修和其他六大类，初步形成社区“服务超市”的运作方案，满足社区居民多元化的需求。并对社区老年学校、招商中心、社区服务中心、部分双管单位的网络设施进行改建和新建；为16个居委会配备新的电脑；对已有的“社区居民信息库”和“社区资源库”重新进行更新调整和数据整合。设计开发网上协同办公系统，建成社区“事务处置中心，将呼叫系统，视频系统，路面监控系统，湖南门户网，融入社区协同工作平台，初步形成呼叫系统，视频系统，社区监控系统“三位一体”的社区事务处置新体系。

2005年，街道尝试将更多的社区管理职能纳入“社区信息化系统”中，计生、失业、退管、侨情、残联、低保、团建等子系统成功接入“社区综合应用平台”，初步实现“基础人口数据”和业务数据的日常更新，政府、企业、居民、社会团体、社区单位等信息有机结合。引入的有线无线街面监控、来电显示、短信群发功能，将街面监控与GIS信息库、全人口库有机相连，做到人口信息、空间位置和实时图像的三位一体。

至2015年，街道IP地址使用数近200个(不包括网络设备和服务器)，区政府公务员平台邮箱194个，街道办事处、社区事务受理中心、居委会全部实现联网互通。

为完善街道政务网站，街道聘请区互联网软件公司对原网站进行重新改版，域名为http://hunan.xh.sh.cn。

二、居委会和社区信息化建设

2000 年，街道为 16 个居委会安装 ISDN（综合业务数字网）线路，包含网络服务和绑定电话，实现居委会与区、街道的信息网互联，开通电子信箱。

2001 年，街道先后举办 3 期信息化应用培训班，组织机关和居委会干部 180 余人次参加。为 10 个居委会 20 名在职干部进行计算机培训，配备电脑。街道完成 OA（办公自动化）系统。社区综合管理信息系统和综合信息管理地理信息系统的建设覆盖街道和居委会的日常管理。社区综合管理信息系统的主体开发建立社区 5 万余名居民构成的居民信息库，可查询每个居民的 200 多个信息，社区内 1 400 户单位信息构成社区单位信息库，每个单位可在网上查阅 100 余个信息。年内被上海市信息办列为徐汇区唯一的市级信息重点推进街道。

2002 年，社区综合管理信息系统建成后，街道先后组织对机关和居委会干部进行 3 期 180 余人次的信息化应用培训，重新配置和调整 20 个居委会的计算机设备，并进行现场辅导 60 余次，确保信息化工作的正常运作。街道通过 ISDN（综合业务数字网）将网上办公延伸到 16 个居委会，并全面启动门户网、OA（办公自动化）系统、人口计生系统、社区综合治理信息系统（包括 MIS（管理信息系统）系统和 GIS（地理信息系统）系统）等多项社区信息化应用系统，率先在全区建成覆盖社区 5.9 万余名人口信息和 1 700 余户企事业单位信息组成的综合管理信息库，构建起以基本信息为主、个性信息为辅的社区综合资源信息库，使其成为社区长效管理的依据。各居委会建立综治信息网络，开展 110、148 司法联动，落实维稳工作责任制；加强对“法轻功”重点人员的帮控；在重要节点做好应急预案，排摸不稳定因素，加强领导，确保无重大事件发生。

2009 年，加强对居委会工作的硬件建设。年内对陕新、复永、新乐、复中等居委会的办公室和居民活动室进行重新装修，并通过租赁和改造的方式扩大新乐和陕新居委会的办公用房面积，改善基层居委会办公条件，增加居民群众开展活动的空间。为部分居委会更新计算机、打印机等信息化办公设备，并安排专人定期对设备进行升级维护，有效提升居委会办公效率。街道还为每个居委会配置可自行支配的应急救助款，用于应对居民区各种突发事件的紧急救助，使迫切需要帮助的困难居民能够更及时地得到政府救助。

2010 年，街道加强基层居委会建设，在硬件上继续完善社区基础设施，改善居委会活动室条件。16 个社区居委会中有 11 个居委会活动室达到市区要求的标准。街道继续为各居委会配备电脑、打印机等设备，基本实现居委会办公设备的自动化；街道将居委会办公经费增至 10 万元，并建立综治工作专项经费，用于世博期间开展社区安全、维稳和应急工作；在已招录的几批社工基础上，街道再面向社会公开招聘 20 名社工充实到居委会工作一线，改善居委干部队伍的年龄和文化结构。

2015 年，街道全面落实“人防、物防，技防”，社区各弄堂内安装监控探头 316 只。年内共调取监控录像 64 次，其中派出所调取 6 次，其余均为居民调取。发现嫌疑人 48 起。其中非机动车盗窃占 75%，机动车被划损占 2%、打架斗殴 1%、协助外区民警调取 5%、其他居民琐事占 17%。探头维修 161 例，更新设备机柜 17 个，普通维修 86 次，确保监控探头的正常运作。

三、网格化管理信息系统

街道依靠网格化管理工作机制快速处置社区公共事务，对市民求助信息接信号咨询、困难求助、应急事件等进行分类处理，帮助解决市民“急、难、愁”问题。加强社区信息化运行机制建设，消除“信息孤岛”的状况。结合“市民信箱”的启用，真正把网上社区“服务超市”落到实处，以社区服务项目为依托，汇集社区资源整合项目，形成网上在线社区服务新格局。

2004 年，街道构建社区事务处置应急网络：包含呼叫系统，视频系统、路面监控系统、湖南门户网等多个工作平台，初步形成“应急指挥中心、呼叫视频系统、路面监控系统”三位一体的社区事务处置新体系。并按照社区管理网格化建设的要求，在建成的襄阳市场及周边地块、中块和西块三个行政网格管理区的基础上，完善各网格管理和执法力量，明确网格责任区职责，建立工作协调管理机制，依靠社区信息化建设建成的信息快速通道，不断提高快速处置社区公共事务的能力。在完善社区事务处置中心工作机制的基础上，投入资金改建社区服务中心，发挥和完善社区“行政事务受理中心”的作用，按照“一口受理，内部协办”(指：一次性完成用户需办理的业务；社区、街道行政事务受理中心为前台，区、相关职责部门为内部协办的后台)的要求，对市民求助热线和信息网络，发挥 24 小时社区服务热线作用，受理社区居民应急事务和服务要求。

2005 年，街道开发完善社区综合管理服务平台；湖南门户网、湖南社区管理网；人口库、资源库、GIS 信息库；人口管理信息系统、资源管理信息系统、GIS 系统、协同管理信息系统的“一台、二网、三库、四系统”的网格化管理信息系统。将社区管理职能逐一纳入社区信息化系统。初步实现“基础人口数据”与计生、统战、低保救助等业务数据的日常更新，并与政府、企业、社会团体、社区单位等信息有机结合，为“一网覆盖”的网格化管理提供后台信息支撑。同时，引入有线无线街面监控、来电显示、短信群发功能，将街面监控与 GIS(地理信息系统)信息库、人口库有机相连，做到人口信息、空间位置和实时图像三位一体。提高社区事务处置速度和质量。加强基础信息库的建设，在已有的 8 大类信息的基础上，注重信息资源的功能分类和划分。侧重信息化技术在社区管理中的应用，提高基础性数据为居民提供服务的权重。要强化信息技术在全人口管理、社区老年人健康卫生服务方面的后台管理和信息化支撑。为社区部分有困难的独居老人免费安装“健康呼叫器”。通过社区事务处置中心、社区卫生服务中心、社区医疗服务点和“健康呼叫器”网络连接，实现社区居民健康档案的共享。利用完善的居民健康信息，将“静态健康档案变成动态的健康档案”，为社区独居老人提供健康咨询、常见病医疗和卫生救助等服务。建成湖南社区事务受理服务中心信息化支撑平台，为“一口受理、内部协办”的工作模式提供强大的技术支持。开发湖南社区对外文化交流网页宣传社区特有的文化特色，增加对外交流平台。

同年，街道着力于治安类问题在网格化管理中的处置，为加强社区综合执法管理，在开展网格化管理中，加大对社区治安和襄阳服饰市场及周边地区的综合整治工作力度，整合社区派出所、城管、工商、物业、房产等有关职能部门力量，从“打假、控案、环境整治”三方面入手，采取“整顿、规范、管理、发展”四条措施并举的方法，有效打击襄阳路服饰及周边地区黄牛拉客现象，维护社区的治安稳定。

2006 年，街道将位于淮海中路 1788 号原南模初级中学一楼和地下一层改建成社区事务受理服务中心。建成的中心分为两大区域，拥有八项功能。两大区域，即将中心南侧建成前台服务区域，北侧建成后台处置及办公区域。八项功能，即前台咨询引导、事务受理反馈、政务自助查询、大厅休息等候、后台办公协同、应急事务处置、咨询缓冲接待、会务业务培训等。整合原社区服务中心、救助所、劳动服务所等为民服务窗口，实现工作统筹分配、人员统一调度、中心集中管理的"一体化"运作。对所有社区事务进行归并梳理，做到"信息化"采集，社区 21 类 100 项咨询、服务、事务受理项目全部进入社区信息化管理平台，实现"一口受理、内部协办"和"一网受理、多网协同"。为提升社区事务受理服务中心资源的利用率，把呼叫中心、处置中心和网格化管理中心统一归并到湖南社区事务受理服务中心中去，实现"三大中心"并存，提高管理水平，提升服务能级。街道对社区内公共设施、道路交通、环卫环保、园林绿化等 8 万余件市政部件进行调查，将所有部件统一编号、明确位置、明确产权归属和责任部门。通过定位跟踪，发现问题及时将信息传输到街道处置中心，由街道统一协调进行处置。依托社区信息化建设，实施"管人、管房，管税"为一体的管理体制，组建调查员队伍，对外来人员和房屋出租情况进行调查排摸，根据获得的第一手资料，扎实做好人口管理和私房出租税的征收，做到底数清、情况明，促进对社区各类人员的有效管理。

2011 年，辖区风貌保护区建设稳固实施。街道继续对武康路沿线开展建筑修缮保护、市容市貌综合整治，实施"硬件＋文化"的综合开发。6 月，武康路成功入选为"中国历史文化名街"。街道按照网格化管理机制，建立风貌保护区"保护建筑一档一案信息库"，鼓励引导业主和单位参与保护性修缮，形成多元化的历史风貌保护工作机制。

2014 年，街道筹备成立街道城市网格化管理中心，完善社区管理网络。

2015 年，街道建立"一网覆盖、一口受理、协调指挥、跟踪反馈、科学评估"功能的街道城市网格化综合管理中心，按照"一整体、两片区、四网格"的原则划分网格管理责任区，在 16 个居委会设置网格化管理联勤工作站，形成城市综合管理服务联动体系，提高发现问题、解决问题的效率，实现以源头防控为目标的"五位一体"联动管理机制。全年，共受理各类上报案件 8 572 件，其中区级派单 666 件，网格案件 7 906 件，办结率达 100%。2 月，街道网格管理和"12345"市民热线并入徐汇区城市网格化信息平台，网格中心正式承接平台相关工作，并受理居民区上报工单。5 月，街道网格中心完成信息化建设，为网格一线工作人员和各派驻机构配备手持终端和对讲机，做到责任到岗，责任到人，节省从上报到最终处置的时间，简化处置流程。

2016 年，街道加强网格中心规范化建设，明确功能定位，完善处置流程，强化事后评估，受理处理案件 6.1 万余件。升级网格化管理硬件设施，建立居民区网格巡查"微信群"，健全"小联勤"工作机制。全年，街道网格中心共受理各类工单 6.3 万余件，其中区级派单 1 568 件，12345 市民服务热线 1 464 件，区级督查 16 件，市级督查 6 件，其他工单 41 件。网格案件 6.1 万余件，其中，监督员上报 1.9 万件，居民区上报 4.1 万余件。

四、街道信息化服务

1998 年，街道全面实施政务公开制度，在社区服务中心和各居委会开通政务公开咨询系统。

2000 年，街道对居委会 20 名在职居委会干部开展计算机培训，并配备电脑，为信息化在社区建设中应用作前期准备。

2002年，在建成TCP/ZP协作为网络通信协议的内部局域网的基础上，完成湖南门户、湖南OA系统。年内被市信息办列为徐汇区唯一的市级信息重点推进街道。

2004年，年内，街道办事处从人口信息属地化应用试点入手，整合人口与计生、民政基础数据，并协调公安、劳动等部门，构建全人口信息平台，形成救助、就业、助老民情网和社区建管社情网。以原有社区服务项目为依托，扩展网上服务新内容，建立社区服务网上超市。在湖南门户网建立教育、卫生等6类居民需要的服务项目超市，逐步实现网上购物的市场运作。社区服务中心设立"市民信箱"受理点，免费为市民开设与其身份对应的实名制电子信箱。并发挥社区内社会资源和市场资源的作用，通过求助热线和信息网络，对市民求助信息按信号咨询、困难求助、应急事件等进行分类处理，在第一时间内解决区域内的突发事件，保障居民群众生命财产的安全，切实帮助解决市民"急、难、愁"问题。推进"百万家庭网上行"实事工程的实施，召开"湖南社区百万家庭网上行"工作推进会，举办"和谐生活从健康开始"网上有奖竞答活动引导广大家庭成员树立终身学习的理念，并完成全年500名的培训任务。

2005年街道社区事务处置中心共受理各类求助服务1 639次，其中服务类542件、或咨询类949件、投诉类148件。

2006年，街道以提升工作效率和工作质量，为居民提供便捷服务为出发点，在信息资源共享的基础上，以居民需求为导向，通过流程的梳理、优化，建立跨部门的无缝业务流程，优化居民服务管理"协同办公"，形成"一口受理，内部协办"的工作机制。

2007年，街道推进"一网、一线、一册、一车"的社区生活服务中心的规范化建设。"一网"，整合社区内的应急、安康通、社会热线救助等服务功能，建设社区生活服务应急服务网络。免费为社区独居老人提供"一键式"生活服务信息传送器，方便老年人操作，满足老年人的生活需求。一线，开通24小时的便民服务电话热线，完善服务内容，通过社区生活服务热线，多渠道、多方位的为社区居民提供生活服务。"一册"，整合社区内生活服务信息，编辑成册，下发到社区居民中，为居民提供生活服务信息。"一车"，成立社区生活服务"大棚车"，组织社区志愿者和义工，每季度将居民需求大的生活服务项目配送到居民区。2010年"生活服务大篷车"活动共计7次，吸引辖区居民3 300多人次，受益服务对象为2 150人次左右。

2009年，街道组建社区生活服务中心。按照区委、区政府工作要求，在深入调研的基础上，街道着手组建"网络化、信息化"的社区生活服务中心。为方便居民快捷查询生活服务信息，开通一条服务热线，开设咨询室和咨询点，配送"生活服务大篷车"，到居民区为百姓提供各种便民小型生活服务。

2010年，街道落实社区保障工作，落实市区劳动就业政策，加强就业服务，促进创业带动就业。健全以区开业指导中心和区职介所、街道劳动保障事务所和居委会三级就业信息网络体系。率先推进世博双拥工作，建立应届毕业生和退伍军人就业信息平台，联手相关部门，多渠道、多途径为应届毕业生和退伍军人创造就业机会，促进就业。稳妥开展经济适用住房试点，127户参加选房，实际签约115户。落实市区两级社会保障政策，加大社会救助工作力度。累计全年共帮扶困难居民3.1万余人次，帮扶金额980万余元。

成功建立精神残疾人士"阳光心园"，组织残疾人士参与"爱心艺术沙龙"活动，提供特色化服务。

2011年，开创"为老服务"工作新机制。尝试探索符合湖南路街道实际的扶老帮困工作模式，稳步推进"2＋2＋1"扶老帮困综合性试点工作。本着"以人为本、民生为先"的工作理念，逐步建立由居民志愿者自发组成的集"帮困救助、扶老关爱和慈善募集"三项功能于一体的公益性民间组织，承接部分社会保障职能，拓展社区服务功能，以民帮民、以民管民，切实做到社区居民"困有所助、难有所帮、老有所养"，间接实现为居委会减负的目标。全面构筑覆盖全社区的"特需关爱网"，充分利用"一键通"网络呼叫系统，形成以居委会干部、特需服务员、助老服务员、社区志愿者共同关爱独居老人的网格化管理模式。建立街道、居委会、居民楼组"三级"为老服务关爱体系。"量身定做"独居老人关爱方案，"因人而异"落实关爱措施。全年共关爱独居老人400余人，为独居老人提供690位医疗服务。

2013年1月，"徐汇湖南科普微博"正式对外开通。街道充分利用网络资源，及时公布活动信息，通过科普知识竞答、梧桐树下的微镜头、有奖转发等形式来提高公众关注量，使得社区居民和其他热爱科普、文化的人能及时获取活动信息。每周公布科普小常识，充实微博内容。注重搜集全市科普场馆阵地的信息，与上海市核电办公室、上海电影博物馆、电力体验中心等科技单位对接，组织青少年、白领员工参加一些科普互动活动。丰富科普活动的形式，扩大街道科普教育的阵地。及时更新街道政府信息，公开信息查阅目录，如公开"三公"经费使用情况、公开年度报告等。在"社区事务快速回应网络"，为居民提供生活教助、就业咨询法律援助、计划生育指导等项目的"一门式"报务，并通过"事务受理工作组"全程追踪事务处理过程。网站的"办事指南"平台，提供事务受理表格、资料下载；"信息公共查阅室"和各门户网站信息公开页面，方便居民使用电子信息网络办事查询。保持信息的敏锐性和及时性。建立云社区科普文化服务信息平台，通过上海市科研成果推广应用示范社区验收。辖区一万多名居民，通过这个服务信息平台接收各类文体活动信息，科普、体育、计生和自然灾害、急救抢险等应急通知等短信，服务信息平台提供各类科技信息为社区居民的生活带来便捷。

2014年，街道充分利用微信平台打造智慧社区。关注社区居民需求、结合本社区居民特点，发布"名家大讲坛""湖南社区季风人文大讲坛""老克勒带你逛马路"等活动信息。

五、"慢品上海湖南社区"综合微信平台

2014年6月15日，街道结合"2014年上海文化遗产日"活动，在武康路393号区老房子中心试点推行E时代的优秀历史保护建筑项目，即在优秀历史建筑铭牌张贴二维码活动，并举办"慢品上海湖南社区"综合微信平台启动仪式。板块功能：一、社区人文建筑资料库，对应微信第一板块"历史湖南"，通过图、文、语音立体地介绍传播社区人文历史；二、商旅文结合的试点，对应微信第二板块"乐享湖南"，整合社区文化中心、各市级文化院团、特色商家的活动信息和优惠服务，居民可在线预约参与；三、居民互动平台，对应第三个板块"印象湖南"，居民可分享自己与社区的故事、提出宝贵的建议，共同参与社区的发展。

表 15-2-1　　2010—2012 年湖南路街道信息化工作所获荣誉一览表(区级)

年　度	荣誉名称	获奖单位	颁发单位
2010	简报信息专项先进单位	湖南路街道	徐汇区人民政府办公室
2011	简报信息专项先进单位	湖南路街道	徐汇区人民政府办公室
2012	简报信息专项先进单位	湖南路街道	徐汇区人民政府办公室
2012	徐汇区政务微博建设组织工作先进单位		中共徐汇区委宣传部、徐汇区人民政府办公室、徐汇区新闻办公室
2012	徐汇区干部在线学习工作先进单位	湖南社区(街道)	中共徐汇区委组织部

第三节　市属研究院(所)

一、上海市科学技术情报研究所

成立于 1958 年,位于永福路 265 号。是一所综合性情报研究和文献服务单位,为国内最大的科技情报机构之一,也是亚太地区科技情报交流网国家协作中心的成员单位;1995 年与上海图书馆合并,成为国内第一个省(市)级图书情报联合体。定位于"为政府部门提供决策支持,为科技创新主体(企业、高等院校、科研院所和科研人员)提供全方位的情报服务"。信息资源丰富,咨询力量雄厚,在各领域开展信息咨询研究服务,得到社会各界和美国、英国、日本、德国、法国、比利时、瑞士、韩国等国家客户的广泛好评。

[人员机构]

拥有近千名职工,其中主要承担情报研究工作的信息咨询与研究中心下设四个部门:技术情报部、竞争情报部、战略研究部与战略信息部。拥有 60 多名专职情报研究人员,其中具有高级职称的研究人员近占 30%,硕、博学历人员占 50%,包括很多从事信息咨询和研究达 15—30 年的资深专家。专业背景涉及文、理、工、商各个行业,研究领域涉及科技、经济、法律、文化、社会等多方面。组成一支知识结构、年龄梯度、工作经历等要素协调的专业队伍;资深情报专家经常应邀到全国各地提供各种情报培训。

[服务优势]

具备情报咨询、研究与服务方面的丰富经验,围绕信息收集、分析、加工,形成多层次、多品种的信息服务产品,得到社会各界广泛认可与好评。

[科技查新]

是上海唯一的国家一级查新机构,可出具各专业领域、各类型查新报告,能满足社会各界对科技检索评估的需要。陆续为上海市科委"专利技术二次开发""高新技术成果转化"等专项设计操作规范用于指导上海市情报机构。在全市各类查新机构中,始终保持领先地位,不仅名列上海市科委推荐查新咨询机构的榜首，而且影响力覆盖多个省市并同样享有盛誉。专利服务方面：经常受知名大企业、律师事务所、法院、司法鉴定机构委托，为解决各种知识产权纠纷问题提供检索评估报告。提供的专利地图报告受到有关政府机构和企业的高度认可。竞争情报方面：为国内外企业、研究机构提供中国工业产业市场、政策法规、技术发展、企业动向等方面提供大量服务，并为其在国内寻找合作伙伴。客户主要来源于日本、美国、法国、中国香港、中国台湾等国家和地区。在对标分析方面，积累丰富经验，客户反响良好。已形成独特的 MIRU 品牌。

［战略研究与决策咨询］

长期跟踪国外科技与行业发展动态，在国外技术发展趋势、政策动向、行业趋势研究等方面有较好积累；长期为政府部门提供情报服务，完成大量有关上海市工业产业发展与科技发展规划战略、产业政策等研究，以及重点领域科技与产业发展跟踪等研究。科技评估方面：参与上海市科委重大科技项目的绩效评估工作，评估报告获得专家高度评价。为上海市制定《基于科技项目绩效评估的技术分析操作规范研究》，规范业界评估工作。内参服务方面：为政府机构、企业提供大量高质量的内参服务，得到用户单位的高度评价。科技翻译方面：可承接二十多个语种的翻译任务，自 1960 年以来，为上海市和外省市的企业、科研单位、高等院校和个人翻译数亿字的资料；为国资、中外合资，港澳地区，国外厂商及外国驻沪机构提供优质的翻译服务工作，并获得好评。研究项目涉及国家级和市级重点软课题研究、政府委托研究项目、企业竞争情报及涉外市场调研项目、市科委重大项目绩效评估、企业产业项目等。此外，还为大型企业集团开展情报培训，为北京大学、上海大学及中国科学技术信息研究所培养研究生，形成独特的服务产品和品牌。

［服务范围］

科技查新（查新类型涉及国家级、省市级等各级立项、科技成果、新产品、创新基金、高新技术成果转化、高新技术企业认定、各种专项基金、采标、发明奖、专利以及知识产权认定等；查新领域涉及化工、机械、电子、生物、材料、医学和信息技术等）；专利服务（涉及专利查新、侵权分析、专利法律状态检索、同族专利检索、自主知识产权认定、专利专题分析、专利地图、帮助申请专利及其后续事务支持等）；专题服务（市场调查、行业研究、竞争情报、决策咨询、科技评估、情报定制、专题数据库定制、科技翻译等）。

二、上海市质量和标准化研究院

上海市质量和标准化研究院（Shanghai Institute of Quality and Standardization，简称：SIS）始建于 1984 年，是集质量与标准化科研、应用和服务于一体的公益性科研机构，直属上海市市场监督管理局。SIS 负责泛美标准委员会中国联系成员秘书处、美洲标准化（上海）研究中心、中国物品编码中心上海分中心、上海质量发展和标准信息公共服务数据中心、上海地方标准技术审评中心等日常运作；承担会展、物流和项目管理等领域全国标准化专业技术委员会和分委员会秘书处工作。

SIS 开展创新性、基础性质量与标准化科学研究，致力于城市管理和公共服务标准化、行业高质量发展、质量规划与分析评价、国际标准合作等重点领域应用研究和成果转化。围绕推进重大国家战略、创新城市治理方式，提供智库服务和技术支撑。依托系统规划、国内领先的馆藏体系和信息化技术,提供标准文献资源公共服务。开展编码与自动识别技术研发和应用推广,提供商品条码系统成员及条码质量服务。主办《质量与标准化》期刊,开展专业培训和宣传等工作。

“十二五”期间,经国家标准化管理委员会批准,组建“上海北美标准研究中心”,为国家跟踪北美区域的标准化信息、开展活动交流、进行政策应对提供专业支撑;新立局以上科技项目 43 项;荣获国家质检总局“科技兴检奖”三等奖 4 项,市质量技监局优秀科技成果 1 项,市标准化优秀学术成果和技术成果奖 24 项;入选 2012 年上海领军人才“地方队”培养计划 1 人,获国务院特殊津贴 1 人;连续保持“上海市文明单位”和“上海市平安示范单位”的荣誉称号,院研究中心还荣获“2010—2014 年度上海市劳动模范集体”称号。

坚持以“协同创新 精益求精 成为公共事务管理科学的最佳实践者”为指导,聚焦“国际化与信息化”两大突破,致力于建设成为“国内有影响力、国际有知晓度”的质量与标准化软科学基地,持续发挥质量与标准化对国民经济与社会治理的技术支撑作用。

三、上海电动工具研究所

创建于 1995 年,原属机械工业部。1999 年 7 月,根据国务院文件规定属地转制为科技型企业,划归上海市人民政府经济委员会直属管理。1986 年,在机械工业部的支持下,投资建设上海电工技术交流中心。2004 年,由上海市国资委管理。2015 年,更名为上海电动工具研究所(集团)有限公司。2016 年,总部搬迁至上海市桂箐路 19 号。

位于宝庆路 10 号,占地 4 700 平方米,建筑面积 1.16 万平方米。该处为所本部,另有上海电工技术交流中心位于区境西部桂箐路 19 号,占地 1.07 公顷,建筑面积 1.13 万平方米;松江产业化基地位于松江区石湖荡镇古松村。

所址原为花园住宅,有一幢假三层砖混结构楼房,建于 20 世纪 20 年 20 年代,抗战时期曾被日本学校占用;1950 年后由上海电器科学研究所使用。1962 年,江泽民从长春一汽调任上海电器科学研究所任第一副所长时,曾在此楼办公。

实行所长行政负责制,主要围绕“电动工具行业共性关键技术开发”“行业技术管理和服务”“电气产品认证、检测”三大核心业务开展科技创新、管理创新和科技成果产业化等各项工作。拥有一支由教授级高级工程师、享受政府特殊津贴专家领衔的科技工作者队伍。从业人员中具有中高级专业技术资格的科技人员占 60%以上。承担国家科技部等部委下达的重点攻关项目的科学研究,主要从事先进制造技术、新材料研究与应用、节能技术及电动工具、电气器具及其附件技术、电工测试仪器设备与系统等领域的研究及产品开发,并在电机制造技术、螺纹装配技术、水下清洗技术、高电压测量与试验技术、总线式检测技术、微电流检测技术、电气安全测量与试验技术、电气产品在线检测仪试验技术、电气绝缘技术、质量体系审核和电动工具标准的制修订等多方面的科学研究、技术开发与成果转化工作,形成独特的专业优势和技术特点。

坚持技术创新,先后获得国家级、省部级科技进步奖 140 余项,各类科技成果 800 余项及多项发明专利、实用新型专利、外观设计专利。所属电气器具检验测试机构为被国际电工产品认证委员会认可的 CB 实验室(IECEE - CB)和被美国 UL 认可的合作体系成员,具有开展申请 GS、CE、EMC、UL 等标志的产品认证服务资质。

四、上海市房地产科学研究院

始建于 1975 年 3 月，定名为上海市房地产管理局住宅建筑研究室。1981 年 12 月更名为上海市房屋管理科学技术研究所，成为全国房地产系统中最早建立的研究机构。1987 年 3 月更名为上海市房屋科学研究所。1989 年 4 月成立上海市房屋质量检测中心，归研究所管理。1994 年 9 月研究所更名上海市房屋科学研究院。1995 年 4 月更名为上海市房地产科学研究院。

研究院位于复兴西路 193 号，占地 5 333 平方米，由一幢花园式小洋楼和几栋现代楼房以及一个绿草如茵的小花园组成。小洋楼(3 号楼)建于 1930 年，1999 年 9 月、2003 年 8 月先后公布为市优秀历史建筑和区登记不可移动文物。1999 年荷兰女王贝娅特丽克丝来华，外事部门挑选小洋楼作为女王访沪的一个接待点，女王在此对房科院与荷兰建筑界合作改造静安区张家宅地区老式石库门住宅的试点工作深表赞赏。

为上海市房屋土地管理局直属的一所房地产行业综合型科研机构，在全国房地产行业中创立最早、规模最大，建院二十多年来，在科研与实践应用方面取得一系列成果。全院共有职工 121 人。拥有丰富的房地产专业图书资料，拥有先进的科研仪器和设备。在房地产经济、管理决策、技术咨询、计算机技术在房地产业中的应用等方面，曾获多项部、市级科技进步奖，并在房屋质量检测技术、现代物业管理维护技术、房地产信息技术和建筑材料建筑物防、渗水材料及内外墙装饰涂料技术等服务方面形成特色。1995—1998 年度，共有 20 项科研项目获得上海市房屋土地管理局科技进步奖，其中一等奖 2 项、二等奖 7 项、三等奖 11 项，包括：“《英汉汉英房地产实用词典》”“深基坑施工对邻近建筑物影响的调研与对策”“上海房地产专业人才信息管理系统”“上海市标准《房屋质量检测技术规程》”“高档丝感内装饰涂料的研究”等。1998 年度“上海市住房分配供应体系研究”课题获得国家建设部科技进步二等奖。1999 年度“上海市房地产市场信息系统研究”和“上海市居住房屋分类及评定系统研究”两项课题获得上海市科技进步三等奖。

第十六章　教　育

上海解放前，原新乐路街道和湖南路街道辖区有私立中小学28所，幼稚园2所，托儿所1所。上海解放后，随着辖区经济社会发展和居住人口的增多，教育事业也随之蓬勃发展。1990年，新乐路街道与湖南路街道辖区有大专院校3所，神学院1所，中学3所，小学8所，幼儿园13所，托儿所18所，职工业余中学6所。1991年新的湖南路街道办事处成立，辖区有上海音乐学院等大专院校4所，中小学10所。

1991年起，街道先后建立社区业余党校、市民学校和家长学校。业余党校设立4个分校、6个电化教育播放点。市民学校连续7年利用电化教育等多种形式进行法律、法规、争创"五好"家庭等内容的学习教育。家长学校设12个分校，对0—14岁孩子的家长分层次进行教育、培训，覆盖率90%，1992、1996、1998年三次被评为上海市优秀家长学校。2002年后，随着学习型社区建设加速推进，街道成立社区老年学校，开设7个班。2005年，街道启动社区学校实体化建设。

1994年，湖南路街道青少年保护委员会成立，2005年更名为湖南路街道未成年人保护委员会。1998年后建立街道、居委会和学校的青少年保护工作的三级网络。2005年起，街道将未成年人保护工作纳入社区学校管理范围。

2016年，街道辖区有高等院校1所，中学1所，小学3所(其中民办小学1所)，幼儿园10所(其中民办5所)；社区学校1所。

第一节　幼儿园

一、五原路幼儿园(武康园+兴国园)

五原路幼儿园是一所具有五十多年办园历史的上海市公办一级一类幼儿园，有2个园所，武康园位于五原路400号，兴国园位于武康路280弄24号。以幼儿京剧启蒙教育和双语教育为特色。京剧作为特色教育，将京剧艺术渗透于幼儿园的教育活动之中，进行培养京剧爱好者，振兴京剧艺术的有益尝试。通过运用京剧中的各种艺术表现形式、手段，融会与日常的教育活动中，使幼儿在探索创新、学习知识的同时，培养审美观念，提高自我审美能力，是对幼儿进行美育的一种行之有效的教育方法。五原路幼儿园拥有"上海市幼儿营养保健基地"，徐汇区"启慧——启迪"亲子活动基地，徐汇区平安校、艺术项目特色校、教师达标校、区园本培训基地园、区优秀教研组等荣誉。荣获2007—2008年度徐汇区文明单位称号。

二、乌鲁木齐南路幼儿园

1956年创建，位于淮海中路1788号。是一所涉外的上海市示范性幼儿园，地处衡山路领馆区。保教设施一流，拥有一支学历高、责任心强的师资队伍。为国家教委施行《幼儿园工作规程》全国10所试点园在上海唯一的一所幼儿园、上海市示范幼儿园、上海市涉外幼儿园,上海市精神文明单位、花园单位等,也是上海市课程教材改革实验基地。为满足社会、家长对幼儿教育的不同层次的需求,幼儿园开设"乌南分部"扩大班额,招收2岁以上的中外儿童;开设寄宿制以及"双休日亲子学"。为与学前教育国际化接轨,培养健康活泼、好奇探索、文明乐群、勇敢自信、有初步责任感的、面向21世纪的儿童,该园实施体制改革。转制后的幼儿园配备"多功能大礼堂",幼儿运动娱乐的"欢乐小世界"有可视、可听、可操作的视听室、电脑房。建立校园局域网、闭路电视系统等先进的教育设施、设备,着手研究"教师预备活动与幼儿自发生成的活动有机整合"探索可操作的,具有示范性的教育实践活动,建构开放、开发幼儿多元智能和潜能的中外儿童乐园。拥有一支师德修养好、教育观念新、勇于开拓实践的教师队伍,其中41%的教师获得全国优秀、市区园丁奖等荣誉称号。幼儿园有特级教师、高级教师,94%的教师达到大专以上学历,其中23%教师有本科以上学历,76%教师具有英语、艺术、蒙氏等教学特长。

三、蒙特梭利幼儿园

位于东湖路21号。为上海蒙特梭利教育集团旗下教育机构。蒙特梭利幼儿园"以国际视野培养世界公民"的教育宗旨,以标准化蒙特梭利教育为特色。2005年,上海蒙特梭利教育集团在全国以技术合作的方式向全国开展蒙特梭利实验幼儿园。2009年,上海蒙特梭利教育集团举办两岸蒙特梭利教育研讨会,2010年,上海蒙特梭利教育集团携蒙特梭利幼儿园入选上海世博会。2012年,上海蒙特梭利教育集团入选"腾讯网"中国最具竞争力幼教品牌。

上海私立蒙特梭利幼儿园(MSS)有着十余年的办学历史,是沪上首家为孩子提供有趣的学习机会、培养其学习热情,形式全新的纯正的蒙特梭利教育机构,广受业界称赞。MSS数次作为优质教学案例和典范,见著于业内各大媒体的传播平台,并受邀举办多场公开的讲座和课程。课程体系将国家标准课程和先进的国际教育元素有机地融合在一起,通过互动教学、小组学习、多样化的课程和鼓励性的学习环境,鼓励学生参与到学习进程中将有助他们自然产生求知欲,进而成为终身学习者。蒙特梭利的教学团队,具有极强的优势,所有教师和助手连同管理者都是经过国际蒙特梭利认证机构专业认证的。在整个工作过程中,蒙特梭利标准能够得以保持其一致性和优质性。受国际蒙特梭利权威机构认证,是教师岗位的职员被聘用的首要条件,所有在职任教为全日制老师。

四、爱菊幼儿园

前身为爱德好贝幼儿园,2013年8月被徐汇区民办爱菊小学接管为小学学前部。2015年9月至2017年8月,为申报独立幼儿园的筹备阶段。2017年9月,经徐汇区教育局批准,徐汇区民办爱菊幼儿园正式成立。地处复兴西路70号的三层建筑楼内,总建筑面积为670平方米,环境雅致温馨,各类设施设备基本齐全,为幼儿的身心和谐发展创设良好条件。

该园以严格管理为先,重视制度建设,营造和谐、进取的园舍氛围,为形成良好的园所文化奠定基础。打造一支勤奋踏实、团结合作、会管敢管,乐于奉献的行政班子和一支"润心启蒙教育、耐心指导服务""有学历、有素养、有能力"深受社会赞誉的优秀教师队伍。幼儿园培养目标:"想做、乐做、会做、活做"和"自信、努力、合作、快乐"的具有开阔视野的世界小公民。

幼儿园课程——东西方文化融合性课程。基础性课程面向全体幼儿，体现促进幼儿基本发展的课程。特色课程是以英语和德国 haba 课程为教学内容，以幼儿园办学目标与培养目标为方向，带有幼儿园自身的特点，符合幼儿园实际情况（环境资源、师资家庭、社区资源等），又能满足幼儿具有世界小公民意识发展需要的园本化课程。

五、四季方馨幼儿园

位于五原路 100 号（五原路 112 号），前身为公办五原路幼儿园，该园所搬迁后，2009 年，经徐汇区教育局同意开辟本园所，并由上海市教育评估院专业审评，于 2010 年 2 月开学。首批学生 23 人，基本来自居住在周边区域的居民与外籍人士子女。有中外学生 160 名左右，开设托、小、中、大 11 个班级，是一所民办“双语二级园”。

建筑面积 1 300 多平方米，园内有宽敞的活动场地、有教室、英文和法文图书室、游戏活动室、建构室、多功能厅等，有符合幼儿年龄特点的大型运动器具，攀岩墙等设施。在保证学前教育课程质量的基础上探索实践“园本 PYP”特色课程，开设的课程和丰富多彩的亲子活动，融合中外不同的教育理念，体现多元文化的碰撞。2014 年，在一项经由美国华盛顿教育研究中心与加州大学系统的合作调查中，获中国 500 大最佳幼儿园第十八名的殊荣，园内的法文部更连续十年被评为中法幼儿教育合作项目第一名。

六、襄阳南路第一幼儿园

前身为 1928 年创办的比德小学附属幼儿园。1956 年，迁址襄阳南路 207 号，更名为襄阳南路第一幼儿园。是一所有着悠久历史的公办学校。全园有约 20 个左右班级的教育规模，招收地区内 3—6 岁适龄幼儿。

随着徐汇区教育资源的重组，办园规模不断扩大，2005 年 6 月，在“学前三年行动计划”中，幼儿园扩大教育资源，合并兴国幼儿园。2007 年 7 月，“永二”幼儿园在教育资源置换过程中，与向阳幼儿园合并；2008 年 5 月，幼儿园与向阳幼儿园合并。2014 年 6 月，为应对幼儿入学高峰，择址建立“复中”分园。2016 年 5 月，区教育局把兴国园区置换给五原路幼儿园，把原陕南幼儿园外借场地收回给“襄一”幼儿园。

“襄一”幼儿园为上海市一级幼儿园、徐汇区示范幼儿园、徐汇区科技教育示范学校、徐汇区精神文明单位、徐汇区优秀家长学校、徐汇区教育科研先进集体。“襄一”幼儿园也是上海市绿色学校、上海市教育科研基地科技教育研究所实验学校、联合国教科文组织“环境、人口、可持续发展成员学校”、上海托幼杂志亲子基地幼儿园。从打造“幼儿科学启蒙教育”的办园特色入手，通过不断实践，并结合幼儿园课程研究的推进，挖掘课程实施内涵，逐步形成“幼儿创新启蒙教育”园本特色课程。调整园所后形成复中园、陕南园小班部、北园中班部、南园大班部的格局。四个园所形态各异，共同秉承着“倡导幼儿自主活动”的教育理念，努力为幼儿创设一个精致但不失可爱、丰富但不失杂乱的优质保教环境。

七、泰宁国际幼儿园

上海泰宁外籍人员子女幼儿园（原名：上海泰宁国际幼儿园）成立于 1997 年，由教育部批准成立、上海市教委直属管辖的一所外籍人员子女幼儿园，拥有两个校区，分别位于徐汇区复兴西路 43 号和闵行区古美路 50 号。泰宁幼儿园秉承创始人康妮·乔丹(Connie Jordan)女士的教育理念,为幼儿创设安全舒适、有爱心的环境氛围,让孩子们在幼儿期体验成功并增长自信,开启未来的学校之旅。办学特色:以英语语言为主体,提供 2—6 岁年龄段儿童的日间全天和半天课程,小班化教学。所有课程均由英语为母语的外籍教师担任,并辅有中方助教。幼儿园提供全方位的课程,重点培养幼儿社交能力,引导幼儿树立个体独立意识,关注幼儿身心成长,教授适合年龄的学术技能。幼儿在园内可以参与丰富多样的活动和课程,包括英语、数学、科学、结构、故事时间、球类游戏、演出、音乐、指导表演、世界探索、戏剧和烘焙等等。

八、维多利亚幼儿园

上海徐汇区民办维多利亚幼儿园地址为徐汇区华亭路 71 弄 1 号,该园创建于 2005 年,隶属拥有 50 余年历史的“维多利亚教育(中国)集团”。秉承集团“致力建设优良的教与学环境,凝聚专业力量,让幼儿在一个充满关心、信任,尊重和宽容的氛围中,充分发挥孩子多元潜能”的使命。学校课程理念始终体现国际化和多元化,并多次参与社区慈善活动。办学水平和社会声誉得到周边社区及相关部门的一致认可。

2009 年,首批通过 IB 国际文凭组织的认证,成为国际化的 IB 世界学校;同年被评为“全国优秀民办幼儿园”的称号;2012 年,获评上海市首批优质民办幼儿园。

九、乌南幼儿园国际部

上海市徐汇区乌鲁木齐南路幼儿园地址为乌鲁木齐南路 14 号,是一所涉外的上海市示范性公办幼儿园。占地面积 3 840 平方米。按上海市示范园的标准建设,校园内有各色花卉树木,为孩子提供安全、愉快的适合其身心健康成长的保教环境。由上海私立国际礼拜堂幼儿园(1949 年创建)、华东卫生部幼儿园(1951 年创建)合并而成。乌南幼儿园地处领馆区,共有三个园所,设有学前部、境内部、境外部,园内 500 多名幼儿来自 30 多个国家。

在多元文化背景下,乌南幼儿园将开放、多元、整合的办学理念渗透幼儿一日生活中,确立“身心健康、习惯良好、分享互助、快乐学习”的幼儿发展目标,通过文化周、中外节庆、社会实践等特色活动,使之成为一个具有“中国心、世界情”的世界小公民。

乌南幼儿园拥有一支高素质的专业师资队伍,100%拥有本科以上学历(28%为研究生学历),46%教师获小高级以上职称,11%为海外归国人员。多名教师获得全国、市级教育教学殊荣。乌南职员均为本科学历,在保健、信息、事务等方面保障着乌南发展。2007 年,成为区域后勤培训基地。

第二节 小　学

1991 年,街道辖区有小学 8 所。2016 年,街道辖区有小学 3 所,其中公办小学 1 所,民办小学 1 所,九年一贯制学校原长乐学校 1 所(内含小学部,2013 年在该校基础上重新组建位育实验学校)。

一、世界小学

上海市徐汇区世界小学被评为2007—2008年度徐汇区文明单位。该校前身为世界学校，由著名教育学者陶玄受蔡元培先生之邀于1936年创办。1946年更名为上海市徐汇区世界小学，1956年又更名为上海市淮海中路第二小学，2008年10月18日正式恢复校名为上海市徐汇区世界小学。学校坐落在环境幽雅、人文底蕴深厚的武康路，占地面积2 558平方米，建筑面积3 220平方米，绿化面积355平方米。主楼“思齐楼”为教学大楼，楼内电脑房、图书室、阅览室、创新实验室、美术室、书法室、音乐室、舞蹈房等专用教室配套齐全、设施先进；副楼“见贤楼”为校史楼。学校规模较小，有15个教学班，486名学生。学校本着继承传统，全面发展，发扬特色的宗旨，以“切切实实的学习、认认真真的工作、快快乐乐的生活”为校训，坚持以课程建设为抓手，着力打造一所精致化、国际化、人文化的素质教育特色学校。

20世纪90年代初，学校为弘扬民族文化，开始让京剧艺术走进校园，走进课堂，带动合唱和舞蹈等文艺活动的开展，京剧和舞蹈在市区比赛中频频获奖，也使当时的淮海中路第二小学成为一所艺术特色学校。1996年作为上海市“小班化”教育试点学校，率先新的教学改革和研究，成为一所以“小班教育”为特色的学校。根据得天独厚的地域资源优势开发《老洋房探踪》课程。重新开设世界学校办学之初的传统课程——法语课。2014年新增击剑课，有专业的击剑队。办学理念为“体验成功、自信快乐”。实施“成功教育”，为学生打造“一二三四五”世界小学学生健康成长宝典，每学年举办老洋房节、快乐法语文化节、体育节、科技节、读书节、艺术节和主题鲜明、内容丰富的中队主题会。获评上海市文明单位、上海市安全文明校园、上海市红旗大队、上海市书法实验基地、区行为规范示范校、区语言文字示范校、区科技特色项目校等，学校师生多次在全国、市、区科技和艺术比赛中获奖。

二、爱菊小学

民办爱菊小学位于安福路247号，由香港著名爱国实业家、前全国政协委员刘浩清先生及其夫人孔爱菊女士投资创办，1993年成立。2007年4月，经区政府、区教育局核准，名誉董事长刘浩清先生的资助，转制为民办小学。学校董事长为俞平尔女士，副董事长为李冠华女士，校长为方继东女士。

校园环境雅致，文化艺术气息浓郁。配备琴房、书画室、围棋室、舞蹈房、乐队排练厅、机器人活动室、电脑房、实验室、图书室等设施齐全的专用教室。占地5 009平方米，建筑面积8 909平方米。共有35个教学班，1 109名学生，其中有11个境外班，主要招收华裔华侨和港澳台学生，另有4个法籍班，招收法籍学生，境外生占总人数的16%。坚持“以德育为核心、以质量求生存、以特色求发展，以提高学生综合素质为目的”的办学宗旨，坚持“以素质教育带动‘特色’、‘特长’的发展，以艺术教育为抓手，推进素质教育，通过严格科学的管理，知心知情的德育，严谨有效的教学，着力培养学生的创新精神和实践能力”，培养学生成为“基础扎实、科艺双优，人文见长、全面发展”的优秀小学毕业生，学校成为“全区一流、全市领先、全国知名、与国际接轨”的品牌特色小学。

作为上海市第一所正式挂牌的艺术小学，该校为学生提供弦乐、管乐、民乐、绘画等九大专业课程，其中，“金画笔书画团”是该校成立最早的艺术团队。面对大部分“零基础”的孩子，老师们并非通过强化技巧训练，而是采取“走进大师”的体验式教学。艺术课程有钢琴、古筝、国画、书法、桥牌等共33个门类，并组建太阳花舞蹈团等10个社团。小云雀民乐团的器乐曲目《山鹰之舞》荣获全国一等奖。国际级奖项29个，全国级奖项143个，市级奖项916个，区级奖项1 068个。是全国“双有”(“心中有祖国・心中有他人”)先进集体、上海市中小学行为规范示范校、上海市安全文明校园、上海市艺术教育工作先进单位、上海市少先队雏鹰大队、上海市华侨捐赠管理先进单位。被评为徐汇区文明单位、徐汇区首批素质教育实验校。

三、位育实验学校小学部

上海市位育实验学校是2013年徐汇区教育局力推的一所实验性九年一贯制公办学校，它是在上海市长乐学校的基础上重新组建而成。位于长乐路455号，毗邻静安区，占地面积为8 645平方米，有27个教学班，近800名学生。

学校发扬“生长・创造”的位育精神，秉承“脚踏实地、注重教学质量”的位育传统，注重“人文关怀”的办学思想。在充分尊重学生成长规律的前提下，小学阶段切实“减负增效”，在初中阶段实现与位育初中教育教学模式的并轨，将位育优良的办学传统贯穿于九个学段。

学校以科技与人文为两大突破口，“五育”并举，建设“生长・创造”课程体系。聚焦立德树人的根本任务，结合九年一贯长学制的特点，着力构建学段衔接，立足“位育”厚德文化，破书本界限，延伸课堂空间，创新活动形式，彰显活动实践，以体验教育为途径，以优质活动为育人载体，通过“美德少年”评选机制，以评价促进实践，以实践建构学校文化培育和精神传承。学校重视环境育人，通过环境建设与艺术特色建设的深度融合，让学生在日常学习生活中沉浸式接受中华传统文化的熏陶和文明风尚的感染，营造“诚信・友善・探索・创新”的文明和谐校园。

第三节　中　　学

1991年，街道辖区有中学2所，后撤迁2所，新建1所。2016年，街道辖区有中学1所。1991至2005年，辖区南洋模范初级中学、淮中中学、五原中学等学校相继撤并与搬迁。上海市南洋模范初级中学评为2007—2008年度徐汇区文明单位。

一、位育实验学校

上海市位育实验学校是徐汇区教育局于2013年着力推出的一所实验性九年一贯制公办学校。历年来学校获得多项荣誉称号，是上海市依法治校示范校、上海市安全文明校、上海市书法教育实验校、上海市儿童阅读实验基地校、徐汇区文明单位、区新优质学校、区行为规范示范校、区家庭教育示范校、区艺术教育特色学校、区科技特色学校。

学校秉承位育“脚踏实地、注重质量”的优良传统和“注重人文关怀”的办学思想，初中阶段与位育初中实现教育教学模式的并轨，小学阶段充分尊重学生成长规律，以小初衔接为抓手，探索将位育中学八十年的优良办学传统延伸至小学阶段的教育新路径。

学校坚持以人为本，立德树人。关注学生的身心健康，注重学生的全面发展。以养成教育为抓手，以实践活动为载体，以德育队伍建设为保障，形成全员育人，全程育人，全面育人的德育模式。学校坚持夯实基础型课程，注重开发拓展型课程，创新研制探究型课程，旨在奠定学生的知识基础，拓宽学生的学习时空，发展学生的个性特长，培养学生的创造能力。“书画”“夏威夷吉他”“新能源创新教育”“桥牌”“建模”等成为学校的特色课程。

学校致力于“承位育传统，创实验品牌”，继承与创新并重，力争使位育实验成为一所学生喜欢、百姓满意、社会认可的名校。所获荣誉：2001 年上海市园丁奖，2000 年徐汇区中青年骨干教师，2002 年徐汇区中青年骨干教师，2004—2006 年徐汇区教育系统学科带头人，2014 年上海市园丁奖。科研成果：2001 年市级课题《计算机在数学教学中的辅助作用》获二等奖。

二、南洋模范初级中学

南洋模范初级中学的前身是上海市淮中中学，创建于 1964 年 6 月。是一所学风朴实并具有艰苦奋斗优良传统的公办中学。

为满足初中入学高峰的需求，1964 年，区政府、教育局在淮海中路 1353 号创办淮中中学（原六十四中学旧址）。开办初期，学校教学条件艰苦，直到 1974 年总部木板房才拆除，新建一幢五层教学楼。开办之初，有 18 个班级，学生总数近 800 人，教职员工有 104 人。

“文化大革命”后期，学校体制曾一度从原初级中学转为四年制的完全中学，1977 年高考恢复后，学校规模有新发展。1990 年两幢洋房拆除，建成一幢六层教学楼，总建筑面积约 4 000 平方米。有初高中班级 29 个，学生近 1 400 名。1990 年 9 月高中扩招，办 2 届中专齿科班。至 1994 年高中阶段办学结束，于 1995 年 7 月由原地迁往淮海中路 1788 号，同时沪光中学初中部并入。学校规模为一幢六层的教学楼和一幢三层辅助教学办公楼，建筑面积约 6 000 平方米，操场约一个半篮球场。

1977 至 1997 年，学校教学质量在全区已有一定的知名度。高中毕业班连续三届高考成绩突出：1986 年高考获区第三名；1987 年高考文科总分全区第一，理科总分全区第三；初中毕业合格率始终达到或接近 100%。成为区教育局的六所完全中学之一。

1997 年 6 月，淮中中学更名为南洋模范初级中学，引进一大批优秀的中青年教师，补充到部分原南模中学经验丰富的老教师之中。

2007 年，南模初中与南模高中组成党委机构，形成“人尽其才，和谐发展”的一系列办学理念，如：坚持走“科研兴校”的可持续发展道路，以办规范加特色教育，育合格加特长学生，做一专加多能教师，努力使学校成为“高质量、有特色、争一流”的品牌公办初中为办学目标；以“自律做人、优雅处世、自主学习、自信成才”为培养目标等等。学校根据国家教育《中长期教育改革和发展规划纲要》制定阶段性发展目标。

以“科研兴校”为指引，开展《公办初中情趣教育的实践与研究》的市级课题；树立“交响奏和谐，篮球传精神”的学校精神，交响乐团在国际国内比赛中多次获奖，篮球运动的“团结、协作、竞争”精神根植于学生心中。

连续多年获评“办学绩效评估优秀综合奖”“区文明单位”“区行为规范示范校”“上海市科技教育实验校”“区艺术特色项目学校”“区科技特色学校”“上海市篮球传统特色学校”“上海市交响乐特色学校”“上海市‘三八’红旗集体”“上海市拥军优属模范单位”“上海市安全文明单位”等称号。

2009年，学校由淮海中路1788号迁入天平路200号（原南模中学校区）。开展继承南模校址，传承南模文化，创设南模品牌的品牌树校教育。

表16-3-1　　湖南路街道辖区内中学变迁情况表

校　　名	创建年份	校　　址	变　迁　情　况
淮中中学	1964	淮海中路1788号	1997年变成南洋模范初级中学
五原中学	1964	五原路400号	20世纪80年代关闭
南洋模范初级中学	1964	天平路200号	2009年搬迁现址

第四节　高等院校

1991年，街道辖区有高等院校4所，分别为上海音乐学院、上海海关高等专科学校、上海教育学院和上海前进进修学院。后撤迁3所。上海教育学院原校址在淮海中路、襄阳南路、汾阳路交汇处，后并入华东师范大学。上海前进进修学院为民办高校，原校址在复兴中路近汾阳路。上海海关高等专科学校位于汾阳路，原为上海海关学校，1996年4月9日改为现名，1997年搬迁至浦东新校区。2016年，街道辖区有高等院校上海音乐学院1所。

上海音乐学院位于汾阳路20号。前身是民主革命家、教育家、思想家蔡元培先生和音乐教育家萧友梅博士于民国十六年（1927年）11月27日共同创办的国立音乐院。首任院长为蔡元培先生。民国十八年（1929年）9月更名为国立音乐专科学校。中华人民共和国成立后，于1956年更名为上海音乐学院，被誉为“音乐家的摇篮”，是上海培养音乐人才的重要院校。作为国内历史最悠久的高等音乐学府，在经典严肃音乐的创作、表演和研究方面积累雄厚的学科基础。1949至1984年，由著名作曲家、音乐理论家、音乐教育家贺绿汀担任院长（后任名誉院长）。1984年后，桑桐、江明惇、杨立青教授曾先后任院长。

学院面向全国招收专科生、本科生、硕士研究生、博士研究生，并招收外国留学生。学院设有14个系（部），即作曲系、指挥系、音乐学系、民族音乐系、钢琴系、声乐歌剧系、管弦系、音乐教育系、音乐戏剧系、艺术管理系、音乐工程系、现代器乐与打击乐系、公共基础部、研究生部等。涉及6个专业（作曲与作曲技术理论、音乐学、音乐艺术表演、录音艺术、公共事业管理、音乐科技与艺术）、近20个专业方向，既包括具有雄厚根基的传统专业，也有若干新建的新兴学科与交叉学科。拥有全国最早建立的硕士、博士、博士后流动站的完整教学、科研体系。有博士学位一级学科授权点3个（艺术学理论、音乐与舞蹈学、戏剧与影视学）；硕士学位一级学科授权点3个（艺术学理论、音乐与舞蹈学、戏剧与影视学）；艺术学博士后科研流动站1个。拥有2个上海市重点学科（优势学科：作曲与音乐设计，特色学科：音乐文化史)、上海市教育高地 1 个(音乐表演)以及上海市高校音乐人类学 E—研究院。

2016 年在校全日制学生总数为 2 481 人：本科生 1 718 人，硕士生 580 人，博士生 58 人，留学生 43 人，预科生 0 人，进修生 82 人。至 2016 年，拥有教育部“长江学者奖励计划”特聘教授 1 名，全国教书育人模 1 名，全国模范教师 1 名，教育部新世纪优秀人才 1 名，全国高校教学名师 2 名，“百千万人才工程”国家级人选 2 名，全国宣传文化系统“四个一批”人才 4 名，中央千人计划 1 人，上海千人计划 5 名，上海领军人才 8 名，上海高校特聘教授(东方学者)6 名，上海市教书育人楷模 2 名，上海高校教学名师 5 名，政府特殊津贴人员 14 名，宝钢教育基金优秀教师 13 名，浦江人才计划 24 名，上海高校青年教师培养资助计划 29 名，曙光学者 11 名，晨光学者 14 名。聘任外籍及港澳台专家 29 名，以及一批海内外知名艺术家、学者担任客座教授、讲座学者等。

学院挂牌成立青少年音乐教育基地；东方乐器陈列馆向社会免费全面开放；致力于普及音乐基础知识，开讲座、办演出，提高中小学的音乐素质；名教授为地区学生作专题演出；举办音乐夏令营；开展音乐义教进社区活动。

第五节　社 区 学 校

一、组织机构

20 世纪 90 年代起，街道先后组建社区党校、老年学校、人口学校、妇女学校、家长学校、市民学校、健康学校、法律学校、金融学校、文化学校等，以此为载体开展社区教育。

1990 年 1 月，徐汇区社区教育委员会成立，下设办公室。1991 年起，区每年召开一次社区教育工作会议，要求各街道(镇)和区属企事业单位，加强与学校的联系，支持学校教育，关心青少年成长，开展家庭教育，推进社区教育。2001 年 12 月执行上海市教育委员会、上海市精神文明建设委员会办公室、上海市民政局印发的《上海市社区学校设置暂行规定》。2002 年，社区教育拓展到终身教育。2003 年 12 月，徐汇区被教育部确定为“全国社区教育实验区”。2005 年起，由区长兼任社区教育委员会主任，逐步形成由各街道(镇)主任(镇长)任社区学校校长、区教育局委派常务副校长，专兼职社区教师相结合的社区学校组织模式。2005 年 12 月，成立徐汇区社区学院。2007 年，徐汇区制定《徐汇区社区学校管理暂行办法》。

2005 年起，街道启动社区学校实体化建设，成立湖南路街道社区学校校务委员会。街道办事处主任任校务委员会主任，并兼任社区学校校长。区教育局委派常务副校长，主持社区学校的各项日常工作。街道校务委员会不定期召开校务委员会会议，共同商讨、部署社区学校工作。及时调整社区教育委员会，确定委员会主任、副主任，充实办公室人员和委员的人选，社区学校由专职常务副校长负责，并配有专职社区教育教师指导市民参与社区教育，将社区内的文化教育单位纳入社区教育共建单位之中，同时成立社区教育专家组，聘请市、区社区教育专家为社区教育专家咨询组成员，做到组织落实、制度落实、经费落实，为开展社区教育提供组织保证。

2006 年 6 月 20 日，位于乌鲁木齐中路 164 号，总面积为 1 800 平方米的新的湖南路街道社区学校竣工落成。6月27日，正式向社区居民开放。社区学校由街道统筹协调管理，成为"场地不大功能全、综合使用效率高、因地制宜巧安排、方便百姓做到位"的社区教育实体。社区学校集社区教育、文化科普为一体，是全面建设学习型社区，提高城市文明程度和居民素质的有效载体。街道打破资源分割壁垒，将原有的社区党校、老年学校、人口学校、妇女学校、家长学校、市民学校、健康学校、法律学校、金融学校、文化学校等分散型资源集中整合在一起，统一管理，统一调配资源，形成早期教育、校外教育、职业培训和继续教育、岗位培训、非学历教育、闲暇教育的社区终身教育体系。同时完善落实16个居委会教学点的社区教育载体，构建多层次、全方位、开放式的社区教育体系，以区社区学院、街道社区学校、居委会学习点作为社区教育的三级教育网络。

社区教育形成以专职人员为骨干、兼职人员和志愿者为主体，适应社区教育需要的管理队伍和师资队伍。教育局根据社区教育发展的需要，有计划地选派工作责任心强、教育教学经验丰富、身体健康的专职干部和教师。此外，还以教师和各行各业的专业人员为对象，组成社区教育兼职教师和志愿者队伍。2016年，社区学校有专职教师4人，兼职教师30多人，其中包含多名外籍教师。开设传统文化、健康教育、特色品牌、高雅艺术四大系列五十六门课程，面向各类人群，有老年学员、白领、辖区青少年开展教育及教学活动等。

2010年，街道有居委会学习点10个，2016年，增至16个。

表16-5-1 **2016年湖南路街道社区教育居委会教学点一览表**

序号	居委会教学点	地　址	特色课程
1	武康居委会	淮海中路1670弄14号	中西点烘焙班
2	安福居委会	安福路228弄9号	手工串珠班
3	兴武居委会	泰安路27弄6号	太极拳班
4	复永居委会	永福路147弄33号	声乐班
5	金波居委会	五原路181弄6号	绒线编织
6	华康居委会	湖南路280弄20号	太极拳提高
7	复中居委会	复兴中路1252弄10号	未开班
8	淮中居委会	淮海中路1390弄1号	排舞初级
9	东湖居委会	延庆路29弄15—16号	烹饪班
10	复襄居委会	汾阳路9弄10号(底楼)	越剧班
11	陕新居委会	长乐路339弄12号	未开班
12	春华居委会	安福路49弄2号	养生保健班
13	张家弄居委会	南昌路585弄18号	国画(山水)
14	新乐居委会	襄阳北路74弄7号	养生保健班

续表

序号	居委会教学点	地　　址	特色课程
15	延庆居委会	华亭路 25 号	太极拳入门班
16	淮海居委会	复兴中路 1340 弄	声乐班

街道于 2008 年、2010 年、2012 年、2014 年 4 次获评“上海市社区教育示范街道”。街道老年学校 2010 年获评“上海市示范性老年学校”。街道于 2010 年、2014 年分别获评“上海市创建学习型社区示范街镇”“全国创建学习型社区示范街道”。

二、教育教学

［常规教育教学］

社区学校以终身教育理念为引导，发展“1＋1＋16＋X”的创新模式运行机制，利用社区学校和辖区各中小学、幼儿园的教育资源，实现三个结合：即服务街道与服务学校相结合；服务居民与服务学员相结合；社区教育活动与学校教育活动相结合，满足社区居民终身学习的需求。自 2006 年社区学校实体办学之后，每学期本部开设的课程始终保持在 50—60 门之间。

表 16－5－2　　**2008—2012 年社区学校课程班开班数和学员数情况表**

学　　期		班级数(个)	学员人数
2008 年	上半学期	51	1 120
	下半学期	48	1 101
2009 年	上半学期	52	1 106
	下半学期	51	1 231
2010 年	上半学期	49	1 246
	下半学期	45	1 123
2011 年	上半学期	47	1 173
	下半学期	43	1 101
2012 年	上半学期	47	1 159
	下半学期	47	1 150

2013 年，社区学校新设时尚布艺品位提升班，深受学员欢迎。2014 年，社区学校开设传统文化、健康教育、特色品牌、高雅艺术四大系列五十六门课程。2015 年，社区学校开设湖

南社区春季亲子课堂“快乐启蒙 幸福成长”，61门课程，春季学员1 402人。2016年，社区学校拓展布艺、英语金曲、咖啡慢生活、西点制作、茶艺等特色课程；对居委会学习点和养老院、托老所实行送教上门。居委会有35个教学班、社区学校本部有55个教学班，社区教育的规模在徐汇区名列前茅。

［**特色课程与教材**］

社区学校在办学过程中，关注内涵发展，为适应社区不同人群终身受教育的需求，形成具有湖南特色的社区教育体系，开发特色课程及校本教材，并报送评审。

2006年，《走近身边老洋房》《沪剧》《排舞》《英语怀旧金曲》《数码摄影》《计算机维修》六个课程项目荣获区社区教育优秀课程项目称号。2008年，社区学校的《摄影初级》《摄影中级》《计算机维修》三项课程被评为区优秀课程。2009年，社区学校推出新的特色课程，将“老房子的故事”课程班与基础教育相结合，帮助辖区世界小学培训“老房子的故事”课程教师，参与世界小学“老房子节”活动的设计，并组织社区学校课程班的学员参观世界小学校史陈列室，做到社区教育与基础教育资源共享。2010年，《英语金曲》被评为徐汇区社区教育特色课程。2011年，社区学校完成《优秀历史建筑与人文》校本教材，获得上海市社区教育特色课程评选二等奖。

2006至2010年，学校先后有《布艺拼布与生活》《摄影初级》《摄影中级》《计算机维修》被评为徐汇区社区教育优秀校本教材。2013年，社区学校完成《越剧入门与流派唱腔》，并选送参评区第三辑区社区教育系列教材。同年，学校《艺术拼布与生活》教材被推荐为“2006—2013年上海市50部(本)老年教育优秀培训教材和读本”。该教材是一本根据社区居民学习特点和要求编写的社区学校系列教材之一。作者为授课教师吴颖雯，教材中体现出拼布不仅能够享受动手创作的乐趣，也能够美化家居布置，成为社区居民喜爱的休闲活动。书中详细介绍拼布的基础知识，及拼布手工艺在日常生活当中如何运用。书中的实例作品由浅入深，从简单到复杂，详细展示作品的制作过程。内容包括装饰家庭的生活用品，随身携带的精巧包袋，各种可爱的小饰物等。初学者可以跟随着老师的指导轻松完成拼布作品，享受手工拼布带来的乐趣。

［**特色教育及教学活动**］

湖南路街道学习节　2006年，徐汇区为完善终身教育体系，推进和谐社会建设，举办“快乐学习、精彩人生”为主题的首届“学习节”，湖南路街道社区学校为承办单位，启动湖南路街道的首届“学习节”，参与图片展、电视片制作、奖项评选、校长论坛、广场文化(记忆留声专场)、体育“嘉年华”“一街一品”展览等具体工作，闭幕式分会场，各居委会教学点全程参与“学习节”各项活动。湖南社区承办的“记忆留声”文艺专场在襄阳文化特色广场举行，把“学习节”推向高潮，整场演出采用全景式解读“历史相册”和聆听“历史留声”的形式进行衔接串联，渲染突出历史与人文意蕴。在社区教育校长论坛暨首届学习节闭幕式上，校长作题为“完善资源体系，推动特色发展”的大会交流，专家组对湖南社区教育的原创性立意高给予高度评价。闭幕式上，湖南路街道荣获徐汇区首届“学习节”优秀组织奖。

从2006年起，街道每年都举办学习节。每年学习节的活动都根据实际情况进行调整，围绕学习节开展的系列活动内容越来越丰富。

2009年，街道举办湖南社区第四届学习节。在整个学习节期间，邀请名家走进社区开设“当代话剧艺术的赏析”“白领职业生涯规划”“科技 让老年生活更美好”“计算机在现代家庭中的运用”等专题讲座，组织开展“60 周年经典老电影回放”、社区读书班交流会、重阳节艺术综合专场等迎世博系活动。深入教学点听课、组织居民艺术作品展、文艺汇演，具有湖南特色的“一居一特”居委会教学点展示活动，得到居委干部、居民的大力支持和热情参与。

2010 年，第五届学习节期间，街道组织走近身边的老洋房“六个一”生活体验活动。1. 阅读社区文物地图，漫步一条历史文化街(武康路 旧址福开森路)；观看老房子照片、老房子建筑简介、老房子里的人文故事。2. 回忆历史悠久文化，参观一所学校校史馆(世界小学)；观摩一台由学生老师自编自演的老房子里的人文故事片段。3. 现场感受居民生活，做客一户社区人家。(1) 走进一户生活在老房子里的社区人家，了解当地百姓文化生活；(2) 与社区人家实现互动，体验社区百姓文化生活。4. 走进老弄堂里洋房，探访一户文化名人故居。(1) 走进老弄堂里洋房，探访漫画家——张乐平故居；(2) 阅读、观摩张乐平生平创作《三毛流浪记》漫画作品及工作室。5. 体验百姓文化生活，走访一家文化活动中心(湖南社区文化活动中心)。(1) 课程展示；(2) 放映有关老房子电影；6. 演绎中外经典名人名曲。观看一场中国社区市民音乐会或一场中国百姓戏曲(越剧专场演出)。

2016 年，街道举办第十一届学习节。历时 2 个月，组织越剧经典名著赏析、纪念建党 95 周年书画展、中外家庭厨艺展示、“湖南杯”头脑 OM 比赛、“倡导全民阅读，建设书香社会”集邮展、探究航海知识 重温航海历史——湖南老洋房工作室纪念郑和下西洋 611 周年活动等 16 项活动。参与单位有湖南路街道办事处、上海越剧院、乌南幼儿园、荆棘鸟书会、爱菊小学、位育实验学校等辖区共建单位。

越剧教研基地　2012 年，社区学校依托辖区上海越剧院的资源，向区社区学院申请成立徐汇区社区教育越剧教研基地。2012 年 11 月，街道举办徐汇区社区教育越剧教研基地挂牌仪式并开展首次教研活动。自教研基地成立之后，签约双方湖南路街道和上海越剧院共同研讨越剧社区教育教学的模式，每年举办各类教研活动，组织 13 个街镇的越剧团队和与越剧班学员开展丰富的越剧交流展示活动，并邀请越剧院的专家与越剧爱好者互动交流，为越剧文化传承搭设舞台。

2013 年，街道多次组织社区教育越剧教研基地交流展示活动，并与北京小百花越剧团进行观摩和座谈，弘扬传承越剧文化。

2015 年，为普及和提高社区居民及越剧爱好者对越剧艺术的品赏水平，增加戏迷与专业演员之间的交流活动和近距离接触，激发他们对越剧的热爱之情，街道为越剧教研基地设计一年四次的活动，例如社区学校与上海越剧院合作举办“越剧的古典美”讲座，主讲沈歆雯老师从越剧发源地开始，引出讲课的主题，边讲边提问，和戏迷们互动交流。

2016 年，越剧教研基地活动在徐汇区社区学院六楼多功能厅举行。主题为越剧经典剧目《梁祝》赏析，由上海越剧院演员沈倩主讲，分析《梁祝》舞台表演技巧和赏析门道，沈倩助手团队现场表演。这种戏迷与专业演员之间近距离接触、交流互动的形式深受越剧爱好者的欢迎。徐汇区各街镇越剧爱好者和越剧班学员参加观摩学习。

街道老年教育工作室　2011 年，徐汇区社区教育委员会办公室和区老年教育工作小组办公室决定成立“徐汇区老年教育工作室”。由街道社区学校申报的湖南社区“陈孝瑞推拿工作室”和“优秀历史建筑与人文”工作室获得首批称号。

2003 年，在陈孝瑞带领下成立“陈孝瑞推拿工作室”，该工作室与为民服务相结合，每周四向居民开放，每次约服务居民70多人次。陈孝瑞先后参加中医针灸推拿、慢性病管理学习，获得职业证书后与小区志愿者组成社区推拿保健志愿者服务团队，并命名为“陈孝瑞推拿工作室”。成为区级老年工作室之后，该团队除每周坚持为居民提供健康咨询服务以外，还参加“上海公益伙伴日”等公益志愿活动，并走进黄浦、静安、浦东新区等多个外区的社区开展志愿服务。陈孝瑞曾被评为“湖南社区优秀共产党员”、上海市优秀志愿者、2012年徐汇区社区教育“奉献奖”提名奖等称号。2013年，推拿工作室在街道党员服务中心落实独立的工作场地和设施。2014年，工作室开展创学习型团队活动，召开医技研讨会；做好病员登记，制定每次活动轮流值日制，并定期召开病员座谈会（印制征询表）。2016年，被评为“2016年上海市优秀为老服务团队”。

“优秀历史建筑与人文”工作室负责人为饶第扬、李曙红。工作室由一群长期从事老年教育的专职教师和对老洋房有浓厚兴趣爱好和有奉献精神的志愿者组成，是集学习、交流、展示、参观、推广于一体的工作团队。工作室与特色探索课程、终身学习推进相结合，目标是：保护历史建筑、挖掘和利用优质资源，让社区居民对优秀历史建筑有更多的了解，培育他们研究和保护历史建筑的兴趣和责任感，传承优秀历史建筑和人文经典。2012年起“优秀历史建筑与人文工作室”更名为老洋房工作室，工作室由社区学校赵继竹老师负责。每年都制定工作室计划，结合自身特点、社区教育工作要求开展工作。一年两次组织工作室成员参观老建筑，了解相关的人文历史故事；聘请专家为举办专题讲座；组织工作室成员参与街道的特色活动，共同研究人文行走线路，积累讲解资料，担任志愿讲解员。

表16-5-3　**2005—2016年社区教育工作所获荣誉一览表（区级）**

年　度	荣誉名称	获奖单位	颁发单位
1997	徐汇区暑期工作先进集体	湖南路街道	—
1998	徐汇区暑期工作先进集体	湖南路街道	—
1999	徐汇区社区教育工作先进集体	湖南路街道	徐汇区社区教育委员会、徐汇区教育基金会
2014	徐汇区第二届未成年人思想道德建设工作创新案例	徐汇区湖南社区党工委、湖南路街道办事处“‘三毛心 中国梦’湖南社区青少年爱国主义教育实践活动”	徐汇区未成年人思想道德建设工作委员会

第六节　未成年人保护

一、机构职责

1987年6月，市八届人大常委会第29次会议通过《上海市青少年保护条例》。同年10

月，徐汇区青少年保护委员会成立。下设徐汇区青少年保护办公室（简称区青保办）。1991年，街道成立青少年保护委员会。区教育局派出一名青保专职教师常驻街道，协助街道依法做好青少年保护工作。年内，成立湖南路街道家长学校。2004年11月，市十二届人大常委会第16次会议通过《上海市未成年人保护条例》。2005年3月，徐汇区青少年保护委员会更名为徐汇区未成年人保护委员会（简称区未保委）。街道青少年保护委员会更名为湖南路街道未成年人保护委员会、并设办公室（简称街道未保办），各居委会明确由文教干部兼职分管未成年人保护工作。2006年起，街道未保工作纳入社区学校管理。年内，街道建立一支有20多名老同志参加的"关心下一代工作"服务队，基本形成街道、居委会、学校"三位一体"的未成年人保护工作的三级网络。街道获评2014至2017年上海市未成年人保护工作先进集体。

二、保护内容和措施

［校园周边环境整治］

2001年，街道召开社区青保工作研讨会，对青少年的状况进行分析，探讨保护青少年工作的方法与途径。为学校聘请6名治安辅导员和6名维权辅导员。湖南工商所与5所学校签订"红盾维权行动"协议书，着力社区青少年成长的环境。

2002年，湖南派出所与辖区中学、小学、幼儿园签订《治安责任书》。街道配合区文化稽查队、工商管理部门对学校周边的网吧、娱乐场所进行检查整顿，对学校周边违法搭建依法进行处理。

2003年，街道协调派出所、交警、城管、工商等部门，成立校园周边治安综合治理工作领导小组，下设学校周边综合治理办公室（简称周边办），并在每个学校都配备治安辅导员。

2006年，街道重点解决校园周边恶少敲诈、校门口流动摊贩等安全整治工作。

2011年，街道增补和调整未成年人保护工作委员会名单及校园周边治安综合治理工作领导小组名单，并成立湖南路街道未成年人保护工作中心组，制定中心组会议的相关制度，形成长效管理机制。街道领导与职能科室定期走访区域内各学校，对部分学校存在的重点、难点问题，联系落实有关职能部门予以解决。

2015年，街道落实未成年保护联络员工作例会制度，继续密切联系街道各个职能部门，共同开展未成年保护和学校周边工作专业培训，加强学校未成年保护联络员之间的业务指导。

至2016年底，街道未保办在每年春、秋学期开学初，联手各职能部门开展辖区中小学校、幼儿园安全隐患排查和治理工作，消除校园内部安全隐患。同时，清理学校门口乱设摊、乱停车、乱堆物，检查学校周边的电脑网吧、游戏机房等，整治校园周边环境。

［安全文明校园检查评比］

2005年起，为贯彻落实中央综治办、教育部、公安部《关于深入开展安全文明校园的创建的意见》，街道每两年组织一次由街道未保办、平安办、周边办、派出所等共同参加的学校创建安全文明校园工作的检查，检查后和学校交流检查情况，并按照上海市未成年人保护办公室统一印制的表格进行打分，规范落实学校技防使用、人员培训、工作台账、人防管理、制度建设等。2016年，世界小学、位育实验小学、爱菊小学被评为上海市安全文明校园。

［未成年人思想道德教育］

街道开展多种形式的未成年人思想道德教育活动，促进未成年人思想道德全面健康的发展。1995年后，街道相继建立“青少年音乐教育基地”“青少年国防教育基地”“青少年爱国主义教育基地”“青少年科普教育基地”，作为未成年人思想道德教育的主阵地，针对学生的不同年龄层次开展各类基地教育活动。

街道开辟社区志愿者服务广场——襄阳公园作为未成年人社会实践指导站，每年投入25万元开展“上海市青少年艺术星期六广场活动”，把志愿服务广场作为社区未成年人工作的工作站，通过法律志愿者服务队和假期教育志愿者服务队为未成年人进行服务，组织未成年人参加力所能及的公益活动，增强其社会责任感。2004年，街道在襄阳公园举办“金色的年华——社区未成年人思想道德建设工作推进会”，并向社区学生赠送青少年活动资源地图，辖区各单位代表共150人参加。2011年以后，街道以寒、暑假主题教育活动为未成年人思想道德教育的重点，利用湖南社区的历史人文资源优势，创建湖南路街道未成年人寒暑期活动的新亮点和新特色。2012至2013年，街道按照《全国未成年人思想道德建设工作测评体系》要求和市文明办、市教委的相关要求，整合社会多方资源、拓展活动平台，凸显“走进高校、走进企业、走进博物馆、融入社区、学生主体”的多元互动亮点。街道文明办制作并完成湖南路街道未成年人心理健康辅导室的宣传页，向各居民区下发近5 000份宣传三折页，普及心理健康知识。并深入居民区和社区内中小学，开展“多彩青春——我的青春我做主青春期讲座”“朋友，我们在一起”等形式多样的主题心理健康宣传、辅导活动，通过心理辅导讲座、短片等行世引导学生培育树立远大理想。街道派出所配合开展各类寒假青少年法制讲座暨消防、禁毒、反邪教宣传的寒假安全教育活动的居委16个，人数约650人。2015年，街道举办“卫生保健、安全保护、学习品质培养和情绪管理”等面向社区学生家长的专题讲座，协同家长进行未成年人思想教育。

建设四个基地　1995年，街道与上海音乐学院合作建立的“青少年音乐教育基地”。1995至1996年，街道举办多场音乐讲座。暑假期间，街道组织辖区约400名学生参观全国最大、最全的上海音乐学院民族乐器陈列室。2004年，街道邀请上海音乐学院声歌系教师为同学们进行《学唱革命歌曲》的授课。2007年，街道联合中福会上海儿童艺术剧院精心打造“艺术星期六”，全年有12类专场比赛和演出。

1995年，街道与上海武警三支队二中队共建的“青少年国防教育基地”，基地在寒暑假中向孩子们开放，组织军训，参观军营。2004年，街道组织辖区学生进行“军营一日行”，观摩武警战士的队列操练、学习折叠军被、进行团体军训。2010年，街道举办《共叙军民情谊　共建平安世博——湖南社区暑期青少年军营一日生活体验之旅》，青少年走进军营，增强热爱祖国、热爱子弟兵的情感。

1996年，“聂耳塑像爱国主义教育基地”揭牌，为孩子们开展队日活动、召开主题班会提供新的场所。1998年，辖区中小学生在“聂耳塑像爱国主义教育基地”通过少先队活动，了解国歌诞生的故事。2005年，街道开展“学习聂耳精神”的主题教育活动，向社区青少年介绍聂耳的生平，激发民族自豪感、使命感，弘扬爱国主义精神。

1996年，街道在辖区各学校开展科普杯赛的基础上，建立“青少年科普教育基地”。2001年，街道组织300名中小学生参加电脑冬令营活动，组织223名中小学生参加市少科站活动,组织 40 名学生参加科普夏令营。2010 年,街道开展“湖南——爱菊杯”青少年 OM 创新航空模型擂台赛暨 2010 年全国科普日宣传活动(OM:头脑奥林匹克)。年内,街道组织辖区中小学参加第四届上海科普多媒体作品大赛。

开展假期主题活动 街道在每年寒暑假之前,成立未成年人寒暑假工作领导小组,召开由各中小学相关老师、各居委会文教干部参加的专题工作会议,要求各居委会制定相关的寒暑假工作计划,落实人员场地和活动内容,做好中小学生到居委会报到登记工作,组织开展各种寒暑假活动。要求辖区各中小学做好假期动员、情况反馈、返校安排、学生家访等工作。发挥社区、学校、家庭三方面的作用,指导中小学生度过一个安全、有益、健康的假期。

2011 至 2016 年,街道每年举办暑假活动约 15 个,社区学校每年举办 20 余门特色暑期课程、16 个居民区因地制宜地开展小型多样的暑期特色活动,每年有 5 000 余人次参加活动。暑期活动在新闻坊、文汇报、徐汇报等市区级媒体都有专题报道。

2011 年,街道开展主题为“弘扬历史文化、传播红色经典”的暑期活动。利用社区老建筑多、老干部多、知名人士多的特点,适逢 6 月武康路被命名为“中国历史文化名街”的契机,开展一系列具有湖南路街道地域特色的暑期活动。街道开辟社区志愿者服务广场——襄阳公园作为未成年人社会实践指导站,每年投入 25 万元开展“上海市青少年艺术星期六广场活动”。

2012 年,街道开展“传承历史文化,培育道德智人”的暑假工作。街道与徐房集团公司联手举办 2012 年打开金钥匙 探踪老洋房“徐房——湖南”杯暑期青少年探宝活动、《老房子的昨天、今天、明天》——“徐房——湖南”杯绘画创意大赛、《我爱上海 放飞梦想》——警民一家亲青少年体验夏令营。寒假期间,长乐学校组织爱好书法的学生参加街道开展的送春联、猜灯谜、赏“三民”(民俗文化表演、民间艺人才艺展示、民间小吃)老上海风情活动。

2013 年,街道以“三毛”为主线,用典型的“三毛”精神教育孩子,以国家富强、民族复兴、人民幸福的“中国梦”为主题开展一系列暑期活动,如“三毛心 · 中国梦”——“徐房 · 湖南杯”绘画比赛、“三毛游园会”——“徐房 · 湖南杯”中外少年老弄堂游戏暨跳蚤市场秀、“双电齐下,电力十足”——湖南社区三毛爱科学一日游等活动。全年共计开展青少年暑期活动 230 余次,参与人数千余人次。

2014 年,街道开展以“三毛心 · 中国梦”为主题的三毛品社区、三毛看世界、三毛乐运动、三毛爱科学等系列活动。街道与徐房集团公司合作开展“学三毛、品社区、享快乐”——“湖南 · 徐房杯”老弄堂体育嘉年华活动。与上海公安博物馆合作开展“三毛爱祖国——争当小卫士”新上海人子女夏令营活动。开展“湖南—爱菊杯头脑奥林匹克”比赛、“湖南—世小杯”老洋房节、湖南——位育杯建模赛、湖南——五原杯亲子运动会、湖南——乌南杯亲子游园会以及“天湖”学区首届艺术节等多项暑期活动。寒假期间,社区家长学校与民办维多利亚幼儿园合作开展《会跳舞的颜色》亲子手工制作活动。

2015 至 2016 年,街道结合辖区文艺单位、历史人文众多的特色,利用文化共同体资源,分别组织“夏日总动员@湖南社区文化共同体验之旅”为主题的活动:与上海交响乐团合作的“音乐体验之旅”;与中福会和话剧艺术中心合作的“戏剧体验之旅”;了解老弄堂、老洋房文化的“人文体验之旅”;学习科学知识的“科学体验之旅”;庆祝抗战胜利 70 周年的“红色经典之旅”;增强安全意识的“安全自护之旅”等六大主题活动。寒假期间,分别组织 40 多名学

2014 年 6 月 23 日，湖南社区的 500 多名青少年汇聚在爱菊小学参加了“三毛爱科学”流动科技馆开放活动暨湖南社区 2014 年暑期活动启动仪式

生参加市气象局举办的“当一次气象观测员”的气象科普体验活动以及上海自然博物馆举办的“思考与探索　学习在乐途”的参观活动。

［帮困助学］

2005 年，街道落实上海市“扶残助学春雨行动”，发放助学金额 3.7 万，补贴 53 人。2006 年，街道落实“扶残助学春雨行动”，发放助学金 3.87 万元。2008 年，街道发动青年志愿者和社会力量对贫困未成年人进行手拉手结对助学活动。上海科技发展总公司、上海创业投资有限公司、湖南（天平）工商所、区慈善基金等单位共募得 25 000 元善款，资助 22 名困难学子。2009 年，街道共发放帮困助学金 20 万元，帮助困难家庭大学生就学。2012 至 2013 年，街道组织由社会保障科、街道妇联共同参与的街道孤、残儿童合法权益保护工作和流浪儿童救助保护工作。街道妇联对社区内 2 名孤儿进行帮困，资助款 1 000 元。根据《上海市对 2 000 名 7 岁以下残疾儿童进行康复救助的工作方案》的通知要求，街道共对社区内 15 名 0—7 岁残疾儿童发放“阳光宝宝卡”。徐汇区慈善基金会、妇女儿童帮困基金、街道帮困金在 2012 年共捐款 39 万余元，帮助社区困难儿童 57 位，在 2013 年共捐款 25.03 万元，帮助社区困难儿童 65 位。

三、湖南路街道家长学校

湖南路街道家长学校创办于 1991 年，为家庭、社会、学校三合一的学校，采取松散型、多极型的教育模式。1991 至 1998 年，街道家长学校依托社会力量，吸收辖区中小学校、幼儿园、托儿所、青保办、妇联、计划生育等单位的负责人，组成家长学校总校校务委员会。在校务委员会的领导下，学校实行纵横双向两条线辐射的教育，从1所总校发展到12所分校，将辖区0—14岁儿童分成5个不同年龄段，探索出各具特色的教育方法，开展教学，向家长传授经验或提供咨询服务。按照共性个性结合，使家长家教知识普及化，对有行为偏差的孩子给予更多的有针对性的爱护和帮助。1995年、1996年、1998年，湖南路街道家长学校被命名为“上海市优秀家长学校”。

1999至2010年，湖南路街道家长学校坚持“儿童为本”“家长主体”及“多向互动”原则，成立湖南社区家长学校工作领导小组。将社区有教育资源的有关部门结合起来，形成合力，再分条块，纵横交错，形成网络，向四周辐射，使家庭教育覆盖率达90%以上，家长学校奠定牢固的组织基础，从而形成校区双向交流、多极化发展的格局。

2012年，湖南路街道家长学校不断完善家长学校社校联动的模式，与辖区学校共同开展美德教育篇、礼仪教育篇、环保教育篇、学习指导篇、素质培养篇、营养保健篇、亲子活动篇、青春教育篇、教育咨询篇等一系列教育教学活动，推进学生素质教育，提高家长学校教育总体水平，构建家庭、社会、学校一体化的教育体系。

2013年，湖南路街道家长学校开展每季度一次讲座、一次亲子活动为内容的教育教学活动。第一季度：邀请徐汇区教育学院德育处张建国老师共同探讨青春话题，开设《“多彩青春”湖南路街道青春期健康》讲座、举行湖南路街道教育咨询活动。开展“气象、环境和我们”寒假亲子活动；第二季度：由辖区上海市位育实验学校与上海师范大学、上海爱乐乐团合作开设《如何欣赏交响乐》讲座、街道妇联与社区文化中心合作举办庆祝“六一”儿童节——襄阳公园亲子观摩大型演出活动。第三季度：开设《怎样适应新学期》讲座、举办暑期家庭才艺大赛及暑期成果展示。第四季度：开设《了解我们所生活的社区——湖南路街道历史风貌区》讲座、举办“为我的成长喝彩”——湖南社区学习节暨乌南幼儿园亲子游园会。

2014年，街道与辖区单位共同推出“梧桐树下的美好生活·湖南社区大讲堂”四季主题系列亲子课堂：春季依托社区名师资源，举办“阅读的启始”亲子课堂；夏季依托社区名家资源，举办“孩子在幼儿园是怎样学习的?”亲子课堂；秋季依托社区文化名团资源，举办“阅读伴我成长”亲子课堂；冬季依托社区名医资源，举办“冬季孩子的养育”亲子课堂。年内还分别开展亲子阅读、亲子运动会、幼小衔接ABC、法律知识普及、和公安叔叔互动：怎样预防诈骗以及走进军营等一系列教育教学活动。

2015年，街道举办家长专题讲座。开设“卫生保健”“安全保护”“语言发展”“学习品质培养和情绪管理”“幼小衔接”“了解孩子心理特点 陪伴孩子快乐成长”等专题讲座，并通过微信进行宣传，扩大社区教育的受众面。年内开展“三毛乐游武康路”亲子活动，学生家长和社区志愿者带领学生走进巴金、张乐平、柯灵等名人故居，了解名人名居名街的历史；与上海话剧艺术中心和爱菊小学合作，成立“三毛心·中国梦”儿童剧创作工作室；与上海儿童艺术剧院合作，开展“传承经典 向往崇高”名家诗文朗诵会。与上海交响乐团合作开展“儿童音乐节暨夏令营”活动和迎新年写春联活动；与上海越剧院合作，与越剧流派名家同台演出传统戏曲。

2016年，街道家长学校与湖南社区儿童图书馆共同创建社区亲子阅读俱乐部，每月开展1至2次活动，在阅读中培养家长和孩子的学习兴趣，促进家庭和睦。

第十七章　文化·旅游

1991年，新的湖南路街道举办第一届社区艺术节。同年12月，成立湖南路街道群众文化共建委员会。1998年，街道文化站迁址于乌鲁木齐中路261弄6号，更名为湖南路街道体育文化中心。年内，启动建设湖南社区襄阳公园文化广场。1999年，湖南路街道昆曲队成立。2000年，创建复襄文化艺术特色小区。2006年，新湖南社区文化活动中心正式对外开放。2008年，街道推出以湖南社区文化活动中心为主阵地，湖南社区襄阳公园文化广场为集聚点，十六个居委会活动室为工作面，四个“文化进小区示范点”（武康科普小区、复襄文化小区、东湖双拥小区、新乐涉外小区）为15分钟活动圈的湖南社区公共文化服务体系（简称：“1＋1＋16＋X”）。2009年，街道成立湖南路街道文化团队协会。2012年，街道成立《新民晚报社区版·湖南社区》编辑部。2014年，街道建造聂耳广场音乐角。同年，街道推出慢品上海湖南社区微信公众号，并提出共创共建“社区文化共同体”。2014至2015年，街道组织社区居民和社区文体团队分别参加首届和第二届上海市市民文化节。截至2016年底，街道登记在册的群众业余文体团队总数30支，各居委会组建的各种业余文艺团队50余支。

1991年，街道成立全区第一家老年图书馆。1999年，街道图书馆被评为一级图书馆，获评区公共图书馆行业规范服务达标单位。2009年，街道图书馆获评全国文化信息资源共享工程服务工作优秀组织奖。

街道辖区地处衡复历史风貌保护区核心区域，具有百年名街游、历史建筑游、名人旧居游、红色寻迹游等独特的旅游资源。

2012年，街道获评“徐汇区文化工作先进集体”。2014年、2015年，街道获评“上海市民文化节优秀组织奖”“上海市群众文化工作先进单位”。

第一节　社区文化设施

一、湖南社区文化活动中心

1991年，街道文化站在华亭路88号建成。1998年迁址于乌鲁木齐中路261弄6号，更名为湖南路街道体育文化中心，设有集文化、教育、体育、科普多功能为一体的活动厅。主要职责：抓好“四基”（指基本阵地、基本队伍、基本活动内容、基本活动方式）建设，对社区内群众文化体育主要团队（或特色团队）的活动进行组织协调和管理；对社区基层（居委会）群众文化体育团队的活动进行工作指导。组织社区内群众文体骨干进行业务培训，开设各类兴趣班。进行社区大型群众文体活动的策划、协调和组织落实。定期召开社区文化共建联席会，负责社区文化共建委员会的有关事务工作，整合资源，构筑文化体育舞台。开展社区大型文化体育活动。负责社区文化体育活动中心设备的管理、使用和维护，保证文化体育活动中心内各项活动的正常开展。完成区文化局、区体育局及街道办事处布置的有关工作和任务。

2005年，位于乌鲁木齐中路164号的长乐学校分部搬迁，原址改建。2006年，改建后的湖南社区文化活动中心对外开放。中心单体建筑面积1 800平方米，5个楼层设有中、小型多功能厅5个；大小教室7个。有宣传展示厅、多功能会议厅、艺术排练厅、东方信息苑、电化教育室、影视观摩室、科普工艺室、图书阅览馆、钢琴练习房、对外接待室等活动场地，是满足社区市民多层次、多元化文化、教育、体育、科普需求为一体的多功能公共文化活动场所，也是湖南社区构筑“文化湖南·典雅社区”，面向基层、辐射16个居民区、服务大众、社区居民、驻区单位、商务楼宇员工、新上海人、境外人士，对外展示社区文化教育特色品牌，宣传精神文明建设的一个重要窗口。2010至2011年，湖南社区文化中心定期举办“青少年艺术星期六”文化展示活动，开展系列讲座活动、剪纸艺术展、书画艺术展、科教怀旧经典电影宣传活动等共计500场。2014至2015年，街道组织社区文化团队和社区居民参加首届和第二届上海市市民文化节，先后获评29个市级优秀团体和市级优秀个人奖项。

二、湖南路街道图书馆

前身为里弄图书馆。1973年、1974年，长安、春华乌里等居委依靠群众，发动群众，相继开办里弄图书室。1975年，街道决定从集体事业中暂支每个里弄30元作为开办里弄图书室的开办费。

1991年，街道成立全区第一家老年图书馆。街道图书馆全年发放借书卡6 070张，接待读者54 254人次。年内，街道图书馆组织青少年、中小学生开展书评、智力竞赛等活动，为社区行动不便的老人送书上门。

1998年，街道与区文化局签订《徐汇区公共图书馆行业规范服务达标活动责任书》。在年内开展的规范服务达标活动期间，街道图书馆发放《读者意见征询表》，公布投诉电话，采取多种便民措施，组织业务技术练兵活动，并在年底向区、市文化局申报规范服务达标，接受检查验收。

1999年，街道图书馆开展“家庭读书”群众性读书活动，指导并推荐好书供社区居民阅读。年内，经市文化局考核审定，街道图书馆被评为一级图书馆，并获评徐汇区公共图书馆行业规范服务达标单位。

2001年，由于城市建设的发展，临近地区上海图书馆的建立，街道社区服务中心、文化中心的建设，居委文化活动室的扩展与新建等因素影响，湖南路街道第一少儿图书馆(馆址位于陕西南路370弄4号地下室，建于20世纪80年代初期)与设在街道社区服务中心内的街道图书馆(总馆)合并(原借用的地下室馆舍归还徐汇区民防工程管理所)。年内，街道图书馆为各居委会活动室送书6 000余册。

2004年，街道图书馆落实市政府实事工程，配合区图书馆开展“全国文化资源共享工程”工作，实现全国文化资源共享工程在街道图书馆全覆盖。

2006年，街道图书馆迁至乌鲁木齐中路164号1楼。图书馆建筑面积300平方米，藏书4万余册，年征订报纸杂志近100种，阅览室座位100个。全馆向社区居民开放并实行“5+2”工作制，每周开放59.5小时，全年无休。图书馆设有开架外借服务区、报刊阅览区、少儿阅览区等服务区域，通过现场咨询、新书推荐、电影放映等手段服务社区居民，并定期举办各类阅读欣赏讲座、科普宣传和读书活动。

2008 年起，湖南路街道图书馆加入上海图书馆基层服务点，与上海图书馆联网，实现市内通借通还“一卡通”服务。

2009 年，街道图书馆开展社区三个服务点签约工作（上海武警总队三支队二中队、街道残联、武康居委会读报班），实现图书资源共享并举行各类读书活动。影音视频室对社区居民共播放影片 178 场观影人数 4 809 人次；暑假期间安排学生电影专场，放映“中国优秀少儿影片”27 场，街道图书馆依托全国文化信息资源共享工程全年播放影片 63 场受众 1 731 人次。年内，获全国文化信息资源共享工程服务工作优秀组织奖。

2010 年，街道图书馆围绕世博会的举办，开展“积极参与世博、让城市更美好”为主题的“文明观世博”知识竞赛、“精彩世博网上展示活动”等各类活动，引导中小学生以积极的精神风貌和良好的文明形象参与世博会。利用“全国文化信息资源共享工程”资源，组织观看影视欣赏、文化讲座及世博会题材的专题片，组织读者参加上海图书馆各类讲座共 15 次，受众 308 人，利用共享工程资源播放电影、讲座共 9 场，受众 264 人。

2011 年，街道图书馆继续做好社区三个服务点签约工作（上海武警总队三支队二中队、街道残联、武康居委会读报班）。街道图书馆全年信息发布共 87 条，组织各类读书活动共 299 次，受众 11 432 人次；暑期期间继续安排学生电影专场，放映“中国优秀少儿影片”42 场；依托全国文化信息资源共享工程全年播放影片 59 场，受众 1 703 人次；组织读者参加上海图书馆举办的各类讲座共 75 次，受众 1 568 人次。街道图书馆全年流通总人次 53 335 人（成人 43 423、少儿 9 912），其中外借 11 230 人次，书刊文献借阅册次共 140 098 册，其中少儿借阅 25 546 册。年内，街道图书馆实现免费免证阅览服务，获评上海市乡（镇）街道图书馆一级馆。

2014 年，街道图书馆延长开放时间，每天提早半小时开放，连续 9 小时开放制。影音视频室放映 221 场，受众 4 020 人次。

2015 年，为纪念中国人民抗日战争胜利和世界反法西斯战争胜利 70 周年，街道图书馆开展抗日图书全民阅读活动，并购买相关系列图书并设立图书特展专架，向社区读者集中推荐纪念中国人民抗日战争胜利和世界反法西斯战争胜利 70 周年主题图书，缅怀先烈，弘扬和传承抗战精神。

2016 年，街道图书馆携手“阅读越精彩”工作团队成立“湖南路街道图书馆亲子阅读俱乐部”，俱乐部每月举办一次亲子故事会、三场儿童绘本展、两场专家亲子阅读专题讲座以及一场亲子阅读俱乐部志愿者培训活动，参加活动 661 人次。馆内藏书 46 211 册，年均新增图书藏书 2 215 册，报刊 92 种，阅览室座位 100 个，全年接待借还人数 5 958 人，借还册次 51 466 册，举办各类活动 91 场，参与 2 954 人次。

三、居委会文化活动室

街道重视社区居民文化活动和居委会文化活动室建设。2000 年，创建复襄特色文化艺术特色小区。安福居委会组建多支社区文化团队，坚持开展社区文化活动，丰富居民业余生活。2016 年，街道各居委会均设有综合文化活动室。

［居委会综合文化活动室］

2003年，街道内各居委会活动室全部建成达标居委会社区活动室，配有彩电、录音机、VCD等。

2005年，街道拨出专款，腾出7间经营用房，建设居委会活动室。对9个居委会的办公用房和活动室进行装修和改建。对各居委会活动室添置办公用品和活动设施，并在年内全部实现电化教育。各居委会成立各种业余文艺团队50余支，丰富社区居民的业余文化生活，成为社区居民参与精神文明活动的形式之一。

2007年，社区公共文化服务体系面向基层、辐射16个居委会和4个小区（武康科普小区、复襄文化小区、东湖双拥小区、新乐涉外小区），成为服务百姓、对外展示社区文化的重要载体。

2011至2013年，街道通过购买、划拨、调整等方式以及和团市委、市文广局老干部活动中心等单位开展共建，扩充淮海、东湖、复襄三个居委会活动室，添置电视机、电子琴等，实现居委会活动室达标。并投入450万元购买淮海中路1402号房屋用于淮中居委会文化活动室。参与上海电影院一幢三层独立小楼整修工程，所分房屋用于张家弄居委会文化活动室。

2014年，街道在居委会活动室增设剪纸、折纸、园艺、烘焙和瑜伽5个班，满足社区居民在家门口学习、休闲和娱乐的需求。完成16个居委会宣传栏工程建设。

2016年，街道16个居委会设有综合文化活动室16间。居民在活动室开展课程培训、读报学习、文体娱乐、远程教学等活动。

［复襄文化艺术特色小区］

2000年，街道根据复襄小区驻有文化团体和社区居民文化素养较高的特点，提出建成复襄文化艺术特色小区的目标。年内，在小区内建造5米文化廊，定期陈列居民书画作品和文艺照片，设立28平方米的文化室以及音乐角、英语角、书画角、京剧角和书评角；组建老年合唱队，自编自唱，反映小区风貌的歌曲；20余名书画爱好者合创“春光无限好”的长画，反映文化艺术小区的特色。复襄文化艺术特色小区先后获评徐汇区文化特色小区、文化先进集体、文化活动优秀组织奖。

［安福居委会活动室］

为丰富居民业余生活，2005年，街道在安福居委会成立夕阳红合唱队，2006年成立安福舞蹈队，2015年成立安福手工编织小组。各文化团队坚持定期开展活动，多次参加街道等文艺汇演，组织去养老院为老人慰问演出。2016年3月5日，台湾北投林泉里社区工作者参观团前来安福居民区参观，编织小组赠送编织小物件，体现“父辈乡愁情，两岸一家亲”。年内，凌云街道梅陇三村居委会前来交流参观小工艺制作。

表17-1-1　**2016年湖南路街道各居委会综合文化活动室情况表**

所属居委会	建筑面积(平方米)	地　　址
华　康	30	湖南路280弄20号
兴　武	50	泰安路27弄6号

续表

所属居委会	建筑面积(平方米)	地　址
复　永	72	永福路 147 弄 33 号 102 室
武　康	86.47	淮海中路 1670 弄 14 号
安　福	100	武康路 69 弄 1 号 103 室
淮　中	120	淮海中路 1390 弄 1 号
金　波	30	五原路 181 弄 2 号
春　华	200	安福路 49 弄 2 号
延　庆	95	延庆路 4 弄 12 号
东　湖	158	延庆路 123 弄 7 号
陕　新	78	长乐路 339 弄甲 11 号
新　乐	78	新乐路 151 弄 1 号底楼
淮　海	60	淮海中路 1285 弄 54 号
复　襄	30	汾阳路 9 弄 10 号
张家弄	22	复兴中路 1252 弄 5 号
复　中	100	复兴中路 1252 弄 10 号

第二节　社区文化建设

一、社区文化团队

2011 年底，湖南社区登记在册的业余群众文体团队总数 30 支，其中文化团队，12 支体育团队 18 支。2016 年，街道登记在册的群众业余文体团队总数 30 支，各居民区组建的各种业余文艺团队 50 余支。社区文化团队主要有湖南路街道昆曲队、湖南路街道江南丝竹国乐研究会、湖南路街道陕新居委会善心长存沪剧坊。

［**湖南路街道昆曲队**］

湖南路街道昆曲队成立于 1999 年。每周三、日是昆曲队活动日，上海昆剧团、上海戏曲学校老师多次到活动现场指导拍曲，身段，念道白等，传授重点曲目，提高队员演绎技能和演绎水平。2013 年，首届上海市民文化节湖南社区戏曲节期间，湖南路街道昆曲队将一台以“文化湖南·经典社区”为主题的湖南社区昆曲特色团队汇报演出送到社区，在居民家门口开演。上海昆剧团团长蔡正仁在观看演出后表示：“昆剧走进社区，体现昆剧发展的美好前景，为我们保护和继承昆剧艺术探索着一条可持续发展的新途径”。在暑假期间，街道开办由青少年参加的暑期昆曲学习班，向社区青少年普及昆曲知识。按照社区昆曲爱好者的需要，开办“昆曲锣鼓班”，普及昆曲基本知识。

[湖南路街道江南丝竹国乐研究会]

湖南路街道江南丝竹国乐研究会成立于 2006 年，由音乐学院教授孙文妍领衔。定期开展活动提高演绎水平，多次走进社区为居民演出，向社区居民宣传和普及国家级非物质文化遗产之一——江南丝竹知识。2012 年，参加上海市江南丝竹大赛并荣获金奖。是年，在上海音乐学院召开有近 20 个国家的代表参加的联合国关于城市传统音乐传承问题研讨会期间，湖南路街道江南丝竹国乐研究会应邀向中外嘉宾演绎江南丝竹名曲：欢乐歌、中花六板、行街和凡忘工等。2014 至 2016 年，先后参加第二届“海内外中国江南丝竹”邀请赛，并获金奖。

2015 年 6 月 13 日，街道在襄阳公园举办居民江南丝竹文艺专场

[湖南路街道陕新居委会善心长存沪剧坊]

湖南路街道陕新居委会善心长存沪剧坊成立于 2008 年，定期开展活动，并结合社区实际情况先后创作“老年朋友想穿点”“低碳生活进楼组”等一批沪剧表演唱原创作品，并多次到社区演出。针对社区居民需求开办沪剧学习班、向社区居民普及上海市传统戏剧——沪剧基础知识。

表 17-2-1　**2016 年湖南路街道业余群众文体团队情况表**

团队名称	人数	团 队 概 况	代表社区参加比赛的得奖名次	颁奖单位
湖南路街道爱艺合唱团	50	2008 年成立，居民自发组织，由小型沙龙逐渐成为一支几十人的成熟艺术团队，平均年龄 60 岁	2016 年上海市无伴奏合唱大赛二等奖	中国音乐家协会上海合唱专业委员会
京剧队	15	京剧队成立 20 年，都是居民自发组织，成员年龄 80—90 岁	—	—
湖南路街道合唱团	50	居民自发组织的团队，平均年龄 65 岁，热心完成街道下派的任务	—	—
武康居委会合唱团	60	居民自发组织，每年的湖南社区文化艺术节、科技节都参加演出	—	—
昆剧团	20	居民自发组织的团队，平均年龄 70 岁，热心完成街道下派的任务，经常组织演出，有外国人参与	—	—
江海舞蹈队	20	一支来自部队的舞蹈队，演出水准高，会各种类型的舞蹈，热心帮助街道完成各项比赛任务	—	—
健身团队	20—30	社区特色团队，擅长健身操，健身气功，筷子操等，由社区居民自发组成，平均年龄 60 岁左右	—	—
艺枫舞蹈队	20—30	社区特色团队，由社区居民自发组成，平均年龄 60 岁左右	“春华秋实”2016 年上海市社区文艺指导员教学成果展演	上海市群众艺术馆
瑜伽团队	20—30	社区特色团队，由社区居民自发组成，平均年龄 60 岁左右	—	—
桥牌团队	30—40	社区特色团队，由社区居民自发组成，团队成员文化程度较高，平均年龄 70 岁以上	—	—
太极拳团队	20	由社区居民自发组成，团队成员文化程度较高，平均年龄 70 岁以上	—	—
徐汇区癌症俱乐部	30	属于街道民政科，三星级社会团队	—	—
聋哑人活动	28	属于残联，活动内容读报	—	—
推拿团队	20	居民自发组织	—	—
茶艺团队	20—25	居民自发组织	—	—

续表

团队名称	人数	团 队 概 况	代表社区参加比赛的得奖名次	颁奖单位
老洋房团队	30	居民自发组织	—	—
布艺团队	20	居民自发组织	—	—
越剧团队	20	居民自发组织	—	—
钢琴团队	15	居民自发组织	—	—
民族舞团队	20	居民自发组织	—	—
吉他团队	15	居民自发组织	—	—
国画艺术团队	12	居民自发组织	—	—
摄影相片制作队	30	居民自发组织	—	—
英语音乐赏析团队	30	居民自发组织	—	—
健身操团队	20	居民自发组织	—	—
交谊舞团队	30—40	居民自发组织	—	—
排舞合练团队	20—30	居民自发组织	—	—
花卉盆景团队	15	居民自发组织	—	—
葫芦丝团队	20	居民自发组织	—	—

二、社区文化

湖南社区有深厚的历史文化底蕴和丰富的历史文化资源。辖区有上海话剧艺术中心、上海音乐学院、上海交响乐团、上海越剧院等8家知名文化院团。街道与上海话剧艺术中心、爱菊小学共同编演新《三毛》儿童剧，与上海季风书园共同启动“湖南社区季风人文大讲坛”；与中国福利会儿童艺术剧院合作开展“青少年艺术星期六”；与上海话剧艺术中心合作开展话剧小剧场表演；与上海音乐学院、上海交响乐团、上海话剧艺术中心、上海越剧院、中国福利会儿童艺术剧院五大院团开展名人艺术欣赏讲座，与上海市部分知名画家创作并出版《200031——一个历史街区的文化记忆画集》。街道还聘请国家历史文化名城研究中心主任、作家陈丹燕等专家学者到社区专题研讨、座谈演讲，传播文化理念。此外，街道成功收储张乐平旧居和柯灵旧居，着手打造名居陈列馆。举办第四届武康路人文体验之旅系列活动和“衡复风貌区”摄影大赛。2016年，街道开展社区各类文化活动170多场，服务8万人次。

［**襄阳公园文化广场**］

街道依托区域内具有悠久历史的襄阳公园，打造湖南社区襄阳公园文化广场。2003年，辖区各界妇女，以拳操队、腰鼓队、服装表演队、合唱队、舞蹈队的形式参加湖南社区襄阳公园文化广场演出。200多户社区居民参加花卉、盆景造型、根雕、编织、刺绣、书画等展示活动。

2006年，街道与中福会上海儿童艺术剧院借助湖南社区襄阳公园文化广场平台，共同举办"青少年艺术星期六"广场活动，面向社区青少年乃至全市青少年。包含演唱、舞蹈、杂技、魔术、戏曲、小品、器乐等多种表演内容。年内举办各类文艺体育活动共52场次，青少年和社区居民参与活动累计达4.8万人次。为青少年提供一个接近艺术大师，展示个人才华的机会。随时间推移，"青少年艺术星期六"已演绎成综合性的"艺术星期六"，逐步成为上海市青少年校外精神文化建设和思想品德建设基地之一。

2007年，街道与上海音乐学院、上海越剧院、上海交响乐团等专业团体院校签约，举办多场演出活动。至2008年，街道共举办文艺广场文化活动1 300余场次，参与交流演出团队300余支，观摩市民20余万人次。社区著名表演艺术家袁雪芬、张瑞芳、孙道临、王文娟、黄准、向梅、周琼量、尚长荣、李炳淑、蔡正仁等18位名家大师，曾多次参加湖南社区襄阳公园文化广场活动。10余个京、昆、越、沪等艺术院团签约演出。

2008年，上海襄阳公园文化广场获评"全国特色文化广场""青少年艺术星期六活动"，并获评"上海市特色文化品牌"。2009年，上海襄阳公园文化广场被评为"全国先进文化广场"。

2012年，街道在襄阳公园举办居民迎新活动。

［**线上社区文化活动**］

2014年，街道搭建"慢品上海湖南社区"微信平台，组织社区居民参加线上社区文化活动。"社区人文建筑资料库"对应第一板块"历史湖南"，通过图片、文字、语音立体地介绍传播社区人文历史；"商旅文结合的试点"对应第二板块"乐享湖南"，居民可在线预约参与整合社区文化中心、各市级文化院团、特色商家的活动信息和优惠服务；"居民互动平台"对应第三个板块"印象湖南"，居民可以在这里分享自己与社区的故事、提出宝贵的建议，共同参与社区的发展。

三、社区文化艺术节

1991年，新成立的湖南路街道文化站围绕建党七十周年纪念活动，依托社区文化资源，满足社区居民文化需求，举办第一届社区艺术节，内容为演讲演唱会，31支歌队参演。举办"湖南路街道历年被评为区先进党支部、区优秀共产党员""湖南路街道一九九一年优秀共产党员、先进党支部、好党员"等18块事迹照片专栏板面展出。举办"祖国在我心中"为主题的黑板报展评，街道17个党支部与共建单位共展出25块黑板报。推出"祖国在我心中"七一书画、摄影展，其中部分摄影作品获得徐汇区二等奖。

1991年，湖南路街道群众文化共建委员会成立。第二届社区文化艺术节以"做文明市民，创文明单位，建文明城市"为主题，举办4次大型社区文化活动。年内，街道建立老年合唱队、京剧组、桥牌队、象棋队等。

1996年,街道在上海音乐学院建立艺术教育基地,开办多场弘扬民族文化的音乐讲座。联合社区内上海交响乐团、音乐学院、武警总队及著名艺术家共同举行"纪念长征胜利60周年"大型文艺演出。

1997年,街道开展社区艺术节系列活动:共同举办《香港特别行政基本法》大型报告会,组织居民观看电影《鸦片战争》,连续举办3场"爱我中华、知我香港"知识竞赛活动,参加对象有中小学生、在职职工、各界人士等。举办"喜庆回归"黑板报展评活动,举办香港区旗绘画比赛等。在上海音乐学院举办"庆七一、迎回归"文艺演出。

1998年,街道举办上海艺术节聂耳广场民族音乐会。湖南地区少儿护绿、环保知识竞赛,纪念周恩来诞辰一百周年读书演讲会等。11月,居住在辖区的程十发、汪观清、韩敏、顾振乐、金奎、景铁,张强辛、施伯云、陈家泠、徐怀玉、曹用平等11名书画家云集清河宾馆,集体创作《春光灿烂》大幅山水画及其他字画共12幅,无偿捐赠社区,作品挂放在社区服务中心多功能活动大厅内,供群众观赏。

1999年,街道牵头地区各共建单位参与,以"世纪回顾与展望"为主题的社区文化艺术节中,一台"走进十月的阳光"群众文艺演出揭开"双庆"活动序幕,社区中1 000多名居民观看演出。由街道承办的"京韵荟萃"流派演唱会被艺术节组委会评为优秀组织类。年内,举办纪念上海解放50周年、中华人民共和国成立50周年,社区艺术节推出系列活动:"庆国庆、迎回归,胜利迈向二十一世纪"主题系列活动。在武警会堂举办《走进十月的阳光——99湖南社区庆国庆文化艺术节开幕式》,开展"爱心献功臣"的系列活动,包括社区与辖区上海交响乐团、上海话剧艺术中心等5家著名市级文艺单位以及驻地武警部队联合演出一台纪念祖国、上海五十庆典的文艺节目,献给祖国的功臣表达对"功臣们"的一片爱心。在社区文化中心举办《金色的秋天——戏曲专场》。12月,在上海音乐学院举办《世纪曙光迎回归——大合唱比赛》。

2000年,围绕浦东改革开放十周年,街道与淮海中路沿线单位开展"世纪的回眸",徐汇区淮海中路史事汇编活动。与上海教育出版社共同组织"走进新时代"湖南社区群众摄影展。与上海电影院联手推出暑期优秀少儿电影展。与襄阳公园、上海跳水池合作举办"襄阳杯"湖南社区群众体育活动汇展。

2001年,为纪念中国共产党成立80周年暨新湖南路街道成立10周年,街道在社区文化艺术节开展"忆峥嵘岁月,展十年成果"的主题活动。辖区上海戏剧学院、上海音乐学院、青年交响乐团、上海话剧艺术中心、武警文工团、金秋艺术团、黎明中学等18个单位,400余名演员和1 000余名社区居民共同演绎一台歌颂共产党、歌颂祖国、歌颂社会主义的大型主题活动《七月礼赞》。

2002年,在徐汇区社区文化艺术节中,街道组织开展7场群众文艺演出、4场团队的展示表演。以迎接党的"十六"大召开为主题,举办社区大型歌咏比赛,有15个单位参赛,参加演员和观众1 000余人。

2003年,徐汇区第五届社区文化艺术节期间,街道举办群众舞蹈专场,合唱艺术巡回展以及8个小区群众文艺汇演。街道和上海教育出版社在上海图书馆联合举办"社区教育理论与实践的国际比较"专题报告会暨新书首发式。年内,街道获评徐汇区第五届社区文化艺术节优秀组织奖。

2005年，社区文化艺术节以“祖国与您同行”大型文艺演出、“相约在社区”湖南社区（东西块）文艺汇演、“都有一颗红亮的心”湖南社区戏曲演唱会以及纪念抗日战争胜利暨世界反法西斯战争胜利六十周年、庆国庆湖南社区群众歌咏演唱等为主要内容。湖南路街道社区艺术节获评徐汇区第七届社区文化艺术节最佳组织奖；少年舞蹈《向前冲》在徐汇区社区消防文艺汇演活动获二等奖。

2006年6月，街道举办纪念红军长征胜利70周年、社区文化艺术节、科普节、体育节等社区文化艺术节群众文化专场活动。与区文化局共同主办“记忆留声——徐汇区学习节湖南路街道文艺专场”演出。

2009年，街道与上海交响艺术学校共办《知荣辱、讲文明、我践行——暑期学生民乐民舞民曲演出会》，获评“徐汇区暑期工作优秀组织奖”。徐汇区文化局、教育局与湖南社区共同主办的《记忆留声——徐汇区学习节闭幕式广场文艺演出》活动得到辖区著名文艺人士的支持。表演艺术家袁雪芬、张瑞芳、王文娟、黄准、向梅、周琼量等，以小区居民的身份助兴献艺。

2010年，社区文化艺术节以“欢乐世博年 社区大舞台”为主题，街道和上海交响乐团共同举办《2010欢乐世博年·社区大舞台——湖南路街道文化协会成立揭牌仪式暨2010湖南社区文化进小区活动开幕式》。年内，安排文化进小区32场，“一居一特”品牌展示活动16场，市区配送12场。

2011年，街道以庆祝中国共产党成立90周年为主题，举办红歌演唱、群文书法、摄影比赛、舞蹈戏曲、体育建模等社区文化艺术节十大赛事。年内，举办社区群众文化活动42场，参加市、区级大型主题活动2次，策划组织大型主题活动11次，组织参加中小型活动31次，居民参加活动人次累计60 470人次。

第三节　市级文化单位

街道辖区驻有上海音乐学院、上海交响乐团、上海话剧艺术中心、上海越剧院、上海教育出版社等市级文化单位。

一、上海音乐学院

上海音乐学院创办时间为1927年11月，中国第一所独立建制的国立高等音乐学府，以“援西立中，化用为体”办学理念，奠立中国专业音乐教育的专业建制与学科体系。为文化部直属重点院校，现为文化和旅游部与上海市共建院校。地址在徐汇区汾阳路20号。

上海音乐学院秉承“养成音乐专门人才，一方输入世界音乐，一方从事整理国乐，期趋向于大同，而培植国民美与和的神志及其艺术”的创办宗旨，恪守“和毅庄诚”的校训规范，始终与国家民族命运休戚与共，始终站在音乐艺术发展的前沿，创立并不断完善中国专业音乐艺术的教育体制与办学模式，担负起引领中国专业音乐发展方向的责任，积淀宏阔深厚的历史底蕴,形成特色鲜明的文化传统,名师辈出,名作纷呈,培养几代杰出的中国音乐领军人才,为中国音乐教育事业和文化建设作出重要贡献。

坚持精品教育战略,坚持"重视基础、严格教学、精于实践"的教学传统,涌现萧友梅、黄自、贺绿汀、谭抒真、卫仲乐、丁善德、钱仁康、马革顺、周小燕、胡登跳、高芝兰、桑桐、才旦卓玛、俞丽拿、廖昌永等中国几代卓越的作曲家、音乐理论家、表演艺术家以及教学名师,产出一批影响深远的经典著作与全国通用专业教材,众多毕业生成为世界各大乐团与音乐机构的领军与骨干人才。改革开放以来,以廖昌永、许舒亚、李坚、宋思衡、黄蒙拉、杨光、沈洋、孙颖迪、王之炅、王珏、于冠群、陈牧声、沈子钰等为代表的上音学子在图鲁兹国际声乐比赛、多明戈声乐大赛、贝藏松国际作曲比赛、玛格丽特·隆国际钢琴比赛、BBC卡迪夫国际声乐比赛、帕格尼尼国际小提琴比赛、李斯特国际钢琴比赛、梅纽因国际小提琴比赛、柴可夫斯基国际青少年大提琴比赛、托蒂斯国际中提琴比赛等作曲、声乐、钢琴、弦乐等世界顶级赛事中屡屡收获大奖,为国争光。同时,上海音乐学院师生屡获中国音乐金钟奖、文华奖、CCTV电视大赛、"五个一工程"等国内最高规格的音乐大奖。

坚持以人民为中心的创作导向,师生创作出一大批代表中国、影响世界的音乐杰作:钢琴曲《牧童短笛》、小提琴协奏曲《梁山伯与祝英台》、交响组曲《长征》、中胡与交响乐队《荒漠暮色》、艺术歌曲《致世博》……,交响曲《丝路追梦》《炎黄颂》、歌剧《贺绿汀》、音乐剧《海上音》《梦临汤显祖》等原创作品获国家艺术基金资助。一批重大研究课题获国家社科基金重大项目、国家社科基金艺术学重大项目、国家文化创新工程立项,获省部级项目与奖励数十项。每年平均举办各类艺术实践与音乐会400余场,承办"上海之春"国际音乐节,在20多个国家的世界一流平台举办各类音乐会,唱响"中国声音"。

拥有一批集教学、表演、艺术科创为一体的创作中心、艺术中心、研究中心及表演团体等平台,拥有一个国家级核心学术期刊《音乐艺术》,一个中国音乐学科高地"贺绿汀中国音乐高等研究院",一个历史文献与档案收藏丰富的音乐图书馆,一个体制灵活的音乐研究所,一个不断推出高水平学术成果的上海音乐学院出版社,一个全国民族团结进步教育基地"东方乐器博物馆",一个文化成果孵化和社会服务平台"上海音乐艺术发展协同创新中心"。

二、上海交响乐团

上海交响乐团前身为清光绪五年(1879年)成立的上海公共乐队,民国十一年(1922年)更名为上海工部局乐队。1956年正式定名为上海交响乐团。为最早广泛介绍西方音乐、最早演奏中国管弦乐作品、最早培养中国音乐人才、最早培养中国交响乐听众的世界级乐团。地址在徐汇区复兴中路1380号。

上海交响乐团引领交响乐在中国发展的每个重要历史阶段。跨入21世纪,乐团以其专业化和国际化的运营理念,成为中国首个与国际接轨组建理事会的乐团,也是中国首个跨入职业化运营轨道、运作高质量年度音乐季且成功实行预售票制度的乐团。从音乐季到上海新年音乐会、上海新春音乐会,从上海夏季音乐节到上交室内乐,由乐团创办的一系列音乐演出品牌不仅建立跨洲际的文化交流,更助推跨音乐领域的文化繁荣,实现人与人、团与团乃至国与国间的音乐沟通。

上海交响乐团始终引领着每个时期最出色的音乐家与乐团在国际和国内舞台上合作，成为中国与世界级指挥家、独奏家、歌唱家合作最早、合作场次最多的交响乐团。20世纪70年代以来，乐团先后到几十个国家和地区作访问演出，成为首个登上卡内基音乐厅、柏林爱乐大厅以及唯一受邀在纽约中央公园夏季音乐会上演出的中国交响乐团。2015年8月乐团参加在联合国大厅举行的纪念反法西斯战争胜利70周年音乐会。

打造中国当代交响乐的宏伟蓝图也是上海交响乐团矢志不渝的目标之一。从中国第一部交响乐作品黄自《怀旧》还有全球演出最多的中国作品何占豪、陈钢《梁祝》，到国际上屡获殊荣的朱践耳十部交响曲，以及当今乐坛最活跃的华人作曲家谭盾《地图》等作品都由上海交响乐团推向世界，是迄今为止首演当代中国作品最多的交响乐团，其中与谭盾合作的电影音乐《卧虎藏龙》一举拿下奥斯卡和格莱美两项大奖。不仅如此，乐团还开创中国乐团与国外著名乐团联手委约国际作曲家作品的先河——首次与纽约爱乐向作曲家约翰·科里亚联合委约《甜美的早晨》；与中国爱乐、广州交响乐团联合委约赵麟《度》并全球首演；委约陈其钢创作《京剧瞬间》、小提琴协奏曲《悲喜同源》等；委约叶小纲创作《敦煌》等，推动当代作曲家创作具时代气息、凸显中国元素的世界级新作。

2014年9月，上海交响乐团音乐厅正式投入使用，标志着上海交响乐团承载百年的梦想变为现实，开启团厅合一的全新运营模式。乐团与纽约爱乐、上海音乐学院合作创办的上海乐队学院(SOA)以上海交响乐团为实践中心，全面培养职业乐队演奏人才；寓教于乐的“音乐地图课堂”拉近观众和乐团的距离。

三、上海话剧艺术中心

建于1995年1月23日，由原上海人民艺术剧院(始创于1950年)和上海青年话剧团(始创于1957年)话剧表演团体合并而成。按照中共中央宣传部、文化部《关于深化国有文艺演出院团体制改革的若干意见》的要求，上海话剧艺术中心有限公司于2009年11月成立，2011年完成转企改制。地址在徐汇区安福路288号。

上海话剧艺术中心拥有话剧大厦的艺术剧院、戏剧沙龙、D6空间等三个剧场；经营管理上海国际舞蹈中心大小两个剧场；投资控股上海话艺文化传播有限公司拥有1 933微剧场、空中剧院两个剧场。

上海话剧艺术中心的艺术创作始终追求思想性、艺术性、观赏性三者的有机统一，深入生活、扎根人民，实现社会效益和经济效益相统一。上海话剧艺术中心艺委会成立以来，主要参与原创选题讨论、剧本评审、重点项目护航和新文本孵化等工作，保证上话艺术创作的品质。“上话制造”累积一系列常演不衰的经典保留作品，如彰显人性激荡豪情的大型历史话剧《商鞅》、以小窥大耐人寻味的黑色怪诞喜剧《秀才与刽子手》、反映改革开放成果用温润心灵讲述家的意义的原创话剧《大哥》、展现特殊年代知青命运的青春励志话剧《一九七七》、刻画上海女性审视海派文化的改编话剧《长恨歌》、通过市井生活映衬大时代沉浮的海派经典话剧《上海屋檐下》、彰显一代文人气节与风骨的大型历史原创话剧《大清相国》等。上海话剧艺术中心多次获得中宣部五个一工程奖、国家舞台艺术精品工程奖、国家文化部文华奖、中国剧协梅花奖、曹禺剧本奖、中国话剧金狮奖、白玉兰表演艺术奖等全国性和省市级艺术奖项。

上海话剧艺术中心致力于美育和戏剧教育工作20多年。中心尤为注重和开展青少年美育工作，连续多年举办上海市大学生话剧节、举办上海市中学生话剧节、“七彩戏剧进校园”的中小学课本剧巡演项目，将美育和戏剧送到每一位中小学生触手可及的地方。超过200所学校报名参加上海市大学生话剧节，超过130所学校报名参加上海市中学生话剧节，超过10万上海市中小学生观摩“七彩戏剧进校园”演出。

中心也同样关注成人美育工作，开展“监狱计划”和“医院计划”的教育戏剧工作尝试，与北新泾监狱和瑞金医院合作共建，将戏剧送入监狱和医院，用戏剧的方式治愈心灵。

上海话剧艺术中心(图)

四、上海越剧院

上海越剧院是国内外闻名的国家戏曲剧院。前身为国营华东越剧实验剧团，由原雪声剧团及云华剧团部分成员合并组成，建立于1950年4月。地址在徐汇区复兴西路10弄16号。剧院创作、改编、移植400余出古装剧、历史剧和现代剧，其中《梁山伯与祝英台》《西厢记》《红楼梦》《祥林嫂》等被公认为剧种的代表作。《梁山伯与祝英台》作为中华人民共和国成立后拍摄的第一部彩色戏曲影片，在捷克斯洛伐克举办的第八届国际电影节上荣膺音乐片奖；《红楼梦》一剧为朝鲜国立艺术剧院移植改编成唱剧。一批剧目荣获第一届全国戏曲观摩演出大会、华东区戏曲观摩演出大会和上海市历届戏剧会演、戏剧节、艺术节的剧目奖与剧本、导演、表演、音乐、舞台美术等奖项。

剧院荟萃卓有成就的艺术家，如老一辈表演艺术家袁雪芬、范瑞娟、傅全香、徐玉兰、王文娟、张桂凤、徐天红、吴小楼、陆锦花、吕瑞英、金采风、周宝奎；当代表演艺术家钱惠丽、单仰萍、章瑞虹、方亚芬、王志萍；国家一级演员陈颖、华怡青、张永梅、章海灵、许杰、孙智君、张承好、黄慧、金红、丁小蛙、徐标新、应国英、吴群、杨婷娜、齐春雷、邓华蔚，编剧徐进，导演吴琛、黄沙，作曲顾振遐，舞台美术设计苏石风等。同时，致力于专业人员的培养，先后开设舞台美术、音乐作曲训练班和学馆，涌现一批表演、舞美设计、作曲和音乐伴奏人才。

在男女合演团与女子越剧红楼团里，汇集一批英才好角。20多人次荣获中国文化部文华表演奖、中国戏剧梅花奖、中国戏剧节最佳演员奖、中国金唱片奖、上海戏剧表演艺术白玉兰主、配角奖；新生代演员中取得中国红梅戏曲演唱大赛的金奖、大奖；“越女争峰”越剧青年演员电视挑战赛金奖，银奖等。为上海大剧院度身定制的新版《红楼梦》，被称为“展示上海文化风采的标志之作”。《舞台姐妹》和《家》荣获第九届、第十一届文华新剧目奖；《梅龙镇》荣获第七届中国戏剧节优秀剧目奖；《被隔离的春天》荣获第十一届中国人口文化奖金奖；

《玉卿嫂》《赵氏孤儿》荣获中国越剧艺术节金奖;《虞美人》获得第十届中国戏剧节剧目奖;《秋色渐浓》获得第十二届中国戏剧节优秀剧目奖;《红楼梦》获文化部第二届优秀保留剧目大奖;《甄嬛》获第三届中国越剧节优秀剧目奖;《双飞翼》获“第四届全国地方戏优秀剧目展演”奖。

剧院演出立足上海,活跃江浙,走向全国,开拓海外。曾为十多个国家元首、政府首脑进行专场演出,先后赴苏联、前德意志民主共和国、越南、朝鲜、日本、法国、泰国、新加坡、美国、德意志联邦共和国、比利时、卢森堡、荷兰、加拿大等国家演出,赢得盛誉;多次赴香港、澳门和台湾地区传送乡音,受到热烈欢迎。近年来推出的“新世纪上海越剧全国行”影响颇大,其中“上海越剧西部行”被评为第三届中国十大演出盛事奖榜首。“纪念越剧百年系列巡回演出”荣获第五届中国十大演出盛事最佳演出项目制作推广金奖。2006 年应邀晋京为中央部级领导干部历史文化讲座作《越剧百年史演唱会》的专场演出。

五、上海教育出版社

前身为新知识出版社和教育图片出版社。1958 年成立,是继人民教育出版社之后的全国第二家教育专业出版社,1999 年进入上海世纪出版集团。地址在徐汇区永福路 123 号。上海教育出版社出版品种包括各类教材、教学辅导读物、教学挂图、工具书、学术专著、教师读物、学生读物、幼儿读物、各类教学期刊、学具,以及声像读物和电子出版物。

建社以来,始终坚持传播有益于教育发展和社会进步的科学技术和文化知识,精心编辑出版大批各类图书,年出书约 1 800 种,先后有多种图书在国内外各种图书评奖活动中获奖,其中:《中国科学院院士自述》获“五个一工程”一本好书奖;《数学教育研究丛书》获第三届国家图书奖提名奖,《教育大辞典》获第七届中国图书奖、首届全国教育图书一等奖,被誉为“上海文化软件设施建设的标志性工程”的大型古文字考释工程《古文字诂林》获首届中国出版政府奖;《中国书院》获上海市图书奖一等奖、第十五届香港印制大奖全场大奖;《心理学大辞典》获上海图书奖一等奖等。

上海教育出版社承担沿海经济发达地区的中小学教材和高校文科教材的部分出版工作,在教材建设方面投入大量的心血,其中:《语文 S 版一年级第一学期》《历史八年级第一学期》《美术六年级》等获上海市教材装帧设计、印刷质量评选活动优秀奖。高校教材:《高等师范院校教育科学丛书》获教育部全国普通高等学校优秀教材二等奖;《马克思主义哲学原理》获 2001 年教育部“全国高校两课优秀教材”。

上海教育出版社与港台以及国外的一些出版社开展版权贸易,合作的范围和品种逐渐扩大。其中:《教育心理学》《现代课程论》《学习论》《外国教育家评传》《比较教育》等已被台湾出版商购买版权在台出版。《中国文化常识》《老上海》获上海市新闻版局、上海版权局颁发“上海市优秀输出版图书”,《心理健康百科全书》《儿童性教育问答》获“上海市优秀引进版图书”。1999 年经教育部批准,与牛津大学出版社合作项目——牛津英语教材(上海版)在上海和全国推广,第一次把外国原版教材作为学校教育的教材,为教材编写和课程设置开创有益的尝试。

上海教育出版社出版的刊物有《看图说话》《小学数学教师》《小学语文教师》《语文学习》《政治教育》《汉语拼音小报》6 种。其中《语文学习》曾被评为上海十佳期刊、中国语文报刊最佳奖、被新闻出版署评为社科优秀期刊提名奖、在华东地区六省市新闻出版局联合评选中被选为最佳优秀期刊奖;《看图说话》连续两届被评为中国优秀少儿报刊奖,并获得国家教委推荐读物、首届上海少儿期刊最佳奖、上海社科期刊编校质量检查优秀奖;《汉语拼音小报》两次被评为全国语言文字工作先进集体;《小学语文教师》被评为上海社科期刊编校质量检查编教质量优秀奖。上海教育出版社连续两届被国家新闻出版署评为良好出版社,连续五届被评为“上海市文明单位”,连续七届被上海市新闻出版局评为“局文明单位”。

第四节　旅　　游

湖南路街道辖区为上海市花园洋房住宅最集中、优秀历史建筑数量最多、建筑类型最丰富、风貌特色最鲜明的地域之一。东西方文化在此无声地交汇,显现独特的人文特色和文化底蕴。

一、旅游线路

［百年名街游］

中国历史文化名街——武康路始建于清光绪三十三年(1907 年),法租界公董局越界筑路,并以美国人福开森(原南洋公学第一任监院)之名作路名。民国三十二年(1943 年),改以浙江武康县的县名命名路名,沿用至今。全长 1 182.7 米,路宽 12 至 15.5 米。北从华山路起,南至淮海中路、兴国路交会处。1982 年,武康路路面进行大修。2007 年起,区政府对武康路行全线整治。沿线区域拥有全国重点文物保护单位 1 处;上海市文物保护单位 3 处;徐汇区文物保护单位 2 处;上海市优秀历史建筑 14 处;保留历史建筑 37 处;在 29 处名人旧居中,已经公布为各级文物建筑、市优秀历史建筑的有 19 处。

武康路从近代上海开埠历经抗日战争、解放战争直至中华人民共和国成立及建设的这一段近代中国风云变幻历史时期,拥有深厚的历史人文底蕴,鲜明的时代印记和地方特色,是上海城市文脉的重要发源地和承载区之一。可以说是一部近代上海开埠史和发展史,见证着近代上海百年文明和城市发展,同时也是近代上海乃至中国社会的生动写照。

2011 年 6 月 23 日,武康路荣获文化部、国家文物局颁布的“中国历史文化名街”称号。街道和上海电视台纪实频道合作拍摄《穿越武康路》,详见第二十一章历史风貌保护第三节武康路中国历史文化名街。

武康路旅游咨询中心设在武康路 393 号甲。

［历史建筑游］

自 1989 年起,上海市人民政府先后确定并公布五批优秀历史建筑,街道辖区共有 118 处建筑列入名单。类别为:英国乡村式风格、西班牙式建筑风格、装饰艺术派建筑风格、现代派建筑风格和法国式建筑风格。

英国乡村式风格

淮海中路1276号—1292号花园住宅群，建于民国十九年（1930年），由中国建业地产公司建造，中法营造厂承建，为英国乡村式风格。该建筑群为砖木结构假四层楼房，南立面底层为券柱外廊，入口由台阶直到二层，三角形山墙露木结构。一层券窗，二层竖长方窗，三层方窗。红瓦双坡屋面，红砖清水外墙。房前均有花园。

英国乡村式风格

西班牙式建筑风格

淮海中路1610弄（逸村），建于民国三十一年（1942年），由华业工程股份有限公司设计，远东公司建造，为西班牙式建筑风格。外墙面主要为水泥拉毛粉刷，南立面窗间螺旋立柱，花式台口，窗天盘是瓦沿，阳台花式铁栏杆和花式土墩子柱。底层进门厅有花式圆形柱，门洞红缸砖和大理石地坪；室内硬木门，窗头线，木质扶梯，卫生设施齐全，内有一壁炉，为比较典型的"西班牙"式花园住宅。

装饰艺术派建筑风格

赛华公寓（瑞华公寓）位于常熟路209弄1号—4号，建于民国十七年（1928年），由法商营造公司设计，为装饰艺术派建筑风格。建筑外墙为水泥平板拉毛饰面，在屋檐下部和建筑底层部分有丰富的具有装饰艺术派特征的几何图案装饰，内部装饰的铁栏杆花式图案也具有典型的装饰艺术派特征，从而使整幢建筑具有强烈的装饰艺术派风格。公寓最具特色的是其西立面和北立面，两个立面都临街，但十分简洁，外墙除钢窗外，铅灰色水泥拉毛、转角和辅楼梯处窗台墙稍作突出，使立面有所变化，尤其辅楼梯为敞开式，使立面更有层次感。立面最突出的是檐口和底层的白色装饰带，底层饰带是抽象的云水图案，寓意吉祥，是装饰艺术思潮与中国传统文化结合的典型。白色装饰带和倒八字形封闭阳台是当时装饰艺术派突出表现。

装饰艺术派建筑风格

现代派建筑风格

淮中大楼(亨利公寓)位于淮海中路 1160 号—1164 号,建于民国二十八年(1939 年),由亨利地产公司投资建造,为现代派风格公寓住宅。该建筑为八层钢筋混凝土结构,坐北朝南,南立面中轴对称,中间强调竖向线条,与两侧的横向构图形成对比。公寓中央以圆弧形墙面引向入口,入口两侧是大玻璃窗。二层至六层为标准层,第七层处理成连续弧形露台,加强建筑造型的现代感。

现代派建筑风格

法国式建筑风格

淮海中路1818弄花园住宅群，民国二十三年(1934年)竣工，由中国建业地产公司设计、中法营造厂承建，为法式花园住宅。该建筑群由法式建筑风格的花园住宅组成，住宅行列式排列。建筑为假三层砖木结构，南立面入口前凸，底层为门廊，以爱奥尼克式柱支承。二层为阳台，立花式铸铁栏杆。复折式屋面，上部为跌檐式山墙，双坡瓦顶，门、窗楣饰红色弧形砖券嵌白色券心石。白色水泥外墙凸出红砖砌曾腰间线，有砖雕巴洛克式垂花饰。

法国式建筑风格

［名人旧居游］

街道辖区先后居住有300余位政治人物、金融巨头、实业大王、文化名流等。

唐绍仪(1860—1938)，广东香山(今中山)人。字少川，一作绍怡。曾留学美国。1881年回国。1885年赴朝鲜办理税务，任袁世凯的书记官。清光绪二十年(1894年)袁内调后，代理袁在朝鲜的职务。清光绪二十一年(1895年)回国。后历任清政府天津海关道，外务部侍郎，沪宁、京汉铁路督办，邮传部侍郎、尚书，奉天巡抚等职。武昌起义后，充任袁世凯内阁全权代表，参加南北议和。民国元年(1912年)袁世凯就任临时大总统，被任命为第一任内阁总理，并加入同盟会。6月，因袁破坏责任内阁制，愤而辞职。民国六年(1917年)参加护法军政府，任财政部长。后被推为七总裁之一。民国八年(1919年)任护法军政府代表，与北洋军阀政府代表在上海议和。民国十一年(1922年)第一次直奉战争后，被黎元洪提名为国务总理，因直系军阀反对未能就职。不久退居故里。民国二十年(1931年)在汪精卫、孙科组织的广州政府中任常务委员兼中山县县长。"九一八"事变后，任国民党中央监察委员、国民政府委员。民国二十七年(1938年)在上海住所被刺杀身亡。

唐绍仪旧居位于武康路40弄1号。建于民国二十一至二十二年(1932至1933年)，由华籍建筑师董大酉设计，建筑面积约为350平方米，属西班牙式建筑风格的花园住宅。建筑为三层砖木结构，主入口朝北，券形拱门，两侧是科林斯绞绳纹立柱。二层设三联券柱落地窗，檐下饰连续双拱券。双坡硬山顶，黄色混水拉毛墙面，红色筒瓦双坡屋顶，其壁炉、烟囱尖端呈哥特式。二楼东西向正中及两侧延伸置有三座大阳台，呈曲折状。民国二十二年(1933 年)成为诸昌年(唐绍仪的女婿)的寓所，民国二十六年(1937 年)唐绍仪曾在此居住。1999 年 9 月 23 日，上海市人民政府公布其为市优秀历史建筑。

唐绍仪旧居

刘靖基(1902—1997)，江苏常州人。中国民族工业者的杰出代表，著名爱国人士和社会活动家。早年就读于江苏省立第二工业专科学校。民国九年(1920 年)年后，与他人合办常州大成纱厂，并任经理和常务董事。民国二十七年(1938 年)，在上海公共租界创办安达纱厂，任董事兼总经理。民国三十一年(1942 年)，任上海棉纺同业公会收花处常务理事和总经理。抗战胜利后，任南京江南水泥厂副董事长、董事长，上海大丰纱厂常务董事和全国纺织业联合会常务理事。民国三十七年(1948 年)任上海市商会常务理事、市参议员。1949 年 8 月被推选为上海市工商业联合会筹备会常务委员。1981 年协助政府组建上海市投资信托公司，任董事长。1985 年任上海工商学院董事会主席、上海沪港经济发展协会名誉会长。是中国人民政治协商会议第六、七、八届全国委员会副主席，中华全国工商联合会副主席，中国民主建国会中央委员会顾问。

刘靖基旧居位于武康路 99 号。建于 1928 年，占地面积 1 105 平方米，建筑面积 563 平方米，属英国乡村式建筑风格的花园住宅，原为英商正广和洋行大班住宅。建筑为假三层砖木结构，平面略呈 L 型，中间凸出门廊，二层为阳台，立镂花栏杆。右侧坡檐至二层，陡坡屋面，开双坡老虎窗。外墙的白色水泥拉毛墙面，露红色木构架，上有齿形装饰，砖砌锯齿平面状烟囱，局部墙体转角及北立面窗框处均有红砖砌筑屋角石。

1994 年 2 月 15 日，上海市人民政府公布其为市优秀历史建筑。

刘靖基旧居

李国豪(1913—2005)，广东梅州人，桥梁工程与力学专家、教育家、社会活动家。民国二十五年(1936 年)毕业于同济大学，民国二十七年(1938 年)至民国三十四年(1945 年)在德国达姆斯塔特工业大学专攻桥梁工程和结构力学。民国三十五年(1946 年)回国后，任上海市工务局工程师、同济大学教授。中华人民共和国成立后，历任同济大学副校长、校长，上海市第六届政协主席等。先后受聘为武汉长江大桥和南京长江大桥技术委员会委员、主任，宝山钢铁总厂工程技术委员会首席顾问，上海南浦大桥专家组组长，汕头海湾和虎门珠江顾问组组长等。1994 年当选为中国工程院首批院士。其专攻的桥梁工程学科达到中国领先水平并在国际上具有显著影响，为世界十大著名结构工程专家之一。

李国豪旧居位于复兴西路 34 号的卫乐公寓，原名卫乐精舍，建于民国二十三年(1934 年)，赉安洋行设计，占地面积 1 720 平方米，建筑面积 3 797 平方米，汽车间附屋 802 平方米，属现代点式建筑风格的公寓住宅。建筑为十三层钢筋混凝土结构，两翼跌落一层，立面对称，竖三段布置，中间凸出，设一串挑出的半圆阳台为构图中心，两边为卧入式阳台形成竖向线条；水泥砂浆外墙，立面中部竖线条及突出的半圆阳台为暗红色粉刷，其余部分为浅黄色粉刷，山墙顶部及南侧有重复线条装饰，楼前有小花园。

1994 年 2 月 15 日，上海市人民政府公布其为市优秀历史建筑。

[红色寻迹游]

辖区红色旅游线路：庄俊旧居——柯灵旧居——中国福利基金会托儿所旧址——张乐平旧居——周小燕旧居——贺绿汀旧居——聂耳铜像广场。

张乐平旧居

张乐平(1910—1992)，祖籍浙江海盐，漫画大师。民国十四年(1925 年)到上海当学徒。民国二十四年(1935 年)起创作系列长篇连环漫画《三毛》，以三毛这一典型形象深刻表现旧中国流浪儿童的苦难生活，揭露不合理的社会制度，表达对美好未来的向往。民国二十六年

(1937 年)参加抗日漫画宣传队直至抗战胜利。民国三十五年(1946 年),《三毛从军记》在上海《申报》连载。民国三十六年(1947 年),另一部传世之作《三毛流浪记》在《大公报》上连载。中华人民共和国成立后,历任中国美术家协会上海分会、解放日报社、少年儿童出版社专业画家。1985 年任《漫画世界》主编。其作品原稿已毫无保留地捐献给国家:《三毛流浪记》原稿共 234 组由中国美术馆收藏;《三毛从军记》原稿共 114 组由上海美术馆收藏;其余 592 幅(组)原稿捐赠给家乡浙江海盐;《三毛翻身记》原稿捐赠给中国少年儿童基金会。

张乐平旧居位于五原路 288 弄 3 号,一幢英式小洋房,建于民国十二年(1923 年),建筑面积 244 平方米,为假三层近代独立式花园洋房。

张乐平旧居

柯灵旧居

柯灵(1909—2000),祖籍浙江绍兴,出生于广州。原名高季琳,作家、剧作家、文艺理论家。民国十五年(1926 年)开始发表作品。历任上海明星影片公司宣传主任、《万象》杂志主

柯灵旧居

编、《周报》主编、《文汇报》副社长兼副总编辑、上海电影剧本创作所所长、上海电影艺术研究所所长、《大众电影》主编、上海作家协会副主席、上海电影家协会副主席、国际笔会上海中心会长等。著有散文、杂文集《文苑漫游录》《柯灵散文精编》《燕居闲话》《文心雕虫》《柯灵杂文集》《柯灵六十年文选》等约 30 种，儿童文学集《月亮姑娘》《蝴蝶的故事》，小说集《掠影集》《同伴》，评论集《电影文学丛谈》《剧场偶记》等，电影文学剧本《武则天》《腐蚀》《秋瑾传》《春满人间》《为了和平》《不夜城》等，戏剧剧本《飘》《夜店》《恨海》等。

柯灵旧居位于复兴西路 147 号，建于民国二十二年(1933 年)，建筑面积约 192 平方米，为西班牙式风格的黄色公寓住宅。

聂耳铜像

1992 年 10 月 28 日，上海各界人士纪念聂耳诞生 80 周年之际，在淮海中路复兴路口的街心花园建立一尊聂耳的全身铜像。铜像由著名雕塑家张充仁先生设计制作，高近 4 米，敞开外衣，目光向着面前的群众，左脚跨出，正展臂指挥歌唱。

聂耳铜像

［社区一日游］

2010 年上海世博会期间，街道推出“六个一”社区一日游活动：阅读一本文化旅游书籍、走近一幢老房子、做客一户“世博人家”、上一堂社区文化课、看一台中国传统戏、参观一处文化中心。

二、旅游景点

［襄阳公园］

襄阳公园位于淮海中路 1008 号，淮海中路襄阳南路口，南起淮海中路，北至新乐路，西侧紧邻襄阳北路。公园原本只有淮海路襄阳路转角处一座大门，周边设有围墙，是一座典型的法式特色园林。总占地 2.27 万平方米，原为江阴颜料巨商薛葆城的私产，内设薛家祠堂。民国二十七年(1938 年)，法租界当局购置后，于民国二十八年(1939 年)逐步改建为花园，民国三十年(1941 年)建成后专供法国儿童游玩，一度曾有儿童公园之称。后由于国人的抗议，被迫于民国三十一年(1942 年)对外开放，法方为纪念民国二十八年(1939 年)在抗德战争中阵亡的法国驻上海总领事馆原外交官兰维纳，定名为兰维纳公园，又称杜美公园，民国三十二年(1943 年)改名为泰山公园，民国三十五年(1946 年)再一次改名为林森公园。上海解放后，因该公园地处襄阳路边，1950 年 5 月 28 日，由上海市人民政府批准改为襄阳公园。2015 年 11 月 10 日起，徐汇区绿化管理署组织对襄阳公园进行整体改造，并定为 24 小时不眠公园，于 2016 年 10 月 1 号重新向市民开放，修缮后的襄阳公园成为上海中心城区独具特色的法式园林。

园内既有规则式的布局，也有自然式的布置，在两者中的空间，充分利用绿篱分隔，产生小中见大的效果。园内有法式梧桐林荫道，道路两侧是对称形的花坛，甬道宽阔、曲径回旋、绿树成荫、布局精巧。公园内植有樱花、茶花、杜鹃、海棠、月季等百余种花卉，十余株圆球形的黄杨、珊瑚或高或低、或粗或细,错落有致。公园内还设有儿童乐园、棋室、茶苑、报廊、休闲亭、售品部,整个公园园容整洁,闹中取静,是繁华闹市中的一方绿洲。

[丁香花园]

丁香花园位于华山路849号,始建于清同治元年(1862年),由美国著名建筑师艾赛西·罗杰斯设计,占地面积2.04万平方米,总建筑面积2 934平方米。有主楼和副楼两幢,假三层砖木结构。主楼为美式乡村式别墅,副楼为现代式花园洋房,属中西合璧式花园住宅。该园体现19世纪后期美国式花园别墅的基调,又融进我国南方园林建筑的特色。主楼正中凸出呈梯形,主楼南入口沿台阶而上、为大平台,柱式门廊,A形地坪,三开间,底层前部三间为客厅、餐厅,后部为书房、扶梯间和浴厕间。二楼为起居室、卧室。

关于此园,传说甚多,一种说法是19世纪60年代初,李鸿章任江苏巡抚时为宠妾丁香而建。园内种植许多丁香丛,人们称之为丁香花园。另一种说法是丁香花园原是英国泰兴洋行大班(经理)林克劳夫的住所,后来卖给李鸿章最小的儿子李经迈。

[东正教堂]

新乐路55号,原圣母大堂(新乐路大堂),建于民国二十五年(1936年),为上海市优秀近代建筑(市级建筑保护单位)。教堂建筑,由俄国协隆洋行建筑师、画家利霍诺斯设计。该教堂外形类似莫斯科救世主教堂,属拜占庭建筑,体现俄罗斯民族的建筑特征。教堂的穹顶是以木构架支起的一层金属外壳包裹,浑圆而又饱满,底部略为收缩,状似洋葱。主穹顶高达35米,由四个小穹顶拱卫,蓝色的穹顶群和蔚蓝色的天空融为一体,显得端庄、肃穆。教堂的外形线条简洁,主体部分已近简单的多面体,正墙顶头露出拱顶尽端,这些半圆的尽端,使轮廓充满活力而又变化,令人感到活泼舒展。教堂内部宽敞,前台可容纳300人的大型合唱队,大堂可供2 500名信徒做礼拜。1962年2月,圣母大堂举行最后一次宗教仪式后停止宗教活动,1988年7月,上海市文物管理委员会对该教堂进行维修。2014年4月4日,上海市人民政府公布其为上海市文物保护单位。

东正教堂

三、旅游饭店

[东湖宾馆]

东湖宾馆是一家拥有丰厚历史文化底蕴的五星级标准的花园别墅式宾馆。位于徐汇区东北部,与上海著名的淮海中路商业街相毗邻,占地约33亩,花园面积1.1万平方米,建筑面积2.3万平方米。内有一独立式花园住宅,曾经是杜月笙的私产,建于民国二十三年(1934年),主楼是装饰艺术派风格,形体简洁。建筑屋面平缓,屋顶檐口券状,装饰考究。其平面

东湖宾馆

为五开间，采用对称、分段等古典构图手法，空间层次变化丰富。立面构图严谨，中间三开间有凹阳台，两边呈六边形突出，通过凸窗、凹阳台的处理，加上建筑顶部的退台做法，使主楼产生虚实变化。简洁的方窗下有几何装饰图案，屋顶有挑出檐口，下有梁托支承。窗台、栏杆、檐口等处有装饰带。主楼二层以上有外廊，四层为露台，两侧厢房为实墙面开窗洞，左右对称，构图规整，阳台栏杆为古典风格的直板式栏杆。主楼东西两翼筑有呈多面体的对称柱廊，南立面用多根大青石作立柱支撑，墙基用錾假石砌筑，十分坚固。室内中庭天井上空设置玻璃天棚，既透光又可避雨。大堂通向二楼狭长楼梯间入口处的天花板上吊下一截档墙，其特色为：若主人站在二楼楼梯口，能对大堂一目了然，而外人身处大堂却看不到主人的面孔。

［清河宾馆］

位于武康路103号甲，主要经营范围：接待住宿、代办会务、食品、百货、工艺美术品、五金交电、烟、酒、中餐、西餐、健身、卡拉OK娱乐、KTV、棋牌、桌球、客运、停车。经营方式：服务、批发、零售、代购代销。

第十八章　社区文化共同体

街道辖区地处衡山路——复兴路历史文化风貌区（简称：衡复历史文化风貌区）核心区域，是上海首批以立法形式认定和保护的历史文化风貌区之一。区域面积1.73平方公里，绿化率30%以上。存有为数众多、风格迥异的中西建筑，驻有“上海音乐学院、上海交响乐团、上海越剧院”等市级大专院校、文化院团，先后有众多的历史名人在此居住，社区居民具有较高的文化素养。社区素有“高雅湖南”和“文化湖南”的美誉。

街道历来重视社区文化建设。1999年，街道成立“湖南路街道昆曲队”。2000年，街道创建复襄文化特色艺术小区，成立街道复襄小区老年合唱队。至2004年，街道共举办6届社区文化艺术节，越剧表演艺术家袁雪芬参加第六届社区文化艺术节。2005年，街道和驻区文化院团开展第一次合作项目——共建“襄阳文化广场”。2010年，湖南社区合唱团队已成为上海市18个区县的优秀社区合唱团队之一。2014年，街道提出共同创建社区文化共同体，在辖区，众多历史文化资源聚集，多家市级文化单位聚集，多样市民文需求聚集。独有的街情民意，使共创共建“社区文化共同体”具有偶然性和必然性。

街道社区文化共同体（简称：文化共同体）是海派文化、红色文化、江南文化和社区文化的结合在社区的实践；是文化亲民、文化惠民、文化利民的组合在社区的探索；是传统文化精粹、世界文化精华、都市文化精彩的融合在社区的尝试。共建“文化共同体”为发展社区文化搭建新平台，创设新载体，建设新构架。有利于传承历史文脉，弘扬核心价值，培养城市精神，增强社区归属，提升社区文化能级和社区市民素养。

第一节　发展沿革

一、社区历史文化积淀

［名街］

武康路原名福开森路，是以美国传教士约翰·福开森命名，由上海法租界公董局修筑于光绪三十三年（1907年）。2011年，被文化部与国家文物局评选为“中国历史文化名街”。

［名居］

辖区有118处建筑被市人民政府确定为“优秀历史建筑”。有770余幢风格各异的老洋房，117处不可移动的文物。街道曾对其中81幢优秀历史建筑编辑出版《建筑如是说》一书，进行图文介绍。

［名人］

文坛巨匠巴金，音乐家贺绿汀，漫画大师张乐平，教育家赵宪初，民族工业杰出代表刘靖基，国民政府上海市长吴国桢，著名艺术家张瑞芳、袁雪芬、周小燕、孙道临、沙叶新等300余位历史名人在此居住或曾在此居住。

二、市级文化资源状况

辖区拥有众多市级文化资源。

上海音乐学院：民国十六年(1927 年)创办，是中国现代专业音乐教育的奠基者和孵化器，国家首批“双一流”建设高校，被誉为“音乐家的摇篮”。

上海交响乐团：亚洲地区历史最悠久的交响乐团，成立于清光绪五年(1879 年)。1956 年正式定名为上海交响乐团。

上海话剧艺术中心：由上海人民艺术剧院(始创于 1950 年)和上海青年话剧团(始创于 1957 年)在 1995 年合并组建，为上海唯一的国有话剧院团，多次获得中共中央宣传部“五个一工程奖”等艺术奖项。

上海越剧院：前身最早为民国时期的雪声剧团、玉兰剧团等越剧剧团。1950 年 4 月，雪声剧团及云华剧团的一部分合并为华东越剧实验剧团。1955 年 3 月，上海越剧院正式成立。是国内外闻名的戏曲团体。

中福会儿童艺术剧院：是由国家名誉主席宋庆龄于民国三十六年(1947 年)创立的全国第一家公益性、教育性的国家专业儿童艺术院团。

大隐书局：在实体书店注重颜值的时代，成立于 2016 年的大隐书局更注重内涵的挖掘和创新。

上海教育出版社：上海教育出版社的前身是新知识出版社和教育图片出版社，1958 年被批准成立，是继人民教育出版社之后的全国第二家教育专业出版社。

乐高玩具(上海)有限公司：世界 500 强企业“乐高集团”，2014 年在湖南路街道设立地区总部——乐高玩具(上海)有限公司，之后在湖南社区文化中心成立全球首家入驻社区的乐高教室。

三、社区文化发展沿革

湖南社区拥有丰富的历史文化底蕴、众多市级文化单位和各界文化名人以及社区居民多层次的文化需求。

1998 年，程十发、汪观清、韩敏、顾振乐、金奎、景铁、张强辛、施伯云、陈家泠、徐怀玉、曹用平等地区内 11 名书画家云集清河宾馆，集体创作《春光灿烂》大幅山水画及其他字画共 12 幅，向社区无偿捐赠。

2000 年，街道依托复襄小区内驻的文化团体，结合社区居民文化需求，推动组建小区老年合唱队。并提出创建复襄文化艺术特色小区的目标，年内，小区被区政府命名为文化艺术特色小区。

2001 年，街道编辑精装版《十年》画册庆祝新湖南路街道建立 10 周年，记录 10 年间经济和社会事业发展的成就。

2005 年，街道依托地区文化资源、襄阳公园群众文化集聚优势，建成襄阳公园文化广场，形成具有湖南特色的广场文化。

2009 年，街道成立文化团队协会，盘活社区资源，为社区居民群众提供就近、便捷、多元化的文化服务。年内，社区建有团队 71 个，其中街道文体团队 17 个，居委会文体团队 54 个。湖南社区合唱团队成为上海市 18 个区县的优秀社区合唱团队之一。

2010 年，湖南社区新语戏剧工作室成立，该社多次在市区级大赛中获奖。

2014 年，由街道党委和上海音乐学院党委联合主办的上海音乐学院学生党团员志愿者服务点聂耳广场音乐角正式启动。

四、“文化共同体”探索与形成

［**开展社区文化合作**］

2004 年，湖南社区举办第六届文化艺术节，越剧表演艺术家袁雪芬等文化名人参加。

2005 年，区委、区政府和区教育局批准将位于乌鲁木齐中路 164 号的长乐学校分部调拨给街道，改建成集社区教育、图书阅览、社区信息苑、文化中心于一体的街道社区学校和街道社区文化中心，作为社区居民学习和文化娱乐的场所。

2006 年，以社区学校为主，同时依托辖区上海音乐学院、交响乐团、话剧中心、上海越剧院、中福会儿童剧院、长乐学校、淮二小学等单位的文化教育资源，形成集早期教育、校外教育、职业培训、闲暇教育于一体的社区终生教育平台。

2007 年 7 月，街道举行湖南社区文化共建单位签约仪式。年内，街道与上海音乐学院、上海越剧院、上海交响乐团等单位联手，在襄阳文化广场先后举办“庆建党、庆建军”大型文艺专场演出、“和谐文化引领和谐社区新发展”汇报演出等群众文化专场活动。同时，街道联合中福会上海儿童艺术剧院精心打造青少年校外精神文明建设和思想品德建设精品项目——“青少年艺术星期六”在襄阳文化广场相继演出，为青少年提供接近艺术大师、展示自身才华的机会。

2008 年，街道推进“1＋1＋16＋X”的文化运行模式，在全社区形成以湖南社区文化活动中心为主阵地，襄阳公园文化广场为集聚点，16 个居委会活动室为工作面和 4 个文化进小区示范点为 15 分钟活动圈的湖南社区公共文化服务体系。并开设社区文化大讲坛，邀请上海市著名艺术家王文娟、任广智、盛丽娟等社区名人举办越剧、话剧、沪剧等专题讲座。

2009 年，街道围绕“迎世博”“上海解放 60 周年”“新中国成立 60 周年”等主题，推行“政府购买服务，文化委托代理”的社区文化运作机制，与驻区文化院团签约合作，购买院团演出服务社区居民文化需求。

2010 至 2013 年，街道开创社区文化单位共建共享、社区团队协会的项目运作、政府委托项目社会代理和社会绩效公众评估等 4 项机制，完善“1＋1＋16＋X”社区公共文化机制体系。通过与社区内市级文艺院团和共建单位的合作，开展多种形式的文化进小区活动，推动社区单位之间、社区单位与街道之间资源共享。街道与上海越剧院合作，邀请越剧大师王文娟任社区教育名誉教授，开展越剧教研基地展示交流活动。与上海音乐学院、上海交响乐团联合，在世纪商贸广场推出“MUSIC989”午间音乐时间，将社区文化融入楼宇。与上海话剧艺术中心合作编排的音乐剧《武康夜话》获首届上海市民文化节最佳剧目奖和优秀团队奖。与越剧院合作，出版校本教材《越剧入门与流派欣赏》。

2014 年，街道与中福会儿童艺术剧院合作开展“青少年艺术星期儿童剧演出”；与上海越剧院合作成立徐汇区社区教育越剧教研基地；与上海话剧艺术中心合作开展话剧小剧场表演，合作编排《一人车位》及音乐剧《武康路》在社区上演后产生强烈反响。

［**创建社区文化共同体**］

2001 年，街道与上海音乐学院探索开展共建活动。

2009 年，街道依托辖区市级文化资源优势，搭建“社区文化共建委员会”组织平台。

2014 年，社区（街道）党工委在社区党员服务中心召开区域化党建文化共同体研讨会。会议邀请上海音乐学院、上海交响乐团、上海话剧艺术中心、上海越剧院、中国福利会儿童艺术剧院 5 家院团代表和世纪商贸、淮海国际、嘉华中心 3 幢重点楼宇业主代表参加。会议商讨整合资源、整合载体、整合资金，共同推进社区文化发展能级提升工作。会议正式提出共同创建“社区文化共同体”。

2015 年，街道与区域部分文化单位签署协议，建立新型合作关系，整合社区文化资源，拟定“五名文化”菜单系列活动，共同打造“社区文化共同体”。

第二节　主 体 内 容

一、“五名文化”进入社区

2015 年起，街道与辖区“五大院团”为主体的文化单位开展名家讲坛、名著演绎、名师基地、名迹漫游、名人轶事（简称：五名文化）进社区系列活动。

［**2015 至 2016 年“五名文化”活动**］

名家讲坛

主讲嘉宾：何占豪、周良铁、蔡金萍、陈光宪、喻荣军、李莉。

沈蕾、张怡筠、方亚芬、孙徐春、吕良。

讲座内容：小提琴协奏曲《梁祝》的创作与赏析、中国魔术的起源与发展、《花木兰替父从军》的创作与赏析、如何欣赏交响乐、话剧的起源与发展、越剧的创作与编导。（2015 年）

“辣妈亲子团”系列活动、从小培训情商，建设美丽人生、《童言无忌》创作心得、赏析名家传承经典、怎么帮孩子讲故事、当红话剧《盗墓笔记》的创作与赏析、系列剧本朗读会、戏剧舞台的魅力、基础的交响乐普及、越剧尹派艺术、让生活有戏——上话名师戏剧论坛。（2016 年）

名著演绎

演出内容：管风琴与小号、交响诗《希望日记》、商鞅、黄贻钧诞辰一百周年专场音乐会、互动音乐剧：小白兔、三幕悲喜剧：上海屋檐下、越剧：祥林嫂、音乐赏析：如何欣赏交响乐、黑色喜剧：12 个人。（2015 年）

挪威音乐会、“向莫扎特致敬”室内音乐会、“动画片中的民会”音乐会、巴洛克音乐节、英巴尔与 SSO。（2016 年）

名师基地

基地名称：戏剧教研基地、徐汇区越剧教研基地、“江南丝竹”工作室、梧桐画社、慢生活儿童朗诵工作坊、“三毛心·中国梦”戏剧教研基地。

名迹漫游

活动内容：“文艺三重奏”系列活动——“儿童戏剧之路”“乐游故居之路”“落叶不扫摄影之路”、海派文化之旅、老克勒带你兜马路。

名人轶事

活动内容：

上海的城市文化传统和精神	主讲人：许纪霖
民国肇兴与清末上海的公共空间	主讲人：李天纲
武康路人文行走——行走中认识身边的城市	主讲人：樊阳
大城市，小情怀——永不拓宽的街道之深藏不露的泰安路	主讲人：陈丹燕
跨越三个世纪的音符	主讲人：上海交响乐团
多面安福路——历久弥新的上海话剧艺术中心	主讲人：上海话剧艺术中心

表 18-2-1　**2015 至 2016 年湖南路街道“五名文化”活动统计表**

菜单名称	2015 年(场次)	2016 年(场次)
名家讲坛	6	6
名著演绎	9	7
名师基地	5	9
名迹漫游	3	4
名人轶事	6	
合　　计	29	26

[2015 至 2016 年社区文化活动]

2015 年，社区开展各类活动活动 88 场，其中，与辖区“五大院团”合作，开展 30 余场高雅艺术进社区的活动，服务 21 795 人次，制作一段关于“五名文化”活动集锦的短片。年内，社区文化活动获得 2 项全国级演出奖项，10 项市文化节优秀奖。

2016 年，社区共开展各类活动 170 多场，服务 80 000 人次。获得市级奖项 13 个、区级奖项 41 个。

二、“五位一体”保障体系

街道整合资源、载体、资金，从年度计划安排、专项资金保障、工作人员配备等方面，为“五名文化”进入社区构建“五位一体”(整合文化提供体、辐射文化受众体、培育文化中间体、拓展文化传播体、规划文化展示体)的保障体系。

[整合文化提供体]

街道把握辖区“五大院团”文化资源优势，通过利益趋同、共建共享，与上海音乐学院、上海交响乐团、上海话剧艺术中心、上海越剧院、中国福利会儿童艺术剧院五大文化院团合作，推出名家讲坛、名著演绎、名师基地、名迹漫游、名人轶事“五名工程”项目。2015 至 2016 年，共累计完成 70 场次的活动。

[辐射文化受众体]

街道坚持精细化服务全人群的导向，精准把握为居民群众、企业白领、学校学生等各类群体的实际需求，设计提供精品化的公共服务。2014 年，在世纪商贸广场推出“MUSIC989”午间音乐时间，让社区文化融入楼宇。2015 年开始的“音乐好邻居”是上交对社区亲子家庭开放的全天候的音乐普及嘉年华活动。

[培育文化中间体]

2016 年，街道孵化成立的“梧桐画社”成立后，承接社区文化中心人文展厅的展览运维，不定时将画家们的画作在中心进行展出。

[拓展文化传播体]

2015 年，街道运用“互联网＋”思维推送优质文化活动，依托“慢品上海湖南社区”微信公众平台，展示各类建筑风貌和悠久历史底蕴，推送社区优质的文化服务，该平台推出后就吸引粉丝 15 000 人，打通文化产品供给和文化受众实际需求之间的双向直通车。

[规划文化展示体]

2013 年起，街道会同有关方面，组织修缮张乐平故居、柯灵故居，于 2016 年正式对外开放。2015 年，街道与汉源汇合作开展“汉源分享汇——一切源于阅读”系列活动。以“传承历史文脉，弘扬核心价值，培育城市精神，增强社区归属”为理念，通过定期举办诗歌朗诵会、文化沙龙和讲座等活动展现多元艺术魅力。2016 年，街道文化活动中心进行内部装修升级，根据“五大院团”的教学需要和社区居民的文化需求，改造一楼为人文展示厅、二楼排练教室、三楼传统文化教室、四楼烘焙教室和五楼多功能小剧场。与辖区单位共治共享功能空间的模式，将专业力量与大众文化相结合，在小空间做足大内容，不断拓展公共服务发展内涵。

第三节 重要成果

一、五大院团实体入驻

2016 年升级后的社区文化中心引入“文化湖南共同体”单位的优质资源，联合上海交响乐团、上海越剧院、乐高上海总部、中国福利会儿童艺术剧院、大隐书局实体入驻社区文化中心。将专业文化与公共文化有机整合，在社区文化中心共建“上海交响乐团音乐教室、上海越剧院戏曲教室、青少年乐高体验室、中福会儿童艺术剧院儿童剧工作坊剧场、传统文化教室”等 5 大文化功能教室。各间教室占地均 20 平米左右，配备投影仪、话筒、钢琴等，其中乐高教室、越剧院教室、交响乐团教室软装修均由该院团企业负责，计划于

2017年底完成投入使用，面向社区居民、辖区各类学校学生、企业白领等开展各类教育教学活动。

二、推出特色项目

街道与上海交响乐团合作打造的“音乐好邻居”项目，为社区“文化共同体”特色项目，包含邻居志愿者、小小音乐邻居、邻居音乐手册、微音乐邻居、邻居音乐使者几大板块，旨在社区普及高雅音乐。其中的小小音乐邻居·周末开放日活动，为上交对社区亲子家庭开放的全天候的音乐普及嘉年华活动，包括亲子音乐会、琴童工作坊、上交公共空间演出、后台探秘、互动展览等。“音乐好邻居”项目为“上海市群众文化扶持项目”。

三、参加市级汇演

“五大院团”进入社区，帮助提升社区文化团队的艺术水准和演绎水平。街道深化社区文体团队管理改革，逐步完善和健全社区团队建设和管理的运作机制，引导团队建设在实行“自我管理、自我发展、自我教育、自娱自乐”，鼓励各团队通过各类奖项的比赛赛出水平、赛出风格，推动优秀作品以满足社区群众日益增长对公共文化服务建设多元化的需求。街道的社区文化团队创作的群文作品，多次获得各级奖项。

［湖南社区老房子朗诵队］

队员多为热爱朗诵艺术的社区老洋房原住民。

获奖作品：

原创少儿歌曲《爱的神奇旅程》：“一直都是听妈妈在讲，一直都会向窗台仰望，童话世界是我的，梦想一路有你陪伴在身旁，我想这就是快乐的秘密，即便黑夜也有繁星照亮。”一首原创少儿歌曲《爱的神奇旅程》陪伴着孩子们走过少儿时光，也勾起爸爸妈妈的童年记忆，在小学的音乐课上学唱少儿歌曲，老师坐在风琴前弹奏简单而欢快的曲调。整个作品旋律优美、节奏欢快，充分考虑到儿童的理解能力和思维、情感、语言、情趣等特点。注重思想性，趣味性、形象性，启发儿童的远大理想，培养高尚情操，提高审美能力，使儿童的身心得到全面发展。获得上海音乐家协会、上海市群众艺术馆专家评委的一致好评。在来自全国21个省（直辖市、自治区）的个人和单位报送的作品305首中脱颖而出荣获二等奖（一等奖空缺）。

诗朗诵《我爱您武康路》：湖南路街道的参赛作品“我爱你，武康路”上海卫视、上海东方网、新民晚报予以报道。女主角张菁原本是湖南路街道的居民，归国后参加湖南社区学校的朗诵班，她一直怀念幼时的梧桐，当她看到这首诗时感到这首诗描写的怡人景色与人文历史如此贴近她的心，决心将老洋房的优雅，名人故居的经典，梧桐树的悠远历史搬上舞台。男主角毛国治是一位在远洋轮上工作一辈子的退休电气工程师，特别喜欢朗诵，曾在几次市级比赛中获奖，他几年前就搜集湖南路街道庆祝武康路成为中国文化名街的报道，这次朗诵由88岁邹浩泉老先生的创作，集体编排的诗歌“我爱你 武康路”真谓有缘。他们拿着这首描写赞美武康路的诗歌时爱不释手，立即再次踏上武康路，走进巴金故居，感觉自己好像成老洋房的主人。在舞台上不像在朗诵而是在向大家介绍着武康路上的优秀历史建筑，讲述着百年老街的历史底蕴。

［**湖南社区新语戏剧工作室**］

成立于2010年。该社连续多次在市区级大赛中荣获奖项。排演小品、音乐剧等。曾受上海世博会组委会邀请，表演《世博一家人》。

获奖作品：

音乐剧《武康夜话》：荣获"秀空间"优秀展演团队的称号音乐剧《武康夜话》是根据湖南路街道辖区"中国历史文化名街"武康路的百年历史人文故事创作的。一条不到1.2公里的武康路沿线有优秀历史建筑14处，保留历史建筑37处，这一带晚清以来至民国时期乃至中华人民共和国成立后，历史人物众多、政治精英集聚、文化名人居住此地。他们的入住让这片社区的每一条弄堂、每一幢洋房都带有历史的风格，充满着戏剧的张力，为社区文化教育的创作提供丰厚的资源。该音乐剧讲述的是曾经住在武康路上的孙道临、王文娟、巴金、周璇等众多名人的故事。

小品《一个车位》：是根据湖南路街道弄堂管理中的实际情况而创作的小品，它融入湖南路街道特有的"弄管会"机制，反映当下普遍存在的市中心城区停车难、以及现下子女很少"常回家看看"的现状。决赛当日，因其深刻的内涵和演员的真情表演而得到现场观众的热烈掌声与共鸣。小品《当兵风波》是根据街道"征兵难"的真实故事改编而成的作品。

［**"江南丝竹"：孙文妍家庭**］

领衔人物为上海市第三批非遗传人、上海音乐学院硕士研究生导师、教授孙文妍。

获奖作品：

古筝三重奏《渔舟唱晚》：《渔舟唱晚》是一首颇具古典风格的筝曲。乐曲描绘夕阳映照万顷碧波，渔民悠然自得，渔船随波渐远的优美景象。这首乐曲是20世纪30年代以来，在中国流传最广、影响最大的一首筝独奏曲。获得2015年"第三届海内外江南丝竹邀请赛"暨"首届中国杭州江南丝竹音乐节"非职业组金奖。

［**湖南社区合唱团**］

湖南社区合唱团成员平均年龄65岁，于2010年被评选为上海市18个区县的优秀社区合唱团队之一。

获奖作品：

《梧桐情，社区梦》：该曲目为长期生活在湖南社区的著名作曲家黄准为湖南社区之歌而创作。悠扬动听的旋律，真实反映在高大挺拔的梧桐掩映之下，处处体现"文化湖南，典雅社区"独特的人文特色和深厚。文化底蕴。在参加"写给城市的歌"上海市民原创歌曲演唱评选活动决赛当天，绝大多数的参赛作品都是以独唱、男女声二重唱的形式展现，而《梧桐情，社区梦》由湖南社区合唱团的中老年人四声部组唱，给人耳目一新的感觉，获得上海市优秀原创歌曲优秀作品、优秀团队的奖项。

［**湖南社区节目乐队**］

成立于2010年初，这是一支由在职中青年才子，业余西洋乐爱好者共同组建而成的一支社会民间团队。

获奖作品：

原创弦乐五重奏《飞越梦想——穿越武康路》：参加2014年"上海之春"群文新人新作展评展演中荣获原创新人新作奖。

［湖南社区老房子——阿芙洛拉丁爵士重奏组］

为徐汇区唯一一支外国居民组团参赛的爵士乐队，演奏组成员分别来自哥伦比亚、秘鲁、阿根廷等国家。

获奖作品：

原创流行乐 1. For Minors Only　2. Chucho & Paquito：在 2014“爵士上海音乐节之我爱我乐”活动总决赛中，经过七个小时的征战，最终湖南社区老房子阿芙洛爵士乐队不负众望获得比赛的第一名，同时也荣获上海市市级“十强乐队”称号。

［湖南路街道爱艺合唱团］

2008 年成立，由居民自发组织，由小型沙龙逐渐发展为几十人的成熟艺术团队，平均年龄 60 岁。

获奖经历：2016 年上海市无伴奏合唱大赛二等奖

［江海舞蹈队］

为一支来自部队的舞蹈队，演出水准高，以各种类型的舞蹈，代表街道完成各项比赛任务。

获奖经历：2016“春华秋实”上海市社区文艺指导员成果展演“优秀表演奖”

［湖南路街道沪剧队］

为街道的一支特色团队。成员来自社区居民，领队徐蓉为市级配送的指导老师，团队经常参加襄阳公园的演出以及各类展演。平均年龄 65 岁。

表 18－3－1　　**2014 年上海市民文化节湖南路街道参演作品与获奖表**

类　别	市级	区级	颁　奖　单　位
小品类	1		上海市文化广播影视管理局
演奏类	7	1	上海市文化广播影视管理局 上海市民文化节指导委员会
演唱类		1	徐汇区文化局
舞蹈类		2	徐汇区文化局
朗诵类	3		上海市民文化节指导委员会
书法类	5		上海市民文化节指导委员会
美术、动漫类	1	2	上海市民文化节指导委员会徐汇区文化局
摄影类	1		上海市民文化节指导委员会
征文类		1	徐汇区文化局
智能拼装类		1	徐汇区文化局

续表

类　　别	市级	区级	颁　奖　单　位
组织奖		1	徐汇区文化局
合计	18	9	
总计	27		

表 18－3－2　　2015 年上海市民文化节湖南路街道参演作品与获奖表

类　别	全国	市级	区级	颁　奖　单　位
演奏类	1			浙江省文联 浙江省音乐家协会
演唱类	1			中国音乐家协会
演讲类		2		上海市民文化节指导委员会
征文类		3		上海市民文化节指导委员会
美术类		8		上海市群众艺术馆 上海市美术家协会
手工艺类		1		上海市民文化节指导委员会
摄影类	1			中国文化报社
舞蹈类			2	徐汇区文化局
智能拼装			1	徐汇区文化局
组织奖			1	徐汇区文化局
合计	3	14	4	
总计	21			

表 18－3－3　　2016 年上海市民文化节湖南路街道参演作品与获奖表

类　　别	市级	区级	颁　奖　单　位
舞蹈类	2	2	上海市群众艺术馆 徐汇区文化局
演唱类	3		上海市民文化节指导委员会

续表

类　别	市级	区级	颁 奖 单 位
书法、国画类	2	5	上海市民文化节指导委员会 徐汇区文化局
小品类		1	徐汇区文化局
征文类	2		上海市民文化节指导委员会
合计	9	8	
总计	17		

四、编辑出版《200031——一个历史街区的文化记忆》

2014 年，街道开展“共绘湖南”项目，联手居住在社区的著名画家汪观清及上海民盟书画院的优秀画家共绘湖南社区首批 56 个文人名宅历史画卷，绘制《200031 老洋房故事湖南社区名人建筑画册》。

2016 年，街道梳理辖区名人故居和文化传承资源，汇编辖区名人故居故事和人文轶事，策划出版《200031——一个历史街区的文化记忆》系列图书画册。

一个历史街区的文化记忆 画集

作者：钱定华 汪观清等

绘图：上海市徐汇区湖南路街道梧桐画社

五、修缮、开放张乐平和柯灵旧居

2013 年，街道牵头筹备张乐平旧居、柯灵旧居的开放工作。年内，分别与张乐平子女就房屋置换事宜进行多次商谈。

2014 年，街道成立修缮、开放张乐平和柯灵旧居筹备组。年内完成两处旧居的房屋置换工作，并配合有关部门收储张乐平、柯灵旧居，做好柯灵手稿、信件等接收工作。

2015 年，修缮、开放张乐平和柯灵旧居筹备组出具两处旧故居的修缮工程勘察文本，完成张乐平旧居、柯灵旧居综合修缮工作，初步规划这两处旧居的布展工作。

2016 年，街道完成张乐平旧居、柯灵旧居布展工作，并正式对外公益开放。

六、创办梧桐画社

2016 年 9 月 7 日，街道在五原路 287 号 2 号楼举办上海梧桐画社成立仪式。市文广局、市文史研究馆、区政府、街道党政领导以及梧桐画社的画师等百余人出席活动，共同为上海梧桐画社揭牌。画社由国画大师、上海文史馆书画研究社社长、市民盟书画院院长汪观清先生领衔，云集民盟书画院部分画家和当今有海派渊源的海上实力画家、美术史论家。画社与街道联手打造连环画传承中心，研究海派连环画的历史和发展。并以社区内巴金旧居、柯灵旧居、张乐平旧居等众多名人故居作为原型，创作一系列社区名人故事连环画，开展连环画、书画的普及教育工作，开展社区各类人群的书画培训课程、大师讲堂、书画大赛和展览等活动。

2016 年 9 月 7 日上海梧桐画社启动仪式

表 18-3-4　　**1998—2015 年湖南路街道文化工作所获荣誉一览表(区级)**

年　度	荣 誉 名 称	获 奖 单 位	颁 发 单 位
1998	上海国际艺术节广场文化活动优秀组织奖	湖南路街道	—
1999	徐汇区文化工作先进集体	湖南路街道	徐汇区群众文化工作委员会
1999	徐汇区社区文化艺术节优秀组织奖	湖南路街道	徐汇区委宣传部、徐汇区文化局
2000	徐汇区群众文化活动工作先进单位	湖南路街道	徐汇区群众文化工作委员会
2001—2002	徐汇区第四届社区文化艺术节优秀组织奖	湖南路街道	徐汇区群众文化工作委员会
2002	徐汇区城市语言文字工作达标评估成绩突出奖	湖南路街道	徐汇区语言文字工作委员会
2002	徐汇区群众文化活动工作优秀奖	湖南路街道	徐汇区文化局
2010	徐汇区文化工作先进集体	湖南路街道	徐汇区群众文化工作委员会、徐汇区文物管理委员会
2010—2012	徐汇区语言文字规范化合格街区	淮海中路(陕西南路—武康路)	徐汇区语言文字工作委员会
2012	徐汇区中华诵·经典诵读大赛集体组二等奖	湖南路街道办事处	徐汇区语言文字工作委员会办公室
2012	徐汇区文化工作先进集体	湖南路街道	徐汇区群众文化工作委员会、徐汇区文化遗产保护管理委员会
2015	徐汇区文化馆暑期工作 优秀组织奖	湖南社区文化活动中心	徐汇区西南文化艺术中心(上海市徐汇区文化馆)

第十九章　卫　生

上海解放前，本地区有虹桥疗养院和怡和医院两所私立医院，规模较小。怡和医院位于陕西南路202号；虹桥疗养院于抗日战争后从虹桥迁至淮海中路990号。1958年，怡和医院与虹桥疗养院合并组成淮海医院，1961年后更名为徐汇区中心医院和街道地段医院，在各居委会建立卫生医疗站，开展爱国卫生，加强防疫卫生工作，做好预防接种等，居民健康水平、环境卫生、人口平均寿命不断提高。

第一节　徐汇区中心医院

一、概况

前身是私立虹桥疗养院与私立怡和医院。1958年7月15日，虹桥疗养院与怡和医院合并组建淮海医院。1961年，更名为徐汇区中心医院。2007年8月，医院被公布为区文物保护单位。

上海市徐汇区中心医院（复旦大学附属中山医院徐汇医院、中科院上海临床研究中心）为二级甲等综合性医院。位于淮海中路966号，是徐汇区卫生所属的一所综合性医院，也是上海医科大学、徐汇区卫校的教育实习基地。创建于民国三十三年（1944年）。1984年，新建一幢十三层住院大楼。占地1.27万平方米。1996年医院扩建，建筑面积扩大到5.09万平方米。2005年末，有职工791人，其中高级职称的医技人员62人、享受国务院特殊津贴8人。医院核定病床517张，实际开放668张。2005年门急诊48万人次，出院10 403人次，入院10 413人次。拥有双排螺旋CT、西门子平板CR、SPECT、医疗影像采集传输系统、全自动生化分析仪、全自动特定蛋白分析仪、彩色超声心动仪、电子内窥镜、高压氧舱及ICU监护等设备。以治疗心律失常等心血管疾病、老年病、高龄肺癌等胸外科疾病、前列腺增生等泌尿系统疾病、糖尿病等内分泌系统疾病以及脑卒中的康复治疗为特色。

二、医疗特色

1993至2005年，医院获得“液相色谱柱恒温箱”“网状支架”“内置导芯针气囊导尿管”等12个项目获国家专利；1995至2005年，“99TCm—甲氧基异丁基异腈乳腺显像的临床研究”和“前列腺增生症的微创治疗与开放性手术的评估”等11个项目分别获市、区科学技术成果奖。

医院为国家药物临床试验机构，设立国际化药物临床Ⅰ期病房。医院开放病床1 036张，临床专业32个，年门急诊百万余人次，住院3万余人次，手术1万3千余例。有6位专家享受国务院政府特殊津贴。全院拥有高级职称专家151人，硕、博士共200余人。博士研究生导师9人，硕士研究生导师12人。

医院为上海大学和新疆医科大学硕博研究生教学基地，新疆医科大学、上海中医药大学、江苏大学和南通大学的教学医院。2013 年 1 月，中科院正式批准建立中科院上海临床研究中心。2016 年 4 月徐汇区—中山医院医疗联合体成立，“复旦大学附属中山医院徐汇医院”挂牌。

国家及上海市医学重点专科共四个，七个科室是上海市住院医师规范化培训基地和专科医师培训基地，心内科、康复科、中医科是上海市医学重点专科。

中科院葛均波院士设立心血管病工作站，专业居于国际国内领先水平；康复科是上海市医学及残联双重点专科，专业水平在国际国内处于领先地位；中医科是国家“十一五”和“十二五”重点专科，并荣获全国综合医院中医药工作示范单位、上海市综合性示范中医科称号，中医脑病及针灸以“偏头痛、针推治疗颈腰椎病及骨关节病”为特色，在国内处于领先水平；内镜中心由国内外著名专家姚礼庆教授领衔，开展高难度复杂的治疗手术，专业水平国际国内领先；外科由国内外著名肝外科专家周俭教授领衔，著名胆道专家刘厚宝教授为学科带头人，知名专家陆品相为执行主任，科室技术力量雄厚，专业水平领先；泌尿外科由中山医院泌尿外科主任郭剑明教授担任学科带头人，医学博士王炜为执行主任，以泌尿系结石和泌尿系梗阻性疾病的微创诊疗为特色；妇科由留德医学博士李敏任主任，以妇科疾病的微创治疗（腹腔镜、宫腔镜、盆底重建）为特色，已实现腹腔镜下妇科微创手术 15 000 例以上无事故；眼科以白内障治疗为特色，是徐汇区特色专科，整体医疗技术水平处于同级医院领先行列；骨科由我国老一辈骨科专家朱克闻教授创办，率先在全国开展硬膜外腔注射胶原酶治疗椎间盘突出症，由朱海波主任领衔以“脊柱微创治疗”为特色，是徐汇区特色专科；内分泌科由国内著名内分泌学专家，中山医院内分泌科主任高鑫教授领衔，在糖尿病，脂肪肝、甲状腺、垂体、肾上腺疾病和内分泌高血压等内分泌疾病诊治具有丰富经验；肾内科由中山医院肾内科主任丁小强教授担任学科带头人，冯建勋主任为执行主任，血液净化治疗质量水平业界领先；消化内科由中山医院消化内科主任沈锡中教授担任学科带头人，熊文坚主任为执行主任，擅长对早期消化道肿瘤的筛查、诊断与治疗；血液科由中山医院血液科主任刘澎教授担任学科带头人，熊红博士为执行主任，以复发难治性血液肿瘤等的化学免疫综合治疗、个体化治疗以及难治性血细胞减少症的治疗为特色；呼吸内科由复旦大学呼吸病研究所肺部感染研究室副主任王葆青领衔，余荣环主任为执行主任，以“慢性气道疾病诊治”为特色；口腔科由中山医院口腔科主任余优成教授担任学科头人，开展各种牙列缺损的种植修复、固定修复、正畸等口腔综合治疗；神经科擅长脑出血微创治疗、脑血管支架和脑动脉介入治疗；影像科由中山医院放射科主任曾蒙苏教授任指导专家，许永华教授任主任，在国内率先开展磁共振导航高强度聚焦超声治疗肿瘤；肿瘤科侯安继主任主持工作，肿瘤介入诊疗专家方世明任副主任，形成以介入微创、肿瘤化学治疗及中西医结合治疗为特色的多学科治疗团队。在肺癌、乳腺癌、消化道肿瘤、淋巴瘤的化学治疗和靶向治疗上处于领先水平，对消化道恶性狭窄的介入性综合性诊疗达国内外先进水平；麻醉科擅长老年危重患者的麻醉管理，拥有先进的麻醉设备和监测手段；耳鼻喉科、皮肤科、急诊科等科室均具有雄厚的基础。

“徐汇云医院”是医院推出的上海首家智慧医疗平台，标志着疾病视频诊疗新模式的开启。自 2015 年 12 月 16 日落地并正式运行后，已签约 600 余家机构，就诊人次达到 20 万人次。将医疗服务从上海、江苏辐射至云南、江西、甘肃，触角足迹从街道、居委会延伸至百姓家中。通过“视频看医生”为患者百姓提供便捷、经济、规范、安全的医疗健康服务。

医院拥有 PET—CT、SPECT、3D 腹腔镜、海扶刀、1.5T 及 3.0T 核磁共振、16 排及 64 排螺旋CT、高档DRF、DSA、多台DR、菲利浦C臂X线机、医疗影像采集传输系统(PACS)、全自动生化分析仪、全自动微生物鉴定系统、全自动特定蛋白分析仪、3500—5500型串联质谱仪8台、彩色超声心动仪、电子内窥镜、高压氧舱、CCU和ICU监护系统等先进的现代化临床诊疗设施。

获国家科技重大专项“十二五”项目2项，国家中医药管理局“十二五”重点专科建设项目1项，国家卫计委吴阶平医学基金重大专项1项；国家自然科学基金项目6项、卫生部科研课题1项；上海市经济与信息化科技专项1项；获上海市科委资助课题17项、上海市卫生局课题资助28项。获上海市科技进步奖3项，上海市医学科技奖5项，发表科研论文近千篇，其中SCI收录94篇，主编或参编著作21部。

三、社区活动

2002年6月24日，在徐汇区中心医院会议室举办“珍爱生命，远离毒品”为主题的湖南路街道禁毒知识竞赛活动，社区150多名中小学生、外来人员参与比赛。区政法委副书记及

“名医情系社区　共筑健康湖南”2015年12月10日徐汇区中心医院专家到湖南卫生中心开展义诊活动

街道政法委书记出席活动。

2015 年 12 月 10 日，“名医情系社区、共筑健康湖南”徐中心专家到湖南卫生中心开展义诊活动。

表 19 - 1 - 1　**1991—2014 年徐汇区中心医院荣誉获得情况表**

年　度	荣 誉 名 称	获 奖 单 位	颁 发 单 位
1991—2005	上海市文明单位(6 次)	徐汇区中心医院	
1992	全国卫生系统先进集体	徐汇区中心医院	
1996—1999	上海市拥军优属拥政爱民模范、先进单位	徐汇区中心医院	
1996—1999	上海市拥军优属模范单位	徐汇区中心医院	上海市拥军优属拥政爱民模范先进命名表彰大会秘书处 2000 年 7 月 22 日
2003	拥军优属模范单位	徐汇区中心医院	
2006	湖南路街道平安区级单位	徐汇区中心医院	
2012—2014	第四届全国文明单位	徐汇区中心医院	
2013	徐汇区平安示范单位	徐汇区中心医院	
2013—2014	上海市文明单位	徐汇区中心医院	

第二节　湖南路街道社区卫生服务中心

一、概况

湖南路街道社区卫生服务中心，为上海市一级甲等医疗保险定点医疗机构。成立于 2004 年 5 月，由天平地段医院(后改为天平路街道社区卫生服务中心)托管至今，初址在武康路 374 号。2005 年 5 月，迁入五原路 281 弄 7 号。2011 年，迁建街道社区卫生服务中心，使用面积 700 平方米。

2012 年 7 月，社区卫生中心完成搬迁，迁入乌鲁木齐中路 247 号 3 楼，业务用房 780 平方米，开设全科、中医、针灸、推拿、预防保健、检验等科室及计划免疫、儿童保健门诊。社区卫生服务中心下设两个标准化社区卫生服务站：华亭卫生站点(华亭路 58 号)、华康卫生站点(湖南路 58 号)。以医生、护士、防保人员组成的全科服务团队，围绕医疗、预防、保健、康复、健康教育、计划生育技术指导的“六位一体”功能，为居民提供基本的医疗服务和保障。

二、主要工作

2004 年，依照市政府加强社区卫生服务建设的要求，每个街道须有一所社区卫生服务中心，湖南路街道由天平地段医院承担湖南社区卫生服务工作，于 11 月 29 日对外开张，在社区新建家庭病床 311 张，查床 5 049 次，上门出诊 1 549 人次，定点门诊 15 600 人次，社区护理、治疗 8 600 人次，各类传染病、慢性病等访视 6 249 人次，精神病管理 955 人次，孕产妇管理 980 人次，计划免疫 7 699 人次，儿童保健 3 551 人次，高血压病人三级管理测血压 13 650 人次，社区健康教育咨询、培训 38 次，接受教育 12 860 人次；建立居民健康档案 18 275 份；选派资深医生为辖区离休干部提供上门保健服务，共建立 658 份离休干部保健服务合同，签约率达 90%，提供保健服务 9 060 人次；社区卫生服务中心与武警上海总队警卫中队、武警三支队二中队签订军民共建协议书，将医疗服务、健康教育送入军营。

2006 年，社区卫生服务中心建立门诊医生工作站、医技报告系统、社区卫生预防保健信息管理系统，并为 3 个社区卫生服务站布置宽带网线，实施高血压、糖尿病、健康档案信息化动态管理；社区服务中心扩大医疗合作范围，在原有与华山、中山、瑞金医院建立友好合作关系的基础上，再与市六人民医院、龙华医院、徐汇区中心医院、第八人民医院等 7 家二、三级医院建立双向转诊关系。

2007 年，社区卫生服务依靠社区网络，掌握较为完整的社区健康基本信息，及时开展社区诊断和健康干预；普及白内障防治知识，医务人员上门进行视力筛查，发放宣传材料，组织居民学习健康教育课。

2008 年，社区卫生服务中心共建立居民健康档案 35 669 份，户数 12 472 户，建档率达到 90%，加强居民健康档案的管理；对街道 900 名离休干部重新排摸，定期提供保健服务、疾病预防、合理用药、自我保健等服务，共计上门服务 5 954 人次；根据市卫生局、市医保办、市物价局和市财政局联合下发的《关于上海市社区卫生服务中心实施基本药品零差率的试行意见》，街道社区卫生服务中心对 166 种药品全面实施药品零差率，其中中西药 87 种，中药 78 种；加强社区精神病人的管理，并落实贫困精神病人免费服药服务，使贫困精神病人的治疗率达到 70%。

2010 年，辖区共有精神病患者 514 名，由社区精神病防控医生、民警、居委会精神病防控干部等人员组成的日常监护小组专门服务团队，定期随访，全面落实社区精神病患的管控；成立社区精残人士阳光心园，为情况稳定的精神病患提供日托、康复等服务；据社区卫生服务中心儿保门诊部统计，街道 0—3 岁保健系统管理率达 98.68%，其中应管 913 人，实管 901 人；社区卫生服务中心实行收支两条线管理。

2011 年，社区服务中心两个团队正式启动家庭医生服务制签约，选择以重点人群为签约对象，完成家庭医生签约数 789 户，签约总人数 1 995 人，签约率为 4.49%；全年度提供补液量 3 709 人次。

2012 年，街道社区卫生服务中心急救分站建成并投入使用；社区服务中心继续推进家庭医生制服务工作，开展信息化培训 10 余次；探索居家康宁医疗服务新模式，开展舒缓疗护（临终关怀）工作，组织人员参加相关培训，并到华泾镇社区卫生服务中心进行实地学习；2012 年补液量比上一年度同比增长 24.9%，为高龄、独居老人上门代配药 6 768 次。

2014 年，社区卫生服务中心完成 200 户家庭的健康评估工作；与中山、龙华、国妇婴建立双向转诊通道，并为签约家庭提供网上预约专家门诊。

2015 年，社区卫生服务中心启动社区慢性病长处方试点工作，成功申报上海市市级综合改革试点，成立卫生监督协管队伍。

表 19－2－1　**2016 年湖南路街道社区卫生服务站情况表**

名　　称	地　　址
华亭社区卫生服务站	华亭路 58 号
华康社区卫生服务站	湖南路 298 弄 1 号

表 19－2－2　**2010 年湖南路街道社区卫生服务中心所获荣誉一览表(区级)**

年度	荣 誉 名 称	获 奖 单 位	颁 发 单 位
2010	世博会重性精神病人管理优秀集体倾情奉献服务集体	湖南路街道社区卫生服务中心	徐汇区公共卫生工作联席会议办公室
2010	世博保障工作“优秀志愿者服务组织奖”	湖南路街道	徐汇区公共卫生工作联席会议办公室

第三节　其他卫生医疗机构

一、上海市肺科医院(延庆路院区)

上海市肺科医院(上海市职业病医院、同济大学附属上海市肺科医院、上海市红十字肺科医院)创建于民国二十二年(1933 年)，首任院长为国立上海医学院院长颜福庆教授。通过几代人的不懈努力，已经成为一家集医疗、教学与科研为一体的现代化三级甲等专科医院，主要诊疗特色为呼吸系统领域常见病、多发病和疑难危重疾病及其他相关疾病的诊断和治疗。医院占地面积 10.3 万平方米，建筑面积 7 万余平方米。医院核定床位数 838 张，开放床位 1 000 张，设有 11 个临床科室、11 个医技科室和多个研究机构；拥有 3 个国家临床重点专科以及 2 个上海市“重中之重”临床重点学科、1 个上海市感染性疾病(结核病学)临床研究中心、3 个上海市临床重点专科、1 个上海市重点学科、2 个上海市公共卫生重点学科和 1 个上海市重点实验室。医院连续七年位列复旦大学医院管理研究所最佳医院排行榜(综合)百强。为更好地服务患者，医院在延庆路 130 号开设门诊部。延庆路门诊部的前身是上海市结核病中心防治所(简称：结防所)，系由四川中路门诊部(男青年会旧址)改制而成，1958 年起市结防所与上海市防痨协会合署办公，迁址至延庆路130号。1998年12月因上海卫生资源整合，原址改称为上海市肺科医院（职业病医院）延庆路院区，主要开设呼吸科、胸外科、肿瘤科等各类门诊8个以及名老中医精品门诊，2020年延庆路门诊量达到85 741人次。

二、上海博爱医院（原上海市第二轻工业局职工医院）

上海博爱医院位于淮海中路1590号，与多家领事馆毗邻，正对亚洲最大的图书馆上海图书馆，交通便利，环境优美。

上海博爱医院（原上海市轻工职工医院）于1999年经上海市政府及卫生局批准转制成为一家与国际接轨，集医疗、预防、科研、保健为一体，以现代化医院管理模式进行运作的享有医保资质的综合性民营医院，同时是一家拥有职业病体检资质的民营医疗机构。医院已成为异地医保结算单位，整体医疗服务能力不断提升。

医院临床科室设置齐全，包括内科、外科、妇科、儿科、眼科、耳鼻咽喉科、口腔科、中医科、康复科、皮肤科、美容科、整形外科、体检科、国际医疗部等科室。自开业以来，医院秉承“精综合，强专科”的发展战略，我院拥有上海市特色优势专病一个——慢性阻塞性肺病；徐汇区特色优势专科2个——小儿骨科及中西医结合骨伤科。

医院现设有床位102张，坚持以病患为中心，实行首诊问责制、全责护理制和全人照护模式，并全面推行以疾病为导向的整合式医疗，持续优化医疗流程，为各类病患提供高效、优质、经济的诊疗服务，不断提升疾病治愈率和康复水准。

为适应大众对高端医疗技术和服务的需要，医院强化医疗设备配置，目前已拥有先进的STORZ 2代3D腹腔镜、西门子S2000彩色超声诊断仪、西门子全数字化MAMMOMAT钼靶机、西门子螺旋CT机、意大利数字DR摄片机、Olympus290内镜系统、美国MGY运动平板。此外，与金域检验、迪安检验两家上市公司进行战略合作，可满足不同病种检验检查需求。

医院相继与中宏人寿、安联人寿、联泰大都会、信诚人寿、生命人寿、工银安盛人寿保险、建信人寿、长生人寿、太平人寿、泰康人寿、复星保德信人寿、平安人寿、中意人寿、天安人寿、幸福人寿、瑞泰人寿、国泰人寿等保险公司合作。并与工银安盛、MSH、招商信诺、保柏BUPA、安泰、中间带、平安、神诩/神赐、HTH、ALLIANZ安联、METLIFE、西格纳CIGNA等多家涉外保险公司合作，开展第三方直付业务。

作为诞生于改革开放大背景下的新型医院，上海博爱医院继续秉持“博聚人才·播撒真爱”的院训，以“提供健康守护、追求卓越管理”为使命，为实现“健康中国”的战略目标作出贡献。

医院发展简史：

1976年8月上海市手工业局职工医院筹建组成立。

1976年10月上海市手工业局职工医院成立。

1977年7月市革委批准上海市手工业局职工医院执业（国有事业编制）。

1982年9月市卫生局批准开设病房（核定数50张）。

1986年5月上海市手工业局职工医院更名为上海市第二轻工业局职工医院（国有事业编制）。

1991 年 2 月市卫生局批准病床位数增加到 120 张。

1991 年 5 月新建病房门诊综合大楼落成典礼。

1994 年 7 月市卫生局批准上海市第二轻工业局职工医院为市一级医院。

1997 年 7 月上海市第二轻工职工医院更名为上海轻工职工医院(国有事业编制)。

1999 年 9 月上海轻工职工医院整体产权有偿转让给上海晟新实业有限公司。

1999 年 10 月上海市二轻局改制更名为“上海博爱医院”(保留医保资格)。

2000 年 11 月市体改办、市经委、市卫生局三委办局批准上海轻工职工医院改制(民营企业)。

2001 年 6 月市卫生局批准上海博爱医院执业(民营企业)。

2002 年 4 月成立上海日本门诊部。

2002 年 8 月成立国际医疗中心。

2003 年 3 月 KYN 健康管理综合评估系统正式启动。

2003 年 3 月成为国际求援组织(SOS)亚洲成员。

2004 年 3 月上海首家提供“私人医生”服务的医院。

2003 至 2004 年与上海市第八人民医院、上海第一妇幼保健院、市东医院、上海东南医院、吴淞区中心医院(现上海第一人民医院宝山分院)、内蒙古医学院附属第四院开展医院管理合作。

2016 年,医院进行建院以来最大规模的升级改造工作,上海博爱医院将以全新的面貌接待患者,为人民群众的健康保驾护航。

表 19-3-1　**2001—2016 年上海博爱医院荣誉获得情况表**

年　度	名　　称
2001—2016	“诚信收费,价格、计量信得过”单位
2007	徐汇区“平安单位”
2009	爱心助老特色基地
2011	上海市社会医疗机构十佳好事
2011	儿骨科被评为上海市徐汇区社会医疗机构优势专科
2011	中西医结合骨科被评为上海市徐汇区社会医疗机构优势专科
2013	星级达标单位
2014	慢性阻塞性肺病被评为上海市社会医疗机构特色专病
2014	诚信创建企业
2014、2015、2016	健康管理部被评为健康体检质控督查优秀单位

三、远洋医院(瑞金医院分院)

上海远洋医院系中远集装箱运输有限公司(上海远洋运输公司)所属的一所集医疗、预防、保健为一体的二级甲等综合性医院,前身是中国远洋公司上海分公司门诊部,于1973年筹建,设于东大名路。1974年10月16日,迁至今址淮海中路1174号。1978年5月5日,经市卫生局批准更名为上海远洋医院。

医院设有住院部和门诊部,建筑面积4 200平方米,有高、中级专业技术人员近百人。医院科室设置齐全,有内科(含呼吸、消化、心血管、神经等主要专业)、外科(含普外、泌尿、骨科等主要专业)、中医科(含针灸、推拿、理疗等专业)、口腔科、眼科、耳鼻咽喉科、皮肤科等临床科室,医疗检查辅助诊治科室有:检验科、特检科(含心电图、B超、各种纤维内窥镜等)、放射科、药剂科、病理科、麻醉科、激光室、供应室、营养室等。医院设施和设备较先进,90%的设备为九十年代后期引进。

2007年11月,正式签署《上海远洋医院委托管理协议书》。

2009年,被评为上海市"爱心助老特色基地"。

四、复旦大学附属口腔医院复兴中路院区(上海市口腔医院分院)

前身为上海市牙病中心防治所,创建于民国三十五年(1946年),原址位于海宁路96号A。1951年11月,更名为上海市牙病中心防治所。1956年,总所位于北京东路356号国华大楼内,分所位于复兴中路1258号。

上海市牙病中心防治所是一所集医疗、教学、科研、预防为一体,以医防融合为特色的三级口腔专科医院。自20世纪50年代起,受上海市卫生健康委员会的委托,指导全市口腔疾病防控工作,拥有全国最完整的口腔公共卫生三级防治网络。为居民提供口腔健康服务,着力改善群众口腔健康水平,提高生活品质。1993年获批第二冠名"上海市口腔医院"。

2015年4月,复旦大学与上海申康医院发展中心正式签约合作共建"复旦大学附属口腔医院"。现设有北京东路院区、复兴中路院区、浦锦院区、永嘉路门诊部、天津路科研教学中心和江西中路口腔公共卫生培训中心。

表19-3-2 **2009—2016年上海市口腔医院荣誉获得情况表**

年 度	荣 誉 名 称
2009	徐汇区健康先进单位:上海市口腔防治院
2011	健康先进单位
2012	健康先进单位
2012	上海市平安单位
2013	健康先进单位

续表

年　度	荣　誉　名　称
2015—2016	上海市文明单位
2015—2016	上海市卫生计生系统文明单位
2009—2016	连续八年获得“上海市口腔诊疗器械消毒技术操作规范示范单位”

五、上海市卫生健康委员会监督所

位于常熟路280号，为上海市卫生健康委员会所属的行政执法机构，是全国首家成立的省级卫生监督机构。2016年末，核定编制200人，在编人员159人。

[**机构沿革**]

1996年9月，上海市卫生局卫生监督所成立，行政隶属于市卫生防疫站。1998年10月，上海市卫生防疫站撤销，成立上海市疾病预防控制中心，市卫生局卫生监督所与市疾病预防控制中心合署办公。2001年3月，上海市卫生局卫生监督所独立运行。2005年1月，上海市卫生局卫生监督所食品、化妆品监管职能平移至食品药品监督部门。2012年8月，明确为市卫生局所属的行政执法机构，批准为参照公务员法管理的事业单位。2014年12月，新增计划生育监督执法职能，更名为上海市卫生和计划生育委员会监督所。

[**主要工作职责**]

依据国家和地方卫生法律、法规、规章、标准，按照本市卫生监督工作规划、计划和有关程序、规范，组织实施传染病防治、环境卫生、饮水卫生、职业健康服务、放射卫生、学校卫生、医疗执业服务、计划生育、食品安全标准备案等各项卫生监督工作，对违法行为提出行政处罚意见；开展卫生法制宣传和培训，做好卫生监督员的管理和考核；组织实施卫生监督信息化建设，开展卫生监督信息收集、分析、报告；对区卫生监督工作进行业务指导和执法督查。上海市卫生健康委员会监督所始终牢记“严明、规范、高效、亲和”的执法理念，以维护市民健康权益为己任，以执法为民为坚定信念，不断提高履职能力，紧抓市民关注的社会热点，严肃查处损害人民群众健康的违法行为，及时将重要的卫生法制知识传递给社会，切实维护好公共卫生秩序和医疗服务秩序，做好市民身边的健康卫士。

表19-3-3　**2003—2016年上海市卫生和计划生育委员会监督所荣誉获得情况表**

年　度	荣　誉　名　称
2003—2014	上海市文明单位
2005	上海市爱国卫生先进单位
2006	上海市建设健康城市健康单位

续表一

年　度	荣　誉　名　称
2006、2007、2012、2013	上海市平安单位
2006—2010	上海市法制宣传教育先进集体
2007	全国卫生监督先进集体
2007	上海市新长征突击队
2007	上海市健康单位先进
2007—2008	文化单位治安保卫先进集体
2008	全国卫生系统先进集体
2008	全国科教文卫系统抗震救灾先进集体
2008	上海市抗震救灾工人先锋号
2008	上海市标准化工作先进集体
2008—2011	上海市社会治安综合治理先进集体
2009	上海市建设健康城市先进集体
2009	上海市健康单位先进：上海市卫生局卫生监督所
2009、2011—2013	上海市青年文明号
2010	由中共中央、国务院授予上海世博会先进集体称号
2010、2012	上海市巾帼文明岗
2010、2013	上海市工人先锋号
2010	全国卫生系统卫生文化建设先进单位
2010	中国卫生监督协会第一届“健康卫士杯”先进单位
2010	上海市文明服务示范窗口
2010	上海世博会窗口服务先进集体
2011	科技部世博科技先进集体
2011	上海市对口支援都江堰灾后重建突出贡献集体
2011	上海市三八红旗集体
2011—2012	上海医学科技奖三等奖

续表二

年　度	荣 誉 名 称
2011—2015	上海市法制宣教育先进集体
2011	徐汇区献血工作优秀集体
2012	上海市治安安全合格单位
2012、2013	上海市健康先进单位
2012	上海市档案工作先进集体
2012	中国卫生监督协会第二届“健康卫士杯”创先争优先进集体
2013	全国省级卫生监督机构传染病及医疗领域现场快速检测技术比武优秀单位
2014	上海市总工会模范职工之家
2014	上海市无烟单位
2015	第二届全国卫生计生监督技能竞赛团体第一名、一等奖
2015—2016	标准化工作优秀集体
2016	上海市五一劳动奖状
2016	第四届“健康卫士杯”先进单位

第四节　爱 国 卫 生

1980 年，湖南路街道爱国卫生运动委员会成立。1991 年，湖南路、新乐路街道合并组成新的湖南路街道，组建新的爱国卫生委员会(简称：爱卫会)。街道贯彻国家公共卫生和防病防治的方针，动员社区居民，讲究卫生，进行健康知识教育讲座；除害灭病，消灭各种病媒虫兽的孳生与繁殖，阻断各种疾病的发生与传播，开展爱国卫生运动，改善社区生活环境，减少以至消灭疾病，提高居民健康水平。

一、除四害

1991 至 1992 年，街道组织突击灭鼠工作，将辖区鼠密度控制在国家规定的标准内，向 21 184 户居民、402 个企事业单位提供灭鼠药 1 000 公斤。全街道蚊蝇孳生地控制率高于 95%，鼠密度控制率低于 1%。

1993 年，街道开展灭鼠工作，对重点居民户、单位进行重点投药；控制孳生地，定期进行翻缸倒灌，补放药物；放置捕蝇笼800余只，对垃圾集散点的集市、农贸市场、里弄垃圾库加强化学灭蝇，消灭幼虫和成蝇，建立复兴西路“绿地防蝇带”；实施化学药物灭蝇及其他技术措施，消灭幼虫和成蝇；市、区属单位执勤队，消毒站上门边督促、边检查、边整改、边处理，并与单位挂牌、居委会考评结合起来。

1999至2000年，街道持续开展“社区是我家，清洁靠大家”主题卫生月活动；除害站设固定的工作室和药械仓库，有配制药物所需的场所约60平方米以上；健全除害站制度，10名除害员持证上岗，考核成绩优良者占80%以上；除害工作确保地区虫害密度明显降低，被服务单位及地区内的群众满意率达90%以上；通过区爱卫办对街道创建一级除害服务站的考核。

2001年，街道成立以街道分管领导为组长，市政科等职能部门负责人组成的“除四害”（指：苍蝇、蚊子、老鼠、蟑螂）领导小组，各居委会成立由居委会主任为组长的领导小组，健全除害网络；利用黑板报，横幅、宣传画廊等形式宣传《上海市除四害管理条例》，发动居民和志愿者参与除害活动；对居民小区、绿化地带、垃圾箱等地进行成蝇密度的检测，分档立册，制定消杀方案；集市摊位进行改造，做好防蝇设施、安装灭蝇灯；加强执法，重点检查公用部位的整治、捕蝇笼挂放的规范。

2002至2003年，街道开展居住区环境卫生整治，清理公用部位垃圾、堆物，清除居民反应强烈的卫生难点、死角的垃圾；开展春季灭鼠工作并重点对淮海中路、乌鲁木齐中路综合卫生示范街，进行地毯式灭鼠检查；开展秋季灭蟑活动，在襄阳公园门口进行现场宣传和发药活动，专家对居民提出的有关问题进行解答，并现场发放灭蟑药4 000包。

2007至2009年，街道把有害生物防治作为“迎世博会召开”一项重要任务来贯彻，开展每月15日的卫生整治活动，共处置各种垃圾650余吨，处置各种积水16 800余次；在春秋两季鼠繁殖的高峰阶段，设点宣传发放宣传资料，并对居民住宅进行鼠情调查，再根据具体的户数、环境场所密度，进行药物投放、补充；根据蚊、蝇成虫、幼虫的生长，化学、物理方法并举进行消杀，同时加强常规巡视检查；为街道居民和80岁以上家庭提供跳蚤、蟑螂、白蚁等有害生物无偿消杀服务。

2015年，街道以灭鼠、消灭早春蚊蝇为重点，对公共绿地、农贸集市、住宅小区、建筑工地、垃圾中转站等场所进行虫害密度的消杀控制，投灭鼠药98公斤，2 610户，清除积水1 683处，处理蚊蝇孳生地4 918个，使用病媒防治药物18.5公斤；参加区病媒生物防治培训，参加区演练比赛，街道参赛队荣获二等奖。

2016年 街道做好越冬蚊虫调查、并杀灭成蚊，对居委会、小区、弄堂垃圾箱等外环境设置捕蝇笼、诱蚊缸，定期调换饵料；对居民区有鼠公共场所投放鼠药，对市场提供粘鼠板并指导放置；开展公益灭蟑螂活动。

二、开展健康教育

1992年，街道开展“三优”（指：优生、优育、优教）系列健康教育基础工作，举办各类学习班、培训班，提供健康教育咨询服务；先后二次接待联合国儿童基金会的参观，受到好评；《徐汇报》《新民晚报》对街道“定期巡查上门送医，社区保健工作”进行报道。

2002年，街道根据徐汇区卫生防病目标责任书的要求，成立新的街道健康教育领导小组，由街道分管领导任组长，负责街道卫生防病工作；加大培训力度，优化健康教育队伍的人员配备，完善社区健康教育工作网络，全年共发展健康教育志愿者 110 人；联合区健康教育中心、区中心医院以及街道各相关职能科室，全年共开展各项健康教育讲座 42 次，共有 2 150 人次参加；举办大型宣传咨询活动 22 次，受益人数 12 390 人，发放资料 6 233 份。

2006 至 2007 年，街道继续推进湖南社区健康讲坛 100 场活动；本着“和谐社区，健康服务”的工作理念，结合社区居民的实际需要，整合街道各种健康教育资源，邀请相关专家和医生，成立社区健康教育讲师团，以开展各类讲座为主要活动方式，推进整个教育活动；邀请复旦大学附属中山医院姚礼庆教授在上海电影院为居民讲授“大肠癌的早防早治”的健康知识大讲座，邀请上海中医药大学的教授来街道进行“冬病夏治知识”讲座。

2008 年，街道成立一支由 160 名社区居民组成的健康教育志愿者队伍，对健康志愿者进行有关基本保健技能与传播技巧的健康知识培训 3 次，参加人数 90 人；各居委会的健康教育志愿者提供量血压及咨询服务 4 880 人次，提高居民的防病知识知晓率；健康小讲课的讲课内容跳出高血压、糖尿病等一系列常见病和多发病的局限，利用多种形式开展社区小讲课共 64 次，参加人数 1 664 人次，组织大讲课 4 次，参加人数 485 人次；结合各类主题活动，开展 13 次大型的健康教育宣传活动，参与人数 1 125 人次；建立新乐、延庆两个健康自我管理小组，健全健康信息报告网络，加强对信息的核实和处置。

2009 年，街道继续在居委会层面推广健康自我管理小组，相继建立东湖、淮海、淮中、安福、武康等五个规范型的健康自我管理小组；围绕“老弄堂”改造工程和历史风貌保护建筑等，组织社区居民，尤其是健康自我管理小组的成员开展“走‘老弄堂’”“品位老建筑”的健康行路等活动在辖区持续开展。

表 19－4－1　**1999—2013 年湖南路街道爱国卫生工作所获荣誉一览表(区级)**

年　度	荣 誉 名 称	获 奖 单 位	颁 发 单 位
1999	徐汇区健康教育先进单位	湖南路街道	徐汇区健康教育中心
2009	徐汇区市民健康自我管理先进小组	湖南路街道 武康居委会健康自我管理小组、东湖居委会健康自我管理小组	徐汇区爱国卫生运动委员会
2009	徐汇区健康单位先进	湖南路街道 上海市口腔病防治院	徐汇区爱国卫生运动委员会
2009—2010	徐汇区健康社区先进集体	湖南路街道	徐汇区爱国卫生运动委员会
2009—2010	徐汇区健康社区	湖南路街道	徐汇区爱国卫生运动委员会
2010	徐汇区“星期四爱国卫生义务劳动”红旗街道	湖南路街道	徐汇区爱国卫生运动委员会
2011	徐汇区“星期四爱国卫生义务劳动”优秀组织奖	湖南路街道	徐汇区爱国卫生运动委员会

续表

年 度	荣誉名称	获奖单位	颁发单位
2011	“运动与健康”活动优秀组织奖	湖南路街道	徐汇区爱国卫生运动委员会
2011	“徐汇区居民健康素养知识与技能竞赛”优胜奖	湖南路街道代表队	徐汇区疾病预防控制中心
2013	“膳食与健康”系列活动优秀组织奖	湖南路街道	徐汇区爱卫办

第五节 公共卫生

一、创建市级卫生街道

[创建市二级卫生街道]

1991年，街道在1990年建成三级卫生街道的基础上，开始创建二级卫生街道，成立以办事处主任为首，包括卫生科、市政科相关人员参加的“二级卫生街道”创建领导小组，充分调动监督员、执勤员、卫生主任、消毒员、卫生员及全体居委干部、社区居民群众的积极性，参与二级卫生街道创建工作。

街道制定全年的创建计划和实施方案，抓好消毒员、执勤员、卫生员、卫生主任四支专业队伍的建设、培训工作，提高业务水平。

加强对环卫所的管理，健全清扫制度，居民生活垃圾每日清运一次率达99%，定时定点倾倒入箱率达95%，达到市环卫局制定的卫生整洁优秀等级；加强除四害工作，开展自查自评工作，鼠密度、蚊蝇密度控制在国家规定标准；重点整治五原路的菜市场、农贸集市进场工作和安福路的清扫工作及南昌路的脏乱差现象，定时定点做好沿街垃圾库的袋装化工作，开展公用部位、卫生之家的整治、巩固工作，指标落实到各居委会。

培训合格消毒员多名，加强消毒站硬件建设和制定各项规章制度，创建合格消毒站；以宣传、检查为主，加强对各单位的卫生管理工作，做好承包单位的消毒工作，为各单位和环卫所之间做好协调人，创建合格卫生单位；开展健康教育，通过市民文明学校，聘请有关专家进行讲课、考试，226人次参与并取得培训合格证。

加强市容卫生的监督、执法工作，及整治乱搭建情况；创建、巩固门前责任制履行率，沿街单位门前环境卫生责任履行率达99%，各单位卫生制度落实率超过95%；开展城市绿化，巩固淮海中路1754弄、华山路831号市级优美小村，并创建武康路区级优美新村；争创“双百”街道，巩固“安静小区”，对噪声源定期测试、整改，争创市、区级文明街和最佳文明街。

年终迎接区、市二级卫生街道检查考核并顺利通过，街道被评为市二级卫生街道。

1992 至 1996 年，街道以创建国家卫生城区为动力，巩固二级卫生街道，争创一级卫生街道，发动辖区各方面力量共同抓好卫生工作。实行垃圾袋装化，生活垃圾做到日产日清，基本消灭小堆垃圾和混杂垃圾，达到市区的有关标准；巩固灭鼠、灭蝇达标街道；在居委会中评选“卫生小区”，继续创建卫生红旗街道，继续抓好公用部位整治达 85%。卫生合格单位达 85%；配合抓好旧区改造和市政建设，会同有关部门以点带面做好违章查处工作；做好绿化宣传教育工作，创建绿化合格单位；巩固三条市级文明街（常熟路、乌鲁木齐中路、淮海中路）、四条区级文明街（复兴中路、复兴西路、襄阳南路、襄阳北路）的保洁工作，建立岗位责任考核。

［创建市一级卫生街道］

1999 年，街道开始创建一级卫生街道，年初制定创建计划与措施，根据市一级卫生街道的标准，结合街道的实际，开展全方位整治。

为迎接中华人民共和国成立 50 周年和全国卫生城市的检查，街道对辖区 2 条市级景观道路和中小马路进行全方位整治，对综合卫生示范街的“三防”设施查漏补缺，取缔乱设摊、跨门营业，在重点路段如华亭路、泰安路、五原路、乌鲁木齐中路设专人管理，共取缔无证摊贩 7 198 处，清除乱招贴 2 833 处；街道监察队依照《上海市拆除违章建筑条例》拆除淮海中路、五原路沿路、小区中违章建筑，改善辖区卫生、绿化面貌，还路于民 296 平方米，还绿 107 平方米。

加强居民小区卫生的综合治理，对公用部位进行整治；在巩固市、区级文明小区的基础上，新创建 1 个市级文明小区和 1 个区级文明小区；加强垃圾库的管理，做到专人看管，每周清洗，垃圾袋装化达 95%，清除垃圾 5 395 吨；坚持除四害工作的长效管理，对重点单位、小区的除四害工作做到定时投药、喷洒，投放灭鼠、灭蟑药物，在垃圾库旁和绿地挂上捕蝇笼，定期滞留喷洒药水，迎接市四害协会对街道一级除害服务站的验收。

街道定期举办各类市民健康教育讲座；设点开展健康教育宣传，各居民小区定期开设有关健康教育的黑板报及固定的健康教育宣传栏；加强监察队队伍建设，竞争上岗，依法行政，依法治街，巩固长效管理的效果。

同年 10 月，经区爱卫办检查后认为街道具备一级卫生街道的水平并报请市爱卫办进行审核验收；11 月，由市爱卫会领导带队对街道进行市一级卫生街道验收，并通过一级卫生街道考核；12 月，市爱卫办考核鉴定后认为街道达到一级卫生街道的标准。街道被评为上海市一级卫生街道。2000 年 10 月，经市爱卫会对街道“一级卫生街道”的暗查，通过市一级卫生街道复评工作。

二、疾病防治与抗击疫情

［疾病防治］

1998 年 3 月，根据徐汇区 2000 年前防盲和初级眼保健工作实施计划及 1998 年卫生防病工作目标要求，街道做好防盲和初级眼保健工作，并由街道和大华医院共商，成立湖南街道防盲领导小组。

2002 年 4 月，根据徐汇区卫生防病目标责任书的要求，成立“湖南路街道健康促进委员会”，负责街道的卫生防病工作。

2006 年 1 月 25 日，街道将“创建白内障无障碍城区”纳入街道公共管理目标，成立街道创建“白内障无障碍城区工作领导小组”。开展“人人量血压”活动，基本完成对地区内35周岁以上居民的血压免费测量。

2007年，街道设立血压测量点，组织血压测量人员，16个居委会共完成15 000多个人次数，在社区开展高血压病人建档与分级管理工作，发放宣传资料，建立慢性病综合防治工作制度；印制宣传小册子、宣传扇子，开展白内障防治知识问卷普及白内障防治知识，组织医务人员上门进行视力筛查和宣传，保证居民知晓康复救助的政策；做好辖区肝炎、猩红热、菌痢等传染病的疫情管理及访视，做好血吸虫知识培训、禽流感演练工作、霍乱公共突发事件应急事件演练，配合区疾病预防控制中心举办夏秋季多发病健康教育巡展活动；建立、补充辖区高危人群基础资料并进行高危干预及访谈，建立艾滋病、性病宣传资料库，制作宣传版面进行展示。

2008年，街道进行“夏秋季卫生预防肠道传染病”的宣传工作，在流动人口聚集地、学校、居委会进行宣传；组织进行禽流感演练；从中医的角度对本社区内的肝炎、菌痢、猩红热、肺结核访视病人进行健康教育宣教；组织结核病病人、家属到八五分院和社区参加“结核病健康家园”，共访视结核病病人101人次，在“结核病宣传日”进行社区肺结核防治知识的宣传，共发放各类宣传资料2 020份；在社区内开展心脑血管疾病防治知识宣传，成立两个高血压自我管理小组，参与居民人数30人。

2015年7月28日，根据2015年区巩固防盲先进街道的工作要求，调整成立湖南街道防盲先进街道小组。

［抗击疫情］

2003年，街道在防治非典型肺炎(简称：非典)期间，贯彻落实区有关会议精神，按照以块为主、属地管理的要求，制定各项具体工作措施。

疫情发生初期，街道第一时间紧急召开会议，研究部署“非典”防治工作，成立预防“非典”工作领导小组。同时建立工作机制，明确领导夜间值班制度、例会制度、“返沪人员医学观察”及“来沪人员健康检测”操作制度、AB角制度、错时上班制度；建立排摸网络，即“非典”工作领导小组—街道居委会联络员—居委会主任—居民小组长—居民，层层负责，环环相扣；组建工作队伍，组织成立一支20人的协管员队伍，各居委会也发动社区居民积极分子，分别成立防治“非典”宣传队伍。

抗“非典”期间，街道通过发放资料、张贴宣传画、出黑板报等多种途径向居民群众和社区单位进行广泛动员，加强社区居民卫生防病意识。在襄阳公园门口设点宣传“非典”预防知识，提供现场咨询，请专家解答居民疑问。开展预防“非典”知识讲座，召集居委会卫生干部、居委会文教干部、社区健康志愿者参加。组织社区宣讲团上门宣传，在发放资料的同时对居民进行呼吸道传染病防治知识以及非典型肺炎的预防手段的讲解，做到不留死角，不留空白点。

举行预防和控制“非典”工作预案及实施方案的演练。通过演练，检验街道预防和控制传染性“非典”的应急处理能力和处理水平，并查找工作中的薄弱环节，对工作预案作充实、完善，落实各项工作措施，切实加强本辖区“非典”防治工作。上海电视台进行新闻报道。

为加快信息传递速度，提高预警网络运作效率，在街道与居委会联网互通的基础上，通过电子邮件的方式互相传递信息。街道每天将重要通知、工作简报以及防治“非典”的资料及时通过网络向居委会传达，居委会每天通过邮件形式以最快速度向街道上报各类报表、社情民意、工作经验以及紧急情况等，使街道能在第一时间掌握动态情况，加快应急、处理的速度。

第六节 红 十 字 会

1999年，街道在全区第一个召开街道红十字代表大会，成立街道红十字会。以“人道、博爱、奉献”为宗旨，在社区中开展社会募捐、救护培训、帮困救助、无偿献血等红十字会活动。

一、主要活动

1999年，街道参加区红十字会在徐家汇广场等地举行的宣传活动，学习红十字会相关的法律、法规、条例、办法及红十字会相关的知识。

2000年，在开展“慈善一日捐”“红十字会救灾、减灾”等多次宣传、捐款活动中，街道、居委会、居民群众参与，为灾区、特困群体捐款金额达到20 000余元；在支援云南灾区的募集衣被活动中，募集衣被36吨，45 000余件。

2004年，围绕中国红十字会成立100周年纪念日，街道开展红十字有关内容的宣传，在襄阳公园举行“庆百年，博爱行”为主题的大型宣传咨询活动，居民小区统一拉横幅，出黑板报，让更多的居民了解红十字；捐款活动共收到9 300元，为印度海啸地区捐款共收到12万元人民币。

2006年，街道组织红十字日和对灾区献爱心的两次捐款，捐款金额10.5万元；办理并发放15张医疗帮困卡；组织成立由十人组成的红十字医疗救助队并参加区有关培训和比赛活动。

2007年，街道开展红十字日捐款活动，捐款金额7.5万元；开展“5.8红十字日”宣传咨询活动，扩大红十字事业在街道内的影响；办理并发放90张医疗帮困卡，救助社区内的困难人员。

2008年，红十字会落实《上海市红十字会2007—2010年卫生救护工作规划》和区红十字制定的《2007—2010年卫生救护培训规划》，共完成50名救护员和990名普查员的培训；区红十字会急救培训基地在街道社区学校挂牌成立；在社区学校、文化中心等成立相应的急救培训站；街道组织对四川汶川地震、南方遭遇低温雨雪冰冻灾害的地区捐款，捐款金额12 164 306元。同年，街道获评上海市红十字会“5.12”地震抗震救灾先进集体。

2009年，街道组织“5.8红十字日”宣传和募捐活动，捐款金额两万元；组织为台湾“9.8莫拉克”台风灾害受灾同胞献爱活动；办理并发放150张医疗帮困卡（每张面值500元，共75 000元）救助社区内的困难人员。

2010至2011年，街道组织“千万人帮万家”帮困救助活动，共发放救助款58 800元；敬老节发放帮困款26 000元；建党90周年红十字“送温暖、送健康”活动发放帮困款10 800元；不定期帮困1人次2 000元；组织为青海玉树地震募集捐款，捐款金额51 800元，组织为海地地震募集捐款，捐款金额26 010元。

2012年，街道以“依靠社会办慈善，办好慈善为社会”为原则，在社区内广泛开展接收捐赠、帮困救助和义卖活动，全年累计募得衣被4 000余件，收到社区爱心单位及爱心人士捐款39万余元，红十字募捐款5.8万元；街道组织召开第二届湖南社区慈善工作表彰会，授予社区11家单位和8名个人“湖南社区慈善工作爱心企业”和“湖南社区慈善之星”荣誉称号。

2015至2016年，街道组织开展红十字会进社区、进楼宇、进学校活动，普及群众性救护知识和技能；红十字会共帮困45位老人，发放帮困金22 500元；动员社区居民、企业和员工等加入公益捐助，捐款金额70 090元；完成90名救护员培训及750名普查员培训指标。

二、居民红十字服务站

2006年，街道在新乐、陕新两个社区红十字卫生站建站的基础上，建立张家弄、复中、复襄、兴武、淮海、淮中、安福、华康、武康、金波、春华、复永、延庆、东湖14个社区红十字卫生站，实现16个居委会红十字卫生站的全覆盖。各卫生站拥有医药箱、血压计、救护包、轮椅等设备，为居民提供救灾、救护、救助方面的服务。2013年起，街道按照市红十字会《关于进一步加强本市红十字会服务站建设的指导意见》推进居民红十字服务站标准化、规范化建设。

三、公民义务献血

公民义务献血

表19-6-1　**2007至2016年湖南路街道献血人数统计表**

年　份	献血人数（人）	献血完成数
2007年	85	85
2008年	65	65

续表

年　份	献血人数(人)	献血完成数
2009 年	85	85
2010 年	123	123
2011 年	123	123
2012 年	140	116
2013 年	140	140
2014 年	140	141
2015 年	140	140
2016 年	130	130

表 19-6-2　**2003—2013 年湖南路街道红十字会所获荣誉一览表(区级)**

年　度	荣 誉 名 称	获 奖 单 位	颁 发 单 位
2003	徐汇区献血工作先进集体	湖南路街道	徐汇区血液管理办公室
2010	市政府实事项目——群众性现场初级急救培训三年成果展示 优秀组织奖	湖南路街道	徐汇区红十字会
2010	徐汇区献血工作优秀集体	湖南路街道	徐汇区血液管理办公室
2011	徐汇区献血工作优秀集体	湖南路街道	徐汇区血液管理办公室
2012	徐汇区献血工作优秀集体	湖南路街道	徐汇区血液管理办公室
2013	徐汇区献血工作优秀集体	湖南路街道	徐汇区血液管理办公室

第二十章　体　育

街道重视并开展群众性体育活动。1992 年建立桥牌队、象棋队，后陆续组建乒乓、舞蹈、踢踏舞、自行车、健身操、太极拳、腰鼓、团体操、扯铃等 28 支群众体育运动队伍。1994 年举办“湖南路街道共建杯体育运动会”，之后连续举办十一届街道运动会、社区健身节或社区体育节。1995 年后相继成立“街道群众体育运动委员会”“街道群众体育协会”、社区社会体育指导站以及社区体育健身俱乐部。2007 至 2008 年，街道相继完成世界夏季特殊奥林匹克运动会接待工作和迎奥运宣传活动，并举办奥运会倒计时 100 天社区健身舞、健身操展示活动；以“迎奥运、增活力、促和谐”为主题开展社区体育文化活动、举办知识竞赛、普及奥运知识、完成传递北京奥运火炬的任务、奥运文化广场活动的观众组织工作、组织培训青年奥运志愿者队伍，完成上级交办的迎奥运任务。

街道开展健身点建设工作。1999 年在复永居委会建设健身点并获评全民健身实事优秀工程奖。2000 年街道获评上海市社区体育设施实事工程先进集体。2005 年街道有 1 个健身苑，26 个健身点，214 件健身器材。2016 年街道有 37 个健身苑、点，器材总数 185 件。

街道群众体育活动多次获得市区体育荣誉奖项。

第一节　群 众 体 育

一、社区体育团队

1992 年，街道建立桥牌队、象棋队后，陆续组建乒乓、舞蹈、踢踏舞、自行车、健身操、太极拳、腰鼓、团体操、扯铃等群众体育运动队伍，截至 2016 年底，街道共有 28 支群众体育运动队伍。

[湖南社区桥牌团队]

1992 年成立的湖南社区桥牌团队是上海一支非常活跃的社区桥牌队。团队成员约有 40 名，包括退休医生、退休教授，退休干部，退休教师等，每周开展桥牌活动。2010 年，湖南社区桥牌队荣获年度徐汇区社区体育特色团队。

[湖南社区拳操队、秧歌队]

1997 年后，安福居委会老年拳操队、金波居委会老年拳操队、武康居委会太极拳队、复永居委会太极拳队等街道各类拳操队相继成立，并在“迎八运湖南地区拳操风采展示”活动中进行拳操表演。2001 年，在街道组织的辖区单位、部队、学校和居民参加大型健身运动会中进行表演，参与人数 1 000 人。年内，街道以淮中、乌中、淮海三个居委会为基础组建社区秧歌队。

[湖南社区艺枫舞蹈队]

2012 年，街道组建湖南社区艺枫舞蹈队（即社区舞蹈队），成员由社区居民组成。街道聘请专业舞蹈老师指导，队员们克服年龄大、基础差的困难，坚持训练，不断学习成长。2016年，《蒙古风韵》获评上海市第二届市民运动会第二届广场舞大赛（徐汇赛区），徐汇区体育局颁发的一等奖。

［湖南社区健身团队］

2005年，街道成立湖南社区健身团队，由湖南社区（东块）老年健身操队，湖南社区（西块）老年健身操队组合而成，固定队员有20人左右。动员社区居民共同参加包括健身球操、筷子操、广场舞、健身气功、健身操在内的各类体育健身、体育培训、体育展示等活动，丰富退休老年人的生活。

表20-1-1 **2016年湖南路街道体育团队统计表**

团队名称	登记单位	所属区划	负责人	团队人数	指导员人数
湖南社区乒乓队	街镇登记	湖南路街道	邵宝根	10	2
湖南社区桥牌队	街镇登记	湖南路街道	骆骏；甘兰春	20	3
湖南社区舞蹈队	街镇登记	湖南路街道	张履清	16	12
湖南社区踢踏舞队	街镇登记	湖南路街道	林康华；程中萍	24	4
湖南社区老年自行车骑游队	街镇登记	湖南路街道	梅雷森	16	2
湖南社区（东块）老年健身操队	街镇登记	湖南路街道	陈玉芳；方业虹	30	8
湖南社区（西块）老年健身操队	街镇登记	湖南路街道	徐钦珊；金桂芳	30	10
湖南社区太极拳队	街镇登记	湖南路街道	秦明德；张萍	25	5
张家弄桥牌班	街镇登记	湖南路街道	田敏	10	2
复中太极拳队	街镇登记	湖南路街道	卞凤妹	10	2
复襄腰鼓队	街镇登记	湖南路街道	季美荣	25	4
复襄太极剑队	街镇登记	湖南路街道	陆福琴	12	2
东湖双环团体操队	街镇登记	湖南路街道	杨笑秋	25	2
延庆拳操班	街镇登记	湖南路街道	陈玉芳	15	2
新乐交谊舞	街镇登记	湖南路街道	杨宝玲	12	2
陕新排舞班	街镇登记	湖南路街道	余爱娣	16	2
陕新扯铃队	街镇登记	湖南路街道	朱慧华	16	2

续表

团队名称	登记单位	所属区划	负责人	团队人数	指导员人数
武康象棋班	街镇登记	湖南路街道	赵根发;汤庭源;朱锦煊	16	2
武康太极拳队	街镇登记	湖南路街道	童先云;徐宝英	12	2
华康舞蹈健身操	街镇登记	湖南路街道	王雨羽	20	3
复永太极拳操班	街镇登记	湖南路街道	朱明琪	28	6
春华腰鼓队	街镇登记	湖南路街道	徐钦珊;金桂芳	20	4
安福舞蹈队	街镇登记	湖南路街道	余志明	25	3
安福路老年拳操队	街镇登记	湖南路街道	开桂芳	10	3
五原路老年拳操队	街镇登记	湖南路街道	江莲英	12	3
金波老年拳操队	街镇登记	湖南路街道	朱月英	10	3
兴武健身舞蹈队	街镇登记	湖南路街道	梁金妹	10	5
兴武乒乓球队	街镇登记	湖南路街道	曹金发	10	3

表 20－1－2　**2010—2016 年湖南路街道参加市区级体育比赛获奖情况**

获奖时间	获 奖 名 称	获奖单位	获奖情况	颁发单位
2010/6/26	“全民健身与世博同行”上海市社区体育俱乐部大联赛暨“新华杯”排舞比赛	湖南社区体育健身俱乐部	二等奖	上海市社区体育协会、长宁区新华街道办事处
2011/5/21	“漕河泾开发区”杯上海市徐汇区第六届运动会“华泾杯”纺棉操展示活动	湖南路街道陕新居委会	二等奖	徐汇区第六届运动会组织委员会
2011/6/26	“漕河泾开发区”杯上海市徐汇区第六届运动会“湖南杯”桥牌比赛	湖南路街道二队	第二名	徐汇区第六届运动会组织委员会
2011/5/22	“漕河泾开发区”杯上海市徐汇区第六届运动会“湖南杯”秧歌比赛	湖南路街道武康居委会	一等奖	徐汇区第六届运动会组织委员会
2011/5/29	“漕河泾开发区”杯上海市徐汇区第六届运动会“天平杯”排舞规定动作(中老年组)展示活动	湖南路街道武康居委会	三等奖	徐汇区第六届运动会组织委员会
2011/5/29	“漕河泾开发区”杯上海市徐汇区第六届运动会“天平杯”排舞规定动作(中老年组)展示活动	湖南路街道淮中居委会	三等奖	徐汇区第六届运动会组织委员会

续表一

获奖时间	获　奖　名　称	获奖单位	获奖情况	颁发单位
2011/7/9	“漕河泾开发区”杯上海市徐汇区第六届运动会“田林杯”柔力球 A 组展示活动	湖南路延庆居委会	二等奖	徐汇区第六届运动会组织委员会
2011/7/16	“漕河泾开发区”杯上海市徐汇区第六届运动会“虹梅杯”太极功夫扇 A 组展示活动		三等奖	徐汇区第六届运动会组织委员会
2011/7/16	“漕河泾开发区”杯上海市徐汇区第六届运动会“徐家汇杯”乒乓球健身操 A 组展示活动	湖南路街道一	一等奖	徐汇区第六届运动会组织委员会
2011/7/16	“漕河泾开发区”杯上海市徐汇区第六届运动会“徐家汇杯”乒乓球健身操 A 组展示活动		二等奖	徐汇区第六届运动会组织委员会
2011/7/16	“漕河泾开发区”杯上海市徐汇区第六届运动会“徐家汇杯”乒乓球健身操 A 组展示活动	湖南路街道二	二等奖	徐汇区第六届运动会组织委员会
2011/11/5	“漕河泾开发区”杯上海市徐汇区第六届运动会“斜土杯”广播操 A 组展示活动	湖南路街道残疾人服务社队	三等奖	徐汇区第六届运动会组织委员会
2011/11/5	“漕河泾开发区”杯上海市徐汇区第六届运动会“斜土杯”广播操 A 组展示活动	湖南永福物业队	三等奖	徐汇区第六届运动会组织委员会
2011/11/5	“漕河泾开发区”杯上海市徐汇区第六届运动会“斜土杯”广播操 A 组展示活动	湖南社区文化中心队	三等奖	徐汇区第六届运动会组织委员会
2011/11/5	“漕河泾开发区”杯上海市徐汇区第六届运动会“斜土杯”广播操 A 组展示活动	湖南社区体育健身俱乐部队	三等奖	徐汇区第六届运动会组织委员会
2011/11/5	“漕河泾开发区”杯上海市徐汇区第六届运动会“斜土杯”广播操 B 组展示活动	湖南武警三支队二中队一队	三等奖	徐汇区第六届运动会组织委员会
2011/11/5	“漕河泾开发区”杯上海市徐汇区第六届运动会“斜土杯”广播操 B 组展示活动	湖南武警三支队二中队二队	三等奖	徐汇区第六届运动会组织委员会
2011/11/5	“漕河泾开发区”杯上海市徐汇区第六届运动会“斜土杯”广播操 B 组展示活动	湖南事务受理中心队	三等奖	徐汇区第六届运动会组织委员会

续表二

获奖时间	获　奖　名　称	获奖单位	获奖情况	颁发单位
2012/8/4	“漕河泾开发区”杯上海市第一届市民运动会徐汇分区赛“虹梅杯”练功十八法展示	湖南体育俱乐部一队	二等奖	徐汇区体育局
2012/8/4	“漕河泾开发区”杯上海市第一届市民运动会徐汇分区赛“虹梅杯”练功十八法展示	湖南体育俱乐部二队	二等奖	徐汇区体育局
2012/8/4	“漕河泾开发区”杯上海市第一届市民运动会徐汇分区赛“凌云杯”健身气功(马王堆导引术)展示	湖南体育俱乐部队	三等奖	徐汇区体育局
2012/8/18	“漕河泾开发区”杯上海市第一届市民运动会徐汇分区赛“斜土杯”筷子操比赛	湖南体育俱乐部一队	二等奖	徐汇区体育局
2012/8/18	“漕河泾开发区”杯上海市第一届市民运动会徐汇分区赛“斜土杯”筷子操比赛	湖南体育俱乐部二队	三等奖	徐汇区体育局
2012/8/26	“漕河泾开发区”杯上海市第一届市民运动会徐汇分区赛“湖南杯”桥牌比赛	湖南体育俱乐部四队	第一名	徐汇区体育局
2012/6/23	“漕河泾开发区”杯上海市第一届市民运动会徐汇分区赛“康乐杯”橡筋操展示	湖南社区体育健身俱乐部一队	三等奖	徐汇区体育局
2012/6/23	“漕河泾开发区”杯上海市第一届市民运动会徐汇分区赛“康乐杯”橡筋操展示		二等奖	徐汇区体育局
2012/9/6	“漕河泾开发区杯”上海市第一届市民运动会徐汇分区赛上海市民体育健身条例知识竞赛比赛		三等奖	徐汇区体育局
2012/9/11	上海市第一届市民运动会上海市第九届老年人运动会桥牌竞赛项目	徐汇区湖南路街道代表队	一等奖	上海市第一届市民运动会领导小组、上海市第九届老年人运动会领导小组
2012/9/15	“漕河泾开发区杯”上海市第一届市民运动会徐汇分区赛“湖南杯”海派秧歌第五套比赛	湖南社区体育俱乐部队	三等奖	徐汇区体育局
2012/10/14	“漕河泾开发区杯”上海市第一届市民运动会徐汇分区赛暨第九届老运会“徐家汇杯”二十五式关节操比赛	湖南社区体育健身俱乐部	三等奖	徐汇区体育局

续表三

获奖时间	获 奖 名 称	获奖单位	获奖情况	颁发单位
2013/2/15	2013年上海市社区体育大联赛春节青少年3V3男子篮球赛高中组	徐汇湖南社区	优胜奖	上海市体育局
2013/9	2013年上海市“陆家嘴金融城杯”海派秧歌比赛	徐汇湖南艺枫健身操队	三等奖	上海市秧歌协会
2013/9/29	2013年上海市民体育大联赛徐汇区“华泾杯”第九套广播体操集体组比赛	湖南艺枫健身操队	三等奖	徐汇区体育局
2013/10/24	2013年上海市民体育大联赛上海市社区体育大联赛“五角场杯”排舞比赛	湖南路街道	最佳风采奖	杨浦区体育局、杨浦区五角场街道办事处、上海市社区体育大联赛组委会
2013/11	2013年徐汇区“长桥杯”健身气功比赛八段锦组比赛	湖南路街道	一等奖	徐汇区体育局
2013/11	2013年徐汇区“斜土杯”筷子操比赛街道组比赛	湖南路街道	三等奖	徐汇区体育局
2014/3	2004年上海市民体育大联赛徐汇区广场舞大赛	湖南路街道健身操队	二等奖	徐汇区体育局
2014/3	2004年上海市民体育大联赛徐汇区广场舞大赛	湖南路街道艺枫排舞队	二等奖	徐汇区体育局
2014/5/15	“四方(上海交通大学、长宁区新华街道社区、徐汇区湖南路街道社区、黄浦区五里街道)八队桥牌对抗赛”	湖南一队	第三名	长宁区新华路街道老年协会
2014/8/8	2014年上海市民体育大联赛徐汇赛区“天平杯”排舞比赛	湖南路街道	第二名	徐汇区体育局、天平路街道办事处
2014/9/18	2014年上海市民体育大联赛徐汇赛区暨枫林社区运动会游泳比赛(50米自由泳)项目(女子B)组	张婧倩	第一名	徐汇区体育局
2014/9/18	2014年上海市民体育大联赛徐汇赛区暨枫林社区运动会游泳比赛(50米仰泳)项目(女子B)组	张婧倩	第二名	徐汇区体育局
2014/9/18	2014年上海市民体育大联赛徐汇赛区暨枫林社区运动会游泳比赛(50米自由泳)项目(女子A)组	陈蓉萍	第二名	徐汇区体育局

续表四

获奖时间	获　奖　名　称	获奖单位	获奖情况	颁发单位
2014/9/18	2014年上海市民体育大联赛徐汇赛区暨枫林社区运动会游泳比赛(50米蝶泳)项目(女子A)组	陈蓉萍	第一名	徐汇区体育局
2014/9/18	2014年上海市民体育大联赛徐汇赛区暨枫林社区运动会游泳比赛(50米仰泳)项目(女子B)组	周洁	第三名	徐汇区体育局
2014/9/18	2014年上海市民体育大联赛徐汇赛区暨枫林社区运动会游泳比赛(50米蝶泳)项目(女子B)组	周洁	第一名	徐汇区体育局
2014/9/18	2014年上海市民体育大联赛徐汇赛区暨枫林社区运动会游泳比赛(50米蝶泳)项目(男子B)组	邝骏飞	第一名	徐汇区体育局
2014/9/18	2014年上海市民体育大联赛徐汇赛区暨枫林社区运动会游泳比赛(50米仰泳)项目(男子B)组	邝骏飞	第一名	徐汇区体育局
2014/9/18	2014年上海市民体育大联赛徐汇赛区暨枫林社区运动会游泳比赛(50米蝶泳)项目(男子B)组	江翱	第二名	徐汇区体育局
2014/9/18	2014年上海市民体育大联赛徐汇赛区暨枫林社区运动会游泳比赛(50米自由泳)项目(男子B)组	江翱	第一名	徐汇区体育局
2014/9/20	2014年上海市民体育大联赛徐汇区“漕河泾杯”健身操比赛	湖南群艺	三等奖	徐汇区体育局
2014/10/18	2014年上海市民体育大联赛徐汇区“华泾杯”第九套广播体操比赛三人组		三等奖	徐汇区体育局
2014/10/18	2014年上海市民体育大联赛徐汇区“华泾杯”第九套广播体操比赛集体组别	湖南路街道	三等奖	徐汇区体育局
2014/11	2014年上海市民体育大联赛“艺动龙华”城市定向挑战赛	湖南路街道	进取团队	徐汇区体育局、龙华街道办事处
2014/11	2014年市民体育大联赛“斜土杯”筷子操比赛	湖南路街道	三等奖	徐汇区体育局
2014/12	2014年徐汇区社会体育指导员个人技能展示木兰拳项目	高根娣	三等奖	徐汇区体育局

续表五

获奖时间	获　奖　名　称	获奖单位	获奖情况	颁发单位
2015/6	上海市第一届广场舞大赛长桥杯徐汇区海选赛	湖南江海歌舞团	二等奖	徐汇区社体中心
2015/10	上海社区体育联盟赛“康健杯”练功十八法交流赛	湖南社区体育俱乐部	二等奖	上海市社区体育协会、康健街道办事处
2015/11/10	2015年上海市市民体育大联赛“长桥杯”第三届徐汇区健身气功交流赛	湖南社区健身队	三等奖	徐汇区体育局
2015/11/12	2015年上海市市民体育大联赛暨全民健身节“斜土杯”上海市筷子操大赛	湖南路街道	三等奖	上海市老年人体育协会健身舞蹈委员会
2015/11	2015上海市民体育大联赛徐汇区“徐家汇杯”网球赛(男子双打)		冠军	徐汇区体育局、徐家汇街道办事处
2015/12/12	2015年徐汇区第一届白领运动会“炫动虹梅瞩目漕河泾”白领快乐展示操决赛	湖南路街道	三等奖	徐汇区体育局
2016/7	上海市第二届市民运动会“湖南杯”徐汇区桥牌比赛	湖南社区桥牌队	团体第一名，团体第二名	徐汇区体育局
2016/8/28	上海市第二届市民运动会徐汇区广场舞大赛	湖南艺枫队	一等奖	徐汇区体育局
2016/8/28	上海市第二届市民运动会徐汇区广场舞大赛	湖南江海队	三等奖	徐汇区体育局
2016/9	上海市第二届市民运动会“漕河泾杯”徐汇区健身操比赛	湖南社区健身队	团体三等奖	徐汇区体育局
2016/9	上海市第二届市民运动会“龙华杯”徐汇区九子游戏比赛	湖南社区健身队	跳绳第二名	徐汇区体育局
2016/9/29	上海市第二届市民运动会“康健杯”徐汇区练功十八法比赛	湖南社区健身队	团体第三名	徐汇区体育局
2016/10	上海市第二届市民运动会“长桥杯”徐汇区第四届健身气功交流赛八段锦项目	湖南路街道	三等奖	徐汇区体育局
2016/10	上海市第二届市民运动会“华泾杯”徐汇区第九套广播操比赛	湖南社区健身队	团体三等奖	徐汇区体育局

续表六

获奖时间	获 奖 名 称	获奖单位	获奖情况	颁发单位
2016/10	上海市第二届市民运动会“龙华杯”徐汇区游泳比赛(男子50米自由泳)项目)		第一名	徐汇区体育局
2016/10	上海市第二届市民运动会“龙华杯”徐汇区游泳比赛(男子50米蛙泳)项目		第一名	徐汇区体育局

二、社区体育活动

1994年,街道举办“湖南路街道共建杯体育运动会”及“百人汇操”表演。来自辖区中小学、单位、退休人员等1000余人参加。1995至2005年,街道共举办十一届社区全民健身运动会(社区健身节或社区体育节),因地制宜地推进辖区全民健身运动的开展。1995年,街道举办“商城杯”广播操比赛和“共建杯”百人汇操表演。1996年,在街道举办的“共建杯”运动会中,运动员包含淮海中路沿线单位职工和社区居民,开展接力赛跑、篮球、拔河、象棋、桥牌、交谊舞等系列体育竞赛和体育活动。1998年,街道组织徐汇区全民健身宣传周在襄阳公园举办的社区运动会,项目有长跑、跳绳、乒乓球比赛等。同年,街道分别组队参加徐汇区全民健身宣传周、全民健身节活动、全民健身杯系列比赛,推动社区群众体育活动。1999年,街道举办湖南地区第五届群众体育运动会,辖区学校、医院、企事业单位以及驻地部队等30余个代表队、500多名运动员参加,开展接力赛跑、篮球、拔河等10个项目的比赛和表演。

2000年,街道组织辖区各体育队伍参加区体育局举办的脊椎操、健骨操和第二套秧歌舞的培训班。参加市、区的体育竞赛和全民健身活动,主要有“振鼎”杯家庭体育比赛、“凌云”杯乒乓球比赛、“枫林”杯棋牌比赛、“华泾”杯拳操比赛,“湖南”杯广播操比赛等,湖南路街道广播操队代表徐汇区参加市广播操比赛。2002至2005年,街道相继举办湖南社区第八届全民健身运动会、第九届社区体育节、第十届社区体育节和第九届全民健身节,第十一届社区体育节。

2004年,街道举办爱国卫生月健身气功展示活动,湖南社区健身团队参加。

2007年,街道举办首届“快乐湖南杯”社区足球赛,辖区社区单位和“两新”组织组队参加。9月,街道接待乌兹别克斯坦共和国特奥代表团的41名运动员、教练员和官员参观和游览,代表团入住天平宾馆。街道挑选6户接待家庭,并对95名志愿者及10名翻译,通过分组分层次培训,提高志愿者的服务水平。期间,乌兹别克斯坦共和国副总理依拉莫娃两次到访湖南社区,并向街道赠送水晶工艺纪念品。年内,街道完成世界夏季特殊奥林匹克运动会接待工作。并举办“湖南杯”花棒秧歌展示。

2008年,街道举办以“迎奥运、增活力、促和谐”为主题的第二届“快乐湖南杯”足球赛。并组队参加市社区田径黄金大奖赛、市第八届老运会开幕式演出和比赛。在迎奥运和奥运期间,街道开展迎奥运黑板报展评活动、奥运会倒计时100天社区健身舞、健身操展示,以及社区居民趣味运动会等各项体育活动。年内,街道承接北京奥运火炬上海传递活动、奥运文化广场活动的观众组织工作。并进行“十一五”市民体质监测测试、社区体育健身俱乐部的创建初评工作、社会体育指导员大比武以及健身苑点评估工作。街道承办老运会桥牌项目的徐汇区选拔赛的工作。街道组织辖区5所学校，向社区开放学校体育场地，并为10个小区健身点更新健身器材21件。

2010至2013年，街道分别组队参加“农行信用卡杯”全国全民健身操推广大赛暨“解放日报杯”市中小学生健身操大赛、区中学生“三对三”街头篮球挑战赛、“贺龙杯”中国业余篮球公开赛上海徐汇赛区暨第七届“徐家汇杯”楼宇白领三对三篮球赛、第九届“天平杯”篮球锦标赛。

2015至2016年，街道举办上海市第二届市民运动会“湖南杯”社区广场舞比赛、“湖南杯”羽毛球赛、街道离退休干部趣味运动会以及“时空交错的海派文化之旅慢品湖南城市坐标定向赛”等体育竞赛和全民健身体育活动。并承办上海市第二届市民运动会“湖南杯”徐汇区桥牌比赛。

第二节　全民健身机构与设施

一、健身指导服务机构

[社区社会体育指导站]

2003年，街道社区社会体育指导站完成社会体育指导员登记换证工作。

2005年，由春华居委会、淮中居委会、金波居委会、安福居委会、兴武居委会等30余位社会体育指导员组成湖南社区西块中老年体育健身操队，指导社区居民开展群众性体育活动。上海世博会期间，向社区近百名居民传授排舞海宝。

2008年，街道获得社会体育指导员培训证书的社会指导员共77人，其中一级2人，二级15人，三级60人。

2009年，湖南社区社会体育指导站成立，成员由社会体育指导员、文体团队代表、和社区有关工作人员组成，按照“公益性、社会性、综合性、自治性”的要求，指导和推进社区体育活动。

2010年，湖南社区社会指导站获评年度徐汇区社会体育指导员社区体育指导站优良奖。

2016年，街道社区社会体育指导站指导员参加区级培训：筷子操、平衡操、海派秧歌、三级社会指导员培训、二级社会指导员培训，截至2016年末湖南社区社会体育指导员共有96名，其中一级3人、二级24人、三级69人，占社区人口（户籍人口22 522人）比例4.52‰，大于2‰。社区公共体育设施总面积42 850平方米，人均公共体育设施面积1.9平方米。

社区社会体育指导员每月定期对健身点健身器材进行检查保养和场地清洁，组织体育“生活服务大篷车”进社区，指导社区居民开展体育健身活动，设置体育知识板报宣传和提供咨询服务。每周六、日8:00至16:00社区社会体育指导员以社区志愿者身份参加辖区学校的保卫工作。

［社区体育健身俱乐部］

2009 年 7 月，湖南社区体育健身俱乐部成立。引领社区居民深入开展群众性体育活动，推动“全民健身与世博同行”工作，充分利用并有效整合社区体育资源，顺应全面建设小康社会的体育发展要求。2015 年，俱乐部通过上海市公共体育服务配送资源系统开展杨氏太极拳 10 次，2016 年开展简易养生太极拳 10 次、瑜伽 6 次、杨氏太极拳 1 次、体育舞蹈爵士舞 6 次以及体育健身锻炼方法讲座 1 次。

二、健身苑点

1999 年，街道在 5 个居委会建立全民健身点，投资 10 万元，安装各类健身器材，完成全民健身实事工程。年内，复永居委会健身点获评优秀工程奖。

2000 年，街道与区体委共同投资 30 万元，在 8 个居委会中建立 9 个居民健身活动点，街道全民健身点达到 14 个。街道荣获 2000 年上海市社区体育设施实事工程先进集体。

2001 年，街道完成 7 个居委会健身点和 8 条健身路的建设和修建工作，新添置健身器材 28 件，居委会健身点数量达到 21 个。为配合文明小区的创建和市政动迁，完成兴武、武康两个居委会健身点的迁移工作。

2004 至 2005 年，街道新建淮海中路健身点、金波健身点，并配备相应健身体育器材。更新 8 处健身点的健身器材，并建成 200 多平方米的大型健身苑。共有 1 个健身苑、26 个健身点、214 件健身器材，基本满足社区群众健身需求。

2009 年，街道新建 7 个弄堂健身点，安装 21 件健身器材，共有各类健身苑点 39 个，健身器材 201 件。有效增加体育活动场地，方便社区居民强身健体。

2015 年，街道共有 1 个健身苑(兴国健身苑)，安装健身器材 26 件；有 24 个健身点，器材 126 件。健身苑(点)共 25 个，器材共 152 件。

表 20-2-1　　**2016 年湖南路街道社区健身苑点统计表**

健身苑、点名称	地　址	健身苑、点(个)	器材数量(件)
金波居委会健身点(1)	复兴西路 30 弄内	1	7
金波居委会健身点(2)	复兴西路 84 弄内	1	2
安福居委会健身点(1)	安福路 228 弄	1	9
安福居委会健身点(2)	安福路 211 号	1	5
安福居委会健身点(3)	武康路 73 弄 2—4 号	1	4
安福居委会健身点(5)	乌鲁木齐路 166 号	1	3
安福居委会健身点(6)	长乐路 1131 弄	1	3
安福居委会健身点(7)	长乐路 1233 弄	1	4

续表一

健身苑、点名称	地　址	健身苑、点(个)	器材数量(件)
华康居委会健身点(1)	复兴西路 203 号	1	6
华康居委会健身点(2)	武康路 106 号	1	7
华康居委会健身点(3)	武康路 6 弄	1	2
华康居委会健身点(4)	武康路 40 弄	1	4
兴国健身苑	湖南路 396 号旁	1	26
伯乐大院健身点	永福路 86 弄	1	5
复永居委会健身点	湖南路 100 弄	1	4
兴武居委会健身点 (1)	泰安路 32 号	1	7
兴武居委会健身点 (2)	武康路 280 弄 48 号	1	4
兴武居委会健身点 (3)	兴国路 229 弄	1	4
陕新健身点	陕西南路 186 弄	1	9
武康健身点 (1)	淮海中路 1670 弄	1	4
武康健身点 (2)	淮海中路 1718 弄	1	5
武康健身点 (3)	淮海中路 1818 弄	1	2
春华居委会健身点	五原路 50 弄内	1	6
春华居委会健身点	常熟路 228 弄	1	2
延庆健身点	延庆路 4 弄	1	4
乌中小区健身点	乌鲁木齐中路 261 弄	1	6
淮中健身点	五原路 87 弄	1	3
东湖健身点 (2)	延庆路 123 弄 24 号甲	1	3
瑞华公寓健身点	常熟路 209 弄	1	6
新乐健身点 (1)	新乐路 100 弄	1	4
新乐健身点 (2)	东湖路 56 弄	1	2
上方花园健身点	淮海中路 1285 弄	1	6
复襄健身点	汾阳路 9 弄	1	5

续表二

健身苑、点名称	地址	健身苑、点(个)	器材数量(件)
光明公寓健身点	淮海中路1224号	1	3
淮中健身点(2)	乌鲁木齐路301弄1	1	2
淮中健身点(3)	淮海中路1412弄	1	2
为老服务中心健身点	湖南路298号	1	5
合计		37	185

三、公共健身场所

在区教育局的支持下，自2004年10月起，周一至周五每天上午6:00—7:00，双休日及寒暑假上、下午的规定时间，辖区5所学校操场免费向社区居民开放，供社区居民晨练和周末锻炼。

表20-2-2　湖南路街道辖区学校操场一览表

<table>
<tr><th>学校名称</th><th>学校地址</th><th>开放时间</th><th>开放项目</th><th>开放对象</th></tr>
<tr><td>长乐学校</td><td>长乐路455号</td><td rowspan="6">周 至周五 6:00
7:00
双休日、寒暑假
6:00—10:00;
14:00—16:00</td><td>操场
乒乓、篮球
足球、网球</td><td>社区学生
社区居民</td></tr>
<tr><td rowspan="2">南洋模范初级中学</td><td rowspan="2">淮海中路1788号</td><td>操场
篮球</td><td>社区学生
社区居民</td></tr>
<tr><td>乒乓房</td><td>社区学生
踢踏舞队</td></tr>
<tr><td>淮海中路第二小学
(世界小学)</td><td>武康路280弄2号</td><td>操场
篮球
乒乓房</td><td>社区学生
社区居民</td></tr>
<tr><td>徐汇区职业高级中学
(复兴校区)</td><td>复兴中路1464号</td><td>操场
篮球
乒乓房</td><td>社区学生
社区居民</td></tr>
<tr><td>爱菊小学</td><td>安福路247号</td><td>操场
篮球
乒乓房</td><td>社区学生
社区居民</td></tr>
</table>

表 20-2-3-2　　**2006—2016 年湖南路街道获得市区体育所获荣誉一览表(区级)**

年　度	名　　　称	颁 发 单 位
1996	徐汇区全民健身先进单位：湖南路街道	
2000	徐汇区全民健身实事工程优秀组织奖：湖南路街道	徐汇区全民健身实事领导小组
2001—2002	徐汇区全民健身活动周优秀组织奖：湖南路街道	徐汇区体育局
2011	“漕河泾开发区”杯上海市徐汇区第六届运动会　突出贡献奖：湖南路街道	上海市徐汇区第六届运动会组织委员会
2011	徐汇区社区全民健身工作优秀组织奖：湖南路街道	徐汇区体育局
2013	上海市第一届市民运动会徐汇区代表团组织奖：湖南路街道	上海市第一届市民运动会徐汇区代表团

第二十一章　文物与历史风貌保护

街道辖区全部位于衡山路——复兴路历史文化风貌保护区核心区域。共有上海市优秀历史建筑118处。有上海市文物保护单位8处，徐汇区文物保护单位7处，徐汇区文物保护点108处。2011年，上海武康路荣获文化部、国家文物局颁布的“中国历史文化名街”称号。历史上曾经居住于街道辖区的各界人物有300余位。街道鼓励引导业主和单位参与保护性修缮，形成多元化的历史风貌保护工作机制。

第一节 概 况

1991年6月29日，全国人大常委会关于修改《中华人民共和国文物保护法》第三十条第三十一条的决定(1991)正式公布，1991年12月5日，市人民政府发布《上海市优秀近代建筑保护管理办法》，规定在优秀近代建筑原定两个保护级别基础上，增加了第三个保护级别，即上海市建筑保护单位的优秀近代建筑。1993年3月19日，市规划院提出一批优秀近代建筑名单，经市规划局、市文管会、市房产局联合审议，推荐175处为上海市建筑保护单位的优秀近代建筑，街道辖区共有21处进入名单。2003年1月，上海市政府批准在上海市中心城划定12个历史文化风貌区，衡复风貌区是其中规模最大、历史建筑和空间类型最丰富、风貌特色最为鲜明的风貌区。2007年，上海市人民政府批转市城市规划管理局《上海市风貌保护道路(街巷)规划管理的若干意见》的通知，将上海中心城12个风貌保护区内被保护的道路和街巷共计144条进行原汁原味的整体保护，即道路红线永不拓宽，而且街道两侧的建筑风格、尺度也要保持历史原貌。历史建筑集中成片，建筑样式、空间格局和街区景观较完整地体现上海某一历史时期地域文化特点的地区，可以确定为历史文化风貌区，其中上海市(衡山路——复兴路)历史文化风貌区，简称“衡复地区”是中心城区中规模最大的一个风貌保护区，是上海城市文脉的发源地和承载区。

街道1.72平方公里区域全部位于衡山路——复兴路历史文化风貌保护区核心区域。辖区共有118优秀历史保护建筑列入上海市优秀历史建筑名单，包括住宅、公寓、花园、领事馆等。街道有花园住宅964处，公寓大楼210处，新、旧式里弄1 787条，市区两级文物部门挂牌的不可移动文物122处。

衡复历史文化风貌区内有相当数量的老公寓、新式里弄、优秀公共建筑和革命史迹。大部分建筑的建造年代大体上介于1919年(第一次世界大战结束后)到1941年(太平洋战争爆发)之间。清道光二十九年(1849年)4月，上海道台麟桂与法国政府驻上海首任领事敏体尼议定法租界界址，面积为986亩。清咸丰十年至民国三年(1860至1914年)，又三次扩界至15 150亩。第二次扩界以后形成的法租界中区和西区，即现今衡复风貌区的主体。法租界成立之初便开始全面推进道路、市政设施建设，并为法侨和各国官员、富商建设高级花园洋房。民国三年(1914 年)第三次扩界形成西区时,正逢上海向国际大都市衍变。公董局长期致力于推进高级住宅、配套设施和城市环境建设,使法租界逐渐成为整个旧上海对中外富人最有吸引力的生活区。1949 年中华人民共和国成立,大量普通市民在政府安排下迁入此地生活。这段时期的衡复风貌区,空间环境没有得到妥善的保护,局部甚至遭到不可逆转的破坏。1999 年出台的《上海市中心区历史风貌保护规划(历史建筑与街区)》,首次提出"衡山路——复兴路历史文化风貌保护区"的概念。2004 年,《上海市衡山路——复兴路历史文化风貌区保护规划》获正式批准。此后公布的第四、五批优秀历史建筑以及风貌保护街坊、风貌保护道路(街巷),将衡复风貌区的具体保护对象按照不同的保护要求进行全方位认定。

街道辖区也是众多历史人物、政治精英、文化名人的居住地,包括晚清重臣李鸿章、辛亥革命先驱黄兴、民国第一任总理唐绍仪、抗日名将郑洞国、上海大亨杜月笙、金融奇才周作民、钢铁大王朱桓清、纺织巨头郭棣活、面粉大王孙多森、威震江南丝绸业的莫觞清、商界女杰董竹君、金牌导演汤晓丹、影坛雄狮张翼、电影皇帝金焰、昆剧泰斗俞振飞等等。民国二十四年(1935 年),作曲家聂耳在霞飞路 1258 号(今淮海中路 1258 号)谱写《义勇军进行曲》。

漫步湖南路街道 16 条永不拓宽的风貌道路,如同到一座没有围墙的博物馆,名人、名宅、名团院校历史悠久,人文荟萃。文坛巨匠巴金、电影艺术家赵丹、出版家张元济、音乐家贺绿汀、剧作家柯灵、漫画大师张乐平、声乐教育家周小燕生前在此居住;张瑞芳、袁雪芬、孙道临、黄准、陈传熙、沙叶新等一批老艺术家也长期居住在此。2011 年 6 月,国家文化部、国家文物管理局命名武康路为"中国历史文化名街"。

2016 年底,辖区有多所市属大专院校、科研单位、区属医院和外国驻沪领事馆(商务代办处)。同时,上海交响乐团、上海音乐学院以及中国福利会、上海话剧艺术中心、上海越剧院、上海教育出版社等文艺术院团和出版机构聚焦于此。街道辖区是高等院所、科研单位、文艺院团、领事馆比较集中的社区。

表 21-1-1　**湖南路街道 16 条永不拓宽的风貌道路**

序号	名　　称	序号	名　　称
1	淮海中路	9	高邮路
2	复兴西路	10	汾阳路
3	兴国路	11	新乐路
4	华亭路	12	五原路
5	长乐路	13	湖南路
6	永福路	14	泰安路
7	延庆路	15	东湖路
8	武康路	16	华山路

第二节　文物保护单位

一、概况

1991 年，市政府颁发《上海市优秀近代建筑保护管理办法》，对自清道光二十年(1840 年)至 1949 年期间建造的优秀建筑，明确相应的保护管理规范。2002 年，为适应新的保护形势，加强保护管理，市人大常委会审议通过《上海市历史文化风貌区和优秀历史建筑保护条例》，并于 2003 年 1 月起施行。

2014 年 6 月 19 日，上海市第十四届人民代表大会常务委员会第十三次会议通过《上海市文物保护条例》，2014 年 10 月 1 日起施行。徐汇区文化局先后公布徐汇区文物保护单位、徐汇区文物保护点。截至 2016 年，街道辖区范围内现有上海市文物保护单位 8 处，徐汇区文物保护单位 7 处，徐汇区文物保护点 108 处。街道在徐汇区文化局领导下，组织文物保护志愿者，定期对文物保护建筑进行巡查，保障建筑安全和风貌完好。

表 21-2-1　湖南路街道辖区上海市文物保护单位一览表

序号	名　称	地　址	保护级别
1	巴金旧居	武康路 113 号	上海市文物保护单位
2	丁香花园(李鸿章之子李经迈寓所)	华山路 849 号 1 号楼	上海市文物保护单位
3	汾阳路 45 号住宅(丁贵堂旧居)	汾阳路 45 号	上海市文物保护单位
4	新康花园	淮海中路 1273 号	上海市文物保护单位
5	张元济故居	淮海中路 1285 弄 24 号	上海市文物保护单位
6	修道院公寓	复兴西路 62 号	上海市文物保护单位
7	黄兴旧居	武康路 393 号	上海市文物保护单位
8	新乐路东正教堂	新乐路 55 号	上海市文物保护单位

表 21-2-2　湖南路街道辖区徐汇区文物保护单位一览表

序号	名　称	地　址	保护级别
1	东湖路 70 号(杜月笙旧居)住宅	东湖路 70 号	徐汇区文物保护单位
2	上海虹桥疗养院旧址	淮海中路 966 号 5 号楼	徐汇区文物保护单位

续表

序号	名　　称	地　　址	保护级别
3	聂耳旧居	淮海中路1258号三楼	徐汇区文物保护单位
4	赵丹旧居	湖南路8号	徐汇区文物保护单位
5	张乐平旧居	五原路288弄3号	徐汇区文物保护单位
6	颜福庆旧居	武康路40弄4号	徐汇区文物保护单位
7	中国福利基金会托儿所旧址	五原路314号	徐汇区文物保护单位

表21-2-3　　湖南路街道辖区徐汇区文物保护点一览表

序号	名　　称	地　　址	保护级别
1	安福路322号花园住宅(孔令侃旧居)	安福路322号1号楼	徐汇区文物保护点
2	宝庆路3号花园住宅	宝庆路3号	徐汇区文物保护点
3	中国福利会旧址	常熟路157号	徐汇区文物保护点
4	新乐路82号住宅(金廷荪旧居)	新乐路82号	徐汇区文物保护点
5	长乐路1133号花园住宅	长乐路1133号	徐汇区文物保护点
6	新乐路144号花园住宅	新乐路144号	徐汇区文物保护点
7	罗伯昭旧居	安福路7号	徐汇区文物保护点
8	高邮路5弄34号花园住宅	高邮路5弄34号	徐汇区文物保护点
9	郑洞国旧居	武康路274号	徐汇区文物保护点
10	郑振铎旧居	高邮路5弄25号	徐汇区文物保护点
11	东湖路56弄22、40号花园住宅	东湖路56弄22、40号	徐汇区文物保护点
12	新乐路100弄住宅	新乐路100弄	徐汇区文物保护点
13	新乐路亨利公寓	新乐路142弄1号	徐汇区文物保护点
14	新乐路180弄1号花园住宅	新乐路180弄1号	徐汇区文物保护点
15	黑克玛琳大楼	新乐路21号	徐汇区文物保护点
16	蒲石村	长乐路339弄1—44号	徐汇区文物保护点
17	亚尔培公寓	复兴中路1180—1184号	徐汇区文物保护点
18	辣斐大戏院旧址	复兴中路1186号	徐汇区文物保护点

续表一

序号	名　　称	地　　址	保护级别
19	陕西南路 370 弄 2 号住宅	陕西南路 370 弄 2 号	徐汇区文物保护点
20	常熟路 211 号花园住宅	常熟路 211 号	徐汇区文物保护点
21	复兴中路 1360 弄 1—4 号住宅	复兴中路 1360 弄 1—4 号	徐汇区文物保护点
22	淮海中路 1176—1182 号花园住宅	淮海中路 1176—1182 号	徐汇区文物保护点
23	常熟路 188 弄 2 号花园住宅	常熟路 188 弄 2 号	徐汇区文物保护点
24	复兴西路 63 号花园住宅	复兴西路 63 号	徐汇区文物保护点
25	淮海中路 1390 弄 1 号花园住宅	淮海中路 1390 弄 1 号	徐汇区文物保护点
26	淮海中路 1412 弄 11 号花园住宅	淮海中路 1412 弄 11 号	徐汇区文物保护点
27	永福路 131 弄 1 号住宅	永福路 131 弄 1 号	徐汇区文物保护点
28	来斯别业	安福路 189 弄 1—4 号	徐汇区文物保护点
29	贺绿汀旧居	安福路 191 弄 15 号	徐汇区文物保护点
30	安福路 228 弄 11 号花园住宅	安福路 228 弄 11 号	徐汇区文物保护点
31	安福路 249 弄 3 号花园住宅	安福路 249 弄 3 号	徐汇区文物保护点
32	安福路 275 弄 2 号住宅	安福路 275 弄 2 号	徐汇区文物保护点
33	复兴西路 140 号住宅	复兴西路 140 号	徐汇区文物保护点
34	皮佛华公寓	复兴西路 30 弄 12 号	徐汇区文物保护点
35	陈果夫旧居	湖南路 20 弄 2 号(原武康路 107 弄 2 号)	徐汇区文物保护点
36	五原路 191 号住宅	五原路 191 号	徐汇区文物保护点
37	五原路 212 弄 16 号花园住宅	五原路 212 弄 16 号	徐汇区文物保护点
38	五原路 212 弄 7 号住宅	五原路 212 弄 7 号	徐汇区文物保护点
39	五原路 228 弄 1 号花园住宅	五原路 228 弄 1 号	徐汇区文物保护点
40	五原路 252 弄 11 号花园住宅	五原路 252 弄 11 号	徐汇区文物保护点
41	协发公寓	五原路 253—267 号、269—271 号	徐汇区文物保护点
42	五原路 262 弄 2 号花园住宅	五原路 262 弄 2 号	徐汇区文物保护点
43	五原路 270 弄 2 号花园住宅	五原路 270 弄 2 号	徐汇区文物保护点

续表二

序号	名　　称	地　　址	保护级别
44	五原路 273 号住宅	五原路 273 号	徐汇区文物保护点
45	五原路 283 号住宅(朱恒清旧居)	五原路 283 号	徐汇区文物保护点
46	武康路 103 号花园住宅	武康路 103 号	徐汇区文物保护点
47	武康路 105 号住宅	武康路 105 号	徐汇区文物保护点
48	武康路 63 号花园住宅	武康路 63 号	徐汇区文物保护点
49	武康路 75 号花园住宅	武康路 75 号	徐汇区文物保护点
50	武康路 97 号花园住宅	武康路 97 号	徐汇区文物保护点
51	永福路 70 号住宅	永福路 70 号	徐汇区文物保护点
52	高逖公寓	复兴西路 271 号	徐汇区文物保护点
53	湖南路 266 号住宅	湖南路 266 号	徐汇区文物保护点
54	湖南路 273 号住宅	湖南路 273 号	徐汇区文物保护点
55	湖南路 277 号花园住宅	湖南路 277 号	徐汇区文物保护点
56	湖南路 278 号花园住宅	湖南路 278 号	徐汇区文物保护点
57	华山路 847 号花园住宅	华山路 847 号	徐汇区文物保护点
58	淮海中路 1692 号花园住宅	淮海中路 1692 号	徐汇区文物保护点
59	霞飞公寓	淮海中路 1698—1704 号	徐汇区文物保护点
60	迪瑞公寓	泰安路 20 号	徐汇区文物保护点
61	泰安路 22、24 号住宅	泰安路 22、24 号	徐汇区文物保护点
62	泰安路 2—8 号花园住宅	泰安路 2—8 号	徐汇区文物保护点
63	武康路 100 弄 1、2 号花园住宅	武康路 100 弄 1、2 号	徐汇区文物保护点
64	武康路 100 弄 3、4 号住宅	武康路 100 弄 3、4 号	徐汇区文物保护点
65	美杜公寓	武康路 135、137 号	徐汇区文物保护点
66	武康路 216 弄 2 号花园住宅	武康路 216 弄 2 号	徐汇区文物保护点
67	武康路 270、272 号住宅	武康路 270、272 号	徐汇区文物保护点
68	武康路 280 弄 11 号花园住宅	武康路 280 弄 11 号	徐汇区文物保护点
69	武康路 280 弄 15 号花园住宅	武康路 280 弄 15 号	徐汇区文物保护点

续表三

序号	名　　称	地　　址	保护级别
70	武康路280弄16号花园住宅	武康路280弄16号	徐汇区文物保护点
71	武康路280弄64号花园住宅	武康路280弄64号	徐汇区文物保护点
72	武康路280弄66号花园住宅	武康路280弄66号	徐汇区文物保护点
73	武康路280弄67号花园住宅	武康路280弄67号	徐汇区文物保护点
74	武康路280弄7号住宅	武康路280弄7号	徐汇区文物保护点
75	武康路280弄8号花园住宅	武康路280弄8号	徐汇区文物保护点
76	武康路280弄9号花园住宅	武康路280弄9号	徐汇区文物保护点
77	武康路391弄1号住宅	武康路391弄1号	徐汇区文物保护点
78	武康路394、396、398号住宅	武康路394、396、398号	徐汇区文物保护点
79	武康路400弄1—5号住宅	武康路400弄1—5号	徐汇区文物保护点
80	武康路40弄3号住宅	武康路40弄3号住宅	徐汇区文物保护点
81	长乐路1221号住宅(汤恩伯旧居)	长乐路1221号	徐汇区文物保护点
82	五原路116号花园住宅	五原路116号	徐汇区文物保护点
83	淮海中路1174号花园住宅	淮海中路1174号	徐汇区文物保护点
84	淮海中路1590号花园住宅	淮海中路1590号	徐汇区文物保护点
85	永福路244号花园住宅	永福路244号	徐汇区文物保护点
86	复兴西路199号花园住宅	复兴西路199号	徐汇区文物保护点
87	武康路98号住宅	武康路98号	徐汇区文物保护点
88	宝庆路10号甲花园住宅	宝庆路10号甲	徐汇区文物保护点
89	湖南路105号花园住宅(张叔驯旧居)	湖南路105号2号楼	徐汇区文物保护点
90	世界社旧址(北平研究院旧址)	武康路395号	徐汇区文物保护点
91	湖南路295号花园住宅	湖南路295号	徐汇区文物保护点
92	武康路280弄45号花园住宅	武康路280弄45号	徐汇区文物保护点
93	长乐路637弄24号花园住宅	长乐路637弄24号	徐汇区文物保护点
94	长乐路1245号花园住宅	长乐路1245号	徐汇区文物保护点

续表四

序号	名　　称	地　　址	保护级别
95	浦东中学旧址	延庆路 11 弄 1 号	徐汇区文物保护点
96	复兴西路 19 号住宅	复兴西路 19 号	徐汇区文物保护点
97	复兴西路 45 号花园住宅	复兴西路 45 号	徐汇区文物保护点
98	永福路 133 号住宅	永福路 133 号	徐汇区文物保护点
99	永福路 147 弄 40 号花园住宅	永福路 147 弄 40 号	徐汇区文物保护点
100	华山路 919 号花园住宅	华山路 919 号	徐汇区文物保护点
101	武康路 12 号住宅	武康路 12 号	徐汇区文物保护点
102	复兴西路 44 弄 2 号住宅(孙科旧居)	复兴西路 44 弄 2 号	徐汇区文物保护点
103	乌鲁木齐中路 310 弄 3 号住宅	乌鲁木齐中路 310 弄 3 号(现为 280 弄进入)	徐汇区文物保护点
104	湖南路 265 号花园住宅	湖南路 265 号	徐汇区文物保护点
105	武康路 280 弄 43 号花园住宅	武康路 280 弄 43 号	徐汇区文物保护点
106	常熟路 228 弄 5 号花园住宅	常熟路 228 弄 5 号	徐汇区文物保护点
107	武康路 67 号住宅(陈立夫旧居)	武康路 67 号	徐汇区文物保护点
108	武康路 4 号花园住宅	武康路 4 号	徐汇区文物保护点

二、文物保护建筑选介

[巴金旧居]

巴金，现代文学家、出版家、翻译家，“五四”新文化运动以来最有影响的作家之一，20 世纪中国杰出的文学大师。1990 年，获得苏联人民友谊勋章。2003 年 11 月，被国务院授予“人民作家”荣誉称号。巴金旧居位于武康路 113 号，建于民国十二年(1923 年)，民国三十七年(1948 年)改建，占地面积 1 080 平方米。该建筑为近代独立式花园住宅，门窗、门廊简洁宽大，带有早期现代派特点。三层开圆弧券窗，双坡屋顶出檐较深，坡面有折脊，檐下有木梁外露；外墙以褐色细卵石饰面，墙面开暗绿色长方形木窗，外设木百叶窗。底层南侧原为宽阔的敞廊，上部为贯通二层房间的内阳台，阳台围栏外墙面中央设置菱形组合纹饰。三层为圆弧形立面的内阳台。主入口门廊外侧为水刷石大圆拱造型，拱顶砌筑券心石。1955 年，经陈毅市长特批，巴金携家人从霞飞坊(今淮海坊)59 号迁入该处。巴金在此完成《创作追思录》《往事与随想》《永夜》《一双标致的眼睛》等译作及小说。2014 年 4 月 4 日，上海市人民政府公布其为上海市文物保护单位。

巴金旧居

［丁贵堂旧居］

丁贵堂，字荣阶，山东黄县人，生于辽宁海城。中华人民共和国成立后，丁贵堂先后担任中央人民政府海关总署副署长、海关管理局局长等职，主持人民海关的建设，参与制定《中华人民共和国暂行海关法》《中华人民共和国海关进出口税则》等一系列重要的海关管理法律法规，为人民海关的创建作出贡献。丁贵堂旧居位于汾阳路45号，建于民国二十一年（1932年）。由协澄洋行设计，辛丰记营造厂承建，为典型的西班牙式建筑风格的花园住宅，占地面

丁贵堂旧居

积 8 000 平方米，建筑面积 1 236 平方米。建筑为假三层砖混结构，正立面竖三段划分，中间底层为三个连续拱券敞廊，以四根圆柱支撑。一层和三层山墙上均有三扇圆拱帕拉第奥式长窗，窗间饰螺旋形柱。二层阳台上为绞绳式铸铁栏杆。白色粉墙，红瓦缓坡顶开单坡老虎窗，屋檐有连续小圈作装饰。主屋东侧有二重拱行门。左右两侧有附屋。

［张元济故居］

张元济，近代出版家、教育家、爱国实业家。清光绪二十八年（1902 年）进入商务印书馆历任编译所所长、经理、监理、董事长等职。解放后，担任上海文史馆馆长，继任商务印书馆董事长。张元济一生为中国文化出版事业的发展、优秀民族文化遗产的整理、出版作出贡献。张元济故居位于淮海中路 1285 弄上方花园 24 号。上方花园占地面积 26 634 平方米，建筑面积 13 674 平方米。原为英籍犹太人沙发的私家花园，1933 年浙江兴业银行购买后建造，马海洋行设计，截至 1941 年，共建成 74 幢三层砖木结构花园住宅，仍名沙发花园。该建筑群为行列式布局，有独立式、两户联立式、多户联立式等户型，既有装饰简洁的现代式，也有缓坡筒瓦的西班牙式。栅门、窗栅、阳台、栏杆都用铸铁精制而成，室内宽敞明亮，硬木打蜡地板，各种生活设施一应俱全，园中布有草坪、喷水池和小别墅。张元济于 1939 至 1959 年间在上方花园居住；被誉为“中国现代会计之父”的潘序伦曾在 16 号居住。20 世纪 50 年代，沙发花园改名为上方花园，寓有幽静美好之意，由张元济题名书写。1992 年 6 月 1 日，上海市人民政府公布其为上海市文物保护单位。

张元济故居

［聂耳旧居］

聂耳，音乐家，中华人民共和国国歌《义勇军进行曲》的作曲者。聂耳于 1934 年底至 1935 年 4 月中旬赴日留学前租住在淮海中路 1258 号三楼。这幢近代公寓住宅具装饰艺术派风格。底层沿街为商铺，二、三层住宅，屋顶南端有女儿墙，设置有折线形山墙和壁柱，柱头饰竖向条形浮雕，檐下有花瓣状雕饰板。每户单元立面均设有悬挑的阳台，铸铁围栏、开落地钢窗，窗裙及窗楣贴棕褐色泰山面砖，北侧三层有晒台。室内结构紧凑，各楼层皆设有卫生间，正房有壁炉。该建筑由比商义品地产公司挂旗经租，至今仍由中方物业公司代收租金。目前该单元住宅部分由四户居民合用。2009 年 11 月 17 日，该建筑被评为徐汇区文物保护单位。

聂耳旧居

［赵丹旧居］

赵丹，电影表演艺术家，曾主演《十字街头》《马路天使》《乌鸦与麻雀》等早期中国影坛经典作品。1995 年获得中国电影世纪奖最佳男演员奖，2005 年获得中国电影百年百位优秀演员奖。赵丹旧居位于湖南路 8 号，为现代风格的花园住宅，建于民国十九年（1930 年），三层砖混结构，建筑面积 290 平方米，占地面积 460 平方米。东面入口门洞饰叠涩线脚，上有雨篷，南面二、三层设水平悬挑阳台，弧形转角，大面积方形钢窗。院内植草坪和杉树。1962 至 1979 年，赵丹在此居住，旧居位于三楼，有三个房间，两间朝南，一间朝北，北面有一个较大的顶层平台。2011 年 11 月 30 日，该建筑被评为徐汇区文物保护单位。

赵丹旧居

［颜福庆旧居］

颜福庆，医学教育家，中国预防医学和公共卫生学的奠基人之一。国立上海医学院首任院长，中华医学会主要创建人，先后创办湖南湘雅医学专门学校、国立第四中山大学医学院、中山医院等医学教育和医疗机构，为我国医学教育事业作出卓越的贡献。颜福庆旧居位于武康路 40 弄 4 号，建于 1923 年，砖木结构假三层，为英国乡村风格的花园别墅住宅。屋面覆盖红色机平瓦，南北皆设置高耸的老虎窗。建筑外墙为淡黄色水泥拉毛，窗边框以隅石形红砖贴面装饰。1943 至 1950 年间，颜福庆曾在此居住。1956 年起由上海市委行政处租用，现为徐房集团管理。2009 年 11 月 17 日，该建筑被评为徐汇区文物保护单位。

颜福庆旧居

［新康花园］

位于淮海中路 1273 号。建于民国二十三年（1934 年），由新马海洋行设计，英商新康洋行投资建造，占地面积 12 987 平方米，建筑面积 9 318 平方米，属花园里弄住宅。新康花园南北贯通淮海中路与复兴中路，由 11 幢砖木结构二层西班牙式建筑风格的花园住宅和 4 幢混合结构五层公寓式里弄住宅组成。花园住宅立面竖三段式，中间凸出阳台，券柱式，顶层辟为平台，阳台置螺旋纹柱，缓坡红瓦屋面，檐口有齿形饰。灰色水泥外墙。在坊内中段设集中车库。花园里弄内南北主通道宽 6.5 米，八条次通道宽 5.5

新康花园

米。北部 11 幢西班牙式公寓分别布置在主通道的两侧，分层分户进出，互不干扰。每户有两套浴室，宅前有较大花园。南部 4 幢五层现代式公寓，围合状布局，一至三层每层为两套二室户，四、五层为两套跃层四室户。著名艺术家赵丹、颜文樑、袁雪芬等曾在这里居住。

［修道院公寓］

复兴西路 62 号曾经是湖南路街道办事处所在地，它还有一个更为人熟知的名字——修道院公寓（The Cloister Apartment）。该建筑建造于民国十九年（1930 年），由英国建筑公司公和洋行（Palmer & Turner）设计，为典型的西班牙式建筑风格的住宅。该公寓有南北两栋，中有拱廊相连，因“Cloister”含义为“与建筑相连的有顶外廊”，该建筑由此得名。中华人民共和国成立以后，人们使用“Cloister”对应的另一层意思“修道院”为名，将建筑称作“修道院公寓”。公寓落成后，寓居在此的多为洋行老板和股东。从登记的住户名册能看出，这栋建筑和教会并无关系。

修道院公寓

［上海虹桥疗养院旧址］

上海虹桥疗养院旧址位于淮海中路 966 号 5 号楼，建于 1938 年。建筑为假四层砖混结构，装饰艺术派风格，布局对称，立面强调垂直线条，构图以左右两块前出墙体把整个立面分成五段。中间入口拱形门洞，挑出弓形雨厦。红瓦折脊式屋顶开棚式老虎窗。赭色面砖外墙，窗框、窗间墙遍饰水泥几何形图案。全部疗养室朝南布置，并设特大阳台，且从低到高的楼层呈阶梯形层叠。

虹桥疗养院初为丁惠康创办，汇集粟宗华、黄铭新、林兆耆等名医。解放战争期间，张澜、罗隆基被国民党特务软禁于上海虹桥疗养院，后获中共上海地下党营救。宋庆龄曾借用虹桥疗养院，作为中国福利会夏令营儿童健康营、儿童剧团、幼儿园达 8 年之久。1956 年 2 月，虹桥疗养院成为上海市首家改私为公的医院。1958 年，虹桥疗养院与怡和医院合并为淮海医院。1961 年,更名为上海市徐汇区中心医院。现为徐汇区中心医院办公楼。该建筑 2007 年 8 月 2 日被评为徐汇区文物保护单位。

上海虹桥疗养院旧址

[中国福利基金会托儿所旧址]

由宋庆龄于 1949 年 7 月创办的中国福利基金会托儿所是上海第一个新型托儿所,1949 年底由陕西北路 369 号“宋家花园”迁至五原路 314 号。此建筑是广东军阀陈济棠于民国二十一

中国福利基金会托儿所旧址

年(1932 年)建造,占地面积 3 400 平方米。建筑为三层独立式花园住宅,双坡屋顶,入口处有宽大的门廊。二层窗下的几何形图案,具有装饰艺术派特征。立面竖三段不对称布置,中间三层,底层凸出门廊,拱券饰逐层内凹线条,石砌边框,两侧立六角形灯桩。二层阳台,三层上方为山墙。右侧局部前出,顶层为阳台。方形或拱形门窗,灰色水泥拉毛外墙,园内建有儿童游泳池及多种幼儿体育设施。屋前有花园。2008 年 12 月 4 日,该建筑被评为徐汇区文物保护单位。

第三节　优秀历史建筑

自 1989 年 9 月起至 2015 年 3 月,市政府先后公布五批上海市优秀历史建筑,湖南街道共有 **118** 处建筑列入名单。其中,1989 年公布的第一批优秀历史建筑 3 处;1994 年公布的第二批优秀历史建筑 21 处;1999 年公布的第三批优秀历史建筑 18 处;2005 年公布的第四批优秀历史建筑 15 处;2015 年公布的第五批优秀历史建筑 61 处。辖区共有上海市优秀历史建筑 118 处。

[丁香花园]

坐落于华山路 849 号的丁香花园,原是晚清北洋大臣李鸿章的私家花园。19 世纪 60 年代,李鸿章特聘当时的美国建筑大师罗杰斯来沪设计营造。园中建有三幢西式花园别墅,其中 1 号楼传说为李鸿章和宠妾丁香居住的丁香楼,二楼为 19 世纪后期美国式的别墅建筑。丁香花园属于纯粹的中西合璧,融西洋官邸建筑与中国江南园林于一体,既有生活情趣,又充满艺术韵味,是真正的沪上之园,也更显私人性质。该建筑于 1994 年 2 月 15 日被公布为上海市优秀近代建筑。

丁香花园

[湖南路 262 号住宅]

建于民国二十年(1931 年),为西式独立式花园住宅。位于旧时法租界西区的高尚居住区。它原为英商锦隆洋行大股东住宅。墙角、窗间壁柱、入口柱等以不规则石块砌筑,饰面纹理自然;南立面底层设通长的水平红瓦坡檐,二层为双柱敞廊,三层山墙双坡檐在顶部折为四坡水平檐口。从建筑与花园的规模、建筑布局与风格特征以及花园与街道的空间关系看,它都属于近代上海 20 世纪 20 至 30 年代繁荣时期典型的独立式花园住宅,折射出当时上海相当富裕阶层优越的生活方式。中华人民共和国成立后,邓小平、陈毅两家曾入住此楼,邓家住在二楼,陈家住在一楼。陈毅后来调往北京外交部后,这里就作为上海市委招待所,专门接待来沪的高级首长。

湖南路 262 号住宅

[开普敦公寓]

民国二十四年(1935 年)由罗平建筑事务所建筑师拉比诺维奇(G. Rabinovich)设计,建于民国二十五年(1936 年),为现代建筑风格公寓住宅,占地面积 153.3 平方米,建筑面积 741 平方米。建筑为五层砖混结构,平面近似“L”形,顶端为构图中心,中间砌水泥方柱,转角为弧形。二层以上挑出阳台,设铸铁栏杆。两侧局部墙面凸出,突出竖向线条,平顶,素色水泥抹面外墙。公寓建成之初,因地段适中、设计到位、生活设施配套齐全,故很受欢迎。从建筑外观上看,国富门公寓属于晚期装饰艺术派,略具现代派建筑的形式。

开普敦公寓

表 21-3-1　**湖南路街道辖区上海市优秀历史建筑一览表**

第一批公布(3 处)

序号	名　称	地　址	市优秀历史建筑公布日期	各级保护单位公布日期
1	汾阳路 45 号住宅	汾阳路 45 号	1989 年 9 月 25 日	1989 年 9 月 25 日市保
2	新康花园	淮海中路 1273 号	1989 年 9 月 25 日	1989 年 9 月 25 日市保
3	修道院公寓	复兴西路 62 号	1989 年 9 月 25 日	1989 年 9 月 25 日市保

第二批公布(21 处)

序号	名　称	地　址	市优秀历史建筑公布日期	各级保护单位公布日期
1	淮海中路 1110 号花园住宅	淮海中路 1110 号	1994 年 2 月 15 日	2003 年 8 月 18 日登保
2	亨利公寓	淮海中路 1162 号	1994 年 2 月 15 日	2003 年 8 月 18 日登保
3	盖司康公寓	淮海中路 1202 号	1994 年 2 月 15 日	2003 年 8 月 18 日登保
4	上方花园	淮海中路 1285 弄	1994 年 2 月 15 日	—
5	皇家公寓	淮海中路 1300—1326 号	1994 年 2 月 15 日	2003 年 8 月 18 日登保
6	逸村	淮海中路 1610 弄	1994 年 2 月 15 日	2003 年 8 月 18 日登保
7	淮海中路 1634 号花园住宅	淮海中路 1634 号	1994 年 2 月 15 日	2003 年 8 月 18 日登保
8	中南新村	淮海中路 1670 弄	1994 年 2 月 15 日	2003 年 8 月 18 日登保
9	淮海中路 1754 弄花园住宅	淮海中路 1754 弄	1994 年 2 月 15 日	2003 年 8 月 18 日登保
10	东美特公寓	淮海中路 1836—1858 号	1994 年 2 月 15 日	2003 年 8 月 18 日登保
11	丁香花园	华山路 849 号 1 号楼	1994 年 2 月 15 日	2007 年 8 月 2 日区保
12	华山路 889 号、893 号住宅	华山路 889 号、893 号	1994 年 2 月 15 日	2003 年 8 月 18 日登保(893 号)
13	德国总领事馆	永福路 151 号	1994 年 2 月 15 日	2003 年 8 月 18 日登保
14	正广和大班住宅	武康路 99 号	1994 年 2 月 15 日	2003 年 8 月 18 日登保

续表

序号	名　称	地　址	市优秀历史建筑公布日期	各级保护单位公布日期
15	密丹公寓	武康路 115 号	1994 年 2 月 15 日	2003 年 8 月 18 日登保
16	自由公寓	五原路 258 号	1994 年 2 月 15 日	2003 年 8 月 18 日登保
17	东正教堂	新乐路 55 号	1994 年 2 月 15 日	2008 年 12 月 4 日区保
18	会乐精舍	复兴西路 34 号	1994 年 2 月 15 日	2003 年 8 月 18 日登保
19	汾阳路 9 弄 3 号住宅	汾阳路 9 弄 3 号	1994 年 2 月 15 日	—
20	赛华公寓	常熟路 209 弄 1—4 号	1994 年 2 月 15 日	2003 年 8 月 18 日登保
21	延庆路 130 号住宅	延庆路 130 号	1994 年 2 月 15 日	2003 年 8 月 18 日登保

第三批公布(18 处)

序号	名　称	地　址	市优秀历史建筑公布日期	各级保护单位公布日期
1	比利时领事馆旧址	淮海中路 1131 号南楼	1999 年 9 月 23 日	2003 年 8 月 18 日登保
2	淮海公寓二号楼	淮海中路 1204—1218 号	1999 年 9 月 23 日	2003 年 8 月 18 日登保
3	淮海中路 1276—1292 号住宅	淮海中路 1276—1292 号	1999 年 9 月 23 日	2003 年 8 月 18 日登保
4	华亭路 71 弄 1—7 号、延庆路 135—149 号花园住宅	华亭路 71 弄 1—7 号延庆路 135—149 号	1999 年 9 月 23 日	2003 年 8 月 18 日登保(延庆路 135—149 号)
5	华亭路 72、74、76、84、86 号，延庆路 135—149 号住宅	华亭路 72、74、76、84、86 号，延庆路 135—149 号	1999 年 9 月 23 日	2003 年 8 月 18 日登保(华亭路 72、74、84、86 号)
6	麦琪公寓	复兴西路 24 号	1999 年 9 月 23 日	2003 年 8 月 18 日登保
7	林肯公寓	淮海中路 1554—1568 号	1999 年 9 月 23 日	2003 年 8 月 18 日登保
8	来斯南村	五原路 205 弄 2—6 号	1999 年 9 月 23 日	—
9	永福路 52 号住宅	永福路 52 号	1999 年 9 月 23 日	—
10	武康路 40 弄 1 号住宅	武康路 40 弄 1 号	1999 年 9 月 23 日	2003 年 8 月 18 日登保

续表

序号	名　称	地　址	市优秀历史建筑公布日期	各级保护单位公布日期
11	上海市房地产科学研究院	复兴西路 193 号	1999 年 9 月 23 日	2003 年 8 月 18 日登保
12	湖南路 262 号住宅	湖南路 262 号	1999 年 9 月 23 日	2003 年 8 月 18 日登保
13	巴金旧居	武康路 113 号	1999 年 9 月 23 日	2008 年 12 月 4 日区保
14	武康路 117 弄 1 号住宅	武康路 117 弄 1 号	1999 年 9 月 23 日	2003 年 8 月 18 日登保
15	武康路 117 弄 2 号住宅	武康路 117 弄 2 号	1999 年 9 月 23 日	2003 年 8 月 18 日登保
16	汽车工业总公司	武康路 390 号	1999 年 9 月 23 日	2003 年 8 月 18 日登保
17	黄兴旧居	武康路 393 号	1999 年 9 月 23 日	2004 年 1 月 5 日区保
18	淮海中路 1818 弄 1—8 号住宅	淮海中路 1818 弄 1—8 号	1999 年 9 月 23 日	2003 年 8 月 18 日登保

第四批公布(15 处)

序号	名　称	地　址	市优秀历史建筑公布日期	各级保护单位公布日期
1	东湖路 70 号住宅	东湖路 70 号	2005 年 10 月 31 日	2008 年 12 月 4 日区保
2	东湖路 17 号住宅	东湖路 17 号	2005 年 10 月 31 日	—
3	沪江别墅	长乐路 613 弄	2005 年 10 月 31 日	—
4	上海市武警总队	淮海中路 1209 号	2005 年 10 月 31 日	—
5	愉园	淮海中路 1350 弄	2005 年 10 月 31 日	—
6	上海市武警总队家属楼	淮海中路 1414 号 1 号楼	2005 年 10 月 31 日	—
7	上海音乐学院	汾阳路 20 号	2005 年 10 月 31 日	—
8	安福路 201 号住宅	安福路 201 号	2005 年 10 月 31 日	2003 年 8 月 18 日登保
9	巨泼来斯公寓	安福路 233 号	2005 年 10 月 31 日	—

续表

序号	名 称	地 址	市优秀历史建筑公布日期	各级保护单位公布日期
10	上海话剧艺术中心	安福路 284 号	2005 年 10 月 31 日	—
11	商务部驻沪办事处	五原路 251 号,永福路 1 号	2005 年 10 月 31 日	—
12	中国福利会	五原路 314 号	2005 年 10 月 31 日	2008 年 12 月 4 日区保
13	华山路 831 号花园住宅	华山路 831 号	2005 年 10 月 31 日	—
14	丁香花园 3 号楼	华山路 849 号	2005 年 10 月 31 日	—
15	武康路 2 号花园住宅	武康路 2 号	2005 年 10 月 31 日	—

湖南路街道 16 条永不拓宽的风貌道路。

2009 年《上海市风貌保护道路(街巷)规划管理的若干意见》中上海中心城 12 个风貌保护区内被保护的道路,湖南路街道以“中国历史文化名街”武康路等 16 条马路进行原汁原味的整体保护,即道路红线永不拓宽,而且街道两侧的建筑风格、尺度也要保持历史原貌。这 16 条马路是:淮海中路、复兴西路、兴国路、华亭路、长乐路、永福路、延庆路、武康路、高邮路、汾阳路、新乐路、五原路、湖南路、泰安路、东湖路、华山路。

第四节 武康路中国历史文化名街

一、概况

武康路北起华山路,南至淮海中路,中与安福路、五原路、泰安路成“丁”字形相接,与复兴西路、湖南路相交。长 1 180 米,宽 13—16 米,其中车行道宽 8—13 米,沥青路面。路基原为农田、沟浜,清光绪三十三年(1907 年)由法租界公董局越界所筑,并以美国人福开森(原南洋公学第一任监院)之名为路名。初为泥土路,几经翻修,成为沥青表面处理道路。民国三十二年(1943 年)10 月始以浙江省的武康旧县名命名。沿线优秀历史建筑总计 14 处,保留历史建筑 37 处。1982 年,武康路在大修中路面被填高,翻建成沥青混凝土路面,人行道铺设水泥板。2007 年起,区政府对武康路行全线整治,马路重铺高等级沥青路面。

武康路现为上海市一类风貌保护道路。一公里见长的小马路环境幽静而高雅。遍布各种建筑风格的花园住宅,聚集近代上海各社会阶层的历史名人,是上海百年风云的一个缩影,拥有深厚的历史人文底蕴和鲜明的时代印记和地方特色,是上海城市文脉的重要发源地和承载区，也是上海市最早公布的64条永不拓宽的马路之一。2011年3月，区文化局为上海武康路申报“中国历史文化名街”，由专家评审与社会公众投票评定，2011年6月23日，上海武康路荣获文化部、国家文物局颁布的“中国历史文化名街”称号。“中国历史文化名街”评选要求推介的历史文化名街应当是一座城市中最具代表性的、独具特色、具备国家级水准的历史文化名街，评审要求必须符合三个核心原则：保护历史的真实遗存；保护街区的历史风貌和构成历史风貌的其他要素，包括道路、街巷、院墙、溪流、古树等；维护街区功能的延续和文化的传承。

二、名人故居、寓所选介

［**黄兴旧居**］黄兴旧居位于武康路393号。

黄兴（1874—1916），湖南善化人，近代民主革命家、同盟会创始人之一。清光绪二十八年（1902年）留学日本，回国后指挥钦州、广州等起义，曾任革命军总司令、陆军总长等职。1912年，袁世凯窃国。1914至1916年，黄兴寓居此地，期间，孙中山曾两次前来拜访。1916年10月31日，黄兴在寓所逝世。

初建于1912年的黄兴故居，曾经被当作世界社、中国学典馆和上海国际图书馆使用。黄兴故居分为南幢和北幢，南幢建于1912年，北幢建于1933年。占地面积740平方米，四层三开间。建筑平面由一个矩形和一个直角三角形相接而成。三角形部分临街，为典型的装饰艺术派风格，其立面强调水平线条和垂直线条的穿插构图，并以深褐色面砖衬托出浅色的横竖线条。矩形部分位于南面，南面矩形为英国乡村式，半露木构架，陡坡顶。此外，还有大量带有装饰艺术派特征的浮雕和装饰线脚，强烈展示出古典主义装饰派建筑的艺术特点。2004年1月5日，徐汇区人民政府公布其为徐汇区文物保护单位。

［**郑洞国旧居**］位于武康路274号。

郑洞国(1903—1991),是最早参加抗日战争的国民党将领之一,曾参加东征和北伐。1933 年率部参加长城古北口抗战,七七事变后,相继率部参加保定会战、台儿庄大战、武汉会战、昆仑关大战、鄂西会战、第二次长沙会战等战役,屡创敌顽。中华人民共和国成立后,他历任中华人民共和国水利部参事、国防委员会委员、全国政协第三、四届委员、第五、六、七届民革中央副主席等职,长期致力于祖国建设与统一事业。

郑洞国旧居建于 1932 年,占地面积 1 300 平方米,有南北花园。其中主体建筑占地面积 315 平方米,呈 L 型分布,为二层砖混结构的现代派建筑,局部带有装饰艺术派风格。南立面对称,造型简洁,鹅黄色水泥拉毛墙面以立砖饰带压檐,二层中部有出挑的大阳台,目前皆已封窗加顶。无檐平屋顶不设平台,南侧墙面有维修钢梯通往楼顶。北部有突出的柱形楼梯间,其外墙为大块玻璃窗。北侧内院中间设花坛,四周环绕分布汽车间和辅助用房等,整体布局合理。

[**莫觞清旧居**]位于武康路 2 号。

该建筑原为上海缫丝业巨子莫觞清的住宅，后由莫氏后代亲属使用。莫觞清，浙江吴兴（今浙江湖州）人，上海滩“丝业大王”。清光绪二十六年（1900年），莫觞清进入延昌永丝织厂，两年后到上海勤昌丝厂。清光绪二十九年（1903年），莫觞清与王笙甫等人创办上海久成丝厂，生产“玫瑰”和“金刚钻”牌生丝。次年任上海宝康丝厂经理。清宣统二年（1910年）后，先后开设久成二厂、又成丝厂、恒丰丝厂、久成三厂、德成丝厂等。民国二年（1913年），投资开设或任经理的丝厂达10余家，成为上海缫丝业最大的资本家之一。同时兼任美商蓝乐璧洋行买办。民国六年（1917年），同汪辅卿及美国人蓝乐璧合资开设美亚织绸厂，两年后停办。民国九年（1920年）春，与天生锦绸庄合作，再度开设美亚织绸厂。民国二十一年（1932年），病故于上海。

该建筑建于民国十一年（1922年），占地面积1 760平方米，建筑面积937平方米。法式花园住宅，砖混结构假三层，南侧建有塔斯干双柱式外廊，中央前凸形成半圆形敞廊，有几座台阶通往花园草坪，敞廊上部为同等面积的大阳台，水泥栏杆带有凯尔特人式风格、欧式风格雕花。四坡屋顶东西各建一座大烟囱，屋面皆设有宽阔的老虎窗。室内多数房间皆设有壁炉，外形保存较好。南侧花园宽阔，繁茂的植被丛中建有室外游泳池。1994年，上海市人民政府公布其为上海市优秀历史建筑。

［**周璇旧居**］位于武康路391弄1号住宅。

周璇（1918—1957），江苏常熟人，乳名小红，又名啸红。12岁入明月歌舞团，学习演唱。嗓音别具一格，音色甜润。曾被评为上海十大歌星之一，有“金嗓子”之誉。民国二十四年（1935年）开始电影演员生涯。民国二十六年（1937年）在影片《马路天使》中扮演女主角卖唱歌女小红，一举成名。民国二十七年（1938年）进国华影业公司。民国三十五年（1946年）移居香港。1950年回到上海后不久参加电影《和平鸽》拍摄，期间因突发精神疾病而被送入上海虹桥疗养院。1957年9月22日，因并发脑炎症去世。主演的影片除《马路天使》外，还有《天涯歌女》《忆江南》《夜店》等，歌曲有《四季歌》《民族之光》等。

周璇旧居建于民国五年（1916年），占地面积125平方米，砖木结构假四层，每层两户，自带煤卫。建筑主入口上方有混凝土浇筑的宽檐拱形雨厦，拱券型门洞向外呈喇叭形，墙面则以红砖与仿石间隔排列来装饰，较有特色。上海抗战孤岛时期，周璇曾住在临街的一号楼第三层。房屋内部保存较好，建筑结构及其风貌依旧。局部有扩建，部分厨卫设施仍在保留使用，南侧花园则完全被扩建物侵占。目前由八户居民合用。

［**王元化旧居**］位于武康路100弄1号。

王元化（1920—2008），祖籍湖北江陵。生于湖北武昌。笔名有洛蚀文、方典、函雨等。文学理论家、评论家、作家。民国二十四年（1935年）在北平参加“一二九”学生运动，抗战爆发后，辗转天津、青岛到上海。民国二十七年（1938 年）加入中国共产党。民国二十九年（1940 年）参加编辑《奔流》和《奔流新辑》。抗战胜利后，任国立北平铁道管理学院讲师。中华人民共和国成立后，历任中国作家协会上海分会党组成员、上海文艺工作委员会文学处处长、上海新文艺出版社副社长等。1979 年后任国务院学位委员会学科评议组成员、中共上海市委宣传部部长、华东师范大学教授、中国作家协会顾问、《文心雕龙》学会名誉会长、中国文艺理论学会名誉会长等。著有《王元化全集》（10 卷本）。1998 年获上海市文学艺术杰出贡献奖，2006 年获上海市哲学社会科学学术贡献奖。

王元化旧居为联列式花园住宅，共 4 个单元，1 号位于房屋东端。房屋为假三层砖木结构，整幢建筑平面近似矩形，建筑面积 2 114 平方米。房屋外立面原为卵石墙面，后涂刷黄色涂料，假三层南间南立面外露木构架。屋面主要为双坡机制平瓦屋面，局部设有老虎窗。1 号一层入口位于房屋北侧，入口小门厅地面为红缸砖饰面；1 号东端和西北侧各设有一个木楼梯，楼梯与门厅通过北侧东西向走道相连；走道南侧主要分布有三间房屋，走道北侧设有亭子间。二至三层室内走道及房间楼面基本为硬木长条木地板。东侧楼梯为木结构单跑楼梯，木踏步、木扶手。楼梯间东墙设有 3 个长窗。

[吴茵旧居]位于淮海中路 1842 号—1858 号武康大楼。

吴茵（1909—1991），祖籍江苏吴县，生于天津，原名杨瑛，电影表演艺术家。13 岁来到上海。民国二十三年（1934 年）参加影片《新女性》的拍摄，自此从影，改名为吴茵。一生出演电影、话剧各约 50 部，其中有《压岁钱》《十字街头》《八千里路云和月》《一江春水向东流》《万家灯火》《希望在人间》《乌鸦与麻雀》《三毛流浪记》《这不是误会》《落山风》和《夜上海》《残雾》《大地回春》等。表演真实，以饰演老年妇女而享誉影坛，有“东方第一老太”之称。尤其是在《一江春水向东流》中塑造的张母和在《万家灯火》中塑造的智清母亲的形象，给观众留下深刻印象。1955 年以《乌鸦与麻雀》中的精湛表演获文化部颁发的演员一等奖。1991 年获电影表演艺术学会特别荣誉奖。

武康大楼，旧称东美特公寓，又称诺曼底公寓。建于 1924 年，万国储蓄会投资建造，克利洋行邬达克设计。解放后改名为武康大楼，许多文艺界名人在此安家。1994 年 2 月 15 日，上海市人民政府公布其为市优秀历史建筑。

三、武康路典故

[陈毅市长与武康路]

1949 年 5 月 27 日，人民解放军占领上海。5 月 28 日，上海市人民政府成立。下午，陈毅在汉口路旧上海市市长办公室，接过国民政府代市长赵祖康移交的印信。从此，上海这个中国最大的工商城市回到人民手中。武康路这条曾经被彻底西化，后又被民国要员、商贾富豪占据的沪上标志性马路，终于获得新生。从来不闻鼓号声且清净风雅的武康路，出现庆祝解放的游行队伍，“解放区的天，是晴朗的天”的歌声传遍武康路每一个角落。

作为城市接管的一部分，陈毅领导的上海市人民政府接管没收武康路上原国民党政府所属的房地产，以及汉奸、战犯、官僚资本及反革命分子的房地产。人民政府把这些花园别墅用于四方面的需求：一是分给著名教授、专家、作家居住，如巴金、郑君里、赵丹、孙道临等。二是用于文化单位的用房，如上海作家协会、中国电影公司、上海交响乐团、上海图书馆、上海博物馆等。三是生产和科研机构用房，如武康路 206 号成为赫赫有名的上海钟表厂，这里曾生产出中华人民共和国成立后的第一块手表；如武康路 390 号为上海汽车集团的所在地，从这里诞生中国第一辆桑塔纳。四是政府机关宿舍、招待所疗养院及市政府领导住房。

武康路往南走 500 米，穿过淮海中路便是国家名誉主席宋庆龄的住宅，陈毅曾多次步行登门拜访，转达毛泽东主席的问候。开国大典前夕，邓颖超带着毛泽东的亲笔信飞赴上海邀请宋庆龄，陈毅陪着邓颖超前往。宋庆龄高兴地接受邀请，邓颖超圆满完成毛泽东重托，这两位中国近代史上最伟大的女性高兴地跨出家门，手挽手沿着武康路走来，出席陈毅专门为宋庆龄准备的家宴。

[武康路 390 号与第一辆国产桑塔纳轿车]

自武康路南端淮海中路往北走 200 多米，有一幢门牌为 390 号且具有浓郁地中海风格的别墅特别显眼，它曾是赫赫有名的上海汽车集团公司总部所在地。

这幢意大利建筑师设计的洋房，平缓的四坡瓦顶，一层东、西、南三面均有敞廊，两边设弧形环抱台阶，设落地窗和阳台，它几乎集中希腊、意大利、法国南部等地区的建筑精华，在整个上海市目前唯有武康路这一幢。除此之外，它的特别之处还在于它曾是 20 世纪 20 年代意大利驻上海领事馆，大批中国学子通过这里留学海外。中华人民共和国成立后，这里成为上海汽车集团公司总部。

1958 年 12 月，这里试制成功中华人民共和国成立后的第一辆国产轿车。至 1975 年，已形成年产 5 000 辆上海牌轿车的生产能力。1978 年，中国改革开放之东风涤荡着武康路，390 号内上海汽车公司集团的决策者们酝酿着一次巨大的突破：准备与德国大众合资生产轿车。但当时争论很大，尤其在武康路这个地方，在许多人心中，西方列强欺侮中国的历史实在难以忘怀，把德国人引进来搞合资，是否有外国殖民主义再现之嫌？因此，无人敢拍这个板。11 月 9 日，报告送到邓小平案头，邓小平批道：“可以搞。不但轿车可以搞，载重车也可以搞。”于是，上汽集团与德国大众开始长达 5 年的艰苦谈判并最终获得成功，于 1983 年 4 月 1 日，第一辆合资上海桑塔纳轿车在武康路 390 号正式诞生。

[淮海中路 1836—1858 号武康大楼：王人美出演《风云儿女》]

武康大楼建成之初，住的几乎是清一色的外国人，后来逐步有中国明星、导演和高级职员住进来。其中就有王人美、郑君里、吴茵、赵丹、秦怡、孙道临等众多左翼电影界人士。

当时因一部《渔光曲》而红透中国的电影明星王人美，一直居住在七楼的一个房间。1935 年 5 月的一天，编剧夏衍、导演许幸之来到王人美的住处，邀她出演《风云儿女》女一号，男一号则由被称为“千人面”的袁牧之出演。这部电影先由田汉写出故事梗概，后因田汉被捕入狱，由夏衍修改完成，是一部反映九一八事变后青年知识分子走出彷徨投身抗日的进步电影，电影的主题歌《义勇军进行曲》传唱全国，被称为中华民族解放的号角，后成为中华人民共和国国歌。

第五节 保护、整治与传承

2011年，为推进历史风貌区市容环境管理，街道坚持网格化管理机制，鼓励引导业主和单位参与保护性修缮，形成多元化的历史风貌保护工作机制。对武康路沿线开展建筑修缮保护、市容市貌综合整治，实施“硬件＋文化”的综合开发，使之焕发出代表湖南路街道特色的历史风貌保护区风采。

2012年，街道成立历史风貌保护领导小组，建立以街道房管办、居委会、物业为主体的风貌保护区网格协管员巡查队伍，对风貌保护区内正在装修的房屋和沿街商铺进行巡查、排摸和登记，重点关注优秀保护建筑或文物保护建筑的装修，坚决遏制保护区内违法搭建和无证装修行为。依托《湖南社区报》、居民区黑板报等宣传媒介，向居民们宣传保护历史风貌保护区原生态风貌的重要性。发挥路管会①、弄管会②等居民自治组织作用。

2015年，为加强风貌区保护和管理，街道成立历史风貌区管理办公室（简称：历保办），是全市街道层面唯一一个“历保办”。根据社区风貌保护区现状，依法依规编制风貌区三年保护规划，逐步明确风貌区的形态、功能、业态定位，编制东湖路、新乐路整治改造规划。收集完善风貌区相关历史人文资料和优秀历史建筑资料，逐步建立风貌区专项数据库，做到底数清、情况明。

以《上海市历史文化风貌区和优秀历史建筑保护条例》《上海市衡山路—复兴路历史文化风貌区保护规划》《徐汇衡复历史文化风貌区保护三年行动计划（2015—2017年）》为依据，深入贯彻落实市委、市政府关于保护历史文化名城的整体风貌和环境，保护真实历史遗存，挖掘城市历史文化内涵的部署和要求，立足上海打造“全球城市”和徐汇建设一流中心城区的目标，探索历史街区开发和保护相结合的新模式，打造更多面向市民的公共空间，塑造国际一流水准、独一无二的历史文化风貌区。

湖南社区全境处于衡复历史风貌保护区内，区域内特色道路、新式里弄、花园洋房等较为集中，为在保持区域的原有风貌的同时提升区域的整体品质，2015年，湖南路街道依据上海市总体规划和徐汇区风貌保护规划编制本辖区相对应的实施方案，先后制定《湖南衡复历史文化风貌区管理办法》《湖南衡复历史文化风貌区城市微更新实施办法》《湖南衡复历史文化风貌区沿街店招店牌管理流程》等，规范风貌保护工作。街道按照上海市委“1＋6”文件精

① 路管会：全称沿街商铺管理协会，成立于2010年3月，由辖区内公信力较高的沿街商铺经营者志愿组成，旨在充分调动商铺经营者参与社区管理治理的积极性主动性，强化社区市容环境综合管理的软实力，提高商铺文明经营自律性。

② 弄管会：全称弄堂管理委员会，成立于2010年，成员由弄堂居民民主推举产生。弄管会接受所属居民区党组织领导，接受街道弄管协会和所属居委会指导。物业公司是弄堂物业管理主体，侧重补齐弄堂内保安、保洁、保修、保绿等日常管理短板问题。

神，办事处在调整机构设置时设立独立的“历史文化风貌保护办公室”，这是全市街道层面唯一的“历保办”。街道按照“点—线—面”结合的工作思路，全方位、综合性地进行规划与管理。“点”以城市公共空间、街道交叉结点、半公共空间等为对象，优化布局，强化功能；“线”以 26 条道路为对象，以其中 16 条历史风貌保护道路为重点，美化环境，调整业态；“面”以 230 万平方米的各类建筑为对象，分类管理，综合修缮。同时进行历史文化资源的开发与挖掘，整合社区文化资源，传承与传播历史文化，辐射社区各类文化受众体，建立文化合作的关系，打造“文化共同体”，建设具有时代品位的海派历史文化街区。

加快推动名人故居保护开发工作，张乐平故旧居、柯灵故旧居完成综合修缮、规划布展，上海大戏院项目完成基本建设。制定重点道路业态规划导则，稳步推进复兴中路、乌鲁木齐中路等道路业态调整工作。乌鲁木齐中路已完成 25 家商铺整体调整，55 家形态升级。复兴中路业态调整一期工程完成 13 家商户置换。同时，在区规划和土地管理局配合下完成了包括田汉广场景观改建工程在内的新乐路、东湖路风貌道路整治工程的方案设计，并获得区发改委立项批准。

2016 年，按照“五违四必”（指：违法用地、违法建筑、违法经营、违法排污、违法居住，以及安全隐患必须消除、违法无证建筑必须拆除、脏乱现象必须整治、违法经营必须取缔）的总原则，对延庆路、五原路、新乐路、复兴中路、南昌路、襄阳南路、东湖路、汾阳路风貌道路沿街建筑、商户存在的“五违”现象依法开展生态环境综合整治，共关停取缔违法经营商户 103 家，整治违法搭建、破墙开店 205 户。同步启动总规划师负责制的恢复性修缮工程，兼顾历史风貌保护和商业生活需求，对风貌道路统一规划实施外墙立面、绿化景观、围墙栏杆等改造项目，逐步恢复历史街区原有生态环境。推动历史风貌区有机更新，结合衡复历史文化风貌区保护三年行动计划，探索历史风貌区总规划师负责制，鼓励社会公众参与风貌区的城市有机更新。从风貌区的空间立体性、平面协调性、风貌整体性、文脉延续性等方面加强城市设计，对 24 幢、1.2 万平方米的优秀历史建筑实施保护性修缮。探索建立 PPP（Public-Private Partnership 公私合作）历史风貌保护管理平台，整合各类资源推进风貌区的有机更新。

［**风貌道路整治**］

以《徐汇区风貌道路保护规划》为指导，湖南路街道重点对区域内的 16 条风貌道路进行系统性提升、环境景观提升和业态整治，保持道路的尺度、景观环境和人文气息。其中，安静生活型街道以景观提升为主，继续保持幽静氛围，控制商业设置，开展道路铺装、市政管线整理、店招店牌整治、街巷弄口美化、绿化景观提升等。商业活动型街道兼顾业态调整和景观提升，对于严重影响道路风貌和周边环境的业态坚决进行整治拔除；对于基本符合周边社区功能需求、但形象环境较差的店面进行改造升级。

2007 年初，上海市规划和国土资源管理局（当时名称是上海市城市规划管理局）与徐汇区人民政府联合提出武康路保护规划与保护性整治工程计划（2007—2009），一方面作为上海市风貌保护道路保护规划编制的试点；另一方面也是徐汇区“迎世博三年行动计划”的重要组成部分。世博会期间，武康路被上海市政府选为展示上海城市保护的重要参观点。

2008 年，湖南路街道对区区交界处的长乐路沿街面进行综合整修，做到“美化、绿化、固化”，落实历史风貌保护区三年行动计划，对武康路进行整修、整饰。2012 年，街道办事处成立领导小组，建立以街道房管办、居委会、物业和网格协管员为主体的风貌保护区巡查队伍，对风貌保护区进行巡查，排摸、登记在修房屋、沿街店铺、优秀近代建筑的房屋装修情况，遏制违法搭建和无证装修。协助拆除延庆路132号、乌鲁木齐中路301弄8号等多处违章建筑。在社区报、居民区板报上宣传历史风貌保护区保护的重要性、违章搭建危害性及政府拆违决心。2013年5月，由徐汇区规土局、湖南社区街道办共同组织对徐汇区界内复兴中路的联合踏勘。2015年，街道制定重点道路业态规划导则，编制东湖路、新乐路整治改造规划，稳步推进复兴中路、乌鲁木齐中路等道路业态调整工作。2016年启动历史风貌区生态环境综合整治工作，对衡山路复兴路历史风貌区的违法建筑、违法经营等行业的集中整治，延庆路、新乐路、五原路等10条道路被圈定为重点整治区域。湖南路街道严格依法开展历史风貌区保护和开发，以尊重历史、还原风貌，逐步恢复历史街区原有生活风貌、生态环境为核心，邀请同济大学等单位对延庆路进行重新规划，延庆路成为上海最大历史风貌保护区——衡复历史风貌区的第一条完成环境综合整治的重点道路。目前已完成延庆路、新乐路、五原路、复兴中路、东湖路、汾阳路、襄阳南路等风貌道路沿街建筑、商户中存在的“五违”整治213家，其中违章拆除173处，无证照经营取缔106户。

［**历史建筑修缮保护**］

街道依托区域化党建平台优势资源，秉持历史风貌保护和城市更新理念，联合区域单位共同打造“历保共同体”。坚持居住功能、文化特色，注重将历史建筑修缮保护与旧区改造、旧住房综合改造和居住环境改善相结合，逐步引入与高端居住相适应的功能，调整、提升和完善区域居住、商务、创意、休闲的整体环境。加强与上海京剧院、话剧中心等区域单位合作，对单位产权的历史建筑进行修缮、改造和提升，调整沿街业态。挖掘历史建筑和街区的文化内涵，建设一批公益性开放性的城市文化空间，彰显风貌区的文化魅力。

［**文化传承利用**］

湖南路街道按照体现文化特色和打造城市公共空间的理念，建设一批面向群众的开放性城市文化空间，通过文化引领，激发全社会共同参与风貌保护和文化传承工作。深挖辖区文化要素与资源，收集整理辖区名人及其旧居的资料，发挥名人名居的文化效应，依托老洋房志愿者队伍、专业行业协会、区域单位等社会力量，共同挖掘老洋房背后的文化内涵，展现海派文化的厚度与深度打造名人文化特色街区。以上海音乐学院、上音歌剧院、上海交响乐团、上海交响音乐博物馆为核心，沿淮海中路、汾阳路、复兴西路、宝庆路打造“音乐文化休闲街区”。

结合打响“上海文化”品牌，充分挖掘整合辖区丰富的人文历史资源和文化院团资源，挖掘海派文化之源，推进“文化湖南共同体”，充分演绎好红色文化、江南文化和海派文化。联合辖区巴金旧居、张乐平旧居、柯灵旧居等爱国主义教育基地，设计社区红色人文行走路线，通过实践行走，培育弘扬爱国主义教育，传播红色文化。2007年，湖南社区与辖区上海音乐学院、上海越剧院、上海交响乐团等7家专业团体签订共建协议，共同举办丰富多彩的群众文化活动，打造“五位一体”文化发展体系：一是整合文化提供体，二是辐射文化受众体，三是培育文化中间体（社区文化团队、社会组织），四是拓展文化传播体（“慢品上海湖南社区”人文微信平台），五是规划文化展示体（开发形成巴金旧居、柯灵旧居、张乐平旧居、黄兴旧居四个旧居、老相机博物馆、海派连环画传承馆2个馆的公共展示空间）。充分整合辖区单位的优势资源，把“无形”的资源转化为“有形”的服务，树立湖南路街道文化品牌。

［启动武康大楼口述历史项目］

武康大楼口述历史项目于 2014 年 8 月启动，湖南路街道邀请陈丹燕、陈保平、伍江、葛剑雄、曹锦清、沙永杰等多位专家开展口述历史可行性的论证，并以走访、座谈等形式征求居民意见。2015 年 3 月围绕“一幢建筑（武康大楼）、一所单位（上海交响乐团）、一条马路（安福路）、一条弄堂（复兴西路 44 弄玫瑰别墅）、一个家族（张乐平）、一位名人（施平）”等六个“一”的湖南路街道“口述历史”项目正式立项。2015 年 6 月，以陈丹燕、陈保平等专家团队领衔的首个口述历史项目——武康大楼项目正式启动，该项目是街道首次尝试以居民口述历史的形式，来保存活态的城市记忆，挖掘城市文脉，传承城市精神。项目组对武康大楼进行资料收集，并选取企业高管、大学教师、医务工作者以及外籍人士等 10 余名居民代表进行重点访谈。在此基础上，完成武康大楼口述史的收集、整理和总结。2016 年 5 月 18 日，湖南路街道举办口述历史项目武康大楼案例发布会，数名来自武康大楼的原居民为大家口述还原武康大楼内的全维度生活与历史，并播放口述历史武康大楼专题纪录片，展示武康大楼口述历史项目阶段性成果以及住户采访实录。

第二十二章　人物·荣誉

历史上曾经在湖南路街道辖区居住或工作的各界著名人士有300余名，本章收录其部分代表。截至2016年末，湖南路街道办事处及所属单位（部门）获评国家、上海市先进集体、先进个人设节收录。同时收录辖区居民全国劳动模范、上海市（省部级）劳动模范、先进生产（工作）者名录。

第一节　人　　物

郁达夫（1896—1945）浙江富阳人，现代小说家、散文家。民国二年（1913年）赴日本留学。民国八年（1919年）考入东京帝国大学。民国十年（1921年）与郭沫若等在东京成立创造社。民国十一年（1922年）回国后，曾任北京大学讲师，武昌师范大学、中山大学教授，并先后主编《创造月刊》《大众文艺》等刊物。民国十九年（1930年）与鲁迅、宋庆龄等发起中国自由运动大同盟，同年参加中国左翼作家联盟。民国二十五年（1936年）任福建省政府参议。民国二十七年（1938年）到南洋，利用各种宣传阵地号召爱国侨胞支援抗战。曾任新加坡华侨抗敌动员委员会执行委员兼文化界抗日联合会主席。民国三十四年（1945年）9月被日本宪兵秘密杀害于苏门答腊。1952年被追认为烈士。有《郁达夫文集》行世。

颜惠庆（1877—1950）上海人，字骏人。早年毕业于上海同文馆，后留学美国。辛亥革命后历任北洋政府外交部次长和总长、内务部总长等职。民国十一年（1922年）曾署理国务总理。民国十五年（1926年）以国务总理摄行总统职权。南京国民政府成立后，先后任驻英、苏大使和出席国际联盟大会首席代表。民国二十六年（1937年）后，在上海从事慈善和教育事业。1949年，曾赴北平（今北京）、石家庄与中国共产党商谈和平事宜。中华人民共和国成立后，历任华东军政委员会副主席、中央人民政府政治法律委员会委员等。1950年病逝于上海。

张澜（1872—1955）四川南充人，字表方。清末秀才。辛亥革命前参加立宪派，为四川保路同志会领导人之一。民国六年（1917年）秋任四川省省长。民国八年（1919年）五四运动后，赞助青年学生赴法勤工俭学。民国十四年（1925年）创办成都大学，自任校长。“四一二”反革命政变后，曾掩护和营救共产党员。民国二十四年（1935年）国民党势力入四川，曾一度附和国民党，任四川安抚委员会委员长。抗战时期，任四川建设委员会川北办事处主任，被聘为国民参政会参政员，参加抗日民主运动。1939年与黄炎培等人发起组织统一建国同志会。“皖南事变”后组成中国民主政团同盟，继任主席。抗战胜利后，反对蒋介石发动内战，拒绝参加国民大会。1949年参加中国人民政治协商会议第一届全体会议。中华人民共和国成立后，历任中央人民政府副主席，第一届全国人大常委会委员、副委员长，第一届政协常委、副主席。1955 年 2 月 9 日在北京逝世。

庄俊(1888—1990)原籍浙江宁波,生于上海。清宣统元年(1909 年)毕业于南洋中学。清宣统二年(1910 年)公费留学美国伊利诺伊大学建筑工程系。民国三年(1914 年)毕业回国,任教于北京清华预备学校(清华大学前身)。民国十四年(1925 年)开设庄俊建筑师事务所。民国十六年(1927 年)与范文照等建筑师发起成立上海建筑师学会(第二年改为中国建筑师学会)并任会长。1950 年春,庄俊应中央人民政府之邀北上建设首都,关闭自己已开设25 年之久的建筑师事务所,组建一支 50 余人的技术队伍赴京工作,加入交通部华北建筑工程公司,任总工程师。1953 年初,建筑工程部成立,在华北建筑工程公司的基础上,建立中央建筑设计院,被任命为总工程师。建筑作品有上海金城银行、中南银行、大陆商场、汉金城银行、大陆银行等。20 世纪 90 年代,庄俊获中国建筑学会授予的“建筑泰斗荣誉证书”。晚年著书立说,著有《英汉对照建筑工程名词汇编》等书籍。

包玉刚(1918—1991)浙江宁波人,曾被英国女王授予爵士,被比利时国王、巴拿马总统及日本天皇授于勋章、奖章,被誉为世界船王。13 岁到上海求学,不久后进入吴淞船舶学校学习。后辗转到重庆银行当职员。民国二十七年(1938 年)回上海,供职于中央信托局保险部。7 年里,从普通职员升至衡阳银行经理、重庆分行经理、上海市银行副总经理。1949 年春,携春迁香港,开始从事进出口贸易,后矢志发展海洋运输业。1955 年成直环球航运集团有限公司。1967 年扩为环球航运集团,任主席、名誉主席。1978 年,其事业达到顶峰,包玉刚也成为华人世界船王第一人,第一个进入英资汇丰银行的华人董事。他热情支持祖国建设,捐献巨资为家乡兴建兆龙学校、中兴中学、宁波大学等,还建有北京兆龙饭店、上海交通大学包兆龙图书馆、包玉刚图书馆,设直包兆龙、包玉刚留学生奖学金等。其旧居在淮海中路 1818 弄 1 号。

贺绿汀(1903—1999)湖南省邵阳县(今邵东县)人,原名贺楷,作曲家、音乐教育家、音乐理论家,中华人民共和国高等专业音乐教育的奠基人之一。曾参加湖南农民运动和广州起义。民国二十年(1931 年)考入上海国立音乐专科学校,选修钢琴与和声学。民国二十三年(1934 年),作品《牧童短笛》和《摇篮曲》分别荣获苏联作曲家齐尔品先生举办的“征求中国风味钢琴曲”比赛一等奖和名誉二等奖。抗战时期创作的《游击队歌》获毛泽东赞誉。中华人民共和国成立后历任上海音乐学院院长,中国音乐家协会副主席、上海分会主席。他一生创作 260 余首歌曲,代表作有《天涯歌女》《四季歌》《游击队歌》《嘉陵江上》《牧童短笛》《森吉德玛》《晚会》等,出版译著《和声学理论与实践》、专著《贺绿汀歌曲选》《贺绿汀音乐论文选集》等。1993 年贺绿汀 90 岁寿辰时,江泽民亲笔为贺绿汀题词:“谱写生活的强音,讴歌人民的事业。”其旧居位于安福路 191 弄 15 号。

王一平(1914—2007)山东荣成东山镇八河孔家村人。1932 年 10 月加入中国共产党并参加革命工作。民国三十四年(1945 年)至 1949 年,历任山东军区第四师政委,鲁中军区前方政治部主任,华东野战军第 8 纵队政治部主任、副政委、政委。中华人民共和国成立后,历任第 22 军政委、第三野战军第 8 兵团政治部主任。1952 年起,历任上海市委常委、组织部长,中国科学院上海办事处主任、上海社会科学界联合会副主席、上海博物馆馆长,市委常委、秘书长、书记处候补书记、书记处书记。1977 年起先后担任上海市委书记(当时设有第一书记)、副市长、市第五届政协主席。其旧居位于武康路 40 弄。

程十发(1921—2007)祖籍上海金山枫泾,生于上海松江城外莫家弄,海派书画大家。民国三十年(1941年)毕业于上海美术专科学校。20世纪40年代末,创作完成第一本连环画《野猪林》。1952年进入华东美术出版社工作,主要从事连环画、年画创作和文学名著插图绘制。1956年参加上海中国画院筹建,1960年为画院画师。1984年起任上海中国画院院长。其在山水、花鸟、人物领域都有别开生面的贡献,独创具有个人艺术风格的"程家样",深受百姓喜欢。代表作品有《胆剑篇》《阿Q正传》《画皮》《丽人行》《小河淌水》等。著有《程十发画选》《程十发近作选》《程十发花鸟习作选》等。国画《歌唱祖国的春天》获全国青年美展一等奖。《儒林外史》插图获莱比锡国际书籍装帧展览银质奖。连环画《孔乙己》获首届全国连环画绘画评奖二等奖。1993年获第二届上海文学艺术杰出贡献奖。1994年香港《名家翰墨》杂志48期出版"程十发特集"。1995年于澳门市政厅、上海美术馆举办《程十发作品回顾展》。1996年将家藏122件古字画捐献给国家。其旧居位于延庆路141号。

陆久之(1902—2008)原籍湖南长沙。毕业于日本早稻田大学。青年时代受新文化运动和五四运动的影响,爱读《新青年》等进步书刊。民国十五年(1926年)由中共党员徐梅坤介绍,进入中共领导的上海地下总工会秘书处担任联络员。曾任国民政府驻日大使馆专员、国民政府军事委员会专员、国民党第三方面军少将参议、《改造日报》社社长等职,长期为中共地下组织搜集情报。民国三十五年(1946年)与蒋介石养女陈瑶光结婚。1965年被聘为上海文史馆馆员。1983年任上海市第六届政协委员。晚年谢绝陈瑶光邀他到香港定居之请。2008年2月12日在上海逝世,被誉为"中共隐蔽战线的党外人士"。其旧居位于淮海中路1692号。

袁雪芬(1922—2011)浙江嵊州人,越剧表演艺术家,享受国务院有突出贡献专家的政府特殊津贴。11岁入越剧科班,工青衣、闺门旦。民国三十一年(1942年),与新文艺工作者在大来剧场倡导编、导、演、音、美五位一体的越剧改革。民国三十五年(1946年)出演越剧《祥林嫂》。1953年主演的我国第一部大型彩色戏曲影片《梁山伯与祝英台》获第八届卡罗维发利国际电影节"音乐片奖"。2003年12月,荣获文化部颁发的国家级艺术终身成就奖——第二届"造型表演艺术成就奖"。2006年荣获首次设立的"白玉兰表演艺术终身成就奖"。2008年被授予"国家非物质文化遗产传承人"荣誉称号。她的表演和唱腔柔婉细腻、朴实深沉、韵味醇厚、节奏明快,重视刻画人物性格和内心活动,被誉为"袁派"。1978年起历任上海越剧院院长、名誉院长,上海对外友好协会副会长,全国政协常委等。其旧居位于淮海中路1273弄新康花园。

汤晓丹(1910—2012)福建华安人,电影导演艺术家。童年时侨居印度尼西亚。10岁随父回国。民国十七年(1928年)在厦门集美农林专科学校学习时,因参加学生运动被开除学籍。后到上海,民国二十年(1931年)进入天一影片公司任布景师。民国二十二年(1933年)拍摄处女作《白金龙》,自此走上导演之路。而后拍摄抗日影片《上海火线后》《小广东》《民族的吼声》,及揭露国民党腐败统治的《天堂春梦》等。中华人民共和国成立后,加入上海电影制片厂。一生导演电影近50部,有"银幕将军"和"战争片之父"之誉。由其执导的影片《渡江侦察记》《南征北战》《红日》《难忘的战斗》《南昌起义》等,成为中国战争题材影片的经典。1984年获第四届金鸡奖最佳导演奖。2004年获中国电影金鸡奖终身成就奖,成为获得该奖项的第一人。其妻蓝为洁(1926—2014)是著名剪辑师,晚年致力于整理影史,被誉为"南方第一剪”，曾剪辑过《巴山夜雨》《城南旧事》《苦恼人的笑》《南昌起义》《廖仲恺》等多部经典影片。1984 年退休后，为全国数十家电视台、电影厂剪辑过《徐悲鸿》《传奇夫人》《杨家将》等近千部电视剧和多部电影。1993 年起在报上开设专栏，出版多部专著。两人旧居位于泰安路 10 弄 1 号。

陈传熙（1916—2012）祖籍广西南宁，出生于广西龙州县，音乐指挥家。毕业于上海国立音乐专科学校，主科为钢琴，副科为双簧管。民国三十五年（1946 年）加入上海市府交响乐团，任双簧管演奏员，并任教于国立音乐院常州少年班、国立上海音专和上海交响乐团。1958 年调任上影乐团指挥，开始其电影音乐指挥生涯。为近 600 部影片配乐并指挥演奏，代表影片有故事片《林则徐》《聂耳》《红色娘子军》《李双双》《天云山传奇》等，美术片《牧笛》《渔童》《金色的海螺》《大闹天宫》等，被誉为在银幕上名字出现次数最多的指挥家。2005 年被授予“当代中国电影音乐特别贡献奖”，同年被授予“中国音乐金钟奖终身荣誉勋章”。其旧居位于五原路 212 弄 16 号。

张瑞芳（1918—2012）祖籍北京，出生于河北保定，电影表演艺术家。民国二十四年（1935 年）考入北平国立艺术专科学校。民国二十七年（1938 年）至重庆，同年加入中国共产党。后入怒吼剧社、中华剧艺社等任演员。中华人民共和国成立后历任北京电影制片厂、中国青年艺术剧院、上海电影制片厂演员，上海电影演员剧团团长，上海电影家协会主席，上海市政协副主席。从艺 70 多年，先后参演 40 余部话剧、近 20 部电影。其中话剧有《棠棣之花》《屈原》《家》等，电影有《南征北战》《母亲》《家》《李双双》《大河奔流》《泉水叮咚》等。1963 年获电影百花奖最佳女演员奖。1993 年获中国电影表演艺术学会特别荣誉奖。2005 年被授予“国家有突出贡献电影艺术家”称号。2007 年获上海国际电影节“华语电影终身成就奖”与第 26 届中国电影金鸡奖终身成就奖。其旧居位于淮海中路 1202 号淮海公寓。

草婴（1923—2015）浙江宁波人，原名盛峻峰，翻译家。民国二十六年（1937 年）随家人迁居上海。民国三十年（1941 年）起，先后为《时代》《苏联文艺》《时代日报》译稿。中华人民共和国成立后，开始翻译俄国和苏联文艺作品。曾任中国翻译协会副会长、上海翻译家协会会长。主要译作有肖洛霍夫的小说《被开垦的处女地》《顿河故事》《一个人的遭遇》，莱蒙托夫的《当代英雄》，巴南连柯的《幸福》等。经 20 年努力，于 1997 年翻译完成《托尔斯泰小说全集》12 卷，成为以一己之力，把托尔斯泰全部小说直接从俄文翻译成他国语的第一人。1987 年获苏联“高尔基文学奖”。2006 年获俄罗斯“马克西姆·高尔基奖章”。2002 年被中国翻译协会授予“资深翻译家”荣誉称号。2014 年获上海文学艺术奖终身成就奖。其旧居位于复兴西路 34 号卫乐公寓。

周小燕（1917—2016）出生于武汉。花腔女高音歌唱家及美声声乐教育家，上海音乐学院终身教授，中国音乐家协会第八届顾问。民国二十四年（1935 年）考入上海国立音乐专科学校。民国二十七年（1938 年）赴巴黎学习声乐。民国三十四年（1945 年）10 月，经七年磨砺登上巴黎国家大剧院舞台，获得极大成功。1988 年 5 月，周小燕在上海音乐学院成立周小燕歌剧中心。因为在声乐艺术和声乐教学上的杰出贡献，先后荣获中国音乐家协会颁发的中国音乐艺术最高荣誉奖——金钟奖，法国政府授予的法国国家军官勋章，上海市政府授予的 2002 年文学艺术特殊贡献奖和 2003 年市政教育功臣奖。代表作品有《长城谣》《最后的胜利是我们的》《蚌壳》等，被赞誉为“中国之莺”。

第二节　先进集体

一、全国先进集体

收录1991至2016年，获全国先进集体称号共14项，其中湖南路街道13项。

表22-2-1　　全国先进集体

年　度	荣誉名称	获奖单位	颁发单位
2001—2005	全国婚育新风进万家活动先进集体	湖南路街道	中宣部、中央文明办、人口计生委、教育部、民政部、文化部、广电总局、全国总工会、共青团中央、全国妇联
2002	全国男性健康宣传教育试点社区先进单位	湖南路街道	中国人口文化促进会
2005	全国1%人口抽样调查先进单位	湖南路街道	国务院全国1%人口抽样调查领导小组办公室
2006	全国先进基层党组织	湖南社区(街道)工委	中共中央组织部
2006	全国和谐社区建设示范街道	湖南路街道	中国社会工作协会城区工作委员会
2007	“全国社区服务优秀项目奖”，社区文化、教育、体育服务：“一居一特”创新办学、襄阳特色文化广场	湖南路街道	中国社会工作协会社区服务工作委员会
2008	全国和谐社区建设自主创新先进街道	湖南路街道	中国社会工作协会城区工作委员会
2010	全国和谐社区建设示范社区	湖南路街道	
2011	全国工会优秀职工书屋	湖南路街道	中华全国总工会
2012	全国社区教育示范街道	湖南路街道	中国成人教育协会 社区教育专业委员会
2013	第一届全国“敬老文明号”	湖南社区老年人日间服务中心	全国老龄工作委员会
2014	全国创建学习型社区示范街镇	湖南路街道	
2014	全国科普示范社区	湖南路街道武康居委会	中国科协、财政部
2015	全国五四红旗团委	湖南社区(街道)团工委	共青团中央
2016	全国综合减灾示范社区	湖南路街道	国家减灾委员会、民政部

二、市级先进集体

表 22－2－2　　先进党组织

年　度	荣誉名称	获奖单位	颁发单位
2006	上海市先进基层党组织	湖南社区(街道)工委	中共上海市委
2007	上海市党员服务中心示范点称号	湖南社区党员服务中心	中共上海市委组织部
2016	楼宇党建工作指导站示范点	湖南路街道	中共上海市委组织部、中共上海市社会工作委员会

表 22－2－3　　先进街道办事处

年　度	荣誉名称	获奖单位	颁发单位
1996—1998	上海市先进街道办事处	湖南路街道办事处	上海市人事局、上海市民政局
2001	上海市先进街道办事处	湖南路街道办事处	上海市人事局、上海市民政局
2002—2005	上海市先进街道办事处	湖南路街道办事处	上海市人事局、上海市民政局
2016—2017	上海市诚信计量示范社(街)区	湖南路街道	上海市质量技术监督局

表 22－2－4　　先进居委会

年　度	荣誉名称	获奖单位	颁发单位
1996—1998	上海市先进居委会	湖南路街道武康居委会	上海市人事局、上海市民政局
2001	上海市先进居委会	湖南路街道武康居委会	上海市人事局、上海市民政局
1996—1998	上海市居委会建设达标街道	湖南路街道	上海市人事局、上海市民政局
2002—2005	上海市先进居委会	湖南路街道武康居委会	上海市人事局、上海市民政局

表 22－2－5　　精神文明建设

年　度	荣誉名称	获奖单位	颁发单位
1992	上海市文明小区	陕新、陕南	—
1992	上海市最佳文明街	淮海中路	—

续表一

年　度	荣誉名称	获奖单位	颁发单位
1996	上海市文明单位	湖南路街道	市文明办
1996	上海市文明小区	武康	—
1997	“七不”示范路段创建优胜奖	淮海中路	市文明办
1998	上海市文明社区	湖南路街道	市文明办
1997—1998	上海市文明小区	华康、兴国、武康、淮海、复永、乌中	市文明办
1999	上海市文明社区	湖南路街道	市文明办
2000	上海市文明社区	湖南路街道	市文明办
2000—2001	上海市文明社区	湖南路街道	上海市人民政府
1998—1999	上海市文明小区	湖南路街道武康、淮海、华康、兴国、乌中、永福、东湖小区	市文明办
2000	上海市文明小区	湖南路街道武康、淮海、华康、兴国、乌中、永福、东湖、新乐、复襄9个小区	上海市精神文明建设办公室
2001	上海市文明小区	武康、淮海、华康、兴国、乌中、永福、东湖、复襄、嘉丽苑、五原、安福11个小区	—
2002—2003	上海市文明示范标志区域	徐汇区淮海中路商务区(徐汇段)	上海市精神文明建设委员会
2002—2003	上海市文明社区	湖南路街道	上海市人民政府
2003	上海市文明小区	武康、淮海、华康、兴国、乌中、永福、东湖、复襄、嘉丽苑、五原、安福、鸿艺13个小区	—
2003—2004	上海市文明小区	鸿光	
2004—2005	上海市文明社区	湖南路街道	上海市人民政府
2004	上海市文明小区	武康、淮海、华康、兴国、乌中、永福、东湖、复襄、嘉丽苑、五原、安福、鸿艺、复中14个小区	—
2004	上海市文明示范标志区域	徐汇区淮海中路(徐汇段)	—
2005—2006	上海市文明小区	武康、淮海、华康、永福、嘉丽苑、安福、复中7个小区	—
2005—2006	上海市文明示范标志区域	徐汇区淮海中路徐汇段	上海市精神文明建设委员会

续表二

年　度	荣 誉 名 称	获 奖 单 位	颁 发 单 位
2006—2007	上海市文明社区	湖南路街道	上海市人民政府
2007—2008	上海市文明小区	湖南路街道 12 个	上海市精神文明建设委员会
2007—2008	上海市文明小区	湖南路街道 23 个	
2007—2008	上海市文明单位	湖南路街道 4 家	上海市精神文明建设委员会
2007—2008	上海市文明示范标志区域	徐汇区淮海中路商务区(徐汇段)	上海市精神文明建设委员会
2008—2009	上海市文明社区	湖南路街道	上海市人民政府
2009—2010	上海市文明小区	湖南路街道 26 个	—
2010—2011	上海市文明社区	湖南路街道	上海市人民政府
2011—2012	上海市文明小区	湖南路街道 22 个	—
2012—2013	上海市文明社区	湖南路街道	上海市人民政府
2013—2014	上海市文明小区 上海市文明单位	湖南路街道 12 个 湖南路街道社区事务受理服务中心	上海市精神文明建设委员会
2014—2015	上海市文明社区	湖南路街道	上海市人民政府
2015—2016	上海市文明小区	湖南路街道 10 个	—
2010	上海世博会志愿者服务优秀志愿者团队	湖南街道弄堂管理协会	—

表 22-2-6

社 区 建 设

年　度	荣 誉 名 称	获 奖 单 位	颁 发 单 位
2001—2003	上海市社区建设示范街道	湖南路街道	上海市民政局
2002	上海市社区建设模范居委会	兴武居委会等 6 个	—
2005	上海市社区建设模范街道	湖南路街道	上海市民政局
2005	上海市社区建设模范居委会	延庆、东湖、金波、春华、陕新、复中	上海市民政局
2005	上海市社区建设模范居委会	武康、东湖、淮海、复永、兴武、淮中、陕新、新乐	上海市民政局
2008	上海市和谐社区建设示范街道	湖南路街道	—

续表

年　度	荣誉名称	获奖单位	颁发单位
2008	上海市和谐社区建设示范居委会	街道武康、华康、兴武、安福、淮海、东湖	上海市民政局
2008	上海市居委会自治家园示范点	街道武康居委会	—
2012	上海社会建设十大创新项目	湖南路街道"社区小弄堂、共治大平台"	上海市社会建设委员会办公室 上海市社会建设研究室
2014	"社区小弄堂 共治大平台"案例荣获上海市第七届优秀公共关系案例评选银奖	湖南路街道	上海市公共关系协会

表 22-2-7　**社会治安综合治理**

年　度	荣誉名称	获奖单位	颁发单位
2000—2002	上海市社会治安综合治理先进集体	湖南路街道	上海市社会治安综合治理委员会、上海市人事局
2002	上海市安全小区	淮海居委会等 7 个	—
2006	上海市平安小区 上海市平安单位	8 个 辖区单位 13 家	上海市社会治安综合治理委员会
2007—2008	上海市社会治安综合治理先进集体	湖南路街道	上海市社会治安综合治理委员会、上海市人事局
2007	上海市平安小区/单位 徐汇区平安小区/单位	11 个/24 个 5 个/17 个	—
2008	上海市平安小区/单位 徐汇区平安小区/单位	15 个/26 个 1 个/8 个	—
2008—2009	上海市社会治安综合治理先进集体	湖南路街道	上海市社会治安综合治理委员会、上海市人事局
2009	上海市平安小区/单位 徐汇区平安小区/单位	15 个/24 个 1 个/9 个	—
2012—2013	上海市社会管理综合治理先进集体	湖南路街道综治委	上海市社会管理综合治理委员会、上海市人力资源和社会保障局、上海市公务员局
2010	上海市优秀平安志愿者服务队	湖南路街道平安志愿者服务队	上海市社会治安综合治理委员会办公室

续表一

年　度	荣誉名称	获奖单位	颁发单位
2011	上海市平安小区/单位 徐汇区平安小区/单位	15个/1个 22个/7个	—
2008	上海市平安社区	湖南路街道	
2011	上海市平安社区	湖南路街道	上海市社会治安综合治理委员会
2012	上海市平安社区	湖南路街道	上海市社会管理综合治理委员会
2013	上海市平安社区	湖南路街道	上海市社会管理综合治理委员会
2012	上海市平安示范小区/单位 徐汇区平安示范小区/单位 上海市平安小区/单位 徐汇区平安小区/单位	12个/5个 — 3个/17个 1个/6个	—
2013	上海市社区综合协管队先进集体	湖南路街道社区综合协管队	上海市人口综合服务和管理领导小组办公室
2013	上海市平安志愿服务工作先进集体	湖南路街道	上海市社会管理综合治理委员会办公室、上海市平安志愿者总队
2013	上海市平安示范小区/单位 徐汇区平安示范小区/单位 上海市平安小区/单位 徐汇区平安小区/单位	—/18个 11个/7个 — 5个/5个	—
2014	上海市平安示范社区 上海市平安示范单位	湖南路街道 湖南路街道18个	上海市社会治安综合治理委员会
2014	上海市平安示范小区/单位 徐汇区平安示范小区/单位 上海市平安小区/单位 徐汇区平安小区/单位	—/18个 14个/6个 — 2个/5个	—
2014	上海市平安志愿服务工作先进集体	湖南路街道弄管会	上海市社会治安综合治理委员会、上海市平安志愿者总队
2015	上海市平安示范社区	湖南路街道	上海市社会治安综合治理委员会
2016	上海市平安示范社区	湖南路街道	上海市社会治安综合治理委员会

续表二

年　度	荣誉名称	获奖单位	颁发单位
2006	上海市"四五"法制宣传教育先进集体	湖南路街道	中共上海市委宣传部、上海市人事局、上海市司法局、上海市法制宣传教育联席会议办公室
2006—2010	上海市法制宣传教育先进集体	湖南路街道	中共上海市委宣传部、上海市人力资源和社会保障局、上海市司法局、上海市公务员局、上海市法制宣传教育联席会议办公室
2010	上海市司法行政系统先进集体	湖南社区司法所	上海市司法局
2013	社区知识产权保护长效机制试点工作成绩突出表彰	湖南路街道	上海市知识产权联席会议办公室
2015	上海市社区综合协管队先进集体	湖南路街道社区综合协管队	上海市人口综合服务和管理领导小组办公室
1997—1998	上海市人民调解工作先进集体	春华居委	—
2003—2004	上海市优秀人民调解委员会	湖南路街道人民调解委员会	上海市人事局、上海市司法局
2005—2007	上海市人民调解工作先进集体	湖南路街道人民调解委员会	上海市人事局、上海市司法局
2008—2010	上海市人民调解工作先进集体、优秀人民调解委员会	湖南路街道人民调解委员会	上海市司法局、上海市人力资源和社会保障局、上海市公务员局
2011	上海市优秀人民调解委员会	湖南路街道人民调解委员会	上海市司法局、上海市人力资源和社会保障局、上海市公务员局
2011—2013	优秀人民调解委员会	街道淮海居委会人民调解委员	—
1999	上海市"三无信访"达标单位	湖南路街道	上海市委 上海市政府信访办
2001—2002	上海市同邪教组织斗争中荣获优秀专项工作奖	湖南路街道	上海市防范和处理邪教问题办公室
2004	上海市防范和处理邪教工作防范控制先进集体	湖南路街道	上海市防范和处理邪教问题办公室
2005—2006	上海市防范和处理邪教工作先进集体	湖南路街道社会治安综合治理办公室	上海市防范和处理邪教问题办公室

续表三

年　度	荣 誉 名 称	获 奖 单 位	颁 发 单 位
2012	上海市反邪教优秀社区	湖南路街道	中共上海市委防范和处理邪教问题领导小组办公室 上海市社会管理综合治理委员会办公室
2013	上海市反邪教优秀社区	湖南路街道	中共上海市委防范和处理邪教问题领导小组办公室 上海市社会管理综合治理委员会办公室
2014	上海市反邪教优秀社区	湖南路街道	中共上海市委防范和处理邪教问题领导小组办公室 上海市社会管理综合治理委员会办公室
2015	上海市反邪教优秀社区	湖南路街道	中共上海市委防范和处理邪教问题领导小组办公室 上海市社会管理综合治理委员会办公室
2016	上海市反邪教优秀社区	湖南路街道	中共上海市委防范和处理邪教问题领导小组办公室 上海市社会管理综合治理委员会办公室
2006—2007	上海市禁毒工作示范社区	湖南路街道	上海市人事局、上海市禁毒委员会
2010—2011	上海市禁毒工作示范社区	湖南路街道	上海市禁毒委员会、上海市人力资源和社会保障局、上海市公务员局
2012—2013	上海市禁毒工作示范社区	湖南路街道	上海市禁毒委员会
2014	上海市禁毒工作示范社区	湖南路街道	上海市禁毒委员会
2010	第五届上海市网上禁毒知识竞赛组织奖	湖南路街道	上海市禁毒委员会办公室、上海市青少年保护委员会办公室、上海市中小学幼儿教师奖励基金会
2014—2015	上海市禁毒工作先进集体	湖南路街道	上海市禁毒委员会、上海市人力资源和社会保障局
2011—2015	上海市刑满释放人员安置帮教工作先进单位	湖南路街道	上海市综治委刑满释放人员安置帮教工作领导小组
2016	上海市禁毒工作示范社区	湖南路街道	上海市禁毒委员会

表 22-2-8　　**民 政 工 作**

年　度	荣 誉 名 称	获 奖 单 位	颁 发 单 位
1998—1999	上海市民政工作全优街道	湖南路街道	上海市民政局
1997	上海市重点工程实事立功竞赛优秀集体	湖南路街道民政科	—
1997—2000	上海市重点工程实事立功竞赛优秀集体	湖南路街道	上海市重点工程实事立功竞赛民政赛区领导小组
	上海市重点工程实事立功竞赛民政赛区优秀集体	湖南路街道办事处民政科	—
1999	上海市重点工程实事立功竞赛民政赛区优秀集体	湖南路街道办事处民政科	上海市重点工程实事立功竞赛民政赛区领导小组
2006	上海市重点工程实事立功竞赛优秀集体	湖南路街道轨道交通动迁指挥部	上海市重点工程实事立功竞赛领导小组
2013	上海市重大工程立功竞赛优秀集体	湖南路街道	上海市重点工程实事立功竞赛领导小组
1997	上海市牛奶管理优秀集体	湖南路街道	上海市爱国卫生委员会
2000	上海市牛奶管理优秀集体	湖南路街道	上海市爱国卫生委员会
2006	有线电视网络管理工作优胜单位	湖南路街道管理站	东方有线网络有限公司
1999—2000	上海市社区事务受理“一门式”服务达标街道	湖南路街道	上海市民政局
1999—2000	上海市社会救助工作先进集体	湖南路街道	上海市社会保障工作协调小组、上海市民政局
2000—2003	副食品补发管理工作先进单位	湖南路街道	上海市市粮食局
2003—2004	上海市“7259”帮老助残活动先进集体	湖南路街道	市府残疾人工作协调委员会、市文明办、市民政局等
2004	上海市特困老人助养助医工作先进单位	湖南路街道	市老龄委、市卫生局、市红十字会等
2008	“5.12”地震抗震救灾先进集体	湖南路街道红十字会	上海市红十字会
2012	上海市残疾人之家	湖南路街道残疾人之家	上海市残疾人联合会、上海市人力资源和社会保障局、上海市公务员局

续表

年 度	荣誉名称	获奖单位	颁发单位
2013	阳光读书会	徐汇区湖南路街道残疾人光明之家读书会	上海市振兴中华读书指导委员会办公室、上海市残疾人读书指导委员会
2002—2003	慈善工作先进单位	湖南路街道	上海市慈善基金会

表 22-2-9

统战、侨务、老干部工作

年 度	荣誉名称	获奖单位	颁发单位
1996	上海市社区侨务工作先进单位	湖南街道党工委	上海市人民政府侨务办公室 上海市民政局
1997	上海市侨联先进联络组	湖南路街道侨联联络组	上海市归国华侨联合会
1998	上海市社区侨务工作先进单位	湖南路街道	市侨办、侨联、市民政局
1999—2001	上海市社区侨务工作先进单位	湖南路街道	市侨办、市民政局
2000	上海市社区侨务工作先进集体	湖南路街道	—
2002	上海市民族联工作先进集体	湖南路街道	—
2002	上海市社区侨务工作先进单位	湖南路街道	市侨办
2006	上海市创建民族团结进步优秀社区	湖南路街道	上海市民族和宗教事务委员会
2008	上海市民族团结进步优秀社区	湖南路街道	上海市民族和宗教事务委员会
2009	上海市民族团结进步优秀街道	湖南路街道	上海市民族和宗教事务委员会
2010	上海市侨务信访先进集体	湖南路街道	上海市人民政府侨务办公室
2010—2012	上海市民族团结进步优秀社区	湖南路街道	上海市民族和宗教事务委员会
1997	上海市离休支部先进集体	湖南路街道	—
1998	上海市离休支部先进集体	湖南路街道	中共市委组织部市老干部局
2002—2003	社区老干部工作示范点	湖南路街道	中共市委组织部市老干部局
2004	上海市社区老干部工作示范点 上海市居民区老干部工作示范点	湖南路街道 复永居民区	中共市委组织部、市老干部局、市卫生局、市民政局
2008	社区老干部工作示范点 居民区老干部工作示范点	湖南路街道 湖南路街道华康居民区、湖南路街道安福居民区	中共上海市委组织部、中共上海市委老干部局、上海市卫生局、上海市民政局、上海市医疗保险办公室

续表

年　度	荣 誉 名 称	获 奖 单 位	颁 发 单 位
2013	上海市“五好”基层关工委先进集体	湖南社区(街道)关工委	—
2013	上海市三星级“侨之家”	街道侨联	—
2015	上海市四星级“侨之家”	街道侨联	
2015	上海市民族团结进步社区先进集体	湖南路街道	上海市民政局
2013	上海市“五好”基层关工委先进集体	湖南社区(街道)关心下一代工作委员会	上海市关心下一代工作委员会、中共上海市委老干部局
2013—2015	上海市民族团结进步先进集体	湖南路街道	上海市民族和宗教事务委员会、上海市人力资源和社会保障局
2016	上海市民族团结进步先进集体	湖南路街道	上海市民族和宗教事务委员会、上海市人力资源和社会保障局

表 22-2-10　**老 龄 工 作**

年　度	荣 誉 名 称	获奖单位	颁 发 单 位
2004	上海市老龄工作先进集体、上海市老干部工作示范街道	湖南路街道	上海市老龄工作委员会办公室
2003	支持社区老年福利事业，捐款人民币一万元	湖南路街道	上海市老年基金会
2005	支持徐汇区老年福利事业捐款人民币一万元	湖南路街道	上海市老年人基金会
2007	上海市老年教育先进集体单位	湖南路街道老年学校	上海市老年教育协会
2012	上海市第五届敬老爱老助老主题教育活动先进集体、上海市敬老模范单位	湖南路街道特需服务社	上海市老龄工作委员会办公室、上海警备区政治部、上海市民政局、上海市教育委员会、上海市文化广播影视管理局、共青团上海市委员会、上海市妇女联合会、上海市关心下一代工作委员会、上海市老年基金会

表 22-2-11　**市容、绿化**

年　度	荣 誉 名 称	获奖单位	颁 发 单 位
1992	上海市植树绿化先进单位	湖南路街道	—
1995—1996	上海市绿化先进集体	湖南路街道	上海市绿化管理局

续表

年　度	荣 誉 名 称	获 奖 单 位	颁 发 单 位
1996	上海市市容环境卫生红旗街道先进集体	湖南路街道	—
			—
2005—2006	上海市绿化行业“三位一体”管理先进单位	湖南路街道	上海市绿化管理局(市林业局)精神文明建设委员会
2009	上海市环境整治贡献奖、迎世博贡献奖——环境整治贡献奖	湖南路街道	—

表 22 - 2 - 12　　**环　　保**

年　度	荣 誉 名 称	获 奖 单 位	颁 发 单 位
1998	大气污染物排放达标社区	湖南路街道	上海市环保局
1999	环境噪声达标街道	湖南路街道	上海市环保局
2001	上海市基本无燃煤街道	湖南路街道	—
2006	上海市扬尘污染控制街道	湖南路街道	上海市环境保护局
2009	上海市环境整治贡献奖、迎世博贡献奖——环境整治贡献奖	湖南路街道	—
2011	市级绿色环保小区	武康居委会中南新村	—
2012	上海市市容环境管理示范街道	湖南路街道	—
2014	上海市无烟单位	湖南路街道	上海市控制吸烟协会
2015	上海市无烟单位	湖南路街道	上海市控制吸烟协会

表 22 - 2 - 13　　**文化、科普、教育、学习、未成年保护**

年　度	荣 誉 名 称	获 奖 单 位	颁 发 单 位
1992	上海市优秀家长学校	湖南路街道家长学校	—
1996	上海市优秀家长学校	湖南路街道家长学校	—
1997	上海市社区教育先进集体	湖南路街道	市教委、市社区教育协会

续表

年　度	荣誉名称	获奖单位	颁发单位
1998	上海市优秀家长学校	湖南路街道家长学校	上海市妇女联合会、上海市教育委员会、上海市总工会、上海市卫生局、上海市中小学幼儿教师奖励基金会、上海市儿童少年活动基金会
2002	上海市优秀家长学校	湖南路街道家长学校	市文明办、市妇联、卫生局等
1998—1999	上海群众性青年文体工作先进集体	湖南路街道青年工作委员会	共青团上海市委员会
2000	上海市家庭教育指导实验基地	湖南路街道	上海市教科院
2000—2001	上海市社区歌咏大赛决赛(大合唱)二等奖	湖南路街道	市文明办、市文化广播影视管理局
2002—2003	上海市社区教育先进集体	湖南路街道	市教委、市社区教育协会
2006—2007	上海市学习型家庭示范户	湖南路街道：贺伟、邢学勤家庭	上海市家庭文明建设协调小组
2006	上海市“百万家庭学礼仪”系列学习活动优秀教学点	湖南路街道	上海市“百万家庭学礼仪”系列学习活动领导小组
2008年、2010年、2012年、2014年	上海市社区教育示范街道	湖南路街道	—
2010	上海市示范性老年学校	街道老年学校	—
2010	上海市创建学习型社区示范街镇	湖南路街道	—
2010	上海市群众文化工作先进集体	湖南路街道	上海市群众文化奖励基金理事会
2014	上海科技活动周先进集体	湖南路街道	全国科技活动周(上海)组委会办公室
2001—2003	上海市青少年保护工作先进集体	湖南路街道办事处	上海市青少年保护委员会、上海市中小学幼儿教师奖励基金会
2007	上海市未成年人暑期工作特色项目	“留下成长足迹”学生成长档案夏令营活动	—
2014—2017	上海市未成年人保护工作先进集体	湖南路街道	—

表 22-2-14

妇 联

年 度	荣 誉 名 称	获 奖 单 位	颁 发 单 位
1997—1998	上海市“三八”红旗集体	湖南路街道妇女联合会	上海市妇女联合会
1999—2000	上海市“三八”红旗集体	湖南路街道妇女联合会	上海市妇女联合会
2001—2002	上海市“三八”红旗集体	湖南路街道妇女联合会	上海市妇女联合会
1999—2000	上海市社区服务巾帼示范点	湖南路街道	上海市妇女联合会
2001—2003	上海市社区妇女工作特色示范点 上海市示范性社区亲子俱乐部	湖南路街道 湖南路街道	上海市妇女联合会
2015—2016	上海市“三八”红旗集体	湖南路街道妇女联合会	上海市妇女联合会、上海市人力资源和社会保障局

表 22-2-15

共青团、工会

年 度	荣 誉 名 称	获 奖 单 位	颁 发 单 位
1998—1999	上海市社区共青团工作特色集体	湖南路街道	共青团上海市委员会
2011	上海市模范职工之家	湖南社区总工会	上海市总工会
2011	上海市优秀居民区、村、青年中心团建工作优秀项目奖	湖南社区青年志愿者“爱心银行”	共青团上海市委员会
2013	上海市青年五四奖章集体	湖南社区“爱心银行”新青年服务队	共青团上海市委员会、上海市人力资源与社会保障局、上海市公务员局
2014	上海市五四特色团委	湖南路街道	共青团上海市委员会
2014	上海市五四红旗团委标兵	湖南社区(街道)团工委	共青团上海市委员会
2015	上海市基层服务型团组织示范点	湖南社区(街道)团工委	共青团上海市委员会

表 22-2-16

卫生、健康、运动

年 度	荣 誉 名 称	获 奖 单 位	颁 发 单 位
1991	上海市二级卫生街道	湖南路街道	—
1991	上海市二级除害服务站	湖南路街道	—

续表一

年　度	荣 誉 名 称	获 奖 单 位	颁 发 单 位
1993	上海市级卫生街道	湖南路街道	—
1993	红旗街道	湖南路街道	—
1997	上海市职工体育先进单位	湖南路街道	—
1999	上海市一级卫生街道	湖南路街道	上海市爱国卫生运动委员会
1999	上海市一级除害服务站	湖南路街道	上海市爱国卫生运动委员会
2000	上海市灭蚊蝇百日竞赛优胜街道	湖南路街道	上海市爱国卫生运动委员会
2000	上海市社区体育健身设施实事工程先进集体	湖南路街道	上海市体育局
2000	全民健身工程优秀集体	湖南路街道全民健身工程领导小组	上海市重点工程实事立功竞赛领导小组
2001—2002	上海市爱国卫生先进单位	湖南路街道	上海市爱国卫生运动委员会
2001—2002	上海市爱国卫生先进单位	南昌路集市	上海市爱国卫生运动委员会
2009	上海市健康单位先进	湖南路街道辖区 上海市卫生局卫生监督所 上海铭源实业集团有限公司	上海市爱国卫生运动委员会
2009—2011	上海市健康社区先进	湖南路街道	上海市爱国卫生运动委员会
2010	服务“中国 2010 上海世博会”组织奖	湖南路街道红十字会	上海市红十字会
2011	上海市建设健康城市健康社区先进集体	湖南路街道	上海市爱国卫生远动委员会、上海市健康促进委员会
2012	上海市建设健康城市健康社区先进集体	湖南路街道	上海市爱国卫生远动委员会、上海市健康促进委员会
2013	上海市建设健康城市健康社区先进集体	湖南路街道	上海市爱国卫生远动委员会、上海市健康促进委员会
2014	上海市建设健康城市健康社区先进集体	湖南路街道	上海市爱国卫生远动委员会、上海市健康促进委员会
2015	上海市建设健康城市健康社区先进集体	湖南路街道	上海市爱国卫生远动委员会、上海市健康促进委员会
2012	上海市食品安全百日整治立功竞赛先进集体	湖南路街道	上海市食品安全委员

续表二

年　度	荣 誉 名 称	获 奖 单 位	颁 发 单 位
2012	上海市食品安全示范街道	湖南路街道	—
1995—1996	上海市计划生育先进集体	湖南路街道	—
1996—1998	上海市计划生育协会先进集体	湖南路街道	上海市计划生育协会
1997—1998	上海市计划生育工作先进集体	湖南路街道	上海市计划生育委员会
2000	上海市社会计划生育生殖保健优质服务示范单位	湖南路街道	上海市人口和计划委员会
1999—2001	上海市计划生育协会先进集体	湖南路街道	上海市计划生育协会
1999	上海市社区计划生育生殖保健优质服务示范单位	湖南路街道	上海市计划生育委员会
2001—2003	上海市社区计划生育生殖保健优质服务示范单位	湖南路街道	上海市计划生育委员会
2001—2002	上海市人口与计划生育工作先进集体	湖南路街道	—
2002—2003	上海市计划生育协会先进集体	湖南路街道	市计生协会
2002—2003	上海市人口与计划生育工作先进集体	湖南路街道	市计生协会
2003—2004	上海市人口与计划生育工作先进集体	湖南路街道	上海市人事局、上海市人口和计划生育委员会
2005—2006	上海市人口和计划生育工作先进集体	湖南路街道	上海市人事局、上海市人口和计划生育委员会
2009	上海市社区优生优育指导服务示范单位	湖南路街道	上海人口和计划生育委员会

表 22－2－17　　**双拥、消防、国防**

年　度	荣 誉 名 称	获 奖 单 位	颁 发 单 位
2001	上海市消防工作先进单位	湖南路街道	上海市防火安全委员会
2001	上海市防火工作先进单位	街道防火委员会	上海市消防安全委员会
2007	消防先进集体	湖南路街道	—
1996—1999	上海市拥军优属模范街道	湖南路街道	上海市拥军优属拥政爱民模范先进命名表彰大会秘书处

续表

年　度	荣誉名称	获奖单位	颁发单位
1997	“上海市双拥一条街”	徐汇区淮海中路	—
2000	上海市拥军优属模范街道	湖南路街道	中共市委、市政府、上海警备区
2002—2003	拥军优属模范街道	湖南路街道	中共市委、市政府、上海警备区
2004—2006	上海市拥军优属模范街道	湖南路街道	—
2005—2006	上海市军民共建社会主义精神文明先进集体	中国人民武装警察部队上海市总队司令部警勤中队（湖南路街道辖区）	上海市人民政府
2007—2008	上海市军民共建社会主义精神文明先进集体	武警上海市总队司令部警勤中队（湖南路街道辖区）	—
2007—2008	上海市拥军优属模范街道	湖南路街道	中共上海市委 上海市人民政府 上海警备区
2007—2008	第十四届上海市军民共建社会主义精神文明先进集体	武警上海市总队司令部警勤中队（湖南路街道）	上海市精神文明建设委员会
2007—2008	第十四届上海市军民共建社会主义精神文明先进集体	武警上海市总队司令部警勤中队（湖南路街道）	上海市人民政府
2012	上海市拥军优属模范街道	湖南路街道	中共上海市委 上海市人民政府 上海警备区
1996—1999	上海市爱国拥军模范街道	湖南路街道	—
2000—2003	上海市爱国拥军模范街道	湖南路街道	—
2004　2007	上海市爱国拥军模范街道	湖南路街道	—
2008—2011	上海市爱国拥军模范街道	湖南路街道	—
2012—2015	上海市爱国拥军模范街道	湖南路街道	—
2016	上海市爱国拥军模范街道	湖南路街道	中共上海市委 上海市人民政府 上海警备区
2016	上海市拥军优属模范街道	湖南路街道	中共上海市委 上海市人民政府 上海警备区

表 22-2-18

其　他

年　度	荣誉名称	获奖单位	颁发单位
1997	全国第一次基本单位普查上海市先进集体	湖南路街道基本单位普查办公室	徐汇区第一次基本单位普查办公室
1999—2000	上海市第六届物价计量信得过单位(1999—2000)金奖	南昌路集贸市场	市物价局、市技监局、市商委、市总工会、解放日报、市消费者协会
2004	上海市第七届价格计量信得过单位	南昌路集贸市场	市物价局、市技监局、市商会、市总工会等
2004	烟草专卖社区化管理先进街道	湖南路街道	上海市烟草专卖局
2012	上海市工商联思想政治工作先进基层商会	徐汇区工商联湖南路街道商会	上海市工商业联合会、上海市商会

第三节　先 进 个 人

一、全国先进个人

1991 至 2016 年，获全国先进个人称号共 4 人次。

表 22-3-1

全国先进个人

姓　名	单位职务	获奖名称	获奖年份	颁奖单位
周美华	湖南路街道	徐汇区第一次基本单位普查全国先进个人	1997	徐汇区第一次基本单位普查办公室 1997 年 12 月 29 日 (徐统发(1997)18 号)
眭忠诠、祝尔纯夫妇	湖南路街道华康居委会居民	“我推荐，我评议身边好人”活动入选“中国好人榜”	2015	中央文明办
孙文妍家庭	湖南路街道居民家庭	第十届全国“五好”文明家庭	2014—2016	徐汇区家庭文明建设协调小组

二、市级先进个人

1991 至 2016 年，获市级先进个人称号共 59 人次。

表 22-3-2　　**市级先进个人**

姓　名	单位职务	获 奖 名 称	获奖年份	颁 奖 单 位
李莎	湖南路街道华康居委会主任	上海市先进居委会主任	1996—1998	1996—1998 年度上海市先进街道办事处、先进街道办事处主任、先进居民委员会、先进居民委员会主任 光荣册
吴德虎	湖南路街道春华居委会主任	上海市先进居委会主任	1996—1998	1996—1998 年度上海市先进街道办事处、先进街道办事处主任、先进居民委员会、先进居民委员会主任 光荣册
钟淑芳 高中潾 乐秀佩 陶秀筠		上海市侨联优秀联络员	1997	上海市归国华侨联合会
郑芝华	湖南路街道办事处副主任	计划生育工作先进工作者	1997—1998	上海市计划生育委员会
汪文华、吴懿		徐汇区第一次基本单位普查上海市先进个人	1997	徐汇区第一次基本单位普查办公室 1997 年 12 月 29 日 (徐统发(1997)18 号)
赵汶	湖南路街道办事处党工委书记	上海市“爱心献功臣行动”先进个人	2000	上海市双拥工作领导小组、上海市民政局
罗雅敏	湖南路街道人口计生综合服务站工作人员	上海市人口与计划生育工作先进工作者	2003—2004	上海市人事局、上海市人口和计划生育委员会
余止湖	湖南路街道办事处主任	上海市精神文明建设优秀组织者	2004—2005	上海市徐汇区精神文明建设委员会
李明明	湖南路街道办事处淮海居委会主任	先进居委会主任	2002—2005	上海市人事局、上海市民政局
杜冬侠	湖南路街道办事处东湖居委会主任	先进居委会主任	2002—2005	上海市人事局、上海市民政局
张惠芬	湖南路街道淮海居委会干部	上海市人口和计划生育先进工作者	2005—2006	上海市人事局、上海市人口和计划生育委员会

续表一

姓 名	单位职务	获奖名称	获奖年份	颁奖单位
祭玉荣	湖南路街道华康居委会干部	上海市“平安家庭”创建活动优秀组织者	2006—2007	上海市“平安家庭”创建活动工作小组
陈文沁、丁国良家庭	湖南路街道居民家庭	上海市“五好”文明家庭荣誉户	2006—2007	上海市家庭文明建设协调小组
王荣耀、陈凡家庭	湖南路街道居民家庭	上海市“五好”文明家庭	2006—2007	上海市家庭文明建设协调小组
贺伟、邢学勤家庭	湖南路街道居民家庭	上海市学习型家庭示范户	2006—2007	上海市家庭文明建设协调小组
陈孝瑞	湖南路街道华康居委	上海市优秀志愿者	2007	
贺伟家庭	湖南路街道居民家庭	上海市“五好”文明家庭	2008—2009	
徐军家庭	湖南路街道居民家庭	上海市“五好”文明家庭	2008—2009	
胡秀芳	湖南路街道志愿者总队	上海市志愿者活动优秀组织者	2009	
王曙		上海市关心下一代工作先进工作者	2010	
方芳	湖南路街道办事处	世博园区、城市志愿服务站点 上海世博会优秀志愿者	2010	
李康	湖南路街道办事处	世博园区、城市志愿服务站点 上海世博会优秀志愿者	2010	
董旻雯	湖南路街道办事处	世博园区、城市志愿服务站点 上海世博会优秀志愿者	2010	
徐赟慧	湖南社区文化活动中心	世博园区、城市志愿服务站点 上海世博会优秀志愿者	2010	
方幼玉	湖南社区(街道)	平安世博志愿服务行动 上海世博会优秀志愿者	2010	
姚文斌	湖南街道办事处	平安世博志愿服务行动 上海世博会优秀志愿者	2010	

续表二

姓　名	单位职务	获奖名称	获奖年份	颁奖单位
谢承欢	湖南街道综治办	平安世博志愿服务行动 上海世博会志愿者工作先进个人	2010	
陈立昌	湖南街道	交通文明志愿服务行动 上海世博会优秀志愿者	2010	
王心睿	湖南街道	清洁城市志愿服务行动 上海世博会优秀志愿者	2010	
张思英	湖南街道	社区志愿服务行动 上海世博会优秀志愿者	2010	
张佳妮	湖南街道	社区志愿服务行动 上海世博会优秀志愿者	2010	
贺伟家庭	湖南路街道复永居民区	上海市"五好"文明家庭荣誉户	2010—2011	上海市家庭文明建设协调小组
屈晓丹家庭、赵长芬家庭	湖南路街道淮海居民区、复襄居民区	上海市"五好"文明家庭	2010—2011	上海市家庭文明建设协调小组
孙健飞、宋涛、张蓉、祝恽、董添翼	湖南路街道	第六次全国人口普查先进个人	2011	上海市统计局
梁光明、徐钦珊、李岳林、方幼玉	湖南路街道	上海市"亚信峰会"优秀平安志愿者	2014	徐汇区社会治安综合治理委员会
贾晓漪、林军伟	湖南路街道	上海市"优秀平安志愿者"	2014	徐汇区社会治安综合治理委员会
方幼玉、陆华康家庭；秦桂花、卢钢家庭	湖南路街道居民家庭	上海市"五好"文明家庭	2014—2015	徐汇区家庭文明建设协调小组 上海市家庭文明建设协调小组
黄智勇、方朝华家庭	湖南路街道居民家庭	上海市学习型家庭示范户家庭	2014—2015	徐汇区家庭文明建设协调小组 上海市家庭文明建设协调小组
黄智勇		上海市关心下一代先进工作者	2015	

第四节　辖区居民全国、部、市(省区)劳动模范获得者

1956至2015年，湖南路街道被评为全国及上海市(省部级)劳动模范、先进生产(工作)者共有18人。

表22-4-1　湖南路街道被评为全国及上海市(省部级)劳动模范、先进生产(工作)者

姓　名	性别	居住小区名称	荣　誉　称　号	授予时间
金咸翊	男	复中小区	上海市劳动模范	1956年
李宏德	男	兴武小区	全国劳动模范	1957年
刘荣江	男	淮中小区	上海市劳动模范	1959年
杜功一	男	延庆小区	上海市先进生产(工作)者称号	1962年
李修梧	男	新乐小区	上海市先进生产(工作)者称号	1976年
			上海市先进生产(工作)者称号	1977年
			上海市先进生产(工作)者称号	1978年
沈如林	男	安福小区	上海市先进生产(工作)者奖章	1978年
			上海市劳动模范	1979年
			上海市劳动模范	1981年
应洪寿	男	新乐小区	交通部颁发的“发展交通　当好先行”奖状	1978年
刘经昌	男	张家弄小区	上海市劳动模范	1981年
戴小妹	女	兴武小区	安徽省劳动模范	1982年
奚传隽	男	淮海小区	上海市劳动模范	1985年
竺忆民	男	东湖小区	上海市劳动模范	1991年
叶俊雄	男	金波小区	全国卫生系统先进工作者	1992年
郁慕仪	女	金波小区	青海省劳动模范	1994年
王宗瑜	女	延庆小区	上海市劳动模范	1995年

续表

姓　名	性别	居住小区名称	荣　誉　称　号	授予时间
张家澄	男	淮海小区	上海市劳动模范	2000 年
董　伟	男	金波小区	上海世博会先进个人	2010 年
吴　正	女	新乐小区	全国劳动模范	2010 年
施广军	男	新乐小区	上海市劳动模范	2015 年

专记一　金相邻

"金相邻"居民自治工作站位于湖南路街道东湖居委会，成立于2011年8月。从最初的帮困扶老工作站，逐步成长为"金相邻"居民自治工作站。在社区老年人口逐年增多、社会养老资源稀缺、家庭的照护功能弱化的情况下，使居家养老的老年人得到有效的关照，有质量地颐养天年。

一、开展"金相邻"工作的背景

上海是国内最早步入老年社会的城市，也是老龄化程度最高的城市。湖南路街道老龄化人口比率高于上海整体水平。2010年上海市总人口1 412.32万人，60岁及以上人口331.02万人，老龄人口比率23.4%；徐汇区总人口91.09万，60岁及以上人口22.47万，老龄人口比率24.7%；湖南路街道总人口5.02万，60岁及以上人口1.5万，老龄人口比率已经超过30%，高于上海市平均水平6个百分点，高于徐汇区5个百分点。截至2015年年底，上海60岁及以上老年人口达到435.95万人，占户籍人口的30.2%，首次突破百分之三十的关口；80岁及以上高龄老人共78.05万人，占老年人口的17.9%，占户籍总人口的5.4%；上海人口老龄化趋势加重。与此同时，随着独生子女父母成为老年人群主体，"纯老家庭"现象愈加明显。就区域来说，老城区、老小区的老龄化、高龄化、纯老化问题更是凸显，居民的养老问题成为社区服务与治理的关键所在。

2010年上海市、徐汇区、湖南路街道人口构成情况

地　区	合计(万人)	60岁及以上(万人)	老龄人口比率(%)
上海市	1 412.32	331.02	23.44
徐汇区	91.09	22.47	24.67
湖南路街道	5.02	1.5	30.08

东湖居委会所辖居民区正是典型的"三老社区"(老城区、老小区、老龄化水平高)。2010年数据显示，东湖居委会户籍人口3 675人，老龄化比率达32.8%，其中60岁及以上1 207人，65岁及以上884人，老干部45人，平均年龄83.5岁，都处于高峰期。据2015年最新数据显示，60岁及以上的老年人口1 451人，占总人口的39.5%；80岁及以上的老人340人，占老年人口的23.4%，占总人口的9.3%。其中230人是独

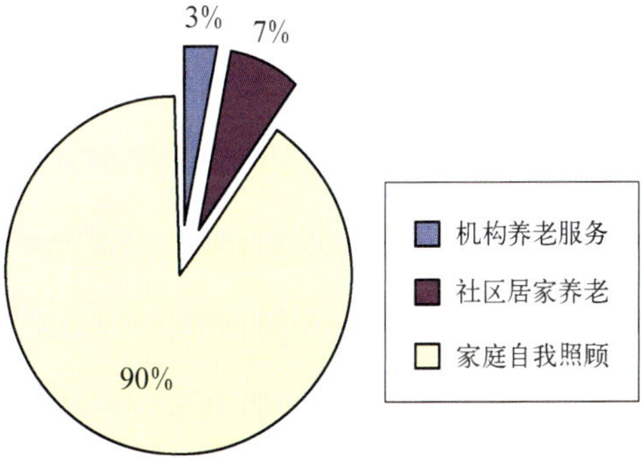

9073养老模式图

居老人,占所有老年人口的19.1%。如果考虑年轻人大多"人户分离"的情况,实际的户籍人口老龄化问题更为严重。以家庭自我照顾为主的居家养老模式已不适应新的需要,亟待改进。

社区老年人逐年增多,而社会养老资源又极其稀缺,家庭照护功能持续弱化,基于此,2011年8月1日,东湖居民区帮困扶老工作站宣布成立,是东湖居民区居民自发组建的公益性、志愿性、民间性自治工作机构。之后又以"金相邻"命名,寓意"金相邻,银亲眷,远亲不如近邻"。该机构由居民区党组织领导,居委会推动,驻区单位共同参与,着重解决独居、大重病、残疾人和老干部家庭因政策救助不足而导致的生活问题。"金相邻"初心不改,不仅一直扎扎实实地开展帮困扶老工作,而且通过不断壮大的志愿服务活动发展成为居民自治工作站,成为居民自我组织、自我服务的成功典范。

二、"金相邻"推进工作的举措

东湖居委会"金相邻"工作站在居民区党组织的领导下,居委会推动、组织实施扶老关爱工作站建立和运作。2016年,"金相邻"居民自治工作站共9位成员,由8位刚刚退休不久的"年轻"老人和1位居民区共建单位代表组成,其中三分之二以上是党员。作为"金相邻"的核心层,他们9人牵手东湖居民区7个弄管会的60余名成员和100余名志愿者,与老人结对帮扶,形成居民区为老服务网络。"金相邻"居民自治工作站的前期重点是帮困扶老,后期则逐渐转移到居民自治上来,它不仅是单纯的为老服务平台,同时也是信息和情感交流的平台、社区治理的平台、甚至是议事协商的平台。"金相邻"一方面加强组织自身建设,通过理顺组织架构、建立工作制度、动员社区资源提高组织的动员和服务能力;一方面开展帮困扶老工作,通过关爱高龄老人、帮助困难家庭、组织交往活动打造老年人守望相助的"熟人社区"。

成员事迹案例

1951年出生的孙晓飞2001年从原工作单位东湖电器厂退休后,就从事志愿服务工作。2011年8月,"金相邻"居民自治工作站成立后,她毅然担任站长一职,克服各种困难,带领全体组员一起开展"金相邻"居民自治工作。曾当过工会干部的她,深知"退休老人就是爱与人谈心聊天,还希望能被别人理解。"于是,成立之初,她和"金相邻"其他成员从调查摸底入手,将东湖居民区的943名老人梳理了一遍,并为109名80岁以上的高龄老人建立"一人一卡"档案,根据老人需求分门别类,提供特需帮困、精神抚慰等个性化服务。至今,孙晓飞从事志愿服务工作已经15年,已成为东湖居民区家喻户晓的"大妹"。她说:"我并没有做什么惊天动地的大事","用爱心温暖别人的同时也温暖自己。"在她看来,低龄老人照顾高龄老人是日后的发展趋势,"我在我同学聚会上都向我同学宣传,如果全社会的低龄人都行动起来,政府的养老负担将会减轻许多。"

1. 完善组织架构

经过几年的发展,东湖居委会的自治组织形成一个宝塔形的架构。在居委会的指导下,"金相邻"自治工作站的9位负责人,带领100多人的志愿者队伍,参与社区服务与治理。志愿者队伍分为两组，包括 7 个弄管会和若干活动团队。“金相邻”成为居委会指导下的社区志愿活动总平台。

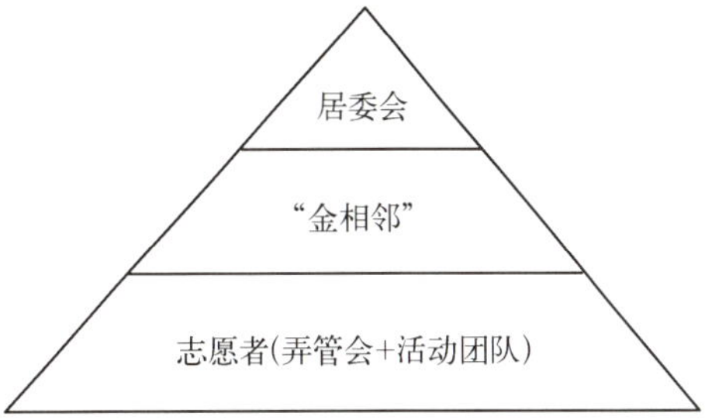

宝塔形的架构图

2. 规范工作制度

“金相邻”重视建立健全工作制度，不断提高自治组织的制度化水平，保障组织运行的规范化。五年间，工作站先后制定例会制度、帮困救助制度、父老关爱制度、定期学习制度、帮困费用管理制度、总结考核表彰制度等一系列制度，并使制度公开透明，接受多方监督。

3. 壮大服务队伍

“金相邻”注重对社区自身资源的动员和整合，将有一定群众基础、有热情、有能力的高素质居民和共建单位代表吸纳进来，不断壮大志愿服务队伍。工作站 10 名负责人中，有 8 名是居住在社区的老人，包括从企业退休的管理人员、党员楼组长、退休居委书记，1 名是菜市场经理，1 名是 2016 年 9 月刚吸纳进来的上实物业青年志愿者。100 多名志愿者的年龄均低于 75 岁，其中三分之二是党员。

4. 明确服务对象

关爱高龄老人是“金相邻”志愿服务的首要内容。在成立之初，工作站就通过调查摸底为 109 名 80 岁以上高龄老人建立“一人一卡”档案。对这些老人，一方面是每月、每季常态化的问候、关照，包括电话联系、上门看望等，一方面是逢年过节的慰问、探望，包括为老人过生日、中秋节送月饼等。

5. 培育慈善精神

帮助老年人和所有居民解决生活困难也是“金相邻”志愿服务的重要内容。社区帮困费用除政府拨款，很大一部分来自志愿者和居民的捐款。志愿者中，有的自己贴补活动费用，有的热心帮助邻居解决困难；驻区单位中，菜市场自发给小区送菜，理发店则志愿为老人理发。在“金相邻”的带动下，社区的公益慈善活动蔚然成风。

6. 组织交往活动

除帮困扶老活动，“金相邻”围绕居民生活需求组织团队、开展活动，推动邻里交往，打造“熟人社区”。团队包括合唱团、谈心会、烹饪班、舞蹈班以及各类学习小组。通过举办诸如弄堂运动会、智力问答等一系列的活动中，邻里之间从互不认识的陌生人变成熟人、朋友，社区老年人的晚年生活也日益丰富多彩。

此外，以 7 个弄管会和社区平安志愿者为依托，“金相邻”工作站也参与到社区的自我管理之中。

三、“金相邻”取得的成效

“金相邻”从最初的“摸着石头过河”，成长为居民区自治的中坚力量，“金相邻”已成为湖南路街道家喻户晓的品牌居民自治志愿服务队伍。近年来，工作站连续两次荣获湖南路街道志愿者服务先进集体、徐汇区最受欢迎的社区“邻里守望”奖，还被上海市老年志愿者服务总队评为优秀项目奖。并多次接待全国各地的考察组学习、考察，接待过重庆市江北考察组、澳门地区民生工作者、江苏省无锡市民政部门考察组。

1. 扶老助困解决邻里难题

“金相邻”成立以来，仅对高龄老人常态化的问候关照，每年都在8 000人次左右，再加上几乎每天都有的社团活动、每年二十余次的节庆活动，大大缓解老年人生活寂寞、精神空虚的问题。通过扶贫帮困和志愿服务活动，切实解决许多居民在处理急难问题和买菜、理发等生活方面的困难。“金相邻”坚持每年都为小区里的90岁以上老人过生日；端午送粽子、中秋送月饼，重阳节邀请老年居民欢聚一堂，为他们端上一碗碗长寿面；大年夜还为小区里的独居老人送年夜饭。

2. 交往互动形成熟人社区

在“金相邻”的带动下，通过开展志愿活动、促进邻里交往，打造了一个从陌生人—熟人—邻里互助的生活共同体，随着参与居民的日益增多，邻里间的陌生感和隔阂逐渐消除，社区居民之间更加熟悉，互相信任、互相帮助，公益慈善风气兴盛，社区关系和睦和谐，社区社会资本持续积累，“熟人社区”在越来越大的范围内形成。

3. 志愿活动增强居民自治

“金相邻”针对老年人的志愿服务活动，是对街道居委会扶老帮困、社区服务、党的建设、基层自治以及精神文明建设等各项工作的有力支撑，体现居民自治的真正含义，也减轻居委会的工作负担。

四、“金相邻”的典型经验和意义

1. 以解决社区问题为工作取向

“金相邻”的成立是为应对社区迫切的养老服务问题，即满足老年人在精神慰藉、社会交往等方面的需求，如“金相邻”为109位80岁以上的高龄老人建立“一人一卡”档案，根据老人需求分门别类，提供特需帮困、精神抚慰等个性化服务。扎根于社区、服务于社区，这是“金相邻”工作站能够持续发展的根本动力。

2. 典型体现居民自治的特征

“金相邻”完全由居民志愿者组成，以低龄老人服务高龄老人的方式运作，参与社区服务与治理，倡导公益慈善精神，培育社区社会资本，典型体现以老年人为主的社区居民“自我组织、自我服务、自我管理、自我教育”的自治特征。

3. 为社区组织提供经验借鉴

“金相邻”在理顺组织架构、建立工作制度、动员社区资源等方面的探索有助于社区草根组织的正式化、制度化和规范化发展，有利于提高其动员和服务能力，也为如何构建草根组织参与社区服务与治理的有效机制提供借鉴。

4. 持续探索为老服务帮扶机制

“金相邻”的成员们虽然在慢慢变老，核心成员有近一半超过七十岁，但街道及社区也在就这个问题探索可操作的解决机制，比如通过平台收集老年人的需求，分门别类，进行项目化运作；提高志愿者队伍的组织建设，在服务形式和内容上不断创新和改进；加强与共建单位的联系合作等，通过“金相邻”社区工作站以及弄管会和志愿者群体等，逐渐转变为组织化、制度化的运作，把“金相邻”成员们建立起来的志愿服务精神一直传承下去；形成系列制度化机制，如会议制度、经费管理制度，“金相邻”工作站每月定期召开会议，针对志愿者帮扶中的难点问题进行讨论。

2011 年，街道开始编辑整理《爱在金相邻》一书。

2016 年，街道对成立 5 周年的东湖居民区“金相邻”居民自治工作站的工作进行总结提炼，编辑整理《爱在金相邻》一书，以故事会的形式宣传志愿者事迹，在居民区中推广普及“金相邻”居民自治工作经验。

《爱在金相邻》

专记二　弄 管 会

一、提出背景

湖南路街道老弄堂多，封闭式小区少。有大小弄堂 214 条，其中 164 条弄堂有两个或两个以上出口，占总量的 77%。公房和售后房多、商品房少。住宅总面积约为 147 万平方米，其中直管公房 73 万平方米、商品房 45 万平方米、售后房 29 万平方米。地区住宅房屋产权结构比较复杂，大部分弄堂内既有直管房又有私房、既有售后房又有单位系统房。从 2007 年开始，湖南路街道以迎接世博会为契机，共计投入 5 000 多万元的建设资金，对 178 条老弄堂进行改造，同时街道探索和推进弄堂管理的自治化，在居民区党组织的引导和牵头下，一些老弄堂内热心公益事业的居民自发组建成立弄管会，民主自治管理弄堂里大小各项事务，重点解决弄堂内的"保安、保洁"问题，实现老弄堂"环境舒适化、设施便民化、管理自治化"。随着各个弄管会相继成立以及各弄管会工作的不断深入，如何管理并由谁来管理弄管会自然而然提上议事日程，为更好发挥社团组织连接政府和人民群众的纽带和桥梁作用，发挥"服务、管理、协调、预警"四大功能，依照《社会团体登记管理条例》规定，街道于 2008 年 10 月成立名称为"上海徐汇区湖南路街道弄堂管理协会"的社会团体。

协会是由湖南社区各弄管会负责人组成的联合类社会团体，登记管理机关是徐汇区社团局，注册资金 3 万元。业务范围：组织协调、调查研究、教育培训、为民维权、学习交流、机动车停放收费服务管理工作等。2016 年协会拥有个人会员 81 人，协会副会长马国华为法定代表人。

自 2008 年以来，协会根据社区管理的实际情况和需要，不断拓展服务项目，创新服务再提升，优化社会效果。通过多年的发展，协会承接弄堂保洁、保安及停车管理，有效承接部分政府职能，在扩大公共服务、协助政府管理、动员社会参与、满足社会公众多样化需求等方面发挥的作用，协会的社会影响力扩大，多次获得湖南社区志愿服务先进集体。荣获 2014—2015 年度上海市社会治安综合治理先进集体；申报的《以老弄堂改造与管理为视角，思考探索基层社会管理创新》在 2014 年徐汇区社会建设十大创新项目评选中荣获特别奖，"社区小弄堂 共治大平台"案例荣获上海市第七届优秀公共关系案例评选银奖；在"喜迎十八大——2012 上海社会建设十大创新项目"评选活动中被评为上海社会建设十大创新项目；在上海世博会志愿服务工作中成绩突出，被授予"中国 2010 年上海世博会志愿者工作优秀团队"称号。

二、运作机制

每个"弄管会"一般有 5 至 6 个成员组成，设 1 名主任和若干名成员。"弄管会"成员一般由居民提名或居委会推荐，经张榜公示，得到弄堂内 60%的居民认可，最后由居民区党组织批准。

随着弄管会工作的不断深入，遇到部分涉及多个弄堂的问题，也有一些工作超出弄管会的权限，2008 年湖南路街道“弄管协会”正式成立后，协会由全体弄管会成员投票选举产生，13 名成员中包括物业、房管办、派出所、街道市政科、民政科、综治办干部，以及 6 名居民区弄管会成员作为正式登记注册的民非组织，弄管协会扮演起弄堂管理组织者、指导者和协调者的角色，搭建起社区共治的大平台。弄管协会定期走访调研社区，掌握弄堂管理动态；定期组织弄管会成员和聘用人员参加培训；定期总结工作利弊，做好检查和档案整理工作，完善弄堂管理规章制度。作为社会管理创新的新生事物，弄管会和弄管协会有效的解决“社会协同和公众参与”的难题，长效机制建设更为重要的。为此，街道及各部门在投入机制、管理机制、工作机制和激励机制等方面给予大力帮助。

1. 费用机制

在资金投入机制方面，“弄管会”的运作费用（主要是聘用门卫或保洁工的费用）主要来源为：居民和弄内单位缴的共建费、弄内（机动车）停车费、有关部门和街道给予的补贴。湖南街道老弄堂形态差异较大，收费标准不强求统一，主要按照“实事求是、因地制宜”的原则，由弄管协会和有关居委会具体研究核准，并给予相应收费补贴。

2. 工作机制

在工作机制方面，弄管会的运作充分采取居民自治，弄堂内一般事务由弄管会讨论决定，重大事务由召开居民听证会决定，涉及弄管治理的问题都由弄管会和居民协商决定。弄管协会还定期召开工作例会和有街道职能部门、公安、物业、房管、居委会、弄管会参加的联席会议，建立有效沟通机制，听取各方意见，同心协力解决好弄堂管理难题。为更好地支持弄管会工作，实现社区共治。公安、物业、房管、居委会、弄管协会作为弄堂管理工作的“五大支撑”，跨前一步，主动承担职责，对弄管会反映的问题及时响应，加以解决和答复。

3. 管理机制

在管理机制上，弄管协会不断完善制度化建设，制定一系列的工作制度，如《弄堂管理委员会成立暨“弄管会”成员换届、推选办法》《弄堂管理委员会工作职责》《弄堂管理委员会会议制度》《弄堂停车管理办法》《“弄管会”听证制度》《小区（弄堂）门卫工作制度》和《小区（弄堂）保洁人员工作制度》等。

4. 激励机制

在激励机制方面，为将不同弄堂管理的经验推广，提高弄管会成员的工作积极性，湖南路街道还在每年度举行弄堂管理工作先进表彰大会，总结成功经验推进弄堂管理工作的制度化和长效化。此外，还建立优秀弄管会评比奖励机制，以居民区三个功能块为单位，组织社区居民每半年开展一次评比活动，着重对所管弄管的弄管会工作记录、治安案件率、卫生清洁度、居民满意度等情况展开检查，对先进个人及组织给予奖励（具体标准由街道弄管协会制定）。

三、取得成效

弄管会作为群众自治组织，主要协助居委会和物业开展工作，是居民自治的重要组成部分，在社区治理方面起到“到位不缺位、补位不越位”的作用。弄管会的主要作用包括：一是改善弄堂环境。配合相关部门参与弄堂房屋修缮，改造居民生活设施，使弄堂环境面貌得到较大改观。二是不断提高弄堂物业管理水平。通过妥善解决停车、保洁、保安等居民关心的问题，使整个社区的管理更加有序，居民满意度不断提升。三是有效推进弄堂平安建设。通过在弄堂口设置门卫室、在弄内安装路灯和监控设施、组织志愿者在弄堂内加强值守等，使社区内各类案件发生数明显下降，居民安全感大幅提高。在社区自治工作中，弄管会得到社区居民的高度信任和支持，因此弄管会的功能也逐步延展，成为反映弄堂居民意见和诉求，联系居民与居委会、街道的重要纽带。

弄管会自治模式得到社会和各级领导的广泛关注和高度评价，各级市领导和区领导都到湖南路街道视察弄管会治理模式，提出宝贵指导意见。2013 年 10 月 10 日，上海市副市长蒋卓庆来湖南社区实地调研弄管会建设情况，对常熟路 163 弄进行实地走访并要求："当前上海正处于转型发展的关键时期，中心城区更要不断探索创新城市管理模式。社会管理要尽最大努力落脚到社区管理，吸引居民参与建设好自己的家园，让创新成果惠及于民。"此外，《解放日报》《文汇报》《新民晚报》等媒体也纷纷报道这一创新经验。弄管会的治理模式还获得 2012 年上海社会建设十大创新项目。弄管会和弄管协会的成立增加一个新的联系通道和沟通平台，由"居民—弄管会—弄管协会—街道"构成的社区民主共治管理模式也逐步形成。

四、经验启示

弄管会的发展和实践努力走出一条老城区综合治理改造与社区居民自治相结合的创新之路。而弄管会的制度化建设则使得产生于湖南路街道的自治机制具有一定的代表性和可推广性。经过多年的实践，弄堂会在老城区改造、社区居民自治和创新社会管理方面取得明显的成效。如今老弄堂的安全性有明显的改观，弄堂的环境卫生焕然一新，重新恢复过去的人文气息。在居委会之外，又多一个与老百姓更贴近的听取居民意见、反映居民诉求的平台或载体。

作为新生事物，弄管会的治理模式也存在一些问题，如：如何动员更多的居民参与；如何更好地处理弄管会、居委会和物业的关系；如何推动弄管会的自主发展等，这仍需要街道在今后的工作中继续加以探索实践。

专记三　路 管 会

一、项目背景

徐汇区湖南路街道地处中心城区，区域内人流量大、商铺集中，小贩乱设摊及商铺占道经营现象较为普遍，导致沿街商铺长期存在着环境脏乱、整治困难的情况，成为市容环境整治中的顽疾。为以良好的市容环境迎接上海世博会，2009 年 7 月，湖南路街道从构建党委领导、政府负责、社区协同、公众参与的社区建设新格局出发，探索社区管理新方式，在乌鲁木齐中路的沿街商铺初步试点商铺自治的工作模式。2010 年 3 月，通过广泛调研与深入总结，湖南路街道沿街商铺管理协会(简称：路管会)正式成立，同时组建社区、路段两级沿街商铺管理自治性组织，让商铺经营者参与社区市容环境管理，转变由城管全权负责的工作模式。多年来，路管会在充分调动商铺经营者参与社区管理的积极性和主动性方面发挥重要作用，有效提高沿街商铺的文明程度，切实改善社区市容环境，大力推动社会管理创新的进程。

二、运作机制

1. 建章立制，推进长效管理

路管会的二十余名成员均由社区内的公信力较高的沿街商铺经营者自律组成，接受街道办事处的领导。路管会在成立之初就制定详尽细致的组织章程、实施意见和工作步骤，并推选出会长和副会长，保证路管会规范有序地开展各项工作。

2. 协同支撑，确保有序运行

路管会作为一个自治组织，由于没有行政执法权，在工作中难免遇到执法难的问题。为向路管会工作提供有力的行政手段支持，正确引导路管会的工作方向，街道在路管会成立的同时就成立路管会工作领导小组，由街道办事处副主任担任组长，市政科科长任副组长，城管、市场所、食药监、公安、房管、市容、保洁公司、个体协会等单位或组织的分管负责人作为小组成员，共同为路管会提供有力的工作支持。

在日常工作中，各工作大组、小组每月均将巡查过程中遇到的难以由路管会解决的问题上报至街道网格中心，由网格中心集中进行汇总、分类、分流派单，并与城管、市场所、公安等协同单位联系处理，并将处理结果及时反馈给路管会，形成一套无缝衔接的工作流程。除路管会成员之外，领导小组成员也经常参加路管会的每月例会，既在政策、法律等方面对路管会工作进行指导，又帮助解决一些实际困难，确保路管会的有序有效运行。

3. 柔性管理，注重服务

路管会的成立改变以往由城管全权负责沿街商铺市容环境管理的工作模式，不仅避免由行政执法可能带来的商铺与行政部门间的矛盾冲突，更成为商铺与行政部门间的桥梁和纽带。由于路管会成员自身就是商铺经营者，以同行的身份与店主沟通，能够将心比心地对店主进行劝说和教育，用自己的实际经验告诉店主干净整洁的环境和合法文明的经营对商铺的重要性，更容易被店主接受，矛盾冲突发生得少，工作效果却显著增强。

4. 教宣结合,增强自治能力

为提高商铺自我管理、相互监督的积极性与主动性,路管会定期开展学习参观、评比活动,带领志愿者参观一大会址、田子坊、上海市计量院、上海市食品安全科普实验室等,并开展文明商铺评比活动。一方面,增强经营者的荣誉感;另一方面,对周围商铺起到示范引领作用。将宣传理念融入活动之中,最终实现长效教育和柔性管理的做法使管理成效更加显著。

三、项目成效

路管会工作模式经过多年的深入探索和总结,工作范围和工作内容都得到扩展,除在维护市容环境整洁、促进商铺文明经营方面起推动作用之外,在创建文明社区、保障食品安全、诚信计量、垃圾分类、协助街道进行业态调整等工作中也发挥作用。

在全区精神文明创建及创建全国文明城区迎检的过程中,路管会充分发挥自我管理、示范引导、相互督促、有效落实的作用,及时发现、协助整治沿街商铺的跨门经营、环境脏乱等现象,并充分利用定期巡查机制,及时发现商铺在经营过程中存在的食品安全隐患,为食品安全增添一份保障。

此外,沿街商铺外围环境的整洁与商铺的经营业态有着紧密联系,通过调整业态可以有效改善市容环境,但部分商铺不愿意调整业态,此时路管会就依托自身平台,充分发挥成员熟悉市场以及社会关系及人脉优势。

多年来,随着路管会工作的不断深入,其工作效果持续彰显,商铺经营者的自律意识和门前责任意识有显著提高,社区市容环境面貌得到明显改善。在路管会的参与协助之下,文明社区创建、食品安全保障、业态调整推进等工作有序开展。《解放日报》《徐汇报》都曾对路管会的管理建设成就进行长篇报道。路管会作为政府牵线搭台、市民参与管理的新型社区治理模式,鼓励广大商铺经营者自觉参与社区管理,有利于加强和创新社会管理,有助于创建和谐有序的社区环境,更向上海老城区管理注入新鲜血液和活力。

四、经验启示

将继续做好路管会日常工作,充分发挥骨干志愿者的作用,加强和居委会、网格中心的协调与配合,坚持做好巡查宣传工作,提高检查能力,利用志愿者的社会关系,广泛的人脉优势,配合街道业态调整做好牵线搭桥工作。强化创新能力、协调能力和发展能力的建设。

专记四　上海市衡复历史风貌区核心区域的传承保护与开发建设

一、百年历史概述

衡山路——复兴路历史文化风貌区(简称：衡复风貌区)是上海首批以立法形式认定和保护的12个历史文化风貌区之一。2003年1月,上海市政府批准在上海市中心城划定12个历史文化风貌区。2004年,《上海市衡山路——复兴路历史文化风貌区保护规划》获正式批准。衡复风貌区总面积7.66平方公里,其中徐汇部分4.3平方公里,范围西起华山路,东至陕西南路,北到长乐路,南达肇嘉浜路。风貌区内有950幢优秀历史建筑,1 774幢保留历史建筑,2 259幢一般历史建筑,拥有深厚的历史人文底蕴。

寻根溯源——从泽国芦乡到东方巴黎(1849至1949年)　衡复风貌区所处区域,原处上海县城西郊。清道光二十九年(1849年)4月,上海道台麟桂与法国驻上海首任领事敏体尼议定法租界界址,面积为986亩。清咸丰十年至民国三年(1860至1914年),又三次扩界至15 150亩。第二次扩界以后形成的法租界中区和西区,即现今衡复风貌区的主体。在民国三年(1914年)法租界进行第三次扩界之前,衡复区域大部分仍是农业区。区内河浜纵横,水网密布,为典型的河浜圩田体系。居民主要以务农为业,出产大米、瓜果、蔬菜等农作物,表现出典型的江南农村景观。由于原法租界的越界筑路("越界筑路"是指租界当局擅自购买界外土地修筑道路,通过"既成事实"的方式来侵夺华界土地,扩张租界范围)与扩张行为,促成衡复区域从农村向城市的转变。19世纪末20世纪初,上海法租界先后进行三次扩界,分别发生在清咸丰十一年(1861年),清光绪二十六年(1900年)和民国三年(1914年)。法租界第三次扩界后,衡复区域由此正式纳入法租界范围内。19世纪末20世纪初,大批外侨开始进入衡复区域居住营生,以河浜水网为依托,沿浜筑路、购地建屋。为上海原有的河浜水路日趋衰解,逐渐辟筑出趋近于今的城市道路系统。随着路网加密,大小河浜均被填筑,由辟建干道网络发展为道路绵密的巷道系统,河浜体系彻底被取代。法租界成立之初便开始全面推进道路、市政设施建设,并为法侨和各国官员、富商建设高级花园洋房。公董局长期致力于推进高级住宅、配套设施和城市环境建设,使法租界逐渐成为整个旧上海对中外富人最有吸引力的生活区,衡复区域的景观面貌也逐渐由江南农村向现代都市转变。

日渐日新——在保护修缮中步入新时代(1950至1986年)　中华人民共和国成立后,大批市民在政府安排下迁入此地生活。1950年代,房管部门对房屋进行大量维修,开始规范化、系统化修缮、维护老建筑的历程,使衡复区域内大多数建筑得以完好留存。区域内的花园住宅、公寓建筑、新旧里弄历经保存修缮,水电卫生设施普及,从外观造型、庭院绿化到内部装饰,都日趋现代。同时,衡复区域内沿袭自旧时的道路网络也被完好保留下来。新时代所进行的建筑修缮和市政建设,因循既有的区域规划脉络,在原存城市肌理之上进行细致织补,为徐汇衡复风貌区在新世纪的再度复兴奠定物质及文化基础。从1980年开始,五原路农副产品市场也进行升级改造,于是有后来的华亭路市场。被誉为"上海服装街""上海小香港”的华亭路小商品市场(后改称华亭服装市场),位于淮海中路与长乐路之间,1984 年 10 月开办,由区工商局组建管理。共有固定摊位 273 个,临时摊位 100 余个。1985 年起,个体户出摊做到明码标价、亮证经营、悬挂设摊证、文明服务公约和佩带场标,并将华亭市场的全部旧棚架改建为全塑钢架的棚架,统一划齐遮阳布,设置金属牌楼、试衣亭。

从肇始到新生——衡复历史文化风貌区(1986 年至 2016 年)　1984 年,上海市规划局提出成群成组地保护中心城区革命史迹和标志性建筑的设想。1986 年 12 月,国务院批准上海为国家历史文化名城。1989 年,上海提出优秀近代建筑保护的概念,评定上海市第一批优秀历史建筑。1991 年,上海市政府颁发《上海市优秀近代建筑保护管理办法》,对上海历史建筑的保护起到重要的规范与指导作用。同年,市规划局编制《上海历史文化名城保护规划纲要》,在中心城区内规划 6 类 11 个风貌保护区,规划以花园住宅、公寓、新式里弄为主的上海花园住宅风貌保护区,保护具有西方传统建筑特征与风格的建筑。如今的徐汇衡复风貌区即为该花园住宅风貌保护区的主要部分。1999 年出台《上海市中心区历史风貌保护规划(历史建筑与街区)》,首次提出“衡山路—复兴路历史文化风貌保护区”的概念。2002 年 7 月,上海市政府颁布《上海市历史文化风貌区和优秀历史建筑保护条例》,并于 2003 年 1 月起施行。2004 年,《上海市衡山路—复兴路历史文化风貌区保护规划》获正式批准。此后公布的第四、五批优秀历史建筑以及风貌保护街坊、风貌保护道路(街巷),将衡复风貌区的具体保护对象按照不同的保护要求进行全方位认定。而 2006 年编制完成的《上海市中心城历史文化风貌区风貌保护道路规划》,划定历史文化风貌区内 144 条风貌保护道路,对其中 64 条道路进行整体规划保护。道路红线永不拓宽,街道两侧的建筑风格、尺度均保持历史原貌,行道树等道路空间的重要组成部分也受到保护。

列入保护规划的衡复风貌区,以淮海路——复兴路为东西轴线,乌鲁木齐路为南北轴线,将风貌区划为四个功能引导象限:西南板块突出行政文化办公功能,严控商业发展;西北板块突出历史建筑的万国博览,名人名居的文化内涵,营造优雅居住环境,限制商业发展;东北板块突出居住与文化、时尚、音乐艺术的结合,引导艺术人文品位提升;东南板块突出居住和休闲体验的融合,适度发展现代服务业和精品商业。湖南路街道全境处于衡复历史风貌保护区的核心区域,横跨西北、东北两大板块区域,是名人文化特色街区与音乐文化休闲街区的核心区域。

这片仅有 1.73 平方公里的社区聚集上海近 15%的老洋房,素有“花园街道”之美称,绿化覆盖率达 35%,是上海花园洋房最集中、优秀历史建筑数量最多、建筑类型最丰富、风貌特色最明显的区域。仅其中一条武康路,只有 1 183 米,就聚集优秀历史建筑 14 处,保留历史建筑 37 处,堪称上海近代建筑博物馆。法国文艺复兴时期风格的武康大楼,对面就是地中海式风格的原意大利总领事尼隆的官邸,往左就是原巴洛克风格的北平药物研究所,在研究所的右侧是外国弄堂的霞飞公寓,曾经一代电影皇后陈云裳就居住在这里。而与霞飞公寓仅有一墙之隔的是另外一位大明星周璇故居,再往北走上 400 米,就是武康路 240 号的开普敦公寓,中国最早的现代风格的公寓,再往北过复兴路,就是武康路 99 号刘靖基故居,这是一个典型的英式乡村别墅。一条短短的武康路,凝聚半部上海近代史。

社区呈现出“三多一高”的特点:即老洋房多、历史名人多、蜚声海内外的文艺院团多、社区经济发展高地。700 多幢风格各异的花园住宅构成地域内特有的建筑风貌,是上海市屈指可数的“世界万国建筑博览”缩影之一，汇聚上世纪至今近百年来以居住为主的各国风格建筑艺术精品，一大批知名的艺术家、教育家、作家、科学家、革命家以及民族实业创办者在此居住，留下城市历史的厚重一页。百年历史的积淀，使湖南路街道蕴藏着丰富的人文、地理资源，展现出历史悠久、人文荟萃的特点。

二、百年特色底蕴

1. 百年道路

2007 年 9 月 17 日，上海市人民政府批准市规划局《关于本市风貌保护道路（街巷）规划管理若干意见的通知》，确定中心城 12 个风貌区内的风貌保护道路共计 144 条。2007 年 12 月 11 日，市规划局宣布对 12 个中心城历史文化风貌区内 144 条历史风貌保护道路进行“原汁原味”的整体规划保护，其中 64 条道路列为“一类风貌保护道路（街巷）”，其他列为二、三、四类保护道路（街巷）。湖南路街道辖区有 16 条马路被列入上海“一类风貌保护道路（街巷）”，这 16 条马路是：淮海中路、复兴西路、兴国路、华亭路、长乐路、永福路、延庆路、武康路、高邮路、汾阳路、新乐路、五原路、湖南路、泰安路、东湖路、华山路。

自清咸丰十一年（1861 年）起，法租界公董局开始越界筑路，将西方城市规划与上海当地地理环境融合，制定道路规划，引导土地开发，启动规模庞大的筑路计划，因此修筑许多以外国人命名的道路。太平洋战争爆发后，日军占领上海法租界，汪伪政府乘机宣布“接收”法租界。民国三十二年（1943 年），租界中 200 多条以外国人命名的马路全部改为中国各省、市及县区的名称。

淮海中路：以第一次世界大战法国元帅霞飞为路名的霞飞路改为以山东省的泰山山名命路名，上海解放后，1950 年为纪念淮海战役胜利，更名为淮海中路；

复兴西路：以第一次世界大战中战死的法军上士白赛仲之名作路名的白赛仲路改为以北京市郊大兴县名命路名，民国三十四年（1945 年）改名复兴西路；

兴国路：以法租界公董局秘书雷上达作路名的雷上达路改为以江西省兴国县名命路名；

华亭路：以第一次世界大战中战死的法国旅沪商人麦阳作路名的麦阳路改为以松江旧称华亭命名路名；

长乐路：以第一次世界大战中战死的法军少尉蒲石名字作路名的蒲石路改为以福建省长乐县名命路名；

永福路：以法国传教士古伯察的中式称呼命名的古神父路改为以广西省永福县名命路名；

延庆路：以第一次世界大战中战死的旅沪法国侨民格罗希名字作路名的格罗希路改为以河北省延庆县（1958 年划归北京市）名命路名；

武康路：以美国人约翰・福开森的名字命名的福开森路改为以浙江省武康县的县名命名路名；

高邮路：以来华任旗昌洋行职员的法国汉学家高逖爱之名作路名的高逖爱路改为以江苏省高邮县名命路名；

汾阳路：以法国驻华公使毕勋之名作路名的毕勋路改为以山西省汾阳县名命路名；

新乐路：以在北京义和团运动中毙命的法军中尉亨利名字作路名的亨利路改为以河北省新乐县名命路名；

五原路：以旅华法国传教士玛勒斯卡的中文名命名的赵主教路改为以原绥远省五原县名命路名；

湖南路：以第一次世界大战中战死的法军士兵居尔典之名作路名的居尔典路改为以湖南省名命路名；

泰安路：以第一次世界大战中回国阵亡的旅华法侨劳利育的名字作路名的劳利育路改为以山东省泰安县名命路名；

东湖路：以法属印度支那总督杜美名字作路名的杜美路，往西一直要到常熟路。民国十一年(1922 年)，这条路的西段并入蒲石路，民国三十二年(1943 年)一并改称为长乐路。剩下的路段，则在同年改以湖北省武汉市著名的"东湖"名命路名；

华山路：以英国将领海格名作路名的海格路改为以陕西省的名山华山名命路名。

道路与道路之间，还形成独具特色的街心花园景观。如湖南路兴国路口街心花园；复兴中路、淮海中路、乌鲁木齐中路三路围合成的三角街心花园；富民路长乐路口的三角街心花园。1994 年常熟路、乌鲁木齐中路、淮海中路被评为市级文明街，复兴中路、复兴西路、襄阳南路、襄阳北路四条道路被评为区级文明街。同时，湖南社区开展军、警、民共建淮海中路(常熟路——陕西南路)"双拥模范街"，1996 年淮海中路被命名为市级"双拥"一条街。

[百年名人路]

武康路位于徐汇区北部。北起华山路，南至淮海中路，中与安福路、五原路、泰安路成"丁"字形相接，与复兴西路、湖南路相交。全长 1 180 米，宽为 13—16 米，其中车行道宽 8—13 米，沥青路面。路基原为农田、沟浜，清光绪三十三年(1907 年)，法租界公董局越界筑路，并以美国人福开森(原南洋公学第一任监院)之名作路名。民国三十二年(1943 年)，改以浙江武康县的县名命名路名，沿用至今。1982 年，武康路在大修中路面被填高，翻建成沥青混凝土路面，人行道铺设水泥板。2007 年起，区政府对武康路行全线整治，马路重铺高等级沥青路面。路两侧植有悬铃木行、枫杨行道树，建有众多建筑风格的花园住宅，聚集近代上海各社会阶层的历史名人，是上海百年风云的一个缩影。沿线区域拥有全国重点文物保护单位 1 处；上海市文物保护单位 3 处；徐汇区文物保护单位 2 处；徐汇区文物保护点 5 处；原徐汇区登记不可移动文物 11 处；上海市优秀历史建筑 14 处，保留历史建筑 37 处，在 29 处名人旧居中，已经公布为各级文物建筑、市优秀历史建筑有 19 处。2010 年世博会期间，街道重点抓好武康路历史建筑线路文化旅游和"做一天上海人"社区生活体验文化旅游项目。加大武康路一线对外开放力度，根据不同中外游客团体的需求，将整个武康路历史建筑线路组合成不同的套餐。接待参观者参与阅读一本文化旅游书籍、走近一幢老房子、做客一户"世博人家"、上一堂社区文化课、看一台中国传统戏、参观一处文化中心等"六个一"活动。2011 年 6 月 11 日，入选由文化部与国家文物局批准的第三届"中国历史文化名街"，上海市文物局与徐汇区政府在武康路 393 号内举行上海武康路"中国历史文化名街"、名人旧居揭牌仪式，成为上海继多伦路之后第二条获批的历史文化名街。2012 年，基于该试点工作经验的学术专著《上海武康路——风貌保护道路的历史研究与保护规划探索》获得第十二届上海图书奖二等奖。这条浓缩上海近代百年历史的"名人路"，在时代的变迁下诠释"潮流与经典"

的融合。

淮海中路在徐汇区段位区境北部，东起陕西南路，西至华山路，中与襄阳南路、襄阳北路、复兴中路、复兴西路、乌鲁木齐南路、乌鲁木齐中路相交，与东湖路、汾阳路、华亭路、常熟路、宝庆路、高安路、湖南路、吴兴路、宛平路、武康路、兴国路、余庆路、天平路分别成“丁”字形交接。长 2 730 米，宽 19 至 30 米，其中车行道宽 10 至 20 米，沥青路面。1995 年 3 至 10 月进行常熟路至华山路段的修拓，将原宽约 10.5 米的车行道统一拓宽为 14 米，改为水泥混凝土结构，原有道路两侧各拓宽 1.5 米，改铺设彩色人行道板，始成现状。淮海中路有极为丰富的人文景观，国家级文物保护单位“中共一大会址”“共青团中央旧址”“孙中山故居”“杜重远旧居”等均在沿路附近。966 号 5 号楼，上海虹桥疗养院旧址。曾为抗日将士提供医疗服务，解放战争期间医院还掩护罗隆基、张澜等民主人士成功脱险。1206 弄（淮海公寓）二号楼 316 室，中国著名电影表演艺术家张瑞芳旧居。1258 号，中华人民共和国国歌《义勇军进行曲》的作曲者聂耳旧居。1273 弄 18 号，中国著名越剧表演艺术家袁雪芬旧居。1285 弄 24 号，中国著名出版家，商务印书馆编辑所所长张元济旧居。1350 弄 5 号，上海市原副市长潘汉年旧居。1610 弄 2 号，蒋介石之子蒋经国旧居。1634 号，国民政府军事委员会参谋总长、陆军总司令、国防部部长、行政院院长何应钦旧居。1850 号（武康大楼），中国著名电影表演艺术家、导演郑君里、孙道临，越剧王派创始人王文娟、中国著名电影表演艺术家王人美、秦怡、赵丹旧居。1843 号，是国家名誉主席宋庆龄旧居。

2. 百年建筑

建筑是时代变迁时凝固的艺术。湖南路街道全境处于衡复历史风貌保护区核心区域内，区域内多幢风格各异的花园住宅构成社区特有的建筑风貌，绿化率达 30%以上，享有“花园街道”之美誉。区内古树名木密布，90%以上的道路两侧种植有浓荫蔽空的法国梧桐，还分布有风格多样的公寓、新式里弄、公共建筑等，并有许多革命史迹和名人故居，集中反映近代上海居住和公共活动的形态特征，是上海屈指可数的“世界万国建筑博览”缩影之一。绿化率达 30%以上，享有“花园街道”之美誉。

自 1989 年起，上海市人民政府先后确定并公布五批优秀历史建筑，这些建筑样式大致分为五类：英国乡村别墅风格；西班牙式花园住宅风格；装饰艺术派风格；现代主义风格；法国文艺复兴样式风格。

英国乡村别墅风格建筑，山墙和屋檐下墙面半露明木构架是其突出特征，通常有陡峭的屋顶，铺红瓦，半木构架下是白色或淡黄色抹灰墙面，红砖烟囱及墙面、墙角装饰，有的局部还配有维多利亚哥特风格的尖券门窗。武康路 99 号刘靖基旧居，建于民国十七年（1928 年），占地面积 1 105 平方米，建筑面积 563 平方米，是一幢典型的英国乡村别墅式花园住宅。该建筑为砖木结构假三层，建筑平面略呈 L 型，陡峭的双坡大屋顶以及墙面大量的红色半露木架结构，显示英国乡村别墅风格。屋面上兼有双坡及四坡形老虎窗，砖砌锯齿平面状烟囱颇具英国烟囱风格，十分独特。南部 L 型凹角处有砖柱敞廊，上部为二层露台，砖砌花格栏杆。建筑墙面为白色拉毛粉刷，局部墙体转角及北立面窗框处均有红砖砌筑屋角石。山墙面窗过梁处的半露木构架上有齿形装饰。该住宅最初为上海英商正广和洋行总经理麦克格里高（N. C. Macgregor）所建，后归地产大亨哈同的义子乔奇·哈同夫妇，解放后为上海市副市长潘汉年、魏文伯等人的居所，“文革”中一度作为征兵办公室，后作为声学研究所使用。

1983年后，著名工商界人士刘靖基被安排入住此宅。1994年2月15日，上海市人民政府公布为上海市优秀历史建筑（二类保护）。2003年8月18日，徐汇区文化局公布为徐汇区登记不可移动文物。建筑外部重点保护部位：西立面、南立面、南花园；建筑内部重点保护部位：门厅、楼梯、底层三间会客室。典型的英国乡村别墅风格建筑还有丁香花园1号楼（1862年）、淮海中路1276号—1292号（1930年）、复兴西路193号（1930年）。

西班牙式花园住宅风格建筑，屋顶缓坡，多为红色筒瓦；外墙面多为白色，亮黄色等鲜明亮的色彩，常用鱼鳞纹或拉毛粉刷；门廊和窗多呈拱形，常用螺旋形窗间柱，檐口锯齿形饰带、马赛克，以及铁艺构件等。永福路52号，建于民国二十一年（1932年），哈沙德洋行设计，占地面积约1 500平方米，是典型的西班牙式花园住宅风格建筑。墙面为弧线形水泥拉毛粉刷，较平缓的屋顶铺设西班牙筒瓦。南立面有半圆拱券敞廊，敞廊上二层露台设有棚架，整体舒展而开敞，带有地中海建筑特色。露台栏杆正中部位及局部窗下有突出墙面的花台，底层局部墙面有半圆拱券壁龛，下设跌落状花台。壁龛周边及花台外表墙面均有菱形花格绿釉贴花装饰，都是西班牙风格中常见的手法。该建筑现由上海永乐电影电视（集团）公司使用。

1999年9月23日，上海市人民政府公布为上海市优秀历史建筑（二类保护）。建筑外部重点保护部位：东、西、南立面，大草坪；建筑内部重点保护部位：一楼进厅浮雕、壁炉、楼梯、立柱等特色装修。典型的西班牙式花园住宅风格建筑还有复兴西路62号修道院公寓（1930年）、湖南别墅（1931年）、汾阳路45号（1932年）、唐绍仪旧居（1932年）、德国驻沪总领事官邸（1941年）等。

装饰艺术派风格建筑重视几何块体、重复线条，以及曲折线的表现形式，以较机械式的、几何的线条来表现，如扇形辐射状的太阳光、齿轮或流线型线条、对称简洁的几何构图等，并以明亮且对比的颜色来彩绘。黄兴旧居，位于武康路393号，建于民国元年（1912年），占地面积740平方米，深褐色拼花墙面，浮雕装饰繁复精美，是典型的装饰艺术派风格建筑。该建筑背面部分，仿意大利文艺复兴时期的古典主义构图形式，强调立面对称布局均匀。其立面强调水平线条和垂直线条的穿插构图，并以深褐色面砖衬托出浅色的横竖线条，具有装饰艺术派风格。除此以外，还有大量的装饰艺术派的浮雕和装饰线脚。室内楼梯栏杆也是典型的装饰艺术派风格。近代民主革命家、同盟会创始人之一黄兴先生民国三年至五年（1914至1916年）寓居在此，后称黄公馆。孙中山曾多次在此与黄兴商讨“二次革命”，并将此地作为途经上海时休息、开会和会见客人的场所。此后中国留法第一人、国民党四大元老之一的李石曾入住这里，民国十八年（1929年），他创办的世界社迁至此处，民国二十五年（1936年）创办的世界学校亦设立于此，曾经是沪上最著名的“贵族学校”，从小培养留法预备生。孙中山的孙子、杜月笙的儿子都曾就读于此，2009年诺贝尔物理学奖获得者高锟便毕业于此。1950年初，世界学校中学部停办，校名改为私立世界小学。1956年，上海的私立学校全部改为公办，私立世界小学更名为淮海路第二小学。2008年，校名恢复为世界小学。这里还曾为中国学典馆、上海国际图书馆使用。2010年4月，该故居挂上“武康路旅游咨询中心”和“徐汇老房子艺术中心”两块牌子，作为政府的公益窗口，为来往于此处的游客提供便捷、温馨、周到的公益服务。1999年9月28日，上海市人民政府公布为上海市优秀历史建筑（三类保护）；2004年1月5日，徐汇区人民政府公布为徐汇区文物保护单位。2014年4月4日，上海区人民政府公布为上海市文物保护单位。建筑外部重点保护部位：各立面。典型的装饰艺术派风格建筑还有淮海公寓2号楼(1926年)、常熟路209弄1号—4号赛华公寓(1928年)、林肯公寓(1930年)、自由公寓(1933年)。

现代主义风格建筑，造型简洁，多余装饰少，崇尚合理的构成工艺，尊重材料的性能，讲究材料自身的质地和色彩的配置效果，采用功能布局为依据的不对称的构图。上海科技发展总公司2号楼，是淮海中路1634号的花园洋房之一，建于民国十九年(1930年)，占地面积2 100平方米，杨庚声工程师设计，是现代主义建筑风格。该建筑为砖木结构，前后二幢连体，四坡顶的屋面，红色的平瓦，白色的粉墙，木结构的窗框。环建筑的西南侧有敞廊，方柱支撑，柱头柱础有简化的经典线脚。室内南北两部分有错层，北部底层局部架空，较有特色。曾担任国民政府行政院长的何应钦，抗战胜利后，来上海时就居住在这幢楼里。现由上海科技发展总公司使用。1994年2月15日，上海市人民政府公布为上海市优秀历史建筑(四类保护)。建筑外部重点保护部位：东立面。典型的现代主义风格建筑还有密丹公寓(1931年)、淮海公寓(1935年)、麦琪公寓(1936年)、淮中大楼(1939年)、中南新村(1941年)等。

法国文艺复兴样式风格建筑，在造型上排斥象征神权至上的哥特建筑风格，提倡复兴古罗马时期的建筑形式，特别是古典柱式比例，半圆形拱券，以穹隆为中心的建筑形体。淮海中路1836号—1858号，武康大楼(东美特公寓、诺曼底公寓)，建于民国十三年(1924年)，由邬达克设计，法商万国储蓄会投资建造，是上海最早的外廊式公寓建筑之一，也是上海最早的法国文艺复兴式样的外廊式公寓建筑。建筑为八层钢筋混凝土结构，高30米。公寓坐北朝南，楼身狭长，从西侧看，像一艘轮船。南面沿街底层形成骑楼，骑楼形式为连续券廊。第一、二层处理成基座，连续半圆券廊，水泥仿石墙面；第三至七层为清水红砖，装饰丰富，建筑转角处等局部有出挑阳台，第三层有三角形古典山花窗楣：第八层处理成檐部，仍为水泥仿石外墙。立面三段间连续通长阳台形成明显的腰线。民国三十四年(1945年)，孔祥熙的二女儿孔令伟买下武康大楼后，入住的中国人越来越多。王人美在此第一次弹奏《义勇军进行曲》，孙道临曾在此演练朗诵，王文娟曾在此唱越剧甩腔，还有吴茵、赵丹、上官云珠等众多电影界人士曾居住于此。1994年上海市人民政府公布为上海市优秀历史建筑(三类保护)。建筑外部重点保护部位：西立面、南立面、北立面。典型的法国文艺复兴样式风格建筑还有东湖宾馆7号楼(1925年)、犹太俱乐部(1910年)等。

3. 百年园林

绿地和园林景观的营造工作，是公董局在西区的主抓工作，通过20余年不懈努力，在百余年后留下一个“绿、洁、静、雅”的衡复风貌区。法租界内的公园、花园至今在上海仍首屈一指，其代表就有位于湖南路街道区域内的襄阳公园。作为海派文明的产物，也是衡复历史风貌区中的独特风景，襄阳公园与周边的东湖宾馆、东正教堂等历史文化建筑交相辉映。

襄阳公园位于淮海中路襄阳南路口，南起淮海中路，北至新乐路，西侧紧邻襄阳北路，地处淮海路商圈核心区域，是上海市中心黄金地段难得的老牌“绿肺”。公园原本只有淮海路襄阳路转角处一座大门，周边设有围墙，是一座典型的法式特色园林。总占地2.27万平方米，原为江阴颜料巨商薛葆城的私产，内设薛家祠堂。民国二十七年(1938年)，法租界当局购置后，于民国二十八年(1939年)逐步改建为花园，民国三十年(1941年)建成后专供法国儿童游玩，一度曾有儿童公园之称。后由于国人的抗议，被迫于民国三十一年(1942年)对外开放，为纪念民国二十八年(1939年)在抗德战争中阵亡的法国驻上海总领事馆原外交官兰 维纳，定名为兰维纳公园，又称杜美公园，民国三十二年(1943年)改名为泰山公园，民国三十五年(1946年)再一次改名为林森公园。中华人民共和国成立以后，因该公园地处襄阳路边，1950年5月28日，上海市人民政府批准改为襄阳公园。

园内既有规则式的布局，也有自然式的布置，在两者中的空间，充分利用绿篱分隔，产生小中见大的效果。园内有法式梧桐林荫道，道路两侧是对称形的花坛，甬道宽阔、曲径回旋、绿树成荫、布局精巧。公园内植有樱花、茶花、杜鹃、海棠、月季等百余种花卉，十余株圆球形的黄杨、珊瑚或高或低、或粗或细，错落有致。公园内还设有儿童乐园、棋室、茶苑、报廊、休闲亭、售品部，整个公园园容整洁，闹中取静，是繁华闹市中的一方绿洲。

2006年，湖南路街道依托襄阳公园群众文化集聚优势，建成襄阳公园文化广场，在襄阳公园浓厚的历史文化底蕴氛围中，先后多次组织文化、体育活动，形成具有湖南特色的广场文化。由于游客量的剧增，公园虽日常时有维护，但仍缺乏大规模、有计划的维修，最近一次较为综合的改造在2002年完成。因此自2015年11月起，徐汇区绿化管理署组织对襄阳公园进行整体改造。2016年1月，襄阳公园开始进行整体改造。作为保护建筑的六角亭(景亭)予以保留修缮，与新乐路上的历史建筑东正教堂形成呼应。9月，襄阳公园完成整体改造，重新对外开放。经过本轮改造，襄阳公园围墙已经全部拆除，在原有陕西南路襄阳北路口唯一出入口的基础上，增设5个新出入口，并改造成24小时开放的公园，为申城再添一座“不眠地标”。9月30日，徐汇区绿化和市容管理局以及公园所在的湖南路街道联合举办特色开园活动，以《秋兮，秋兮，秋实是画》为主题，通过交响乐音乐会、散文诗朗诵等一系列文化演出，向公众呈现襄阳公园蕴藏的人文气质。还与上海音乐学院专门组建一支25人左右的交响乐队，现场演绎，展现襄阳公园和周边街区的海派特色，在绿意盎然的环境中打造一片公共文化共同体。

4. 百年人物

拥有百年历史文化底蕴的湖南社区，众多政治人物、金融巨头实业大王、文化名流先后居住于此。晚清重臣李鸿章、辛亥革命先驱黄兴、民国第一任总理唐绍仪、中国社会主义改革开放和现代化建设的总设计师邓小平、中华人民共和国名誉主席宋庆龄、中华人民共和国元帅陈毅、金融奇才周作民、钢铁大王朱垣清、纺织巨头郭棣活、面粉大王孙多森、丝绸翘楚莫觞清、商界女杰董竹君、文学大师巴金、漫画家张乐平、金牌导演汤晓丹、影坛“雄狮”张翼、“电影皇帝”金焰、昆剧泰斗俞振飞……曾在此居住的这些人物，给这片社区的一条条弄堂、幢幢洋房留下一个个让人回味的故事，充满戏剧的张力，为湖南社区赢得“典雅湖南”和“文化湖南”的美誉。

张乐平(1910—1992年)祖籍浙江海盐，漫画大师。民国十四年(1925年)到上海当学徒。民国二十四年(1935年)起创作系列长篇连环漫画《三毛》，以三毛这一典型形象深刻表现旧中国流浪儿童的苦难生活。揭露不合理的社会制度，表达对美好未来的向往。民国二十六年(1937年)参加抗日漫画宣传队直至抗战胜利。民国三十五年(1946年)，《三毛从军记》在上海《申报》连载。民国三十六年(1947年)，另一部传世之作《三毛流浪记》在《大公报》上连载。中华人民共和国成立后，历任中国美术家协会上海分会、解放日报社、少年儿童出版社专业画家。1985年任《漫画世界》主编。其作品原稿已毫无保留地捐献给国家：《三毛流浪记》原稿共234组由中国美术馆收藏;《三毛从军记》原稿共114组由上海美术馆收藏;其余592幅(组)原稿捐赠给家乡浙江海盐;《三毛翻身记》原稿捐赠给中国少年儿童基金会。张乐平旧居位于五原路288弄3号,建于20世纪30年代,占地面积261平方米。2016年,经过修缮的张乐平旧居已对公众开放,一楼展出"三毛"故事和张乐平的创作,二楼复原张乐平先生居住时的原貌。1950年6月至1992年9月张乐平在此居住。

柯灵(1909—2000年)祖籍浙江绍兴,出生于广州,原名高季琳,作家、剧作家、文艺理论家。民国十五年(1926年)开始发表作品。历任上海明星影片公司宣传主任、(万象)杂志主编、(周报)主编、《文汇报》副社长兼副总编辑、上海电影剧本创作所所长、上海电影艺术研究所所长、(大众电影)主编、上海作家协会副主席、上海电影家协会副主席、国际笔会上海中心会长等。著有散文、杂文集《文苑漫游录》《柯灵散文精编》等约30种,儿童文学集《月亮姑娘》《蝴蝶的故事》,小说集《掠影集》《同伴》,评论集《电影文学丛谈》《剧场偶记》等,电影文学剧本《武则天》《秋瑾传》等,戏剧剧本《飘》《夜店》《恨海》等。柯灵旧居位于复兴西路147号,为三层公寓住宅,建于民国二十二年(1933年),占地面积1 260平方米,花园中矗立有柯灵胸像。此处还居住过董竹君、上官云珠、陈同生、刘连波、廖沫沙、白薇、陈子展、钟南夫等革命老干部和知名人士。2016年2月6日,柯灵旧居正式对外开放,展示大量柯灵的书信、手稿和日常生活用品,并恢复楼内原有的一座仅容一人通过的小型旋转楼梯,楼上复原大书房、卧室、厨卫等。

5. 百年文化

文化是街区最大"特色",衡复历史文化风貌区拥有深厚的历史人文底蕴,海派文化、红色文化与江南文化相互交融和发展,是上海城市文脉的发源地和承载区。区域内不仅有大量的名人故居等优秀建筑,还有公董局资助迁居而来的数百俄国艺术家成立管乐队、芭蕾舞剧团、室内剧团等文艺团体。民国时期起,这里就有大量国家级文艺团体成立,包括上海交响乐团、上海越剧院、上海沪剧院、上海话剧艺术中心等。这些团体致力于营造直属的演出场馆,为城市提供大量高品质的公共艺术空间和文艺演出活动。衡复风貌区作为徐汇打响"上海文化""上海购物"品牌的重要承载区和上海国际消费城市示范区之一,坚持打造"历史有根、文化有脉、商业有魂、品牌有名"的海派文化特色商业街区品牌。其中"武康路—复兴西路历史文化街区""汾阳路—复兴中路音乐文化街区"两大特色街区位于湖南路街道区域内,坚持文化传承,商旅文协同发展,既保留街区的历史风貌,又能适应现代人的精神需求,打造兼具百年历史人文精神与未来时尚特色的文化高地。

[建筑文化]

自开埠以来,上海特殊的发展际遇使西方文化、本土文化和中国不同地域文化在此相互间冲撞、并存,糅合古今中外文化的精粹,海纳百川令上海成为中国现代建筑文化的策源地,拥有丰富的建筑文化历史及内涵,尤其是在衡复风貌区,以居住为主的历史建筑、风貌道路及街区相对集中,汇聚世界各地不同时期不同风格的建筑艺术精品,承载着上海的历史文脉和文化记忆。

[名人文化]

文学家巴金、漫画家张乐平、翻译家草婴、电影家郑君里、艺术家赵丹与张瑞芳、音乐教育家贺绿汀、中国作曲家聂耳等,把个人的命运和国家的前途紧密地联系在一起,创作一部又一部的文艺经典之作，为中国电影、音乐、戏曲、绘画、文学等文化艺术事业的发展，做出不朽的贡献。时至今日，留下如孙中山、宋庆龄、巴金、聂耳、赵丹、张乐平等数十处中外名人居所，其中不同程度开放的已有10余处，成为衡复风貌区文化内涵最重要的组成部分。这片土地也因此成为一个时代的文化高地，共同构筑上海这座城市的灵魂。

［**红色文化**］

红色文化是中国共产党领导的民族解放事业的重要组成部分，也是共同构成中国共产党领导的中华民族伟大复兴的华彩篇章。历史上徐汇衡复风貌区所在区域，因空间广博、交通便利、社会控制松散等因素，成为掩护早期革命者开展活动的理想地区，汇聚诸多红色地标与革命史迹。其深厚的历史文化底蕴、特殊的区域地理环境、曲折的社会发展历程，熔铸出具有鲜明特色的衡复红色记忆。抗日战争与解放战争期间坚持秘密电台工作的李白、在情报战线有许多传奇的潘汉年、在上海领导左翼文化运动的瞿秋白、营救大批共产党员的宋庆龄等老一辈革命家，都曾在这里居住并进行革命活动，现五原路212弄7号（大华新村7号）住宅就是原中共地下党迎接上海解放的地下指挥部，上海局和上海市委主要领导刘长胜、吴克坚、沙文汉、张承宗等人就在此指挥迎接解放上海的解放军。

建筑可以阅读，街区适合漫步，城市始终有温度。未来，湖南社区作为徐汇衡复风貌区的核心区域，将继续持之以恒地保护传承优秀历史建筑，活化开发区域内的历史文化资源，弘扬百年海派文化特色。并通过对风貌街巷空间的科学规划，推进区域有机更新与功能提升，加强名人故居修缮开放，充分发挥历史建筑及街区的公共功能，赋予风貌区新的人文价值。坚持在开发中保护，在传承中创新，使风貌区蕴藏的文化精粹惠及大众，成就面向公众更有“温度”的历史街区，打造“全球卓越城市的衡复样本区”。

附录　辖区领事馆一览

各国驻上海领事馆一览表

美国驻上海总领事馆
地址：淮海中路1469号
奥地利驻上海总领事馆
地址：淮海中路1375号启华大厦3A
澳大利亚驻上海总领事馆
地址：复兴西路17号
巴西驻上海总领事馆
地址：淮海中路1375号启华大厦10B座
捷克共和国驻上海总领事馆
地址：淮海中路1375号启华大厦12B
芬兰驻上海总领事馆
地址：淮海中路1375号启华大厦7A
法国驻上海总领事馆
地址：淮海中路1375号启华大厦21A23B
德意志驻上海总领事馆
地址：永福路181号
意大利驻上海总领事馆
地址：淮海中路1375号启华大厦12楼
墨西哥驻上海总驻领事馆
地址：淮海中路1375号启华大厦9A、9B
新西兰驻上海总领事馆
地址：淮海中路1375号启华大厦15楼A座
新加坡驻上海总领事馆
地址：乌鲁木齐路400号
土耳其驻上海总领事馆
地址：淮海中路1375号启华大厦13B座
瑞典驻上海总领事馆
地址：淮海中路1375号启华大厦6B座

编 后 记

2016年初，湖南街道党工委书记陈澄泉、湖南街道办事处主任董伟正式启动《湖南路街道志（1991—2016年）》的编纂工作，并成立《湖南路街道志（1991—2016年）》编纂工作领导小组，下设编纂办公室，经过前期4年多的工作，归集了相当一部分档案资料，初拟了40多万字的基础稿，并形成《街道志》篇目（征求意见稿）。

2020年初，湖南街道党工委书记董伟、湖南街道办事处主任徐颖牵头，街道方志办组织召开志书组稿培训会，会上各科室撰稿员汇报各自的撰稿进度以及在撰稿过程中遇到的问题，确保要符合中指组《地方志书质量规定》《第二轮地方志书编纂的若干意见》和区方志办《徐汇区地方志书编纂行文规范》的标准及要求。街道特邀陈一川担任总纂、王家骏担任副总纂，各居委会和机关科室都选定1—2名人员作为街道志撰稿员，负责本科室的章节内容撰写。全街道组成二十余人参加的撰稿员队伍。各科室撰稿员通过查阅单位内部的有关文件、资料、档案，访谈老同志、老干部，到区档案馆、图书馆等单位查阅档案资料，由此掌握大量的第一手资料。

2020年5月，为使撰稿员了解志书撰写的基本方法，街道方志办专门召开《湖南路街道志（1991—2016年）》编纂工作培训动员会，并邀请上海市和徐汇区方志办有关专家就编志的内容、要求、方法等方面作培训，党工委书记董伟也强调编纂工作的重要性。会后，街道志编纂工作全面展开。

本志系湖南路街道的第一部街道志，力求客观、全面、系统反映湖南路街道和辖区经济、文化、社会等诸方面的历史、现状与发展，重点记述湖南路街道在1991至2016年26年间，在社区建设、社区服务、社区管理、综合治理、风貌保护等方面的发展现状、重要事件、主要成果与特色发展，展现街道与社会各方面的联系，体现街道工作区域化建设的成果，力求比较全面反映街情特色、区域特点、时代特征。经过街道方志办公室反复讨论修改，2020年5月9日，《湖南路街道志（1991—2016年）》篇目初定为22章共116节，内容包括卷首语、行政区划图、序、凡例、编纂说明、概述、大事记、2篇专记、附录等。2020年5月至12月，各科室初稿陆续完成并交街道方志办，街道方志办提出修改意见，并把修改意见和初稿都返还给各科室撰稿员进行修改完善，各科室初稿进行两次左右的修改后，于2021年1月形成内评内审稿，报区地方志办公室进行专家评审后继续开展修改工作。

2023年，湖南街道党工委书记杨海英、湖南街道办事处主任李岩牵头召开地方志工作推进会，该年10月，经过严格打磨推敲和反复调查考证核实，按照志书体例要求形成初稿修改稿。2024年3月完成送审稿，送徐汇区地方志办公室验收，并根据验收意见再作修改后定稿，交付出版。

本志的有关内容参阅《上海城市规划志》《上海住宅建设志》《上海园林志》《徐汇区志》《上海县志》《徐汇区地名志》《徐汇区教育志》《徐家汇街道志》《田林街道简志》《凌云路街道志》等资料。在编纂过程中，参加编纂的全体人员树立精品意识，坚持高标准，注重突出时代特征、地方特色和专业特点，编撰志书严谨规范，力求信息性、科学性和资料性的统一。但由于部分档案资料缺乏，编者学识水平有限，致使编修中出现缺漏等不尽人意之处，敬请读者批评指正，并希望在今后编写续志或修志时补正。在此，谨向关心、支持编纂《湖南路街道志（1991—2016 年）》的单位、评审专家和所有人员致以衷心的感谢！对相关参与科室的撰稿员表示崇高的敬意！

《湖南路街道志》编写组

2024 年 4 月

图书在版编目（CIP）数据

上海市徐汇区湖南路街道志 : 1991-2016 / 上海市徐汇区人民政府湖南路街道办事处编. -- 上海 : 上海书店出版社, 2024.12
ISBN 978-7-5458-2357-8

Ⅰ. ①上… Ⅱ. ①上… Ⅲ. ①区(城市)－地方志－徐汇区 Ⅳ. ①K295.15

中国国家版本馆CIP数据核字(2024)第029835号

责任编辑 顾 佳

装帧设计 汪 昊

上海市徐汇区湖南路街道志（1991—2016）
上海市徐汇区人民政府湖南路街道办事处 编

出　版 上海人民出版社　上海书店出版社
（201101 上海市闵行区号景路159弄C座）
发　行 上海人民出版社发行中心
印　刷 上海丽佳制版印刷有限公司
开　本 787×1092 1/16
印　张 39
插　页 12
版　次 2024年12月第1版
印　次 2024年12月第1次印刷
ISBN 978-7-5458-2357-8/K·491
定　价 480.00元